Ommo Grupe (†) / Michael Krüger (Hrsg.)

Sport und Sportunterricht
Grundlagen für Studium, Ausbildung und Beruf

Band 6

Sport und Sportunterricht
Grundlagen für Studium, Ausbildung und Beruf

**Herausgegeben
von Ommo Grupe (†) / Michael Krüger**   **Band 6**

Bisher erschienen und lieferbar:

Band 1 Klaus Heinemann
**Einführung in die Soziologie
des Sports**
5. Aufl. 2007

Band 2 Hartmut Gabler / Jürgen R. Nitsch /
Roland Singer
Einführung in die Sportpsychologie
Teil 1: Grundthemen
4. Aufl. 2004

Band 3 Hartmut Gabler / Jürgen R. Nitsch /
Roland Singer
Einführung in die Sportpsychologie
Teil 2: Anwendungsfelder
2. Aufl. 2001

Band 4 Ulrich Göhner
**Einführung in die Bewegungslehre
des Sports**
Teil 1: Die sportlichen Bewegungen

Band 5 Ulrich Göhner
**Einführung in die Bewegungslehre
des Sports**
Teil 2: Bewegerlehre des Sports

Band 6 Ommo Grupe / Michael Krüger
Einführung in die Sportpädagogik
4. Aufl. 2019

Band 8 Michael Krüger
**Einführung in die Geschichte der
Leibeserziehung und des Sports**
Teil 1: Von den Anfängen bis ins
18. Jahrhundert

Band 9 Michael Krüger
**Einführung in die Geschichte der
Leibeserziehung und des Sports**
Teil 2: Leibeserziehung im
19. Jahrhundert. Turnen fürs Vaterland
2. Aufl. 2005

Band 10 Michael Krüger
**Einführung in die Geschichte der
Leibeserziehung und des Sports**
Teil 3: Leibesübungen im
20. Jahrhundert. Sport für alle
2. Aufl. 2005

Band 12 Günter Frey /
Eberhard Hildenbrandt
Einführung in die Trainingslehre
Teil 2: Anwendungsfelder

Band 15 Klaus Heinemann
**Einführung in Methoden und
Techniken empirischer Forschung
im Sport**

Band 16 Hans-Hermann Dickhuth /
Kai Röcker / Albert Gollhofer /
Daniel König / Frank Mayer
**Einführung in die Sport- und
Leistungsmedizin**
2. Aufl. 2011

Michael Krüger

Einführung in die Sportpädagogik

SPORT UND
SPORTUNTERRICHT

BAND **6**

4., überarbeitete
und aktualisierte
Auflage

hofmann.

Bibliografische Information der Deutschen Nationalbibliothek

Die Deutsche Nationalbibliothek verzeichnet diese Publikation in der Deutschen Nationalbibliografie; detaillierte bibliografische Daten sind im Internet über http://dnb.d-nb.de abrufbar.

In memoriam Ommo Grupe (1930–2015)

Bestellnummer 7764

© 1997 by Hofmann-Verlag

www.hofmann-verlag.de

4., überarbeitete und aktualisierte Auflage 2019

Titelbild und Fotos: Katja und Tina Schulz

Gesamtherstellung: Eurographic Group, 70-812 Szczecin (Polen)

Printed in Poland · ISBN 978-3-7780-7764-1

Inhalt

Vorwort zur vierten, neu bearbeiteten und aktualisierten Auflage

Vor mehr als 20 Jahren hatte ich die Ehre, gemeinsam mit Ommo Grupe eine *Einführung in die Sportpädagogik* zu schreiben. Eine Ehre war dies deshalb, weil Grupe eine der prägendsten Persönlichkeiten der jüngeren Sportentwicklung war. Er bemühte sich zeitlebens darum, den Sport nach der Zeit des Nationalsozialismus wissenschaftlich und pädagogisch neu zu legitimieren. In den 1990er Jahren, als wir gemeinsam an der Einführung in die Sportpädagogik arbeiteten, war diese Aufbauarbeit geleistet. Niemand zweifelte daran, dass Leibeserziehung und Sport wissenschaftlich erforscht und gelehrt werden sollten, um einen wertvollen Beitrag für eine zivile Bürgergesellschaft leisten zu können. Aber nun galt es, Antworten auf die Herausforderungen des Sports und der Sporterziehung des 21. Jahrhunderts zu finden.

Seit der ersten Auflage der *Einführung in die Sportpädagogik* sind mehr als 20 Jahre vergangen. Das Buch wurde gut angenommen und ist zu einem Standardwerk für Studierende des Faches Sport, Sportpädagogik und Sportwissenschaft geworden. Ommo Grupe ist 2015 mit 85 Jahren gestorben. Er hat eine große Lücke hinterlassen. Wenn nun eine vierte, völlig neu bearbeitete Auflage des Buchs erscheint, die ich alleine verantworte, geschieht dies jedoch im Sinn und vor allem im Geist Ommo Grupes. Die von ihm formulierten philosophisch-anthropologischen Grundlagen der Sportpädagogik bestehen nach wie vor und sind stabiler denn je. Aber sie müssen immer wieder neu in eine lebendige Beziehung zu den veränderten gesellschaftlichen, politischen, sozialen, kulturellen und sportlichen Kontexten gestellt werden. Sport ist eine soziale Konstruktion. Er wird von Menschen mit Leib und Seele gemacht. Sie sind auf Bildung und Erziehung angewiesen, auch auf körperliche Bildung und Erziehung. Diese sind wiederum Voraussetzung eines Sports, der auf humanen Grundlagen beruht und dem Wohl der Menschen dient.

In diesem Sinne habe ich versucht, die vierte Auflage den aktuellen Entwicklungen und Herausforderungen des Sports und der körperlichen Erziehung anzupassen und neu zu bearbeiten. Dorothee Pinke, Stefanie Reitzig und Johanna Schirm danke ich für die Unterstützung bei der redaktionellen Bearbeitung.

Michael Krüger

Vorwort zur dritten, neu bearbeiteten Auflage

Nach zehn Jahren erscheint die „Einführung in die Sportpädagogik" nun in dritter, neu bearbeiteter Auflage. Eine Neubearbeitung war weniger deshalb angebracht, weil sich die Fragen und Probleme sportpädagogischen Denkens und Handelns grundlegend geändert hätten, sondern vielmehr deshalb, weil die fachliche Diskussion und Auseinandersetzung mit pädagogischen und didaktischen Aspekten von Leibesübungen, Spiel und Sport weiter gegangen ist. Dies äußert sich einmal darin, dass die entsprechende Fachliteratur für die Zwecke dieser Einführung aufgearbeitet werden musste; zum anderen ergaben sich inhaltliche Akzentuierungen der Sportpädagogik in Theorie und Praxis, die ebenfalls zu berücksichtigen waren. Beispielsweise haben normative Fragen in der Sportpädagogik größere Beachtung gefunden. Deshalb war es notwendig, ein Kapitel zu den Hintergründen ethisch-moralischen Denkens und Handelns im Sport einzufügen, speziell zur Fairnesserziehung. Außerdem wurden Aktualisierungen vorgenommen, die den veränderten institutionellen und organisatorischen Rahmenbedingungen der Sportentwicklung Rechnung tragen. Schließlich wurde insbesondere das Kapitel IV zu den anthropologischen Grundlagen der Sportpädagogik stärker auf die Zielgruppe dieser Einführung hin umgearbeitet.
Am äußeren Erscheinungsbild fällt auf, dass die in den ersten beiden Auflagen illustrierenden Fotos deutlich reduziert werden mussten, um den Umfang des Buches insgesamt in Grenzen halten zu können.
Die neu bearbeitete Auflage trägt den Entwicklungen des Fachs und seiner Rahmenbedingungen in Sport und Gesellschaft Rechnung. Dies ist nötig, um den Zweck dieser Einführung in die Sportpädagogik auch in Zukunft erfüllen zu können, der bereits in den Vorworten der ersten und zweiten Auflage beschrieben wurde.

O. Grupe, M. Krüger

Tübingen/Münster Herbst 2007

Vorwort zur zweiten Auflage

Die „Einführung in die Sportpädagogik" erscheint in zweiter Auflage. Der Inhalt konnte unverändert bleiben, weil sich seit der ersten Auflage an den behandelten Strukturen sowie Frage- und Problemstellungen der Sportpädagogik nichts Grundlegendes geändert hat. Die sportpädagogische Forschung entwickelte sich zwar auf verschiedenen Feldern weiter, und es wurden auch verschiedene Zeitschriftenbeiträge, Monographien (z. B. Robert Prohls „Grundriss der Sportpädagogik" 1999) und Sammelbände (z. B. das von Herbert Haag und Albrecht Hummel herausgegebene „Handbuch der Sportpädagogik" 2001) veröffentlicht, aber aus ihnen ergibt sich nicht die Notwendigkeit, die „Einführung" neu zu bearbeiten. Vielmehr zeigte sich, daß der Zweck des Buchs erreicht werden konnte, nämlich Studierende und Lehrende des Faches Sport, der Sportwissenschaft und Sportpädagogik mit den wesentlichen Strukturen, Begriffen und Fragestellungen des Gegenstandes und der Disziplin der Sportpädagogik vertraut zu machen, ihnen damit Grundlagen für ihr Studium (und die mit ihm verbundenen Prüfungen) an die Hand zu geben und vor allem auch wichtigen sportpädagogischen Wissensbeständen über Aktualitäten hinweg eine gewisse überdauernde Konstanz zu geben. Diesem Zweck dient auch die zweite, unveränderte Auflage.

O. Grupe, M. Krüger

Vorwort zur ersten Auflage

Eine Einführung in ein wissenschaftliches Fachgebiet hat den Zweck, mit den wesentlichen Themen, den wichtigsten Frage- und Problemstellungen und den Methoden der Disziplin vertraut zu machen. Im Fall der Sportpädagogik scheint dies auf den ersten Blick einfach zu sein, weil im Großen und Ganzen Einvernehmen darüber besteht, dass Sportpädagogik eine Wissenschaft ist, die sich mit pädagogischen Aspekten des Sport, d. h. mit Fragen der Bildung und Erziehung im Zusammenhang des Sports befasst. Beim zweiten und näheren Hinsehen wird es jedoch schwieriger; denn was ist „pädagogisch", und was ist „Sport"?

Eine Einführung in die Pädagogik des Sports handelt sich mit diesen Fragen alle Probleme ein, die die klassische und große Wissenschaft der Pädagogik und Erziehungswissenschaft beschäftigen, und zusätzlich muss auch noch berücksichtigt werden, was die noch vergleichsweise junge Wissenschaft vom Sport an Wissen und Erkenntnissen über den „Sport" – was immer Sport ist und sein kann – erarbeitet hat. Wer nichts über den Sport weiß, kann auch nichts über seine pädagogischen Möglichkeiten und Wirkungen sagen; und wer kein Verständnis von Erziehung hat, der ist blind für eine Seite des Sports, die nicht nur die Entwicklung von Gymnastik, Turnen und Sport seit jeher begleitet hat, sondern die den Sport bis heute kennzeichnet. Die Bedeutung von Spiel und Sport für die Entwicklung, Bildung und Erziehung besonders von Kindern und Jugendlichen ist unbestritten; fraglich ist dagegen, worin sie konkret besteht, wie sie sich wissenschaftlich beschreiben und ermessen lässt und welche Schlüsse daraus zu ziehen sind.

In der vorliegenden Einführung wird ein Kompromiss angestrebt, der die Brücke zwischen Sport und Pädagogik schaffen und in dem deutlich werden soll, dass Sportpädagogik mehr ist als die schwierige Kunst der Vermittlung einer Sportart oder die Durchführung einer gelungenen Sportstunde. Es geht in der Sportpädagogik auch um grundlegende, anthropologische Fragen und Themen der Körperlichkeit des Menschen, um die Bedeutung seiner Bewegung, um Gesundheit und Wohlbefinden, um das Spiel und seine Rolle für die Entwicklung und Sozialisation und um Leistung und Wettkampf als Kategorien menschlicher Handlungen, die beim Sport in deutlicher Weise in Erscheinung treten.

Die Einführung ist in sechs Hauptkapitel gegliedert: Im ersten wird geklärt, was unter Sportpädagogik verstanden wird, welche grundlegenden Begriffe eine Rolle spielen und worin letztlich der „Gegenstand" der wissenschaftlichen Bearbeitung in der Sportpädagogik besteht. Im zweiten Teil wird in einem historischen Rückblick auf die Geschichte der Sportpädagogik der Prozess verdeutlicht, in dem sich sportpädagogische Fragestellungen herausgebildet haben und sich die Sportpädagogik als eigenständige Disziplin, entwickelt hat. Bildung und Erziehung finden im Sport nicht im freien Raum statt, sondern sind immer auf konkrete Handlungs- und Erziehungsbereiche, auf Organisationen und Institutionen bezogen. Diese sind Thema des dritten zentralen Kapitels, weil sich die Veränderungen sportpädagogischen Sehens und Denkens am besten in den Veränderungen der organisatorisch-institutionellen Rahmenbedingungen erkennen lassen. Bildung und Erziehung finden heute auch nicht mehr nur in Schule und Verein statt, sondern in vielen anderen Einrichtungen. Sport ist in diesem Sinn sozialer Kontext, dem man sich nicht entziehen kann und der sich auch in der wachsenden Rolle und Bedeutung von Erziehungsprozessen im Zusammenhang mit Sport niederschlägt. Das vierte Kapitel beschäftigt sich mit klassischen anthropologischen Themen der Sportpädagogik. In ihnen soll deutlich werden, dass der wichtigste Bezugspunkt der Sportpädagogik der Mensch ist. Ausgehend von einem weiten Verständnis von Sportpädagogik als einer Disziplin, die alle Aspekte von Bildung und Erziehung in allen wesentlichen Handlungsfeldern von Spiel und Sport zu untersuchen hat, wird im fünften Kapitel ein Literaturüberblick über solche sportpädagogische Themen gegeben. Hier wird klar, dass moderne Sportpädagogik über den Schulsport als einem zentralen Themengebiet hinausreicht. Auch die Pädagogik des „freien" Sports muss berücksichtigt und untersucht werden. Am Schluss werden in einem knappen Ausblick die Defizite und bei weitem nicht ausgeschöpften pädagogischen Möglichkeiten des Sports in Praxis und Theorie angesprochen.

Das Buch wendet sich an Sportstudierende, für die die Pädagogik das zentrale Fach ihres Studiums darstellt, an Trainer und Trainerinnen, aber auch an Übungsleiterinnen und Übungsleiter in den Vereinen und anderen Einrichtungen, die mit Sport zu tun haben. Es wendet sich allgemein an Menschen, die haupt- und ehrenamtlich im Sport tätig sind, Sport unterrichten und sich Gedanken über den Sport und die Menschen, die Sport treiben, machen.

Die sachkundige Mitarbeit von Annette Hofmann sowie Pamela Beier, Simone Reize und Christine Rau war hinsichtlich Inhalte, Darstellung und Gestaltung dieses Buches außerordentlich hilfreich. Ihnen danken wir herzlich.

Ommo Grupe / Michael Krüger

I   Leibeserziehung und Sportpädagogik

Im einleitenden Kapitel dieses Buches wird in das Fach- und Studiengebiet der Leibeserziehung und Sportpädagogik als einer Disziplin der Sportwissenschaft eingeführt. Neben allgemeinen Problemen der Einordnung und Begründung der Sportpädagogik werden zwei Aspekte besonders hervorgehoben und an Beispielen erläutert: Erstens die Sportpädagogik im Spannungsfeld zwischen praktischer und theoretischer Orientierung. Zweitens werden verschiedene theoretische und methodische Zugänge zu sportpädagogischen Themen dargestellt und an Beispielen erörtert. Unterschieden wird zwischen dem Verständnis der Sportpädagogik als einer empirisch-analytischen Disziplin auf der einen und einer normativ-diskursiven Disziplin auf der anderen Seite.

1   Leibeserziehung und Sportpädagogik als theoretische und praktische Disziplin

1.1   Sportpädagogik als Teil des Sportstudiums

„Sportpädagogik" ist ein wichtiger Teil des Sportstudiums. Die Lehramtsstudierenden, die das Fach Sport als Hauptfach belegt haben, werden an den Instituten für Sportwissenschaft der Universitäten in Deutschland zu akademischen Sportlehrerinnen und Sportlehrern ausgebildet; sie müssen allerdings noch ein oder zwei weitere Fächer belegen und nach dem Studium ihren Referendardienst ableisten, in dem sie zusätzlich auf ihren Lehrberuf an Schulen vorbereitet werden. Das Referendariat, auch Vorbereitungsdienst genannt, dauert je nach Bundesland zwölf bis 24 Monate. Im Zuge der europäischen Harmonisierung bzw. Angleichung von Studiengängen und Studienabschlüssen (Bologna-Prozess) wurden inzwischen die Lehramtsstudiengänge an den meisten Universitäten in Deutschland vom Staatsexamen auf das Bachelor- und Master-Modell umgestellt. Das heißt, dass Studierende mit dem Berufsziel Lehramt in der Regel zunächst ein sechssemestriges Bachelorstudium absolvieren. Ein Bachelorabschluss im Fach Sport ist ein vollwertiger, akademischer Studienabschluss. Er berechtigt in der Regel zu einem weiterführenden, spezialisierten Masterstudium. Im Fach Sport und Sportwissenschaft werden zahlreiche Masterstudiengänge mit unterschiedlichen Profilen angeboten, sei es im Bereich von Gesundheit, Prävention und Rehabilitation, von Journalismus und Kommunikation oder in naturwissenschaftlich-technischen Studien- und Arbeitsfeldern. Masterstudiengänge mit dem Berufsziel Lehramt an Schulen sind nach wie vor die am meisten nachgefragten Studiengänge für Sport und Sportwissenschaft.[1] Das Sportstudium an Universitäten und Hochschulen mit dem Berufsziel Lehramt ist ein „pädagogisches" oder ein „sportpädagogisches" Studium. Dies gilt im Übrigen nicht nur für Deutschland, sondern im Grunde weltweit; selbst wenn unterschiedliche Begriffe für dieselben oder ähnliche Sachverhalte verwendet werden. Übersetzt aus den verschiedenen Sprachen handelt es sich um Begriffe, mit denen die körperliche oder leibliche Erziehung bezeichnet werden. *Physical Education* ist der international gebräuchliche Begriff, mit dem Theorie und Praxis der körperlichen Erziehung und des Sports in den verschiedensten Erziehungseinrichtungen und vorzugsweise in den allgemeinbildenden Schulen bezeichnet werden. In Erklärungen der UNESCO, der Sonderorganisation der UNO für Fragen der Bildung, Erziehung und Kultur, und der UNICEF, des Kinderhilfswerks der Vereinten Nationen, ist u. a. vom Recht auf körperliche Bildung und Erziehung die Rede. Um dieses Recht umzusetzen, bedarf es professioneller Lehrkräfte.[2]

Die Trainer- und Übungsleiterausbildung der Sport-Fachverbände in den einzelnen Sportarten gilt inzwischen ebenfalls als „pädagogisch". Sie ist dies insofern, als die Absolventen am Ende in der Lage sein sollten, ihre Sportart zu „unterrichten" und „pädagogisch" mit Menschen umzugehen. Ihre Ausbildung im Bereich des Kinder- und Jugendsports hat ohnehin eine breite pädagogische Grundlage.

Außerhalb der Schule bieten sich im Sport heute ebenfalls zahlreiche Arbeits- und Beschäftigungsmöglichkeiten. Die Absolventen international vergleichbarer Bachelor- und Masterstudiengänge erwartet nach ihrem Studium sogar ein wesentlich unübersichtlicheres „Berufsfeld Sport" als die Studierenden der verschiedenen Lehrämter, sofern diese in den staatlichen Schuldienst übernommen werden. Sportpädagogische Qualifikationen sind in den meisten Fällen, wenn auch formal nicht immer gefordert, nötig und von Vorteil, um diese Berufe auszuüben, sei es als Lehrer in schulischen Einrichtungen, als Übungsleiter oder auch als Manager und Geschäftsführer in Vereinen und Verbänden, als Trainer und Lehrer in privaten Sport- und Gymnastikschulen, in Rehabilitations- und Gesundheitssport-Einrichtungen, in Sporteinrichtungen von Betrieben oder Kommunen,

---

[1] Das von *Güllich* und *Krüger* herausgegebene Lehrbuch für das Sportstudium (2013) gibt einen Eindruck von der thematischen Bandbreite von Bachelorstudiengängen für Sport und Sportwissenschaften.

[2] Vgl. die Dokumentation „Weltgipfel zum Schulsport" des Jahres 1999, die im Anhang die Erklärung der UNESCO zu „Physical Education and Sport" enthält. Hrsg. von der ICSSPE/CIEPS 2001. Das Jahr 2005 war das Internationale Jahr des Schulsports (International Year of Physical Education and Sport). Siehe auch die Erklärungen der internationalen Dachorganisationen für Sportpädagogik AISEP (Association Internationale des Écoles Superieures d'Éducation Physique) und ICSPE (International Council of Sport Science and Physical Education) zur Sportpädagogik und Leibeserziehung (http://aiesep.org/scientific-meetings/position-statements/ (Zugriff 09.05.2018)) und (http://www.icsspe.org/ (Zugriff 09.05.2018)).

als „Animateur" bei Reise- und Touristikunternehmen und als Mitarbeiter in der Sport- und Sportartikelindustrie.[3] Diese Aufzählung macht deutlich, dass die Anforderungen an sportpädagogisches Wissen und Können in diesen sportbezogenen Handlungsfeldern zwar unterschiedlich sind, aber fast alle in unterschiedlichster Weise mit „Sportpädagogik" und dem sportpädagogischen Wissen zu tun haben, welches während eines Studiums vermittelt wird.

Was versteht man dabei unter Sportpädagogik? Um welche Fragen und Probleme geht es in diesem Fachgebiet der Sportwissenschaft? Was ist ihr Gegenstand? Wozu braucht man sie?

Sportpädagogik als sportwissenschaftliche Teildisziplin

Die Sportpädagogik stand historisch gesehen am Anfang der Sportwissenschaft, wenn man die philanthropischen Erzieher und Leibeserzieher wie Johann Bernhard *Basedow*, Christian Gotthilf *Salzmann* und Johann Christoph Friedrich *GutsMuths* am Ende des 18. Jahrhunderts als die ersten Sportpädagogen ansieht (s. u. Kap. II.2). Sie hinterließen eine Reihe von Büchern zur Gymnastik, wie man damals die Sportpädagogik nannte, in denen sie sich mit Zielen, Inhalten und Lehrweisen dieser Gymnastik beschäftigten. Eine solche pädagogische Betrachtung der Leibesübungen war lange die einzige neben der gesundheitlich-medizinischen.

Heute ist Sportpädagogik eine sportwissenschaftliche Disziplin unter anderen Disziplinen: Bewegungslehre, Trainingslehre, Sportpsychologie, Sportsoziologie, Sportgeschichte, Biomechanik, Sportökonomie (oder -ökonomik), Sportrecht, Sportphilosophie und Sportmedizin sind die wichtigsten von ihnen. Unter den Teildisziplinen der Sportwissenschaft ist Sportpädagogik jedoch die zentrale, berufsqualifizierende Disziplin für all jene, die lehrend, unterrichtend, beratend und erziehend im Sport tätig sind oder sein wollen. Sie nimmt deshalb auch eine besondere Stellung unter den sportwissenschaftlichen Disziplinen ein.

Von Sportpädagogik als Bezeichnung für ein sportwissenschaftliches Fachgebiet wird seit Ende der 1960er Jahre gesprochen, nachdem das Buch „Grundlagen der Sportpädagogik" (*Grupe*, 1969) erschienen war. In diesem Buch wurde zum ersten Mal – gewissermaßen als Programm – im Titel der neue Name eines Fachgebiets benutzt, das in seiner langen Geschichte unterschiedliche Namen trug und als Turnen, Gymnastik, Leibesübungen, Leibeserziehung, Körpererziehung oder „Theorie der Leibeserziehung" bezeichnet wurde.

Der Begriff der Leibeserziehung zeigt, dass die Sportpädagogik zunächst ein Thema und Arbeitsgebiet der Allgemeinen Pädagogik oder der Erziehungswis-

---

[3] Das „Berufsfeld Sport" hat sich in Deutschland und international seit den ersten Studien von *Haag* und *Heinemann* (1987) und *Hartmann-Tews* und *Mrazek* (1994) erheblich verändert und erweitert. Siehe dazu den Artikel Arbeitsmärkte für Absolventen sportwissenschaftlicher Studiengänge von *Eike Emrich, Christian Pierdzioch* und *Michael Fröhlich* in *Güllich* und *Krüger* (2013, S. 47–64).

senschaften war, in dem es um besondere Fragen der körperlich-leiblichen Erziehung im Zusammenhang der Gesamterziehung ging, neben der geistigen, sozialen und emotionalen Erziehung. Die Leibeserziehung war und ist so gesehen keine Bereichspädagogik, wie etwa die Freizeitpädagogik oder die Schulpädagogik, sondern ein besonderes Gebiet der Allgemeinen Pädagogik, das sich auf den Menschen in seiner Körperlichkeit und Bewegungsfähigkeit bezieht.

Die Entstehung des wissenschaftlichen Fachgebiets und des Begriffs „Sportpädagogik" fällt zeitlich mit der Entstehung der Disziplin „Sportwissenschaft" und ihres neuen Namens zusammen. Universitätseinrichtungen, die im 19. Jahrhundert zunächst „Gymnastische Anstalten", „Turnanstalten" oder „Turninstitute" genannt wurden – eine erste Einrichtung dieser Art in Deutschland wurde 1839 an der Universität Tübingen gegründet –, und später, d. h. seit ca. 1925, in „Institute für Leibesübungen" umgewandelt wurden, nennen sich seit 1970 Institute für Sport und Sportwissenschaft oder manchmal auch Sportwissenschaften. 1925 wurde in Leipzig erstmals einem Leiter eines solchen Universitätsinstituts für Leibesübungen, Hermann *Altrock* (1887–1980), eine außerordentliche Professur für Theorie der Leibeserziehung verliehen.

Die Sportpädagogik als ein Fachgebiet der neuen Disziplin Sportwissenschaft ist sowohl organisatorisch als auch fachlich-inhaltlich ein Teilgebiet der Sportwissenschaft. Sie hat jedoch notwendigerweise und von ihren Aufgaben, Fragestellungen und ihrem Selbstverständnis aus gesehen enge Verbindungen zur Pädagogik bzw. Erziehungswissenschaft, weil es um Fragen der Bildung und Erziehung im Zusammenhang des Sports und der Körperlichkeit des Menschen geht.[4]

Eine einheitliche Auffassung über die Inhalte, Themen und Methodik der Sportpädagogik gibt es nicht. Eine endgültige Struktur der Sportpädagogik konnte noch nicht gefunden werden; dies könnte damit zusammenhängen, dass sie sich als praktische Disziplin ständig ändert und oft neue pädagogische Aufgaben bewältigt werden müssen. Obwohl es deshalb noch keine abschließende Systematik des Fachgebiets Sportpädagogik gibt, ist es notwendig, sich mit zentralen Fragestellungen und Problemen des Sports vertraut zu machen, die speziell pädagogischer Natur sind. In Anlehnung an die von den Pädagogen Andreas *Flitner* und Hans *Scheuerl* herausgegebene *Einführung in pädagogisches Sehen*

---

[4] Im Wörterbuch der Pädagogik von *Böhm* (1988) wird Pädagogik als Praxis und Theorie der Erziehung bezeichnet; ebenso im Handbuch von L. *Roth* (1991), in dem allerdings „Sportpädagogik" nicht speziell als „Bereichspädagogik" aufgenommen wurde. Nicht so im „Pädagogik-Lexikon" von *Reinhold, Pollak* und *Heim* (1999), das einen Artikel (von R. *Erdmann*) über Sportpädagogik enthält. Einen ausführlichen (englischsprachigen) Überblick über die Sportwissenschaft in Deutschland bietet der von *Haag, Grupe* und *Kirsch* herausgegebene Sammelband „Sport Science in Germany" (1992). Vgl. auch *Haag* (1989), sowie speziell für Studienanfänger als Einführung in das Sportstudium *Heim* und *Kuhlmann* (1995).

Abb. 1: Sportpädagogik zwischen Sportwissenschaft und Erziehungswissenschaft

und Denken – ein Klassiker der pädagogischen Studienliteratur – dient die vorliegende Einführung in die Sportpädagogik dem Leser ebenfalls dazu, sich mit grundlegenden Perspektiven sportpädagogischen Sehens und Denkens sowie darüber hinaus sportpädagogischen Handelns vertraut zu machen.[5]

1.2 Theorie und Praxis der Sportpädagogik

„Sportpädagogik" ist ein aus „Sport" und „Pädagogik" zusammengesetztes Wort. „Pädagogik" kommt aus dem Griechischen und bedeutet ursprünglich „Anleiten eines Knaben", heute natürlich auch eines Mädchens, überhaupt eines Menschen. Außerdem spricht man inzwischen von „Erwachsenenpädagogik" oder „Erwachsenenbildung", aber der Schwerpunkt der Pädagogik liegt immer noch bei Kindern und Jugendlichen.

Die Sportpädagogik richtet sich ihrem Anspruch nach allerdings auf alle Altersstufen. Sie bezeichnet das „Anleiten" beim Sporttreiben, das Vermitteln, Unterrichten, Lehren, Beraten, Trainieren und Erziehen, letztlich also das, was Sportlehrer in der Schule und was Trainer und Übungsleiter in ihrer hauptberuflichen oder in ihrer neben- oder ehrenamtlichen Tätigkeit in Turn- und Sportvereinen, in Sport- und Fitnessstudios, in Jugend- und Freizeiteinrichtungen, Volkshochschulen und in sozialpädagogischen Organisationen tun, wenn auch mit jeweils unterschiedlichen Akzenten und Zielen.

Aber Sportpädagogik bedeutet nicht nur Lehren, Unterrichten oder allgemein Vermitteln sportlicher oder Sport bezogener Fähigkeiten und Fertigkeiten, sondern unter Sportpädagogik wird auch „jenes Teilgebiet der Sportwissenschaft"

---

[5] Der Band erschien erstmals 1967 und wurde 2005 neu aufgelegt.

verstanden, „in dem Sport im Zusammenhang von Bildung und Erziehung untersucht" wird (*Sportwissenschaftliches Lexikon*, 2003, S. 527). Sportpädagogik
bezeichnet also nicht nur die mit Sport verbundene Praxis und das praktische
pädagogische Handeln von Lehrkräften, Lehrern, Trainern und Übungsleitern.
Ihr Gegenstand beinhaltet auch die theoretische Beschäftigung, Erforschung,
Analyse und Auseinandersetzung mit Sporterziehung.

Sportpädagogik bezeichnet beides: pädagogisches Handeln *im* Sport und
gleichzeitig das Nachdenken über diese sportpädagogische Handlungs-
praxis, ihre mehr oder weniger systematische wissenschaftliche Erforschung. Sie bezieht sich auf die sportpädagogische Praxis und auf wissenschaftliche Theorien und Analysen, die sich auf diese Praxis, also auf die
Erziehungs-, Entwicklungs- und Entfaltungsprozesse im Sport beziehen.
Mit Hilfe von Theorien über den Sport und die Sporterziehung kann sie
wissenschaftlich untersucht und bearbeitet werden. Ziel dieser Bearbeitung ist es, die sportpädagogische Praxis zu beschreiben, zu erklären und
am Ende besser zu verstehen. Die theoretische und wissenschaftliche Auseinandersetzung mit der Praxis des Sports und der Sporterziehung ist in
der Sportpädagogik mit der ausdrücklichen Absicht verbunden, diese Praxis auch zu verbessern.

Sportpädagogik als Bezeichnung sportpädagogischer Praxis *und* der Theorie
dieser Praxis ist eine Besonderheit dieser sportwissenschaftlichen Teildisziplin.
Sie trifft aber auch in gleicher Weise auf andere Pädagogiken wie die Sozialpädagogik, die Musikpädagogik oder auch die Museumspädagogik zu; und sie gilt
für andere Fächer wie die Psychologie, die Medizin oder die Theologie. In all
diesen Fachgebieten bezieht sich der Name des Faches auf Theorie und Praxis
zugleich.
Die im Begriff Pädagogik und Sportpädagogik angelegte doppelte Perspektive
von Theorie und Praxis macht den Reiz, aber auch die Schwierigkeit dieser
Disziplin aus; denn Theorie und Praxis verlaufen nur in seltenen Fällen parallel.
Sie stehen sogar in einem Spannungsverhältnis zueinander. Oft folgt die Theorie auf die Praxis, indem sie Analysen der schon bestehenden Praxis vornimmt
oder Modelle zum Verständnis und zur Erklärung oder zur besseren Bewältigung der Praxis erarbeitet. Umgekehrt kann die Theorie der Praxis vorauseilen,
indem Gesichtspunkte vorausgedacht werden, die in der Praxis noch nicht
vorgekommen sind. Theorie kann und soll auch eine Art Kompass für eine Praxis sein, die sich ändert und stets neue Herausforderungen an die pädagogischen Akteure stellt.
Nicht jede Praxis ist jedoch reflektiert oder gar theoretisch durchdacht oder
erforscht. Praxis geschieht, und meistens gelingt sie auch. In vielen Sportbereichen, zum Beispiel in der sportlichen Jugendarbeit, in der täglichen Praxis von
Sport- und Fitnessstudios, im Sport von Menschen mit Behinderungen, im inte-
grativen und inklusiven Sporttreiben von Menschen mit und ohne Behinderungen, oder im Seniorensport (*Granacher u. a.*, 2018) haben sich vielfältige For-

men und Inhalte entwickelt, für die es noch keine ausgearbeiteten Theorien oder Modelle gibt. Die in der Praxis tätigen Personen können (und wollen) oft auch gar nicht warten, bis Theoretiker für ihre Probleme Lösungen erarbeitet haben. Theoretiker mögen zwar mehr über die Praxis des Sports reflektiert haben und manches auch besser verstehen und einordnen können als diejenigen, die in der Turnhalle und auf dem Sportplatz stehen. Ob sie deshalb aber auch praxistaugliche Empfehlungen geben oder selbst besser unterrichten können, steht allerdings auf einem ganz anderen Blatt.

Für die Studierenden der Sportpädagogik führt diese Unterschiedlichkeit von Theorie und Praxis, wissenschaftlicher Analyse und Anwendung wissenschaftlicher Ergebnisse zu manchen Schwierigkeiten und Missverständnissen. Deshalb sollte man sich über diese Unterscheidung Klarheit verschaffen, um die Reichweite wissenschaftlicher Erkenntnisse zu erfassen und sich vor zu hohen Erwartungen zu bewahren. Natürlich ist auch Theorie eine „Praxis", aber eben eine ganz andere.

Zwei Beispiele können das besondere Verhältnis von Theorie und Praxis verdeutlichen:

Praxisschock

Das erste Beispiel bezieht sich auf das, was mit „Praxisschock" bezeichnet wird, aber trotz des Wissens um diesen Praxisschock Lehrerberufsanfänger immer wieder neu trifft.[6] Gemeint ist, dass das an Universitäten und Hochschulen theoretisch erworbene Wissen oft entweder für die Berufspraxis ungeeignet zu sein scheint oder die jungen Lehrkräfte nicht in der Lage sind, dieses Wissen anzuwenden.

Wie entsteht ein solcher „Praxisschock"? Zum Beispiel wird im Laufe des Studiums gelernt, wie wichtig gute persönliche Beziehungen zwischen Lehrern und Schülern für erfolgreiche Lern- und Erziehungsprozesse sind. Diese theoretisch richtige und auch empirisch belegte Erkenntnis führt aber bei vielen jungen Lehrerinnen und Lehrern zu der oft weniger reflektierten Annahme, dass gute Beziehungen eine Art Garantie für erfolgreiches pädagogisches Handeln in Schule und Unterricht seien und der Unterricht praktisch von selbst gelinge, wenn man nur die Schüler erst gut kennt und sich mit ihnen versteht. „Dass diese Erwartung nicht eintrifft", schreiben dagegen die Pädagogen und Lehrer Jochen und Monika *Grell*, „ist für viele junge Lehrer ein Teil des so genannten Praxisschocks. Sie nehmen ihre Arbeit mit beträchtlichem Engagement für die Schüler auf und bemühen sich, die Schüler besser zu behandeln, als sie nach ihrer Vorstellung

---

[6] Vgl. zu diesem Beispiel auch *Meinberg* (1991a, S. 21 ff). Für ihn ist der „Praxisschock" im Grunde unvermeidlich, weil Theorie und Praxis unterschiedliche Aufgaben haben. Die Meinung, dass die Theorie eine Art Rezept für die Praxis zu liefern habe, führt oft zu falschen Erwartungen; die Folge ist ein solcher „Praxisschock". Siehe zur Professionalität von Lehrkräften in der Schule generell das *Handbuch Schulpsychologie* (*Seifried*, 2016, bes. S. 319–330).

normalerweise von den älteren Lehrern in der Schule behandelt wurden. Bald müssen sie jedoch zu ihrer Enttäuschung feststellen, dass die Schüler dieses Bemühen nicht im geringsten honorieren und nicht daran denken, den Lehrer für seine guten Absichten mit Wohlverhalten und engagierter Mitarbeit zu belohnen" (*Grell & Grell*, 1983, S. 50).

Der Praxisschock wird umso intensiver erlebt, je weiter die Realität von Leben und Erziehung auf der einen und von pädagogischer Idealität auf der anderen Seite auseinanderklaffen. Deshalb wurde in zahlreichen Reformen der Lehrerbildung immer wieder versucht, das theoretische und akademische Studium durch Praxis- und Orientierungsphasen anzureichern. Häufig machen sich Studienanfänger noch wenig Gedanken über ihre spätere Berufspraxis. Im Verlauf des Studiums kann die Erkenntnis reifen, ob die gewählten Studienfächer oder die Berufsperspektive den eigenen Fähigkeiten entsprechen, oder ob möglicherweise unrealistische Erwartungen an Studium und Beruf nicht zu erfüllen sind.

Wer sich nach dem Abitur entschließt Sport zu studieren, mag die Erwartung haben, dass in diesem Studium das aktive Sporttreiben am wichtigsten sei. Im Laufe des Studiums stellt sich dann heraus, dass diese Erwartung nur etwa zur Hälfte zutrifft; denn die andere Hälfte des Sportstudiums besteht aus der theoretischen Beschäftigung mit und der Reflexion über Bewegung, Spiel und Sport im weitesten Sinn. Beim Eintritt ins Berufsleben scheint sich dies wieder zu verändern. Nun kommt es auf die unmittelbare Lehrpraxis an, weniger auf die Praxis des eigenen Sporttreibens, und es geht auch weniger um Theorien im und über Sport. Im Prinzip lebt jedoch die Pädagogik und auch die Wissenschaft insgesamt von dieser Spannung zwischen Theorie und Praxis oder anders gesagt von der Diskrepanz zwischen Ideal und Wirklichkeit. Gerade junge Lehrerinnen und Lehrer treten oft mit anspruchsvollen Zielen in ihr Berufsleben ein und tragen dazu bei, die als unzureichend empfundene Erziehungswirklichkeit zu verbessern. Ist die Kluft jedoch zu breit und folglich der Schock zu groß, kann es umgekehrt zu Frustration und Resignation führen, wenn man keine Möglichkeit sieht, die schwierigen, komplexen Anforderungen an den Lehrberuf, die unter besonderen Umständen auch Herausforderungen sind, zu bewältigen. Dies gilt besonders in Zeiten von Verunsicherungen, Orientierungslosigkeit und gesellschaftlicher Umbrüche. Die Ursachen dafür sind vielfältig, schlagen sich am Ende aber häufig in Erziehungsproblemen nieder. Jugendarbeitslosigkeit und Verwahrlosung von Kindern und Jugendlichen, Kinder- und Jugendkriminalität, Brutalität und Gewalt, Sprachprobleme, Passivität und Hyperaktivität, motorische Störungen und soziale Entwicklungsdefizite, Integration von Migrantenkindern mit Sprachproblemen oder Inklusion von behinderten und nicht-behinderten Kindern und Jugendlichen usw. sind nur einige Stichworte, die regelmäßig mehr oder weniger intensiv in der Öffentlichkeit diskutiert werden; besonders dann, wenn es zu spektakulären Ereignissen kommt wie z. B. 2002 in Erfurt, als ein ehemaliger Schüler der Gutenbergschule in einem Amoklauf 16 Mitschüler und Lehrer tötete, oder 2006 in Berlin, als eine ganze Schule (die Rütli-Hauptschule) in einem Brief öffentlich vor den unlösbaren Erziehungsproblemen kapitulierte und die Schließung der Schule forderte. Solche Beispiele ließen sich fortsetzen.

Sportlehrerinnen und Sportlehrer haben diese Herausforderungen an ihren Beruf genauso anzunehmen wie Lehrerinnen und Lehrer anderer Fächer. Sie haben jedoch zugleich die Schwierigkeit und die Chance, ihre Schülerinnen und Schüler von deren körperlicher Seite her kennen zu lernen und zu erziehen. Darin liegt auch eine besondere Verantwortung von Sportlehrkräften, Kinder und Jugendliche in ihrer Körperlichkeit wahrzunehmen, sie zu verstehen und zu fördern, aber auch ihre körperliche Integrität zu respektieren und zu schützen. Bewegung, Spiel und Sport bieten besondere Möglichkeiten des „pädagogischen Bezugs", die verantwortungsbewusst genutzt werden sollten.[7] Diese Möglichkeiten zu erkennen, um sie zu wissen, aber im Beruf dann auch fruchtbar umzusetzen, ist die „Kunst" eines guten Sportlehrers oder einer guten Sportlehrerin. Dieses Buch möchte eine Hilfestellung geben, diese „Kunst" zu verstehen und zu erlernen.

Der Praxisschock trifft häufig Sportlehrerinnen und -lehrer, die bereits über praktische Erfahrungen im Umgang mit Sportgruppen verfügen, etwa als Übungsleiter im Verein. Aber dort – unter den besonderen Bedingungen einer Übungs- und Trainingsgruppe im Verein – ist eine andere Qualität von Beziehungen innerhalb der Gruppe, zwischen den einzelnen Gruppenmitgliedern und der Leitung der Gruppe möglich, als dies in der Schule der Fall ist. Die Schule müssen alle Kinder besuchen, ob sie wollen oder nicht, ob sie begabt oder unbegabt, motiviert oder unmotiviert, sportlich oder unsportlich, dick oder dünn, frech oder freundlich sind. Das macht den Beruf des Sportlehrers und der Sportlehrerin in der Schule einerseits schwierig und anstrengend, aber eben auch interessant und anspruchsvoll.

> **Für erfolgreiches pädagogisches Handeln und Unterrichten reicht es nicht aus, über theoretisches Wissen zu Erziehung, Unterricht und Lernen zu verfügen, sondern es kommt auch darauf an, dieses Wissen in praktisches Handeln umzusetzen und sich auf die jeweils unterschiedlichen organisatorisch-institutionellen und situativen Bedingungen einstellen zu können.**

Das Beispiel Praxisschock zeigt, wie wenig deckungsgleich Theorie und Praxis oft sind. Jede „Praxis" ist neu und anders, während die „Theorie" bzw. „Theorien" sich um Verallgemeinerung und Abstraktion zu bemühen haben und deshalb die Differenzen zwischen unterschiedlichen Formen der Praxis einebnen. Die theoretische Sportpädagogik kann deshalb selten dem Anspruch genügen, praktisches Handeln unmittelbar anzuleiten. Sie trägt vor allem dazu bei, in der Vielfalt des pädagogischen Alltags Gemeinsamkeiten zu entdecken,

---

[7] Dieser Fachbegriff geht auf den Reformpädagogen Hermann *Nohl* (1879–1960) zurück, der damit zum Ausdruck brachte, dass ein gelingender Erziehungsprozess nicht nur vom fachlichen Wissen und Können der Lehrkraft abhängt, sondern von der Beziehung zwischen Lehrern und Schülern und somit auch von den pädagogischen und psychologischen Kompetenzen der Lehrkräfte (siehe *Nohl*, 1935; 2002).

Orientierungen zu ermöglichen, über Zusammenhänge aufzuklären, aber auch Abstand zur Praxis gewinnen zu können. Dies ist nicht die einzige Voraussetzung für eine erfolgreiche pädagogische Praxis, aber sie ist auch nicht ohne Bedeutung.

Sport in Vereinen

Das zweite Beispiel zum Spannungsverhältnis zwischen Theorie und Praxis in der Sportpädagogik betrifft das Thema Vereinssport. Obwohl sich seit vielen Jahren eine blühende Praxis des Sports und der Sporterziehung in den Vereinen und Verbänden entwickelt hat, gibt es bis heute keine spezifische Pädagogik des Vereinssports. Die Sportpädagogik als theoretische Disziplin hat sich fast ausschließlich auf den Sport in der Schule bezogen.

Die Praxis des Vereinssports vollzieht sich im Unterschied zur Schule vielfältig und meistens, gemessen an den hohen Mitgliederzahlen, auch recht erfolgreich. Dies geschieht ungeachtet der Tatsache, dass sie im wissenschaftlich-pädagogischen Sinn nicht oder kaum zum Thema gemacht wurde: Neben dem „normalen" Breiten-, Gesundheits-, Wettkampf-, und Leistungssport auf allen Ebenen, für alle Altersgruppen und beide Geschlechter, umfasst der Sport im Verein auch soziale oder sozialpädagogische Maßnahmen, etwa den Behindertensport, den Sport mit Aussiedlern und Asylanten, die Arbeit mit Fan-Gruppen oder die überfachliche Jugendarbeit in den Vereinen und Verbänden. Bis Mitte der 1980er Jahre gab es aber keine größere wissenschaftliche Arbeit, die sich gezielt und umfassend mit einem dieser Gebiete aus pädagogischer Sicht beschäftigt hatte. Zum Thema der Jugend- und Jugendverbandsarbeit im Sport wurden erstmalig von Ekkehard *Dierkes* (1985) und Klaus-Peter *Brinkhoff* (1992) Doktorarbeiten vorgelegt. Eine empirisch orientierte Studie zu Anspruch und Wirklichkeit des Jugendsports im Verein folgte 2002 von *Brettschneider* u. a. Es geht dabei nicht um eine theoretische Grundlegung einer Pädagogik des Vereinssports, sondern um eine Analyse einzelner, empirisch fassbarer Aspekte dieses pädagogischen Feldes. Dasselbe gilt für die regelmäßig durchgeführten Sportentwicklungsberichte des organisierten Vereins- und Verbandssports in Deutschland (Deutscher Olympischer Sportbund e.V. , 2018).

Diese Praxis des Vereins- und Verbandssports, die sich in zunehmendem Maße auch wissenschaftlicher Erkenntnisse bedient, hat sich über viele Jahre hinweg weiterentwickelt und dabei einen beachtlichen Umfang und ein hohes Niveau erreicht. Sie hat insofern auch eine eigene sportpädagogische Qualität. Aber sie ist nicht in dem Sinn „wissenschaftlich" fundiert, wie wenn sie von der an den Universitäten angesiedelten Sportpädagogik thematisiert, analysiert, begleitet oder weiterentwickelt worden wäre.

> Ein Gebiet, ein Thema oder eine Sache können so gesehen in der sportpädagogischen Praxis wichtig und von Bedeutung sein, auch wenn sie theoretisch nicht oder wenig beachtet werden oder eine eigene „Theorie" für sie nicht oder noch nicht entwickelt wurde.

Die Vielfalt des Vereinssports

Die Problematik, die hinter dem Problem der „wissenschaftlichen" Vernachlässigung einer breiten sportpädagogischen Praxis steckt, hat zum einen mit dem Umfang und der Vielfalt des vereinsgebundenen Sports zu tun. Ein anderer Grund ist darin zu sehen, dass der Sport im Verein und im Verband so unterschiedlich, breit gestreut, fachlich, inhaltlich und institutionell nur schwer zu systematisieren ist, dass befürchtet wird, der Versuch, eine Theorie der Pädagogik des „Sports im Verein" zu entwickeln, würde unvollständig und damit unbefriedigend bleiben müssen. Ein weiterer Grund liegt in dem Mangel an Kapazität der Sportpädagogik an den Universitäten und darin, dass ihr vorrangiges Interesse lange Zeit vor allem dem Schulsport galt. Dieses Interesse war durch den Bedarf an Lehrerinnen und Lehrern eher begründbar und versprach mehr Ansehen unter den etablierten wissenschaftlichen Fächern. Dieser Zusammenhang verweist wiederum auf die Rolle und das öffentliche Ansehen des Sports, die dafür maßgeblich sind, was und wie etwas zum Gegenstand wissenschaftlicher Arbeit gemacht wird. Außerdem zeigt sich in der Gewichtung des Schulsports und der Vernachlässigung des Vereinssports als Thema wissenschaftlicher Untersuchungen ein besonderes Verständnis von Sportpädagogik, nach dem ein „pädagogischer" Sport überwiegend in der Schule und nicht in Vereinen, Kindergärten oder anderen (Sport-)Einrichtungen stattfindet.

Am Beispiel der Tätigkeit von Trainerinnen und Trainern und ihrer Bewertung lässt sich diese Auffassung von Sportpädagogik verdeutlichen: Die Tätigkeit eines Trainers habe im Grunde nichts mit Pädagogik zu tun, lautet ein verbreitetes Vorurteil, da sich dieser nicht eigentlich mit der Bildung und Erziehung eines jungen Menschen beschäftige, wie dies die Aufgabe von Lehrern sei, sondern „nur" mit dem Training eines Sportlers, um hohe sportliche Leistungen und Erfolge zu erreichen.[8] Gleichzeitig üben Trainer im Sport großen Einfluss auf die ihnen anvertrauten Sportlerinnen und Sportler aus, der über den Sport und den sportlichen Erfolg oder Misserfolg hinausreicht und prägend für ihr ganzes Leben und die Entwicklung ihrer Persönlichkeit ist oder sein kann (vgl. *Kurz*, 1988 a).

Historisch gesehen hat die Vernachlässigung der sportpädagogischen Handlungsfelder außerhalb der Schule auch darin ihren Grund, dass die Universitäten, an denen Wissenschaft und Forschung betrieben wird, und die Pädagogischen Hochschulen nach 1945 zwar das Ausbildungsmonopol für Turn- und Sportlehrer an den Schulen übertragen bekamen. Die Ausbildung von Trainern und Übungsleitern erfolgte allerdings weiterhin, wie schon im 19. Jahrhundert, über die Vereine und Verbände auf eher privater oder halb-öffentlicher Basis. Die Deutsche Sporthochschule (DSHS) in Köln, die 1947 gegründet wurde, hatte ursprünglich den Zweck, Fachkräfte für den vereins- und verbandsgebundenen Sport auszubilden; ebenso wie ihre Vorläuferin, die 1920 von Carl *Diem* mit

---

[8] Ein Beispiel für die Nachhaltigkeit dieses Vorurteils ist der von *Laging* und *Kuhn* (2018) herausgegebene Band „Bildungstheorie und Sportdidaktik".

Unterstützung der „freien", privaten Sportorganisationen gegründete Deutsche Hochschule für Leibesübungen in Berlin. Die dort ausgebildeten Diplomsportlehrerinnen und -lehrer genossen hohes Ansehen und prägten die Qualität des außerschulischen Sports und der Sportausbildung in den Vereinen und Verbänden maßgeblich. Beide Hochschulen, die in Berlin und die DSHS in Köln, hatten zunächst keinen „wissenschaftlichen" Status, d. h., sie hatten nicht das Recht, aus eigener Befugnis akademische Abschlüsse, Doktorgrade und Lehrbefugnisse für Hochschulen zu erteilen. Die Deutsche Sporthochschule in Köln bekam erst 1971 den Status einer „wissenschaftlichen Hochschule" zugebilligt. Zu diesem Zeitpunkt wurde anerkannt, dass die theoretische Beschäftigung mit Turnen und Sport über den institutionellen Rahmen der Schule und der Ausbildung von Turn- und Sportlehrern für die Schule hinaus wissenschaftliche Bedeutung besitzen kann.

Einen ganz anderen Status bekam das ostdeutsche Gegenstück zur Deutschen Sporthochschule in Köln, die Deutsche Hochschule für Körperkultur in Leipzig (DHfK) in der DDR zugesprochen. Diese „zentrale Lehr- und Forschungsstätte im Bereich der Körperkultur und des Sports in der DDR", an der ebenfalls – wie in Köln – Trainerinnen und Trainer für den Leistungs- und Wettkampfsport ausgebildet wurden, hatte vom Anfang (1950) bis zum Ende der DDR und der Auflösung der DHfK (1992) einen klaren politischen Auftrag der Staats- und Parteiführung zu erfüllen; daneben gab es noch das von Lehraufgaben entlastete „Forschungsinstitut für Körperkultur und Sport" (FKS). Wissenschaft, auch die wissenschaftliche Beschäftigung mit Sport und die wissenschaftlich fundierte Ausbildung von Sportlehrkräften, wurde als Funktion der Politik und der Sportpolitik der DDR angesehen.[9]

Was heißt in diesem Zusammenhang „wissenschaftlich"?

Die Ausbildung von Übungsleiterinnen und Übungsleitern, Trainerinnen und Trainern in den Vereinen und Verbänden durch die für Aus- und Fortbildung zuständigen Referentinnen und Referenten in den Sportverbänden ist zunächst in dem Sinn „theoretisch", als über die Art und Weise von Training und Unterricht informiert und reflektiert wird. Übungsleiterinnen und Übungsleiter müssen mehrere Wochenend- und Prüfungslehrgänge absolvieren, bis sie die von den Verbänden vorgeschriebene Qualifikation erworben haben, um als geprüfte Übungsleiter anerkannt zu werden. Trainer müssen sich fortbilden, um auf dem Laufenden zu bleiben. Sie können auch an der „Trainerakademie" in Köln eine Prüfung zum „Diplomtrainer" ablegen, die höchste Qualifikation, die Trainer in Deutschland bislang erwerben können. Besonders begehrt ist die Ausbildung zum Fußballtrainer bzw. „Fußballlehrer"; zumal dieser Beruf zu den am besten

---

[9]   Vgl. *Kleine Enzyklopädie Körperkultur und Sport* (1979, bes. S. 80); *Frost u. a.* (1991, S. 82) sowie den Artikel Deutsche Hochschule für Körperkultur (DHfK) im *Sportwissenschaftlichen Lexikon* (*Röthig & Prohl,* 2003, S. 127–129) (von *Kirchgässner*).

bezahlten, allerdings auch unsichersten, zählt. In die Übungsleiter- und Trainerausbildung und damit auch in den Sport in Vereinen und Verbänden fließen wissenschaftliche Erkenntnisse über Trainings- und Bewegungslehre, über Medizin und Psychologie usw. ein. Meistens geschieht dies auf Grund eines unmittelbaren Bedarfs und als Folge direkter Nachfrage nach konkretem Fachwissen. Trotz eines solchen Bedarfs ist eine systematische Erforschung des Vereinssports unter pädagogischer Perspektive bisher nicht erfolgt.[10]

Wozu braucht man aber überhaupt eine wissenschaftlich-pädagogische Bearbeitung des Sports? Reicht es nicht aus, gut ausgebildete Sportlehrer und Trainer zu haben, die sich in den Trainingsgesetzmäßigkeiten auskennen, über praxisnahe Kenntnisse in Anatomie und Physiologie verfügen, die Methodik ihrer Sportart beherrschen und gesunden Menschenverstand und psychologisches Einfühlungsvermögen aufbringen?

In den letzten Jahren ist gerade aus der erfolgreichen Praxis des Sports heraus eine besondere Nachfrage nach wissenschaftlich gesichertem Wissen entstanden. Ein erstes Beispiel: Wie ist ein motorischer Lernprozess am besten zu gestalten, um ein rasches und stabiles Ergebnis, z. B. im Hochsprung oder in Sportspielen erzielen zu können? Solche im engeren Sinn bewegungstheoretischen und lernpsychologischen und im weiteren Sinn sportpädagogischen und sportdidaktischen Fragen interessieren nicht nur im Hochleistungssport, sondern sie sind auch für den Bereich des Breitensports wichtig.

Ein zweites Beispiel: Welche Gründe haben die Menschen, dass sie heute nicht mehr nur Sport im Verein treiben, sondern auch andere, gewerbliche Sport- und Freizeiteinrichtungen nutzen? Diese Frage wird von den Vereinen und Verbänden heute gestellt; denn sie müssen die Bedürfnisse und Interessen der Menschen kennen, sie müssen wissen, was für einen Sport die Menschen wollen, um ihre Maßnahmen und Angebote entsprechend ändern und verbessern zu können. Diese Frage ist nicht durch eine (mehr oder weniger) erfolgreiche Praxis des Vereinssports allein zu beantworten, sondern durch empirische Untersuchungen zu klären, die möglichst klar und nachprüfbar angestellt werden müssen. Solche Studien sind eine empirische Grundlage für sportpolitische und sportpädagogische Entscheidungen.

Ein drittes Beispiel bezieht sich auf Kinder und Jugendliche im Hochleistungssport.[11] Was hat es mit dem Kinderhochleistungssport auf sich? Warum nehmen

---

[10] Im Handbuch der Pädagogik, herausgegeben von *Roth* (2001), erscheint beispielsweise weder der Verein allgemein unter den „Institutionen der Bildung und Erziehung", noch der Turn- und Sportverein speziell, obwohl die Sportvereine in Deutschland über 27 Millionen Mitglieder haben, darunter etwa sieben Millionen Kinder und Jugendliche. Die Vereine und Verbände gehen immer mehr dazu über, auch professionell ausgebildetes pädagogisches Personal zu beschäftigen. Trainer und Übungsleiter, aber auch Geschäftsführer und Jugendleiter werden heute vielfach hauptberuflich (und nicht mehr nur ehrenamtlich und/oder nebenberuflich) angestellt (vgl. dazu *Thiel, Meier & Cachay*, 2006).

[11] Zum Problem Kinderhochleistungssport und die darüber geführte sportpädagogische Diskussion siehe Kap. I 2.2.

Kinder Entbehrungen und hartes Training auf sich? Wo liegen die Gefahren und Probleme dieser Praxis?

Und ein viertes Beispiel: Wie soll und kann Sport an der Schule unter den besonderen institutionellen Voraussetzungen und Bedingungen unterschiedlicher Schultypen, Altersstufen und Interessen unterrichtet werden? Was soll in der Schule „Pflicht" für alle, was kann und soll „Kür" für einige, für Interessierte und Begabte sein?

> Fragen dieser Art sind nicht nur aus der Kenntnis der Praxis heraus zu be-
> antworten. Vielmehr ist fundiertes pädagogisches, psychologisches, biolo-
> gisch-medizinisches, historisches und soziologisches Wissen zu ihrer Beant-
> wortung nötig. Erst vor dem Hintergrund eines solchen Wissens ist es mög-
> lich, die „richtigen" sportpädagogischen Entscheidungen sowohl auf dem
> schwierigen Feld des Kinderhochleistungssports als auch für den allgemei-
> nen Breiten- und Vereinssport oder für den pflichtmäßigen Schulsport zu
> treffen. Das methodische, pädagogische und psychologische Wissen ist
> dabei das eine, die pädagogische Bewertung und Beratung das zweite, das
> „richtige" pädagogische Handeln das dritte.

Nachfrage nach sportwissenschaftlichem Wissen

Die Nachfrage nach konkretem und anwendungsorientiertem Wissen ist in allen Sportbereichen, vor allem im Bereich des Hochleistungssports, gestiegen. Diese Nachfrage auf der einen Seite des Sportspektrums vom Hochleistungssport bis zum Gesundheits- und Rehasport reicht von der Erarbeitung wissenschaftlich fundierter Trainings- und Unterrichtsmethoden und Trainingsplanungen über technische und methodische Aspekte der jeweiligen Sportarten bis hin zur medizinischen Beratung und Betreuung und zur Vereins- und Politikberatung im Sport. Auf der anderen Seite wird im Gesundheits- sowie Präventions- und Rehabilitationssport eine vergleichbar fundierte und gezielte wissenschaftliche Forschung, Beratung und Betreuung gefordert wie beispielsweise im Hochleistungssport (*Bette,* 1996). Zugleich wird für beide Bereiche pädagogisches und ethisches Orientierungswissen für konkrete sportpolitische Entscheidungen gefordert.

Die erhöhte Nachfrage nach „wissenschaftlichem" und systematischem Wissen ist ein Phänomen, das nicht auf den Sport und die Sportpädagogik beschränkt ist. Da die Bedeutung des Sports in unserer Gesellschaft gestiegen ist und Sport inzwischen auch mit Geld, Macht und Einfluss zu tun hat, bleibt es nicht aus, dass auch aus diesem Grund nach wissenschaftlich gesichertem Wissen über diesen Sport gefragt und entsprechend bezahlt wird. Man denke in diesem Zusammenhang beispielsweise an die zahlreichen Forschungen zu Laufschuhen, Tennisschlägern oder Skibindungen.

Der allgemeinere Hintergrund des Bedarfs an „Wissenschaft" sowie wissenschaftlicher Information und Beratung geht jedoch darüber hinaus. Er hat seinen

Ausgangspunkt darin, dass unsere Welt und jeder einzelne Mensch immer mehr auf Wissen, Information und Beratung angewiesen sind. Die Welt ist komplizierter geworden. Um sich in ihr zurechtzufinden, um ihrem Wandel gewachsen zu sein, ist *lebenslanges Lernen* notwendig, wie inzwischen ein stehender Begriff besagt. Was heute gelernt wurde, kann morgen überholt und sogar falsch sein. Das treffendste Beispiel für diese Entwicklung sind die gesellschaftlichen, sozialen und politischen Herausforderungen durch die Digitalisierung. Auch der Sport ist davon betroffen und muss sich diesem Thema stellen.

Sicher gibt es auch heute noch viele Menschen, die ihr Leben lang ohne Sport auskommen. Aber es gibt immer mehr Menschen, für die der Sport ein wichtiger Bestandteil ihres Lebens geworden ist, von früher Kindheit an bis ins hohe Alter. Und viele stellen dabei fest, dass der Sport, den sie in ihrer Jugend getrieben haben, für ihr Alter nicht mehr geeignet ist. Sie müssen umlernen oder neu lernen. Schließlich wendet sich eine große Zahl von Menschen dem Zuschauen und Konsumieren von Sport – meistens Fußball im Fernsehen – zu. E-Sport, also Sport, der nicht mehr körperlich, sondern digital und fiktional betrieben wird, ist ein neues Phänomen, das traditionelle Muster des Sportverständnisses und Sporttreibens in Frage stellt.

Aus den differenzierter und oft komplizierter werdenden Lebensbedingungen lässt sich erklären, warum die „Beratungsbranche" eine solche Blüte erfährt: Eheberater, Familienberater, Ernährungsberater, Gesundheitsberater, Sportberater, Laufschuhberater; dazu „Sportberatung" durch Vereine und Verbände. Letztlich sind auch Lehrerinnen und Lehrer Erziehungsberater. Darüber hinaus enthalten Zeitungen und Zeitschriften, Radio und Fernsehsendungen immer wieder „Tipps" von „Expertinnen" und „Experten" für „richtiges" und „gesundes" Sporttreiben. Häufig werden von den verantwortlichen Redakteurinnen und Redakteuren auch die Namen prominenter, oft ehemaliger, erfolgreicher Spitzensportlerinnen und -sportler ins Spiel gebracht, um die Sportempfehlungen besonders glaubhaft erscheinen zu lassen. Es besteht kein Zweifel, dass im Sport ein „pädagogischer" Beratungsbedarf besteht, der von zahlreichen Sportlehrern, Übungsleitern, Fitness- und Gesundheitsberatern, Animateuren, aber ebenso von Sportbüchern und Ratgeberspalten in Zeitschriften usw. erfüllt wird. In den Olympiastützpunkten gibt es beispielsweise den Beruf des psychologisch und pädagogisch geschulten „Laufbahnberaters", der die Aufgabe hat, Athleten in allen über den Sport hinausgehenden, besonders berufsbezogenen Fragen zu unterstützen. All dies ist auch Sportpädagogik und muss von ihr zum Thema gemacht werden.

Der Bedarf an sportbezogenem pädagogischem Wissen ist der eine Grund, warum es Sportpädagogik gibt. Ein zweiter liegt darin, dass neben dem eher anwendungsbezogenen, technologischen Wissen der moderne Sport in einer pluralistischen Gesellschaft auch die offene Diskussion über Ziele und Aufgaben des Sports für den Einzelnen sowie in Kultur und Gesellschaft benötigt. Die Sportpädagogik bietet ein Forum für diese Diskussion. Welchen Sport wollen wir und welchen nicht? Was ist gut an ihm, was muss kritisiert und verbessert werden? Welche Möglichkeiten bietet er dem Einzelnen, und welchen Gefahren sieht er sich in ihm ausgesetzt? Um eine solche Diskussion über Sinn und

Unsinn, Möglichkeiten und Grenzen des Sportes in unserer Welt fruchtbar führen zu können, bedarf es begründeter Werte und Normen, auf die sich Sportpädagoginnen und Sportpädagogen, im Prinzip aber alle im Sport handelnden Personen beziehen können oder sollten. Sport und Sportpädagogik tun deshalb gut daran, ihre ethischen Grundlagen auch wissenschaftlich in einer spezifischen „Ethik des Sports" zu untersuchen und abzuleiten. Die Aufgabe der Sportpädagogik besteht also auch darin, über den Sinn des Sports nachzudenken. Es ist kein Luxus, wenn sich eine Gesellschaft, in der Sport und Sporttreiben zum Alltag vieler Menschen zählen, ein solches Forum zum Sport und zur Körper- und Bewegungskultur leistet. Vielmehr ist es eine Notwendigkeit, weil Sinn und Zweck des Sports, seine Formen und Inhalte und seine ethisch-moralischen Maßstäbe nicht verordnet, sondern weil nur im Austausch der Meinungen auch die „richtigen" Ziele und Wege gefunden werden können.

Die Sportpädagogik ist das historisch gesehen älteste Fachgebiet der Sportwissenschaft. Seit 1970 wird in Deutschland der Begriff Sportpädagogik verwendet. Zuvor war von Gymnastik, Turnen, Leibesübungen oder Leibeserziehung und deren Theorie die Rede. Sportpädagogik bezeichnet sowohl die pädagogische Praxis im Sport als auch die (wissenschaftliche) Theorie dieser Praxis. Die Aufgabe der Sportpädagogik besteht nicht nur darin, theoretisches Wissen für die Praxis von Erziehung und Unterricht im Sport zu entwickeln, sondern sie soll auch ein Forum der Reflexion und Diskussion der für den Sport pädagogisch wichtigen Fragen und Probleme bieten.

2　Sportpädagogik – eine Wissenschaft in Theorie und Praxis

Um Klarheit über den Charakter des Faches Sportpädagogik zu gewinnen, wird zunächst zwischen einer eher praktischen und einer eher theoretischen Sportpädagogik unterschieden. Während die praktische Sportpädagogik sich mit der Ausführung sportpädagogischer Themen und Inhalte beschäftigt, besteht die theoretische Sportpädagogik aus akademischer Forschung und Lehre zu Bewegung, Spiel und Sport. Sie hat einen eher theoretisch-konzeptionellen und einen eher empirisch-analytischen Zweig. Zudem geht es in der Sportpädagogik auch um Werte und Normen einer Erziehung in der und durch die Bewegung bzw. im und durch Spiel und Sport. Wie in jeder anderen Pädagogik spielen Werturteile, Regeln und Normen eine wichtige Rolle in der Sporterziehung und Sportpädagogik. An drei Beispielen – Kinderhochleistungssport, Koedukation und Schulsport – wird erläutert, was unter theoretisch-konzeptioneller, empirisch-analytischer und normativer Sportpädagogik verstanden wird und wie sie miteinander zusammenhängen.

2.1 Was ist eine theoretisch-konzeptionelle, eine empirisch-analytische, und was eine normativ orientierte Sportpädagogik?

Die theoretisch-konzeptionell orientierte Sportpädagogik beschäftigt sich mit Theorien und Modellen der Bildung und Erziehung in der und durch die Bewegung bzw. im und druch Spiel und Sport. Diese Theorien und Modelle ermöglichen es, entweder die Realität an ihnen zu messen oder die Erziehungswirklichkeit an ihnen auszurichten. Theorien und Modelle der Erziehung haben ihren Ausgangspunkt eher in den Geisteswissenschaften und der Philosophie sowie der Wissenschaftstheorie. Erziehungsziele und darüber hinaus Gegenstände, Themen, Inhalte und Methoden der Erziehung ergeben sich wiederum aus spezifischen Ideen von Erziehung, die sich auf ein spezifisches Welt- und Menschenbild zurückführen lassen.

Die empirisch-analytische Sportpädagogik steht eher den Sozialwissenschaften, d. h. zum Beispiel einer empirisch orientierten Psychologie und Soziologie, nahe. Sie versucht, den Ist-Zustand eines bestimmten sportpädagogischen Themas oder Problems zu erfassen, zu beschreiben und zu analysieren, möglichst auch zu erklären. Dabei kommen vor allem sozialwissenschaftliche Methoden zur Anwendung, also qualitative und quantitative Verfahren, empirisch-statistische Untersuchungen, Fallanalysen, Interviews oder Befragungen, aber auch die Analyse und Auswertung schriftlicher und bildlicher Quellen, systematische Beobachtungen und Beschreibungen usw. Es wird versucht, unter einer bestimmten, theoretisch begründeten Fragestellung mehr oder weniger „harte" Daten über ein sportpädagogisches Problem systematisch zu sammeln und auf der Grundlage dieser empirischen Daten sowie mit deren Hilfe Zusammenhänge herzustellen und möglichst auch zu erklären.

Vorbild für dieses Verständnis von Wissenschaft sind dabei häufig die wissenschaftstheoretischen Arbeiten Karl Raimund *Poppers* (1902–1994), insbesondere seine „Logik der Forschung" (1934). Von wissenschaftlicher Forschung kann nach Popper dann gesprochen werden, wenn einerseits Hypothesen und Theorien über die Wirklichkeit formuliert werden und andererseits versucht wird, diese zu überprüfen, bzw. nach *Popper* zu „falsifizieren", indem Fakten und Daten mit Hilfe spezifischer Methoden ermittelt werden, die diese Theorien und Hypothesen in Frage stellen können.[12] Wesentlich an *Poppers* kritisch-rationalem Ansatz ist, dass sich Wirklichkeit nicht theorielos erfassen lässt, sondern nur selektiv über Theorien. Theorien sind wie ein Fernglas dazu da, Ausschnitte der Wirklichkeit genauer beobachten zu können. Wissenschaftliche Theorien sind keine Glaubenssätze, sondern rational und logisch begründete Fragen an die Wirklichkeit.

---

[12] Klaus *Willimczik* (1968) hat sich schon früh um eine Rezeption der Theorien des so genannten Kritischen Rationalismus nach *Popper* in der Sportwissenschaft und Sportpädagogik bemüht. Speziell zur Bedeutung Poppers für die Sportwissenschaft (vgl. *Willimczik*, 2006; siehe auch *Willimczik*, 2010 und 2011).

Ebenso wie Theorien, Modelle und Konzepte der Erziehung, sind Fragen nach den Werten und Normen in der Sportpädagogik eher in den Geisteswissenschaften und der geisteswissenschaftlich-hermeneutischen Pädagogik angesiedelt. Hier geht es darum, pädagogische Sachverhalte im Sport zu ordnen, zu verstehen und zu bewerten sowie Erkenntnisse und Wissen über das wünschenswerte Handeln in Sport und Sportunterricht zu liefern. Normative Entscheidungen in der Pädagogik sollten nicht nur spontan getroffen, sondern rational begründet werden und auf empirisch gewonnenen Fakten über die Wirklichkeit beruhen. In jedem Fall müssen sie rational begründet werden, wenn sie wissenschaftlichen Kriterien standhalten wollen.[13]

In der pädagogischen Praxis ist dies jedoch eher selten der Fall. Häufig werden Entscheidungen spontan und emotional getroffen. Sie beruhen auf Meinungen und (Vor-)Urteilen, die weder rational begründet noch durch Fakten gestützt sind. Eine wissenschaftliche Sportpädagogik leistet dagegen einen Beitrag zu rational begründeten Urteilen und Entscheidungen.

Welche Ziele sollen Sportlehrer, Trainer und Übungsleiter in ihrem Unterricht verfolgen und warum? Welche Wertvorstellungen liegen ihrem Denken und Handeln zugrunde, und welche sollten ihnen zugrunde gelegt werden? Welche Gründe gibt es dafür? Welche Argumente gibt es gegen bestimmte Annahmen und Urteile? „Normativ" kann diese Sportpädagogik deshalb genannt werden, weil es um Werte, Normen und Regeln im sportpädagogischen Denken und Handeln geht. Über den Ist-Zustand hinaus wird auf ein „Sollen" verwiesen. Die empirisch-analytische Sportpädagogik formuliert „Ist-Sätze", die normative „Soll-Sätze".[14] Die Unterscheidung zwischen „Sein" und „Sollen" ist allerdings eher theoretischer Art. In Wirklichkeit ist das „Sein" einerseits mit impliziten und expliziten Wertungen verknüpft, und andererseits liegen „Sollen"-Aussagen Fakten zugrunde, und seien es nur vermutete. „Facts" und „Fakes" zu unterscheiden, die Differenz von Realität und Fiktion, von Wunsch und Wirklichkeit erkennen zu können, ist in der modernen Welt mehr denn je eine zentrale Aufgabe von Wissenschaft, auch auf dem Gebiet des Sports und der Sporterziehung. Die Aufgabe einer wissenschaftlich-theoretischen Sportpädagogik besteht auch darin, solche Zusammenhänge zwischen Sein und Sollen in Theorie und Praxis der körperlichen Erziehung und des Sports zu analysieren, zu kommunizieren und zu diskutieren.

---

[13]　Der Philosoph Julian *Nida-Rümelin* hat besonders im Zusammenhang der Pädagogik bzw. der Bildung immer wieder auf die an den Grundsätzen der Rationalität orientierte Begründungspflicht von Entscheidungen hingewiesen (z. B. *Nida-Rümelin, 2013*; und im Zusammenhang des Sports und der Sportpädagogik *Nida-Rümelin, 2011*).

[14]　Vgl. zur Unterscheidung zwischen einer empirisch-analytisch und einer eher normativ orientierten Sportpädagogik *Prohl* (1991, S. 68 ff.) („Sportpädagogik zwischen Sein und Sollen") sowie *Prohl* (2006, bes. S. 204 ff.). Zum „Wissenschaftscharakter" der Sportpädagogik und ihren methodischen Problemen im Überblick *Meinberg* (1991a, S. 26 ff.), aber bereits auch *Grupe* (1969; 1984) sowie *Widmer* (1978), der unter Bezug auf *Brezinka* und *Popper* eine empirisch fundierte, kritisch-rational begründete Sportpädagogik forderte.

„Der Mensch muss nicht nur wissen, was wahr ist", sagte *Pestalozzi*, „er muss auch noch können und wollen, was recht ist".[15]
Der Sinn einer solchen zunächst abstrakten Unterscheidung lässt sich in ihrer Bedeutung für die Sportpädagogik an Beispielen wie dem Kinderhochleistungssport, der Koedukation und dem Schulsport verdeutlichen:

2.2 Kinderhochleistungssport aus pädagogischer Sicht

Die Diskussion über den Sinn des Leistungssports, des Spitzen- und Hochleistungssports allgemein und besonders des Kinderhochleistungssports ist vergleichsweise jung. Seit den 1970er Jahren wird sie in Deutschland geführt. Im Spitzensport werden immer höhere Leistungen gefordert, und zugleich war in einigen Sportarten eine deutliche Verjüngung der Athleten bei großen Wettkämpfen und damit eine Vorverlegung des gezielten Trainings in die Phase der Kindheit zu beobachten. Dies betrifft vor allem Schwimmen, die Wettkampfgymnastik bzw. Rhythmische Sportgymnastik sowie Kunstturnen und Eiskunstlauf, wobei vor allem Mädchen betroffen waren (und sind). An diesen Entwicklungen wurde zunehmend Kritik geübt.[16]
Die Olympischen Spiele 1972 in München waren ein besonderer Anlass für die öffentliche Debatte um den Leistungs- und Hochleistungssport in Deutschland, die sich zu Beginn der 1980er Jahre und dann wieder Mitte der 1990er Jahre in der kontroversen Diskussion um den Kinderhochleistungssport fortsetzte. Das Ergebnis waren u. a. Erklärungen des Deutschen Sportbundes und der Kommission Sportpädagogik in der Deutschen Gesellschaft für Erziehungswissenschaft (DgfE).[17] Die Eröffnung von Eliteschulen des Sports in der Nachfolge der Kinder- und Jugendsportschulen in der DDR sowie weiterer Maßnahmen zur Zentralisierung und Intensivierung der Nachwuchs- und Talentförderung im Spitzensport, insbesondere auch durch professionelle Fußballschulen und -internate der Bundesligaclubs haben dazu geführt, dass dieses Thema aus pädagogischer Sicht weiterhin aktuell und brisant ist.[18]
Zu Beginn der pädagogisch und öffentlich geführten Debatten um den Kinder- und Jugendhochleistungssport wusste man nichts Genaues über Motive bzw. Beweggründe und Hintergründe von Kindern und Jugendlichen, die sie zum Leistungssport brachten und dazu führen, dass sie ihre Lebenszeit im Wesentlichen im Leistungssport verbringen. Die tatsächliche physische und psychische

---

[15] *Pestalozzi* in seiner „Denkschrift an die Pariser Freunde" (1802) (In: Ders.: Werke. Band 2. Zürich 1986, S. 72–103, hier S. 83).

[16] Vgl. zu diesem Problem zusammenfassend und aus sportpädagogischer Sicht grundlegend *Grupe* (1984a) und *Meinberg* (1991a), darin die wesentliche pädagogische Literatur; auf die Untersuchungen in neuerer Zeit wird im Folgenden eingegangen.

[17] Wichtige Dokumente zu dieser Debatte wurden in dem von *Haag, Kirsch* und *Kindermann* (1990) herausgegebenen Band zusammengestellt.

[18] Siehe die Studien von *Borchert* (2013) und *Hirschmann* (2017).

Belastung dieser Kinder und Jugendlichen ließ sich nicht konkret bemessen; über ihre familiäre und schulische Situation, über ihre schulischen Leistungen, über Freunde oder allgemeiner über die Art ihrer Sozialkontakte wusste man im Grunde wenig.

Kinderhochleistungssport – empirisch betrachtet

Gerhard *Kaminski*, Professor für Psychologie an der Universität Tübingen, führte als erster Wissenschaftler in Deutschland mit seinen Mitarbeitern über mehrere Jahre hinweg im Auftrag des Bundesinstituts für Sportwissenschaft eine wissenschaftliche Untersuchung zu Kindern und Jugendlichen im Hochleistungssport durch. Er untersuchte in dieser Studie, „ob bzw. in welcher Hinsicht Bedenken begründet sind, die (unter psychologischen Gesichtspunkten) gegen Leistungssport bei Kindern erhoben werden".[19]

Die Untersuchung konzentrierte sich auf Kinderleistungssport mit „höchstem Beanspruchungsgrad" in den drei typischen Sportarten Eiskunstlauf, Schwimmen und Kunstturnen. Durch breit angelegte, variable Messverfahren wurde versucht, ein großes Spektrum aller möglichen Einflüsse auf die betroffenen Kinder und Jugendlichen zu erfassen. Um die Auswirkungen des Kinderhochleistungssports erkennen zu können, wurden zusätzlich Stichproben zu einem späteren Zeitpunkt erhoben. Die erste Phase der Untersuchung begann im Jahr 1973, die zweite 1978, der Abschlussbericht lag 1984 vor. Als Vergleichsgruppen dienten eine „normale" Gruppe von Kindern und eine Gruppe von Hochleistungsmusikerinnen und -musikern.

Seit der Untersuchung von *Kaminski* u. a. wurden zahlreiche weitere Studien zu diesem Thema durchgeführt. Eine von Alfred *Richartz* und Wolf-Dietrich *Brettschneider* 1996 veröffentlichte Untersuchung knüpfte unter dem Titel „Weltmeister werden und die Schule schaffen" an *Kaminski* an und befasste sich speziell mit der Doppelbelastung von Jugendlichen durch Schule und Leistungstraining. Schließlich widmeten sich Studien an der DSHS Köln den gesundheitlichen Risiken des weiblichen Kunstturnens (*Brüggemann & Krahl,* 2000) ebenso wie seinen pädagogischen Problemen (*Frei, Lüsebrink, Rottländer & Thiele,* 2000).

Das Ergebnis der umfassenden Studie von *Kaminski* zu Kindern und Jugendlichen im Hochleistungssport in Deutschland war, dass sich die Jungen und Mädchen im Hochleistungssport im Prinzip nicht wesentlich anders entwickeln als die Kinder und Jugendlichen in den Vergleichsgruppen. Natürlich gibt es Unterschiede in der den Kindern zur Verfügung stehenden Zeit und Freizeit, in der Anzahl und Qualität ihrer Freundschaften und Sozialkontakte sowie hinsichtlich ihrer körperlichen Beanspruchung. Aber sie unterschieden sich im Durchschnitt weder in Bezug auf ihre geistigen, kognitiven Leistungen (Schulnoten) noch in Bezug auf grundlegende Einstellungen (nicht einmal in Bezug auf Leistungsmoti-

---

[19] *Kaminski, Mayer* und *Ruoff* (1984, S. 23). Vgl. außerdem die neu zusammengestellten Schriften Gerhard *Kaminskis*, hrsg. von G. *Drexel* (*Kaminski,* 2006, bes. S. 184–205).

vation) oder Verhaltensweisen. Sie zeigten weder aggressiveres Verhalten als „normale" Kinder und verhielten sich im Durchschnitt weder ängstlicher noch weniger ängstlich als sie. Der einzige gravierende Unterschied bestand in der Darstellung ihres „Körperbildes", also der Selbsteinschätzung ihrer körperlichen Fähigkeiten und Fertigkeiten. Kinder und Jugendliche im Hochleistungssport zeichneten ein wesentlich positiveres und differenzierteres Bild von sich und ihrem Körper als die Kinder der Vergleichsgruppen – wie wohl auch nicht anders zu erwarten, und wie es auch in den weiteren Untersuchungen zum Kinderhochleistungssport bestätigt wurde (zusammenfassend *Daugs, Emrich & Igel*, 1998).

Diese Untersuchungen haben für sich genommen nicht unmittelbar etwas mit Pädagogik zu tun; denn die Berechnung der durchschnittlichen Schulnoten oder des zur Verfügung stehenden Zeit-Haushalts der Kinder und Jugendlichen im Hochleistungssport ist pädagogisch zunächst nur von geringer Aussagekraft. Dies ändert sich jedoch, wenn diese statistisch ermittelten Ergebnisse über das den Kindern zur Verfügung stehende Zeit-Budget psychologisch und pädagogisch interpretiert werden. In den genannten Untersuchungen wurden auch Erkenntnisse über die Einstellungen und Verhaltensweisen der Kinder gewonnen. Sie können als Ausdruck der psychischen und sozialen Verfassung der Kinder in einer besonderen Lebenssituation gewertet werden.

Der Ausbau von Leistungszentren, Spezialschulen Sport und die Einführung von Eliteschulen des Sports in der jüngeren Vergangenheit haben zu keiner grundsätzlichen Veränderung der Situation von Kindern und Jugendlichen im Leistungs- und Spitzensport geführt. Trotz verbesserter Rahmenbedingungen und einer optimierten, professionelleren Beratung und Betreuung bleibt das Problem, dass die Betroffenen die Balance zwischen schulischen Anforderungen einerseits und sportlichen Herausforderungen andererseits schaffen müssen. Und wenn sie es nicht schaffen oder nicht mehr schaffen möchten, was in vielen Fällen geschieht, gilt es, ein neues Leben ohne Hochleistungssport führen zu können.[20]

Die sportpädagogische Bedeutung der empirischen Studien zum Kinderhochleistungssport

Aus den Ergebnissen der Untersuchungen lassen sich zunächst keine unmittelbaren pädagogischen Konsequenzen ableiten. Sowohl die Befürworter als auch die Kritiker des Kinderhochleistungssports bekommen durch sie Argumente geliefert, die ihre jeweilige Position stützen, die sie aber auch in Frage stellen können. Dies wird ausdrücklich auch als Ergebnis der Studie von *Richartz* und *Brettschneider* (1996) festgehalten, in der es darum ging, die Vereinbarkeit von Schule und Hochleistungssport zu untersuchen. Die Studie konnte interessante Fakten und Daten zu dieser Frage liefern, aber keine Antwort, ob es nun sinnvoll

---

[20] Siehe u. a. die neueren Untersuchungen von *Borchert* (2013) und *Hirschmann* (2017). Außerdem *Hoffmann, Sallen* und *Richartz* (2009), sowie *Güllich* und *Richartz* im Dritten Deutschen Kinder- und Jugendsportbericht (2015, S. 140–161).

oder wünschenswert ist, dass Kinder neben der Schule intensiv Sport treiben. Diese Frage lässt sich nur im Rückgriff auf pädagogisch-normative Argumente diskutieren bzw. beantworten. Wenn letztlich keine wesentlichen Unterschiede in der Entwicklung von „normalen" Kindern und Kindern im Hochleistungssport festgestellt werden konnten, relativieren sich zwar einerseits viele Argumente der Kritiker, weil die von ihnen behaupteten Schädigungen und psychischen oder psychosozialen Störungen nicht festzustellen waren. Aber die Befürworter müssen sich andererseits auch fragen, warum sie einem Kind die empirisch belegten großen Belastungen und Beanspruchungen des Hochleistungssports zumuten wollen, wenn es eigentlich keinen besonderen psychischen oder sozialen Gewinn daraus schöpfen kann.

Wissenschaftstheoretisch gesehen besteht das Problem darin, dass sich aus der Feststellung der Tatsachen, die solche empirischen Untersuchungen ermitteln, unmittelbar noch keine Bewertungen und Normen ableiten lassen. Welchen Sport wir für Kinder und Jugendliche wollen, nach welchen Regeln und Prinzipien sich dieser Sport richten soll, wie er organisiert werden muss, damit er sich positiv auf ihre Entwicklung auswirkt – solche Fragen müssen pädagogisch diskutiert und können nicht allein durch empirische Untersuchungen beantwortet werden. Sie liefern keine Antwort auf die Frage, ob man Kindern wirklich das abverlangen soll, was sie im Hochleistungssport leisten können. Die Ergebnisse der empirischen Untersuchungen zum Kinderhochleistungssport leisten so betrachtet einen wichtigen Beitrag, um die pädagogische Diskussion um Sinn, Möglichkeiten und Grenzen des Leistungs- und Hochleistungssports zu versachlichen und zu Entscheidungen zu kommen. Aber sie können das pädagogische Problem des Hochleistungssports nicht lösen. *Kaminski* selbst (aber auch *Richartz & Brettschneider*) möchte deshalb konsequenterweise mit seiner Untersuchung auch keine Antwort auf die Frage geben, ob Hochleistungssport für Kinder wünschenswert ist oder nicht, sondern begnügt sich mit der Feststellung von nachweisbaren Tatsachen über dieses Thema.

Das Verhältnis von Sein und Sollen ist ein grundlegendes Thema in der Philosophie und Ethik. Es ist logisch nicht möglich, vom Sein auf ein wünschenswertes Sollen zu schließen, ohne dass weitere Annahmen berücksichtigt werden. Wenn es doch geschieht, spricht man seit David *Hume* (1711–1776) von einem *Fehlschluss*. Am Beispiel des Kinderhochleistungssports könnte ein solcher Fehlschluss lauten: Tatsache ist, dass Kinder im Hochleistungssport bis zu 40 Stunden in der Woche trainieren. Daraus die Sollens-Aussage zu folgern: Kinder sollen keinen Hochleistungssport betreiben, wäre ein Fehlschluss. Logisch wird die Beziehung erst, wenn die zusätzliche Annahme erfolgt, dass Trainingsumfänge von 40 Stunden für Kinder nicht erlaubt oder nicht wünschenswert seien.

Mit anderen Worten: Ethische und moralische Grundannahmen, die rational begründet werden müssen, sind nötig, um Fehlschlüsse zu vermeiden und begründete Folgerungen aus Fakten schließen zu können.

Das Verhältnis zwischen den empirisch gewonnenen Tatsachen auf der einen und der pädagogisch-normativ geführten Diskussion um den Kinderhochleistungssport auf der anderen Seite ist deshalb keineswegs so klar und eindeutig, wie es auf den ersten Blick aussieht.

Denn welche „Tatsachen" des Kinderhochleistungssports wurden in der *Kaminski-Studie* ermittelt? Es handelte sich um Durchschnittswerte zur Situation von Kindern und Jugendlichen im Hochleistungssport allgemein, die aber über das persönliche Erleben und Empfinden des einzelnen Kindes und Jugendlichen noch nichts aussagen; denn obwohl im Durchschnitt keine wesentlichen Unterschiede zwischen „normalen" Kindern und Kindern im Hochleistungssport festgestellt werden konnten, kann es durchaus sein, dass im Einzelfall ein Kind beträchtlichen persönlichen Gewinn aus dem Sport ziehen, ein anderes aber erheblichen Schaden nehmen kann. Um diese Dimension des persönlichen, individuellen Erlebens und Empfindens im Sport ermitteln zu können, müssen andere, qualitative Verfahren angewendet werden als in einer quantitativ ausgerichteten Untersuchung. Gleichwohl handelt es sich bei solchen qualitativen Methoden der Erkenntnisgewinnung ebenfalls um empirische Methoden, ohne damit wertende, normative Absichten zu verfolgen.

Die Turnerinnen-Studie von Lotte Rose

Im Jahr 1991 wurde von der Kinder- und Jugendpsychologin Lotte *Rose*, selbst ehemalige Kunstturnerin, ein Buch mit dem Titel „Das Drama des begabten Mädchens" veröffentlicht, in dem dasselbe Problem unter einer anderen Blickrichtung behandelt wurde. Wie bei *Kaminski* war auch bei *Rose* die pädagogische Diskussion um den Kinderhochleistungssport Anlass ihrer Untersuchung. Sie stellte fest, dass diese Diskussion trotz der informativen und materialreichen *Kaminski*-Studie eigentlich keine Weiterentwicklung erfahren habe. Gegner und Befürworter des Kinderleistungs- und -hochleistungssports fühlten sich in ihren jeweils gegensätzlichen Auffassungen bestärkt; zu einer Annäherung der Standpunkte oder zu einer Lösung des Problems sei es nicht gekommen.
Rose ging davon aus, dass es bisher nicht gelungen sei, die beteiligten Kinder und Jugendlichen in ihrer seelischen Situation in einem tieferen oder tiefenpsychologischen Sinn zu verstehen. Warum setzen sich junge Kunstturnerinnen von frühester Kindheit an hartem Training und dem Dauerstress von Training, Wettkampf und Schule aus? Welchen Sinn hat dies für sie? Welchen Gewinn können sie daraus für sich ziehen?
Nach den Untersuchungsergebnissen von *Rose* scheint es so zu sein, dass die jungen Kunstturnerinnen, die sie intensiv interviewt und deren Aussagen sie psychoanalytisch ausgewertet und interpretiert hat, tatsächlich Nutzen aus ihrem Sport ziehen. Er besteht nach dem von Rose ermittelten Ergebnissen darin, dass der Leistungs- und Hochleistungssport für sie eine wichtige Möglichkeit darstelle, Sinnkrisen und Selbstzweifel ihrer kindlichen und jugendlichen Existenz zu überwinden. Nirgends haben sie das Gefühl, so viel Anerkennung und Sicherheit zu finden wie in ihrem Sport, nirgends fühlen sie sich so ernst genommen wie hier, und nirgends glauben sie so viel Zuneigung und Verständnis von engen Bezugspersonen wie Eltern, Trainern und Betreuern erfahren zu können wie in der Turnhalle. Der Preis ist hoch, aber für diese „Beglückungen", wie Rose schreibt, seien die jungen Kunstturnerinnen jederzeit bereit, einen hohen Preis zu zahlen. Die öffentliche Kritik an ihrem Sport empfinden sie als

persönliche Beleidigung. Einige waren sogar nur unter der Bedingung bereit, sich einem Interview zu unterziehen, dass keine negative Kritik an ihrem Sport geübt werde.

Im Unterschied zu der Untersuchung von *Kaminski* hat die Untersuchung von *Rose* eine andere Art kindlicher und jugendlicher Wirklichkeit ermittelt. *Kaminski* interessierte sich für die äußerlich beobachtbare und durchschnittlich geltende „Wirklichkeit". *Rose* für die innere, seelische „Wirklichkeit" einzelner Kunstturnerinnen. Beide Untersuchungen haben primär analytischen und nicht normativen Charakter.

Empirische Studien erfassen immer nur Ausschnitte der Wirklichkeit. Dies ist auch beim Thema Kinderleistungs- und -hochleistungssport der Fall. Beispielsweise wurde lange Zeit das Problem des sexuellen Missbrauchs von Kindern und Jugendlichen im Sport und anderen Einrichtungen nicht erkannt und empirisch erfasst. Dies wurde erst möglich, nachdem durch kritische öffentliche Debatten dieses Tabu gebrochen und dann begonnen werden konnte, das Problem systematisch empirisch zu erfassen. Aber auch Einzelfälle von sexuellem Missbrauch im Sport sowie darüber hinaus in anderen Institutionen haben u. a. dazu geführt, dass versucht wurde, durch besondere Maßnahmen und Programme Kinder und Jugendliche vor diesen Gefahren zu schützen (*Ohlert* u. a., 2018).

Kinderhochleistungssport – normativ betrachtet

Normativ sind die Folgerungen, die aus empirischen Untersuchungen, hier am Beispiel von *Kaminski* und *Rose* verdeutlicht, zu ziehen sind. Nicht-normative, empirische Untersuchungen sind unentbehrlich für eine sinnvolle und fruchtbare Diskussion des Problems „Kinder im Hochleistungssport", aber sie können es nicht lösen. Es handelt sich streng genommen auch nicht um ein Problem, das pädagogisch „lösbar" wäre, sondern das Ziel einer pädagogischen Beschäftigung besteht vor allem darin, den Kinderleistungs- und -hochleistungssport in seinen menschlichen und ethischen Bezügen zu beleuchten, ihn kritisch zu begleiten und ggf. die Beteiligten im Hinblick auf ihr Denken und Handeln zu beraten.

Aber an welchen Maßstäben und Normen kann sich eine solche Beratung orientieren? Wie kommen die „Normen" zustande, nach denen entschieden wird, was im Sport mit Kindern geboten und was verboten, was getan oder besser gelassen werden sollte?

In totalitären Staaten und Gesellschaften können solche Normen autoritär von oben herab bestimmt werden. Aber in offenen Gesellschaften muss in der Diskussion argumentativ eine Vorstellung davon entwickelt werden, welche Normen des Sporttreibens und der sportbezogenen Erziehung gelten sollen. Diese Normen dienen dazu, den Handlungsspielraum des Einzelnen zu definieren. D. h., festzulegen, wo die Grenze zum gesellschaftlich nicht mehr erlaubten und akzeptierten verläuft. Die Sportpädagogik muss zu dieser Diskussion beitragen. Für den Kinderhochleistungssport ist man in (West-)Deutschland zu einem Ergebnis gelangt, wie es z. B. 1983 in der vom Deutschen Sportbund verabschiedeten Grundsatzerklärung „Kinder im Leistungssport" festgehalten worden ist und wie es im Großen und Ganzen auch von der Sportpädagogik vertreten wird (*Haag, Kirsch & Kindermann,* 1991, 256 ff.; *Grupe,* 1984 a). Dort ist davon die Rede, dass die Grundsätze eines „humanen" Sports selbstverständlich und ganz besonders für Kinder im Leistungssport gelten müssen. Außerdem müsse dieser Sport „kindgerecht" oder „kindgemäß" sein, und er dürfe die Entwicklung der Kinder in gesundheitlicher, psychischer, geistiger und sozialer Hinsicht nicht beeinträchtigen, sondern solle und müsse sie fördern. Diese Grundsätze eines humanen Sports fügen sich in die internationalen Bemühungen ein, Maßstäbe von Humanität generell zu definieren. Ein wichtiger, international konsensfähiger Maßstab sind die von der UNO verabschiedeten Erklärungen zu den Menschen- und Kinderrechten, insbesondere die UN-Kinderrechtskonvention aus dem Jahr 1989. Gegen sie darf natürlich auch im Sport nicht verstoßen werden. Ob und inwiefern diese Rechte auch beachtet und eingefordert werden können, ist eine andere, eher politische Frage.

Kindheit und Kindgemäßheit

Was heißt „kindgemäß", und wie sollte eine positive „Entwicklung" eines Kindes in gesundheitlicher, psychischer, geistiger und sozialer Hinsicht heute aussehen? Kann ein leistungssportliches Training dazu beitragen, Kinder in ihrer Entwicklung zu fördern?
Solche „normativen" Fragen und Begriffe sind Gegenstand der Diskussion in der Sportpädagogik.[21] Diese Diskussion muss berücksichtigen, dass sich Vorstellungen über „Kindgemäßheit" im Laufe der Geschichte verändert haben und dass sie von Kultur zu Kultur unterschiedlich ausgeprägt sind. Allerdings ist es in der UN-Kinderrechtskonvention von 1989 auch gelungen, einen weltweiten Konsens über die Bedürfnisse und Rechte von Kindern zu formulieren, einschließlich der Verpflichtung der Erwachsenen, Kinder zu schützen (Deutsches Kinderhilfswerk e.V., 2018). Wie bei allen solchen politischen Konventionen, Memoranden oder Erklärungen handelt es sich nicht um Beschreibungen der Wirklichkeit, sondern um Absichts- und Willensäußerungen. Die Wirklichkeit soll sich an den Visionen einer besseren und kinderfreundlicheren Welt orientieren.
Was unsere Vorfahren ihren Kindern an körperlicher Arbeit zumuteten, entspricht längst nicht mehr unseren heutigen Vorstellungen über „kindgemäße" Erziehung. Umgekehrt wären frühere Generationen verwundert über das Maß an Vernachlässigung auf der einen und Überversorgung unserer Kinder auf der anderen Seite, mit dem die heutige Generation von Kindern fertig werden muss. Für die

---

[21] Vgl. im Überblick *Grupe* (2000); außerdem *Prohl* (2005) sowie spezifisch zur Pädagogik des Leistungssports die Beiträge im Sammelband von *Prohl* und *Lange* (2004).

Kinder in den Großstadt-Slums von Entwicklungsländern oder bei Naturvölkern gilt ein anderer Begriff von „kindgemäß" als für behütete Kinder aus Wohlstandsfamilien.[22]

Diese interkulturellen Aspekte von „Kindheit" wirken sich auch im modernen Leistungs- und Hochleistungssport aus; denn bei internationalen Wettkämpfen, Weltmeisterschaften und Olympischen Spielen treffen Athleten zu gleichen Bedingungen, aber mit unterschiedlichsten Voraussetzungen und Vorgeschichten im sportlichen Wettkampf aufeinander. Der jeweilige kulturelle Hintergrund, vor dem sich die kindliche und sportliche Entwicklung von Athleten vollzieht, spielt auch für den sportlichen Erfolg eine wichtige Rolle.

Eine Aufgabe der modernen Sportpädagogik besteht deshalb darin, im historischen und interkulturellen Vergleich zu untersuchen, was „Kindheit" und „Kindgemäßheit" heute jeweils bedeuten und welchen Stellenwert Bewegung, Spiel und Sport in der Entwicklung von Kindern und Jugendlichen haben. Schließlich müssen die normativen Grundlagen der Diskussion über Sinn und Unsinn des Kinderhochleistungssports offengelegt, und es muss ggf. Stellung bezogen werden, wenn gegen die für richtig befundenen Werte, Normen und Maßstäbe verstoßen wird.

Wie die US-amerikanische Autorin Joan *Ryan* bereits 1996 in ihrem Buch „Little Girls in Pretty Boxes: The Making and Breaking of Elite Gymnasts and Figure Skaters" geschrieben hat (*Ryan,* 1996), tendieren solche Subkulturen des Hochleistungsturnens und Eislaufens im Kindes- und Jugendalter nicht nur dazu, dass Kinder und Jugendliche zu besonderen Leistungen befähigt werden, sondern auch zu Gewalt, Missbrauch und sexuellen Übergriffen gegenüber Schutzbefohlenen. Der im Jahr 2018 aufgedeckte Skandal um Missbrauch und Gewalt in der amerikanischen Kunstturnszene um den Verbandsarzt Larry Nassar hat diese Analyse leider bestätigt.[23]

Es ist deshalb eine besondere Aufgabe und Herausforderung der Sportpädagogik, den Sport von Kindern und Jugendlichen kritisch zu analysieren und zu begleiten, um solche Praktiken, die durch nichts zu rechtfertigen sind, aufzudecken und zu verhindern. Kinder müssen auch vor ihren Erziehern und Trainern geschützt werden. Missbrauch und Gewalt, die von Eltern und Erziehern ausgehen, sind gerade deshalb besonders perfide, weil Kinder ihren Eltern und Erziehern grundsätzlich vertrauen und sich auf sie verlassen können müssen. Wird dieses anthropologisch und existentiell begründete Urvertrauen missbraucht und zerstört, hat dies gravierende Folgen für die weitere Entwicklung zum Jugendlichen und Erwachsenen.

Ein besonderes Merkmal von Kindheit in modernen, industriell und technisch entwickelten Ländern besteht darin, dass körperliche Erfahrungen und Bewegungen keine oder immer weniger selbstverständliche und „natürliche" Elemen-

---

[22] Aktuelle Daten und Informationen über die Situation von Kindern und Jugendlichen liefern die regelmäßigen Berichte der UNICEF, des Kinderhilfswerks der Vereinten Nationen (https://www.unicef.org/ (Zugriff 15.05.2018)).

[23] Siehe u. a. den Artikel in der New York Times vom 20.04.2018 von Christine *Hauser.*

te in der Entwicklung von Kindern und Jugendlichen darstellen. Dies äußert sich zum einen darin, dass mit dem Leistungs- und Hochleistungssport ein Bereich entstanden ist, in dem bereits im frühen Kindesalter für einige wenige Kinder höchste körperliche Fähigkeiten und Fertigkeiten in oft hoch spezialisierter Form erworben und trainiert werden. Auf der anderen Seite sind aber für die überwiegende Mehrzahl von Kindern in den reicheren Ländern der Erde eher Bewegungsarmut und ein Nachlassen körperlicher Beanspruchungen und konditioneller Leistungsfähigkeit festzustellen. Der hohe Anteil kognitiver Inhalte im Bildungswesen hat ebenso dazu geführt, die körper- und bewegungsorientierten Anteile, körperliches Können, körperliche Leistung, körperliches Üben in der kindlichen und jugendlichen Entwicklung in den Hintergrund zu drängen. Die durch Verkehr und Verbauung eingeschränkten Spiel- und Bewegungsmöglichkeiten, besonders in den Städten, tragen zur „Verhäuslichung" und damit auch zur vielfach beklagten Bewegungsarmut von Kindern und Jugendlichen bei. Ein weiterer, gravierender Aspekt stellt die Entwicklung und Verbreitung digitaler Medien dar, durch die Kinder und Jugendliche an Handys, Tablets und Bildschirme gebannt werden. Spiel und Bewegungszeit an der frischen Luft durch eigene, authentische, über den ganzen Körper gewonnene Erfahrungen und Erlebnisse treten hinter sekundäre, vermittelte Erfahrungen aus zweiter Hand zurück.

Am Beispiel Kinderhochleistungssport wird deutlich, dass Sportpädagogik mehr ist als eine empirisch-analytisch orientierte wissenschaftliche Disziplin. Sie muss sich auch um die Diskussion von Normen, Zielen und Aufgaben des Sports kümmern. Das Besondere besteht aber darin, dass diese Normen- und Zieldiskussion nicht unabhängig von der empirisch-analytischen Forschung stattfindet, sondern dass sie die Ergebnisse dieser Untersuchungen ausdrücklich einzubeziehen hat.

Was kann jedoch Sportpädagogik konkret leisten, um die schwierigen normativen Fragen im Zusammenhang des Kinder(hoch)leistungssports beantworten zu können? Unter den Bedingungen eines freiheitlich-demokratischen Rechtsstaats, in dem über Erziehungsfragen grundsätzlich die Eltern und Erziehungsberechtigten entscheiden und dem Staat die Verantwortung und Pflicht zukommt, das Wohl des Kindes zu schützen (manchmal auch vor den Eltern), kommt der Sportpädagogik in erster Linie die Aufgabe einer kompetenten Beratung zu. Sie bezieht sich sowohl auf das einzelne Kind und dessen Eltern, Trainer und Betreuer als auch auf Vereine, Verbände und staatliche Instanzen, die entsprechende Informationen benötigen, um sachgerechte grundsätzliche Entscheidungen treffen zu können. Ein generelles „Ja" oder „Nein" zum Kinderhochleistungssport lässt sich aus dem derzeitigen Wissensstand nicht ableiten. Verantwortungsbewusste Sportpädagogen – zu ihnen gehören auch und vor allem Trainerinnen und Trainer – haben die Aufgabe, die ihnen anvertrauten Kinder nach den Grundsätzen eines humanen Leistungssports so lange zu führen, bis sie alt und erwachsen genug sind, um über ihren Sport und die Intensität, in der sie ihn betreiben, selbst entscheiden zu können. Das jedenfalls ist das pädagogische Ziel, das mit dem Schlagwort des „mündigen Athleten" bezeichnet wird und unabhängig von den einzelnen Sportarten erreicht werden soll.

2.3 Mädchen und Jungen– Koedukation als Thema der Sportpädagogik

An einem weiteren Beispiel kann gezeigt werden, wie sich sportpädagogische „Bewertungen" sportlicher Praxis auf Grund veränderter gesellschaftlicher Rahmenbedingungen und eines unterschiedlich eingeschätzten Problemhorizonts ändern können und wie die empirisch-analytische Wissenschaft von diesen Voraussetzungen geprägt wird – und umgekehrt. Es handelt sich um die Frage, ob Mädchen und Frauen denselben oder einen anderen Sport treiben sollen als Jungen und Männer und ob sie im Sportunterricht gemeinsam oder getrennt zu unterrichten sind – kurz Koedukation genannt. Das Thema Koedukation im Sportunterricht wirft darüber hinaus die Frage auf, ob und inwiefern Sport überhaupt geschlechtsspezifisch ausgerichtet sein sollte, oder anders: wie er sein soll oder muss, um für Mädchen und Jungen gleiche und faire Chancen zu bieten.

Dieses Problem ist in der Geschichte der Leibeserziehung und Sportpädagogik unterschiedlich behandelt worden. Dabei zeigt sich, dass die empirische und die normative Ebene der Sportpädagogik aufeinander bezogen sind. Empirische Untersuchungen und Analysen stehen nicht unabhängig und wertfrei neben Werturteilen bzw. pädagogischen Normfragen. Beide sind miteinander verflochten und in einen gemeinsamen, historischen und sozialen Kontext eingebunden.

Vom Männerturnen zum Frauensport

Historisch gesehen war der Sport lange Zeit, im Grunde bis in die jüngste Vergangenheit, „Männersache". Die ersten Turnvereine in Deutschland, die in der Mitte des 19. Jahrhunderts gegründet wurden, nannten sich „Männerturnvereine". Aber auch der eher auf Leistung und Wettkampf ausgerichtete Sport aus England, der sich seit Anfang des 20. Jahrhunderts in Deutschland ausbreitete, wurde überwiegend von Männern ausgeübt. Sport, auch der Wettkampf orientierte Sport, wurde zwar schon damals von einigen Mädchen und Frauen betrieben, wie der amerikanische Historiker und Soziologe Allen *Guttmann* in seiner Geschichte des Frauensports ausführte, dies blieb allerdings die Ausnahme.[24]

---

[24] *Guttmann* (1991). Vgl. außerdem und im Einzelnen die Internationale Enzyklopädie zum Frauensport (International Encyclopaedia of Women and Sport) (2001).

Die Folge war, dass der Turn- und Sportunterricht an den Schulen anfangs nur für Jungen vorgesehen war. Erst gegen Ende des 19. Jahrhunderts wurde Turnen und Gymnastik für Mädchen zu einem verbindlichen Unterrichtsfach, zunächst nur an Gymnasien, dann auch an Mittel- und Volksschulen. Es war bis weit ins 20. Jahrhundert hinein selbstverständlich, dass der Turn- und Sportunterricht nicht für Jungen und Mädchen gemeinsam, sondern getrennt geschlechtlich stattfand, und dass für Mädchen die Inhalte dieses Unterrichts anders aussehen mussten als für Jungen. Mädchen sollten im Sportunterricht Haltungs-, Kräftigungs- und gymnastische Übungen machen und in bestimmten Ordnungsformen wie dem Reigen tanzen, auch ausgewählte Übungen an den Geräten durften sie turnen. Jungen sollten Frei- und Ordnungsübungen absolvieren, exerzieren, an Geräten turnen und Kampf- und Wettspiele bestreiten.[25]
Hinter dieser geschlechtsspezifischen Praxis des Turn- und Sportunterrichts stand ein anderes Rollenbild von Mann und Frau in der Gesellschaft, als es heute gesehen wird. Jungen sollten zu Männern erzogen werden, die stark, kräftig, mutig und diszipliniert in Turnen und Sport zu unterrichten waren, auch um sich im Krieg zu bewähren. Mädchen sollten in Leibesübungen und Gymnastik unterrichtet werden, um sich anmutig und geschickt bewegen und um als gesunde Frauen ihre Aufgaben als Ehefrau und Mutter gewissenhaft erfüllen zu können. Turnen, Tanz, Gymnastik und gesellige Spiele sollten zu dieser Erziehung beitragen. „Starke werden von Starken geboren" – lautete das eine Argument für die Begründung von Leibesübungen für Mädchen (*Pfister & Langenfeld,* 1980, S. 490), und das andere: „Das Turnen der Knaben möge an den Exerzierplatz, das der Mädchen an den Tanzsaal erinnern". So hatte sich um die Jahrhundertwende der Turnlehrer Schettler ausgedrückt (nach *Neuendorff,* o. J./IV, S. 417).

Weibliche Sport-Rollen

In diesem Turnunterricht, wie er seit dem 19. Jahrhundert und bis in die 1960er Jahre üblich war, spiegelte sich eine vergleichsweise klare, binäre geschlechtsspezifische Rollenverteilung wider. Sie beruhte auf der Vorstellung vom sozusagen naturgegebenen, unterschiedlichen „Wesen" von Mann und Frau. Dies wurde darin gesehen, dass Mann und Frau grundsätzlich verschieden veranlagt seien, sowohl in Bezug auf ihre biologische Ausstattung, ihre körperlichen Kräfte und Möglichkeiten als auch im Hinblick auf geistige, emotionale oder seelische Faktoren. Die männliche und weibliche Sozialisation verlief sehr unterschiedlich. Dasselbe galt für die Erziehung von Mädchen und Jungen.[26] Diese für angebo-

---

[25] Die Geschichte des Mädchen- und Frauensports in Deutschland ist insbesondere von *Pfister* (1980; 1988) und *Pfister* und *Langenfeld* (1980; 1982) bearbeitet worden. Aktuellere Arbeiten von *Müller-Windisch* (1995) widmen sich besonders dem Aufschwung des Frauensports in den 1920er Jahren.

[26] Aus feministischer Sicht hat sich besonders *Hagemann-White* (1984) mit den spezifischen Bedingungen weiblicher Sozialisation beschäftigt.

ren, natürlich und dauerhaft gehaltenen Unterschiede der Geschlechter recht-
fertigten die gesellschaftliche Vorrangstellung des Mannes vor der Frau; und sie
waren letztlich für die grundsätzliche Unterscheidung der Ziele und Inhalte des
Turn- und Sportunterrichts für Mädchen und Jungen verantwortlich. Es ist einleuchtend, dass auf dieser Grundlage ein gemeinsamer, koedukativer Turn- und
Sportunterricht von Jungen und Mädchen nicht angestrebt war. Dies galt bis in
die 1970er Jahre.

Ein weiterer Grund, der das gemeinsame Turnen und Sporttreiben von Jungen
und Mädchen verhinderte, bestand in den für heutige Verhältnisse strengeren
Vorstellungen von Sittlichkeit und Moral, die sich äußerlich in den behindern-
den Kleidervorschriften für Mädchen beim Turnen und Sporttreiben äußerten.
Die Moralvorstellungen beruhten wiederum auf dem starken Einfluss, den Religion und Kirche auf das Denken, Empfinden und Verhalten der Menschen
ausübten.[27]

In der Praxis, besonders des Vereinsturnens, aber auch in der Schule, war dies
trotzdem kein Hindernis für gelegentlich gemeinsamen Turnunterricht und für
gemeinsames Turnen und Spielen von Jungen und Mädchen außerhalb des
Unterrichts, wenn etwa organisatorische Gründe oder Personalmangel keine
andere Lösung zuließen. Am Anfang des schwäbischen Vereinsturnens stand
beispielsweise ein Mädchen: Bertha Buhl, die Tochter des „schwäbischen Turn-
vaters" Johannes Buhl aus Schwäbisch Gmünd. Er erteilte ab 1839 seiner Tochter „Turnunterricht", dem sich bald 25 bis 30 weitere Jungen und Mädchen
anschlossen. Als dann jedoch 1843 eine „Turnschule" in Gmünd vom Stadtrat
genehmigt und errichtet wurde, durften die Mädchen nicht mehr mitturnen
(*Sieber-Könnecke*, 1988, S. 52 f.).

Wissenschaftliche „Tatsachen"

Die Auffassung vom naturgegebenen „Wesen" von Mann und Frau wurde auch
durch medizinische und naturwissenschaftliche Erkenntnisse gestützt. Die – aus
heutiger Sicht – abenteuerlichsten „wissenschaftlichen" Argumente wurden bis
in die jüngste Vergangenheit vertreten. Dass eine zu kräftige Muskulatur Gebur-
ten erschweren oder unmöglich machen würde, dass bestimmte Sportarten wie
Reiten oder Radfahren für Frauen ungeeignet seien, weil sie die „Beckenorgane
erschüttern", dass das Schwimmen im kalten Wasser ebenso zu vermeiden sei
wie „Überhitzungen", weil sich diese negativ auf die Menstruation auswirken
würden; überhaupt sollte die Frau während der Menstruation keinen Sport treiben, schon gar nicht Leistungs- und Wettkampfsport. Es wurde behauptet, dass
Frauen aufgrund ihres Stoffwechsels und ihres Herz-Kreislauf-Systems für Aus-
dauerleistungen nicht geeignet seien. Herz und Lunge seien bei der Frau kleiner

---

[27] Siehe dazu wieder *Pfister* (1980) und *Pfister* und *Langenfeld* (1980, S. 498 ff.). Zur
Entwicklung der Turn- und Sportkleidung vgl. den Ausstellungskatalog „Sports-
wear" des Textilmuseums Krefeld (1992); außerdem *Müller-Windisch* (1995).

und weniger leistungsfähig als beim Mann, und außerdem hätten Frauen weniger rote Blutkörperchen als Männer. „Die Konstitution der Frau verträgt lediglich eine moderate körperliche Belastung", schrieb der englische Arzt Donald *Walkers* 1836 im Handbuch „Physical Exercises for Ladies", in dem erstmals Übungen zur weiblichen Körperertüchtigung empfohlen wurden.[28] Diese Auffassung war nicht nur typisch für die Verhältnisse im strengen und steifen viktorianischen England des 19. Jahrhunderts, sondern ebenso für die in Deutschland.

Schon um die Jahrhundertwende und dann besonders während der 1920er Jahre kämpften einige mutige Frauen und Ärztinnen gegen diese scheinbar wissenschaftlich belegte Meinung von den Besonderheiten des weiblichen Körpers an. „Es gibt keinen weiblich gebauten und weiblich arbeitenden Muskel", protestierte Alice *Profé* (1928, S. 100 f.); „es gibt kein anders geartetes weibliches Blut, keine weibliche Atmung, die besonders zu schwunghaften Übungen befähigt."[29]

Aber wie schwer sich diese Auffassung auch in der Medizin und den Naturwissenschaften durchsetzte, wird daran deutlich, dass noch in den fünfziger und sechziger Jahren des 20. Jahrhunderts von den besonderen Leibesübungen für Mädchen und Frauen gesprochen wurde: „Die Leibesübungen müssen der Eigenart des fraulichen Organismus angepasst sein", forderte die Sportärztin und Leistungssportlerin Ingeborg *Bausenwein*, und diese bestünde im Wesentlichen in der „Aufgabe der Fortpflanzung" (*Deutsches Turnen*, 1954, H1, S. 13). Noch vor 40 Jahren wurde wissenschaftlich festgestellt, „dass die Höhe der Dauerleistungsfähigkeit der Frau um etwa ein Drittel geringer ist als die des Mannes" (*Hollmann*, 1962, S. 68). Die Leistungsverbesserungen im Frauensport seien zwar größer als bei den gleichen Sportarten der Männer, stellte *Frucht* (1960, S. 244) fest, aber ein Unterschied bliebe bestehen: „Die Geschlechtsdifferenz der Muskelkraft ist naturgegeben und insofern unabänderlich" (S. 251).

Solche medizinischen „Tatsachen" wurden durch sittliche und moralische Argumente ergänzt, und zusammen genommen stützten sie die Auffassung, dass Turnen und Sport getrennt für Knaben und Mädchen zu unterrichten seien, erteilt von Turn- und Sportlehrerinnen für Mädchen sowie Turn- und Sportlehrern für Knaben.

In den medizinischen und biologischen Wissenschaften ist bis heute umstritten, ob und welche genetisch bedingten Unterschiede zwischen Männern und Frauen sich tatsächlich und in welcher spezifischen Weise auf ihre Leistungsfähigkeit auswirken. Unterschiedliche Wettkampfklassen zwischen Männern und Frauen in den Wettkampfsportarten lassen sich wissenschaftlich begründet jedoch nur

---

[28] Zit. nach *Müller-Windisch* (1995, S. 30 ff.), die in ihrem Buch über die Anfänge des Frauensports im viktorianischen England eine Fülle von Aussagen englischer Ärzte des 19. Jahrhunderts anführt, die das Sporttreiben als schädlich für die Gesundheit von Mädchen und Frauen bezeichneten.

[29] Die Berliner Ärztin Alice *Profé* setzte sich in den 1920er Jahren mit solchen Argumenten und Vorurteilen auseinander. Siehe ihren Artikel „Soll auch die Frau turnen und Sport treiben?" (1928).

dann aufrechterhalten, wenn es tatsächlich genetisch bedingte sportlich-motorische Leistungsunterschiede zwischen Männern und Frauen gibt. Aus biologischer Sicht ließe sich nach heutigem Wissensstand in den Kraftdisziplinen ein Unterschied in der Schnellkraft rechtfertigen; weniger jedoch in Disziplinen, in denen Ausdauer, Koordination und Beweglichkeit leistungslimitierende Faktoren darstellen. In der absoluten Leistungsspitze der so genannten c-g-s-Sportarten, also diejenigen Disziplinen, in denen die Leistungen „objektiv" nach Zentimetern, Gramm und Sekunden gemessen werden können, bleibt ein „ewiger Geschlechtsunterschied" – je nach Sportart und Disziplin – bestehen, der sich letztlich nur genetisch erklären ließe. Dies gilt im Übrigen auch für genetische Unterschiede zwischen anderen Menschengruppen. [30]
Inzwischen hat sich die medizinische und sozialwissenschaftliche Geschlechterforschung auch mit Fragen des *Transgendering* befasst, also mit Menschen, deren Geschlecht von Geburt an entweder nicht eindeutig feststeht, deren Zuordnung zu einem Geschlecht sich im Laufe des Lebens geändert hat, durch medizinisch-pharmakologische Maßnahmen verändert oder aufgrund sozialer und psychologischer Faktoren neu definiert wurde (*Budrich*, 2010).

Gleichheit und Koedukation

Erst in den 1970er und 1980er Jahren erfolgte ein Umdenken und eine Abkehr von dem bisher vorherrschenden binären Geschlechterverständnis, sodass eine Beteiligung von Mädchen und Frauen an (fast) jeder Art von Sport möglich wurde. [31] Nun wurde eher umgekehrt der getrennt geschlechtliche Unterricht im Sport für „unnatürlich" gehalten, weil dadurch das „natürliche" Verhältnis der Geschlechter zueinander gestört würde (vgl. *Alfermann*, 1992). Auch in der Medizin wurde nicht mehr ernsthaft die Auffassung vertreten, dass medizinisch-biologische Gründe für eine besondere Art von Sport für Mädchen und Frauen sprächen. Vielmehr wurde behauptet, dass der weibliche Körper für jeden Sport grundsätzlich genauso geeignet sei wie der von Männern. „Für beide Geschlechter ist ... leistungsphysiologisch wie biochemisch ein qualitativ vergleichbares Verhalten unter körperlicher Aktivität nachweisbar. Negativfaktoren, die eine physiologische Gefährdung der Frau im Leistungssport darstellen könnten, lassen sich sportmedizinisch nicht darstellen." Es gebe Hinweise, so die Sportmediziner

---

[30] Die medizinischen bzw. sportmedizinischen Wissenschaften sind sich über diesen Unterschied letztlich nicht einig. Dass es einen solchen absoluten Unterschied gibt, stand jedoch in einem Artikel in der angesehenen amerikanischen Fachzeitschrift „Science" (Bd. 305, S. 639 vom 30.07.2004) unter der Überschrift „An Everlasting Gender Gap?" Es bleibt gleichwohl schwierig, wenn nicht unlösbar, biologische von historischen und sozialen Geschlechtsunterschieden trennen zu wollen.

[31] Dieser „Revolutionary Change" setzte nach Auffassung von *Guttmann* erst mit der Frauenbewegung der 1980er Jahre ein und wirkte sich auch nachhaltig auf den Frauen-Wettkampfsport aus (1991, S. 207 ff.).

Alois *Berg* und Josef *Keul,* dass Frauen wegen des höheren Fettgewebeanteils für den „Langzeitausdauerbereich" biologisch gesehen besser geeignet seien als Männer (*Berg & Keul,* 1988, S. 156).

Die „wissenschaftlich" belegte und auf „Tatsachen" beruhende Begründung für einen getrennten und unterschiedlichen Sport und Sportunterricht für Mädchen und Frauen fiel damit weg. Die Forderung nach einem koedukativen Sportunterricht konnte sich auf neue Erkenntnisse der Medizin und (Natur-) Wissenschaft stützen. Gleichzeitig änderten sich auch die „normativen" Argumente in der Frage eines getrennt geschlechtlichen oder koedukativen Sportunterrichts. Nur dieser koedukative Sportunterricht werde der demokratisch-egalitären Forderung nach Chancengleichheit von Frauen und Männern in der Gesellschaft gerecht. Die bisher getrennt geschlechtliche Erziehung habe dazu geführt, dass auch die gesellschaftlichen und sozialen Unterschiede sowie das „Machtgefälle" zwischen Männern und Frauen verstärkt würden. Diese Argumentation stützte sich zum großen Teil auf feministische und strukturalistische Ansätze in den Sozialwissenschaften, nach denen das Geschlecht in erster Linie eine soziale Konstruktion („gender") und weniger eine biologische Tatsache („sex") sei.[32]

Diese Auffassung wurde durch sozialwissenschaftliche Erkenntnisse gestützt, nach der die spezifische Sozialisation und Erziehung von Frauen und Mädchen zu der beklagten Ungleichheit der Geschlechter führten (*Heinemann,* 2007, S. 252–161). In einer auf Trennung der Geschlechter beruhenden Erziehung und im getrennt geschlechtlichen Unterricht würden Mädchen zu angepassten Frauen und Jungen zu angepassten Männern erzogen. Traditionelle Rollenbilder, die mit zur Diskriminierung der Frauen in der Gesellschaft geführt hätten, würden verstärkt. Um veraltete gesellschaftliche Strukturen zu verändern, die Benachteiligungen von Mädchen und Frauen in der Gesellschaft abzubauen und ihnen die gleichen Chancen zu eröffnen wie Männern, dürfte sich auch die Erziehung von Mädchen nicht von der von Jungen unterscheiden.

Der Ruf nach Gleichstellung und Emanzipation der Frau ging mit der Forderung einher, dass die Vorrangstellung und Macht der Männer in der Gesellschaft gebrochen werden müssten. Dies bedeutete im Bereich des Sports die Öffnung des Sports insgesamt und besonders der traditionell männlichen Sportarten für Mädchen und Frauen. Koedukation, also der gemeinsame Unterricht von Mädchen und Jungen mit dem Ziel des Abbaus geschlechtsspezifischer Unterschiede und der gesellschaftlichen Benachteiligung von Mädchen und Frauen wurde auch im Sportunterricht in weiten Teilen umgesetzt.[33]

---

[32] Siehe im Überblick den Artikel „Koedukation" von *Alfermann* im *Sportwissenschaftlichen Lexikon* (2003, S. 294 f.). Grundlegend für die feministische Perspektive ist *Hagemann-White* (1984) sowie *Butler* (1991; 2003).

[33] Vgl. zusammenfassend den Lexikonartikel von *Alfermann* (2003) und die Arbeiten von *Kugelmann* (1980; 1996a; 1996b), in denen die Argumente für koedukativen Sportunterricht diskutiert werden.

Von der Gleichheit zur Parteilichkeit

Insgesamt treiben jedoch immer noch weniger Frauen als Männer Sport. Männersportarten wie Fußball dominieren die Medien. Die Bemühungen, Frauen-Fußball populär zu machen, wurden eher halbherzig betrieben und sind lange Zeit nicht auf die erhoffte Resonanz gestoßen. Die (Männer) Fußball-WM 2006 hat jedoch auch einen Aufschwung für den Frauenfußball gebracht. Auffallend und in dieser Weise in Deutschland noch nicht beobachtet, war die Tatsache, dass Frauen und Mädchen inzwischen einen Großteil der „Fans" in den Fußballstadien ausmachen. Gleichwohl gilt, dass Mädchen und Frauen zwar in größerem Umfang den Weg zu Bewegung, Spiel und Sport, auch zum Fußball, gefunden haben als früher, aber trotz des unbestrittenen Frauen-Fußballbooms ist dies vor allem in ausgesprochen „weiblichen" Sportarten wie Gymnastik und Tanz der Fall. Die alten „Männerturnvereine" des 19. Jahrhunderts sind heute überwiegend Frauen-Gymnastik-Freizeit-Vereine mit zum Teil mehr als 70% weiblichen Mitgliedern. In der Sport-„Führung" sind Frauen jedoch nach wie vor unterrepräsentiert; ebenso bei den Trainerberufen.[34] In diesem Punkt unterscheidet sich der Sport auch nicht von anderen Bereichen der Gesellschaft.

Trotz Koedukation ist die Ungleichheit der Geschlechter in der Gesellschaft nicht beseitigt worden; dies gilt auch für den Sport. Mädchen und Frauen haben sich zwar prinzipiell alle Sportarten – sogar das Boxen – erobert und bei den Olympischen Sommerspielen 2016 in Rio de Janeiro gab es in allen Sportarten Wettbewerbe für Männer und Frauen. Der Frauenanteil insgesamt lag jedoch nur bei 45%.

Selbst von denen, die noch vor wenigen Jahren engagiert für die Koedukation in der Erziehung und in der Sporterziehung eintraten, wird heute Koedukation kritischer gesehen oder gar abgelehnt. Koedukation habe die Benachteiligung von Mädchen und Frauen sogar eher verstärkt als beseitigt.[35] Chancengleichheit werde durch Koedukation schwieriger als durch getrennt geschlechtliche Erziehung. Gefordert wurde nun eine spezielle und „parteiliche" Erziehung für Mädchen; d. h. eine Erziehung, die offensiv Mädchen in ihrer Entwicklung unterstützt.[36]

---

[34] Siehe dazu die jährlichen Bestandserhebungen des Deutschen Sportbundes, bzw. ab 2006 des Deutschen Olympischen Sportbundes (DOSB), in denen sowohl hinsichtlich der Sportartenverbände als auch nach Alter und Geschlecht differenziert wird. Zum Deutschen Turner-Bund als größtem Mädchen- und Frauen-Sportverband vgl. *Pfister* (1980) sowie die Untersuchung zum DTB von *Digel* u. a. (1990).

[35] *Scheffel* (1992, S. 114) hat diesen Wandel der Einstellung zur Frage der Koedukation an ihrer eigenen Lehrerinnen-Biographie festgestellt: „Damals (vor 15 Jahren, d. Verf.) setzte ich in die Koedukation die Hoffnung, dass mit ihr die Benachteiligungen, die Mädchen im Sport-Unterricht erfahren, verringert werden könnten ... Heute, scheint es, haben sich die Einstellungen verkehrt, heute bin ich mir nicht so sicher, dass die Koedukation im Sportunterricht die in sie gesetzten Hoffnungen erfüllen kann."

[36] Vgl. zu dieser Position *Scheffel* (1992) und *Scheffel* und *Thies* (1990). Siehe insgesamt die spezifischen Beiträge im *Handbuch Geschlechterforschung und Fachdidaktik,* hrsg. von *Kampshoff* und *Wiepcke* (2012).

Der Begriff der Parteilichkeit erscheint im Zusammenhang von Erziehung allerdings widersprüchlich und problematisch, weil erstens jede Erziehung für die zu Erziehenden Partei nimmt und nehmen muss, weil ihr Ziel darin besteht, diese in ihrer Entwicklung zu unterstützen. Ist zweitens Parteilichkeit jedoch so gemeint, dass einzelne oder eine Gruppe gezielt bevorteilt und damit andere oder eine andere Gruppe benachteiligt würde, dann wäre dieses Verständnis einer parteilichen Erziehung nicht mehr mit einer demokratischen und gleichberechtigten, fairen Erziehungsidee vereinbar, nach dem alle Kinder und Jugendlichen, unabhängig von Herkunft und Geschlecht, Aussehen, Talent oder Leistungsfähigkeit die ihnen gemäße Aufmerksamkeit und Erziehung genießen sollen. Diesem Grundsatz sind prinzipiell alle professionellen Erzieherinnen und Erzieher in öffentlichen Erziehungseinrichtungen verpflichtet. Wenn Erzieherinnen und Erzieher oder Eltern Lieblingskinder haben, d. h. einzelne Kinder gegenüber anderen Geschwistern oder Mitschülern bevorzugen, aus welchen Gründen auch immer, verstoßen sie nicht nur gegen elementare Grundsätze der Erziehung, sondern auch gegen das Prinzip Fairness.

Gemeinsam oder getrennt?

Die erneute Befürwortung eines getrennt geschlechtlichen Sportunterrichts kann sich ebenfalls auf wissenschaftliche Untersuchungen stützen. Sie zeigen, dass sich in einem koedukativen Unterricht die Jungen durchsetzen und die Mädchen meist erst an zweiter Stelle kommen würden. Mädchen erlebten den gemeinsamen Sportunterricht oft als Benachteiligung und Zurücksetzung.[37] Die Jungen fesselten die Aufmerksamkeit der Lehrer, die Mädchen würden weniger oder nicht beachtet. Im koedukativen Sportunterricht wirke sich die Benachteiligung der Mädchen möglicherweise noch deutlicher aus, wenn auch mit den geringeren gesellschaftlichen Folgen als in anderen Schulfächern: Untersuchungen haben ergeben, dass Mädchen unter einem gemeinsamen Sportunterricht mit Jungen eher leiden als dass sie von ihm profitierten. Sie hätten weniger Erfolgserlebnisse im Sport, sie könnten weniger Selbstbewusstsein und Selbstsicherheit entfalten, als wenn sie im Sportunterricht unter sich seien (*Scheffel & Thiess,* 1990). Die Folge sei, dass sich die Mädchen auch im „freien" Vereinssport für die Sportarten entscheiden, in denen sie positive Erfahrungen in Bezug auf Können und Selbstbewusstsein sammeln konnten, also in der Gymnastik, beim Reiten, Eiskunstlaufen, Schwimmen, Tanzen und im Turnen. Jungen bevorzugten dagegen die Ball- und Spielsportarten, aber auch das Mountain-Bike- oder Skateboardfahren.

---

[37] Vgl. die Untersuchung von *Scheffel* (1992), die den Wandel der Einstellung von Mädchen zum koedukativen Sportunterricht zu ermitteln versuchte und feststellte, dass sich Mädchen sowohl gemeinsamen als auch getrennten Sportunterricht wünschen.

Was zeigt diese Diskussion über Koedukation im Schulsport? Hat sie sich überhaupt auf die Praxis des Sporttreibens ausgewirkt, und wenn ja, wie? Auf der einen Seite ist zu beobachten, dass Frauen und Männer mit großer Selbstverständlichkeit Sportarten betreiben, die noch vor wenigen Jahren als typisch „männlich" galten. Auf der anderen Seite gibt es Hinweise darauf, dass Koedukation im Sportunterricht zu einer Verstärkung der unterschiedlichen Interessen von Männern und Frauen bzw. Jungen und Mädchen in Bezug auf den Sport geführt und das geschlechtsspezifische Sportengagement eher gefördert als verhindert hat. Schließlich ist darauf hinzuweisen, dass etwa in der Praxis des Vereinssports oder in anderen Formen des frei organisierten Sports das gemeinsame Sporttreiben von Jungen und Mädchen in der Regel kaum ein Problem darstellt. Kinderturnen in den Vereinen, Nachwuchstraining in der Leichtathletik oder im Schwimmverein, Tennis in der Gruppe finden meistens gemeinsam für Jungen und Mädchen statt.

Jungenpädagogische Ansätze

Neuere Erfahrungen und Untersuchungen zeigen nun, dass nicht mehr Mädchen die eigentliche „Problemgruppe" unseres Bildungs- und Erziehungswesens darstellen, sondern Jungen (*Blomberg & Neuber,* 2015). Mädchen erhalten bessere Schulnoten als Jungen, haben höhere und bessere Schulabschlüsse vorzuweisen, schneiden in Lernstandserhebungen, wie den so genannten PISA-Tests, besser ab. Die Jungen sind häufiger krank und werden mit großem Abstand zu den Mädchen früher und zahlreicher verhaltensauffällig, delinquent, gewalttätig und kriminell. Die Ergebnisse der Kinder- und Jugendstudien sprechen hier eine klare Sprache: Jungen leiden unter ihren Bedingungen des Älterwerdens, der Sozialisation und Erziehung stärker als Mädchen; und trotzdem dominieren in der Erwachsenen- und Berufswelt die Männer – gemessen an den Führungspositionen in Staat, Wirtschaft und Gesellschaft.[38] In den Bildungsberichten der Bundesregierung werden „Jungs" regelmäßig als „Verlierer des Bildungssystems" bezeichnet, wie es auch in einer Dokumentation des wissenschaftlichen Dienstes im Deutschen Bundestag heißt (*DIPF Leibniz-Institut für Bildungsforschung und Bildungsinformation,* 2018).
Wie ist dies zu erklären, welche Konsequenzen für Bildung, Erziehung und Unterricht müssen daraus gezogen werden und was bedeutet dies schließlich für die Sportpädagogik? Die Tatsache, dass Jungen und Mädchen im „freien" Sport, insbesondere im Sport im Verein, Sportarten wählen, die jeweils als typisch weiblich oder männlich gelten, kann damit zu tun haben, dass Jungen und Mädchen gerade im Sport eine Möglichkeit sehen, ihre Rolle als Mädchen

---

[38] Neben den PISA-Studien sind besonders die regelmäßigen Kinder- und Jugendberichte des Deutschen Bundestages (der 15. erschien 2017) sowie die Shell-Jugendstudien (zuletzt 2015) aufschlussreich. Im Überblick vgl. den Lexikonartikel „Jungenarbeit" von *Winter* (2005) im Handbuch Sozialarbeit/Sozialpädagogik.

oder Junge zu suchen und ggf. auch zu finden. Wie die Vereinsjugendstudie von *Brettschneider u. a.* (2002) gezeigt hat, ist Fußball mit weitem Abstand die Jungensportart Nr. 1, während bei den Mädchen eine größere Palette von Sportarten gewählt wird, angefangen vom Reiten und Turnen bis zum Tennis und Volleyball. Indem sich sowohl Männer als auch Frauen einer „typischen" Männer-, bzw. Frauensportart zuwenden und in den Trainings- und Übungsstunden sowie bei den Wettkämpfen weitgehend unter sich sind, finden sie Unterstützung bei der Lösung einer „Entwicklungsaufgabe", vor die sich jeder junge Mensch gestellt sieht, nämlich zur „Frau" und zum „Mann" zu werden; d. h., die unterschiedlichen sozialen, kulturellen und gesellschaftlichen Rollen, die damit verbunden sind, anzunehmen bzw. sich mit ihnen auseinander zu setzen. Dies fällt gerade in einer androgynen Gesellschaft, d. h. unter Bedingungen, die die Unterschiede zwischen Mann und Frau eher einebnen, nicht leicht. Gerade der Sport bietet jedoch Möglichkeiten, körperlich, aber auch sozial und emotional zu sich selbst zu finden, Identität und Selbstkonzept zu entwickeln, wie in der Entwicklungspsychologie gesagt wird. Dazu gehört wesentlich der Teil unseres Selbst, der sich über unser Geschlecht definiert.

Welche Maßnahmen allerdings ergriffen werden sollen, um beiden Geschlechtern besser gerecht zu werden und mehr Chancengleichheit herzustellen, lässt sich aus diesen Fakten, über deren Wahrheit unter den Experten Einigkeit zu bestehen scheint, nicht ableiten. Wie ist es überhaupt zu dieser Umkehrung von einer Benachteiligung von Mädchen zur Benachteiligung von Jungen gekommen? Welche Gründe gibt es dafür? Und schließlich: Wie kann mehr Chancengleichheit erreicht werden? Muss das Konzept der Koedukation überdacht werden? Wenn, wie und mit welchen Zielen, Inhalten und Methoden?

Sportpädagogisch gesehen liegt die Bedeutung von Gymnastik, Turnen, Bewegung, Spiel und Sport in der Vielfalt und Vieldeutigkeit dieser Handlungs- und Erfahrungsbereiche, in denen sowohl geschlechtsspezifische Rollen eingeübt als auch überschritten werden können – im gemeinsamen Sporttreiben, aber auch in Konkurrenz- und Wettkampfsituationen, in denen Mädchen bewusst werden kann, dass sie genauso gut Fußball spielen können wie ihre Klassenkameraden, und Jungen, dass sie ebenso gut turnen und tanzen können wie Mädchen – wenn sie sich nur anstrengen und es wirklich wollen.

„Kontextabhängigkeit" sportpädagogischer Probleme

Am Beispiel „Koedukation" in Sport und Sportunterricht zeigt sich, wie stark spezifische Auffassungen über Sport und sich daraus ergebende sportpädagogische Konzepte und Entscheidungen von den politischen, kulturellen und gesellschaftlichen Rahmenbedingungen abhängig sind. Was und wie sportpädagogisch diskutiert und entschieden wird, hängt nicht nur von den Entwicklungen im Sport allein ab. Gesellschaftliche Strukturen und politische Einflussfaktoren spielen dabei eine Rolle, ebenso die öffentliche Diskussion in den Medien und in der Wissenschaft. Auch die scheinbar objektive Wissenschaft ist von diesen Einflüssen nicht frei. Die Sportpädagogik muss deshalb vorurteilsfrei die unterschiedlichen Argumente austauschen und diskutieren. Sie muss mit rationalen Argumenten und gestützt auf solide Fakten Debatten führen und schließlich auch Meinungen und Positionen vertreten. Dies gilt sowohl für die eher theoretische Diskussion der Ziele und Aufgaben des Sports und der Sporterziehung als auch für die Fragen einer eher praxisbezogenen, anwendungsorientierten Sportpädagogik und Sportdidaktik.

Aufgabe, Anspruch und Verpflichtung der Sportpädagogik bestehen darin, „an der Gestaltung der Praxis mitzuwirken" und als Wissenschaft möglichst objektive und überprüfbare Aussagen zu treffen, heißt es im *Sportwissenschaftlichen Lexikon* (2003, S. 528). Dies bedeutet im Hinblick auf das Thema Koedukation, sowohl die Fakten, die empirisch gewonnenen Tatsachen zu ermitteln und zu analysieren, als auch reflexiv und „theoretisch" Modelle zu entwickeln, die diese Praxis verständlich machen und die in der Lage sind, empirisch gewonnene Tatsachen in sportbezogene und gesellschaftliche Kontexte einzuordnen. Am Ende sollten sie dazu beitragen, die sportliche Realität zu verbessern, aber auch davor warnen, Wege einzuschlagen, die nicht zum gewünschten oder zu einem falschen Ziel führen.

Solche Forderungen sind allerdings nicht durch eine einzelne „Theorie" zu erfüllen, sondern durch das Zusammenwirken unterschiedlicher theoretischer Ansätze. Eine historische Analyse und Darstellung kann z. B. verdeutlichen, wie sich das Verhältnis der Geschlechter im Lauf der Geschichte verändert und welche Rolle dabei das Sporttreiben gespielt hat. Soziologische Konzepte können zeigen, wo die Unterschiede und Gemeinsamkeiten der (Sport-)Sozialisation von Jungen und Mädchen, Männern und Frauen liegen; entwicklungstheoretische oder entwicklungspsychologische Ansätze können erklären, ob und welche Unterschiede der individuellen Entwicklung zu erkennen sind, was daran eher auf Faktoren biologischer Reifung und was auf Lern- und Sozialisationsprozesse zurückzuführen ist. Trainingstheoretische und medizinische Konzepte können Aufschluss darüber geben, was medizinisch-biologisch beim sportlichen Training von Jungen und Mädchen, Männern und Frauen spezifisch zu beachten und trainingsmethodisch umzusetzen ist.

Das Besondere einer sportpädagogischen „Theorie" besteht darin, dass sie auf der Grundlage und unter Beachtung der Theorien und Ergebnisse anderer wissenschaftlicher Disziplinen in der Lage sein sollte, Maßstäbe der Bewertung der gegenwärtigen Praxis und für eine wünschenswerte Praxis des Sports von und für Jungen und Mädchen, Frauen und Männer zu diskutieren und zu entwickeln. Solche Maßstäbe sind nicht allein aus empirischen Fakten zu gewinnen. Sie müssen sich auch auf ethische, kultur- und geisteswissenschaftliche Aussagen und Erkenntnisse stützen und nicht zuletzt die Werte des Sports und seine unterschiedlichen Deutungen in Geschichte, Kultur und Gesellschaft berücksichtigen.

2.4 Sportpädagogik und Schulsport

Das klassische Feld der Sportpädagogik ist der Schulsport. Was lässt sich in Bezug auf den Schulsport zum Verhältnis von theoretisch-konzeptioneller und empirisch-analytischer Sportpädagogik sagen? Welche Rolle spielen dabei normative Entscheidungen?

Argumente für den Schulsport

Seit Mitte des 19. Jahrhunderts wurde in Deutschland die Frage nach Zielen und Inhalten der körperlichen Erziehung in der Schule – zunächst Gymnastik, dann Turnen genannt – diskutiert; nicht nur von Pädagogen und Turnlehrern in den damals entstehenden Turnvereinen und Turnverbänden, sondern auch von Politikern und Beamten in den Schulverwaltungen der einzelnen Länder in Deutschland. Die Einführung eines regulären Unterrichtsfaches „Turnen" oder „körperliche Erziehung", seit den 1920er Jahren „Leibeserziehung" oder „Leibesübungen" und heute „Sport" genannt, war nur möglich, weil eine Diskussion in der interessierten Öffentlichkeit über die Ziele und Inhalte dieses neuen Unterrichtsfaches geführt werden konnte. Am Anfang des Schulsports und der Sportpädagogik standen normativ und politisch zu entscheidende Probleme der körperlichen Erziehung in der Schule.

Die Institutionalisierung des Schulsports warf entsprechende pädagogische, didaktische und methodische, aber auch schulturn- oder schulsportpolitische Fragen auf: Welche besonderen Aufgaben der Bildung und Erziehung kann und soll der Sport in der Schule erfüllen? Wer entscheidet über solche Erziehungsziele? Welche Kinder und Jugendlichen sollen oder müssen am Sportunterricht teilnehmen? Soll der Unterricht freiwillig oder verpflichtend erfolgen? Soll Sport als „normales" Unterrichtsfach neben Mathematik und Latein von den Schulen oder von anderen Einrichtungen, zum Beispiel Vereinen, angeboten werden? Soll es Noten für Leistungen in diesem Unterrichtsfach Sport geben?[39]

Um solche Fragen beantworten und entsprechende schul- und bildungspolitische Entscheidungen treffen zu können, muss ein Konsens über Rolle und Aufgaben des Sports und der körperlichen Erziehung in Staat und Gesellschaft herbeigeführt werden. Denn erst wenn eine gewisse Übereinstimmung darüber besteht, dass der Sport und die sportliche Erziehung wichtige und unentbehrliche Bestandteile der Gesamterziehung für alle sind, kann darüber entschieden

---

[39] Die Aufgaben und Ziele des Sports in der Schule (in Deutschland) sind vielfach beschrieben und diskutiert worden. Einen Überblick gibt z. B. *Schulz* (1985), aber auch *Kurz* (1990a). Diese Fragen stehen im Mittelpunkt der (Schul-)Sportdidaktik. Als Einführungen verstehen sich *Balz u. a.* (2004), und *Größing* (2001, inzwischen in 8. Auflage) ebenso *Bräutigam* (2015). Zu didaktischmethodischen Aspekten des Sportunterrichts vgl. den von *Czwalina* (1988) herausgegebenen Sammelband. Auf die institutionellen Probleme des Sports in der Schule wird in Kap. III 2.2 eingegangen.

werden, in welcher Form Sport und/oder körperliche Erziehung zum Thema verpflichtender schulischer Bildung und Erziehung gemacht werden sollen. Um verstehen zu können, warum es schließlich zur Einführung des Schulsports und Sportunterrichts als einem verpflichtenden Fach an der Schule gekommen ist, müssen deshalb die historischen, politischen und gesellschaftlichen Kontexte untersucht, beschrieben und erklärt werden. Sportpädagogik ist also mehr als eine didaktische und methodische Unterrichtstechnologie, sondern auch eine Geistes- und Sozialwissenschaft, in der es um das Verstehen der Genese des Gegenstands Sport, Schulsport, körperliche Erziehung und seiner Kontexte geht.

Die Auffassung, dass Sport zur öffentlichen, schulischen Bildung und Erziehung gehört und inzwischen zu den quantitativ größten Unterrichtsfächern an den Schulen zählt, ist nicht selbstverständlich; denn es kann auch die Meinung vertreten werden, dass der Sport ein privates Freizeitvergnügen darstelle, für das der Staat und die öffentliche Erziehung in den Schulen keine Verantwortung übernehmen sollten oder dürften. Die Tatsache, dass sich die Sportpädagogik bis in die jüngste Vergangenheit fast ausschließlich mit solchen schulsportpädagogischen Fragen beschäftigte, ist ein Hinweis darauf, wie schwierig es war und ist, im Bewusstsein der Öffentlichkeit die Bedeutung des Sports und der körperlichen Erziehung für die Gesamterziehung des Menschen klarzumachen.

Die schulsportpolitische Diskussion in Deutschland in der jüngeren Vergangenheit zeigt, dass diese Auffassung über die Bedeutung und Stellung der körperlichen und sportlichen Erziehung keineswegs endgültig festgeschrieben ist.[40] Angesichts der hohen Kosten für die Bundesländer, die für das Schulwesen und damit auch für den Schulsport zuständig sind, wurde beispielsweise der Vorschlag gemacht, dass die Vereine den Schulsport übernehmen könnten, weil sie die Aufgaben einer allgemeinen sportlichen Erziehung besser erfüllen würden als die Schule.[41]

Die Aufgabe der Sportpädagogik in dem Prozess der Meinungsbildung über Sport und Sporterziehung besteht darin, dass sie Argumente liefert oder liefern soll, ob und inwiefern sich Sport in der Schule auf die Erziehung und Bildung des Menschen überhaupt auswirkt, ob und wie Schulsport die Entwicklung eines Menschen prägt, ob er einen Beitrag zur Förderung seiner

---

[40]   Diese „Legitimationsprobleme" des Schulsports sind bis heute aktuell. Exemplarisch steht dafür die in der Zeitschrift *sportunterricht* geführte Debatte um Äußerungen des Erziehungswissenschaftlers Dieter *Lenzen*, der den Sportunterricht an erster Stelle nannte, den man im Zuge einer Revision des Curriculum für die Schule streichen könne, weil kein öffentliches, sondern nur ein privates Interesse an ihm bestehe (*sportunterricht*, Heft 3/2000).

[41]   Z. B. *Scherler* (1994, S. 5). In der bildungspolitischen Diskussion taucht der Vorschlag immer wieder auf. Die Zusammenarbeit von Schule und Verein und die Einführung von Ganztagsschulen haben auch dazu geführt, dass private Sportvereine und Sportverbände Aufgaben und Funktionen im Zusammenhang der Sporterziehung in Schulen übernehmen.

Gesundheit leistet und ob durch Sport charakterliche Tugenden vermittelt werden. Es geht dabei nicht nur um den Einzelnen, sondern ebenso um die Bedeutung und die möglichen Wirkungen des Sports für Staat und Gesellschaft insgesamt. Nur ein Sport, der dem Wohl des Ganzen dient, hat auch Anspruch, öffentlich gefördert und als für alle verpflichtendes Fach in den Kanon der Schulfächer aufgenommen zu werden. Dies sind normative Überlegungen; sie haben mit dem zu tun, was sein sollte oder sein soll.

Im weiteren Sinn werden dabei auch Ethik und Moral des Sports insgesamt berührt. Ein Unterrichtsgegenstand der Schule, der in Inhalt und Begriff direkt auf ein öffentliches Ereignis wie den Sport Bezug nimmt, muss sich mit der Frage auseinandersetzen, ob und in welcher Weise es sich um einen Gegenstand handelt, der es rechtfertigt, die moralische und „sittliche" Entwicklung von Kindern und Jugendlichen positiv zu beeinflussen. Mit anderen Worten: Kann sportliche Erziehung dazu beitragen, Schülerinnen und Schüler zu befähigen, zwischen richtig und falsch, gut und schlecht, fair und foul zu unterscheiden? Mit moralischen Urteilen allein ist es dabei nicht getan. Es geht – gerade im Sport – auch darum, entsprechend zu handeln. Moralisches Denken und Handeln sind eng miteinander verbunden. Beides muss in der Erziehung kritisch reflektiert werden und reflektiert Berücksichtigung finden.

Die Sportpädagogik kann sich bei solchen Fragen der sportlichen Moral auf eine inzwischen eigene sportwissenschaftliche Disziplin berufen, die Sportethik, in der es darum geht, die theoretischen und philosophischen Fragen im Zusammenhang eines auch pädagogisch wünschenswerten „richtigen" Denkens und Handelns in Bewegung, Spiel und Sport zu klären. Darauf wird im nächsten Kapitel eingegangen.[42]

Um für solche normativen Überlegungen zur Begründung des Schulsports Argumente liefern zu können, ist zum einen gesichertes Wissen über die Aufgaben und Ziele, Themen und Inhalte, Nutzen und Wirkungen des Sports in der Schule nötig. Zum anderen stellen Erkenntnisse aus der Entwicklungspsychologie genauso wie aus der Lernpsychologie, der Trainingslehre, der Bewegungslehre, der Sportmedizin oder der Soziologie und den politischen Wissenschaften die Grundlage dar, um bemessen zu können, ob und inwiefern Schülerinnen und Schüler im und durch körperliche Erziehung und Schulsport etwas für ihr Leben Positives lernen und für ihre Entwicklung nutzen können.

Studien zur Erziehungswirklichkeit

An zwei Beispielen kann die Bedeutung empirisch gesicherten Wissens für die Schulsportpädagogik und Schulsportdidaktik verdeutlicht werden.

---

[42] Vgl. dazu das von *Grupe* und *Mieth* (1998) herausgegebene „Lexikon der Ethik im Sport". Siehe auch die Dissertation von *Brunn* (2014).

Erstens: Geht man davon aus, dass ein wichtiges Ziel des Schulsports darin besteht, allen Schülerinnen und Schülern ein bestimmtes Maß an Wissen und Können im Sport zu vermitteln, ist es nötig, über Lernprozesse beim Erlernen sportlicher Bewegungen Bescheid zu wissen und diese Erkenntnisse auf konkrete Lern- und Unterrichtssituationen anwenden zu können. Ein guter Sportlehrer sollte beispielsweise berücksichtigen, dass es Kindern im Alter von zehn bis dreizehn Jahren leichter fällt als in anderen Altersabschnitten, koordinativ anspruchsvolle Übungen zu erlernen, und er muss auch wissen, welche Übungen zu Schädigungen und Verletzungen führen können und deshalb im Unterricht zu vermeiden oder nur mit besonderer Vorsicht zu praktizieren sind.

Der Hirnforscher und Lernpsychologe Manfred *Spitzer* (2002, S. 236) spricht von einer „kritischen Periode", während der – beispielsweise beim Lernen einer Sprache – eine Auseinandersetzung zwischen dem, was im Gehirn angelegt ist und den Anregungen von außen, erfolgen muss, wenn der Lernprozess erfolgreich sein soll. Beispiele für solche „Zeitfenster" und/oder „sensiblen Phasen" bzw. allgemeiner gesagt eines besonders günstigen Lernalters sind neben dem Erlernen von Sprachen bzw. Fremdsprachen auch koordinativ anspruchsvolle Bewegungsaufgaben.[43] „Was Hänschen nicht lernt, lernt Hans nimmer mehr", diese populäre (und wissenschaftlich gut belegte) Einsicht gilt für motorische Lernprozesse ebenso wie für kognitive, emotionale und soziale. Solche Einsichten über die Entwicklungsgemäßheit motorischer Lernprozesse oder über gesundheitliche Risiken beim Sporttreiben sind auf der Grundlage von Forschungen aus der Hirn- und Neurophysiologie, der Lern- und Entwicklungspsychologie, aber auch der Trainingslehre bzw. Trainingswissenschaft möglich. Sie bilden die Grundlage für die Gestaltung eines verantwortungsbewussten und effektiven Sportunterrichts.[44] Neuere Forschungen aus der Hirnphysiologie und Entwicklungspsychologie haben gezeigt, dass spezifische Übungen und Spiele in besonderer Weise dazu beitragen, sogenannte exekutive Funktionen des Denkens und Handelns zu erlernen und zu üben (*Kubesch,* 2008; *Boriss,* 2015).

Im Schulsport soll auch die Technik und Taktik bestimmter Sportarten gelehrt und gelernt werden. Um dies leisten zu können, sind genaue Kenntnisse und Analysen der entsprechenden Sportarten nötig, der Techniken des Schwimmens und Geräteturnens beispielsweise, aber auch der taktischen Varianten im Fußball und Handball. Die Bewegungslehre als eine grundlegende Disziplin der Sportwissenschaft bemüht sich um ein solches Wissen über sportliche Bewegungen und sportliche „Beweger", sowohl generalisiert als auch bezogen auf

---

[43] In der Trainingswissenschaft (ebenso wie in der Pädagogik und Entwicklungspsychologie) wird auch der Begriff „sensible Phase" verwendet.

[44] Vgl. insbesondere *Frey* und *Hildenbrandt* (1995, S. 63 ff.), die den Schulsport als ein besonderes „Anwendungsfeld" der Trainingslehre (neben anderen wie dem Breitensport oder dem Gesundheitssport) behandeln und trainingswissenschaftliche Erkenntnisse konkret auf die Bedingungen von Schule und Unterricht übertragen.

spezielle Sportarten.[45] Diese wissenschaftlich gewonnenen Erkenntnisse sind eine Voraussetzung dafür, um sportliche Bewegungen systematisch lernen, lehren und unterrichten zu können.

Die Lösung des Problems der pädagogisch-didaktischen Auswahl von Zielen und Inhalten des Schulsports hängt somit zum einen von empirisch möglichst gesichertem Wissen über Entwicklungsprozesse ab, z. B. wie und in welchem Alter Kinder und Jugendliche am besten lernen; und zum anderen ist für eine didaktisch-methodische Analyse eines konkreten Unterrichtsgegenstandes, z. B. sportartspezifische Techniken, Wissen über die Sache selbst, also die Sportarten, nötig.[46]

Zweitens: Ein wichtiges Feld der empirischen Schulsportforschung besteht in der Untersuchung der Schul- und Unterrichtswirklichkeit. Dies kann durch die Analyse von Unterrichtssituationen geschehen, wie es *Scherler* (2004) in seiner Unterrichtslehre getan hat. Er geht nicht den traditionellen Weg der Didaktik, in der versucht wird, eher abstrakte Bildungs- und Erziehungsziele in konkrete Unterrichtspraxis umzusetzen, sondern beschreitet den umgekehrten Weg. Am Anfang seiner didaktischen Analyse stehen Unterrichtssituationen, die möglichst objektiv beobachtet, reflektiert und interpretiert werden. Er spricht deshalb von „Auswertungsdidaktik". Die Unterrichtswirklichkeit und ihre Analyse bilden die Basis, von der aus Verbesserungen des Unterrichtsgeschehens vorgenommen werden können.

Die Schulsport-Unterrichtsforschung hat sich darüber hinaus mit Fragen der Qualität und Effektivität des Sportunterrichts beschäftigt.[47] Dabei ist zunächst zu fragen, welche Ziele mit welchen Inhalten und Methoden im Sportunterricht in der Schule erreicht werden sollen und können. Gemessen daran ist auch zu prüfen, was die Schülerinnen und Schüler am Ende besser wissen und können als vorher, bis hin zu komplexen Fragen, ob und inwiefern sich Sport und Sportunterricht auf die Entwicklung der Persönlichkeit von Schülerinnen und Schülern, also auf ihr Denken, Handeln und Empfinden auswirken.

Vergleichsweise einfach ist es, durch entsprechende Tests den motorischen Entwicklungsstand und die körperliche Fitness sowie gesundheitliche Verfas-

---

[45] Vgl. *Göhner* (1979; 1992), der Beispiele aus verschiedenen Sportarten anführt, um die allgemeinen Merkmale sportlicher Bewegungen und Bewegungsaufgaben herauszuarbeiten. Außerdem Kursbuch Bewegungslehre von *Prohl* und *Scheid* (2001).

[46] *Kurz* (1990a, 1. Auflage, 1977, bes. S. 162 ff.), spricht in seiner Didaktik des Schulsports von „Programm" und „Szene", um diesen beiden Polen jedes Lern- und Erziehungsprozesses im Sport – die Sache „Sport" und der Mensch – gerecht zu werden. In diesem Sinn spricht beispielsweise der Lehrplan Sport für Nordrhein-Westfalen vom „Doppelauftrag" des Schulsports, der darin bestehe, die Entwicklung der Schülerinnen und Schüler zu fördern und zugleich den Gegenstand – Bewegung, Spiel und Sport – zu vermitteln. Sport ist so gesehen Anlass für Erziehung und zugleich Unterrichtsfach.

[47] Zur aktuellen Forschungslage einer empirischen Schulsport(-Unterrichts)-forschung siehe *Aschebrock* und *Stibbe* (2017).

sung von Schülerinnen und Schülern zu erfassen. Solche diagnostischen Tests haben in der Sportpädagogik Tradition und spielen für die didaktische Legitimation des Schulsports eine große Rolle; denn es versteht sich von selbst, dass es zu den vordringlichen Aufgaben des Schulsports gehört, die motorische und im engeren Sinn sportliche Leistungsfähigkeit (bzw. Fitness) von Kindern und Jugendlichen zu verbessern und einen Beitrag zu ihrer körperlichen Gesundheit zu leisten.

Ein verbreiteter Test um die motorische Entwicklungsgemäßheit zu überprüfen, ist z. B. der Körperkoordinationstest (KTK) für Kinder. Mit diesem Verfahren, das im Prinzip ähnlich funktioniert wie ein Intelligenztest, lässt sich auf der Grundlage von über viele Jahre erhobenen Vergleichsdaten ermitteln, ob der Entwicklungsstand eines Kindes im Hinblick auf seine koordinativen motorischen Fähigkeiten dem Normwert entspricht oder nicht.[48] Allerdings ist es sehr schwierig zu unterscheiden, welchen Anteil der Schulsport dabei hat, was auf veränderte Lebensverhältnisse und Bewegungswelten zurückgeführt werden kann, oder welche Rolle außerschulische Bewegungs-, Spiel- und Sportangebote für die Entwicklung der Motorik spielen.

Wie u. a. aus den Kinder- und Jugendsportberichten (2003, 2008 und 2015) hervorgeht, in denen auch wesentliche Forschungen und Ergebnisse zu diesen Fragen gebündelt wurden, ist davon auszugehen, dass alle genannten Faktoren ineinandergreifen und am Ende den motorischen Entwicklungsstand definieren. Dieser setzt sich seinerseits wiederum aus unterschiedlichen, mehrdimensionalen Kompetenzen zusammen, angefangen von gesundheitlichen Faktoren wie Körpergröße und Gewicht, bis hin zu schwieriger messbaren Größen wie Ausdauer, Kraft, Schnelligkeit, Beweglichkeit oder Geschicklichkeit (Koordinationsfähigkeit).

Ebenso schwierig ist es, zu beurteilen, ob sich auf längere Sicht, sozusagen in der historischen Entwicklung, der Fitness- und Gesundheitszustand der Kinder und Jugendlichen (oder der Menschen insgesamt) verbessert oder verschlechtert hat; oder wie sich dieser Zustand im Vergleich unterschiedlicher Menschengruppen darstellt – z. B. Jungen und Mädchen, Männer und Frauen, Jüngere und Ältere, Reiche und Arme, Gebildete und Ungebildete, Schwaben und Niedersachsen, Deutsche und Ausländer, usw.

In dem föderalistisch aufgebauten politischen System der Bundesrepublik Deutschland sind die 16 Bundesländer für die Bildung, also für die Schulen, die Ausbildung und das Studium der Lehrerinnen und Lehrer sowie für Grundsatzentscheidungen über die Ziele und Inhalte der schulischen Bildung und Erziehung zuständig. Sie finden in den Lehr- und Bildungsplänen ihren Niederschlag. Die Unterschiede zwischen den einzelnen Bundesländern sind zum Teil erheblich; dies gilt auch für den Schulsport. Sie haben zur Folge, dass es schwierig ist, die Situation des Schulsports und Sportunterrichts für ganz Deutschland zu erfassen.

---

[48] Vgl. zu solchen Tests das von *Bös* (2017, 3. überarb. u. erw. Aufl.) herausgegebene „Handbuch Motorische Tests".

Erstmals gelang es 2005, auf Initiative des Deutschen Sportbundes und der Deutschen Sportjugend eine bundesweite, vergleichende empirische Studie durchzuführen, die so genannte Sprint-Studie. Sie wurde von dem Paderborner Sportpädagogen Wolf-Dietrich *Brettschneider* geleitet. Ihr Ziel war es, durch systematische Befragungen von Schülern, Eltern und Lehrern die Erziehungswirklichkeit von Bewegung, Spiel und Sport in der Schule zu erfassen (DSB-SPRINT-Studie, 2006). Die Ergebnisse zeigten u. a., dass das Fach Sport nach wie vor zu den beliebtesten Schul- und Unterrichtsfächern zählt und in der Regel eine hohe Zufriedenheit mit dem Schulsport bei den Befragten festzustellen war. Allerdings konnten auch Defizite ausfindig gemacht werden, z. B. dass es zu wenig Schwimmunterricht gibt, weil die Bädersituation nicht mehr hergibt, oder dass gerade in der Grundschule, wo in motorischer Hinsicht eine besonders hohe Lernbereitschaft und -möglichkeit besteht, der Anteil an so genanntem fachfremdem Unterricht sehr hoch ist. Dies hängt damit zusammen, dass in der Grundschule in der Regel nach dem „Klassenlehrerprinzip" unterrichtet wird, nach dem eben auch Sport von den Klassenlehrerinnen – in der Grundschule unterrichten überwiegend Frauen – erteilt wird, selbst wenn sie kein Sportstudium absolviert haben (vgl. DSB-SPRINT-Studie, 2006). Interessant war auch das Ergebnis, dass die Mehrzahl der Schülerinnen und Schüler die Noten im Fach Sport für zu gut und zu wenig aussagekräftig hielten.

Die „Sprintstudie", so wertvoll diese erste bundesweit durchgeführte Schulsportuntersuchung auch sein mag, kann jedoch nichts über die tatsächliche, „objektive" Qualität des Schulsports aussagen, weil sie auf Interviews mit beteiligten Personen beruht, also letztlich auf persönlichen Einschätzungen, aber nicht auf „objektiven" Daten wie beispielsweise motorischen Tests, Lernstandserhebungen, Beobachtungen oder der Auswertung von amtlichen statistischen Materialien wie Schülerzahlen, Lehrerversorgung, Ausstattung usw. Dies wäre nötig, um ein klareres, objektiveres Bild von der Qualität und Leistungsfähigkeit des Schulsports, d. h. von der Leistungsfähigkeit der Schülerinnen und Schüler, auch der Lehrerinnen und Lehrer sowie den schulsportlichen Lernbedingungen zu erhalten, etwa in Hinblick auf die Ausstattung einer Schule mit Sporthallen und -plätzen, Schwimmgelegenheiten sowie Materialien und Geräten für den Sportunterricht. Seitdem ist es nicht gelungen, eine Folgestudie auf den Weg zu bringen. Diese wäre jedoch dringend nötig, um im Längsschnitt verlässliche Daten über die Schulsportentwicklung zu erhalten.

In den so genannten PISA-Untersuchungen, den international vergleichenden Bildungsuntersuchungen, wurden Basiskompetenzen wie Text- und Leseverständnis sowie Rechnen bzw. Mathematik untersucht. Für das Fach Sport stehen solche Untersuchungen bis jetzt aus. Es wäre jedoch aufschlussreich, mehr darüber zu wissen, wie es um die Qualität der körperlichen und motorischen Bildung von Schülerinnen und Schülern steht. Die deutschen Schülerinnen und Schüler haben bei den PISA-Untersuchungen bekanntlich nicht besonders gut abgeschnitten. Letztlich wurden aber nicht nur 15-jährige Schülerinnen und Schüler getestet, sondern das gesamte deutsche Bildungssystem stand und steht auf dem Prüfstand; denn offenbar sind die Verhältnisse nicht so, dass im Vergleich zu anderen Ländern bessere Leistungen erzielt werden können.

Empirisch gewonnene Ergebnisse und Erkenntnisse zum Schulsport sind eine wichtige, unverzichtbare Grundlage, um die „richtigen" (sport)pädagogischen Entscheidungen zu treffen: Wo muss man ansetzen, um Schwächen zu verbessern, wer weist besondere Defizite auf, die auszugleichen sind, welche Konzepte müssen überdacht werden, um bessere Ergebnisse zu erzielen usw.

Lehrplananalysen

Ein weiterer Zweig der empirischen Schulsportforschung ist die vergleichende Lehrplananalyse (*Stibbe,* 2011; *Kölner Sportdidaktik,* 2016). Lehrpläne weisen teilweise erhebliche Unterschiede von Bundesland zu Bundesland auf. Europäisch und international gesehen sind diese Unterschiede noch wesentlich größer. Außerdem gibt es je nach Schultyp und Schulstufe abweichende Curricula. Für schul- und schulsportpolitische Entscheidungen über die Neugestaltung von Lehrplänen ist es notwendig, über solche Unterschiede und Besonderheiten der Lehrplanentwicklung Bescheid zu wissen. Der Beitritt der neuen, ostdeutschen Bundesländer zur Bundesrepublik hat beispielsweise gezeigt, wie wichtig diese Art von Schulsportforschung für die Schulsportpädagogik und -didaktik ist; denn die Lehrpläne – auch im Sport – in den neuen Bundesländern mussten neu geschrieben werden. Dies war nur auf der Grundlage einer vergleichenden Analyse der Lehrpläne möglich. Die Lehrplanforschung bildete deshalb auch einen Schwerpunkt der sport- und schulsportpädagogischen Forschung in den neuen Bundesländern.[49]

Die Sportpädagogik wurde im vorangegangenen Kapitel in drei Richtungen unterschieden: theoretisch-konzeptionell, empirisch-analytisch und normativ. Diese Unterscheidung wurde an drei Beispielen verdeutlicht: Erstens am Kinderhochleistungssport. Die theoretische und empirische Analyse der Situation von Kindern im Hochleistungssport (Ist-Aussagen) ist eine Voraussetzung für sportpädagogisches Handeln. Sie kann allerdings das pädagogische Urteil (Soll-Aussagen) über den Kinderhochleistungssport nicht ersetzen. Zweitens macht die Geschichte der körperlichen Erziehung und des Sports von Mädchen und Frauen, zugespitzt am Thema Koedukation deutlich, wie wissenschaftliche „Tatsachen" und „Meinungen" miteinander verflochten sind. Die vermeintlich wertfreie Forschung ist immer auch von Werthaltungen, Urteilen und Vorurteilen geprägt. Drittens der Schulsport: Dieses Thema stand am Anfang der pädagogi-

---

[49] Vgl. *Hinsching* und *Hummel* (1997) sowie *Helmke, Naul* und *Rode* (1991) und den Beitrag von *Helmke* in *sportunterricht* (1995, Heft 5), in dem sie einen Vergleich der Lehrpläne der 16 Bundesländer im Hinblick auf den Sportunterricht in der gymnasialen Oberstufe vorgenommen hat. Die DSB-SPRINT-Studie 2006 enthält ebenfalls einen Beitrag zur vergleichenden Lehrplananalyse in Deutschland (S. 19–52, von *Prohl & Krick*).

schen Diskussion um den Sport. Auch hier sind theoretisch-konzeptionelle, empirische und normative Aspekte miteinander verknüpft. Ohne verlässliche, valide und objektive Daten beruhen pädagogische und politische Entscheidung auf unsicheren Grundlagen.

Sportpädagogisches Handeln in der Schule beruht einerseits auf Wissen und Erfahrung über die Erziehungswirklichkeit; und es ist andererseits von der normativ geprägten Diskussion und Entscheidungen über die Auswahl von Themen, Inhalten und Formen der Vermittlung von Gymnastik, Turnen, Spiel und Sport in der Schule abhängig. Pädagogische und politische Entscheidungen sollten auf Fakten und rationalem Diskurs beruhen.

Der Sportpädagogik kommt im Hinblick auf den Schulsport eine dreifache Aufgabe zu: erstens die Schulsportwirklichkeit zu erforschen und ihre Praxis zu verbessern, zweitens die Didaktik und Methodik des Sportunterrichts und des außerunterrichtlichen Sports in der Schule weiterzuentwickeln, und drittens eine normative Diskussion über den pädagogischen Gehalt und die kulturellen und politisch-gesellschaftlichen Zwecke einer sportlich-körperlichen Erziehung für alle Kinder und Jugendlichen in den Schulen zu führen.

3 Werte und Normen in der Sportpädagogik: Woher kommen die Maßstäbe sportpädagogischen Denkens und Handelns ?

Ziel und Aufgabe der Sportpädagogik ist es, Menschen, insbesondere Kinder und Jugendliche, mit Hilfe des Sports zu bilden und zu erziehen. „Sport" wird dabei als Überbegriff für die verschiedensten Inhalte und Formen von Leibesübungen, bewegungsorientierten Spielen und Wettkämpfen verstanden. Dabei stellt sich nun die Frage, ob dieser „Sport" geeignet ist, als erzieherisches Mittel verwendet zu werden, ob Sport dazu beitragen kann, Menschen in ihrer charakterlichen, „sittlichen" (wie früher gesagt wurde) und moralischen Entwicklung zu fördern oder nicht. Da „Sport" ein komplexer Begriff ist, der viele verschiedene, oft unvereinbar scheinende Inhalte und Formen aufweist, kann weiter gefragt werden, welcher Sport der pädagogisch „richtige", wünschenswerte ist und ob ggf. der Schulsport dazu beitragen kann, sittlich-moralisches Verhalten im Sport außerhalb der Schule zu stärken.

Solche Fragen bezüglich der „Sittlichkeit" (was sich „gehört" bzw. als richtig und angemessen angesehen wird) und „Moral" (was ist gut oder schlecht) fallen in das wissenschaftliche Gebiet der „Ethik". Mit diesem Begriff werden Theorien über moralisches Denken, Handeln und Fühlen bezeichnet. Für den Bereich des Sports hat sich eine spezifische „Sportethik" entwickelt. Während also moralisches Handeln das konkrete Verhalten beinhaltet, das vor dem Hintergrund spezifischer moralischer Maßstäbe und Regeln als „gut" oder „schlecht" bewertet wird, geht es in der Ethik bzw. Sportethik um die Frage, wie solche (und nicht andere) Maßstäbe zustande kommen, welche Werte und Normen bei welchen Menschengruppen gelten, und welche Maßstäbe in welchen Situationen handlungsleitend sind. So gesehen ist auch die Ethik eine empirisch orientierte Wissenschaft, weil versucht wird, Tatsachen über moralisches Handeln und Denken zu erfassen.[50]

3.1 Ursprünge und Entwicklung ethisch-moralischen Denkens und Handelns im Sport

Die Geschichte des neuzeitlichen Sports einschließlich des Turnens und der Gymnastik ist von Anfang an mit dem Nachdenken und der Diskussion über moralische („sittliche") Einstellungen und Haltungen, Werte und Normen sowie bildende und erziehende Ziele und Wirkungen von Gymnastik, Turnen, Spiel und Sport verbunden. „Das Turnertum ist ein ethischer Begriff", fasste Carl *Diem* (1982, Bd. 1, S. 122) zusammen, „und auch das Sportsmannsein bedeutet eine sittliche Forderung."[51] Mit „Turnertum" war deshalb mehr gemeint als Turnen im Sinn bloßer körperlicher Übungen, und mit „Sportsmannsein" mehr als die Teilnahme an sportlichen Spielen („games") und Wettkämpfen. Beide heute nicht mehr gebräuchlichen Begriffe („Turnertum" und „Sportsmann") enthielten moralische Haltungen, die sich seit der Entstehung des Jahnschen Turnens in Deutschland und des englischen Sports herausbildeten.

Die Begriffe „Turnen" und „Turnertum" lassen sich auf zwei Quellen zurückführen: Auf die erzieherische Gymnastik der „Philanthropen" und insbesondere Johann Christoph Friedrich *GutsMuths'* (1759–1839) am Ende des 18. Jahrhunderts sowie auf das nationale deutsche Turnen in der Nachfolge Friedrich Ludwig *Jahns* (1778–1852). *GutsMuths'* „Gymnastik für die Jugend" von 1793, das erste umfassende Lehrbuch der körperlichen Erziehung, beruht auf den Ideen der Aufklärung und Aufklärungspädagogik.

---

[50] Über alle wesentlichen Fragen und Probleme der Sportethik kann man sich im „Lexikon der Ethik im Sport" (1998) informieren. Es wurde von Ommo *Grupe* und Dietmar *Mieth* mit Unterstützung der Kirchen in Deutschland herausgegeben.

[51] Carl *Diem* (1882–1962) war nicht nur einer der einflussreichsten Sportfunktionäre in Deutschland, sondern er gilt auch als (Mit-)Begründer der Sportwissenschaft. In seinem schriftstellerischen und wissenschaftlichen Werk hat er sich immer wieder intensiv mit Fragen der Sportmoral und -ethik auseinandergesetzt, in besonderem Maße in seinem Buch „Wesen und Lehre des Sports und der Leibeserziehung", das 1949 in erster Auflage erschien und zu den ersten Büchern nach dem Zweiten Weltkrieg zählte, in denen mit Bezug auf grundlegende „Werte" des Sports versucht wurde, Theorie und Praxis der Leibeserziehung zu begründen.

Das Kalokagathie-Ideal

Wie in dem Begriff „Gymnastik" zum Ausdruck kommt, knüpfte *GutsMuths* an die Tradition der zu seiner Zeit als vorbildlich angesehenen antiken griechischen Gymnastik an; dies nicht nur im Hinblick auf die gymnastischen Inhalte selbst, sondern ebenso auf die mit ihr zusammenhängenden pädagogischen und ethischen Konzepte über körperliche Erziehung. Zwei Aspekte, die bis heute in der modernen Sportpädagogik eine Rolle spielen, wurden von *Guts-Muths* aufgegriffen: Erstens die Vorstellung, dass gymnastische Übungen für eine ganzheitliche Erziehung unverzichtbar seien, und die Erziehung von Körper und Geist, Leib und Seele harmonisch erfolgen müsse; und zweitens, gewissermaßen als Begründung für diese Auffassung, dass körperlich-motorische und geistig-seelische sowie moralisch-sittliche Elemente des Menschen und seiner Erziehung miteinander zusammenhängen: „orandum est ut sit mens sana in corpore sano", schrieb der spätantike Dichter *Juvenal* (10, 356). Er formulierte damit eine der Idealvorstellungen des griechisch-antiken Menschenbildes, nach der ein gesunder Geist nur in einem gesunden Körper wohnen könne.

Dieses antike Menschenbild ist im weitesten Sinn als Kalokagathie-Ideal bezeichnet worden. Kalokagathie bedeutet wörtlich übersetzt „schön und gut", mit anderen Worten die Vorstellung, dass ein körperlich schöner, wohl proportionierter, möglichst athletisch geformter Mensch auch moralisch gut sei. Dieses antike Menschenbild erscheint aus heutiger, moderner und christlicher Sicht sehr problematisch, weil es ja in der Umkehrung bedeuten würde, dass körperlich „hässlichen", unproportionierten oder auch missgebildeten, schließlich körperlich behinderten Menschen moralische Qualitäten abgesprochen würden. Dass dies nicht so ist, davon sind wir heute alle überzeugt. Gleichwohl finden sich Reste dieser Vorstellung, wenn auch nicht im ursprünglichen antiken Sinn, in unserem heutigen, modernen Verständnis vom Menschen, insbesondere vom sportlichen Menschen, wieder.[52]

GutsMuths hat mit seiner Gymnastik wesentlich zur Ausprägung eines an der Antike orientierten und zugleich modernen Menschenbildes beigetragen. Eine Facette geht auf das antike Kalokagathie-Ideal zurück. Aber *GutsMuths* und die Philanthropen prägten auch andere Facetten unserer heutigen Vorstellungen vom Sinn körperlicher Übungen und Spiele für den modernen Menschen und seine Erziehung. Sie beeinflussten nicht nur Inhalte, Formen und Verständnis des „deutschen Turnens", sondern fanden mit ihren Ideen auch Eingang in die Konzepte körperlicher Erziehung in anderen Ländern, insbesondere in die dänische und „schwedische Gymnastik" nach dem System von Per Henrik *Ling* (1776–1839). Erziehung sollte nach dem Erziehungsverständnis der Philanthropen „vernünftig" und „natürlich" sein und deshalb auch bei der körperlichen

---

[52] Der Altertumswissenschaftler Ingomar *Weiler* (2003) stellte im Einzelnen die abendländische Rezeption dieses Kalokagathie-Ideals dar und wies auf die zum Teil fatalen Folgen für unser modernes Menschenbild hin.

Erziehung ansetzen. Sie wurde als Bedingung für die ganzheitliche Erziehung aufgeklärter Bürger angesehen. In diesem Sinn war „Gymnastik" Teil und Ausdruck von ganzheitlicher „Menschheitserziehung" (*Bernett,* 1971).

Turnen als Nationalerziehung

Im Unterschied dazu war „Turnen" Nationalerziehung. Jahns „Deutsches Volkstum" (1810) und „Deutsche Turnkunst" (1816) fügten sich in die Nationalerziehungspläne anderer romantischer Philosophen und Pädagogen der „Deutschen Bewegung" (Hermann *Nohl*) wie *Arndt* und *Fichte,* aber auch *Froebel* ein. Körperliche Übungen und Spiele sollten wie die deutsche Sprache einen Beitrag zur Entwicklung nationaler Kultur und Identität leisten. Dies konnte zugleich die Ablehnung und Bekämpfung alles Fremden und Nicht-Deutschen bedeuten. *Jahn* trieb dies auf die Spitze und predigte Hass auf alles Französische und auf die Franzosen selbst, die Deutschland damals im Zusammenhang der napoleonischen Eroberungskriege besetzt hielten. Das Jahnsche Turnen war wesentlich von diesem antifranzösischen und militärischen Impuls geprägt (vgl. *Düding,* 1984).

Das Jahnsche Turnen wurde durch die Entstehung und Entwicklung der Vereinsturnbewegung der 1840er und – nach der Revolution von 1848/49 – der 1860er Jahre und durch die Einführung des Schulturnens im Verlauf des 19. Jahrhunderts grundlegend verändert. Das Verständnis von „Turnen" als einer besonderen Form nationaler Erziehung blieb jedoch das ganze 19. und auch in der ersten Hälfte des 20. Jahrhunderts bestimmend. Die Vereinsturnbewegung war eine Bürgerbewegung, die sich zum Ziel gesetzt hatte, für politische Ziele, Bürgerrechte und öffentliche Belange einzutreten; dazu gehörte auch ihr Engagement für die Einführung des Schulturnens. Die Turnfeste in der zweiten Hälfte des 19. Jahrhunderts, Verlauf und Ergebnisse des „Barrenstreits" zu Beginn der 1860er Jahre in Preußen und schließlich die formelle Gründung der Deutschen Turnerschaft in Weimar 1868 machten deutlich, dass es der Turnbewegung gelungen war, Turnen als *die* Form nationaler Leibesübungen in Deutschland zu verankern. In dieser Zeit sind nicht nur eine Vielzahl von Büchern, Schriften und Artikeln in der Deutschen Turn-Zeitung zum Betrieb des Turnens in Schule und Verein verfasst worden, insbesondere von Turntheoretikern und „Turnsystematikern" wie Adolf *Spieß* oder Justus Carl *Lion,* sondern es hat sich auch ein Verständnis dessen herausgebildet, was *Diem* mit „Turnertum" als „ethischem Begriff" meinte.[53]

---

[53] Einen Überblick über dieses Selbstverständnis der Turnbewegung des 19. Jahrhunderts bietet *Hirths* „Lesebuch für deutsche Turner" von 1865, in zweiter, erweiterter Auflage 1893 herausgegeben von Rudolf *Gasch;* sowie Carl *Eulers* Enzyklopädisches Handbuch des gesamten Turnwesens (1894-96) (vgl. *Krüger,* 1996).

Drei Punkte sind zusammenfassend festzuhalten:

Erstens war Turnen eine Form nationaler Kultur und Leibesübung. Dies bedeutet, dass es nicht ausreichte, Spiele und Übungen um ihrer selbst willen zu pflegen, sondern im Dienst und zum Wohl des „Vaterlands". Sie mussten deshalb zweckhaft und systematisch betrieben werden, um die Gesundheit und Leistungsfähigkeit des einzelnen und des Volkes insgesamt fördern zu können.

Zweitens wurde Turnen als eine Form sittlicher Bildung und Erziehung verstanden. Sie äußerte sich in dem Turnermotto „frisch, fromm, fröhlich und frei" ebenso wie in Jahns „Turngesetzen" oder in den Satzungen der Turnvereine. Dazu gehören auch egalitäre Elemente wie das turnbrüderliche „Du" oder die gleiche, altdeutsche und leinerne Turntracht, die auf dem Turnplatz getragen wurde. Turnen sollte dazu beitragen, das „Wir-Gefühl", das Gefühl der Zusammengehörigkeit der Nation zu stärken.

Drittens war Turnen eine zivile Form militärischer Erziehung. Die Idee der Nation umfasste die Verpflichtung, Volk und Vaterland vor tatsächlichen oder vermeintlichen Feinden zu schützen und die Jugend in diesem Sinn körperlich und moralisch zur Wehrhaftigkeit auszubilden.

Sportliches Ethos

Das „Ethos" des „Sportsmannseins", wie sich *Diem* ausdrückte, war dagegen anderer Natur als das „Turnertum" in Deutschland. Der Sport war im 19. Jahrhundert zu einem Wesenszug der Engländer, Teil ihres „Habitus" geworden. „All peoples have their play", schrieb Rudolf *Kircher* 1928 in seinem Buch „Fair play", „but none of the great modern nations has built it up in quite the same way into a rule of life and a national code" (*Kircher,* 1928, S. 5 f.). Dieses besondere Sportverständnis bildete sich im viktorianischen England heraus, als „games" und „sports", also Fußball, Rugby und Cricket, aber auch Rudern, Boxen und Leichtathletik. Es entwickelte sich zu einem zentralen Bestandteil der Erziehung der Söhne der englischen Oberschicht, der Gentlemen, an den „Public Schools" (vgl. *Mangan,* 1981).
Ursprünglich bekämpften die „Headmaster" der Public Schools solche gewalttätigen, in den Augen der auf Ordnung und Etikette bedachten Lehrer barbarischen Spiele wie Fußball. Seit Thomas *Arnold*, dem Headmaster von Rugby, wurde jedoch ihr Wert für die Erziehung und Disziplinierung der Schüler erkannt. Er prägte das Erziehungsideal des „christian gentleman" und wurde zu einer Symbolfigur der Erneuerung des Public-School-Systems. Seine Nachfolger an praktisch allen Public Schools in Großbritannien griffen dann verstärkt auf Spiele und sportliche Wettkämpfe als Erziehungsmittel zurück. Sie waren davon überzeugt, dass Spiel und Sport zur Charakterbildung beitragen und die Gentlemen besser auf ihr zukünftiges Leben vorbereiten würden als überflüssiger Wissensstoff: „physical and moral courage, loyalty and cooperation, the capacity to act fairly and take defeat well, the ability to both command and obey"

(*Mangan,* 1981, S. 9).[54] „Their love of healthy sport and exercises", erklärte eine Regierungskommission im Jahr 1864, hätten geholfen, „to teach the Englishmen, to govern others and to control themselves" (nach *Holt,* 1989, S. 76).

3.2 Fair play als Grundlage der modernen Sportethik

„Fair play" wurde zum zentralen Motto dieses Sportverständnisses englischer Gentlemen. Es kennzeichnet inzwischen die Sportmoral insgesamt und wird über den Sport hinaus als verhaltensleitendes Prinzip anerkannt.[55] Fair play bezeichnet die Einstellung zum und das Verhalten in und außerhalb des Spiels, ebenso die Art und Weise, den Stil, in dem ein sportlicher Wettkampf ausgetragen wird. Dazu gehört die selbstverständliche Befolgung der vereinbarten Regeln des Wettkampfs und die Achtung vor dem Gegner, einschließlich der Respektierung seiner körperlichen Integrität und Unversehrtheit. Ein „christian gentleman" sieht auch im Gegner seinen Partner oder Nächsten, wie der christliche Begriff lautet, den er nach christlichen Geboten zu behandeln hat. Fair play bedeutet darüber hinaus die Fähigkeit, würdevoll siegen und verlieren zu können, lieber ein Spiel zu verlieren, als ein Spiel zu verweigern, allen die gleichen Chancen einzuräumen, den Gegner und die Zuschauer nicht zu betrügen, und schließlich auch nicht um Lohn und Geld zu spielen, sondern „for pleasure", also um des reinen Vergnügens und der Freude willen. Die Idee des Fair play war deshalb mit dem Konzept des Gentleman- und Amateursports und des Amateurismus verknüpft (*Guttmann,* 1987). Als solche ist sie auch zentral in die philosophische und ethische Begründung des olympischen Sports bzw. der modernen olympischen Bewegung eingegangen.

Fair play ist inzwischen zur „Herzmitte des sportiven Ethos" geworden, wie der Sportpädagoge Eckard *Meinberg* (1991, S. 35) formulierte; d. h., das „Prinzip Fairness" – so der Philosoph Hans *Lenk* (1989) – soll für alle Bereiche des Sports gelten, insbesondere für den Wettkampfsport, für „Amateure" und „Profis" gleichermaßen, aber ebenso für den Breiten- und Freizeitsport, und natürlich für beide Geschlechter und alle Alters- und Könnensstufen. Fair play ist eine Tugend, die nicht ontologisch im Sport angelegt ist, sozusagen ein Wesensmerkmal des Sports darstellt, sondern die im Handeln geübt und erprobt werden muss. Es handelt sich um eine pädagogische Aufgabe, die sich immer wieder neu stellt.

---

[54] Dieses englische Sporterziehungsverständnis wurde insbesondere durch Thomas *Hughes* und seinen Roman „Tom Brown's Schooldays" und durch Charles *Kingsley* verbreitet, der den Begriff der „muscular christianity" prägte (*McIntosh,* 1979, S. 20 ff.).

[55] Peter *McIntosh,* einer der Begründer der britischen Sportpädagogik, fasste in seinem 1979 erschienenen Buch „Fair play" die Tradition des ethischen und moralischen Denkens in Spiel und Sport unter diesem Begriff zusammen. Er unterscheidet vier Traditionsstränge: 1) Die griechische Athletik, 2) Die englische Sporterziehung der „muscular christianity", 3) Die deutsche Turn- und Sporterziehung, 4) Physical Education und Sporterziehung in den USA (vgl. im Folgenden *MacIntosh,* 1979).

Was in einer konkreten Situation jeweils fair ist oder als fair empfunden wird, steht nicht endgültig fest, sondern lässt sich nur vor dem Hintergrund des Wertehorizonts der handelnden Menschen erklären und verstehen. Dabei spielt es eine entscheidende Rolle, welches Fairnessverständnis sich in der Institution Sport selbst entwickeln konnte.[56] Fairness und Fair play sind jedoch längst nicht mehr nur auf den Bereich des Sports beschränkt – sie waren es im Grunde nie –, sondern man spricht auch von Fairness in der Politik, in der Wirtschaft, in der Kultur oder auch im Straßenverkehr. Genauso wie im Sport tut sich in anderen Feldern der Gesellschaft eine Kluft zwischen dem Reden über Fairness und dem tatsächlichen Handeln auf. Die Kirchen, die für Ethik und Moral besondere Zuständigkeiten haben, wissen am besten über dieses Problem Bescheid: Von den 10 Geboten weiß jeder, aber danach zu handeln fällt schwer. Und trotzdem bleibt es die Aufgabe der Kirchenlehrer, die Gebote zu predigen und die Menschen in ihrem Bestreben, die Gebote zu befolgen, zu unterstützen und dabei auch ein beispielhaftes Vorbild zu sein. Analog ließe sich von Sportlehrkräften fordern, Sportlerinnen und Sportler im Geiste des Fair play zu erziehen.

Die im Begriff des Fair play konzentrierte Sportmoral ist – analog zu den christlichen Geboten – ebenfalls in Regeln und Geboten zu erfassen versucht worden. Carl *Diems* „10 Gebote des Sports" (*Diem,* 1960, S. 24) sind wegweisend für das moralische und ideelle Selbstverständnis des Sports in Deutschland geworden. „Treibe Sport um des Sportes willen ohne Eigennutz und Ehrsucht, treu den Regeln und treu deinen Freunden", heißt das erste Gebot. „Stark-sein gehört zu gut-sein", lautet der zweite Satz im ersten Gebot, der einen klaren Bezug zum antiken Kalokagathie-Konzept herstellt. Die weiteren Gebote beziehen sich auf das beharrliche Üben, den kämpferischen Einsatz, die Einstellung und Haltung gegenüber Freund und Gegner und die Art des Siegens und Verlierens. Das sechste Gebot: „Suche den stärksten Gegner und achte ihn als deinen Freund" erinnert am deutlichsten an die christlichen Werte der Nächsten- und Feindesliebe.

Die „English Schools Football Association" hat ebenfalls in 10 Regeln einen Leitfaden für das Verhalten von „Schoolboys" ausgearbeitet, in dem die klassische englische Sportmoral auf den Punkt gebracht wird (*McIntosh,* 1979, S. 120):

„1. Learn and observe the Laws of the Game.
2. Beat opponents by skill and not by unfair methods.
3. Never argue with the Referee or Linesman.
(...)
7. If an opponent gives you the ball for a throw-in, free kick, etc., do not take advantage of him being out of position.
8. Keep your self-control at all times and do not retaliate.
9. Do not overact when your team scores a goal.
10. Accept victory modestly and defeat cheerfully."

---

[56] Zu grundlegenden Fragen der Sportethik vgl. *Pawlenka* (2004 und 2010).

Die zehn Gebote des Sports

1. Treibe Sport um des Sportes willen ohne Eigennutz und Ehrsucht, treu den Regeln und treu deinen Freunden; stark-sein gehört zu gut-sein.

2. Übe folgsam, beharrlich, pflichtbewusst und freudig, solange du lebst, bist du übungsfähig.

3. Setze im Sport deine ganze Kraft ein, aber lasse den Sport Begleitmelodie und nicht Inhalt des Lebens bleiben.

4. Gebe niemals auf, nicht im Training und nicht im Kampfe, aber aller Sport ist nicht eine Stunde Kranksein wert.

5. Weiche keinem Kampfe aus – verzichte ritterlich auf jeden zufälligen Vorteil – erstrebe statt des Beifalls der Zuschauer das Lob deines Gewissens.

6. Suche den stärksten Gegner und achte ihn als deinen Freund; der Gast hat immer Recht.

7. Siege mit Stolz ohne Prahlen, verlieren mit Würde, ohne Entschuldigung oder Murren; wichtiger als Sieg ist die Haltung.

8. Folge wortlos dem Schiedsrichter, auch wenn er zu irren scheint.

9. Der erste Glückwunsch gelte deinem Besieger – der erste Dank dem Unterlegenen; für dich oder deine Mannschaft darf es nur einen Wunsch geben; möge immer der Beste gewinnen!

10. Halte dich rein an Körper, Geist und Gesinnung; lege Ehre ein für dich, deinen Verein und dein Land.

Quelle: Carl *Diem* (1960, 2. Aufl.). Wesen und Lehre des Sports und der Leibeserziehung. Berlin: Weidmann (S. 24).

Beide Beispiele zeigen sowohl die Gemeinsamkeiten eines die nationalen Grenzen überschreitenden ethisch-moralischen Selbstverständnisses des Sports als auch die nationalen Besonderheiten: Z. B. betont *Diem* typisch „deutsche" Werte wie Treue, Pflicht, Beharrlichkeit beim Üben, Bereitschaft zum Kampf und das „Lob deines Gewissens", welches das Verhalten beim Sport leiten soll. Die englischen zehn Gebote des Sports beziehen sich dagegen überwiegend auf die großen „national games" und betonen die Einhaltung der Regeln, Fair play und Selbstkontrolle beim Spiel.

Ethische Grundlagen der Olympischen Spiele

Der englische Sport und die englische Sportidee und -moral haben sich von den Public Schools ausgehend in der ganzen Welt verbreitet. Die Gründe für diese weltweite Verbreitung des englischen Sports lagen in der Weltmachtstellung Englands im 19. Jahrhundert. Er hat darüber hinaus in den Vereinigten Staaten von Amerika im 19. und 20. Jahrhundert große Verbreitung gefunden. Wie in

England wurde auch in den USA der Sport als wichtiges Mittel der körperlichen und sittlichen Erziehung angesehen. Schließlich ist das englische Sportkonzept zum Kern des olympischen Sports und des Olympismus seit den ersten Olympischen Spielen der Neuzeit im Jahr 1896 in Athen geworden. Pierre *de Coubertin* (1863–1937), der Begründer des modernen Olympismus, war nicht nur ein glühender Verehrer der antiken Athletik und des damit verbundenen Menschenbildes (auch des Kalokagathie-Ideals), sondern ebenso ein Anhänger der Public-School-Erziehung und der Pädagogik Thomas *Arnolds*. Der englische Sport war nach seiner Auffassung geeignet, die moderne Olympische Idee, die in der Antike wurzeln sollte, ethisch und moralisch zu tragen und zu verbreiten. Mit der Entstehung und Entwicklung der modernen Olympischen Spiele hat der Sport seine bis dahin nationalen Grenzen überschritten und ist zu einem internationalen Ereignis geworden. Untrennbar verbunden mit den Olympischen Spielen und der olympischen Bewegung ist die olympische Idee. Sie beinhaltet die tiefere philosophische, im engeren Sinn ethische Begründung der olympischen Spiele als einem weltweiten Ereignis, in dessen Mittelpunkt der Sport steht – der Sport als Mittel, Menschen aus aller Welt im fairen sportlichen Wettkampf zusammenzuführen und damit einen Beitrag zur Verständigung und zum Frieden zu leisten.

Stellvertretend für alle Athletinnen und Athleten bei den Spielen, letztlich stellvertretend für alle Sportlerinnen und Sportler auf der ganzen Welt, unabhängig von Alter, Geschlecht, Sportart oder Leistungsniveau spricht ein Athlet oder eine Athletin folgenden „Olympischen Eid": „Im Namen aller Athleten verspreche ich", so heißt es in der aktuellen Fassung des Olympischen Eides, „dass wir an den Olympischen Spielen teilnehmen und dabei die gültigen Regeln respektieren und befolgen und uns dabei einem Sport ohne Doping und ohne Drogen verpflichten, im wahren Geist der Sportlichkeit, für den Ruhm des Sports und die Ehre unserer Mannschaft." Für die Kampfrichter, die für die Einhaltung der Regeln bei den Wettkämpfen zu sorgen haben, spricht ein Kampfrichter eine Eidesformel, in der speziell auf den „Geist der sportlichen Fairness und der Würde des Sports" Bezug genommen wird. Sie sollen der oberste Maßstab für Kampfrichterentscheidungen sein und beinhalten die Verpflichtung, wie es heißt, die „gezeigten Leistungen ohne Rücksicht auf die Person oder die Nation gewissenhaft zu beurteilen."[57]

Dieser Eid steht für die Orientierung des Sports an grundlegenden ethischen Werten und Normen. In neuester Zeit wurde ein ausdrücklicher Bezug auf Doping und Drogen in die Eidesformel aufgenommen. Dies ist ein Hinweis auf das seit Jahren und auch aktuell drängendste ethische Problem des modernen Sports. Doping und Drogen gefährden nicht nur die Gesundheit derjenigen, die solche Mittel einsetzen, sondern auch die moralische Substanz des Sports insgesamt.

---

[57] Siehe zu diesen Eidesformeln die Olympische Charta in ihrer aktuellsten Fassung auf der Homepage des IOC. https://www.olympic.org/the-ioc (Zugriff 02.06.2018).

Funktionalisierung und Instrumentalisierung des Sports

Das Gymnastik-, Turn- und Sportverständnis, wie es sich im 19. Jahrhundert entwickelt hatte und von *Diem* mit den Begriffen „Turnertum" und „Sportsmannsein" bezeichnet wurde, erwies sich im 20. Jahrhundert, als sich der Sport weltweit verbreitete, als anfällig und instrumentalisierbar für politisch-ideologische, nationale und militärische Zwecke. Dies zeigte sich zum einen in der Militarisierung und systematischen wehrsportlichen Vorbereitung auf den Krieg. Nicht nur deutsche Turner und Sportler zogen als geübte und begeisterte Kämpfer für Volk und Vaterland in die Weltkriege, auch englische „boys", wobei viele von ihnen den Krieg für ein glorifiziertes „football match" hielten (*Holt,* 1989, S. 276). Auf dem Schlachtfeld stellte sich jedoch sehr schnell heraus, dass das Ethos des Sports mit dem des Krieges nur wenig gemeinsam hatte. Viele „sportliche" Soldaten mussten ihren Mut, der ihnen im Sport zu Ruhm und Sieg verhalf, im Krieg mit dem Leben bezahlen. Zum anderen wurde besonders in Deutschland deutlich, dass dieses Turn- und Sportethos der politisch-ideologischen Zersplitterung von Turnen und Sport in der Weimarer Republik in Bürgersport, Arbeitersport und konfessionellen Sport nicht Einhalt gebieten konnte. Und zum dritten ließen sich Turnen und Sport vor den Karren von Diktatoren spannen. Dies gilt sowohl für Turnen und Sport im Dritten Reich und die Olympischen Spiele von 1936 als auch für den Sport im ehemaligen kommunistischen Ostblock, in der früheren Sowjetunion und der DDR. Dort wurde der sportlich-turnerische Geist der Solidarität und des Fair play den Interessen von Partei und Staat untergeordnet.

Angesichts der gewachsenen Bedeutung des Sports in gesellschaftlicher, wirtschaftlicher und auch politischer Hinsicht in der Gegenwart ist die Gefahr seiner Funktionalisierung und Instrumentalisierung für Zwecke, die außerhalb des Sinnbereichs des Sports selbst liegen, eher verstärkt als verringert worden.[58] Verantwortliche Politiker, Funktionäre, Trainer und Sportlehrkräfte, die sich dem Ethos des Sports und dem Fair play verpflichtet fühlen, sind deshalb gehalten, dieser Gefahr durch entsprechendes erzieherisches Handeln entgegenzutreten und die sportlichen Werte nicht nur zu vertreten, sondern auch weiterzuentwickeln.

Das sportlich-olympische Menschenbild und seine Grenzen

Aus dem kurzen Rückblick auf die Entwicklung der für Turnen und Sport grundlegenden Werte und Normen wurde deutlich, dass es zwar spezifische Regeln für einzelne Sportarten und Spiele gibt, aber keine „eigene" sportliche Moral oder Ethik. Die Werte und Normen, die das sportliche Handeln heute im Sport und besonders im olympischen Sport leiten bzw. leiten sollen, haben sich in einer langen Tradition entwickelt und speisen sich aus den unterschiedlichsten

---

[58] Der Sportpädagoge Sven *Güldenpfennig* hat sich in zahlreichen Arbeiten mit diesem zentralen Problem der Instrumentalisierung des Sports und der Bewahrung seiner Sinnmitte, auch in ethischmoralischer Hinsicht, beschäftigt (siehe seine Werke im Arete-Verlag Hildesheim, z. B. 2013).

(nicht-sportlichen) Quellen und Traditionen. Dies wird auch an den olympischen Eidesformeln deutlich, die als verdichtete Form der modernen, universellen Sportethik angesehen werden können.

Die verbindliche Verpflichtung auf gemeinsam ausgehandelte Regeln, die einzuhalten sind, wenn gesellschaftliches Leben funktionieren soll, hat ihre Wurzeln in der von Philosophen der Aufklärungszeit, an erster Stelle *Rousseau* (1712–1778) in seinem „Contrat Sociale", formulierten Idee, dass eine Gesellschaft, ein Staat, eine Stadt, eine Gemeinde (auch eine Schulklasse oder Familie) nur dann funktionieren können, wenn Regeln vereinbart werden, an die sich freiwillig alle halten, und zwar ohne Berücksichtigung des Status der einzelnen Person. In der Familie bedeutet das zum Beispiel, dass sich die Eltern genauso an die gemeinsamen Familienregeln halten müssen wie die Kinder, obwohl sie mehr Macht und Autorität haben als diese.

Neu war daran, dass diese Regeln nicht von einer absoluten Autorität (wie Gott, dem Papst, dem König oder einem politischen Führer) gesetzt sind, sondern in einem „Gesellschaftsvertrag" ausgehandelt werden müssen. So ist es im Prinzip auch im Sport; und im Sport wird der Sinn von solchen Regeln unmittelbar und auf einfachste Weise deutlich. Regeln und Normen sind nicht von Gott gegeben, sondern werden von den Menschen gemacht. Regeln gelten nur für ein Spiel, an dem man mitspielt. Sieger und Verlierer werden nach den gültigen Regeln bestimmt. Im sportlichen Spiel und Wettkampf entscheidet nur die von den Regeln definierte Leistung über Sieg oder Niederlage, nicht etwa Herkunft, Rasse, Religion oder Geschlecht.

Obwohl Gott in den olympischen Eidesformeln nicht vorkommt, sind in der Berufung auf den Geist der Fairness und der Sportlichkeit Bezüge zu einem christlichen Menschenbild enthalten. Sportlichkeit und Fairness gehen letztlich auf das Ideal des „christian gentleman" zurück (s. o.), der stark und mutig für seinen Sieg und Erfolg streitet, dabei aber nie vergessen soll, dass er sich am Ende vor seinem Schöpfer zu rechtfertigen hat; und der wird ihn, ausgehend von den zehn Geboten, nicht nur an seinem Erfolg, sondern auch daran messen, ob und wie er sich gegenüber seinen Gegnern und Partnern verhalten hat.

Über diese Frage, ob und inwiefern christliche Werte und Normen die sportliche Moral geprägt haben und es immer noch tun, ist viel diskutiert worden. Von theologischer Seite wird dabei immer wieder darauf hingewiesen, dass vom Sport, auch wenn er hohe ethische und moralische Ansprüche an sich selbst und die Menschen stellt, keine Antworten auf die letzten Fragen, etwa nach dem Sinn des Lebens oder einem Leben nach dem Tod, zu erwarten sind. Ethik und Moral des Sports sind so gesehen auf das diesseitige (sportliche) Leben begrenzt, obwohl es nicht wenige Menschen gibt, die ihren Sport mit religiöser Hingabe und religiösem Eifer betreiben, und sei es nur als Zuschauer. Beim Sportethos handelt es sich also um eine Partikularethik oder eine reduzierte Ethik. Sie gilt im Prinzip nur für den Sport und nicht, wie die christliche Ethik, für alle Aspekte menschlichen Lebens; obwohl schon der Apostel *Paulus* in seinem Brief an die Korinther (1 Kor 9, 24-27) den athletischen Wettkampf als Bild oder Gleichnis benutzte, um den Menschen die christliche Botschaft verständlicher zu machen. Dies ist bis heute nicht aus der theologischen Mode gekommen.

Der evangelische Theologe und Bischof Wolfgang *Huber* hob deshalb hervor, dass sich das sportlich-olympische Menschenbild stets auch an einem christlichen Menschenbild messen lassen müsse. Erst dann könne sich die Moral des Sports in einem christlich-humanen Sinn positiv entfalten. Er stellte dem olympischen Menschenbild, das von der Vorstellung eines gesunden, leistungsfähigen, athletischen Menschen geprägt sei, ein „jesuanisches" Menschenbild gegenüber (*Grupe & Huber,* 2000, S. 144 ff.), weil Jesus durch sein Leben gezeigt habe, dass nicht Sieg und Erfolg ausschlaggebend sind, sondern allein die Gnade Gottes.

Das sportliche Ethos hat seine Wurzeln in einem christlich-abendländischen Menschenbild. Gleichwohl zeigt die internationale und universale Verbreitung des Sports, dass der Sport als Lernort und pädagogisches Handlungsfeld einschließlich seines Werte- und Normenhorizonts in hohem Maße anschlussfähig an andere, nicht christliche und nicht-westliche bzw. abendländisch-europäische Kulturen ist. Er bietet darüber hinaus in seinen Themen und Inhalten, seinen Sportarten und Ritualen und nicht zuletzt durch seine vergleichsweise klaren Werte, Regeln und Normen auch Menschen ohne religiöse Bindungen Halt und Orientierung. In gewisser Hinsicht ist der Sport für viele Menschen selbst zu einer neuen, postmodernen Religion geworden.

3.3 Sportethos und Sporterziehung

Aufgabe der Sportpädagogik ist es nicht nur, über die Theorie moralisch „richtigen" Verhaltens im Kontext der Sportethik zu philosophieren, sondern ebenso zu fragen, wie Erziehung zur Fairness funktioniert. Aus der Entwicklungspsychologie weiß man seit langem, spätestens jedoch seit den Forschungen des Schweizer Sozialwissenschaftlers und Entwicklungspsychologen Jean *Piaget* (1896– 1980), dass die Bildung der moralischen Urteilsfähigkeit bei Kindern und Jugendlichen – natürlich auch bei Erwachsenen – ein komplexer Prozess ist, der schon früh im Kindesalter beginnt und von zahlreichen Faktoren beeinflusst wird. Erziehung spielt dabei eine entscheidende Rolle.[59] Moralische Urteile können sich umso stabiler bilden, je anschaulicher, konkreter und widerspruchsfreiere Erfahrungen gemacht werden können. Da der Sport ein soziales Feld darstellt, in dem ganzheitliche, über Körper und Geist, Leib und Seele vermittelte Erfahrungen gemacht werden können (sofern man beim Sport nicht nur zuschaut, sondern selbst Sport betreibt), eignet er sich in besonderer Weise als Anlass für Erziehung zu moralischem Verhalten.[60]

So gesehen ist der Sport in Schule und Verein nicht nur Unterrichtsfach und Freizeitspaß, sondern Ort und Gelegenheit für die Vermittlung von Regeln, Maß-

---

[59] Aufschlussreich sind in diesem Zusammenhang *Piagets* Schriften „Über Pädagogik" (1999) gesammelt herausgegeben und aus dem Französischen übersetzt von Irène *Kuhn* und Ralf *Stamm.*

[60] Für das Erlernen moralischen Denkens und Handelns gilt im Prinzip dasselbe wie für andere, kognitive, soziale und emotionale Lernprozesse auch (vgl. *Spitzer,* 2002).

stäben und Normen des Zusammenlebens. Diese „moralische" Erziehung vollzieht sich weder abstrakt noch automatisch. Eine entscheidende Rolle spielen die Lehr- und Erziehungspersonen, die diese Sportmoral vertreten. Je authentischer dies geschieht, umso prägender und wirkungsvoller kann dieser Prozess erfolgen. Den Trainern und Übungsleitern, Sportlehrerinnen und Sportlehrern kommt also eine mindestens genauso große Bedeutung zu wie den Organisationen und Institutionen, die sportliche Werte wie Fairness und Chancengleichheit insgesamt glaubhaft zu vertreten haben. Wenn ein gemeinsames Interesse aller am Sport Beteiligter darin besteht, diese Werte aufrechtzuerhalten und weiterzuentwickeln, wie es in der Olympischen Charta heißt, dann ist es auch eine Verpflichtung der Lehrkräfte und Erziehungspersonen im Sport, diese Werte in ihrem Denken, Handeln und Fühlen authentisch zu vertreten. Sportlerinnen und Sportler sollten ebenso wie Sportlehrerinnen und Sportlehrer eine klare Vorstellung haben und vermitteln, was richtig und falsch, fair und unfair oder foul im Sport und über den Sport hinaus ist. Dies gilt besonders für die Erziehung der Heranwachsenden.

Aus Untersuchungen bei denjenigen Kindern und Jugendlichen, die erheblich normabweichendes Verhalten zeigen und deshalb auch straffällig geworden sind, kann man sehen, welche Voraussetzungen gegeben sein müssen, um ein entsprechendes moralisches Urteil und Bewusstsein zu entwickeln. Damit Menschen friedlich zusammen leben und miteinander umgehen können, brauchen sie gemeinsame Regeln und Normen, an die sie sich halten können und die auch eingehalten werden müssen, wenn die Ordnung nicht auseinander brechen soll. Soziale Regeln und Normen werden sowohl von außen gesetzt, kontrolliert und sanktioniert als auch verinnerlicht. Sie werden zum Teil des Gewissens eines Menschen, das ihm sagt, was in der sozialen Gruppe, in der Gesellschaft und Kultur, der er angehört, gut oder böse, richtig oder falsch, fair oder unfair, angemessen oder unangemessen ist, was man tun oder besser lassen sollte. Der Einzelne kann nur unter der Strafe eines schlechten Gewissens gegen diese geschriebenen und ungeschriebenen Regeln des sozialen Miteinander verstoßen. Und er muss mit Sanktionen, Strafen oder Ausschluss durch die Gruppe oder Gemeinschaft rechnen, wenn er grob gegen diese Regeln verstößt, insbesondere gegen solche, die kodifiziert wurden; sprich gegen die vom Staat gegebenen und zu kontrollierenden Gesetze.

Erziehung hat die Aufgabe, diesen Prozess der Verinnerlichung sozialer Regeln, Normen, Wertvorstellungen, Rechte und Pflichten durch äußere Kontrollen zu begleiten, erwünschtes Verhalten zu unterstützen und Fehlverhalten zu sanktionieren. Dies geschieht nicht nur durch den „Staat" in Person von Richtern, Polizisten und Lehrern, sondern vor allem auf der Ebenen kleinerer sozialer Gruppen, Organisationen und Institutionen wie – in erster Linie – in der Familie, in Freundesgruppen, Kindergärten, Schulen, Vereinen, Betrieben, Freizeitgruppen, kirchlichen Gruppen und Einrichtungen, natürlich auch und vor allem in Sportgruppen und Sportvereinen.

Soziales Normenlernen erfolgt umso erfolgreicher und effektiver, je früher und intensiver dieser Prozess einsetzt und von Erziehungspersonen begleitet und betreut wird. Eine zentrale Rolle kommt dabei der Basissozialisation in der Familie zu, gefolgt von Kindergarten und Kinderkrippe, Schule, Freundeskreis, Arbeit und Ausbildung. Die Massenmedien, insbesondere das Fernsehen, und die neuen Möglichkeiten der Kommunikation, die sich durch die Digitalisierung und das Internet ergeben, spielen für die normative Sozialisation und Erziehung ebenfalls eine große, nach Expertenmeinung wachsende Rolle; allerdings nicht in dem Maße wie die fundamentalen Lern- und Erziehungsorte Familie, Kindergarten und Schule. Versagen jedoch diese Institutionen in ihrem Erziehungsauftrag, wird diese Lücke durch andere, heimliche und unheimliche Erzieher, meistens aus dem Fernsehen und dem Internet, gefüllt.

Entscheidend für eine gelungene Erziehung zum Normenlernen ist, das haben nicht zuletzt kriminologische Untersuchungen gezeigt, eine starke emotionale Bindung an die Familie und einzelne zentrale Bezugspersonen (meistens die Mutter), verbunden mit einer entsprechenden Beaufsichtigung, Pflege und Betreuung der Kinder – „Monitoring" genannt – die durch einen konsequenten und konsistenten Erziehungsstil geprägt sind (*Rössner & Bannenberg*, 2005, S. 45). Konsistent und konsequent bedeutet, dass versucht wird, soziale Regeln, Werte und Normen möglichst klar und widerspruchsfrei zu leben und zu vermitteln. Eltern, die ihre heranwachsenden Kinder zur Ehrlichkeit erziehen möchten (oder dies vorgeben), sie aber gleichzeitig belügen, sind keine überzeugenden Vertreter der sozialen Tugend „Ehrlichkeit", um nur ein Beispiel zu nennen. Konsequent bedeutet, dass das erwünschte Verhalten gelobt und verstärkt, Fehlverhalten aber auch konsequent gerügt und bestraft wird.

Die Effektivität dieses Erziehungsstils gilt im Übrigen unabhängig von den konkreten, zu vermittelnden Inhalten und sozialen Regeln. Das Ethos einer Räuberbande wird auf dieselbe Weise sozialisiert wie das eines Priesterseminars oder einer Fußballmannschaft. Man kann so gesehen im Sport natürlich auch lernen, wie man am besten Foul spielt und dass „Gewalt" nützt; wenn eben die verantwortlichen Sporterzieher – wer auch immer das ist – das moralisch „falsche" Verhalten belohnen, das „richtige" dagegen nicht genügend unterstützen. Deshalb ist es wichtig, dass Klarheit über die wünschenswerten, „richtigen" Ziele, Inhalte und Regeln besteht und konsequent danach gehandelt wird. Welche das sind und wie das am besten geschehen kann, darüber muss natürlich diskutiert werden.

Der Sport und besonders die großen Mannschafts-Sportspiele sind ein Mittel, um solche allgemeinen Grundsätze der Vermittlung und des Lernens sozialer Regeln und Normen zu verdeutlichen. Es gibt kaum einen anderen Bereich sozialen Handelns und Lebens, in dem so klar, einfach, übersichtlich und verständlich zum Ausdruck kommt, dass unser Leben geregelt ist und sein muss, wenn es nicht zu Chaos und Anarchie kommen soll. Diese Regeln kommen durch soziale Übereinkunft zustande und sind somit auch veränderbar. Die Menschen bzw. Spielerinnen und Spieler haben es letztlich selbst in der Hand, nach welchen Regeln sie spielen wollen. Wer sich jedoch nicht an die vereinbarten Regeln hält, muss mit der gelben oder sogar roten Karte rechnen. Wer dagegen mannschaftsdienlich spielt, sich einordnet, engagiert und seine Fähigkeiten und Fertigkeiten im Interesse aller – letztlich auch des Gegners – zur Entfaltung bringt, wird belohnt.

Beim Sport und Sportspiel kann man aber auch lernen, dass es manchmal nötig ist, nicht mehr mitzuspielen, wenn nämlich gegen übergeordnete Regeln verstoßen wird, zum Beispiel gegen die Menschenwürde oder andere grundlegende humanitäre Regeln, sei es wegen überzogener Trainings- und Wettkampfanforderungen durch soziale Zwänge, die die Selbstbestimmung und Freiheit des Menschen beeinträchtigen oder bedrohen. Mut und Zivilcourage sind Tugenden, die gerade im Sport gefragt sind und auch dort gelernt werden können.

Sport, insbesondere wettkampforientierter Leistungssport, macht darüber hinaus zwei weitere, grundlegende Regeln sozialen Miteinanders deutlich: Erstens, dass sich Anstrengung und Leistung, Ausdauer, Zähigkeit, Einsatzbereitschaft und Mut am Ende durchsetzen und lohnen; zweitens, dass dies nur dann der Fall ist, wenn der Gegner als Partner anerkannt und respektiert wird, ohne den die eigene Leistung, das eigene Können keinen Maßstab fände und sozial gesehen wertlos wäre. Im Sport wie im Leben ist man auf Freund und Gegner gleichermaßen angewiesen, wenn das Spiel gelingen soll.

Aus sportpädagogischer Sicht eignet sich deshalb kaum ein soziales Handlungsfeld besser als der Sport, um Grundsätze geregelten sozialen Handelns und die Bedeutung von sozialen Normen und Werten lernen und erfahren zu können. Von vielen Lehrerinnen und Lehrern, Erzieherinnen und Erziehern und den verschiedensten Bereichen der Erziehungs- und Sozialarbeit wird dies auch gesehen und in der täglichen Erziehungspraxis umgesetzt. Sport fehlt in keinem dieser Felder sozialer Arbeit; und zwar nicht nur wegen der Bedeutung der körperlichen Seite von Bildung und Erziehung, sondern vor allem wegen der zahlreichen Anlässe für eine sozial verantwortliche Werteerziehung.

4 Der Gegenstand der Sportpädagogik

Die Sportpädagogik wurde bisher nach einer eher praktischen und einer eher wissenschaftlich-theoretischen Richtung unterschieden. Um diese differenzierter beschreiben zu können, ist es nötig, sich über Themen und Inhalte, wissenschaftliche Methoden und Verfahren und über den Gegenstand der Sportpädagogik zu verständigen.

4.1 Sportpädagogik als Wissenschaft

Der Begriff „Sportpädagogik" setzte sich seit dem Erscheinen des Buchs von Ommo *Grupe* mit dem Titel „Grundlagen der Sportpädagogik" (1969) durch. In diesem Werk geht es um eine anthropologische Begründung von Bildungs- und Erziehungprozessen im Kontext von Körperlichkeit, Bewegung, Spiel und Sport. Demnach gehören Körper und Bewegung sowie Spiel und Spielen zum Menschsein. Sie finden in Leibesübungen, Gymnastik, Turnen und Sport einen spezifischen kulturellen Ausdruck. Aus pädagogischer Sicht gilt es, diese Inhalte und Formen basaler anthropologischer Muster für die Entwicklung und Erziehung zu nutzen.

Sportpädagogik beschäftige sich „mit den Grundlagen und Problemen des Sports als Erziehungsfeld in Forschung und Lehre", heißt es bei *Schmitz* (1979, S. 67), einem weiteren Klassiker dieser jungen Wissenschaftsdisziplin. „Als angewandte Teildisziplin der Pädagogik und als Theoriefeld der Sportwissenschaft", schreibt *Haag* (1989, S. 51), gehe es in der Sportpädagogik um die „funktionalen und intentionalen Möglichkeiten sowie Grenzen der Erziehung durch Bewegung-Spiel-Sport". *Langenfeld* bezeichnete im Lexikon „Kritische Stichwörter zum Sport" (*Schulke*, 1983, S. 44) die Sportpädagogik als eine Wissenschaftsdisziplin, „die grundsätzlich alle durch bewusst herbeigeführte körperliche Zustände und Aktivitäten (wie z. B. Sport) wesentlich beeinflussten pädagogischen Prozesse und erzieherischen Wirkungen im Rahmen ihres jeweiligen sozialen Umfeldes zu ermitteln und zu erforschen unternimmt". *Scherler* (1992, S. 160) definiert den Gegenstand der Sportpädagogik als „Bildung und Erziehung des Menschen im und durch den Sport". *Prohl* (2005, S. 10; 3. Aufl. 2010) versteht Sportpädagogik als „Wissenschaft der Bildung und Erziehung im Rahmen der Bewegungskultur". Schließlich wurde im Sportwissenschaftlichen Lexikon versucht, eine umfassende Definition zu finden. Sportpädagogik sei „die übliche Bezeichnung für jenes Teilgebiet der Sportwissenschaft, in dem Sport im Zusammenhang von Bildung und Erziehung untersucht wird." Dieses wissenschaftliche Erkenntnisinteresse korrespondiere mit der „pädagogischen Verantwortung in der Praxis des Sports", das darauf ausgerichtet sei, „insbes. heranwachsenden Menschen eine optimale Entwicklung und ein gutes Leben zu ermöglichen" (*Röthig & Prohl*, 2003, S. 527 f.).

> Insgesamt lässt sich also sagen, dass die Analyse und Reflexion des Sports unter pädagogischen Gesichtspunkten als Gegenstand und Aufgabe der Sportpädagogik angesehen wird.

Es stellt sich nun im Hinblick auf diese Pädagogik des Sports die Frage, was unter „Sport" verstanden wird und was es heißt, ihn pädagogisch zu betrachten.

Was ist Sport? Zum Gegenstandsbereich der Sportpädagogik

Die Inhalte des Sports, von denen die Sportpädagogik ausgeht und auf die sie sich bezieht, sind zunächst (und naheliegenderweise) die Sportarten. Wenn man nach der Anzahl der Sport-Fachverbände geht, die im Prinzip jeweils eine Sportart vertreten und Mitglied im Deutschen Olympischen Sportbund sind, gibt es gegenwärtig 65 Sportarten, die in organisierter Form in Vereinen und Verbänden in Deutschland betrieben werden, vom Amateurboxen bis zum Wasserskifahren. 38 dieser Sportfachverbände vertreten „olympische" Sportarten, also solche, die vom Internationalen Olympischen Komitee (IOC) anerkannt sind und prinzipiell bei Olympischen Spielen betrieben werden könnten. Bei den übrigen Verbänden handelt es sich um nicht-olympische Sportarten.

Allerdings repräsentieren und organisieren viele Fachverbände mehr als eine Sportart oder Sportdisziplin. Der Deutsche Turner-Bund (DTB) allein vertritt beispielsweise drei Sportarten, die im Programm der Olympischen Spiele angeboten werden: Turnen/Kunstturnen, Rhythmische Sportgymnastik und Trampolinturnen. Bei anderen Verbänden ist es ähnlich, z. B. beim Deutschen Skiverband, der ebenso für den alpinen Skilauf steht wie für das Ski-Langlaufen (mit jeweils unterschiedlichen Disziplinen und Techniken) sowie für Skispringen, Biathlon oder Kombinationen verschiedener Skisportdisziplinen wie die „Nordische Kombination".

Sport ist jedoch mehr als nur der in Sportarten organisierte Sport. Es gibt eine breite Palette an speziellen Disziplinen und sportartübergreifenden Aktivitäten bzw. an Formen von Bewegung, Spiel und Sport, die nicht eindeutig einer Sportart oder gar einem Sport-Fachverband zuzuordnen sind und auch nicht nur in Schule und Verein gepflegt werden. Der so genannte Freizeitsport oder der Gesundheitssport können dazu gerechnet werden. Sie bestehen aus einer Kombination unterschiedlichster Sportarten, Disziplinen und Aktivitäten, von A wie Atemgymnastik bis W wie Wandern. Dazwischen liegen Aktivitäten wie Streetball, Inline-Skating, Tanzen, Entspannungsübungen, auch Radfahren und Spazierengehen, die auch als Sport angesehen werden. Freizeitsportliche Aktivitäten werden häufig weniger unter dem Aspekt des Wettkampfs, sondern der Geselligkeit, Freizeitgestaltung und Gesundheitspflege betrieben.

Der Deutsche Turner-Bund, mit fünf Millionen Mitgliedern der zweitgrößte Sportverband in Deutschland nach dem Deutschen Fußball-Bund (DFB), sieht sich auf Grund seiner Tradition, seiner Mitgliederstruktur und seines Selbstverständnisses als Verband für Vereine, die diesen Freizeit- und gesundheitsorientierten Sport besonders pflegen, z. B. als allgemeine Gymnastik, Kinderturnen, Aerobic, Fitnessgymnastik, Spiele usw. (*Dieckert*, 1974; 1995; *Dieckert & Wopp*, 2002).

Sport wird einerseits im eher formellen Rahmen wie im Sportunterricht in den Schulen oder im Trainingsbetrieb von Vereinen und Verbänden betrieben, aber auch in eher informellen Kontexten in mehr oder weniger organisierten Formen (*Neuber*, 2010). Sport, sowohl den nach Sportarten und Sportdisziplinen gegliederten Sport als auch den eher sportartübergreifenden allgemeinen Freizeit- und Gesundheitssport gibt es heute in zahlreichen gewerblichen Sport- und Fitnessstudios oder in Form von Kursen der Volkshochschulen und Krankenkassen. Teilweise wird nur die sportliche Infrastruktur angeboten, die nötig ist, um Sport zu treiben und sich in der Freizeit und im Urlaub sportlich und spielerisch zu betätigen, z. B. Schwimmbäder, Skipisten, Golfplätze, Tennis- und Squashhallen, aber auch Spiel- und Bolzplätze, Wiesen und Parks.

Der Sport und seine Inhalte sind mehr als die Summe der Sportarten, Sportaktivitäten und Sportgelegenheiten. Sport ist darüber hinaus ein Überbegriff für unterschiedlichste Inhalte, Formen, Motive von körperlichen und körperbezogenen Übungen, Praktiken und Spielen sowie ein Teil des alltäglichen Lebens vieler Menschen und damit unserer Kultur und Alltagskultur geworden.

Sport hat sich auch zu einem beachtlichen wirtschaftlichen Faktor und zu einem Phänomen öffentlicher Kommunikation entwickelt (*Weber u. a.,* 1995). In den Medien nehmen Sportübertragungen einen bevorzugten Platz ein. Die mediale Präsentation sportlicher Inhalte führt sogar dazu, dass eine „neue Wirklichkeit des Sports" erzeugt wird, wie der Medienwissenschaftler Manfred *Muckenhaupt* (1990) schreibt. Der Sport ist in der Kultur angekommen (*Grupe,* 1987). Er erfüllt politische Funktionen und wird für politische Zwecke genutzt. Dies ist zwar nicht neu, aber die politische Bedeutung hat sich in den Jahren nach dem Ende des „Kalten Krieges" verändert und erweitert (*Güldenpfennig,* 1992; 1996). Sport wird darüber hinaus nicht nur als politisches Instrument von Regierungen und auch Nicht-Regierungsorganisationen wie dem Internationalen Fußball-Verband (FIFA) oder dem Internationalen Olympischen Komitee (IOC) genutzt, sondern er ist zu einem internationalen Kommunikationsmittel, zu einem Symbol des „Universalismus" (*Guttmann,* 2004) und Motor der Globalisierung geworden (*Maguire,* 1999). Die Olympischen Spiele und ihre insgesamt gesehen gewachsene Bedeutung und weltweite Verbreitung stehen für diese Entwicklung; ebenso die Fußball-Weltmeisterschaften, die von fast der Hälfte der Menschheit an den Bildschirmen verfolgt werden. Diese Ereignisse und ihre Popularität verdeutlichen die weltumspannende Dimension des modernen, international kommunizierten und medial verbreiteten Sports.

Die Bedeutungszunahme dieses global kommunizierten Sports ist gerade aus sportpädagogischer Sicht bemerkenswert. Mit Ausnahme der islamischen Welt scheinen sowohl die traditionellen Religionen als auch politische Ideologien ihre Orientierungsfunktion für viele Menschen verloren zu haben.[61] Viele Menschen, besonders in der westlichen Welt, sehen den Sport inzwischen als eine „neue" Religion, als Ersatzreligion, die ihrem Leben mehr Sinn zu geben scheint als der Glaube an einen Gott oder an eine bestimmte politische Ideologie wie den Nationalismus oder Sozialismus. Oft gehen religiöse Zuschreibungen auf den Sport Verbindungen mit traditionellen Sinngebern, Wertemustern, Ideologien und Religionen ein.

Damit kommen auf Sport und Sportpädagogik eine größere Verantwortung zu; denn die Personen, Organisationen und Institutionen, die Einfluss auf Sinn, Struktur und Erscheinungsbild des Sports haben, müssen sich fragen, ob dieser Sport die Erwartungen der Menschen erfüllen kann; ob er dazu beiträgt, ihnen ein erfüllteres Leben zu ermöglichen, ihre Gesundheit und ihr Wohlbefinden zu verbessern und sie in sozialer Hinsicht befähigt, im Leben bestehen zu können, sie vielleicht glücklicher zu machen. Mit diesen hoch gesteckten Zielen scheint der Sport auf den ersten Blick überfordert zu sein. Davon unbenommen ist jedoch die Tatsache, dass Sport – im weitesten Sinn und in den meisten Fällen als über die Medien konsumierter Zuschauer-Sport – den Alltag und das Leben vieler Menschen in erheblichem Ausmaß bestimmt.

---

[61] Dieser Gedanke der hybriden religiösen Desorientierung in modernen Gesellschaften wurde differenziert von dem Philosophen Hans *Blumenberg* in zahlreichen Schriften ausgeführt (z. B. Blumenberg, 1988; zur Einführung *Wetz,* 1993).

Es gehört zu den Aufgaben der Sportpädagogik, dies zu thematisieren und im besten Fall Antworten zu geben, wie diese ethische Verpflichtung von Organisationen und Institutionen des Sports einerseits und handelnden Personen in diesen Institutionen andererseits besser erfüllt werden kann. Wie Menschen gestärkt werden können, um diesen Teil ihres Lebens als mündige Bürger und Sportler mitgestalten und verantworten zu können. Am Beispiel der Doping-Problematik, aber auch der Problematik von Aggression und Gewalt im Sport wird diese Funktion der Sportpädagogik besonders deutlich.

Sport oder Bewegung?

In der Sportpädagogik ist man sich angesichts dieser Entwicklung, Ausdifferenzierung und Verbreitung des Sports inzwischen einig, dass sich die Sportpädagogik auf mehr als „nur" den Schulsport beziehen muss. Aber es ist umstritten, ob der Begriff Sport geeignet ist, diese weiter gesteckten Aufgaben und Handlungsfelder der Sportpädagogik zu kennzeichnen.

Für manche Sportpädagogen bedeutet die Verwendung des Sportbegriffs eine Verengung des Gegenstandbereichs der Sportpädagogik, weil „Sport" als historischer Begriff in erster Linie für Leistungs- und Wettkampfsport stand. Die „menschliche Bewegung" an sich oder Körper und Bewegung werden als Bezeichnungen für den Gegenstand der Sportpädagogik vorgezogen. *Größing* (1993) vermeidet deshalb in seinem Buch mit dem Untertitel „Grundlagen einer sinnorientierten Bewegungspädagogik" den Begriff Sport und kritisiert die Versportlichung der „Bewegungskultur und Bewegungserziehung". Ähnliches gilt für *Dietrich* und *Landau* (1990) und für *Funke* (1983, bes. S. 7 ff.; sowie 2004), der weniger Wert auf Sport, als vielmehr auf „Erfahrung" und „Körpererfahrung" legt. Um welche Art von Spielen und Übungen es sich dabei handelt, ist für ihn zunächst von nachrangiger Bedeutung. Entscheidend sind die „Erfahrungen", die der Einzelne macht oder machen kann. Der Sport stellt für ihn allerdings ein geeignetes Medium für Körpererfahrungen dar; „denn alle seine Angebote richten sich an seine Teilnehmer in ihrer Körperlichkeit" (*Funke, 1983, S. 9*).

> **Sport ist heute zu einem Sammelbegriff für viele Arten von Leibesübungen und körperlichen Aktivitäten geworden, sodass mit dem Begriff Sport die Vielfalt der Möglichkeiten körperbezogener Bildung, Erziehung und Entwicklung in und durch Bewegung, Gymnastik, Turnen, Spiel und Sport für alle und in verschiedenen Organisationen und Institutionen erfasst wird.**

Für die Sportpädagogik als wissenschaftliche Disziplin gilt deshalb, dass ihre Inhalte – „der Sport", die Sportarten, Sportdisziplinen und Sportaktivitäten – ein breites Spektrum von Themen bieten, die auch wissenschaftlich zu behandeln sind. Prinzipiell kann alles, was in diesem Sport geschieht, zu einem sportpädagogischen Thema werden: die Methodik des Gerätturnens ebenso wie die Ziele und Inhalte des Sportunterrichts in der Schule, der Wettkampfsport im Verein,

Sport in der Volkshochschule, aber auch der Spitzensport, ethische Aspekte des Sports wie Doping und Fair play oder politische, wirtschaftliche, mediale und ökologische Dimensionen der Sportentwicklung. Zwei Vorraussetzungen müssen dabei erfüllt sein: Das jeweilige Thema muss erstens nach wissenschaftlich anerkannten Methoden bearbeitet werden, und zweitens ist es nur dann als ein sportpädagogisches Thema anzusehen, wenn erzieherische Fragen damit verbunden sind, d. h., wenn es insgesamt oder in Teilaspekten „sportpädagogisch" von Belang ist.

Der Gegenstand der Sportpädagogik

Der Gegenstand der Sportpädagogik ist deshalb nicht einfach der Sport oder die Bewegung, sondern die Sportpädagogik befasst sich mit Erziehungs- und Bildungsprozessen im Zusammenhang des Sports und der Bewegungskultur im weitesten Sinn (*Prohl*, 2006, S. 10). Meistens geht es dabei natürlich um Körper und Bewegung im Sport, aber es gibt inzwischen in wachsendem Umfang auch Sportaktivitäten wie E-Games oder E-Sport, in denen die Eigenmotorik nicht mehr im Mittelpunkt steht. Ein anderes Phänomen sind Spaß-Wettbewerbe mit sportivem Charakter wie Eierwerfen, Gummistiefelwerfen, Frauentragen (organisiert vom International Wife Carrying Competition Rules Committee), Fingerhakeln, Zehendrücken, Baumstammsägen oder Felder pflügen, die durchaus ernsthaft betrieben werden können und häufig Training, Übung und Fitness erfordern. Solche Phänomene bedürfen deshalb besonderer sportpädagogischer Aufmerksamkeit, um zu klären, ob und inwiefern sie zu Bildung und Erziehung des Menschen beitragen, wo die Grenzen sportpädagogischer Gegenstandsbereiche verlaufen und wie sich die Sportpädagogik als eine pädagogische Disziplin zur Forschung und Lehre des Sports dazu verhalten kann.
Bildungs- und Erziehungsprozesse im Bereich von Bewegung, Spiel und Sport sind komplexe, ganzheitliche Vorgänge. Dies gilt für die Praxis der Sporterziehung ebenso wie für ihre Theorie. Erziehung und Bildung sind dabei nicht auf Kinder und Jugendliche begrenzt, sondern beziehen sich prinzipiell auf alle Altersstufen, auf verschiedene Leistungs- und Könnensstufen, auf beide bzw. alle Geschlechter, auf körperlich und geistig beeinträchtigte ebenso wie auf körperlich und motorisch besonders begabte Menschen. Sportpädagogik ersteckt sich deshalb auch auf alle Einrichtungen und Institutionen, in denen Sport und körperliche Erziehung eine Rolle spielen, von den Turn- und Sportvereinen angefangen über die Schule bis zu Gesundheits- und sonderpädagogischen Einrichtungen.
Ein für die Sportpädagogik neuer, aber wichtiger Bereich stellt der Zuschauersport dar; denn der in der Regel über die Medien massenhaft verbreitete und konsumierte Sport hat eine erhebliche pädagogische Bedeutung, weil er die Menschen in ihrem Denken, Handeln und Empfinden beeinflusst, über ihn Werte und Normen – oft unbewusst – vermittelt werden, und insbesondere Kinder und Jugendliche durch das Vorbild von Sportlerinnen und Sportlern in ihrer Entwicklung geprägt werden. Besondere Aufmerksamkeit verdient dabei das

Phänomen der Zuschauergewalt oder des Hooliganismus. Emotionen spielen dabei eine große Rolle. Wie kommt es dazu, dass Sportveranstaltungen, insbesondere Fußballspiele als Gelegenheiten genutzt werden, um sich als Zuschauer gegenseitig zu prügeln? Was hat das mit Bildung, Erziehung und Sozialisation zu tun? Und wie kann solchen Exzessen durch eine entsprechende Erziehung im und durch Sport vorgebeugt und begegnet werden?

Sportpädagogik befasst sich nicht nur mit geplanten und beabsichtigten Erziehungsmaßnahmen, sondern auch mit ungeplanten und unbeabsichtigten Erziehungswirkungen im und durch Sport, sei es im eher formellen und organisierten oder informellen und weniger organisierten Rahmen. Sie wirken sich häufig noch stärker auf Erziehung und Entwicklung aus als die geplanten, und dies keineswegs nur im negativen Sinne.

Der Sportpädagogik eröffnet sich damit ein weites Feld an Themen. Für die Frage nach dem gemeinsamen Gegenstand der Sportpädagogik gilt dabei, wie der Sportpädagoge Eckhard *Meinberg* (1991 a, S. 16) feststellt: „Es ist derartigen Gegenstandsbestimmungen eigentümlich, dass sie zumeist sehr allgemein gehalten und zudem von historischen Wandlungsprozessen abhängig sind; sie sind also nichts Statisches, das ein für allemal fest geschrieben würde und eine immerwährende Gültigkeit besäße".

Sportpädagogische Methoden und Verfahren

Die Breite des Gegenstandbereichs der Sportpädagogik, die Besonderheiten der Disziplin und die Vielfalt der möglichen Themen und Problemfelder sind mit dafür verantwortlich, dass in der Sportpädagogik unterschiedliche Methoden und Verfahren zur Anwendung kommen, um wissenschaftlich zuverlässige Aussagen machen zu können.

Die Sportpädagogik ist sowohl auf empirische Daten und Fakten über die Erziehungswirklichkeit im Sport angewiesen, die mit Hilfe quantitativer und empirisch-statischer Verfahren erhoben werden, als auch auf qualitative Methoden der Erkenntnisgewinnung, die eher in der geisteswissenschaftlich-hermeneutischen und phänomenologischen Tradition der Pädagogik begründet sind. Die letzteren sind eher geeignet, um zu einem tieferen Verständnis der im Erziehungsprozess handelnden Personen, ihrem Denken und Empfinden zu gelangen. Sie liefern neben den empirischen Tatsachen die Grundlage, um die für die Sportpädagogik charakteristische Diskussion um Werte und Normen des Sports führen zu können. Sie sollen außerdem sicherstellen, dass die zentralen Ansatzpunkte von Erziehung und Bildung, nämlich das einzelne Kind, der einzelne Jugendliche, der einzelne Erwachsene sind.

Robert *Prohl* (1991; 2006) unterscheidet zwischen einer bildungstheoretischen Perspektive der Sportpädagogik mit einer eher geisteswissenschaftlich-hermeneutischen Ausrichtung einerseits und einer erziehungswissenschaftlichen Perspektive andererseits. Seit den 1970er und 1980er Jahren habe sich ein „Paradigmenwechsel" von „einem geisteswissenschaftlich-hermeneutischen (Pädagogik) zu einem sozialwissenschaftlich-empirischen Fach (Erziehungswissenschaft)" (*Prohl,* 1991, S. 47) vollzogen. Er sieht darin einen wichtigen Grund, warum die Bedeutung der Sportpädagogik im Vergleich zu anderen Disziplinen der Sportwissenschaft abgenommen habe.

Die Entwicklung zur Sportpädagogik als eine empirische Sozial- und Erziehungswissenschaft hat sich fortgesetzt. Gleichwohl spielen Orientierungs-, Sinn- und Wertfragen in der Sportpädagogik nach wie vor eine zentrale Rolle. Sie sind nicht ohne theoretische Kenntnisse, geisteswissenschaftlich-hermeneutische Methoden der Erkenntnisgewinnung und nicht zuletzt ohne Verständnis der historischen, sozialen und politischen Kontexte zu behandeln.

Die Nachfrage nach Sinn und Orientierung in Sport und Erziehung hat zwei wesentliche Gründe: Erstens der schwindende Einfluss traditioneller Sinnvermittlungsinstanzen wie Familie, Kirche oder Schule gegenüber massenmedialen Einflüssen und einer verbreiteten Tendenz zur „Individualisierung". Zweitens ist Deutschland ebenso wie alle anderen entwickelten Wohlfahrtsstaaten westlichen Typs eine faktisch multikulturelle Gesellschaft. Menschen aus den verschiedensten Ländern und Kulturen aus unterschiedlichsten ökonomischen, kulturellen, religiösen und sozialen Kontexten treffen aufeinander. Wie schwierig es ist, trotz aller Unterschiede in Frieden und Freiheit miteinander zu leben, wird nicht zuletzt an den Integrationsproblemen deutlich, die sich mit der wachsenden Zahl an Flüchtlingen und Migranten nach Europa spätestens seit 2015 erheblich verstärkt haben. Hier prallen scheinbar unvereinbare grundlegende Werthaltungen religiöser und kultureller Art aufeinander. Die Folgen sind häufig Intoleranz bis hin zu Fundamentalismus und schließlich Terrorismus. In diesen Konflikten wird deutlich, dass eine seit der europäischen Aufklärung entwickelte Grundhaltung – Respekt und Toleranz gegenüber anderen Religionen und Kulturen – nicht (mehr) selbstverständlich ist, sondern immer wieder neu erarbeitet und gelernt werden muss, wenn man in einer globalen, multikulturellen Welt in Frieden miteinander leben möchte.

Toleranz ist eine kulturelle Errungenschaft der europäischen Aufklärung. Sie ist auch für den Sport grundlegend. Erinnert sei an die Schrift des Begründers der Olympische Spiele der Neuzeit, Baron Pierre *de Coubertin* (1863–1937) mit dem Titel „Le Respect Mutuel" (Die gegenseitige Achtung), in der er darstellt, dass und warum Toleranz und Respekt unverzichtbar sind, wenn ein sportlicher Wettkampf fair sein und gelingen soll. Im Sport darf es keine Rolle spielen, welcher Ethnie und Religion jemand angehört, aus welchem Land jemand stammt und aus welcher sozialen Gruppe jemand kommt, sondern es geht allein um die individuelle Leistungsfähigkeit in einem sportlichen Wettkampf, um sportliche Fähigkeiten und Fertigkeiten, ausgehend von Ausgangsbedingungen und Regeln, die für alle gleichermaßen gelten. Die Regeln müssen fair sein, d. h., sie müssen jedem eine Chance geben mitzuspielen und auch sieg- und erfolgreich

sein zu können. Aus diesem Grund eignen sich sportliche Spiele und Wettkämpfe in besonderer Weise, solche offenbar nicht mehr selbstverständlichen
Regeln und Grundwerte des Zusammenlebens wie Fairness, Respekt und Toleranz in Bildung und Erziehung in Schule und Verein, Kultur und Gesellschaft zu
verdeutlichen. Dies zu zeigen, ist Aufgabe einer Sportpädagogik, die mehr sein
möchte als eine Sammlung von Daten und Fakten über Erziehungstatsachen,
sondern darüber hinaus im akademischen und öffentlichen Diskurs die ethischen
und moralischen Grundlagen dieser Tatsachen verdeutlichen und Impulse für
positives erzieherisches Handeln im Sport geben möchte.

Wisenschaftliches Erkenntnisinteresse und sportpädagogische Verantwortung
Sportpädagogik als wissenschaftliche Disziplin verfolgt neben einem wissenschaftlichen Erkenntnisinteresse an Bildungs- und Erziehungsprozessen im und
durch Sport den Anspruch, pädagogische Verantwortung im praktischen sportpädagogischen Handeln zu verdeutlichen und zu stärken. Im Sportwissenschaftlichen Lexikon wird deshalb von der Sportpädagogik als wissenschaftlicher
Disziplin der Sportwissenschaft gefordert, sich mit folgenden Fragen vorrangig
zu beschäftigen und immer wieder neue Antworten auf dem Hintergrund veränderter gesellschaftlicher Bedingungen zu geben:

- Was sind wünschenswerte Auswirkungen sportlicher Praxis auf Entwick-
  lung und Lebensgestaltung; welche Auswirkungen sind dagegen nicht
  wünschenswert?
- Wie sind unterschiedliche Formen sportlicher Praxis z. B. Sportarten mit
  ihren Disziplinen, Gruppen, speziellen Zielsetzungen und methodischen
  Arrangements gemäß solcher wünschenswerter oder nicht wünschens-
  werter Auswirkungen zu bewerten?
- In welcher Weise sind individuelle Voraussetzungen (z. B. Alter, Geschlecht,
  Talent, Interesse) bei der Gestaltung sportlicher Praxis zu berücksichtigen?
- Was bedeuten institutionelle, kulturelle und gesellschaftliche Einflüsse
  und Bedingungen für die Verwirklichung einer pädagogisch sinnvollen
  Sportpraxis?

Um diese Fragen beantworten zu können, ist es nötig, von einem Verständnis
der Sportpädagogik auszugehen, in dem theoretisch-konzeptionelle, empirisch-
deskriptive und pädagogisch-normative Aspekte von Bewegung, Spiel und
Sport in Bildung und Erziehung miteinander verbunden werden. Sportpädagogisches Denken und Handeln bedeutet nicht, bei der Feststellung von Tatsachen
stehen zu bleiben, sondern nach der wünschenswerten Praxis und den jeweils
relevanten Aufgaben des Sports zu fragen.

Die möglichst objektive, neutrale Beschreibung und Analyse der Wirklichkeit des Sports ist die eine Seite der Sportpädagogik. Die theoretisch-konzeptionelle Entwicklung, Auseinandersetzung und Diskussion wünschenswerter Ziele, Inhalte, Methoden und Formen des Sports ihre andere.

Dieses Kontinuum von empirischer Analyse bis zur theoretischen Reflexion und Bewertung gilt für die Pädagogik generell. Eduard *Spranger* (1882–1963), einer der Wegbereiter der modernen „wissenschaftlichen Pädagogik", charakterisierte diese im Jahr 1919 wie folgt: „Die Aufgabe der wissenschaftlichen Pädagogik liegt also darin, eine bereits gegebene Kulturwirklichkeit aufzufassen, unter ordnende Begriffe zu bringen und zuletzt durch Wertsetzungen und Normen zu gestalten. Sie beginnt mit der Beobachtung und Beschreibung all der mannigfaltigen Zusammenhänge (...); sie sucht die funktionellen Abhängigkeitsverhältnisse auf, die zwischen Kultur und Erziehung bestehen; sie zergliedert die komplexen Strukturen der geistig-gesellschaftlichen Welt auf das eigentümlich pädagogische Moment hin. Aber schon diese Arbeit ist ohne leitende Begriffe und Gesichtspunkte nicht zu leisten: ohne das Fächerwerk einer geistigen Auffassung gelingt auch die Beschreibung nicht. Unter ihrem Einfluss gestaltet sich das Rohmaterial zu einem gesetzlichen Ganzen" (S. 17).

Spranger bekannte sich deshalb einerseits zum wissenschaftlichen Ethos der Objektivität der Erziehungswissenschaft. Er forderte aber zugleich, dass die Pädagogik dabei nicht stehen bleiben dürfe. „Der Wille zur Objektivität kann nicht so weit getrieben werden, dass überhaupt keine formende und gestaltende Seele mehr übrig bleibt", schrieb er weiter. „Wir treiben Wissenschaft, um zu wachsen, nicht um uns zu verlieren. Die beiden ersten Stufen: das Beschreiben und Verstehen, bedeuten eine rein theoretische Einstellung: aus ihr entsteht ein Kulturbewusstsein, indem die sich durchkreuzenden Strömungen geklärt und geordnet sind. In der dritten Funktion aber, durch Ablehnung der einen, Bejahung der anderen, ersteht gleichsam wieder der lebendige Mensch, in dem sich der Wille zum Wert über das bloße Konstatieren und Registrieren erhebt" (*Spranger,* 1919; 2002, S. 17 f.).

Die Vielfalt des Sports

Die Auswirkungen der sportlichen Praxis auf die Entwicklung und Lebensgestaltung von Menschen zu untersuchen und darüber hinaus zu bewerten, ist jedoch ein weites Feld; denn es gibt heute nicht mehr den „einen" Sport, sondern es gibt ihn in vielen unterschiedlichen Formen und Inhalten, die in den verschiedensten Organisationen und Institutionen angeboten werden. Für viele Menschen fast jeden Alters, aus allen Bildungs- und Sozialschichten und beiderlei Geschlechts spielen diese Angebote eine mehr oder weniger wichtige Rolle. Schätzungsweise sind rund 70 bis 75% der Bevölkerung in Deutschland sportlich aktiv; etwa ein Drittel sind in Turn- und Sportvereinen organisiert.[62] Die zahlreichen Sportarten und sportlichen Betätigungen, die verschiedenen Motive, auf Grund derer die Menschen Sport treiben und nicht zuletzt Formen, Inhalte und

---

[62] Diese Zahlen variieren und sind auch deshalb fragwürdig, weil nicht klar ist, was es bedeutet, sportlich aktiv zu sein. Fakt ist, dass Sport ein Massenphänomen ist (siehe dazu auch die Beiträge in *Jütting & Krüger,* 2017).

Bedeutung des Sports in den Medien, in der Wirtschaft und in der Politik machen es unmöglich, vom Sport in der Einzahl zu reden. Der Sport stellt sich heute so vielfältig dar, und das Wort Sport wird so unterschiedlich verwendet, dass nicht von einem einheitlichen Sportverständnis oder gar einer Sportidee im Singular ausgegangen werden kann. Um Ordnung in diese Unübersichtlichkeit zu bringen, wird deshalb von unterschiedlichen Sportmodellen gesprochen, die nebeneinander stehen; z. B. Breitensport, Leistungssport, Spitzensport, Profisport, Gesundheitssport, Mediensport, Alltagssport usw. Hinzu kommt, dass die individuellen Wahrnehmungs- und Deutungsmuster dessen, was Sport ist, unterschiedlich sind.

Sportmodelle

Soziale Modelle sind einerseits Abstraktionen, die aus einer komplexen Wirklichkeit abgeleitet werden. Andererseits strukturieren sie diese Wirklichkeit. Der Amateursport und der Profisport sind zwei soziale Konstruktionen oder Modelle des Sports, die seit dem 19. Jahrhundert entwickelt wurden, aber inzwischen kaum noch Bedeutung haben. Sie wurden durch die Sportentwicklung im 20. Jahrhundert überholt. Das Amateursportmodell hatte sowohl materielle als auch ideelle Implikationen. Bis in die 1980er Jahre waren bei Olympischen Spielen nur Amateursportler zugelassen. Ein Amateursportler verdient kein Geld mit dem Sport, sondern betreibt ihn als Hobby. Deshalb sei er frei von materiellem Druck, um jeden Preis siegen zu müssen, sondern er treibe Sport wegen des Sports und nicht, um damit seinen Lebensunterhalt zu bestreiten.[63] Nach der Idee des Amateursports ermöglichte diese Unabhängigkeit dem Sportler oder der Sportlerin, mit der „richtigen" Haltung Sport zu treiben, d. h. um der Sache willen, fair, nach den Regeln, mit Ernst und kämpferischem Einsatz, aber nicht mit verbissenem Ehrgeiz. Für Vertreter dieses Amateurmodells und seiner Idee, wie Pierre *de Coubertin* oder in Deutschland Carl *Diem* (1882–1962) (und mit ihm viele andere) war deshalb der Profisport „Nicht-Sport", kein „richtiger" Sport, sondern Schaustellerei, Zirkus und Artistik (*Diem*, 1960, S. 25 f.).
Inzwischen hat dieses Modell keine Relevanz mehr für die Praxis des Sports. Die Bedeutung der Begriffe „Amateur" und „Profi" haben sich geändert, auch über den Sport hinaus. Als Profi gilt heute jemand, der sein „Handwerk", seinen Sport in jeder Hinsicht gut versteht und sich ihm vollständig und mit aller Kraft widmet, als Amateur dagegen jemand, der sich zwar bemüht, aber es am Ende doch nicht so gut kann wie der Profi.
Im Zusammenhang mit der Dopingproblematik erscheint dieser Bedeutungswandel jedoch wieder in einem etwas anderen Licht. Steht bei einem Profi die berufliche Existenz auf dem Spiel, scheint die Neigung, auch unerlaubte Mittel zur Leistungssteigerung zu nehmen und zu betrügen, stärker ausgeprägt zu sein

---

[63] Zur Geschichte und Ideologie des Amateurismus vgl. *Guttman* (1987) sowie ausführlich *Lewellyn* und *Gleaves* (2016).

als bei Sportlern, die den Sport nicht in den Mittelpunkt ihres Lebens und ihrer Lebensführung stellen müssen. [64]

Sport ist auch die Summe der Sportarten. Dieses Modell beinhaltet die Vorstellung, dass Sportarten die kleinste Einheit des Sports darstellen. Sie repräsentieren im Kleinen, was Sports als Ganzes ist. Problematisch an diesem Sportmodell ist jedoch die Frage der Abgrenzung der Sportarten voneinander. Was ist überhaupt eine Sportart? „Turnen" und „Gymnastik", aber auch „Schwimmen" und „Leichtathletik" sind mehr als Sportarten, sondern für sich gesehen Sammelbegriffe für sportlich-körperliche Aktivitäten und Disziplinen, die nicht ohne weiteres als „Sportarten" bezeichnet werden können, z. B. das Krafttraining im Sportstudio, Jogging, Stretching oder Baden im „Erlebnisbad". Dieses Sportmodell lässt außerdem unberücksichtigt, dass Sportarten auf sehr unterschiedlichem Niveau betrieben werden. Das Kinderturnen im Turnverein hat mit dem Kunstturnen bei Weltmeisterschaften und Olympischen Spielen fast nichts mehr gemeinsam. Dasselbe gilt z. B. für Hobby- und Profitennisspieler, obwohl beide mit Schlägern und Bällen und auf Plätzen mit denselben Maßen und meistens auch nach denselben Regeln spielen.

Um diese unterschiedlichen Leistungsniveaus besser berücksichtigen zu können, wurde der Sport nach Leistungs- und Hochleistungssport, Wettkampfsport, Breitensport, Freizeitsport und Gesundheitssport unterschieden.[65] Diese Einteilung sollte deutlich machen, dass den Sportbereichen verschiedene Interessen, Motive und sportliche Sinnmuster zugrunde liegen. Sport lässt sich demnach nicht nur nach unterschiedlichen Sportarten, sondern auch nach Sportbereichen mit spezifischen kulturellen und individuellen Sinnmustern unterscheiden.[66]

Das Modell der Differenzierung nach leistungs- und motivationsbezogenen Sportbereichen bedeutete eine Abkehr vom *„Pyramidenmodell"* des Sports, nach dem sich eine Leistungsspitze auf einer breiten Basis von Sportlerinnen und Sportlern mit durchschnittlichem Leistungs- und Könnensniveau aufbaut, die aber alle von der grundsätzlich gleichen Motivation ausgehen, nämlich bessere sportliche Leistungen und ein höheres Könnensniveau erreichen zu wollen.

Die Schwäche des Sportbereichsmodells besteht darin, dass die Unterscheidungsmerkmale auf verschiedenen Ebenen liegen. Leistung und Wettkampf sind Grundprinzipen des Sports, die in jeder Art des Sports zum Tragen kommen, wenn auch mit unterschiedlichem Gewicht. Der Begriff „Freizeitsport" bezieht sich dagegen auf den Zeitraum, der Menschen zur Verfügung steht, um

---

[64] Auf diese für Dopingmissbrauch entscheidenden Einstellungsunterschiede von Athletinnen und Athleten hat beispielsweise *Breivik* (2003) hingewiesen.

[65] Vgl. u. a. *Heinemann* (1998, bes. S. 33–38). Die Diskussion um den Freizeitsport als eigenes Sportmodell geht auf die 1970er Jahre zurück (vgl. *Dieckert & Wopp*, 2002).

[66] Vgl. zur besonderen Idee des „Freizeitsports" das „Handbuch Freizeitsport", hrsg. von *Dieckert* und *Wopp* (2002).

ihren Sport zu betreiben, ohne Unterschiede des Leistungs- und Könnens-
niveaus oder der Motivation zu beinhalten. Amateursportler waren demnach
auch Freizeitsportler, weil sie ihrem Hobby in ihrer Freizeit, außerhalb der
Arbeitszeit, nachgegangen sind (und viele es immer noch tun). In internationaler
Perspektive hat sich sowohl in der Praxis des Sports als auch in seiner theoretischen Analyse und Reflexion der Begriff „Sport for All" – Sport für alle – durchgesetzt, in dem prinzipiell jede Art von Sport, jedes Motiv und jeder Inhalt,
natürlich auch jedes Könnens- und Leistungsniveau, beide Geschlechter und
jedes Alter sich finden können (*Jütting & Krüger,* 2017).
Neuere Entwicklungen der Sportkultur sind in den dargestellten Sportmodellen
wenig berücksichtigt worden, z. B. die Kommerzialisierung und Professionalisierung des Sports, aber auch der Sport in den Medien, der Zuschauersport allgemein, der Sport in Bildung, Erziehung und Wissenschaft, die Rolle, die der Sport
in Kultur und Gesellschaft spielt sowie die Bedeutung des Sports für die Entwicklung internationaler Beziehungen und für Prozesse der Universalisierung
und Globalisierung.
Ein Merkmal des modernen Sports scheint darin zu bestehen, dass Sport heute
weniger als einheitliche Teilkultur wahrgenommen wird, sondern zum einen in
eigene sportive oder sportiche Teilkulturen zerfällt, z. B., die des Hochleistungssports, der Tennisprofis, der Sportstudios, der Freizeitgolfer, E-Gamer oder unterschiedlicher Fankulturen. Zum anderen stellen Sport oder Sportlichkeit eher
ein Kulturmuster dar, das alle Bereiche der Kultur und des Alltagslebens durch-
dringt, auch wenn sie mit Sport im traditionellen Verständnis wenig zu tun
haben. Sportlich kann jeder sein, auch ohne Sport zu treiben. Sportlich bedeutet dann eher jung, dynamisch, fit, beweglich, schnell, schlank, gutaussehend,
aber auch unkompliziert, kameradschaftlich und fair.
Deshalb scheint insgesamt ein gemeinsames Ethos oder Sinnverständnis des
Sports, das z. B. den Amateursport oder den Vereinssport insgesamt getragen
hat, weniger deutlich erkennbar zu sein. Die traditionellen Werte des Sports
scheinen ihre Gültigkeit für einzelne sportliche Teilkulturen zu verlieren. Dies
zeigt sich besonders in der Frage des pädagogischen Anspruchs des Sports.
Während das traditionelle, amateursportliche Ethos davon ausging, dass der
Sport, wenn er um seiner selbst willen betrieben wird, zur Erziehung und Persönlichkeitsbildung positiv beitragen könne, wird dieser pädagogische Anspruch
zwar noch teilweise für den Schulsport und den allgemeinen Vereinssport vertreten, aber kaum noch für den Leistungs- und Hochleistungssport oder auch
andere Sportkulturen.
Ähnliches lässt sich für andere, grundlegende Elemente des traditionellen
Sportverständnisses feststellen, z. B. für das Gesundheitsmotiv, das auf den
Gesundheitssport reduziert wird, aber weniger für den Sport insgesamt Gültigkeit zu haben scheint, oder das Prinzip der Gemeinschaft und Solidarität, das
zwar auf kleine Sportgruppen und Mannschaften zutrifft, aber kaum noch für
den Sport als Ganzes. Fair play scheint dagegen ein aus dem Sport hervorge-
gangenes und im Sport kultiviertes ethisches Prinzip zu sein, das in allen Bereichen des Sports und über den Sport hinaus Anerkennung findet, auch wenn
nicht immer danach gehandelt wird.

Das Sportmodell Klaus Heinemanns

Modelle haben generell den Zweck, die komplexe Wirklichkeit abstrakt abzubilden, um diese Wirklichkeit besser verstehen zu können. Die bisher dargestellten Modelle sind Ergebnisse der Diskurse über die Sportentwicklung, an denen sich vor allem die Repräsentanten des Sports selbst beteiligt haben. Neben solchen aus der Wirklichkeit des Sports geborenen Sportmodellen, die Sinn und Struktur des Sports nach wie vor maßgeblich bestimmten, gibt es auch Versuche, die Wirklichkeit des Sports durch abstraktere Strukturmodelle zu erfassen. Der Soziologe Klaus *Heinemann* (2007, S. 56 ff.) hat vier Sportmodelle unterschieden: *Erstens* ein „expressives" Sportmodell, in dem er alle sportlichen Betätigungen zusammenfasst, in denen es um körperlichen Ausdruck und die Darstellung von Bewegungen geht. Darunter fallen Sportarten wie Rhythmische Sportgymnastik, Kunstturnen, Trampolinspringen, Tanzen, Eiskunstlaufen usw., aber auch Jonglieren, Skateboardfahren, Bodybuilding. *Zweitens* ein „wettkampfbezogenes Sportmodell", welches das klassische sportliche Prinzip des Wettkampfs beinhaltet.

Dazu zählen praktisch alle Sportarten, in denen Wettkämpfe ausgetragen werden, von leichtathletischen Wettkämpfen über Turniere und Ligarunden in den Spielsportarten bis hin zu expressiven Sportarten, bei denen Wettkampfsituationen dadurch geschaffen werden, dass die Leistungen der einzelnen Sportler von Kampfrichtern nach spezifischen Kriterien bewertet und verglichen werden, in der Regel Schwierigkeit, Technik, Ausführung, Ausdruck, Choreographie. Beispiele dafür sind das Turnen, das Eiskunstlaufen und der Tanz. *Drittens* wird ein „kommerzielles Sportmodell" unterschieden, das insbesondere solche Sportaktivitäten und Sportformen beinhaltet, die aus überwiegend kommerziellen Interessen betrieben und angeboten werden, vom Profisport bis zum gewerblichen Sportstudio oder dem Sportprogramm am Ferienort. *Heinemanns viertes* Sportmodell, das er als „funktionalistisch" bezeichnet, fasst alle Sportarten und Sportformen zusammen, die in erster Linie bestimmte Funktionen oder Zwecke erfüllen oder erfüllen sollen; z. B. der Gesundheitssport, der empfohlen und betrieben wird, um die Gesundheit zu erhalten oder zu fördern; oder der Schulsport, der erzieherische Funktionen im Rahmen des Bildungs- und Erziehungsauftrags der Schule zu erfüllen hat.

Die Bezeichnung „funktionalistisch" ist insofern missverständlich, als jede sportliche Betätigung bestimmte Funktionen erfüllt, selbst dann, wenn vorgegeben wird, sie werde um ihrer selbst willen betrieben. Gemeint ist bei *Heinemann* jedoch ein Sport, der ausdrücklich nicht um seiner selbst willen, sondern aus Gründen ausgeübt wird, die außerhalb des Sports zu suchen sind. Im Fall des Gesundheitssports – um ein Beispiel zu nennen – mag diese Unterscheidung einleuchtend sein: Immer mehr Menschen treiben „Sport" oder bezeichnen ihre spezifischen körperlichen Aktivitäten als „Sport", nur um ihre Gesundheit nach einer Erkrankung oder Verletzung wiederherzustellen (Rehabilitation), sie zu erhalten oder möglichen Erkrankungen vorzubeugen (Prävention).

Der Schulsport wird ebenfalls unter die Kategorie eines funktionalistischen Sportmodells gefasst. Aber es ist etwas komplizierter: Schülerinnen und Schüler erleben den Schulsport in der Regel nicht in dem Sinn als „funktionalistisch", dass sie ihn als besonders „pädagogisch" oder „erzieherisch" empfinden würden, etwa im Vergleich zum Sport im Verein. Zumindest zeigen dies Interviews und Befragungen von Schülerinnen und Schülern, die im Rahmen von empirischen Schulsportuntersuchungen durchgeführt wurden, wie z. B. der DSB-SPRINT-Studie. Ein guter Schulsport und Sportunterricht, betont beispielsweise der Sportpädagoge Meinhart *Volkamer* (2003, bes. S. 17–24), zeichne sich vielmehr dadurch aus, dass er nicht im funktionalistischen Sinn erzieherisch, sozusagen mit erhobenem pädagogischen Zeigefinger, erteilt und von den Schülerinnen und Schülern erlebt werde. Seine besondere pädagogische Qualität könne der Sport in der Schule erst dann entfalten, wenn er um seiner selbst willen betrieben werde und intrinsisch motiviert sei, wie in der Motivationspsychologie gesagt wird. Dasselbe gilt im Übrigen auch für andere Fächer und Themen in der Schule, insbesondere für Kunst und Musik. Trotzdem steht der Schulsport in einem spezifischen pädagogischen Funktionszusammenhang, der möglicherweise den wenigsten Schülerinnen und Schülern und nicht allen Lehrerinnen und Lehrern bewusst sein mag: Schulsport und Sportunterricht unterliegen dem Bildungs- und Erziehungsauftrag der Schule – im Unterschied zum Sport im Verein, der von solchen pädagogischen Vorgaben frei ist. Wie dieser Bildungs- und Erziehungsauftrag lautet, steht nicht endgültig fest. Er wird in Lehr- und Bildungsplänen formuliert und in seinen didaktischen und methodischen Konsequenzen konkretisiert.

Heinemann betrachtet die von ihm unterschiedenen Sportmodelle als theoretische Modelle. In der Wirklichkeit des Sports werden immer verschiedene Elemente miteinander verwoben sein; je nach dem, welche „Variablen" welches Gewicht erhalten. Um von „Sport" sprechen zu können, müssen nach *Heinemann* folgende „konstituierende Variablen" erfüllt sein: Die betreffende Aktivität muss „körperbezogen", „leistungsbezogen", „sozial geregelt" und „unproduktiv" sein. Als „strukturprägend" sieht er Variablen an, die es ermöglichen, eine bestimmte sportliche Aktivität einem Sportmodell zuzuordnen, also der Grad der „Organisiertheit", der „Professionalisierung", „Kommerzialisierung" und „Wettkampforientierung". Für die konkrete Ausgestaltung eines Sportmodells spielen darüber hinaus „einwirkende" und „begleitende" Variablen eine Rolle, z. B. der Einfluss der Medien, der Politik und der Wirtschaft sowie die Struktur der Organisation oder der „Führungsstil" von Trainern und Funktionären.

Sport an sich gibt es nicht

Was bedeutet diese Diskussion um den Begriff Sport und Sportmodelle für die Sportpädagogik? Pädagogisch gesehen macht es wenig Sinn, von „dem" Sport zu sprechen, sondern je nach der zu konkretisierenden Aufgabenstellung ist *erstens* zu fragen, welcher Sport, welche Sportart, welche Sportdisziplin, welche Gruppierungsform, welches Leistungsniveau und welche Beanspruchung sich auf Kinder, Jugendliche, Mädchen, Jungen, Frauen, Männer, Ältere auswirkt. *Zweitens* ist nach den Menschen zu fragen, die Sport treiben: Wie entwickeln sich Menschen? Welcher Sport entspricht bestimmten Alters- und Lebensabschnitten? Welche Sportmotive und Sportinteressen haben Mädchen im Unterschied zu Jungen? Gibt es Unterschiede, und wenn ja welche, und warum gibt es sie? Welchen Einfluss haben sportliche, soziale, kulturelle familiäre Rahmenbedingungen und sonstige Sozialisationsfaktoren, z. B. Umgebungsbedingungen, Wohnverhältnisse, Spielgelegenheiten usw.? Unterscheiden sich die Körper- und Selbstkonzepte von Sportlern und Sportlerinnen von denen der Nicht-Sportler? Welches Körper- und Selbstkonzept ist wünschenswert? *Drittens* stellt sich die Frage nach den Auswirkungen des Sporttreibens: Welche Belastungs- und Beanspruchungsformen sind nötig, welche sind angemessen, um gewünschte gesundheitliche oder trainingsmäßige Wirkungen erzielen zu können? Welche reichen nicht aus, welche führen zu Überforderungen und Überbeanspruchungen, welche sind schädlich? Welchen Einfluss hat die Ausübung bestimmter Sportarten oder Sportaktivitäten auf die Erziehung und Sozialisation eines Menschen? Die sportliche Praxis ist dabei nicht nur zu analysieren, sondern auch daraufhin zu beurteilen, ob und inwiefern sie den Menschen fördert oder nicht. Ist der Sport, der dem Einzelnen subjektiv gesehen guttut, auch für alle anderen zu empfehlen? Ist das, was momentan Spaß und Freude bringt, auch längerfristig gesund? Welche Maßstäbe können unter pädagogischen Gesichtspunkten für die Beurteilung der sportlichen Praxis herangezogen und welche Empfehlungen können darauf aufbauend für eine Verbesserung dieser sportlichen Praxis gegeben werden?

Sportpädagogische Folgerungen

Unter dieser Perspektive lassen sich mindestens drei Folgerungen für die Analyse und Refelxion sportpädagogischer Themen ziehen: *Erstens* sowohl einer theoretisch-konzeptionellen als auch einer empirisch-analytischen Ausrichtung zu folgen und zugleich die Differenz von Sein und Sollens-Aussagen zu reflektieren. *Zweitens* die Praxis des Sports von der Theorie dieser Praxis zu unterscheiden und trotzdem Theorie und Praxis zusammen zu denken. *Drittens* ist die Sportpädagogik mit einem Themenfeld Sport befasst, das vielfältig und im Wandel begriffen ist. Die Gegenstandsbestimmung einer sportpädagogischen Analyse ist deshalb im konkreten Fall an einer wissenschaftlichen Untersuchung vorzunehmen und zu erläutern.

Deshalb gibt es auch unterschiedliche Auffassungen über den wissenschaftlichen Charakter der Sportpädagogik. Sie betreffen sowohl den Gegenstand als auch die wissenschaftlichen Methoden der Sportpädagogik. Sie können wie folgt zusammengefasst werden:

* Zwischen dem Anspruch der Sportpädagogik, an der Gestaltung der Praxis konstruktiv mitarbeiten zu wollen und ihrer Verpflichtung als Wissenschaft, möglichst objektive und überprüfbare Aussagen zu formulieren, besteht ein Spannungsverhältnis. Auch ein unterschiedliches Wissenschaftsverständnis innerhalb der Sportpädagogik führt zu Kontroversen: Die einen betrachten die Sportpädagogik eher als empirische Erziehungswissenschaft, die mit

Hilfe empirisch-statistischer Verfahren Daten und Fakten zur sportpädagogischen Praxis erfasst. Die anderen verstehen Sportpädagogik eher als theoretische sowie kritisch-engagierte Wissenschaft, die Ratschläge, Kritik und Empfehlungen zu geben und Ziele zu formulieren habe. In Wirklichkeit bzw. in der Praxis von Forschung und Lehre auf dem Gebiet des Sports ist sie beides, und beides muss dem Anspruch von „Wissenschaftlichkeit" genügen.

- Der Sport ist vielfältiger geworden. Es gibt ihn in vielen Ausprägungs-, Darstellungs- und Betriebsformen. Der Geltungs- und Gegenstandsbereich der Sportpädagogik hat sich damit erweitert. Die sportpädagogische Forschung versucht mit dieser Entwicklung Schritt zu halten. Sportpädagogik beschränkt sich nicht nur auf die schulische Erziehung, sondern bezieht auch die außerschulische Erziehung mit ein. Es geht in der Sportpädagogik vorrangig um Kinder und Jugendliche, aber nicht nur um sie, sondern auch um Erwachsene und Ältere in verschiedenen Lebenssituationen, um kranke Menschen und solche mit Behinderungen und Beeiträchtigungen. Sie alle wollen und sollen Sport betreiben und Freude daran haben.

- Das pädagogische Erkenntnisinteresse der Sportpädagogik erfasst den Sport in einem weiten Sinn, um dieses kulturelle und gesellschaftliche Phänomen auch von seinen anthropologisch-philosophischen, sozialen, kulturellen und historischen Grundlagen her zu verstehen. Dazu gehört konsequenterweise die Beschäftigung mit Fragen des Körpers und der Körperlichkeit, der Bewegung, des Spiels, der Leistung und des Wettkampfs, der Gesundheit und der Freizeit des Menschen. Sport wird deshalb in der Sportpädagogik als Begriff für eine historisch gewachsene Körper- und Bewegungskultur mit einer großen Zahl unterschiedlicher Sportarten, sportlicher Disziplinen, Leibesübungen und sportlicher Betätigungen gebraucht. Er beinhaltet auch gegenläufige und alternative Aspekte und Formen von Bewegung, Spiel und Sport, bis hin zu Grenzbereichen dessen, was noch oder nicht mehr als Sport bezeichnet werden kann und soll.

- Wenn von Bildung und Erziehung in der Sportpädagogik die Rede ist, geht es nicht nur um geplante erzieherische Maßnahmen, sondern ebenso um ungeplante und unbeabsichtigte Sozialisationswirkungen, Entwicklungs- und Lernprozesse und die strukturellen Bedingungen, die Erziehungs- und Entwicklungsprozesse mittelbar oder unmittelbar beeinflussen. In der Sportpädagogik wird also sowohl ein weiter Sport- als auch ein umfassender Erziehungsbegriff verwendet.

- Die Forderung nach einer „realistischen Wendung" in der Pädagogik, die der Pädagoge Heinrich Roth in den frühen 1960er Jahren stellte, bleibt für die sportpädagogische Forschung aktuell. Sie bedeutet konkret, dass die Sportpädagogik die Ergebnisse empirischer Forschungen, besonders der Sozial- und Verhaltenswissenschaften, aber auch der Medizin, mit einzubeziehen habe und bemüht sein müsse, die Erziehungswirklichkeit systematisch und objektiv zu erforschen. Sowohl die Teildisziplinen der Sportwissenschaft wie Sportpsychologie, Sportsoziologie, Sportgeschichte, Sportmedizin, Trainings- und Bewegungslehre als auch die so genannten Mutterwissenschaften sind wesentliche Bezugspunkte sportpädagogischen Denkens und Handelns.

4.2 Sportpädagogik – Sportdidaktik – Sportmethodik

Sportpädagogik ist ein übergeordneter Begriff, dem spezifischere Begriffe zugeordnet sind, die gleiche, ähnliche oder spezielle sportpädagogische Sachverhalte bezeichnen. An erster Stelle ist der Begriff Sportdidaktik zu nennen, der etwas enger das Lernen, Unterrichten und Vermitteln von Sport in Schulen, in Vereinen und anderen Einrichtungen, in denen Sport als Mittel der Bildung und Erziehung angesehen und eingesetzt wird, thematisiert.[67]

> Zur Sportdidaktik gehört neben der Frage über Ziele und Inhalte auch die der Methoden und der Medien, die im Unterricht verwendet werden. Im ersten Fall spricht man von einer Didaktik im engeren, im zweiten Fall von einer Didaktik im weiteren Sinn.

Diese Ausweitung hat sich deshalb als sinnvoll erwiesen, da ein Teil der erzieherischen Möglichkeiten des Sports nicht nur von seinen Inhalten beeinflusst wird, sondern auch von den Organisationsformen, Methoden und Medien, mit denen sie vermittelt werden. Nicht zuletzt sind sie von der Person und Persönlichkeit der Sportlehrkraft abhängig, die Sport unterrichtet.

Sportdidaktik ist also ein Teilgebiet der Sportpädagogik, das sich – im engeren Sinne – mit den Zielen, Inhalten und – im weiteren Sinne – auch mit den Methoden der Vermittlung von Sport unter verschiedenen institutionellen Rahmenbedingungen befasst. Sie beschränkt sich nicht nur auf die Schule (als Didaktik des Schulsports), sondern bezieht andere Bereiche (zum Beispiel die Didaktik des Kinderturnens, des Alterssports, des Behindertensports oder des Gesundheitssports), Sportarten (Didaktik des Skilaufs, der Leichtathletik, des Schwimmens, des Fußballs) oder auch des Trainings mit ein.

> Sportdidaktik bezeichnet die Theorie oder die Theorien über Sport und Sportunterricht, insbesondere im Hinblick auf ihre Ziele (Was soll gelernt werden? Auf welches Ziel hin soll erzogen werden?), Inhalte (Welche Sportarten oder Sportaktivitäten werden ausgewählt?), Methoden und Verfahren einschließlich des Einsatzes von Medien (In welcher Form werden Sport und Sportunterricht organisiert? Welche Methoden und Organisationsformen des Lernens werden angewendet?).
> Von Sportpädagogik und Sportdidaktik wird die Sportmethodik unterschieden, in der Lehr- und Vermittlungswege im Sport allgemein und speziell in

---

[67] So lautet beispielsweise die Definition von *Größing* im Sportwissenschaftlichen Lexikon (2003, S. 509–511 ff.) (vgl. auch *Kurz*, 1990 b). Siehe auch die Einführungen zur Sportdidaktik von *Lange* und *Sinning* (2009), *Bräutigam* (2015), *Prohl* und *Scheid* (2017) sowie eher zum Zusammenhang von Pädagogik, Bildungstheorie und Sportdidaktik *Laging* und *Kuhn* (2018).

einzelnen Sportarten (Methodik der Leichtathletik, des Schwimmens, des Gerätturnens) und für spezifische Sportaktivitäten behandelt werden.

Schmitz (1979, S. 87; 1980, S. 251) definierte „Sportdidaktik als jenes wissenschaftliche Forschungs- und Aussagefeld, das sich für die Untersuchung und Darstellung der Grundsätze, Inhalte und Vorgänge des Erziehens, Lehrens und Lernens im Sport verantwortlich weiß". Er unterschied die Theoriebereiche des Lehrplans sowie des Lehrens und Lernens, die man zusammengenommen auch als eine Theorie des Sportunterrichts verstehen kann. Die Methodik im Allgemeinen und die Fachmethodiken haben nach Schmitz die Aufgabe, die didaktischen Theorien und Modelle des Lehrens und Lernens in die Praxis der Vermittlung der spezifischen Inhalte des Unterrichtens zu übertragen. *Schmitz* (1979, S. 91) verstand sein Sportdidaktik-Modell als offen „auch für die Lernakte außerhalb des Schulsportunterrichts". Eine solche Offenheit wird heute angesichts einer erheblichen Ausdehnung sportlicher Handlungsfelder über Schule und Verein hinaus in besonderem Maße vertreten.

Von Didaktik kann also dann gesprochen werden, wenn in Erziehungssituationen der Unterrichts-, Lehr- und Vermittlungsaspekt im Vordergrund steht und pädagogisches Handeln an Erziehungsinstitutionen und Organisationen sowie an zu unterrichtende Fächer und Disziplinen gebunden ist. Dafür müssen Bildungs- und Erziehungsziele entwickelt und formuliert werden, die in den ausgewählten Inhalten und in der konkreten Umsetzung in Lehr-Lernsituationen ihre Entsprechung finden sollten.

Die allgemeine Didaktik des Faches Sport kann in spezielle Didaktiken einzelner Sportarten und Sportbereiche gegliedert werden. In unmittelbarem Zusammenhang mit solchen didaktischen Fragen stehen die konkreten methodischen Überlegungen zur unterrichtlichen Behandlung und Vermittlung bestimmter Themen und Stoffe, die im Idealfall dazu beitragen, die angestrebten Bildungs- und Erziehungsziele zu erreichen.

Unterrichtliches Handeln ist immer von zwei Aufgaben bestimmt: *Erstens* muss die Sache, der Inhalt, der Gegenstand, der Unterrichtsstoff so aufbereitet werden, dass er dem Schüler vermittelt werden kann. Dies kann nicht geschehen, ohne dass *zweitens* der Schüler und seine Bedingungen und Möglichkeiten des Lernens berücksichtigt werden. Der Lehrende ist somit Teil einer komplexen Beziehung, die in der Didaktik als „didaktisches Dreieck" bezeichnet wird, bestehend aus dem Schüler bzw. dem Educandus, wie sie der Begründer der systematischen Unterrichtslehre, Johann Friedrich *Herbart* (1776–1841), genannt hat, sowie den Erziehern (Educator), die entweder konkrete Personen oder auch anonyme Erzieher wie zum Beispiel Medien sein können, und schließlich den Unterrichtsgegenständen oder -themen, der Sache und im Fall der Sportdidaktik eben des Sports. Dieses soziale Grundmuster als kleinste pädagogische Einheit gilt generell, im Fall des Sports auch für Trainer-Athleten-Beziehungen. Die Rolle von Educandus und Educator ist nicht zwingend an Alter und Geschlecht gebunden, auch wenn in der Regel Jüngere von Älteren lernen können, auch wenn sie sich dessen nicht bewusst sein mögen. Eltern lernen von ihren Kindern und

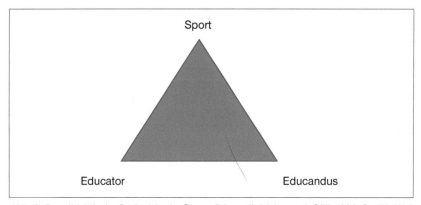

Abb. 2: Das didaktische Dreieck in der Sportpädagogik (siehe auch Söll, 1996, S. 158; Wolters u. a., 2000, S. 125)

durch sie viele und neue Dinge und Erkenntnisse. Auch im Sport können Ältere von Jüngeren viel lernen; ebenso wie beim Umgang mit neuen, technischen Medien. Stets gilt jedoch, dass diese Beziehungen nicht nur durch Techniken der Stoffvermittlung und Zielerreichung bestimmt sind, sondern interaktiven und sozialen Charakter haben. Didaktische Prozesse sind mehr als die Umsetzung von Unterrichtstechniken oder -technologien sondern sie haben auch soziale und emotionale Komponenten, die sich u. a. in Form von Gefühlen wie Sympathie oder Sensibilität (oder deren Gegenteil) ausdrücken.

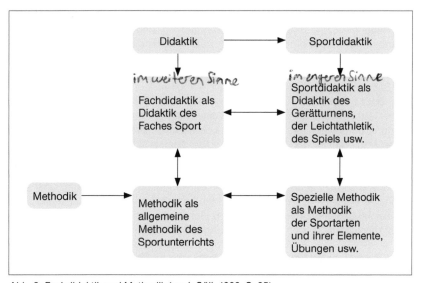

Abb. 3: Fachdidaktik und Methodik (nach Söll, 1988, S. 35)

Es ist darüber hinaus zu berücksichtigen, dass Lehren und Lernen von Sport und im Sport nicht notwendigerweise an definierte und systematisierte unterrichtliche Situationen gebunden sind. Das pädagogisch-didaktische Feld des Sports zeichnet sich im Gegenteil dadurch aus, dass pädagogisch relevante Erfahrungen im Sport möglich sind, die nicht unterrichtsdidaktisch vorbereitet und strukturiert wurden.

Pädagogik, Didaktik und Methodik stehen so gesehen nicht in einem hierarchischen Verhältnis, sondern bilden einen *Implikationszusammenhang*. Das eine bedingt das andere: Pädagogisches Denken, Handeln und Fühlen bewegt sich stets – ob bewusst oder unbewusst – in mehr oder weniger inhaltlich und methodisch sowie organisatorisch strukturierten Bahnen. Diese wiederum bestimmen Inhalt und Qualität des pädagogischen Feldes und pädagogischer Bezüge.

4.3 Sportliche Ausbildung oder ganzheitliche Bildung

Worauf es der Sportpädagogik in Theorie und Praxis und in ihren Handlungsfeldern ankommen muss und was im Grunde damit das eigentlich Pädagogische am Sport ist oder sein kann, wird durch ein Zitat des klassischen Schweizer Pädagogen Johann Heinrich *Pestalozzi* (1746–1827) deutlich, der sich zur „Gymnastik" – das war der „Sport" des frühen 19. Jahrhunderts – geäußert hatte. In seiner Schrift „Über Körperbildung" aus dem Jahr 1807 bedauerte er, dass angesichts der Spezialisierung verschiedener Künste und Berufe, auf die hin die Menschen ausgebildet würden, die „allgemeinen Fundamente aller Elementarbildung" vergessen worden seien. Dies gelte auch für die körperliche Ausbildung: „Denn, man geht auch in dieser Bildung nur vom Äußerlichen, man geht statt von dem, was im Kinde selbst liegt, von dem Trugschimmer äußerer vereinzelter Fertigkeiten aus. Man hat isolierte Meister dieser Fertigkeiten, Tanzmeister, Fechtmeister, Reitmeister. Selbst die Lehrer der Gymnastik waren mehr Lehrer des einzelnen Springens, Kletterns, Voltigierens, als psychologische Entfalter der körperlichen Kräfte der Menschennatur in ihrer Reinheit und in ihrem Umfang zugleich ... Sie bilden zwar Fechter und Tänzer, aber sie bilden nicht den Mann zum Fechten, sie bilden keinen fechtenden Mann. Sie bilden Tänzerinnen, aber sie bilden das Weib nicht zur Tänzerin, sie bilden kein tanzendes Weib". [68]

Was bedeuten diese Aussagen von *Pestalozzi* für das Thema Sport und Erziehung heute? Sie besagen, dass es für die Sportpädagogik als Fach und für Erzieherinnen und Erzieher, die sich als Pädagogen und nicht nur als Unterrichtstechnologen verstehen, nicht nur um didaktische und methodische Fragen einer sportlichen Ausbildung oder des sportlichen Trainings, sondern auch um die Bildung und Erziehung des ganzen Menschen, um die Entfaltung seiner

---

[68] Johann Heinrich *Pestalozzi*: „Über Körperbildung als Einleitung auf den Versuch einer Elementargymnastik, in einer Reihenfolge körperlicher Übungen" (1807) (In *Pestalozzi*, Werke in zwei Bänden. Zürich 1986, Band 2, S. 145 f.).

Kräfte, so *Pestalozzi*, geht oder gehen sollte. Diese „Selbsttätigkeit" des Einzelnen, die sich auf „Kopf, Herz und Hand", auf geistige, seelische und körperliche
Aspekte seines Menschseins erstreckt, ist nach *Pestalozzi* zugleich die Voraussetzung dafür, dass sich das „Volk" insgesamt „erneuern" kann. „Wer nicht kraft-
voller Mensch ist, der ist kein Vaterlandsfreund und kann es so wenig sein, als er
ein guter Vater, ein guter Sohn, ein guter Bruder, ein guter Nachbar sein kann"
(*Pestalozzi*, 1807, S. 145).
Erziehung beinaltet also mehr als Unterricht. Sie zielt auf den ganzen Menschen
in seiner Totalität und Komplexität als Mensch sowie in allen seinen Beziehungen zur „Welt", wie es in der pädagogischen Anthropologie heißt (s. o.).

Bildung der Persönlichkeit

Das Verhältnis zwischen sportlichem Lernen, Üben und Trainieren auf der einen
und der personalen, emotionalen und sozialen Bildung und Erziehung auf der
anderen Seite ist bis heute eines der zentralen Themen der Pädagogik und
Sportpädagogik. Beide Seiten muss sie im Auge behalten und aufeinander
beziehen. Der Sport hat keinen (pädagogischen) Wert für den Menschen, so
könnte man Pestalozzis Aussage in unsere heutige Zeit und Sprache übersetz-
zen, wenn er nur darauf abzielte, Weltmeister heranzubilden, die unmündig sind
und sich nur in der Welt des Sports zurechtfinden könnten. Sportlerinnen und
Sportler sollen auch Vorbilder im fairen Umgang miteinander abgeben. Der
Sport kann keinen besonderen Sinn haben, wenn er die Menschen nur körperlich fit macht, ihnen aber nicht zugleich auch ein Gefühl für ihren Körper und für
ihr Leben mit anderen Menschen vermittelt. Wenn der Sport nur als Zeitvertreib
und Ausgleich von der geistigen Arbeit oder als Vergnügen verstanden wird,
dann werden seine Möglichkeiten für die Erziehung und Entwicklung des Menschen nicht oder nur teilweise genutzt.
Seit *Pestalozzi* stellt dieses Verhältnis zwischen Ausbildung" und „Men-schen-
bildung" ein grundlegendes Problem dar. Es steht im Mittelpunkt der Sportpädagogik. Der Sport ist so gesehen nicht das eigentliche Ziel der Sportpädagogik. Es geht primär um den Menschen, meinte der Sportpädagoge Jürgen
Funke, und zwar *erstens* „um die Befreiung des Menschen aus den Zwängen
eines ungefügen, ungeschickten und herrischen Leibes. Das bildet den eman-
zipatorischen Grundzug der modernen Sportpädagogik". *Zweitens* geht es um
„Selbstbestimmung": „Die zu Erziehenden sind dazu anzuhalten, die Verantwortung für ihr Tun und ihren Körper selbst zu übernehmen, sobald sie entwick-
lungsgemäß aus der mütterlichen Fürsorge heraustreten". Sicherlich gilt dies
auch für die väterliche Fürsorge bzw. die Fürsorge und Verantwortung von
Eltern und Erziehungsberechtigten generell. Und *drittens* geht es nach *Funke*
darum, dass „individuelles Selbstbewußtsein und Sozialität miteinander aufgehoben werden".[69]

---

[69] *Funke* (1990, S. 17 f.). Vgl. auch *Funke-Wieneke* (2004).

Bildung und Erziehung im und durch Sport beziehen sich nicht nur auf den Menschen als Individuum. Der Mensch ist ein soziales Wesen. Sportpädagogik hat deshalb zu berücksichtigen, dass Gymnastik, Turnen, Spiel und Sport immer mit anderen stattfinden, sei es direkt im unmittelbaren Kontakt in Spiel und Wettkampf oder verbunden über eine gewachsene Institution Sport, in der auf spezifische Weise Bewegung und Leibesübungen kultiviert werden. Erst eine so verstandene Sportpädagogik kann den Anspruch erheben, auf die gesellschaftliche Wirklichkeit einzuwirken und durch Erziehung und Bildung im und durch Sport einen besseren, humaneren Sport zu schaffen, der den Menschen dient und zu einem fairen Miteinander führt.

Olympische Erziehung und Erziehung zur Fairness

Dieser Anspruch wird besonders an zwei sportpädagogischen Themen deutlich, die mit der Genese des Sports verbunden sind: Die olympische Erziehung und die Erziehung zur Fairness. Sportpädagogik ist auch Olympische Erziehung und Fairnesserziehung. Die Olympischen Spiele und die ihr zugrundeliegende Olympische Idee waren von Anfang an, vor über hundert Jahren, und im Sinn ihres Gründers Pierre *de Coubertin* pädagogisch begründet.[70] Der Sport wurde von Coubertin als Mittel und Modell einer Erziehung zum Frieden angesehen; ein Frieden, der auf dem friedlichen Wettkampf ganzheitlich gebildeter Menschen beruht. Das Streben des Einzelnen nach dem Sieg im olympischen Wettkampf ist dabei Ausdruck des Strebens nach Vervollkommnung. Der Sport ist ein Weg, um zu diesem Ziel zu gelangen, und die Olympischen Spiele stellen den pädagogischen Rahmen dar, in den diese Sporterziehung eingebunden ist (*Grupe,* 1997).

Ein wesentlicher Teil der olympischen Erziehung besteht deshalb in der Erziehung zur Fairness – ein Begriff, der aus der englischen Sporttradition hervorgegangen ist und eine zentrale Bedeutung in der Sporterziehung hat. Fairness ist die wichtigste Tugend des Sportlers. Sie beinhaltet zunächst die Bereitschaft, sich einem Wettkampf zu stellen und dem Gegner gleiche Chancen zu geben, unabhängig vom möglichen Ausgang, und ihm mit Respekt und Achtung zu begegnen. Darüber hinaus schließt Fairness das gemeinsame Verständnis ein, sich an die Regeln zu halten und Sieg und Niederlage fair zu akzeptieren.

Fairness ist nicht nur eine Frage der formalen Einhaltung von Regeln, sondern einer grundsätzlichen Einstellung und Haltung gegenüber einem sportlichen Wettkampf und dem Gegner. Sie besagt, dass es nicht um den Sieg um jeden

---

[70] Siehe im Überblick den vom NOK für Deutschland 2004 herausgegebenen Sammelband zur „Olympischen Erziehung", bearbeitet von Rolf *Gessmann.*

Preis geht, sondern um ein gutes Spiel, um einen spannenden Wettkampf, in dem der Gegner als Person geachtet wird. Fairness oder Fair play ist eine sportliche Tugend, die inzwischen über den Sport hinaus als „Prinzip Fairness" (*Lenk & Pilz*, 1989) Anerkennung gefunden hat. Die „Fair-play-Initiative" des Deutschen (Olympischen) Sportbundes unter dem Motto „Fair geht vor" ist ein Beispiel für die erzieherischen Möglichkeiten des Sports und ihre Ausstrahlung in außersportliche Lebensbereiche.

Die Sportpädagogik ist eine besondere Disziplin der Sportwissenschaft neben Trainingslehre, Bewegungslehre, Sportmedizin, Sportpsychologie, Sportsoziologie oder Sportgeschichte. Sie ist Theorie und Praxis der Erziehung und Bildung im und durch Sport. Unter Sport wird dabei im weitesten Sinn die Gesamtheit aller Leibesübungen verstanden.

Sportpädagogik hat sich als wissenschaftliches Fachgebiet herausgebildet, weil der Bedarf an gesichertem Wissen über die erzieherischen Potenziale des Sports gestiegen und weil sie als ein Forum für die Diskussion über Ziele und Aufgaben des Sports erforderlich ist. Als wissenschaftliche Disziplin ist die Sportpädagogik sowohl theoretisch-konzeptionell als auch empirisch-analytisch ausgerichtet und befasst sich darüber hinaus mit ethischen und moralischen Fragen und Problemen des Sports und der Sporterziehung. „Sportpädagogik ist diejenige Teildisziplin der Erziehungs- und Sportwissenschaft, die das sportliche und spielerische Bewegungshandeln in seinen institutionalisierten und nicht-institutionalisierten Formen vorrangig unter den Motiven Bildung, Erziehung, Sozialisation und Lernen mit Hilfe verschiedenartiger Forschungsmethoden untersucht" (*Meinberg*, 1991a, S. 17).

Sportdidaktik und Sportmethodik sind Teil der Sportpädagogik. Im ersten Fall geht es um die Vermittlung von Sport, deren Ziele und Inhalte und unter verschiedenen institutionellen Rahmenbedingungen; im zweiten Fall um konkrete unterrichtliche Vermittlungswege. Ein weiter Begriff von Sportdidaktik schließt methodische Fragen ein.

Ein grundlegendes Ziel der Sportpädagogik besteht darin, die Balance zwischen sportlich-fachlicher Ausbildung und ganzheitlicher „Menschen-bildung" herzustellen. Olympische Erziehung und Erziehung zur Fairness sind zwei zentrale Elemente sportlicher Bildung und Erziehung.

5   Grundbegriffe der Theorie der Leibeserziehung und Sportpädagogik

Erziehung und Bildung sind neben Lernen, Entwicklung, Handlungsfähigkeit und Sozialisation die wichtigsten Grundbegriffe der Pädagogik und Sportpädagogik. Beide Begriffe sind bis heute in ihrer Verwendung und Bedeutung mehr- und vieldeutig. Moderne Pädagogen und Erziehungswissenschaftler haben seit den 1970er Jahren diese klassischen Begriffe der geisteswissenschaftlichen Pädago-

gik durch weitere, eher sozialwissenschaftliche Begriffe der Erziehungswissenschaft wie Entwicklung, Lernen, Sozialisation und pädagogisches Handeln ergänzt. Inzwischen wird der Bildungsbegriff wieder häufiger verwendet. Es ist auch von erziehendem Unterricht und erziehendem Sportunterricht die Rede.

5.1 Erziehung und Bildung

Als Erziehung werden diejenigen Maßnahmen und Prozesse bezeichnet, die den Menschen befähigen, seine Kräfte und Möglichkeiten zu entfalten. Erziehung soll Menschen helfen, selbstständig und mündig zu werden. Erzieherische Handlungen und erzieherische Wirkungen können von Einzelpersonen ausgehen, von Eltern und Lehrern, die gezielt und absichtsvoll bestimmte erzieherische Maßnahmen ergreifen. Sie können aber auch mehr oder weniger ungeplant und unbeabsichtigt von Dritten, etwa von Geschwistern und Freunden, auch von Sportidolen oder Popstars ausgehen, die gar nicht erziehen wollen, sondern andere Ziele verfolgen.[71] Aber sie beeinflussen und prägen durch ihr Verhalten, durch ihr Vorbild oder durch ihr schlechtes Beispiel die Entwicklung eines Menschen, sein Verhalten, seine Einstellungen, sein Denken und Fühlen. Schließlich findet Erziehung in unterschiedlichen Settings statt, die eher formellen, aber auch informellen Charakter haben können. Gerade in informellen Settings und Situationen, die auf den ersten Blick gar nicht nach Erziehung aussehen, ereignet sich Erziehung, wenn man etwa an den Alltag in Familien denkt oder an soziale Situationen auf Spielplätzen.
Organisationen und Institutionen erziehen ebenfalls, z. B. die Schule oder die Sportvereine. Schließlich kann auch von Selbsterziehung gesprochen werden, wenn sich eine Person aus eigenem Antrieb und aus innerer Überzeugung bemüht, sich selbst weiterzuentwickeln. Der Philosoph und Pädagoge Otto Friedrich *Bollnow* (1903–1991) unterschied deshalb zwischen der intentionalen Erziehung auf der einen und der funktionalen Erziehung auf der anderen Seite (*Bollnow*, 1973, S. 54). Damit sind die erzieherisch bedeutsamen Zusammenhänge und Funktionen gemeint, die sich einer absichtlichen Planung entziehen – „das Leben bildet", erklärte *Pestalozzi*.
So gesehen gibt es neben den amtlichen Lehrplänen auch einen heimlichen Lehrplan („hidden curriculum"), der durchaus im Widerspruch zu dem amtlichen stehen kann. Während die Schüler zu Mündigkeit, Selbstständigkeit und Selbstverantwortung erzogen werden sollen, kann die Schule sie in autoritäre und disziplinierende Strukturen einbinden. Der heimliche Lehrplan lehrt sie beispielsweise, dass es sich weniger lohnt, die Initiative zu ergreifen, sondern sich eher

---

[71] Zu dieser Definition von Erziehung und dem „Problemfeld Erziehung" in der Sportpädagogik siehe bes. *Meinberg* (1991a, S. 76–119), der darauf hinweist, dass Erziehung im Alltag, auch und vor allem im sportlichen Alltag, in der Regel „geschieht", ohne darüber nachzudenken. Grundlegend zu diesem Kapitel und den Begriffen Bildung und Erziehung im Zusammenhang des Sports ist außerdem *Prohl* (2006).

anzupasssen. Die offiziellen Lehrpläne zielen auf das Gegenteil.[72] Oder ein Beispiel aus der Praxis des Sports: Während offiziell gern von der Erziehung zur Fairness gesprochen wird, können im Sport auch Erfahrungen gemacht und Verhaltensweisen gelernt oder sogar bewusst vermittelt werden, die Unfairness, Egoismus und Rücksichtslosigkeit fördern. Wenn im Sport eher diejenigen Erfolg haben, die foulen und betrügen als die anderen, die fair und regelgerecht denken und handeln, wird eine Erziehung zur Fairness wenig Chancen haben.

Es muss sich bei dieser Art von ungeplanter Erziehung nicht notwendigerweise um lebende Personen handeln, die erzieherisch wirksam werden, sondern es liegt auf der Hand, dass die vielen Stunden, die Kinder und Jugendliche vor Bildschirmen mit Videos und Computerspielen verbringen, großen erzieherischen Einfluss ausüben. In der Werbung, aber auch verdeckt unter dem Schein der Neutralität und sachlichen Information kann man sogar von gezielten erzieherischen Beeinflussungen mit dem Ziel der Anregung zu Kaufhandlungen sprechen. Ähnliches gilt für politische Parteien vor Wahlen u. v. a. m. Im digitalen Zeitalter des weltumspannenden Internet ist es deshalb zu einer wichtigen Aufgabe einer aufgeklärt-emanzipatorischen Erziehung geworden, Kindern und Jugendlichen den Unterschied zwischen *facts* und *fakes*, oder anders gesagt, über technische Medienkompetenzen hinaus den kritischen Umgang mit Medien zu vermitteln (*Bühler, 2016*).

Solchen medialen Erziehungseinflüssen im weiten Sinn sind Erwachsene und Kinder gleichermaßen ausgesetzt. Die Flut von ständig wechselnden Informationen, Beratungen, Tipps, Unterhaltungen, Verführungen, Werbungen der unterschiedlichsten Medien hat erhebliche, aber im Einzelnen nur schwer zu messende Wirkung auf das Verhalten der Menschen, auch was ihren Umgang mit und das Verständnis von Sport betrifft. Der Kriminologe Christian *Pfeifer* führt beispielsweise wesentliche Aspekte von Jugendgewalt und Jugendkriminalität auf exzessiven Medien- und Fernsehkonsum sowie auf die Nutzung sozialer Medien zurück. Insbesondere Jungen und junge Männer sind davon betroffen (*Pfeifer, 2014*). Delinquente Kinder und Jugendliche weisen einen signifikant höheren Medienkonsum auf als nicht straffällig gewordene Altersgenossen. Hinzu kommt, dass es sich in solchen Fällen häufig um Filme und Computerspiele mit hohem Aggressionspotential handelt, und die Kinder und Jugendlichen noch nicht über ausreichend entwickelte, gereifte Persönlichkeitsstrukturen und charakterliche Festigkeit verfügen, um die Medienflut verarbeiten zu können. Neil *Postman* (1988; 1992) hat bereits vor Jahren auf diese Gefahren hingewiesen.

---

[72] Außer *Bollnow* hat der Philosoph und Pädagoge *Spranger* in seinem Buch „Das Gesetz der ungewollten Nebenwirkungen in der Erziehung" (Heidelberg, 1962) in anderen Zusammenhängen auf diese ungeplante Erziehung aufmerksam gemacht. Zum „heimlichen Lehrplan" vgl. u. a. *Zinnecker* (1975); dort wird auf den Widerspruch zwischen den offiziellen Zielen und Ansprüchen auf der einen und den Strukturen und Funktionen der Schule auf der anderen Seite verwiesen. *Prohl* (2006, S. 94–104) spricht von „Paradoxien".

Geplante und ungeplante Erziehung

Es liegt nahe, diese Prozesse der geplanten und ungeplanten Erziehung auf den Bereich des Sports zu übertragen. Der Sport, den ein Sportlehrer auf der Grundlage des schulischen Lehrplans in seinem Unterricht anbietet und anbieten muss, verblaßt in seiner sportpädagogischen Bedeutung oft gegenüber den Skateboard-Kunststücken der Klassenkameraden oder Fernsehauftritten mancher Sportidole. Nach den Olympischen Spielen von Barcelona 1992 drängten viele Kinder und Jugendliche in die Basketballvereine, die nun alle wie die Stars des amerikanischen „Dream-Teams" mit Earvin „Magic" Johnson oder Michael Jordan Basketball spielen wollten. Street-Basketball wurde und wird seitdem auch in Deutschland gespielt, ohne dass professionelle Sportpädagogen dies als gezielte erzieherische Maßnahme oder als sportpädagogisch besonders wertvolle Sportart empfohlen oder durchgeführt hätten. Allerdings hat die Sportartikelindustrie diesen Trend zum Basketball schnell erkannt und ihn vermarktet. Derselbe Effekt war nach den Olympischen Spielen 1972 von München mit der Verbreitung des Volleyballspiels in Deutschland zu beobachten, wenn auch nicht mit so ausgeprägten Kommerzialisierungseffekten wie beim Basketball oder beim Fußball.

Das Basketballspiel ist zugleich ein Beipiel für eine Sportart, die ihre Entstehung im weitesten Sinn gerade pädagogischen Gründen zu verdanken hat. Zwar gab es schon lange Ballspiele mit Körben, aber das für das Basketball typische Regelwerk geht auf den amerikanischen Lehrer und Dozenten James *Naismith* und die YMCA (Young Men's Christian Association), eine christliche Jugendorganisation, zurück. Das Spiel ist schnell und sportlich-dynamisch, aber die Regeln sind darauf angelegt, jede „rohe Spielweise" zu verhindern und damit zu Fairness und (Körper-)Beherrschung zu erziehen. Dies war auch die Absicht des „Erfinders" des Spiels. Über die YMCA verbreitete es sich dann in der ganzen Welt (*Rains & Carpenter,* 2009; *Vampley,* 2011).

Der Einfluss der Eltern oder eines Elternteils auf das Sportengagement ihrer Kinder ist von großer Bedeutung; und es kann kein Zufall sein, dass viele Kinder in die sportlichen Fußstapfen ihrer Eltern treten. *Baur* hat in seiner Studie über „Körper- und Bewegungskarrieren" speziell diesen Zusammenhang beleuchtet. Daneben spielen soziale und ökologische, kulturelle und geschlechtsspezifische Faktoren eine Rolle. „Wenn die Eltern und/oder die Geschwister an Sport interessiert sind, ... dann sind auch die Kinder mit größerer Wahrscheinlichkeit dem ‚Sport' gegenüber aufgeschlossen" (*Baur,* 1989, S. 204). Allerdings sind Kinder nicht selten auch dazu „verdammt", den sportlichen Ehrgeiz und die unerfüllten sportlichen Erfolge ihrer Eltern nachzuholen. Und umgekehrt: Körperfeindlichkeit oder sportliches Desinteresse von Eltern oder auch, dass sie das Sportinteresse ihrer Kinder nicht unterstützen, beeinflussen deren Verhalten und Einstellung.

Strukturen und Institutionen erziehen

Erziehung hängt nicht nur von Personen ab, sondern das Handeln der Personen wird wesentlich von der Art der Organisation und Institution mitbestimmt, in die Erzieher (educatores) und zu Erziehende (educandi) eingebunden oder der sie verpflichtet sind. Sportlehrkräfte in öffentlichen Schulen müssen sich an die von der Schulverwaltung vorgeschriebenen Lehrpläne halten. Organisationen und Institutionen verfolgen unabhängig von den Personen, die in ihnen tätig sind, eigene Ziele mit dem Sport. Übungsleiter und Trainer in Vereinen vertreten wiederum allein durch ihre Tätigkeit im Verein eine bestimmte Art von Sport oder Sportpädagogik, indem sie etwa eine Fußballmannschaft trainieren oder eine Seniorengymnastik-Gruppe betreuen.

Die Strukturen des Sports, die Ziele und das Selbstverständnis von Organisationen und Institutionen entscheiden mit über die Art und die Ziele der Erziehung, die in ihnen stattfinden.

Wie diese pädagogischen Strukturen aussehen, hängt wiederum von den Strukturen von Staat und Gesellschaft überhaupt ab.[73] Institutionen und Organisationen in einer demokratisch aufgebauten Gesellschaft sind auf das demokratische und selbsttätige Engagement der Bürger angewiesen. Sie werden deshalb eher demokratisches, auf Diskussion, Auseinandersetzung und Ausgleich abzielendes Verhalten fördern, als dies in einer autoritären, hierarchisch strukturierten Gesellschaft der Fall ist. Aber es kann auch zu Diskrepanzen oder Widersprüchen zwischen gesellschaftlichen Strukturen, Erziehungsstilen und -traditionen einerseits und individuellem erzieherischem Handeln andererseits kommen; wenn beispielsweise autoritäre, strenge Lehrer zu Freiheit und Toleranz erziehen wollen oder sollen, oder wenn in den Zwängen von Schule und Arbeitswelt Mitbestimmung und Selbstgestaltung an ihre Grenzen stoßen. Es gab (und gibt) jedoch ebenfalls viele Beispiele von Erzieherinnen und Erziehern, die es schaffen, auch unter den Zwängen totalitärer Staaten und Diktaturen (wie es im Dritten Reich oder in der DDR der Fall war) andere, demokratische und freiheitliche Ideale vorzuleben und damit dazu beigetragen, die Logik von Erziehung, Zwang und Diktatur zu durchbrechen.

Erziehung beinhaltet nicht nur das erzieherische Handeln und den – lebenslangen – Prozess der Erziehung, sondern auch die Ergebnisse dieser unterschiedlichsten Erziehungsprozesse absichtlicher, intentionaler oder unabsichtlicher, ungeplanter und funktionaler, formeller oder informeller Art. Erziehung bezeichnet somit sowohl das konkrete erzieherische Handeln einzelner Erziehungspersonen als auch die unterschiedlichen Sinnbezüge und die strukturellen Zusammenhänge, in die Erzieher, zu Erziehende und Erzogene eingebunden sind, sowie die Ziele, Formen und das Ergebnis von

---

[73] *Treml* (1987) hat den Begriff der „strukturellen Erziehung" geprägt. Damit wird verdeutlicht, dass auch Strukturen „erziehen", bzw. dass personale Erziehungshandlungen strukturell überlagert sind, sie unterstützen oder behindern, ermöglichen oder ausschließen können.

Erziehungsprozessen. Schließlich zielt der Begriff Erziehung nicht nur auf von außen auf den zu Erziehenden gerichtete Maßnahmen, sondern ebenso auf die von den Erziehenden selbst ausgehenden Handlungen, sich selbst zu finden und zu verwirklichen; diese „Selbsterziehung" oder „Selbstgestaltung" wird meistens als Bildung bezeichnet.

Was ist sportpädagogisch?

Mit Hilfe des Begriffs „Erziehung" lässt sich in dreifacher Weise eine Antwort auf die Frage „Was ist sportpädagogisch?" geben.

Erstens: Die Zuwendung eines Menschen zu einem anderen im Sport mit dem Ziel der Beratung, Betreuung, Belehrung, Hilfe, des Unterrichtens und Lehrens, also seiner Bildung, Erziehung und Entwicklung ist als pädagogisch anzusehen; aber auch die Unterlassung oder Verweigerung einer solchen Zuwendung ist in dem Sinne pädagogisch, als sie erzieherische Folgen hat.

Zweitens: Erzieherische Wirkungen hat auch das soziale Umfeld, in dem Kinder und Jugendliche aufwachsen: die Familie, die Schulklasse, die Altersgruppe, die Mannschaft, der Verein. Diese pädagogischen Wirkungen können positiv oder negativ, wünschenswert oder unerwünscht sein.

Drittens: Auch „Strukturen" üben erzieherische Einflüsse aus: allgemeine Strukturen des Sports, der Sportorganisation, des Vereins, des Lei-stungssports; Strukturen der Schule und der Medien. Strukturen wirken pädagogisch, indem sie bestimmte Verhaltensweisen begünstigen und un-terstützen und bestimmte Handlungsmuster nahelegen. Sie können sie aber auch beeinträchtigen, verhindern oder gar nicht zulassen. Auch dies hat erzieherische Auswirkungen, wobei diese unmittelbarer und mittelbarer Art und wünschenswert oder unerwünscht sein können.

Bildung

Die Redewendung von einer „guten" oder „schlechten" Erziehung, die jemand genossen habe, macht deutlich, dass Erziehung auch vom jeweiligen Ergebnis her verstanden und darauf bezogen wird, ob und wie sich eine Person an die geltenden Werte und Normen einer Gesellschaft angepasst hat. Wenn von einem gebildeten Menschen die Rede ist, meint man darüber hinaus sein Wissen und seine Fähigkeiten, oder in der neueren Bildungsdidskussion seine Kompetenzen, mit seinem Wissen handelnd umzugehen, also sein Wissen anzuwenden.
Die Unterscheidung zwischen einer Erziehung, die Menschen einerseits zuteil wird, und andererseits den von ihnen selbst ausgehenden Anteilen an ihrer Erziehung, die Erziehung zur „Selbsttätigkeit", wie sich *Pestalozzi* ausdrückte, bil-

det die Schnittstelle zum zweiten in Deutschland in der Pädagogik verbreiteten Begriff: Bildung. In anderen Ländern und Sprachräumen gibt es kein vergleichbares Wort.[74]

> Mit dem Begriff „Bildung" ist seit der Aufklärung in Deutschland ein Verständnis von Erziehung gemeint, das die Selbstgestaltung des Menschen als Auseinandersetzung mit sich selbst und mit den Gegenständen und Werten der Kultur, also mit der Musik, mit den Sprachen, mit der Kunst, mit der Geschichte betont. Bildung in diesem Sinn bezeichnet weniger einen Zustand, sondern vor allem einen Prozess, der Selbstgestaltung und Weltaneignung gleichermaßen zum Inhalt hat.

Der Erziehungswissenschaftler und Didaktiker Wolfgang *Klafki* schlug vor, Bildung als „selbsttätig erarbeiteten und personal verantworteten Zusammenhang dreier Grundfähigkeiten" zu verstehen, *erstens* der „Fähigkeit zur Selbstbestimmung jedes einzelnen über seine individuellen Lebensbeziehungen und Sinndeutungen zwischenmenschlicher, beruflicher, ethischer, religiöser Art"; *zweitens* als „Mitbestimmungsfähigkeit" im Sinne eines Anspruchs und der Möglichkeit, sich verantwortungsbewusst in öffentliche Angelegenheiten einbringen zu können; und *drittens* als „Solidaritätsfähigkeit", d. h. als Fähigkeit, sich für diejenigen und mit ihnen einzusetzen, deren Selbst- und Mitbestimmungsfähigkeiten begrenzt sind, oder die keine Möglichkeit haben, sie zu entfalten.[75]

Der bei *Klafki* geäußerte emanzipatorische Gehalt des Bildungsbegriffs, also selbstständig und frei entscheiden und handeln zu können, ist historisch im deutschen Bildungsverständnis angelegt. Bildung enthielt stets eine kritisch-distanzierte, aufklärerische Komponente, die auf die Vernunft des Einzelnen gegründet ist und seine Unabhängigkeit gegenüber den äußeren Verhältnissen betont. Im klassisch-neuhumanistischen Bildungsverständnis seit dem 19. Jahrhundert war damit vor allem die Fähigkeit gemeint, sich selbst unabhängig von äußeren Zwängen zu entwickeln. Bildung ist deshalb Ausdruck und Folge von innerer Freiheit und Unabhängigkeit. Sich als freier Mensch entfalten zu können, wurde seit Friedrich *Schiller* (1759–1805) als eigentlicher Sinn und Erfüllung des menschlichen Daseins angesehen. „Der wahre Zweck des Menschen ... ist die höchste und proportionierlichste Bildung seiner Kräfte (jener Kräfte, die insgesamt der ‚inneren Kraft', der Energie entspringen) zu einem Ganzen. Zu dieser Bildung ist Freiheit die erste und unerläßlichste Bedingung", schrieb Wilhelm

---

[74] *Bollenbeck* (1994) meint, dass es sich um ein spezifisch „deutsches Deutungsmuster" – so der Untertitel seines Buches – handele, das in dieser Bedeutung in anderen Ländern und Sprachräumen nicht verwendet werde. Zum „Problemfeld Bildung" in der Sportpädagogik siehe *Meinberg* (1991a, S. 50–75), der Bildung als eine zentrale Kategorie für das Verständnis der modernen Sportpädagogik betrachtet. Außerdem *Prohl* (2006, bes. S. 89–196).

[75] *Klafki* (1993, S. 52); zur *Klafki*-Rezeption in der Sportpädagogik siehe *Laging* und *Kuhn* (2018) ebenso *Gissel* (2019).

von Humboldt (1767–1835), mit dem dieser Gedanke zu einem wesentlichen Bestandteil der Entwicklung des deutschen Schul- und Bildungswesens wurde.[76] Es ging ihm nicht um Stofffülle und bloßes Wissen, sondern um die Entfaltung der Fähigkeiten und Fertigkeiten der Menschen zu einem harmonischen Ganzen.

In diesem Humboldtschen Sinn plädierte der Philosoph und erste Staatsminister für Kultur in Deutschland (2000–2004 im Kabinett Schröder), Julian *Nida-Rümelin*, für eine moderne, zukunftsfähige humanistische Bildung, die nichts mit Vielwisserei gemein habe, sondern als Leitgedanke die Entfaltung und Bildung der Persönlichkeit verfolge – auf der Grundlage solider Fähigkeiten und Orientierungswissens (z. B. auch Fremdsprachenkenntnisse) sowie unverzichtbarer sozialer Tugenden wie Rücksichtnahme, Fairness, Solidarität und Verantwortungsbereitschaft. Insbesondere betont er die „physische Dimension der Bildung", die in der deutschen Bildungsgeschichte eher vernachlässigt wurde.[77] Bildung sei auch nicht mit akademischer Bildung gleichzusetzen, betont er in seiner Kritik am „Akademisierungswahn" (*Nida-Rümelin*, 2014).

Neben *Humboldt* war Johann Heinrich *Pestalozzi*, der große Schweizer Volkspädagoge, einer der ersten, der dieses Bildungsverständnis systematisch als ein pädagogisches Konzept entwickelte und verbreitete. Er vertrat ebenfalls diesen Gedanken einer Bildung, die nicht an der Menge von Wissen, sondern an den Möglichkeiten des Menschen zu messen ist. Er verstand unter Bildung die Entfaltung der menschlichen Anlagen und Kräfte und sprach von der allgemeinen Menschenbildung als dem höchsten Ziel der Erziehung. Der Volkserzieher Pestalozzi meinte damit auch, dass das arme Volk und die armen Kinder nur dann eine Chance hätten, ihrem sozialen Schicksal zu entrinnen, wenn sie zu wahrer Menschenbildung gelangten und es ihnen gelingt, ihre Potenziale auszuschöpfen. „Das Spezielle und Individuelle im Sein und Tun aller Menschen ist allenthalben bloß äußere Modifikation und Anwendung ihrer inneren Kraft. Es kommt also bei der Bildung der Menschen zum Individuellen alles ihres Seins und alles ihres Tuns wesentlich auf die Bildung ihrer inneren Kraft an."[78]

Bildung der Persönlichkeit

Das Ziel von Bildung und Erziehung bestand (und besteht) demnach nicht oder nicht nur in der Vermittlung von nützlichem Wissen und Können, von Fertigkeiten und Fähigkeiten, sondern vor allem in der Erziehung zur Selbstständigkeit, zur aktiven Auseinandersetzung mit Bildungsgütern oder Bildungsinhalten. Dieser emanzipatorische Aspekt des Bildungsbegriffs ist jedoch im Laufe des 19. Jahrhunderts einem Verständnis von Bildung gewichen, das eher auf die

---

[76] Wilhelm *von Humboldt*: Schriften zur Anthropologie und Bildungslehre. Hrsg. von *Flitner* (1963, S. 135, 2. Aufl.).

[77] *Nida-Rümelin*, 2006, 2011, 2013.

[78] *Pestalozzi* in dem „Gespräch über Volksaufklärung und Volksbildung" (1806) (In Ders.: Gesammelte Werke, Band 2., Zürich 1986, 571).

Anhäufung von Bildungsgütern, also von Wissensbeständen und Kulturschätzen, die zu kennen zur Bildung gehörte, ausgerichtet war.[79]
Bildung ist ebenso wie Erziehung ein normativer Begriff. Was Bildung ist und bedeutet, unterliegt spezifischen Wertungen. Sie liegen nicht ein für allemal fest, sondern müssen über die jeweiligen Sinn- und Lebenszusammenhänge erschlossen werden. Es lässt sich deshalb nicht exakt definieren, was Bildung heute ausmacht. Ebenso lässt sich auch nicht eindeutig sagen, wer ein gebildeter Mensch ist. Der Bildungsbegriff bezeichnet vielmehr eine jeweils zu diskutierende normative Perspektive der Entwicklung der Persönlichkeit eines Menschen.

Da Bildung lange Zeit vor allem auf geistig-seelische Vorgänge begrenzt blieb, spielte der Begriff der Bildung in Leibeserziehung und Sportpädagogik gegenüber dem der Erziehung keine oder nur eine untergeordnete Rolle. Turnen, Gymnastik, Spiel und Sport zählten im Grunde nicht zu den klassischen Bildungsgütern. Um gebildet zu sein, musste man nicht turnen können. Das gilt im Grunde bis heute: Ein gebildeter Mensch muss nicht sportlich sein oder einmal sportlich gewesen sein; sehr wohl aber musikalisch. Er sollte etwas von Musik (und natürlich Kunst) verstehen, am besten auch selbst ein Musikinstrument spielen. Leibesübungen wurden als Möglichkeiten des körperlichen Ausgleichs von anstrengender geistiger Tätigkeit geschätzt oder als Erziehungsmittel für körperliche Geschicklichkeit und Disziplin benutzt, aber nicht als eigenständiges „Bildungsgut" angesehen. Bezeichnenderweise wurde in der Geschichte der Sportpädagogik nicht von Bildung, sondern von Leibeserziehung oder körperlicher Erziehung – als Teil der Gesamterziehung – gesprochen. Der Begriff Körperbildung wird bis heute weniger im Sinne ganzheitliche Bildung, sondern eher als Körperformung und -übung genutzt.[80]

Neuere Aspekte sportlicher Bildung

Der Bildungsbegriff wird neuerdings innerhalb der Sportpädagogik in Deutschland wieder stärker beachtet. Bezeichnend für die Renaissance des Bildungsgedankens in der neueren Sportpädagogik war der im Jahr 2009 in Münster durchgeführte Kongress „Bildungspotenziale im Sport" (*Krüger & Neuber, 2011*). In diesem Titel soll zum Ausdruck gebracht werden, dass Bewegung, Spiel und Sport für den einzelnen Menschen mehr beinhalten können als die Verbesserung sportlicher Fähigkeiten und Fertigkeiten oder die körperliche Ausbildung,

---

[79] Grundlegend für Begriff und Geschichte der „Bildung" ist Eduard *Spranger*: Das deutsche Bildungsideal der Gegenwart und in geschichtsphilosophischer Beleuchtung (1928). *Klafki* (1993) ist es i. W. zu verdanken, dass der Begriff der Bildung in der aktuellen didaktischen Diskussion lebendig geblieben ist. Die Darstellung in diesem Band orientiert sich neben den sportpädagogischen Arbeiten (u. a. *Laging & Kuhn,* 2018) an *Nida-Rümelin* (s. o.).

[80] Auf diese historischen Aspekte wird weiter unten (S. 87 ff.) näher eingegangen. *Grupe* (1987) hat die Anstrengungen der Vertreter des Sports seit mehr als 100 Jahren beschrieben, den Sport zu einem „Bildungs- und Kulturgut" zu erheben.

sondern dass der Sport darüber hinaus gehende Möglichkeiten der Bildung bietet, die jedoch pädagogisch sinnvoll genutzt werden müssen. Am Beispiel einzelner Bildungsbürger kann man sehen, dass in dieser Frage der Wertschätzung des Sports bzw. sportlicher Betätigungen als bildende Erfahrungen Veränderungen im Hinblick auf eine höhere Wertschätzung des Sports stattgefunden haben. Es gilt unter den bildungsbürgerlichen Eliten in Deutschland nicht mehr als belanglos oder gar anstößig, sich zum Sport zu bekennen, sondern im Gegenteil heben sie hervor, wie stark sie selbst vom Sport geprägt waren. Ein frühes Beispiel für dieses Sport-Outing ist der bekannte Historiker und Publizist Sebastian *Haffner*, der in seiner aus dem Nachlass veröffentlichten Autobiographie (2000) betonte, wie wichtig und prägend der Sport und das eigene Sporttreiben für seine persönliche Entwicklung und Karriere waren. Julian *Nida-Rümelin*, der zu den führenden deutschen Intellektuellen der Gegenwart zählt, berichtet, welche große Rolle für ihn selbst in seiner Jugend das Sporttreiben gespielt habe. Er empfinde sich nicht als „körperlosen Büchergeist", sagt er, „als Jugendlicher war ich das schon gar nicht. Ich trieb viele Jahre intensiv Sport: Schwimmen, Tauchen, Radeln, Skifahren" (*Nida-Rümelin*, 2006, S. 188). Für US-amerikanische Eliten gilt es als selbstverständlich sportlich zu sein und eine sportliche Erziehung und möglichst eine sportliche Karriere vorweisen zu können. Ob und wie sich diese sportlichen Erfahrungen auf die Bildung ihrer Persönlichkeit ausgewirkt haben, lässt sich jedoch nicht pauschal sagen, sondern es ist auch eine Aufgabe sportpädagogischer Forschung solche Bezüge zu belegen.

Sportliche Bildung zielt sowohl auf die körperliche Ausbildung, als auch darüber hinaus auf die personale Verarbeitung von Erfahrungen in sportlichen Handlungs- und Sinnzusammenhängen mit dem Ziel der Selbstgestaltung und Weltaneignung. Sie beinhaltet die Beschäftigung mit dem Sport und der Welt im Denken, Handeln und Fühlen, aber auch die Fähigkeit zur kritischen Selbsteinschätzung.

Während die körperliche Seite der Bildung in der Vergangenheit wenig oder gar nicht gesehen wurde, rückt dieser Aspekt in der Gegenwart wieder stärker in den Vordergrund – nicht nur aus der Sicht der Sportpädagogik. Dies hat damit zu tun, dass sich die öffentlichen Diskurse über Körperlichkeit oder Leiblichkeit im Kontext des Sports und der Erziehung in der modernen Gesellschaft verändert haben.
Rittner (1983; 1984) und *Bette* (1989) haben ebenso wie andere Autoren den Zusammenhang der modernen Sportentwicklung mit diesem Wandel des Körperbezugs herausgearbeitet. Technik, Zivilisation, Massenmedien, moderne Kommunikations- und Verkehrsmittel und die rasant voranschreitende Digitalisierung tragen dazu bei, dass viele Menschen das Gefühl haben, die körperliche und natürliche Grundlage ihrer Existenz zu verlieren. Dieser Verlust an Körperlichkeit äußert sich einerseits in Formen der Körperdistanzierung, der andererseits besondere Körperthematisierungen gegenüberstehen, z. B. durch und im

Sport, aber auch durch Medizin, Naturheilkunde, Mode, Erotik oder Tourismus, und nicht zuletzt durch die Visualisierung von Körper und Sport in den unterschiedlichsten Medien.

Körperlichkeit, Bewegung, Spiel und Sport zum Thema von Bildung und Erziehung zu erheben, ist deshalb nicht nur als ein weiterer Versuch anzusehen, den Sport zum Bildungsgut aufzuwerten, sondern entspringt der Notwendigkeit, in Zeiten der Entkörperlichung den Umgang mit dem Körper bewusst zu machen und gezielt zu einem pädagogisch wünschenswerten, sinnvollen Körper- und Bewegungsverhalten zu erziehen. Wie ein solches Verhalten mit Bezug zum eigenen Körper und der Körperlichkeit anderer sowie im Kontext von Bewegung, Spiel und Sport konkret gestaltet werden kann und soll, ist nicht zuletzt auch eine Aufgabe der Sportpädagogik.

Bildung und Erziehung sind vielschichtige normative Begriffe der Pädagogik. Wer über Bildung und Erziehung spricht, geht über die „Ist-Beschreibung" pädagogischer Prozesse hinaus und bezieht die normative Zielperspektive von Bildung und Erziehung mit ein. Die Berücksichtigung von Körper, Bewegung, Spiel und Sport in Bildungsdiskursen verdeutlicht die wachsende Relevanz dieser Themen und Gegenstände für die Bildung und Gesamterziehung.

Bildung und Erziehung in der Kritik

Der Pädagoge Heinrich *Roth* hatte 1962 die Forderung einer „realistischen Wendung" in der pädagogischen Forschung erhoben (*Roth, 1962*). Es sollte seiner Ansicht nach eine Abkehr von der normativen Orientierung in der theoretischen Pädagogik stattfinden. Pädagogik sollte weniger von Visionen als von den Realitäten der Erziehung auzsgehen. *Röhrs* sprach von der Erziehungswirklichkeit, die in Pädagogik eine größere Rolle spielen müsse (*Röhrs, 1982*). Insofern war die realistische eher eine empirische Wendung in der pädagogischen Wissenschaft, weil empirische Forschungen die Voraussetzung für die wissenschaftlich-systematische Wahrnehmung und Beschreibung der Erziehungswirklichkeit sind.

Welche Hintergründe hatte eine solche Abwendung von einer bis dahin eher an den Werten und Normen des christlichen Abendlandes und der europäischen Aufklärung bzw. deren Idealen und Visionen orientierten Pädagogik? Die Skepsis gegenüber einer normativ orientierten Pädagogik hat einmal damit zu tun, dass die idealistischen Ziele in der Praxis nicht erreicht wurden. Sie wurden vielmehr durch die Realität enttäuscht. Für eine realistische Pädagogik erschienen sie als zu abstrakt und vieldeutig, eben idealistisch und realitätsfern.

Vorbehalte gegenüber den Begriffen Bildung und Erziehung rühren aber auch daher, dass in ihrem Namen immer auch Unrecht geschehen ist und noch geschieht. Katharina *Rutschky* hat 1977 eine Textsammlung mit dem Titel „Schwarze Pädagogik" herausgegeben. In diesem Band wurden pädagogische Texte aus dem 18. und 19. Jahrhundert – mit Absicht tendenziös – zusammengestellt, um zu verdeutlichen, welche inhumane Praxis sich hinter dem Begriff der Erziehung versteckte und verstecken kann; und dies nicht selten unter Berufung auf humanistische Ideale und Traditionen. Es wurde zwar von Bildung und Erziehung gesprochen, aber in Wirklichkeit wurde nicht zur Selbsttätigkeit und Mündigkeit erzogen, sondern diszipliniert und gezüchtigt. Erziehung kann auch Ausdruck von Macht und Herrschaft sein und im Sinn und Auftrag der Mächtigen vollzogen werden.

Worin besteht diese fundamentale Kritik an der Erziehung im Einzelnen? Ist es überhaupt noch sinnvoll, von Erziehung zu reden? Welche Alternativen gibt es zur Erziehung?

Die Psychoanalytikerin Alice *Miller* zeigte in mehreren Büchern, besonders in ihren Bestsellern „Am Anfang war Erziehung" (1979) und „Das Drama des begabten Kindes" (1980) auf, wohin eine als Dressur und Abrichtung missverstandene Erziehung führen kann: Zur seelischen Verkrüppelung, zur Misshandlung und Verbiegung einzelner und zuletzt auch der menschlichen Gemeinschaft. Gestörte Eltern- oder Erwachsenen-Kind-Beziehungen, die im Mittelpunkt des Erziehungsprozesses stehen, wiederholen sich, bringen neue Kränkungen und Verletzungen hervor. Es gibt nach *Miller* am Ende kein Entrinnen aus dieser Erziehungsfalle, weil sich Eltern und Erwachsene immer neu an ihren Kindern für die Kränkungen und Misshandlungen rächen werden, die sie selbst als Kinder in ihrer Erziehung erfahren haben. „Am Anfang war Erziehung", und am Ende stehen nicht wie behauptet und gewünscht gut erzogene und gebildete, mündige und selbstbewusste Erwachsene, sondern seelisch verletzte und gescheiterte Menschen, auch Mörder und Tyrannen.[81] Besonders perfide ist, wenn Gewalt und Missbrauch an erziehungsbedürftigen und schutzbefohlenen jungen Menschen im Namen oder unter dem Vorwand, höheren Idealen dienen zu wollen, ausgeübt wurden. Dies ist in kirchlichen Einrichtungen und Internaten, fortschrittlichen Reformschulen (z. B. an der Odenwaldschule) oder auch im Sport geschehen.[82]

Erziehung kann so gesehen also neben Behütung und Fürsorge auch ein hohes Maß an Repression und Bevormundung, bis hin zu sexuellem und seelischem Missbrauch und Gewalt beinhalten. Auch aus diesen Gründen war in den 1960er und 1970er Jahren der Ruf nach Abschaffung der Erziehung laut geworden. Während die Pädagogik seit dem Zeitalter der Aufklärung mit der Erwartung angetreten war, eine bessere Welt durch eine aufgeklärte Erziehung der Menschen erreichen zu können, wurde nun das Gegenteil behauptet. Glück und Frieden, Freiheit und Gleichheit unter den Menschen könnten nur durch eine

---

[81] Als Fallbeispiele dienten *Miller* die Biographien z. B. des Massenmörders Jürgen Bartsch oder als Beispiele für Tyrannen Adolf Hitler oder – in einem neueren Buch („Abbruch der Schweigemauer") – der rumänische Diktator Nicolaou Ceaucescu. Zahlreiche weitere Beispiele misslungener Erziehung und Sozialisation können bis heute genannt werden.

[82] Siehe z. B. die Missbrauchsfälle in der Odenwaldschule, in katholischen Internaten oder allgemein in pädagogischen Einrichtungen (*Kappler,* 2011; *Kaufmann & Priebe,* 2010).

machtferne und repressionsfreie Erziehung, letztlich also ohne sie erreicht werden, lautete der Glaubenssatz der Antipädagogen – „we don't need no education" sang in den 1970ern die englische Rockgruppe Pink Floyd: „Teachers! Leave them kids alone ...". Alexander *Neills* (1883–1973) Schule in Summerhill ist zum Paradebeispiel und Vorbild für die Praxis und Theorie der Antipädagogik und der antiautoritären Erziehung geworden, die seitdem in verschiedenen Variationen Nachahmungen erfahren hat (*Neill, 1970*).

„Konrad, sprach die Frau Mama ..."

Der Tübinger Pädagoge Andreas *Flitner* (1922–2016) hat sich in seinem Buch „Konrad, sprach die Frau Mama ..." mit dieser Forderung nach einer Abschaffung der Erziehung bzw. dem Problem von Erziehung und Nicht-Erziehung auseinandergesetzt.[83] Das Problem der Antipädagogik besteht nach *Flitner* darin, dass auch sie erzieht und sogar erziehen will. Auch wer nicht mehr von Erziehung spricht, erzieht; und wenn es die natürlichen und professionellen Erzieher nicht tun, dann tun es andere. Auch wenn das Wort Erziehung nicht benutzt wird, bleiben der Sachverhalt und der Tatbestand der Erziehung bestehen. Wird dieser Tatbestand geleugnet oder verdrängt, kann dies ebenfalls zu Missbrauch und Gewalt führen. Ein Beispiel sind die Fälle sexuellen Missbrauchs bzw. von Pädosexualität in antiautoritären Erziehungseinrichtungen (*Walter u. a., 2015*).

„Unterstützen statt erziehen" betitelte Hubertus *von Schoenebeck*, ein Vertreter der Antipädagogik, sein Buch (1982), aber bereits seit Friedrich Daniel *Schleiermacher* (1768–1834), einem der Begründer der modernen wissenschaftlichen Pädagogik zu Beginn des 19. Jahrhunderts, besteht der Hauptinhalt der Erziehung in der Unterstützung der Heranwachsenden.

Aber was heißt „unterstützen"? Wozu und wie unterstützen? Worin bestehen die Freiheit und Selbstbestimmung eines Kindes und Jugendlichen? Wie können seine eigenen Kräfte und Möglichkeiten gefördert werden? Solche Fragen können nicht beantwortet werden, indem die Erziehungstatsache geleugnet wird. Vielmehr ist es grundlegend, Erziehungstatsachen zu erkennen und zu erforschen, aber auch im (selbst-)kritischen Diskurs die besten Wege einer humanen Erziehung in Theorie und Praxis zu suchen.

Was diese Debatte um den Erziehungsbegriff jedoch verdeutlicht und wofür sie sensibilisieren soll, ist die Kritik an Fehlentwicklungen in der Pädagogik, an „schlimmen Praktiken und Rechtfertigungsfiguren der Erzieher".Wenn nicht mehr die Kinder und Menschen selbst gesehen werden, wenn statt auf sie einzugehen und sie anzunehmen, Kinder dressiert, abgespeist oder ruhiggestellt werden oder sie in ihren grundlegenden Rechten missachtet und in ihrer Würde verletzt werden, dann handelt es sich zwar auch um Erziehung, aber eben um

---

[83] Zur Kritik der Antipädagogik vgl. vor allem *Oelkers* und *Lehmann* (1990, 2. Aufl.) mit einer ausführlicheren Analyse der antipädagogischen Literatur (S. 18 ff.). *Braunmühl* (2006).

eine Art der Erziehung, die nicht den aufgeklärt-humanistischen Werten und Normen entspricht, wie sie u. a. in der UN-Konvention über die Rechte des Kindes im Jahr 1989 international vereinbart wurden. Diese Kinderrechtskonvention stellt eine Fortschreibung der internationalen Debatte um die Menschenrechte dar. Sie ist ein wichtiger, international vereinbarter Maßstab, an dem sich pädagogisches Handeln (und Unterlassen) heute zu orientieren hat; trotz unterschiedlicher Werte und Normen in den verschiedensten Ländern und Kulturen mit ihren spezifischen Traditionen, Religionen, Sitten und Gebräuchen. Diese grundlegenden Kinderrechte müssen natürlich auch im Sport beachtet werden.

Schwarze Sportpädagogik

Die Geschichte des Sports und der sportlichen und körperlichen Erziehung ist nicht frei von der Missachtung der Rechte von Kindern und Jugendlichen sowie von Praktiken der Vernachlässigung, des „Ruhig-stellens", sei es durch Medikamente oder physische Zwangsmaßnahmen, sowie der Abrichtung und des Drills, die im Namen der Leibeserziehung und des Sports geschehen sind und geschehen. Von „schwarzer" Sportpädagogik kann gesprochen werden, wenn Kindern und Jugendlichen der nötige Spiel- und Bewegungsraum verwehrt oder massiv eingeschränkt wird, sei es durch kinderfeindliche Städte und Verkehrsmaßnahmen, durch fehlende Spiel- und Sporteinrichtungen, durch restriktive Erziehungsmaßnahmen der Eltern oder auch durch einen zur Bewegungslosigkeit verführenden Fernseh- und Medienkonsum.

„Schwarze" Sportpädagogik liegt außerdem vor, wenn Kinder im Sport überfordert werden, wenn ihr Wille durch hartes Training gebrochen wird oder sie gegen ihren Willen und zu Lasten ihrer Gesundheit zu extremen Belastungen und Leistungen getrieben werden. Dies muss nicht durch offene Zwangsmaßnahmen geschehen, sondern kann die Folge von Wünschen und Erwartungen der Eltern, aber auch von Trainern und Verbänden sein, denen die Kinder zu entsprechen versuchen.[84] Gewalt, sexueller Missbrauch oder die Verabreichung von Dopingmitteln an Kinder und Jugendliche – meistens ohne deren Wissen und ohne das Wissen der Eltern –, wie es in der DDR nachweislich und systematisch geschehen ist, bedeutet einen klaren Verstoß gegen die Rechte und Würde von Kindern und damit gegen die Kinderrechtskonvention der UNO. Es gehört zu den Aufgaben der Sportpädagogik, zu solchen Praktiken kritisch Stellung zu nehmen, sie aufzuklären und in Zukunft zu verhindern.

---

[84] Dieses Problem, wann sinnvolle und pädagogisch erwünschte Förderung sportlicher Interessen und Anlagen von Kindern etwa im Bereich des Leistungs- und Hochleistungssports in Überforderung und damit in Formen „schwarzer" Sportpädagogik umschlagen kann, lässt sich nicht allgemein klären, sondern muss in jedem Einzelfall diskutiert und gelöst werden. Vgl. dazu auch die Diskussion zum Kinderhochleistungssport (S. 24 ff.) bei *Grupe* (2000, S. 216 ff.).

5.2 Handlungsfähigkeit, Entwicklung, Lernen, Sozialisation

Neben Erziehung und Bildung haben andere Begriffe Eingang in die pädagogische Diskussion gefunden, z. B. der des pädagogischen Handelns. *Giesecke* rückte beispielsweise in seinem Buch vom „Ende der Erziehung" (1985) von dem Begriff der Erziehung ab. Angesichts der Vielfalt und Pluralität der Erziehungseinflüsse in der modernen Gesellschaft schien es ihm unmöglich und im Grunde anmaßend zu sein, Menschen noch in ihrer Gesamtpersönlichkeit erziehen und bilden zu wollen. Pädagogisches Handeln unterscheidet sich bei *Giesecke* von erziehen. Lehrer und Pädagogen könnten heute nicht mehr in dem klassischen und normativen Sinn erziehen, wie es früher in einer weniger pluralistischen Gesellschaft der Fall war. Da in einer pluralistischen Welt allgemeine, verbindliche Erziehungsziele nicht mehr formuliert werden könnten, bestehe die Aufgabe von Pädagogen heute vielmehr bescheidener und realistischer darin, so *Giesecke*, „Lernen möglich" zu machen, und zwar nicht in einem umfassenden Sinn, sondern konkret bezogen auf spezifische Handlungsfelder. Ein solches pädagogisches Handlungsfeld wäre dann der Sport, zu dem sich *Giesecke* allerdings nicht äußert.

Die Skepsis gegen idealistische und allgemeinverbindliche, unrealistische Erziehungsansprüche kann auch durch empirische Untersuchungen gestützt werden, in denen versucht wurde, die Wirkung von Erziehung empirisch zu messen. Die amerikanische Erziehungswissenschaftlerin Judith Rich *Harris* relativierte mit ihrem Buch „Ist Erziehung sinnlos? Die Ohnmacht der Eltern" (2002) die Möglichkeiten und betonte eher die Grenzen von Erziehung. Ihre These, nach der gezielte, intendierte Erziehung weitgehend wirkungslos sei, fußt auf einer Metaanalyse von zahlreichen empirischen Studien zur Frage erzieherischer Einflüsse und Wirkungen. Gegen die „Ohnmacht der Eltern" stehe dagegen die Macht der Gene und der „peers", also der Personenkreise der Gleichaltrigen, sowie auch die Medien.

Allerdings konnte wiederum der australische Pädage John *Hatti* in seinen empirischen Untersuchungen zeigen, wie wichtig die Person der Lehrerin und des Lehrers für unterrichtliche Lehr- und Lernsituationen ist (z. B. *Hatti,* 2013).

Handlungsfähigkeit

Kurz (1986a; 1990a) hat, wie *Giesecke* allgemein, die „Handlungsfähigkeit im Sport" als ein wesentliches Ziel sportbezogener und sportspezifischer Erziehung und Bildung und als „Leitidee einer pragmatischen Fachdidaktik" beschrieben. Aber im Grunde meint er mit diesem Begriff das, was schon im Zusammenhang mit Bildung und Erziehung angesprochen wurde: Menschen, die Sport betreiben und um den Sport wissen, die sich selbstbestimmt im Sport bewegen und die in ihm für sich und ihr Leben mit anderen etwas gelernt und erfahren haben. Handlungsfähigkeit bedeutet in diesem Sinn eine spezielle, zunächst auf das Handlungsfeld Sport bezogene Handlungsfähigkeit; aber sie zielt im weiteren

Sinn auf eine allgemeine Handlungsfähigkeit auch in anderen Lebenssituationen. Gemeint ist damit, dass im Sport erlernte bzw. erworbene und erfahrene Fähigkeiten, Fertigkeiten, Kompetenzen und Tugenden auch im Leben allgemein nützlich sind.

Aus dem Konzept der sportlichen Handlungsfähigkeit leitete *Kurz* konsequenterweise das didaktische Motiv der Mehrperspektivität für den Sportunterricht ab; denn um (sportlich) handlungsfähig zu sein, sollte man möglichst viele Seiten (Perspektiven) dieses Gegenstandsbereichs Sport kennengelernt oder erfahren haben. Dies ist ein grundsätzlich anderer Ansatz als ein bildungstheoretisches Modell, in dem das Allgemeine aus wenigen kategorialen und exemplarischen Bildungserfahrungen deutlich werden soll.

Der im Vergleich zu Erziehung modernere Begriff der (sportlichen) Handlungsfähigkeit ist zwar einerseits ein empirisch-analytischer Begriff zur Beschreibung spezifischer und konkreter Kompetenzen und Handlungen, aber er wird ebenso wie der klassische Begriff der Erziehung erst auf dem Hintergrund von normativen Kontexten und Sinnhorizonten verständlich.

Die Begriffe Entwicklung, Sozialisation und Lernen sollen hingegen möglichst wertfrei und präzise grundlegende pädagogische Sachverhalte zum Ausdruck bringen: Die Tatsache, dass Menschen im Laufe ihrer Entwicklung vieles lernen (und lernen müssen), was sie vorher nicht konnten oder wussten, aber auch einiges wieder verlernen oder vergessen dürfen (bzw. müssen), und dass sie sich im Laufe dieser Entwicklung mehr oder weniger bewusst und auf mehr oder weniger unterschiedliche Weise in die Kultur und Gesellschaft einfügen, in der sie leben, kurz gesagt dass sie sozialisiert werden.

Wenn ihr Leben gelingen soll, wenn sie sich erfolgreich entwickeln sollen, sind sie darauf angewiesen zu lernen, sogar lebenslang, und es hängt entscheidend davon ab, ob das, was mit dem Begriff Sozialisation gemeint ist, positiv verläuft. Sozialisation ist also ein wertfreier, analytischer Begriff, die Bewertung dieses Prozesses ist jedoch von normativen Kategorien abhängig. Der Erfolg oder das Gelingen von Entwicklung, Lernen und Sozialisation sind dabei nur zum Teil vom Denken, Handeln und Fühlen der Menschen selbst abhängig. Sie werden auch von Faktoren bestimmt, die sich ihrem Einfluss entziehen, z. B. genetische Anlagen, Krankheiten, Zufälle, Wirtschaftskrisen, soziale und kulturelle Einflüsse und gesellschaftliche Bedingungen.

Entwicklung

Der Begriff Entwicklung, der einer Disziplin der Psychologie, nämlich der Entwicklungspsychologie (z. B. *Oerter & Montada,* 1987), zugrundeliegt, ist inzwischen verstärkt von der Sportpädagogik, Sportpsychologie und der Trainingslehre aufgegriffen worden. Unter Entwicklung versteht man in der Sportpsychologie „eine Veränderung des Verhaltens, der Verhaltensmöglichkeiten, des Erlebens über die Zeit, orientiert am Lebensalter", die ihre spezifische Ausprägung sowohl durch biologische Reifungsvorgänge als auch durch Lern-, Erziehungs-

und Sozialisationseinflüsse erfährt (vgl. *Conzelmann & Gabler,* 1993, S. 26)[85].
Damit ist noch keine Wertung über die Qualität und Richtung eines solchen
Entwicklungsprozesses verbunden; wohl aber wird auf die pädagogisch wichtige Tatsache aufmerksam gemacht, dass Entwicklung kein blindes Geschehen
ist, dem sich der Mensch hilflos ausgeliefert sieht, sondern an dem er, wenn
auch in unterschiedlichem Maße, aktiv beteiligt ist.

Die Frage, welche Faktoren die Entwicklung eines Menschen stärker prägen,
seine biologischen Anlagen oder die Erziehung, wird immer wieder neu gestellt
und diskutiert. Was ist angeboren, was erzogen? Welche Rolle spielen die
Gene bei der Entwicklung eines Menschen, und in welchem Maße lassen sich
genetische Voraussetzungen durch Erziehung oder auch Lernen und Training
verändern oder beeinflussen? Der amerikanische Verhaltensgenetiker Robert
Plomin hat jahrelang zun dieser Frage geforscht und zahlreiche Studien ausgewertet, unter anderem Zwillingsstudien und Studien, in denen die Entwicklung
adoptierter Kinder untersucht wurden. Er kam zu dem Ergebnis, dass Gene das
Verhalten und die Entwicklung von Menschen in weit höherem Maße prägen als
bisher angenommen, dass jedoch Erziehung, Bildung, Lernen, Üben und Trainieren eine entscheidende Rolle dabei spielen, die angeborenen Chancen zu
nutzen oder, wenn der Erziehungsprozess misslingt, sie auch zu vergeben
(*Plomin,* 2018).

Der neutral verwendete Begriff Entwicklung steht in unmittelbarem Zusammenhang mit pädagogisch-normativen Fragen. Pädagogisch gesehen stellt Entwicklung eine „Aufgabe" dar, wie *Havighurst* (1972) feststellte. Jeder Mensch muss
in seinem Leben solche Entwicklungsaufgaben lösen. Ob und wie gut ihm diese
Lösungen gelingen, ist allerdings eine andere Frage, die es normativ) zu beantworten gilt. Entwicklungsaufgaben kennzeichnen typischerweise einzelne
Lebensabschnitte, zum Beispiel von Kindern und Heranwachsenden. Während
der Pubertät müssen sie in einem mehr oder weniger schwierigen und langwie-
rigen Prozess lernen, mit den reifungs- und entwicklungsbedingten Veränderungen des eigenen Körpers, des körperlichen Wachstums, der Körperproportionen, der körperlichen Leistungsfähigkeit, der geschlechtlichen Reifung usw.
umzugehen. Damit verbunden sind Problematisierungen des Körperverhältnis-
ses und allgemein die Suche nach einer neuen körperlichen, personalen und
sozialen Identität als Heranwachsender und junger Erwachsener im Verhältnis
zu anderen. Hinzu kommen Änderungen des sozialen Umfeldes, die Lösung
von der Familie, die Suche nach Partnern, der Übergang von der Schule ins

---

[85] Daneben wird der Begriff Entwicklung in der Politik-, Wirtschafts- und Geschichtswissenschaft verwendet, ebenso in der Soziologie, um soziale Prozesse zu charakterisieren. *Elias* (z. B. 1983, S. 10 ff.) spricht von sozialer und gesellschaftlicher Entwicklung in Abgrenzung von historischen Ereignissen oder evolutionären Prozessen, wie sie in der Natur stattfinden. Soziale Entwicklungen sind dagegen von
Menschen gemachte Änderungen sozialer Beziehungen, Abhängigkeiten und
Machtverhältnisse. Soziale Entwicklung in diesem soziologischen Verständnis bedeutet prozesshafte, qualitative Veränderungen im Zusammenleben der Menschen,
die auch Einfluss auf die individuelle Entwicklung haben.

Arbeits- und Berufsleben, um nur einige Themen zu nennen (*Conzelmann,* 2001; *Neuber,* 2007).

Auch in anderen Lebensabschnitten und anlässlich relevanter Lebensereignisse, z. B. im Alter oder im Übergang vom Erwachsenenalter zum „späteren Erwachsenenalter" (*Meinel & Schnabel,* 1987, S. 390), sieht sich der Mensch vor neue Entwicklungsaufgaben gestellt. Nicht immer können solche im weitesten Sinn entwicklungsbedingten Probleme allein gelöst werden, sondern es bedarf oft der pädagogischen und psychologischen Beratung und Betreuung.

In der Sportpädagogik stehen naturgemäß Fragen und Probleme der körperlichen und motorischen Entwicklung im Vordergrund. Sie lassen sich jedoch nicht isoliert betrachten, sondern sind unmittelbar mit sozialen, emotionalen und kognitiven Entwicklungsprozessen verbunden. In der Entwicklungspsychologie und einer sportbezogenen, motorischen Entwicklungslehre wurden verschiedene Prinzipien dieser Entwicklungprozesse differenziert, ebenso wie versucht wurde, spezifische Entwicklungsabschnitte zu definieren, in denen die Voraussetzungen geschaffen werden, um konditionelle und koordinative Fähigkeiten und Fertigkeiten zu erwerben. Motorische Entwicklung ist grundsätzlich ein über die gesamte Lebensspanne verlaufender Prozess, der nicht gleichmäßig vonstatten und in dem es auch nicht immer aufwärts geht. Bis zum dritten Lebensjahrzehnt kommt in der Regel die Motorik eines Menschen zur vollen Entfaltung, danach stagniert sie, lässt die körperlich-motorische Leistungsfähigkeit nach; allerdings mit großen inividuellen Unterschieden. Gezieltes sportliches Üben und Trainieren kann solche Entwicklungsprozesse in erheblichem Umfang beeinflussen, in der Regel positiv, indem körperliche Fitness gestärkt wird. Bewegungsmangel und körperliche Trägheit können aber auch erheblich zum körperlichen Abbau und zur Reduktion motorischer Fähigkeiten und Fertigkeiten führen. Motorische Entwicklung kann also auch Abbau von körperlich-motorischen Fähigkeiten und Fertigkeiten, Kondition und Koordination bedeuten.

Lernen

Wer von Lernen und Sozialisation spricht, möchte bereits eine besondere Richtung dieser Entwicklung benennen, ohne sie jedoch ausdrücklich zu bewerten.

> **Lernen bezeichnet eine dauerhafte und relativ stabile Änderung der Verhaltensmöglichkeiten, des Wissens und Könnens, der Einstellungen und Gewohnheiten aufgrund von Erlebnissen und Erfahrungen oder auch durch Einsicht. Lernen ist ein aktiver Prozess, der von genetisch weitgehend festgelegten Vorgängen wie Reifung oder Altern zu unterscheiden ist.[86]**

---

[86] Vgl. zum Lernen im Überblick den klassischen Band von *Gagne* (1980). Grundlegend aus hirnphysiologischer Sicht ist *Spitzer* (2002). Zum Thema Lernen und Erfahrung im Sport aus pädagogischer Sicht *Grupe* (1983, S. 39–51).

Wie sich allerdings biologische Prozesse der Reifung und des Alterns konkret vollziehen, hängt auch davon ab, ob und inwiefern sie mit bestimmten Lernvorgängen und Lernkontexten verbunden sind. Lernen hat nichts mit kurzfristigen Verhaltensänderungen etwa infolge von Übermüdung, Medikamenteneinnahme oder Alkoholgenuss zu tun, sondern ist an die Aktivität des Lernenden gebunden.

Wer etwas gelernt hat, der kann etwas, und zwar nicht nur einmalig, sondern längerfristig und relativ konstant. Lernen zielt auf Können, auf Fähigkeiten und Fertigkeiten, auf Kompetenzen. Für dieses Können als Ergebnis erfolgreicher Lernprozesse gibt es jedoch keine Garantie. Ein einmaliges Können sichert noch keinen Lernprozess und keine nachhaltigen Kompetenzen. Es gibt viele Gründe, warum Gelerntes auch wieder verlernt werden kann: Ein Gedicht, das man auswendig gelernt hatte, kann man nicht mehr aufsagen, weil man es lange nicht mehr gehört und gesprochen hat oder auch, weil man beim Aufsagen zu aufgeregt ist; wegen einer Verletzung gelingt der Tennisaufschlag nicht mehr; manche haben auch verlernt, sich zu freuen oder zu weinen. Verlernen und vergessen hat innerhalb eines Lernprozesses einen Sinn; denn jedes Lernen beruht auf bereits Gelerntem, auch auf gelernten Fehlern. Wer also etwas Neues lernen will, muss auch manches Alte vergessen können, das sich als unwichtig, belastend oder irreführend erwiesen hat.

Lernen beschränkt sich keineswegs nur auf kognitive, intellektuelle Leistungen, sondern umfasst verschiedene Ebenen, Inhalte und Formen, die auch alle eine wichtige Rolle beim Lernen im Sport spielen. Neben dem kognitiven Lernen bezeichnet das emotionale Lernen den Umgang und die Verarbeitung von Affekten, Gefühlen und Empfindungen, z. B. Aggressionen und Leidenschaften. Soziales Lernen bezeichnet die Lernprozesse, die nötig sind, um mit anderen Menschen in einer Gruppe und in der Gesellschaft leben zu können; und das motorische Lernen bezieht sich auf das Erlernen körperlich-motorischer Fähigkeiten und Fertigkeiten.

> **Motorisches Lernen spielt im Sport eine zentrale Rolle. Jedes Beispiel aus dem Sport macht jedoch deutlich, dass über das Motorische hinaus kognitive, emotionale und soziale Fähigkeiten und Fertigkeiten im Sport von grundlegender Bedeutung sind und gelernt werden.**

Bewegung, Spiel und Sport können zur Förderung kognitiver, sozialer und emotionaler Kompetenzen beitragen, wenn sie entsprechend vermittelt, gelehrt und gelernt werden, wie neuere Studien zeigen (*Kubesch,* 2007; *Boriss,* 2015). Diese Kompetenzen sind nötig, um im Sport überhaupt handeln zu können, und sie können im Sport gelernt und auf andere Lebenssituationen übertragen werden. Spieler in einer Mannschaft müssen über bestimmte taktische Varianten Bescheid wissen, sie müssen Regeln lernen, kennen und anwenden. Im Sport muss man sich konzentrieren. Anspruchsvoller Sport zeichnet sich nicht zuletzt durch diese Notwendigkeit der vollen Konzentration auf die Sache aus. Lernen und Üben von Konzentration gehören deshalb zu den wichtigsten kognitiven Fähigkeiten, die im Sport erlernt und mit einiger Wahrscheinlichkeit auf andere Bereiche übertragen werden können. Eindeutige Belege für die These der Übertragbarkeit von im Sport gelernten Fähigkeiten und Fertigkeiten auf andere Handlungsbereiche liegen jedoch nicht vor. Wer im Sport fair handelt, kann, muss dies aber nicht im Straßenverkehr tun. Die Übertragung ist meistens ein zusätzlicher Akt. Aus neurophysiologischer Sicht stellt sich die Transferproblematik wieder anders dar, weil unterschiedliche Zentren und Mechanismen bei Lernprozessen zusammenwirken. Der Transfer selbst ist ein neuronal lokalisierbarer Lernprozess.[87]

Neuere, hirnphysiologische Forschungen (z. B. *Spitzer,* 2002; *Kubesch,* 2007; *Boriss,* 2015) haben die Zusammenhänge zwischen motorischen Lernprozessen einerseits und kognitiven sowie emotionalen (aber auch sozialen) Prozessen andererseits betont. Demnach gilt als gesichert, dass motorisches Lernen positive Effekte auf andere Lernbereiche hat. Wer mit allen Sinnen lernt, lernt leichter und stabiler als abstrakt. Zumindest lässt sich dies aus hirnphysiologischen Experimenten und bildgebenden Verfahren nachweisen. Sabine *Kubesch* (2004; 2007) hat einige Ergebnisse aus der Hirnforschung auf den Sport angewendet und kommt zu klaren Aussagen über den Zusammenhahng von sportlicher Betätigung und Gehirnentwicklung. So gesehen bestätigen diese hirnphysiologischen Untersuchungen die aus der Erfahrung gewonnenen Einsichten ganzer Generationen von Lehrern und Leibeserziehern, dass viel Bewegung, Gymnastik, Spiel und Sport, besonders in der Kindheit und Jugend, nicht etwa das kognitive Lernen beeinträchtigen, sondern im Gegenteil fördern und für eine harmonische, ganzheitliche Entwicklung des jungen Menschen unverzichtbar sind.

Über das Motorische und Kognitive hinaus bietet der Sport ein weites Feld an Möglichkeiten sozialen Lernens. Sportler und Spieler lernen mit ihren Mannschaftskameraden zusammenzuspielen und mit dem Gegner als Gegner und nicht als Feind umzugehen. Fairness ist keine selbstverständliche sportliche und außersportliche Tugend, sondern auch sie muss man sich erst aneignen. Sportler lernen, ihre Aggressionen zu kontrollieren und beispielsweise Niederlagen zu akzeptieren. Dies kann beim einen besser, rascher und nachhaltiger geschehen, beim anderen jedoch eher weniger gut. Wer mit Kindern (oder manchen Erwachsenen) „Mensch ärgere Dich nicht" oder „Schwarzer Peter" gespielt hat, weiß, wie schwierig es ist, emotional solche Situationen zu kontrollieren, wenn man etwa den „Schwarzen Peter" zieht. Der Sport ist ein ideales Feld zu lernen, emotionales Erleben von Sieg und Niederlage, von Jubel, Enttäuschung, Zorn und Aggression zu verarbeiten.

---

[87] Die Frage der Übertragung von im Sport erworbenen Fähigkeiten auf andere Lebenssituationen wird in der Literatur als Transfer oder Transformation bezeichnet. Vgl. *Egger* (1975); *Leist* (1979) in Bezug auf motorisches Lernen. Für die Bildungstheorie *Koller* (2012).

Lernen als Aufgabe

Lernen ist eines der am Intensivsten erforschten Gebiete der Psychologie, das ganz wesentlich auch in die Pädagogik Eingang gefunden hat. Lernen im psychologisch-lerntheoretischen Sinn (vgl. *Singer,* 1986) ist allerdings von einem pädagogischen Lernbegriff zu unterscheiden.

Wenn in der Sportpädagogik von Lernen gesprochen wird, ist Lernen auch als Aufgabe zu verstehen, die sich dem Einzelnen stellt oder die ihm gestellt wird.

Um Menschen in ihrer Entwicklung zu fördern und sie in der Entfaltung ihrer eigenen, inneren Kräfte zu unterstützen, sind sie auf Lernen angewiesen, ist Neu-Lernen, Um-Lernen erforderlich. Lernende müssen sich Ziele setzen, etwas lernen „wollen". Und schließlich muss Gelerntes durch Üben und Trainieren vertieft, gefestigt und weiterentwickelt werden.

Eine Aufgabe der Erziehung ist demzufolge darin zu sehen, Lernhaltungen zu vermitteln, die Lernen ermöglichen oder erleichtern. Für jedes Lernen ist es grundlegend, das Lernen zu lernen. Im pädagogischen Sinn ist unter dieser Perspektive Lernen als eine Aufgabe zu verstehen, der sich Lehrende und Lernende gleichermaßen stellen müssen.

Lerntheorien

Von der Psychologie wurden Lerntheorien entwickelt, die „Lernen" zu analysieren und zu erklären versuchen und sich grob in drei Richtungen unterteilen lassen (vgl. *Singer,* 1986; *Bodenmann u. a.,* 2016). Die erste Gruppe beinhaltet die so genannten Reiz-Reaktionstheorien oder S-R-Theorien (Stimulus-Response). In ihnen werden Lernprozesse auf die Verknüpfung von äußeren Reizkonstellationen mit bestimmten Reaktionsweisen zurückgeführt, sei es als einfaches Reaktionslernen im Sinne des russischen Physiologen Iwan *Pawlow* (1849–1936) oder als Lernen am Erfolg oder nach Versuch und Irrtum im Sinne des amerikanischen Lerntheoretikers Edward Lee *Thorndike* (1874–1949). Die zweite Gruppe von Lerntheorien beinhaltet die so genannten kognitiven Lerntheorien. Damit sind die Lernprozesse gemeint, die sich auf komplexere kognitive Leistungen, auf „Lernen durch Einsicht", zurückführen lassen. Dieses „Lernen durch Einsicht" ist zugleich das wichtigste Unterscheidungsmerkmal des Lernens von Tieren und Menschen. Menschen sind aufgrund ihrer intellektuellen Ausstattung eher als Tiere in der Lage, Lernprozesse entweder durch eigene Denkleistungen in Gang zu bringen oder zu optimieren. Der dritte Typ von Lerntheorien umfasst handlungstheoretische oder interaktive Lernmodelle. Sie stellen eine für den Menschen zentrale Lernform in den Mittelpunkt, das „Lernen mit Intention".[88]

---

[88] Die Lerntheorien und speziell „Lernen mit Intention" sind ausführlich von *Singer* (1986, S. 121 ff.) dargestellt worden.

Diese Lerntheorie geht von der Grundstruktur menschlichen Verhaltens aus, das von Absichten geleitet ist und Regeln folgt. Menschliches Verhalten vollzieht sich in Handlungen. Es ist „ziel- und zweckgerichtet" (*Singer,* 1986, S. 122), kann psychisch reguliert werden sowie sequentiell und hierarchisch organisiert sein. D. h., Rückmeldungen können eine Handlung beeinflussen, und Handlungsziele lassen sich in Teilziele unterteilen. Der Lernprozess lässt sich nach diesem handlungstheoretischen Modell durch unterschiedliche Einflussfaktoren regulieren und in verschiedene Stadien einteilen. Reiz-Reaktions-Mechanismen oder kognitive Aspekte können sich dabei auf den Lernprozess auswirken, wenn etwa ein bestimmtes Verhalten durch Erfolg oder Lob verstärkt wird oder Handlungsziele durch Einsicht in bestimmte Sachverhalte korrigiert werden.

Diese basalen Lerntheorien können für sich genommen nur bedingt das Erlernen von komplexen sportlichen Bewegungshandlungen beschreiben und erklären. Beim motorischen Lernen spielen sowohl Reiz-Reaktionsmechanismen als auch kognitive und intentionale sowie motivationale Aspekte eine Rolle. Bewegungen können genauso wie kognitive Lerninhalte durch Einsicht, Übung, Versuch und Irrtum, Nachahmung oder auch – zumindest bei grundlegenden Bewegungen – Konditionierung gelernt werden. Schließlich können komplexe sportliche Bewegungen nur erlernt werden, wenn grundlegende, angeborene motorische Reflexe funktionieren. Mit anderen Worten, menschliches Lernen, auch in Bewegung, Spiel und Sport, ist ein komplexer Prozess, der nicht monokausal, sondern nur mit Hilfe unterschiedlicher Lerntheorien und -modelle beschrieben und erklärt werden kann.

Um das Erlernen komplexer Bewegungen wie im Sport erklären zu können, geht man in neueren Theorien zum motorischen Lernen wie der „Schematheorie" davon aus, dass so genannte motorische Programme im ZNS gespeichert werden, die je nach Bedarf und Übung abgerufen, variiert und verbessert werden können. Andere, neuronale Theorien gehen davon aus, dass neuronale, im Kleinhirn zu verortende Prozesse eine größere Rolle spielen, wenn man erklären und verstehen möchte, warum es beispielsweise möglich ist, Bewegungen zu koordinieren, zu differenzieren, zu dosieren, zu automatisieren usw. und dies alles oft in Bruchteilen von Sekunden.[89]

Eine ebenso schwierige, letzlich kaum zu beantwortende Frage beim Lernen und speziell Bewegungslernen bezieht sich auf das Problem, ob und inwiefern Bewegungen überhaupt erlernt oder nicht viel mehr angeboren sind. Der Hirnforscher Manfred *Spitzer* gibt dazu folgende Antwort, die sich auch verallgemeinern lässt: „Die Frage, ob Laufen beim Menschen angeboren oder erworben ist, kann daher nur wie folgt beantwortet werden: Die Möglichkeit, laufen zu lernen, ist angeboren. Sie wird dann zur Wirklichkeit des Laufenkönnens, wenn das Kind zur richtigen Zeit die richtigen Erfahrungen macht. Derjenige, der dafür sorgt, dass dies geschieht, ist vor allem das Kind selbst. Was wir tun können, beschränkt sich im Wesentlichen auf das Bereitstellen der geeigneten Randbe-

---

[89] Vgl. zum Thema Bewegungslernen im Überblick das „Handbuch Bewegungswissenschaft – Bewegungslehre" (hrsg. von *Mechling & Blischke,* 2003, bes. S. 131–156).

dingungen, von genügend Nahrung und Vorbilder (wir laufen ja ständig um die Babys herum) bis hin zum Wegräumen von Stolpersteinen. Ich glaube nicht, dass es sich mit dem Lernen in anderen Bereichen wesentlich anders verhält" (*Spitzer,* 2002, S. 206).

Hemmende und förderliche Lernbedingungen

Auf dem Hintergrund dieser Lerntheorien wurde versucht zu ermitteln, welche Faktoren und Umstände Lernprozesse begünstigen und welche sie hemmen. Wer sich mit seinem Lehrer gut versteht, lernt in der Regel besser als jemand, der dauernd Streit mit ihm hat; es sei denn, er fühlt sich durch diesen Streit in einem Maße herausgefordert, das ihn besonders anstachelt und eigene, möglicherweise wichtigere Lernprozesse erst möglich macht. Wer für gute Leistungen gerecht belohnt wird, lernt besser als jemand, der immer getadelt und dessen Leistungen geringgeschätzt werden. Ein Kind, das in den Eheschwierigkeiten seiner Eltern zerrieben wird, ist in der Regel weniger empfänglich für schulisches Lernen als ein Kind, das in einer harmonischen und behütenden Familie aufwachsen kann. Zuwenige Umweltreize behindern erfolgreiches Lernen ebenso wie Reizüberflutungen.

Für Bewegungslernen gilt besonders, dass eine anregende Bewegungswelt motorische Lernprozesse erleichtert, während alle Arten von Bewegungsunterdrückung, sei es durch übervorsichtiges, ängstliches Zurückhalten der Eltern, durch schlechte Vorbilder, aber auch durch kleine Wohnungen, durch Autos und Straßen eingeengte Verhältnisse oder schließlich durch Medienkonsum, motorische Lernprozesse erschweren und verzögern.

Im Einzelfall müssen sich jedoch ungünstige Lernumstände nicht automatisch in negativer Weise auswirken. Es gibt viele Menschen, die aus den Eheproblemen ihrer Eltern mehr gelernt haben als Kinder aus scheinbar intakten Ehen und Familien. Nicht alle haben mit Konzentrations- und Lernproblemen infolge von Reizüberflutungen etwa durch das Fernsehen zu kämpfen, sondern es gibt Kinder (und Erwachsene), die gerade durch diese Reizschwemme wirksame Strategien entwickelt haben, um die vielen Eindrücke für sich zu kanalisieren und möglicherweise kreativ zu verarbeiten. Sie haben gelernt, sich nicht von Umwelteinflüssen beherrschen zu lassen, sondern mit ihnen aktiv und selbstbewusst umzugehen.

Lernen wird leicht mit erfolgreichem Lernen oder Leisten gleichgesetzt. Dabei ist zu berücksichtigen, dass der neutrale Begriff *Lernen* keine Bewertung der Qualität der Lerninhalte meint, sondern nur versucht, die Mechanismen der Aneignung von Lerninhalten herauszuarbeiten. Wer von Lernen und Leisten im Sinn eines richtigen und erfolgreichen Lernens spricht, bezieht normative Aspekte mit ein. Wenn von erfolgreichem Lernen gesprochen wird, muss geklärt und begründet werden, nach welchen Maßstäben dieser Erfolg bewertet wird. Über diese Maßstäbe lässt sich in der Regel streiten.

Aus pädagogischer Sicht ist die Frage nach der Richtung und Qualität des Lernens von zentraler Bedeutung. Es reicht pädagogisch gesehen nicht aus zu ergründen, dass und wie Lernen funktioniert, sondern es geht auch um die

Frage, was, warum und mit welchen Ergebnissen gelernt werden soll, wie Lernergebnisse als Lernleistungen präsentiert werden können, und nach welchen Gütemaßstäben die Bewertung und Beurteilung dieser Leistungen erfolgt.

Sport ohne Lernen?

Auch wenn in der Sportpädagogik der Begriff Lernen häufig verwendet wird, muss er gerade im Zusammenhang des Sports und des Sporttreibens in besonderer Weise verstanden werden. Viele Menschen finden nicht deshalb Gefallen am Sport und an sportlichen Betätigungen, weil sie dort etwas lernen oder etwas lernen wollen, sondern sie schätzen ihn gerade deshalb, weil er noch einen der wenigen Bereiche im verschulten oder verpädagogisierten Leben unserer Zeit darstellt, in denen man eben nichts lernen *muss*. Im Sport kann man sich ausleben, man kann sich in gewisser Weise auch gehen lassen, seinen Gefühlen und seinen Bewegungen freien Lauf lassen.

Wie das Beispiel Laufen zeigt, sind einige Bewegungen und Bewegungsmuster des Sports so elementar, dass gar nicht von aktiven und systematischen Lernprozessen gesprochen werden kann. Erst bei komplexeren Sportformen und Inhalten, Sportarten und Sportwettbewerben ist dies der Fall, beispielsweise beim Schwimmen. Im Unterschied zum Laufen handelt es sich beim Schwimmen nicht um ein genetisch angelegtes Programm, sondern um einen motorischen Lernprozess. Laufen muss man eigentlich nicht lernen, man muss es tun, um die Erfahrungen machen zu können, die das Laufen bietet.

Ein besonderer Grund für die Beliebtheit des Sports besteht jedenfalls darin, nicht unbedingt etwas lernen zu müssen, sondern einfach aktiv zu sein und sich dabei wohlzufühlen.

Erfahrungen im Sport

Lernen ist eng mit Erfahrungen verbunden; es stützt sich auf Erfahrungen, und zugleich macht man beim Lernen Erfahrungen. Die Kategorie der Erfahrung, also die des unmittelbaren Wahrnehmens und Erlebens des eigenen Körpers, der eigenen Bewegung und eigenen Fähigkeiten und Fertigkeiten beim Spielen, Laufen, Schwimmen, Radfahren, die sozialen Erfahrungen im Umgang mit anderen bei Spiel und Sport, im Wettkampf oder in einer Freizeitgruppe, die Erfahrungen und Erlebnismöglichkeiten in und mit der Natur in Natursportarten, spielt deshalb beim Lernen im Sport eine besonders wichtige Rolle.[90]

---

[90] Grundlegend zum „Erfahrungsbegriff in der Pädagogik" *Bollnow* (1968; 1974); ebenso *Prange* (1978; 1981); im Sport *Grupe* (1995; 2000). Bereits *Bergius* (1964) hat darauf verwiesen, dass Lernen prinzipiell auf Erfahrung beruht. Dies wird auch von modernen, auf Erkenntnissen der Hirnforschung beruhenden Lernpsychologen wie *Spitzer* (2002) betont.

Solche Erfahrungen sind besonders für die Entwicklung von Kindern und Jugendlichen von entscheidender Bedeutung. „Das Kind braucht Gelegenheit, sein Weltbild an der Wirklichkeit zu überprüfen", schreibt der Pädagoge und Schulreformer David *Gribble* (1991, S. 177; 2000), „um es dann selbst zu modifizieren". Lernen, das durch Erfahrungen gefestigt ist und nicht nur auf abstrakten Informationen beruht, kann ein Leben lang wirksam bleiben. Die Schule bietet nach seiner Meinung zu wenige Gelegenheiten für ein solches erfahrungsgeleitetes Lernen. Das Stillsitzen im Klassenzimmer sei kaum geeignet, dem Bedürfnis der Kinder nach Erkundung der Welt und eigenem Herausfinden zu entsprechen. Solche Chancen bietet der Sport. Aber sie werden im formellen Sportunterricht meistens vergeben, meint *Gribble* (1991, S. 178): „Die moderne Entwicklung in der Sportpädagogik ist ein Beispiel für den falschen Weg. Auch wir haben früher Wettkampfspiele gespielt. Aber wir haben spielen gelernt, indem wir spielten. Heutzutage lernen die Kinder viel über Spieltechniken, und manchmal scheint es, als lernten mehr Kinder Tennistheorie einschließlich theoretischer Schlagtechniken als dann tatsächlich auf den Platz gehen und spielen."

Vier Typen von Erfahrungen

Sportliche Erziehung kann jedoch nicht beim Sammeln von beliebigen Erfahrungen stehenbleiben. Nicht jede Erfahrung ist eine pädagogisch wertvolle oder wichtige Erfahrung; manche sind belastend und sogar nachteilig für Erziehung und Entwicklung. In gleichen Situationen können auch ganz unterschiedliche Erfahrungen gemacht werden; dies hängt nicht nur von Alter, Geschlecht und sozialer Herkunft ab, sondern auch von Voraussetzungen, die in der eigenen Persönlichkeit und Biographie begründet sind, in dem, was man kann und was man schon erlebt und erfahren hat. So gesehen haben Erfahrungen einen subjektiven Charakter.

Unmittelbare Erfahrungen, Erfahrungen „aus erster Hand" über den Körper und die Bewegung beim Sporttreiben liefern erst die Grundlage für die besonderen und nicht austauschbaren Möglichkeiten von Bildung und Erziehung im Sport. Lernen und Erziehung im und über Sport sind über praktische Erfahrungen besonders wirksam. Es lassen sich in diesem Zusammenhang vier Typen solcher Erfahrungen unterscheiden:[91]

Erstens Erfahrungen des eigenen Körpers (leibliche Erfahrungen); d. h. Erfahrungen beim Sportreiben, die sich auf körperliche Vorgänge beziehen,

---

[91] In Anlehnung an *Grupe* (1983; 1984) sowie *Scherler* (1975). Er stützt sich auf Jean *Piaget* (1896–1980), der in seinem umfassenden psychologischen und pädagogischen Werk die Bedeutung körperlicher und materialer Erfahrungen für die Entwicklung des Kindes erforscht hat.

auf die Störbarkeit und Anfälligkeit des Körpers, auf seine Belastbarkeit und Leistungsfähigkeit, auf ein „Gefühl" für den eigenen Körper, wann er ermüdet und angestrengt oder entspannt und erholt ist.

Zweitens Erfahrungen der Dinge, der Umwelt und der Natur (materiale Erfahrung), also der Gegenstände, der Turn- und Sportgeräte, des Wassers, des Schnees, von Wärme und Kälte, der Beschaffenheit von Bällen, Reifen, Ringen, Schaukeln, des Fahrrads oder des Tennisschlägers.

Drittens soziale Erfahrungen und Erfahrungen des Spiels; d. h. Erfahrungen von Gemeinschaft, Solidarität und Fairness, von Wettkampf und Auseinandersetzungen mit anderen, spielerische Erfahrungen von Sieg und Niederlage, von Ordnung und Unordnung, von Spannung und Aufregung.

Viertens Selbsterfahrungen (personale Erfahrungen). Damit sind die Erfahrungen bei Spiel und Sport gemeint, die über ihre körperliche, soziale und materiale Bedeutung hinaus zugleich Erfahrungen unserer selbst als Person sind. Darin enthalten sind Erfahrungen des Könnens und Nicht-Könnens, des Gewinnens und Verlierens oder der Selbstständigkeit und Abhängigkeit.

Der Sport bietet vielfältige Möglichkeiten der Erfahrung. Seine Situationen, Inhalte, Aufgaben und seine gewachsenen Regeln und Strukturen sorgen meistens von selbst dafür, dass Erfahrungen nicht folgen- und ergebnislos bleiben. Um solche beim Sport in großer Breite und Vielfalt möglichen, unmittelbaren Erfahrungen mit dem eigenen Körper in Spiel, Wettkampf und Training pädagogisch fruchtbar und wirksam werden zu lassen, müssen sie pädagogisch vorbereitet, inszeniert und verarbeitet werden.

Die primären, am eigenen Leib gespürten Erfahrungen sind angesichts der Überfrachtung bzw. Überbürdung mit Erfahrungen aus zweiter Hand, also medial vermittelte Erfahrungen, vorwiegend über das Fernsehen und den Computer, unverzichtbar für eine harmonische Gesamtentwicklung. Ohne diese primären Erfahrungen fehlt die Grundlage für sicheres Wissen.

Diese pädagogische Erkenntnis ist nicht neu. Der Philosoph Jean Jacques *Rousseau* (1712–1778), mit dem die Geschichte der modernen Erziehungsphilosophie bzw. -theorie und auch der Sportpädagogik beginnt, schrieb in seinem „Emile" (1763): „Unsere ersten Philosophielehrer sind unsere Füße, unsere Hände, unsere Augen ... Das alles durch Bücher zu ersetzen" und heutzutage müsste man noch ergänzen, durch Fernsehen, Computer und andere digitale Medien, „heißt nicht, uns denken lehren, sondern uns der Gedanken anderer bedienen, es heißt uns lehren, viel zu glauben und nie etwas zu wissen." Die Analyse des großen Philosophen und Propheten der europäischen Aufklärung trifft heute mehr denn je zu.

Um Erfahrungen im und über den Sport pädagogisch nutzen zu können, sind wiederum erfahrene und qualifizierte Lehrer nötig, die wissen, welche Erfahrungspotentiale im Sport liegen und wie sie sich für Einzelne erschließen lassen.

Sie sollten deshalb selbst praktische Erfahrungen im Sport gesammelt haben. Ihre Aufgabe besteht darin, Sport so zu vermitteln, dass sich unterschiedliche Erfahrungen zu einem Ganzen zusammenfügen und einen Beitrag zur Erziehung, zu mehr Wissen, Können oder zu größerer Erlebnisfähigkeit leisten. Für solche positiven Erfahrungen müssen entsprechende Situationen und Rahmenbedingungen geschaffen werden.

Üben und Trainieren

Wenn im Bereich des Sports von Lernen die Rede ist, wird häufig auch noch von Üben und Trainieren bzw. von Übung und Training gesprochen. Wer etwas übt, hat schon etwas gelernt. Durch Übung wird versucht, bereits Gelerntes zu festigen und zu verbessern, indem es oft unter verschiedenen, erschwerten Bedingungen wiederholt wird. Üben ist häufig vom Lernen oder Neulernen zu unterscheiden, aber es hängt eng mit dem Lernen zusammen. Gerade beim Üben komplizierter Bewegungen, die im Prinzip schon gekonnt werden, lassen sich wichtige neue Erfahrungen in der Sache und auch in Bezug auf die eigene Person machen.

Otto Friedrich *Bollnow* (1978) hat unter dem Einfluss fernöstlicher, Zen-buddhistischer Lehren das Üben als eigene pädagogische und didaktische Kategorie beschrieben und phänomenologisch ergründet.[92] Diese Art von Üben, der „Geist des Übens", wie *Bollnow* sagt, ist etwas anderes als körperlicher Drill oder monotone, stumpfsinnige Wiederholung, sondern beinhaltet die intensive, personale Auseinandersetzung mit einer Sache, mit einer Aufgabe, die damit auch eine Auseinandersetzung mit sich selbst ist. Nachahmen, Wiederholen und Üben in diesem Sinn hat einen eigenen pädagogischen Wert. Das Ziel des Übens besteht weniger im Erreichen eines perfekten Endzustandes als eher im Prozess des Übens selbst: Do – der Weg ist das Ziel, wie es in der japanischen Philosophie heißt und wie es auch als Begriff in asiatischen Do-Sportarten erhalten geblieben ist.

Vieles an diesem Verständnis von Üben ist inzwischen in Konzepte modernen sportlichen Trainierens übergegangen. Ein Grundgedanke der Olympischen Idee und olympischen Pädagogik besteht darin, dass sich jeder Sportler anstrengt und mit ganzem Einsatz bemüht, den Wettkampf zu gewinnen und den Sieg davonzutragen: „Besser zu sein und den andern übertreffen", heißt es bei *Homer* über die antiken Olympioniken, und dies ist auch das Motto der modernen Olympischen Spiele. Die Betonung der olympischen Pädagogik *Coubertins* liegt dabei im Unterschied zur Antike nicht im Sieg, sondern im Streben nach dem Sieg. Dieses Bemühen wird von ihm in der olympischen Pädagogik in

---

[92] Siehe auch das Text- und Arbeitsbuch „Sportpädagogik" (*Krüger*, 2007, S. 130–139).

besonderem Maße als charakter- und persönlichkeitsbildend angesehen. Der Weg ist auch und besonders im olympischen Sport das Ziel; und dieser Weg besteht aus beharrlichem Üben und Trainieren.

> Der Begriff des Trainierens bezeichnet im Unterschied zum Üben eher die physiologische, auf körperliche Fähigkeiten wie Kraft, Ausdauer, Schnelligkeit und Beweglichkeit ausgerichtete Dimension von Lern- und Übungsprozessen mit dem langfristigen und planmäßig angestrebten Ziel der Leistungssteigerung. Sowohl Üben als auch Trainieren sind langfristig und planmäßig angelegt.[93]

Ein weiter gefasster Begriff von Training zielt über das im Zusammenhang des Leistungssports entstandene Verständnis hinaus auf andere Bereiche des Sports wie den Gesundheitssport oder auch den Sport mit Älteren. Wer seine physische Leistungsfähigkeit mit zunehmendem Alter erhalten oder auch nur den altersbedingten Leistungsabfall aufhalten oder verzögern möchte, muss mehr oder weniger gezielt trainieren. In der Trainingswissenschaft wurden differenzierte Programme und Methoden des Trainings für verschiedene Alters- und Zielgruppen entwickelt.

Sozialisation

> Der in der Sportpädagogik verbreitete Begriff Sozialisation bezeichnet einerseits und im engeren Sinn eine besondere Art des Lernens, nämlich das soziale Lernen. Andererseits weist der Begriff der Sozialisation über Lernen hinaus, weil er von vielen Autoren als Überbegriff für alle geplanten und ungeplanten sozialen Prozesse, Handlungen und Einflüsse verstanden und benutzt wird, die auf die Entwicklung eines Menschen einwirken und ihn in seinem Verhalten leiten (vgl. *Hurrelmann,* 1990; *Tillmann,* 2010). Unter sozialem Lernen und Sozialisation wird das Lernen verstanden, das sich auf das Zusammenleben in einer Gruppe oder allgemein in einer Gesellschaft insgesamt bezieht. Es bezeichnet die Art und Weise, wie ein Mensch mehr oder weniger bewusst lernt, sich unter anderen Menschen zurechtzufinden, wie er sich in eine Gruppe bzw. in die Gesellschaft einfügt, wie er Verhaltensweisen, Gewohnheiten, Einstellungen und Techniken übernimmt, aber sich auch die Regeln, Werte und Normen aneignet, nach denen das Zusammenleben funktioniert.

---

[93] Siehe *Grupe* (1983; 1995), sowie *Reed* (1971) und *Bollnow* (1978); zum Training *Frey* und *Hildenbrandt* (1994; 1995). Zum Begriff des Trainings bzw. des Trainierens vgl. darüber hinaus das Handbuch Trainingslehre von *Martin, Carl* und *Lehnertz* (2001).

Der Entwicklungspsychologe Jean *Piaget* hat den Prozess der (kognitiven) Auseinandersetzung des Menschen bzw. von Kindern mit ihrer Umwelt, zu der auch die soziale Umwelt gehört, mit dem Begriffspaar Assimilation und Akkomodation beschrieben. Mit Assimilation bezeichnet *Piaget* die Vereinnahmung oder Aneignung der Umwelt durch das Subjekt, mit anderen Worten die aktive Gestaltung und Deutung der Umwelt. Akkomodation bedeutet dagegen, dass Kinder ihre Konstruktion der Welt ihrer Umwelt anpassen, wenn sich Erfahrungen nicht assimilieren lassen. Das Wechselspiel von Assimilation und Akkomodation trifft auch auf den Umgang mit der sozialen Umwelt, d. h. auf Sozialisationsprozesse zu (*Scherler,* 1975; *Piaget,* 1999). Der Sozialisationsprozess bezieht sich auf die Vergesellschaftung des Menschen. Er ist in keiner Phase seiner Entwicklung unabhängig von den Menschen und gesellschaftlichen Gruppen, unter und mit denen er lebt. Der Begriff der Sozialisation hat deshalb eine kulturspezifische und historische Dimension. Sozialisation gestaltet sich unterschiedlich und abhängig von kulturellen, gesellschaftlichen und historischen Bedingungen.

Der Prozess der Sozialisation verläuft nicht so einfach und problemlos, wie es auf den ersten Blick scheint; denn der Einzelne steht während dieser im Grunde sich ständig vollziehenden Sozialisationsvorgänge immer wieder neu vor einem grundlegenden Konflikt. Klaus *Hurrelmann,* einer der bekanntesten Sozialisationsforscher in Deutschland, hat diesen Grundkonflikt im Untertitel seiner „Einführung in die Sozialisationstheorien" (1990) wie folgt bezeichnet: „Über den Zusammenhang von Sozialstruktur und Persönlichkeit". Es geht um das Problem, wie sich der Mensch einerseits in seiner unverwechselbaren Persönlichkeit herausbilden und sich selbst treu bleiben kann und andererseits und gleichzeitig den Erwartungen und Anforderungen seiner sozialen Umwelt gerecht wird. Wie kann er angesichts der vielfältigen und komplexen Einflüsse und auch der massiven Erziehungsmaßnahmen seine Individualität finden, sich selbst als eigenständige Person wahrnehmen und annehmen? Wie kann er seine Identität in der Gemeinschaft und in Auseinandersetzung mit anderen herstellen oder bewahren? Wie kann er innerhalb der Gruppe und Gesellschaft seine soziale Rolle finden, ohne sich selbst als Person aufzugeben?

> Mit dem Begriff der „sozialen Rolle" ist das Bündel von Verhaltenserwartungen, von Vorschriften und Regeln, Verpflichtungen und Zumutungen gemeint, die eine Gruppe oder Gesellschaft dem einzelnen auferlegt und mit dem er zurechtkommen muss.

Dahinter stehen Normen, Regeln, Werthaltungen, kulturelle Muster, Gewohnheiten, Bräuche und Rituale, aber auch Anforderungen und Zwänge. Wie man sich als Kind oder Erwachsener, als Mann oder Frau, als Sportler, Geschäftsmann oder Politiker verhält und zu verhalten hat, ist durch den sozialen Kontext mehr oder weniger festgelegt. Die Spielräume für den Einzelnen sind – je nach Rolle – eng gesteckt. Wer sie überschreitet, wer seine Rolle nicht gelernt hat und „aus der Rolle fällt", muss mit negativen Sanktionen rechnen, vom Nicht-ernst-genommen-werden über Diskriminierungen bis hin zum Ausschluss aus der Gruppe.[94] Dabei ist es keineswegs so, dass nur *eine* Rolle übernommen wird, sondern oft sind es mehrere Rollen nebeneinander oder nacheinander, die man zu erfüllen hat, und diese können durchaus miteinander konkurrieren. Neben der Rolle der Sportstudentin oder des Studenten kann man Autofahrer, Fußballer, Studio-Mitarbeiter, Trainer und auch schon Mutter oder Vater sein.

Sozialisation im Sport

Im Sportwissenschaftlichen Lexikon (*Röthig & Prohl*, 2003, S. 477 ff.) wird der Begriff Sozialisation nach vier Aspekten unterschieden. *Erstens* in Bezug auf die Übernahme und Vermittlung von Werten, Normen, Symbolen und Techniken, die in einer Gruppe oder Gesellschaft gültig sind (normative Konformität); *zweitens* als Fähigkeit eines Individuums, trotz aller Zwänge, Ansprüche und Rollenerwartungen von außen seine Einzigartigkeit zu wahren (Ich-Stärke); *drittens* als „Rollenambivalenz", dass unterschiedliche, sich auch widersprechende Erwartungen oder offene, wenig geregelte Situationen eigenständig gelöst werden können (Ich-Identität); und viertens als das Vermögen, die persönliche Identität und Ich-Stärke mit den sozialen Verpflichtungen anderer gegenüber in Einklang bringen zu können (Solidarität). Gelungene Sozialisation bedeutet, eine „Bilanz zwischen normativer Konformität, Ich-Stärke, Ich-Identität und Solidarität herzustellen".

Aus einer eher sportsoziologischen Sicht kommt das Thema Sozialisation in mehrfacher Hinsicht zum Tragen.

Erstens unterscheidet *Heinemann* (2007, S. 190 ff.) zwischen „Vor-Sozialisation" und „Sozialisation in den Sport". Unter Vor-Sozialisation versteht man die positiven oder negativen sozialen Einflüsse, beispielsweise von Eltern oder Geschwistern, Schule, sozialer Schicht oder Geschlecht, die den Zugang zum Sport begünstigen oder hemmen. Unterschiedliche „Sozialisationsinstanzen" haben Einfluss auf individuelle Dispositionen und Motivationen zum Sport. Sind die sozialen Erfahrungen schon im frühen Kindesalter eher bewegungs- und sportfern, wird auch die Sozialisation in den Sport und damit auch die Sozialisation im und durch den Sport unwahrscheinlicher. Schon in dieser frühen Entwicklungsphase kann sich der bereits genannte Grundkonflikt zwischen Ich-Identität und sozialer Identität äußern, wenn etwa die Kinder von sportbegeisterten Eltern in eine bestimmte sportliche Karriere gedrängt werden. Dadurch geraten die Kinder möglicherweise in Widerspruch zu ihren eigenen Bedürfnissen, Wünschen und Interessen bzw. ihrem eigenen Ich-Ideal oder zu den Erwartungen anderer Bezugspersonen, z. B. den Freunden. Umgekehrt kann es ebenso geschehen, dass das Sporttreiben einen wesentlichen Teil der Ich-Identität ausmacht, die sich gegen sport- und bewegungsferne soziale Umwelten behauptet.

---

[94] Zum Begriff der sozialen Rolle vgl. aus soziologischer Sicht im Überblick auch *Bahrdt* (1992, S. 66 ff). Grundlegend waren die Arbeiten und Theorien von *Goffmann* (1973) zur sozialen Interaktion und zur Indentitäts- und Persönlichkeitsbildung.

Zweitens wird immer wieder die Frage gestellt, ob und inwiefern der Sport einen spezifischen sozialen Bereich zum Erlernen besonderer sozialer Verhaltensweisen darstellt. Ist der Sport ein besonders geeignetes Feld sozialen Lernens, in dem gewissermaßen idealtypisch gelernt wird oder gelernt werden kann, was Regeln und die Einhaltung von Regeln für das Zusammenleben von Menschen bedeuten? Ist der Sport ein Handlungsfeld, in dem Verhaltensweisen gepflegt werden, die in demokratischen Gesellschaften besonders häufig anzutreffen sind?

Drittens stellt sich im Zusammenhang mit der Sozialisationsthematik im Sport die Frage, ob Sozialisationsinhalte, die im Sport gelernt oder erworben wurden, sich auf andere Lebensbereiche übertragen lassen: Gibt es einen Transfer von im Sport gelernten sozialen Verhaltensweisen auf andere Lebensbereiche und umgekehrt? Verhält sich jemand im normalen Alltagsleben fair, wenn er als Sportler sozialisiert wurde und gelernt hat, sich fair zu verhalten? Gilt dies auch umgekehrt?

Schließlich ist zu bedenken, dass etwa nach dem Ende einer sportlichen Karriere auch eine Abwendung vom Sport stattfinden kann oder sogar muss. Es gibt also nicht nur eine Sozialisation in den Sport, sondern auch eine solche aus dem Sport. Wer sein Leben ganz dem Sport verschrieben hat, tut gut daran, sich zu gegebener Zeit vom Sport abzunabeln und sich neue Lebenswelten zu erschließen. Wer dagegen nach Krankheit oder Verletzung wieder Sport treiben und am sportlichen Leben teilhaben möchte, wird in den Sport re-sozialisiert. Der Begriff Resozialisierung wird in der Regel für Maßnahmen zur Wiedereingliederung von Personen in die Gesellschaft allgemein verwendet, er kann jedoch auch im spezifischen Zusammenhang des Sports benutzt werden.

Die Bedeutung des Sports für die Sozialisation von Kindern und Jugendlichen ist in den letzten Jahren in zahlreichen Untersuchungen aufgezeigt worden.[95] Sport kann demnach vor allem in der Pubertät eine wichtige Rolle spielen. Guter und sinnvoll betriebener Sport trägt zum Aufbau eines stabilen Körperbewusstseins und Körperbildes und damit zur Entwicklung jugendlicher Identität in der Adoleszenz bei. Die Beschäftigung mit dem eigenen Körper, mit Körpermanagement und Körperpflege nimmt einen großen Raum im Alltag vieler Jugendlicher ein. Auch das Sporttreiben gehört im weiteren Sinn zu diesen Formen körperorientierter Betätigungen. Schließlich ist Sport auch ein Lebensbereich, über den sich vergleichsweise leicht und „natürlich" Beziehungen zu und Partnerschaften mit Gleichaltrigen herstellen lassen. Manche Ehe wird zwar nicht auf, aber auch über den Sportplatz und die Turnhalle geschlossen.

Sport steht an erster Stelle der Freizeitaktivitäten von Kindern und Jugendlichen. Er gehört – in welcher Form auch immer – zu ihrem Alltag und stellt in unterschiedlichen Ausprägungen eine sozial selbstverständliche Handlungsform für sie dar. Angesichts eines breiten Spektrums von Sportmöglichkeiten erstreckt sich deren Sportengagement heute über die traditionellen sportlichen Betäti-

---

[95] Siehe zum Beispiel die drei Kinder- und Jugendsportberichte von 2003, 2008 und 2015 *(Schmidt u. a.).*

gungen in Vereinen hinaus auch auf andere Sportangebote z. B. in Sportstudios oder auf eher informelles Sporttreiben in Cliquen und Gleichaltrigengruppen. Solche sportbezogenen Erfahrungen werden, sozialisationstheoretisch formuliert, in „verschiedenen Handlungskontexten" erworben und „als individuell-subjektive Erfahrungen verarbeitet und in das Persönlichkeitssystem integriert" (*Brettschneider, Baur & Bräutigam,* 1989, S. 25).

Erfahrungen im und durch Sport sind deshalb zwar gesellschaftlich „präformiert" und „sozial vorgespurt", wie sie jedoch individuell verarbeitet und genutzt werden, bleibt eine „individuelle Konstruktion des einzelnen Subjekts". Das bedeutet, dass es auch viele Kinder und Jugendliche gibt, die – aus welchen Gründen auch immer – nicht aktiv Sport treiben und sich zu wenig bewegen. Zahlreiche Untersuchungen über Bewegungsmangel, Übergewicht (Adipositas) und andere Anzeichen eines schlechten Fitness- und Gesundheitszustands vieler Kinder und Jugendlicher geben davon Zeugnis.[96]

Der Begriff „Sozialisation" wurde in der pädagogischen und psychologischen Diskussion weiter ausdifferenziert. Man spricht nicht mehr nur von Sportsozialisation, sondern auch von Körper- und Bewegungssozialisation bzw. von Körper- und Bewegungskarrieren (*Baur,* 1989), um die spezifischen Bedingungen und Einflüsse auf das Bewegungsverhalten und den Umgang mit Körper- und Körperlichkeit zu ermessen.

Sutton-Smith (1978) benutzt den Begriff Spielsozialisation, um sowohl die Art und Weise des Umgangs mit Spiel und Spielen in verschiedenen Kulturen und sozia-len Schichten zu untersuchen als auch deren Einfluss auf die persönliche Ent-wicklung aufzuzeigen; er spricht von Konfliktsozialisation, wenn es um die Ver-arbeitung von grundlegenden oder aktuellen Konflikten geht, die im Spiel und im Sport in besonderer Weise erfolgen kann.

Soziales Lernen im Sport

Sozialisation ist pädagogisch betrachtet von sozialem Lernen insofern zu unterscheiden, als mit sozialem Lernen gezielte soziale Lernprozesse gemeint sind. *Pühse* (1990) hat die vor allem in den 1970er und 1980er Jahren in der Sportpädagogik geführte Diskussion um das „soziale Lernen im Sport" zusammengefasst. Der Sport bietet eine Fülle sozialer Erfahrungen, die es auch pädagogisch zu nutzen gilt. Allerdings liegen keine empirisch gesicherten Ergebnisse vor, dass etwa soziale Verhaltensweisen, die im Sport erlernt werden können wie Fairness oder die Fähigkeit zur Konfliktregulierung auch in nicht-sportlichen Situationen wirksam sind. Es ist bisher nicht gelungen, diese Sozialisationswirkungen zu operationalisieren und zu messen. Dasselbe gilt für die Frage, ob und inwieweit positiv (oder negativ) sozialisierende Wirkungen des Sporttreibens sich in der

---

[96] Siehe dazu die regelmäßig veröffentlichten Studien des Wissenschaftlichen Instituts der Ärzte Deutschlands (WIAD).

Persönlichkeitsentwicklung niederschlagen. Dazu gibt es keine einfachen und allgemeingültigen, sondern nur komplexe und spezifische Antworten.[97] Umso wichtiger scheint vor diesem Hintergrund die sportpädagogische Frage zu sein, mit welcher pädagogischen Zielsetzung soziales Lernen im Sport stattfindet und organisiert werden kann. Dazu sind verschiedene theoretische Ansätze entwickelt worden. Soziale Kompetenz mit Bezug auf den Sport bedeutet nicht nur, sich dem Sport und seinen sozialen Settings und Regeln zu beugen, sondern ebenso, diese zu verändern und den Sport an die Bedürfnisse und Interessen der Sporttreibenden anzupassen. Von *Pühse* wurde „soziales Lernen" zum einen unter der pädagogischen Leitidee der „Emanzipation" interpretiert (*Pühse*, 1990, S. 56 ff.). Gemeint war ein (kritisch-emanzipatorischer) Sportunterricht, der am Ende auf eine Änderung der Gesellschaft abzielte. Zum anderen wurde in eher kommunikationstheoretisch-interaktionistischen Ansätzen versucht zu klären, welche sozialen Strukturen im Sport bzw. Sportspiel wirksam sind und pädagogisch genutzt werden können (*Pühse*, 1990, S. 106 ff.). Im Unterschied zur Arbeit repräsentiert der Sport ein System von symbolischen Interaktionsmustern, die es möglich machen, soziales Rollenlernen zu antizipieren und einzuüben. Der Sport stellt demnach nicht nur ein Feld für körperliches, sondern auch für soziales Training dar. Er liefert ein Modell für soziales Lernen. Soziales Lernen ist für sich gesehen ein neutraler Begriff. Es sagt noch nichts über die Qualität sozialer Lernprozesse aus, sondern bezeichnet allgemein den „Erwerb jener Qualifikationen, die Individuen befähigen, sozial kompetent zu handeln" (*Kleindienst-Cachay*, 1983, S. 184).

Dieses Lernen kann geplant oder ungeplant, bewusst oder unbewusst erfolgen. In der sportpädagogischen Diskussion werden darunter jedoch in Abgrenzung von ungeplanten, nicht absichtsvollen Sozialisationsprozessen eher geplante und absichtsvolle soziale Lernprozesse verstanden. Was mit sozialer Kompetenz gemeint ist, lässt sich darüber hinaus nicht allgemein und wertneutral, sondern nur in Bezug auf konkrete soziale Bedingungen und die jeweils gültigen Werte und Normen in Kultur und Gesellschaft bestimmen.

Sport – im weiteren Sinn – wird heute in den verschiedensten Einrichtungen auch gezielt als sozialpädagogisches Instrument, als Mittel sozialer Arbeit eingesetzt, sei es bei der therapeutischen Arbeit mit sozial auffälligen Kindern und Jugendlichen, als Hilfe zur Integration ausländischer Kinder und Jugendlicher oder auch auf dem weiten Feld des Leistungssports von Menschen mit Behinderungen, sei es in speziellen Einrichtungen und Vereinen oder im Sinne der Inklusion gemeinsam mit nicht behinderten Menschen. Für diese Art sport- und sozialpädagogischer Arbeit gilt besonders, dass Erfolg oder Misserfolg weniger vom Sport abhängen, als vielmehr vom Engagement, der Persönlichkeit und den persönlichen, pädagogischen Bezügen, die Erzieherinnen und Erzieher gegenüber ihren Schützlingen aufbauen können.[98]

---

[97] Im Folgenden nach *Pühse* (1990; 1994) sowie *Conzelmann* (2001).

[98] Siehe dazu allg. das „Handbuch Sozialarbeit, Sozialpädagogik", hrg. von Hans-Uwe *Otto* und Hans *Thiersch* (2005), speziell den Artikel „Sport und soziale Arbeit" von *Krüger* (2005 a, S. 1813–1819).

Soziales Lernen ist eines unter anderen pädagogischen Zielen des Sports und des Sportunterrichts in Schule und Verein – neben motorischen, kognitiven und affektiven Zielen. Die sozialerzieherische Bedeutung des Sports ist dabei unbestritten. Soziales Lernen stellt sich unter pädagogischer Perspektive als Aufgabe dar. Der Sport bietet ein Feld, auf dem der soziale Umgang miteinander immer wieder neu erprobt und geübt werden kann, ohne jedoch die Gewissheit haben zu können, diesen Lernprozess abschließen oder in anderen Lebensbereichen automatisch anwenden zu können. Pädagogisch gesehen kann jede Situation für sich als eine neue Herausforderung für soziales Lernen und für die Erweiterung sozialer Kompetenzen angesehen werden.

Unter Erziehung werden Handlungen und Prozesse verstanden, die einen Menschen positiv beeinflussen und ihn befähigen sollen, seine Möglichkeiten zu entfalten. Dabei kann es sich sowohl um geplante als auch ungeplante erzieherische Maßnahmen handeln. Mit Erziehung sind auch die Ergebnisse von Erziehungsprozessen gemeint.

Bildung bezeichnet im Unterschied zu Erziehung eher die Selbstgestaltung des Menschen als Auseinandersetzung mit sich und mit den Gegenständen und Werten von Kultur und Gesellschaft.

Bildung ist – wie Erziehung – kein Zustand, sondern ein dynamischer und lebenslanger Prozess. Pädagogisch gesehen geht es dabei immer auch um die normative Frage einer positiven, wünschenswerten Bildung und Erziehung.

Bildung und Erziehung wurden wegen ihrer normativen Ausrichtung oft kritisiert. Neutralere Begriffe wie Entwicklung, Lernen, Sozialisation und Handlungsfähigkeit machen es leichter möglich, die Diskussion um Ziele und Inhalte in Pädagogik und Sportpädagogik von den eher sozialwissenschaftlichen Fragen individueller und sozialer Verhaltensänderungen zu unterscheiden.

Entwicklung und Lernen sind keine wertenden Begriffe. Die Entwicklung eines Menschen wird durch biologische Reifungsprozesse und Umwelteinflüsse ebenso geprägt wie durch Erziehung, Lernen und Sozialisation.

Unter Lernen wird eine dauerhafte und relativ stabile Änderung des Verhaltens, des Wissens und Könnens sowie der Einstellungen und Gewohnheiten aufgrund von Erlebnissen und Erfahrungen oder durch Einsicht verstanden. Lernen ist im Unterschied zur Reifung oder zum Altern ein aktiver, lebenslanger Prozess. Erfahrung ist Voraussetzung und Ergebnis des Lernens zugleich. Unter pädagogischer Perspektive werden Entwicklung und Lernen als Aufgaben verstanden, die bewältigt werden sollen.

Sozialisation beinhaltet alle geplanten und ungeplanten Prozesse, Handlungen und Einflüsse, die auf die Entwicklung eines Menschen einwirken und ihn in seinem Verhalten, seinen Einstellungen und Haltungen bestimmen. Sozialisation bezieht sich auf die Vergesellschaftung des Menschen. Der Sozialisationsprozess zeichnet sich dadurch aus, dass eine Balance zwischen sozialer und personaler Identität gesucht wird.

Soziales Lernen bezieht sich auf die Umstände, ob und welche sozialen Verhaltensweisen im und durch Sport erworben werden.

Handlungsfähigkeit bezeichnet eine sportpädagogische Leitidee. Sie beinhaltet die Erziehung zu sinnvollem, bewusstem, selbstverantwortetem und sozialem Handeln im Sport. Sie zielt darüber hinaus auf eine allgemeine Handlungsfähigkeit in anderen Handlungssituationen. In jedem Fall werden diese sportpädagogischen Prozesse nicht nur von den Inhalten, dem Sport geprägt, sondern auch durch den Einfluss von einzelnen Lehrerinnen und Lehrern, Erzieherinnen und Erziehern.

II Geschichte der Leibeserziehung und Sportpädagogik

Die Entstehung und Entwicklung des Faches Sportpädagogik stellt einen histori-
schen Prozess dar, der zum einen die Praxis von Gymnastik, Turnen, Spiel und
Sport umfasst und zum anderen mit der Erstellung von Texten, Materialien und
Dokumenten zum Thema der Erziehung durch Leibesübungen, Gymnastik, Tur-
nen, Spiel und Sport verbunden ist. Während diese Praxis weit in die Mensch-
heitsgeschichte zurückreicht, sind die Theorien dieser Praxis jüngeren Datums.
Zu ihnen gehören außerdem der Aufbau von Ausbildungseinrichtungen für
Turnlehrer, später Sportlehrer sowie entsprechende Ausbildungs- und Prüfungs-
ordnungen. Von Sport war in diesem Zusammenhang zunächst nicht die Rede.
Pädagogisch verstandene Leibesübungen in Deutschland wurden als Gymnastik
und Turnen bezeichnet, allgemein wurde von Leibesübungen sowie Körpererzie-
hung und Leibeserziehung gesprochen – Begriffe, die sich als Leitmotive für ein
neues pädagogisches Programm im Rahmen der Reformpädagogik seit den
1920er Jahren verbreiteten. Als Physical Education leben die Begriffe im angel-
sächsischen Sprachraum fort.
Das folgende Kapitel beschreibt die Entwicklungsabschnitte pädagogischer Lei-
besübungen und stellt deren Bedeutung für die Entstehung und Entwicklung der
Sportpädagogik als einer eigenen praktischen und wissenschaftlichen Disziplin
dar.[99]

1 Zur Universalität körperlicher Erziehung

Die Ausbildung körperlich-motorischer Fähigkeiten und Fertigkeiten und bestimmter Bewegungformen und -techniken im Zusammenhang des Heranwachsens
und der Erziehung von Kindern und Jugendlichen spielte seit Menschengeden-
ken in allen Ländern eine – wenn auch unterschiedliche – Rolle. In früheren
Zeiten und Kulturen, in denen körperliche Kräfte, Ausdauer und Geschicklichkeit im Alltag und für die Arbeit der – meisten – Menschen eine größere Bedeutung einnahmen als in modernen, von Technik und Industrie geprägten Zivilisa-
tionen, erfuhr deshalb diese körperliche Seite der Erziehung eine besondere

---

[99] Zu diesem Kapitel ausführlich *Krüger* (2004/2005, Neuauflage 2019) sowie die dort
      angegebene Literatur.

Wertschätzung. Dies gilt vor allem für die Ausbildung von Kriegern; denn körperliche Fitness, wie der moderne Ausdruck heißt, Kraft, Ausdauer und Geschicklichkeit waren in kriegerischen Auseinandersetzungen überlebenswichtige und über Sieg und Niederlage entscheidende Faktoren.

In den frühen Hochkulturen Ägyptens, des alten Griechenlands und der römischen Antike wurden die jungen Männer, besonders aus den höheren, führenden Schichten, aber auch die gewöhnlichen Soldaten, deshalb gezielt körperlich geschult. Ein politischer Anführer musste körperlich stark und geschickt sein. Seine Fitness strahlte nicht nur Vertrauen auf seine Untertanen im Hinblick auf die militärische Stärke seines Regimes und dessen Fähigkeit, das Land vor Feinden und Bedrohungen zu schützen, aus, sondern körperliche Gesundheit und Wohlergehen des Fürsten waren auch Symbol für Gesundheit und Wohlbefinden des ganzen Landes und seiner Bewohner. Für ägyptische Königssöhne und Pharaonen war deshalb eine breite athletische Ausbildung ebenso unverzichtbar wie für griechische Helden oder römische Feldherren, oder auch für Ritter und Knappen im europäischen Mittelalter, Samurai in Japan oder Häuptlingssöhne und Stammesfürsten auf dem amerikanischen und afrikanischen Kontinent. Bis heute wird im Übrigen körperliche Fitness als Ausdruck und Symbol politischer Macht angesehen und medial genutzt.

Die Inhalte dieser Ausbildung wurden mehr oder weniger gezielt und systematisch von Lehrkräften in unterrichtlichen Situationen vermittelt, gelehrt und überwacht. Paidotriben hießen die Sportlehrer oder Trainer im antiken Griechenland. Ihnen oblag die Verantwortung für die körperliche Erziehung ihrer Schützlinge und Athleten. Für römische Gladiatoren gab es eigens Gladiatorenschulen, die wegen ihrer wenig zimperlichen Trainingsmethoden schon damals einen zweifelhaften Ruf genossen. Im Mittelalter sah die Lehrsituation wiederum ganz anders

aus. Zur Aufgabe eines Ritters gehörte es, seinen Zögling sorgfältig auf das spätere Leben als Ritter vorzubereiten; und das bedeutete auch, ihm

Abb. 4: Achill und der Centaur Chiron nach einem Gemälde des Künstlers Pompeo Battoni (1708–1787) aus dem Jahr 1746.

Das Gemälde zeigt den griechischen Helden Achill als Jüngling und Chiron, ein Fabelwesen aus der griechischen Mythologie, halb Mensch, halb Tier. Der Centaur Chiron galt als Sinnbild des Erziehers. Er soll ni cht nur der Erzieher des jungen Achill, sondern auch anderer griechischer Helden aus den Homerischen Sagen gewesen sein, wie Odysseus und Herakles. Chiron gilt nach der Mythologie als weiser und gütiger Lehrmeister. Er lehrt die Harmonie des Menschen mit der Natur.

Kenntnisse im Reiten, Fechten und Jagen zu vermitteln und darauf zu achten, dass er die nötigen körperlichen (und geistigen) Voraussetzungen mitbrachte, um sich im Kampf oder im Turnier zu bewähren. Dasselbe Meister-Lehrlings-Verhältnis traf auch auf bürgerliche Berufe zu, bis hin zu den Artisten im Zirkus oder den Gauklern auf Jahrmärkten, die häufig über herausragendes Bewegungskönnen und -wissen verfügten. Mit dem Ritterschlag und dem Meisterbrief war die Ausbildung abgeschlossen. Aber ein Ritter, der bestehen und überleben wollte, musste darüber hinaus ständig daran arbeiten, seine Fitness zu erhalten oder zu verbessern.

Ein weiterer, universeller Begriff von Sportpädagogik würde also im Hinblick auf die historische Grundlegung der Disziplin bedeuten, prinzipiell alle Formen und Inhalte körperlich-motorischer Ausbildung und Erziehung zu allen Zeiten und in allen Kulturen zu

Abb. 5: Wolfram von Eschenbach und sein Knappe (Manessische Liederhandschrift/Codex Manesse)

thematisieren. Da Körperlichkeit und Bewegung anthropologische Konstanten darstellen, gehört deren historische Untersuchung zu den Aufgaben einer umfassend verstandenen Grundlegung der Sportpädagogik. Dabei gilt es, die spezifischen historisch-kulturellen Realisierungen oder Objektivationen sportpädagogischen Handelns und Denkens zu verdeutlichen und ihre Unterschiede und Gemeinsamkeiten herauszuarbeiten.

Gymnastik und Athletik im antiken Griechenland sind dazu ebenso zu zählen wie volkstümliche Spiele und Wettkämpfe in der Schweiz, fußballähnliche Spiele im alten China, Tempeltänze in Indien oder die Bewegungskünste der Inuit in Grönland. Alle diese körperlichen Übungen, Spiele und Wettkämpfe mussten gelernt, geübt, erprobt und trainiert werden. Selbst wenn sie nicht aus im engeren und moderneren Sinn pädagogischen Gründen betrieben und gepflegt wurden, d. h., um Menschen, Kinder und Jugendliche zu erziehen, hatten sie erzieherische Funktionen und Wirkungen. Sie trugen dazu bei, körperlich-motorische, aber auch soziale und emotionale Fähigkeiten und Fertigkeiten zu vermitteln, die für das Zusammenleben der Menschen von Bedeutung waren. Außerdem waren sie Teil der gesundheitlichen Erziehung, Information und Belehrung der Menschen.

So gesehen ist körperliche Erziehung ein universelles Phänomen. Dass sich daraus jedoch in neuerer Zeit ein eigenes Lehr- und Unterrichtsfach, eine wissenschaftliche Disziplin – die Sportpädagogik – entwickelte, hat mit den Veränderungen in Kultur und Gesellschaft seit der europäischen Aufklärung zu tun. Erziehung, und dazu gehörte auch die körperliche Erziehung, wurde zu einem Gegenstand kritisch-rationalen Denkens und Handelns, mit anderen Worten eine Wissenschaft. Sie sollte dazu beitragen, die Menschen aufzuklären und den Weg in eine bessere Zukunft zu weisen (*Blankertz*, 1992; *Reble*, 1971).

2 Natürliche und vernünftige Erziehung – Rousseau und die Philanthropen

Die Idee der Erziehung konzentriert sich auf die Absicht, Menschen in ihren Einstellungen, ihrem Handeln und Denken zu beeinflussen, sie zu fördern und möglichst zu bessern, auch im moralischen Sinn. Eine solche Vorstellung entwickelte sich um 1800 in Deutschland und Europa. Dafür stehen die Begriffe Turnen und Gymnastik. Deshalb kann die Geschichte der Sportpädagogik als einer eigenen, auf Theorie und Praxis bezogenen Disziplin mit dem Aufkommen und der Verbreitung von Turnen und Gymnastik in Deutschland beginnen. Mit Turnen und Gymnastik war – historisch gesehen zum ersten Mal – die Auffassung verbunden, Menschen mit Hilfe und über körperliche Übungen und Spiele systematisch zu erziehen und diese Art der Körper- oder Leibeserziehung auch rational zu begründen und zu reflektieren.

Diese Vorstellung war also nicht nur unausgesprochen in der Praxis von Turnen, Spiel und Gymnastik vorhanden, sondern sie wurde auch theoretisch formuliert, analysiert, begründet, systematisiert und kritisiert. Bücher und Schriften wurden dazu verfasst und unter Fachleuten diskutiert. Turnen und Gymnastik sollten ein ganzheitliches, am Körper ansetzendes Erziehungsprogramm beinhalten, das sich nicht mehr nur auf die Ausbildung bestimmter körperlicher Fähigkeiten und Fertigkeiten bezog, sondern das auf die Erziehung des ganzen Menschen und auf seine charakterliche Bildung zielte. Körperliche Erziehung durch pädagogisch ausgerichtete Leibesübungen, durch Gymnastik und Turnen wurde als ein Teil der Menschenbildung und der Volkserziehung, wie es bei *Pestalozzi* hieß, verstanden.

2.1 Philanthropische Erziehung nach GutsMuths

Von Gymnastik als einer besonderen Form pädagogischer Leibesübungen sprach man in Deutschland seit dem Ende des 18. Jahrhunderts. Im Jahr 1793 erschien das Buch von Johann Christoph Friedrich *GutsMuths* (1759–1839) mit dem Titel „Gymnastik für die Jugend. Enthaltend eine praktische Anweisung zu Leibesübungen. Ein Beitrag zur nötigsten Verbesserung der körperlichen Erziehung".

Dieses Buch kann als erstes Lehrbuch für pädagogische Leibesübungen bezeichnet werden. 1796 wurden die „Spiele zur Übung und Erholung des Körpers und Geistes für die Jugend, ihre Erzieher und alle Freunde unschuldiger Jugendfreuden" veröffentlicht. *GutsMuths* verwendete für seine pädagogisch verstandenen Leibesübungen den Begriff Gymnastik, um zu verdeutlichen, dass seine Gymnastik in der Tradition der als vorbildlich erachteten antiken griechischen Gymnastik stehen sollte. Dies erleichterte die Anerkennung der Sache, weil Kultur und Körperkultur der Griechen bei den gebildeten und einflussreichen Schichten in Deutschland hohes Ansehen genossen.[100]

GutsMuths war Lehrer und Erzieher an einer pädagogischen Reformschule in Schnepfenthal in Thüringen, einem so genannten Philanthropinum. Neben der Gymnastik unterrichtete er Erdkunde und Handarbeiten. Der Leiter dieser – privaten – Reformschule, in der im Unterschied zu den damals üblichen Gelehrtenschulen auch die Gymnastik auf dem Lehrplan stand, war seit 1784 der Theologe Christian Gotthilf *Salzmann* (1744–1811). Er gilt als der wichtigste Vertreter einer Gruppe von pädagogischen Reformern, die sich als Philanthropen, als Menschenfreunde bezeichneten. Ihr Ziel war es, eine solche menschenfreundliche Erziehung in die Wirklichkeit umzusetzen.

Vernünftig und natürlich

Was war das Neue an dieser Art von philanthropischer Erziehung, und welche Bedeutung hatten in diesem Erziehungskonzept die Gymnastik und die Leibesübungen? Diese neue Auffassung von Erziehung war im Zusammenhang mit der Diskussion um die Ideen der Aufklärung entstanden, die mit zur französi-schen Revolution (1789) und zur Erklärung der Menschenrechte geführt hatten. Die Philanthropen versuchten, ihr aufgeklärtes Erziehungskonzept sowohl in der Praxis, im praktischen Unterricht an ihren Reformschulen in Schnepfenthal und Dessau umzusetzen, als auch in Wort und Schrift zu verbreiten. Der Kern ihres Erziehungskonzepts bestand in der Vorstellung, dass Erziehung vernünftig und natürlich sein müsste. Sie sollte sich nicht von überkommenen, ständischen Vorurteilen und Traditionen leiten lassen, sondern an dem ansetzen, was den Menschen in ihrem Leben nützlich sein konnte und sie – im Sinne der Aufklärung – zu vernünftigem Handeln befähigte. Die Aufklärungsepoche war erfüllt von dem Glauben, dass sich die Welt zum Besseren wenden würde, wenn die Menschen vernünftig handeln würden; und die Aufklärer waren davon überzeugt, dass die Menschen zu diesem vernünftigen Denken und Handeln erzogen werden könnten.

Dieses Erziehungsverständnis traf sich mit dem Interesse bürgerlicher (und einiger adeliger) Eltern, die ihre Kinder auf die philanthropischen Anstalten nach Dessau und Schnepfenthal schickten und darauf Wert legten, dass ihre Kinder

---

[100] Vgl. im Einzelnen *Krüger* (2004). Die Antike galt nicht nur für die körperliche Erziehung als Vorbild, sondern generell für die Bildung und Kultur des 19. und bis weit ins 20. Jahrhundert hinein.

etwas Nützliches lernten, dass sie zu tüchtigen, gesunden, fleißigen, erfolgreichen und aufgeklärten Bürgern erzogen würden, die sich in der Welt zurechtfinden und auch mit einem guten „Erwerbssinn" ausgestattet sind. Durch vernünftig-natürliche Erziehung sollte es ihnen gelingen, ihre eigenen Kräfte zu entfalten. Dieser Weg einer philanthropischen Erziehung konnte nach ihrer Überzeugung zum Glück und zur „Glückseligkeit" des Einzelnen und aller Menschen führen.[101] Dazu gehörte nicht nur praktisches Wissen, z. B. handwerklicher und landwirtschaftlicher Art, sondern ebenso die Schulung der körperlichen Kräfte, Abhärtung, Übung und Beherrschung des Körpers, um gegen Krankheiten, Unfälle und Verletzungen besser geschützt zu sein. *Salzmann* erklärte sogar, dass die Gesundheit die eigentliche Quelle der Glückseligkeit sei.

Die Vorstellungen von einer solchen Erziehung, die den Körper, Fragen der Gesundheit, der Ernährung, Bekleidung und Hygiene in den Mittelpunkt stellte, wurden in einer Reihe von Schriften entfaltet. Neben *GutsMuths* und *Salzmann* handelt es sich vor allem um *Villaume* und *Vieth*, dann um *Basedow, Campe, Trapp* und *Bahrdt*, die daran beteiligt waren.

In der Geschichte der Sportpädagogik liegt mit den Schriften der Philanthropen erstmalig eine größere Zahl von Veröffentlichungen vor, die sich theoretisch mit dem Gegenstand Leibesübungen – in der Sprache der Philanthropen Gymnastik – in pädagogischer Absicht befassen und die zugleich auf die Umsetzung des systematisch dargestellten Wissens in die Praxis zielen. Die Philanthropen sind damit als Begründer und Wegbereiter der pädagogischen Theorie der Leibeserziehung anzusehen, selbst wenn der Begriff der Leibeserziehung damals noch nicht benutzt wurde, weil sie Leibesübungen und körperliche Erziehung nicht nur systematisch in ein ganzheitliches Erziehungskonzept eingebunden haben, sondern dies auch in zahlreichen Veröffentlichungen zu beschreiben und zu begründen versuchten.[102]

Gymnastik für die Jugend

GutsMuths sammelte und systematisierte die auf dem Turn- und Gymnastikplatz in Schnepfenthal von ihm mit seinen Schülern ausprobierten Übungen in der Weise, dass sie mit den Zielen der philanthropischen Erziehung übereinstimmten. Im ersten Teil seiner „Gymnastik für die Jugend" stellte er diese Prinzipien dar und begründete den „Nutzen und Zweck der Gymnastik". Dann ordnete er die ihm bekannten Übungen nach einem „generischen" Prinzip, d. h. nach Bewegungsverwandtschaften. Als Hauptgattungen unterschied er Springen, Laufen, Werfen, Ringen, Klettern, Balancieren, Heben, Tragen, Tanzen, Gehen und militä-

---

[101] Zit. nach *Bernett* (1971, S. 19), auf den sich die Darstellung über die Philanthropen stützt; außerdem *Krüger* (2010).

[102] Siehe *Bernett* (1971); *Grupe* (1980, S. 219); auch *Reble* (1971, S. 155).

rische Übungen. Hinzu kamen das Schwimmen und die Spiele, die er gesondert behandelte. Wer alle Formen und Variationen dieser Übungen beherrschte, so lautete sein Grundgedanke, also beim Laufen auch den Dauerlauf, den Schnelllauf und den Geländelauf, der war umfassend körperlich geschult und damit befähigt, sich in allen möglichen Situationen des Lebens zurechtzufinden. Zu solchen Situationen gehörten beispielsweise das Springen über Gräben und Hindernisse, das Schwimmen, um vor dem – nicht selten vorkommenden – Tod durch Ertrinken geschützt zu sein, oder das Klettern an Tauen und Strickleitern, um im Fall einer Feuersbrunst den Flammen entkommen oder sie auch bekämpfen zu können. Wer solche körperlichen Übungen regelmäßig betrieb, schützte sich vor Krankheiten und Unfällen. Nicht Vermeidung von Bewegung und Belastung bringt Gesundheit, das war die damals noch umstrittene Botschaft der Philanthropen, sondern Übung und – modern ausgedrückt – Training.

GutsMuths und die Philanthropen stellten sich damit offen gegen die alte, höfische Erziehungsauffassung, die sie als „Verzärtelung" kritisierten. Stattdessen propagierten sie körperliche Abhärtung, gesunde Ernährung, Hygiene, „natürliche" Bekleidung und Enthaltsamkeit.

Die Übungen wurden in der Praxis nicht nur durchgeführt, sondern auch zielgerichtet, systematisch und methodisch gelehrt und gelernt. Die Leistungen der Schüler in den verschiedenen Übungen, z. B. die Laufleistungen und die Leistungen im Tragen von Gewichten, wurden gemessen und überprüft, um die Fortschritte der Zöglinge festhalten und belegen zu können.

GutsMuths formulierte als erster methodische Grundsätze, nach denen die Vermittlung von Leibesübungen erfolgen sollte und die bis heute gültig sind. Das erste methodische Prinzip lautete, beim Leichten anzufangen und allmählich zum Schweren fortzuschreiten; außerdem müssten das Alter und das Können der Kinder bei den Lernfortschritten berücksichtigt werden; Zwang sei nicht angebracht, Lob wecke dagegen Interesse.[103] Dieses methodische Prinzip des Lobens galt nicht nur für den Unterricht in Gymnastik, sondern in allen anderen Fächern. In Schnepfenthal wurde eigens eine so genannte Meritentafel eingeführt, auf der abgelesen werden konnte, welche Schüler aufgrund besonderer Leistungen am meisten gelobt worden waren. Die Förderung der Lernmotivation durch positive Verstärkung, also Loben, ist in der modernen Lernpsychologie immer wieder bestätigt worden.

2.2 Die Erziehung des Emile: Rousseau

Körperliche Erziehung war für *GutsMuths* und die Philanthropen nicht nur ein wichtiges Element einer „vernünftigen" Erziehung, die nach ihrer Auffassung in der alten Gelehrtenschule missachtet worden war, sondern sie entsprach ihrem Ideal einer „natürlichen" Erziehung. In diesem Punkt beriefen sich die Philanth-

---

[103] Zu den methodischen Prinzipien vgl. *GutsMuths* Gymnastik für die Jugend (1793). Hrsg. von *Marschner* (1957, S. 380–385, Ost-Berliner Ausgabe).

ropen auf den großen französischen Denker, Schriftsteller und Philosophen Jean Jacques *Rousseau* (1712–1778).

Rousseau gilt einerseits als einer der geistigen Wegbereiter der Aufklärung und der französischen Revolution, andererseits war er der schärfste Kritiker des Rationalismus der Aufklärung, also der Vorstellung von der grenzenlosen Gestaltungskraft der menschlichen Vernunft. *Rousseau* behauptete, dass die wahre Vernunft des Menschen in seiner Natur liege. Um den Menschen wirklich zu sich selbst kommen zu lassen, sei es deshalb nötig, dass er zu seiner eigentlichen Natur zurückfinde. Die Verderbnis und das Böse der menschlichen Gesellschaft sind für ihn nicht das Ergebnis des Handelns einzelner Menschen, die von Natur aus böse sind, sondern sie entstehen im gesellschaftlichen und kulturellen Kontext von Einzelmenschen, von denen jeder Einzelne von Natur aus gut ist. Die menschliche Kultur hält *Rousseau* für schlecht und verderbt, nicht den Menschen. Eine Erziehung, die von dieser Kultur ausgeht, muss seiner Auffassung nach scheitern. Will sie gelingen, müsse sie an der Natur des Menschen ansetzen, also natürlich sein. Mit dieser radikalen Kulturkritik zielte *Rousseau* konkret auf den höfischen Adel im 18. Jahrhundert, den er für grundsätzlich „verderbt" hielt. Das Gegenbild zu dieser herrschenden Kultur war die arme Landbevölkerung, die notgedrungen „natürlich" aufwuchs.

Wie eine neue, nicht verderbte, natürliche Kultur und Erziehung geschaffen werden könnte, ist das Thema seines Erziehungs- oder Bildungsromans „Emile oder über die Erziehung", der im Jahr 1762 erschien und mit dem Satz beginnt: „Alles, was aus den Händen des Schöpfers kommt, ist gut; alles entartet unter den Händen des Menschen."[104] *Rousseau* beschreibt an seinem künstlichen Erziehungsobjekt Emile, wie seine Idee einer „natürlichen" Erziehung über den Körper aussehen soll. Sie steht im Gegensatz zu der bisherigen Erziehungspraxis. Die leiblich-körperliche Entwicklung wird bei *Rousseau* zum Modell der Erziehung überhaupt. Emile wird im strengen Sinn nicht erzogen und belehrt, sondern sein Erzieher ist dazu da, Bildung zu ermögliche, indem er störende äußere Einflüsse auf seine natürliche Entwicklung verhindert. *Rousseau* nennt dies negative Erziehung. Er versteht darunter eine Erziehung, die in den Reifungs- und Entwicklungsprozess des Kindes nicht aktiv eingreift, so dass sich die im Innern des Kindes verborgenen Möglichkeiten ungestört entfalten können. Im Mittelpunkt dieses natürlichen Bildungs- und Erziehungsprozesses stehen – zumindest im Kindes- und Knabenalter –, die vielfältigen und unmittelbaren körperlichen Erfahrungen, die Emile beim Spielen, Laufen, Schwimmen, bei Wettkämpfen und Wanderungen sammeln kann; wie er dabei geschickt und gewandt wird, seinen Körper abhärtet, stark und gesund wird, seinen Körper und seine Sinne einzuschätzen und zu beherrschen lernt, und wie er die Dinge

---

[104] *Rousseau*, J. J.: Emile oder Über die Erziehung (1762). Hrsg. und eingeleitet von Martin *Rang*. Stuttgart 1963. Der Satz lautet im französischen Original: „Tout est bien sortant des mains de l'Auteur des choses, tout dégénère entre les mains de homme". Die Übersetzung von „dégénère" mit „entartet" weckt falsche Verbindungen zum Begriff der Entartung, wie er im Nationalsozialismus geprägt wurde. Angemessener wäre eine Übersetzung mit „entwickelt sich zum Schlechteren".

seiner natürlichen Umgebung über seine Bewegung kennen lernt und diese unmittelbaren, körperlichen Erfahrungen schießlich verarbeitet. Emile lernt nicht durch Medien aus zweiter Hand, sondern aus eigenen, über den Körper und die Sinne vermittelten Erfahrungen. *Rousseau* hält dieses Wissen nicht nur für tiefer und grundlegender als Bücherwissen bzw. medial vermitteltes Wissen, sondern auch als eine Voraussetzung für eine Erneuerung von Ethik und Moral der menschlichen Gesellschaft und Kultur.

2.3 Rousseau und die Philanthropen im Vergleich

Die Philanthropen übernahmen von *Rousseau* die Entdeckung des Körpers als wichtigen Bezugspunkt menschlicher Erziehung; aber sie missverstanden ihn in seiner eigentlichen Absicht, über eine negative und am Körper ansetzende Erziehung zur wahren und moralisch guten Natur des Menschen zurückzufinden und das Elend der Kultur zu überwinden. Stattdessen sollte ihre ebenfalls am Körper ansetzende Erziehung dazu beitragen, die Zöglinge zu nützlichen Mitgliedern der Gesellschaft zu machen.[105] Allerdings war diese Gesellschaft nicht mehr die adelige Gesellschaft des 18., sondern die bürgerliche des 19. Jahrhunderts nach der Aufklärung.

Mit *Rousseau* und den Philanthropen sind die beiden Pole genannt, zwischen denen sich die körperliche Erziehung und ihre jeweiligen Ideen bis heute bewegen: Auf der einen Seite eine systematische Leibes- und Sporterziehung, die klare Ziele und Zwecke vor Augen hat, nach rationalen Prinzipien aufgebaut ist und beschrieben wird, die nützlich sein und bestimmte Fähigkeiten und Fertigkeiten vermitteln will. Auf der anderen Seite ein Modell von körperlicher Erziehung, das auf die Natürlichkeit des Menschen und die Vernunft seines Körpers setzt. Einmal wird Leibeserziehung als Beitrag verstanden, die Menschen in die herrschende Kultur zu integrieren, das andere Mal versteht sie sich eher als eine Form der Kritik an dieser Kultur und will den Menschen eine Möglichkeit eröffnen, zu ihrer eigentlichen Natur zurückzufinden, die dem Prinzip des Wachsenlassens folgt und nicht des Vorschreibens.

Beide Prinzipien körperlicher Erziehung standen sich in der Geschichte der Leibeserziehung selten unversöhnlich gegenüber. Immer wieder ist es in Theorie und Praxis zu Annäherungen gekommen. Oft war der Anfang natürlich und in diesem Sinn rousseauistisch, das Ende dagegen künstlich und systematisch-rational.

---

[105] Vgl. außerdem die Texte von *Rousseau* und *GutsMuths* im Text- und Arbeitsbuch Sportpädagogik (*Krüger*, 2007). Die Aktualität *Rousseaus* äußert sich auch darin, dass er in der neueren Bildungsdiskussion immer wieder als Kronzeuge genannt wird, z. B. *von Hentig* (2003).

Rousseau und die Philanthropen als „Wegbereiter moderner Leibeserziehung" (*Begov*, 1980, S. 27) und einer pädagogischen Theorie der Leibeserziehung geben auch ein Modell für das in der Sportpädagogik bis heute aktuelle Spannungsverhältnis von Theorie und Praxis ab. Sie zeigen die Möglichkeiten einer Reflexion über die Praxis einer an der Körperlichkeit des Menschen ansetzenden Erziehung. Während die Philanthropen und in besonderer Weise *GutsMuths* eine Theorie über Erziehung und körperliche Erziehung entwickelten, die sich als Begründung der erzieherischen Praxis in Dessau und Schnepfenthal verstand, war es bei *Rousseau* anders. Sein Erziehungsroman Emile hatte keinen praktischen Bezug zur Realität. Obwohl in diesem Buch die natürliche Entwicklung des Emile anschaulich beschrieben wurde, handelte es sich um ein fiktives Kind. Die Theorie einer negativen Erziehung im Sinne *Rousseaus* ist nicht aus der Praxis entstanden, sondern sie sollte vielmehr eine neue Praxis der Erziehung begründen. Sie wies, um es modern auszudrücken, keine empirische Evidenz auf, sondern enthielt die Vision der Erziehung eines neuen Menschen. *Rousseau* war kein Lehrer und Erzieher, sondern Philosoph und Schriftsteller. Ihm ging es nicht um die konkrete Erziehungspraxis, sondern darum zu zeigen, wie eine moderne, aufgeklärte Kultur und Gesellschaft durch eine entsprechende natürliche Erziehung entstehen könnte.

Als Praktiker der Erziehung hat er keine glückliche Rolle gespielt. Er fühlte sich nicht in der Lage, seine eigenen Kinder zu erziehen und brachte sie deshalb in ein Findelhaus – um den Preis eines schlechten Gewissens, das ihn sein Leben lang verfolgte.[106] Als Theoretiker hat *Rousseau* seine Theorie einer am Leiblichen ansetzenden Erziehung entwickelt, um Klarheit über seine philosophische Grundthese zu gewinnen, nach der Glück nicht in der Kultur, sondern in der Natur des einzelnen Menschen zu suchen sei.

Die Erziehung des Emile ist auf den ersten Blick radikal individualistisch angelegt. Wenn man jedoch das philosophische Werk *Rousseaus* insgesamt betrachtet, sieht man, dass es ihm vor allem um das Problem ging, wie es die Menschen schaffen, in Frieden zusammen zu leben; vor allem dann, wenn die von Gott gegebene Ordnung nicht mehr gültig zu sein scheint. *Rousseaus* Antwort war, dass die Menschen einen Sozialvertrag (contrat social) schließen müssten, mit anderen Worten eine Verfassung, und sich dazu verpflichten, diese auch einzuhalten. Um einen solchen Sozialvertrag nachhaltig und verlässlich schließen zu können, braucht es jedoch aufgeklärte, gebildete und selbstbewusste Bürger. Dazu bedarf es einer spezifischen und neuen Erziehung, die Menschen nicht zu Untertanen drillt, sondern zu Bürgern erzieht, die einerseits selbstbewusst und andererseits fähig sind, sozial bzw. sozialverträglich zu handeln, Kompromisse zu schließen, nicht nur die eigenen, egoistischen Interessen zu verfolgen, sondern Rücksicht auf das Gemeinwohl zu nehmen. Folgt man *Rousseaus* Erziehungstheorie im Emile, können letztlich nur Menschen einen solchen Sozialver-

---

[106] Siehe dazu die Einleitung zum Emile von *Rang*, der nahelegt, dass *Rousseaus* Reue über diese Tat möglicherweise eine Ursache dafür war, dass er Emile schrieb (bes. S. 25–28).

Abb. 6: *Titelblatt von Gutsmuths' „Gymnastik für die Jugend" mit dem Titelkupfer von Johann Heinrich Lips (1758–1817). Es zeigt in einem antikisierenden Stil nackte Knaben, die um die Statue der Hygieia, der Göttin der Gesundheit, tanzen.*

trag eingehen und einhalten, die entsprechend natürlich und selbstbewusst herangewachsen und nicht von vornherein durch die schlechten Einflüsse von Kultur und Gesellschaft verdorben sind.[107]

Die Erziehungstheorie *Rousseaus* ist deshalb mit der Praxis der (körperlichen) Erziehung nur indirekt verbunden. Sie stellt ein Ideal dar, das die Praxis nie erreichen kann; abgesehen davon, dass man unterschiedlicher Meinung sein kann, ob es sich überhaupt um ein anzustrebendes Ideal handelt. Insofern war das theoretische Modell *Rousseaus* auch wenig geeignet, ein lehr- und lernbares Fachgebiet Leibeserziehung zu konstituieren. Dazu war es nötig, konkret und systematisch die Praxis und Methodik der Leibesübungen zu reflektieren, so wie es *GutsMuths* getan hatte, der deshalb später auch als „Groß- und Erzvater der deutschen Turnkunst" bezeichnet wurde. *Rousseaus* Roman gab für diese Art von praxisnaher Theorie wenig her, aber seine Visionen über eine bessere Erziehung in Romanform waren und sind eine Hilfe, um die Rolle und Bedeutung einer natürlichen Erziehung über den Körper durch Gymnastik und Turnen ermessen und begründen zu können. Sie haben Diskussionen über Formen und

---

[107] Vgl. zu diesem Thema *Luth* (1996).

Ziele der Erziehung seit den Philanthropen immer wieder angeregt und beein-
flußt. *GutsMuths'* Bücher bildeten hingegen in diesem Sinne zusammen mit den
Schriften anderer philanthropischer Erzieher wie *Salzmann, Vieth* und *Villaume*
einen Grundstock an pädagogischer Literatur über körperliche Erziehung, auf
den sich Turn- und Sportpädagogen späterer Jahre immer wieder bezogen.

3 Jahn und das Turnen auf der Hasenheide

Die Geschichte des Turnens knüpft an die der pädagogischen Gymnastik nach
GutsMuths an. Friedrich Ludwig *Jahn* (1778–1852) hat den Begriff Turnen er-
funden. Turnen bezeichnet sowohl die turnerische Praxis als auch die mit dieser
Praxis verbundene Idee; und sie bezieht sich sowohl auf die Geschichte des
Turnens in Vereinen als auch auf die des Schulturnens in Deutschland im
19. Jahrhundert.

Im Turnen und der Turnbewegung lassen sich beide genannten Körpererzie-
hungsmodelle wiedererkennen, das eher rousseauistische und das eher systematische und rationale Konzept, das in Weiterführung der Gymnastik nach
GutsMuths aus dem Turnen ein schulisches Unterrichtsfach in Praxis und Theorie begründete.

Als *Jahn* mit seinen Schülern Wanderungen zur Hasenheide, einem damals noch
naturwüchsigen Gelände außerhalb Berlins unternahm, erinnerte vieles an diese
natürliche, rousseauistische Vorstellung von (Leibes-)Erziehung. Später haben
Schüler *Jahns* immer wieder über dieses natürliche Bewegungsleben und die
„wilden" Spiele berichtet, die dort auf und um den ersten Turnplatz in der Berliner Hasenheide betrieben wurden.[108] Der Turnplatz in der Hasenheide wurde
1811 eröffnet. Heute steht dort ein Jahndenkmal.

Jahn stammte aus einer evangelischen Pfarrersfamilie in Lanz bei Lenzen in
Brandenburg. Er studierte ohne Abschluss in Halle, Jena und Berlin. In Berlin
hatte er 1810 eine Anstellung als Hilfslehrer an einer Knabenschule, der so genannten Plamannschen Anstalt, bekommen. Johann Ernst *Plamann* (1771–1834)
hatte diese Schule 1805 gegründet und sich dabei an den Grundsätzen der
Pädagogik *Pestalozzis* orientiert. Diese beinhalteten auch eine gymnastische
Erziehung der Zöglinge, wie sie *Pestalozzi* 1807 in seinem Werk „Über Körperbildung" beschrieben hatte. Er wollte darin eine „Elementargymnastik" als Teil und
im Rahmen seiner Pädagogik entwickeln.[109] *Jahn* sollte diesen Gymnastikunter-

---

[108] *Maßmann* hat dieses frühe Turnen auf der Hasenheide anschaulich geschildert (In
Hirth & Gasch, 1893, Band 1, S. 479–497).

[109] Johann Heinrich *Pestalozzi*: Über Körperbildung. Als Einleitung auf den Versuch
einer Elementargymnastik (1807). Erstmals erschienen in der „Wochenschrift für
Menschenbildung" (Jg. 1807, 1. Band Nr. 3, 4, 5 und 6. Nachdruck in *Hirth & Gasch,*
1893, Band 1, S. 37–414).

richt an der Plamannschen Anstalt erteilen, gemeinsam mit seinem Kollegen Friedrich *Friesen* (1784-1814). Sie gingen jedoch in ihrem Verständnis von Turnen weit über diese Gymnastik nach *Pestalozzi* hinaus.

Jahn und seine Anhänger verstanden ihr Treiben, das sie als Turnen bezeichneten, auch als eine besondere Form des Protestes und der Kritik an Kultur, Gesellschaft und Politik in dieser Zeit. Das Turnen auf der Hasenheide von 1811 bis zur Schließung des Turnplatzes 1820 durch die preußische Regierung war ein Ausdruck jugendlichen Protests gegen die herrschenden Verhältnisse: gegen die spießbürgerliche Enge und die steifen Formen der guten Gesellschaft; gegen die Franzosen und Kaiser Napoleon, die Preußen und die deutschen Länder erobert und besetzt hielten; gegen die Unfähigkeit und Weigerung der Fürsten und Könige, aus dem in viele Kleinstaaten zersplitterten Deutschland eine vereinte deutsche Nation zu machen; gegen die herrschenden adeligen Eliten in Deutschland, die das Volk immer noch unterdrückten und ihm seine Rechte und Freiheiten verweigerten.

Die Form des Protests der jugendlichen Turner um *Jahn* war ungewöhnlich. Sie stählten ihre Körper, um gegen die Feinde gerüstet zu sein, sie probten ihre Kraft bei Geländespielen, sie turnten an Gerüsten und Geräten, um gegen die Unbill der Natur gewappnet zu sein und sich wie Guerillakämpfer im Gelände sicher bewegen zu können. Das Treiben der Turner wies wohl auch Gemeinsamkeiten mit den Trainingscamps von Freischärlern auf. Aber manches erinnerte ebenfalls daran, was Rousseau im Emile über natürliche Erziehung geschrieben hatte.

In einem wichtigen Punkt unterschied sich allerdings die Erziehung der Jahnschen Turner von der des Emile: Die Turner empfanden sich nicht als Einzelwesen, sondern als Gruppe oder sogar als verschworene Gemeinschaft. Sie gaben sich Regeln für ihr Zusammenleben und gemeinsames Turnen auf dem Turnplatz, und sie entwickelten einen besonderen Kodex turnerischer Sitten und turnerischen Verhaltens, der allerdings von dem bisher gültigen Kodex abwich.

3.1 Frühe Turntheorie

Jahn selbst hat in zwei Büchern seine Vorstellungen über das Turnen, die turnerische Erziehung und das turnerische Gemeinschaftsleben dargelegt. Das erste Buch, das „Deutsche Volkstum", erschien 1810 und enthielt sein theoretisches Konzept einer auf den Ideen von *Fichte* und *Arndt* beruhenden deutschen Nationalerziehung. Die Philosophen Johann Gottlieb *Fichte* (1762-1814) und Ernst Moritz *Arndt* (1769-1860) waren die geistigen Vorbilder *Jahns*; denn sie hatten ebenso wie *Jahn* die Notwendigkeit der Erziehung des ganzen Volkes als Voraussetzung für die Befreiung der Nation begründet und gelehrt. Jahns zweites Buch, „Die Deutsche Turnkunst" von 1816, das er zusammen mit seinem noch jugendlichen Kollegen Ernst *Eiselen* (1793-1846) herausgab, beschreibt das Turnen und die turnerische Erziehung in ihren Zielen, Inhalten und Formen bis hin zu Verhaltens- und Kleiderordnungen und zum turnerischen „Sittengesetz", dem „frisch, frei, fröhlich und fromm", wie es sich *Jahn* und seine Freunde vorstellten.

Abb. 7: Erste Karikatur Friedrich Ludwig Jahns (1778-1852) von Johann Michael Voltz (1784-1858) Quelle: Steins, Gerd: Turnplatz Hasenheide 175 Jahre. Loseblattsammlung zur Ausstellung „175 Jahre Hasenheide". Berlin: 1986, Blatt 7.

Das eigentlich Neue des Jahnschen Turnens waren weniger die körperlichen Übungen selbst, die sich kaum von denen unterschieden, die bereits *GutsMuths* beschrieben und in Schnepfenthal praktiziert hatte, als vielmehr der turnerische Geist, in dem sich dieses Turnen vollziehen sollte. *Jahn* fasste die Erziehungs-idee des Turnens wie folgt zusammen: „Die Turnkunst soll die verloren gegan-gene Gleichmäßigkeit der menschlichen Bildung wiederherstellen, der bloß ein-seitigen Vergeistigung die wahre Leibhaftigkeit zuordnen, der Überverfeinerung in der wiedergewonnenen Mannlichkeit das notwendige Gegengewicht geben, und im jugendlichen Zusammenleben den ganzen Menschen umfassen und ergreifen".[110]

Gegen Schulmeisterei

Ein solches ganzheitliches Erziehungsideal vertraten auch die Philanthropen. Die „Verzärtelung" und „Überfeinerung" der höfischen Erziehung hatte schon *Guts-*

---

[110] Friedrich Ludwig *Jahn*: Die Deutsche Turnkunst (1816). (In Jahns Werke. Hrsg. von Karl *Euler*, Band 2/1, S. 1–156, hier S. 110).

Muths kritisiert und seine Gymnastik als ein alternatives Modell einer vernünftig-natürlichen Erziehung dagegengestellt. Mit der „wiedergewonnen Mannlichkeit" meinte Jahn einerseits die physische Erziehung junger Männer als Kämpfer und Vaterlandsverteiger, andererseits aber auch damals positiv besetzte männliche Tugenden wie Mut und Tapferkeit.

Jahn zielte nicht auf die Erziehung des Einzelnen, sondern auf das „jugendliche Zusammenleben" oder anders gesagt auf die Entwicklung eines Gefühls der Zusammengehörigkeit des Volkes. Während die Gymnastik nach *GutsMuths* „Arbeit im Gewande jugendlicher Freude" sein sollte, war Turnen Gymnastik in nationalem Geist. Dieser nationale turnerische Geist vertrug sich anfangs nicht mit systematischem Unterricht, mit „Schulsteifheit" und Schulmeisterei. „Der Turnplatz ist kein Drillort", schrieb *Jahn* (1816, S. 230). Auf dem Turnplatz rede-ten sich alle mit dem brüderlichen „Du" an, weil alle zu einer deutschen Nation gehören; alle hatten eine einheitliche, altdeutsche graue Turntracht an, Unter-schiede der Herkunft und des Standes sollten auf dem Turnplatz keine Gültigkeit haben, Probleme sollten gemeinsam auf dem „Tie" beraten werden. Von jedem einzelnen Turner wurde ein Höchstmaß an Disziplin und Selbstverpflichtung erwartet. Das Leben auf dem Turnplatz sollte ebenso wie das bürgerliche Leben allgemein nicht mehr durch eine starre hierarchische Ordnung, sondern durch die alle(s) durchdringende nationale Idee und durch selbst gesetzte Regeln bestimmt sein.

Jahn war kein Theoretiker der Erziehung; er war auch kein Systematiker der Lei-besübungen und Leibeserziehung wie *GutsMuths*. Aber er hat das Turnen als eine Form nationaler und volkstümlicher Erziehung über und durch körperliche Übungen und Spiele begründet, die das ganze 19. Jahrhundert über dominie-rend war.

Zunächst wurde jedoch das Turnen wegen seiner politischen und revolutionären Ausrichtung 1820 verboten. *Jahn* selbst wurde verhaftet und eingesperrt. Diese „Turnsperre", wie *Jahn* und die Turner sie selbst nannten, wurde deshalb ver-hängt, weil die Turner mit den umstürzlerischen Bestrebungen der studentischen Burschenschaften und der bürgerlichen Opposition in Deutschland in Verbin-dung gebracht wurden.[111]

Als das Turnen und die Gründung von Turnvereinen ab 1842 wieder erlaubt wur-den, handelte es sich nicht mehr um dasselbe Turnen, das *Jahn* und seine Turn-freunde betrieben hatten. Die alten Ziele blieben zwar oberflächlich gesehen gleich, aber jetzt wurden Ordnungen und Satzungen beschlossen, die zur Geneh-migung bei den Behörden vorgelegt werden mussten. Turnexperten machten sich daran, die Übungen zu systematisieren, das Turnen wurde strenger und for-maler, das Zusammenleben geregelter, die Übungen starr und drillmäßig, also das Gegenteil von dem, was *Jahn* anfangs im Sinn hatte. Das Turnen wurde ver-schult, und Turnplätze wurden zu Drillorten.

---

[111] Zur frühen Turngeschichte als Politik- und Gesellschaftsgeschichte siehe besonders *Düding* (1984); sowie *Langewiesche* (1990, S. 22–61).

3.2　Turnen und romantische Pädagogik

Jahn wurde über seine politische Bedeutung hinaus aufgrund seines nationalpä-
dagogischen Turn- und Erziehungskonzepts von dem Philosophen und Pädagogen Otto Friedrich *Bollnow* (1903–1991) zu den Vertretern der „Pädagogik der
deutschen Romantik" gezählt (*Bollnow*, 1977). Neben Johann Gottlieb *Fichte*
(1762–1814) und Ernst Moritz *Arndt* (1769–1860) gehörten zu diesem Kreis Jean
Paul (Johann Paul Friedrich *Richter*) (1762–1825) und Friedrich *Fröbel* (1782–
1852), die bei aller Unterschiedlichkeit als Gemeinsamkeit aufweisen, dass sie
das idealistische und romantische Gedankengut in Dichtung und Philosophie
ihrer Zeit pädagogisch umzusetzen versuchten. Erziehung sollte mehr sein und
mehr bedeuten als bloße Wissensvermittlung und Abrichtung, sondern junge
Menschen sollten auch in ihrem Seelen- und Gefühlsleben sowie in ihrer Leiblichkeit wahrgenommen werden. Erziehung sollte diese emotionale Dimension
des Menschseins berücksichtigen.

Ähnlich wie *Rousseau* vertrat *Arndt* eine Erziehung, die „negativ" sein und den
natürlichen Prozess der Entfaltung der dem Menschen innewohnenden Kräfte
nicht stören sollte. Jean *Paul* sprach in seinem Erziehungsroman „Levana oder
Erziehungslehre" von einer „entfaltenden Erziehung", deren Zweck er darin sah,
das Innere des Menschen und seine kreativen Kräfte aufzuschließen. Er schätzte
besonders die erzieherische Bedeutung der Spiele, die die Kinder heiter stimm-
ten und deshalb dazu beitrügen, ihr „freitätiges Ich" zu entwickeln.

Friedrich *Fröbel* (1782–1852), der wie *Jahn* 1813 im Lützower Freicorps an den
Befreiungskriegen gegen Napoleon teilgenommen hatte und als Begründer des
Kindergartens in die Geschichte der Pädagogik einging, wird von *Bollnow* als
„Blüte der romantischen Pädagogik" bezeichnet. *Fröbel* sah die Grenzen einer
nur „negativen" Erziehung im Sinne *Rousseaus*. Er unterscheidet deshalb zwischen einer „nachgehenden" und „vorschreibenden" Erziehung. Erstere, also die
„nachgehende" Erziehung, fördere die natürliche Entfaltung der inneren Kräfte
und Anlagen eines Menschen. Sie hatte für *Fröbel* Vorrang und bildete nach
seinem Konzept das Schwergewicht der Erziehung im Kleinkindalter im Kindergarten. Dagegen beginne die vorschreibende, bestimmende und fordernde Er-
ziehungsweise erst auf einer späteren Entwicklungsstufe des Kindes- und
Jugendalters mit der Entwicklung eines klaren Bewusstseins hin zum Erwachsenenalter (*Fröbel*, Die Menschenerziehung, bes. § 13, S. 17 ff.).

Das Spiel ist ein wesentliches Element der komplexen Erziehungsphilosophie
Fröbels. Spiele sind vor allem in den frühen Kindheitsjahren unerlässlich, um
die nach *Fröbel* zentrale Aufgabe der Erziehung zu erfüllen, den Menschen zu
einem sich bewusst werdenden, selbstbestimmten Wesen zu entwickeln, oder,
wie es *Fröbel* ausdrückte, „Innerliches äußerlich, Äußerliches innerlich zu
machen"; denn darin sah er die Bestimmung des Menschen, sich nach außen
hin zu verwirklichen und gleichzeitig das Äußere in sich aufzunehmen und sich
bewusst zu machen (*Bollnow*, 1977, S. 127). Um dieses pädagogische Ziel zu
erreichen, hat *Fröbel* u. a. ein differenziertes System von „Spielgaben" entwickelt, die es Kindern ermöglichen sollen, solche fundamentalen Erfahrungen
zu machen. Für die „Knabenzeit" empfahl er vor allem Gemeinschaftsspiele.

Wenn *Fröbel* von Knabenzeit sprach, bedeutete dies nicht, dass er nicht auch die Erziehung von Mädchen, insbesondere im Kindes- und Kindergartenalter im Blick gehabt hätte. Referenzpunkt war jedoch auf dem Hintergrund des zeitgenössischen Verständnisses von den Geschlechtern und ihren Rollen und Aufgaben in der Gesellschaft, die männliche Erziehung bzw. die Erziehung von Knaben zu Männern.

Die Pädagogik der Romantik war für die Entstehung und Entwicklung von Theorie und Praxis der Leibesübungen und Leibeserziehung von besonderer Bedeutung, weil zum ersten Mal etwas heute Selbstverständliches, aber bis dahin nicht Erkanntes thematisiert wurde: Dass durch Gymnastik, Spiel und Bewegung vor allem auch emotionale und verborgene Seiten eines Menschen angesprochen werden können. Körperliche Bildung und Erziehung sollen und können das Seelenleben oder die psycho-physische Entwicklung des Menschen positiv beeinflussen. Wie bei den Philanthropen spielten in der Pädagogik der Romantik der Körper und das Körperliche in der Erziehung eine besondere Rolle.

4 Schulturnen und Turnsysteme

Die Entwicklung der Praxis der körperlichen Erziehung wurde durch die Bemühungen der Kultusbehörden in den Ländern des Deutschen Bundes und vor allem Preußens vorangetrieben, Turnen und Gymnastik als reguläre Bestandteile der Erziehung in den staatlichen Schulen zu verankern. Die Politik folgte der gesellschaftlichen Praxis, und nun galt es, zu dieser Praxis ein theoretisches, didaktisches Konzept zu entwickeln, das es ermöglichte, Turnen nach einem allgemeinen Muster oder System an den staatlichen Schulen zu betreiben. Der Staat hatte erkannt, dass die körperliche Erziehung einen wichtigen Beitrag zur Gesamterziehung leistet. Aber welche Inhalte und welche Formen des Turnens und der Gymnastik sollten an den Schulen unterrichtet werden? Welche Ziele, Inhalte und Methoden sollte eine schulische Körpererziehung beinhalten? Welche Lehrkräfte konnten und sollten diesen Unterricht erteilen?

Der preußische König Friedrich Wilhelm IV. verkündete in seinem Schulturnerlass vom Juni 1842, dass die „Leibesübungen als ein notwendiger und unentbehrlicher Bestandteil der männlichen Erziehung förmlich anerkannt und in den Kreis der Volkserziehungsmittel aufgenommen" seien.[112] Damit war aber noch nicht gesagt, wie das Turnen und die körperliche Erziehung an den Schulen konkret aussehen sollten. Ein Turnen nach der Art des Hasenheide-Turnens war nicht mehr möglich. Es widersprach der formalen und autoritären

---

[112] In „Verordnungen und amtliche Bekanntmachungen das Turnwesen in Preußen betreffend" (Gesammelt von C. *Euler* und G. *Eckler*. Berlin 1902, S. 1. Vgl. auch M. *Krüger,* 2005 b, S. 81).

Ordnung in den staatlichen Schulen, und es war kaum in konkreten, schulmäßigen Unterricht zu übertragen. Wenn Turnen zu einem Schulfach werden sollte, musste es verändert werden. Es musste klare und systematisch aufbereitete Lern- und Übungsstoffe bereithalten, Inhalte, die gelehrt, gelernt und geübt werden konnten.

4.1 Das Spießsche Schulturnen

Es war das Verdienst von Adolf *Spieß* (1810–1858), das Turnen und die Gymnastik schul- und unterrichtsfähig gemacht zu haben. In seiner Schrift „Gedanken über die Einordnung des Turnwesens in das Ganze der Volkserziehung" (1842) hatte sich *Spieß* über grundsätzliche turnpädagogische und turnorganisatorische Fragen der Verbindung des Turnens mit der Schule geäußert. In seiner „Lehre der Turnkunst", die er in den Jahren 1840 bis 1846 verfasste, entwickelte er sein „Turnsystem", das man mit modernen Begriffen als Turndidaktik und Turnmethodik bezeichnen könnte. In seinem „Turnbuch für Schulen" aus dem Jahr 1847 ging es um methodische Aspekte des Turnens in den Schulen. *Spieß* war mit der Tradition des *Jahn*schen Turnens aufgewachsen, aber als er in der Schweiz in Burgdorf und Basel als Turnlehrer unterrichtete, kam er auch mit den pädagogischen Ideen *Pestalozzis* in Berührung, der ebenfalls die „Elementargymnastik" als Teil und Mittel einer ganzheitlichen Erziehung angesehen hatte.

Johann Heinrich *Pestalozzi* (1746–1827), dessen Pädagogik auch *Jahn* in seiner Berliner Zeit in der *Plamann*schen Anstalt kennengelernt hatte, betrachtete die „physische" Erziehung als Teil seines Konzepts einer ganzheitlichen Menschenbildung. *Pestalozzi* sprach von der Erziehung von Kopf, Herz und Hand, die zusammen gehörten. „Die Natur gibt das Kind als ein untrennbares Ganzes", schrieb er, „als eine wesentliche organische Einheit mit vielseitigen Anlagen des Herzens, des Geistes und des Körpers. Sie will entschieden, dass keine dieser Anlagen unentwickelt bleibe ... Die Entwicklung des einen ist nicht nur mit der Entwicklung des anderen unzertrennlich verbunden, sondern sie entwickelt eine jede dieser Anlagen vermittelst der anderen und durch sie. Die Entfaltung des Herzens wird ein Mittel selbst, auch den Geist, die des Geistes, den Körper, und umgekehrt zu entfalten."[113] *Pestalozzi* war der Auffassung, dass es die Aufgabe der Erziehung sei, diese Anlagen des Herzens, des Geistes und des Körpers insgesamt und im Zusammenwirken miteinander zur Entfaltung zu bringen. In seiner „Elementargymnastik" schlug er ein Modell von körperlicher Erziehung vor, das auf eine systematische Schulung aller Bewegungsmöglichkeiten des menschlichen Körpers abzielte und mit der Entwicklung der kognitiven und emotionalen, seelischen Fähigkeiten und Fertigkeiten korrespondieren sollte.

---

[113] *Pestalozzi*, „Über Körperbildung" (Gesammelte Werke, Band 2, S. 151. Auch abgedruckt in *Hirth & Gasch*, 1893, S. 385).

Turnen wird unterrichtsfähig

Spieß stimmte in dieser Zielsetzung der körperlich-turnerischen Erziehung mit *Pestalozzi* überein. Er war sich bewusst, dass das Turnen als schulisches Erziehungsmittel nur dann eine Zukunft haben konnte, wenn es auch als reguläres Unterrichtsfach organisiert und gelehrt würde. Deshalb trat er dafür ein, dass der Turnunterricht für jeden Schüler – und auch für jede Schülerin – verpflichtend sein sollte, dass dieser Unterricht von wissenschaftlich ausgebildeten Lehrern klassenweise zu erteilen und vom Direktor der Anstalt zu verantworten sei. Der Schulturnplatz sollte möglichst nahe an der Schule, auf keinen Fall außerhalb der Stadt gelegen sein, weil er dann von den verantwortlichen Lehrern nur schwer zu kontrollieren wäre. Um den Unterricht auch im Winter durchführen zu können, sollten Turnhallen gebaut werden. Um einen solchen regulären Unterricht in Turnen und Gymnastik organisieren und erteilen zu können, musste der turnerische Übungsstoff klar und übersichtlich gegliedert und systematisiert werden. Möglichst viele Schüler mit unterschiedlichen Leistungsvoraussetzungen sollten effektiv und gleichzeitig unterrichtet werden können.

Spieß schuf ein eigenes System von Frei- und Ordnungsübungen, das es ermöglichte, zu gleicher Zeit alle Schüler dieselben Übungsfolgen auf Kommando des Lehrers ausführen zu lassen. Das war sehr wirkungsvoll; denn es entstand kaum Leerlauf in diesem Turnunterricht. Es entsprach auf dem Turnplatz und in der Turnhalle dem Modell des Frontalunterrichts, das der Pädagoge Georg Friedrich *Herbart* (1776–1841) etwa zur selben Zeit erfolgreich für den Klassenunterricht *entwickelt* hatte. Der *Herbartianismus* wurde seit dem 19. Jahrhundert zur erfolgreichsten und nachhaltigsten Unterrichtslehre in den Schulen (*Blankertz*, 1992). Das Spießsche Schulturnen gehörte im Hinblick auf die körperliche Erziehung zu diesem didaktischen Paradigma. Alle Schüler einer Klasse, die damals oft sehr groß waren, oder sogar einer ganzen Schule konnten gleichzeitig an diesem Unterricht teilnehmen. Es war gewährleistet, dass alle Schüler diejenigen Übungen absolvierten, auf die es dem Lehrer und der Schule ankam. Im Prinzip brauchte man auch keine Turnhalle. Die Übungen konnten sogar im Klassenzimmer oder im Freien auf dem Pausenhof durchgeführt werden. Sie wurden ohne Geräte am Platz exerziert, sollten die Muskeln kräftigen, den ganzen Körper bilden und damit die Körperbeherrschung schulen. Jede Übung war genau vorgeschrieben und sollte willentlich gesteuert werden, je nach den Anweisungen des Lehrers.

Es gab damals noch keine Lehrerausbildung, in der auch Turnen und Gymnastik eine Rolle gespielt hätte. Die meisten Lehrkräfte, die Turnen unterrichteten, sofern der Direktor einer Schule dies erlaubte, waren entweder Turner, die das *Jahnsche* Turnen aus ihrer Studentenzeit kannten, oder ehemalige Wachtmeister oder Unteroffiziere, die eher militärische Drillübungen aus ihrer Dienstzeit kannten. Da es kaum Turngeräte und noch weniger Turnhallen gab, war man froh, mit den Frei- und Ordnungsübungen nach dem System von Adolf *Spieß* einen systematisch geordneten und klar vermittelbaren Übungsstoff zur Verfügung zu haben, der es erlaubte, mit einer großen Zahl an Schülern und zunehmend auch Schülerinnen gleichzeitig und effektiv körperliche Übungen durchführen zu können.

4.2 Der preußische Barrenstreit

Dieses System von turnerischen Leibesübungen setzte sich in der zweiten Hälfte des 19. Jahrhunderts in ganz Deutschland durch. Eine wichtige Etappe auf diesem Weg zum „Sieg des Spießschen Schulturnens", wie es der Turnhistoriker Edmund *Neuendorff* nannte, bildete der so genannte Barrenstreit in Preußen.[114] Er hatte seinen Namen von einem oberflächlich betrachtet eher nebensächlichen Ereignis. Der Leiter der preußischen Zentralturnanstalt in Berlin, die für die Ausbildung von Turnlehrern für die höheren Schulen und für die Armee zuständig war, Leutnant Hugo *Rothstein* (1810–1865), hatte Barren und Reck aus der Anstalt entfernen lassen. Die Turnlehrerausbildung in Preußen sollte sich nicht mehr an dem Modell des „deutschen Turnens", sondern an dem rationellen System der schwedischen Gymnastik orientieren.

Abb. 8: Hugo Rothstein war der wichtigste Vertreter der schwedischen Gymnastik in Deutschland. Er setzte sich für eine wissenschaftliche Grundlegung der Gymnastik und eine wissenschaftlich-akademische Ausbildung von Lehrkräften der Gymnastik ein (In: Deutsche Turner in Wort und Bild, hrsg. von Hugo Rühl. Leipzig und Wien, Verlag von A. Pichlers Witwe & Sohn, 1901, S. 210/211).

Diese schwedische Gymnastik, die auf *GutsMuths* und den schwedischen „Gymnasiarchen" (Lehrer der Turnlehrer) Per Henrik *Ling* (1776–1839) zurückging, unterschied sich von dem nationalen deutschen Turnen darin, dass sie keine Übungen an Turngeräten enthielt, sondern aus einer funktionalen Gymnastik bestand, die nach der Auffassung *Rothsteins* besser geeignet zu sein schien, den Körper der Übenden systematisch zu schulen, zu kräftigen, gesund zu erhalten und am Ende wehrtüchtige Soldaten auszubilden.

---

[114] *Neuendorff* (1936, Band IV, S. 96–150). Zum Barrenstreit im Einzelnen M. *Krüger* (1996, S. 185–224).

Turner und Turnexperten in Preußen und Deutschland protestierten gegen das schwedische Turnen und gegen *Rothstein*. Auf Turnfesten und Turnerversammlungen wurden Erklärungen verabschiedet und Protestnoten nach Berlin geschickt, in denen die Entlassung *Rothsteins* und die Wiedereinführung von Barren und Reck gefordert wurden. Der Streit um den Barren einte die Turner in den Vereinen. Er führte dazu, dass sie nicht nur geschlossen ein staatlich verantwortetes, organisiertes und finanziertes Schulturnen nach „deutschem System" forderten, sondern dass auch die Turnexperten und Turnlehrer intensiv an einem Turnsystem arbeiteten, das schulgerecht und effektiv angewendet werden konnte. Der Streit forderte sie außerdem heraus, nach Argumenten und Begründungen zu suchen, welche Ziele das Schulturnen erreichen sollte, welche Inhalte es dementsprechend aufweisen müsste und wie es am besten organisiert werden könnte.

Die ersten Turnlehrerversammlungen in Deutschland fielen in diese Zeit des „Barrenstreits" – 1861 fand die erste in Berlin statt. Auch dort wurden im Kreis der Turnlehrer die im Zusammenhang mit dem Barrenstreit aufgeworfenen sowohl politischen als auch theoretischen, didaktischen und praktisch-methodischen Fragen des Turnens in den Schulen diskutiert.

Das „richtige" Turnen (Rudolf Virchow)

In den Jahren von 1860 bis 1863, in denen der Streit um Barren und Reck ausgetragen wurde, erschien eine Fülle von turntheoretischer Literatur, angefangen von der Streitschrift des Berliner Arztes Emil *du Bois-Reymond* „Über den Barren" bis zu medizinischen Gutachten, die den gesundheitlichen Wert von Turnen und Gymnastik belegen sollten.[115] Der Streit um den Barren reichte bis ins preußische Abgeordnetenhaus, in dem der berühmte Arzt und liberale Abgeordnete Rudolf *Virchow* (1821–1902) 1862 eine Debatte über das richtige Turn- und Körpererziehungssystem eröffnete.

Diese parlamentarische Diskussion im preußischen Abgeordnetenhaus ist ein Hinweis auf die politische Reichweite nicht nur des Barrenstreits, sondern grundsätzlich der körperlichen Erziehung. Im Barrenstreit ging es nicht nur um die Frage, wie geturnt werden sollte und welche Art von Turnen gesund ist, sondern auch, welche politische und gesellschaftliche Rolle und Bedeutung eine bestimmte Art der körperlichen Erziehung spielen könnte. Hinter dem Barrenstreit verbarg sich ein Machtkampf in Preußen zwischen dem König und der liberalen Opposition im Parlament, der sich um die Frage drehte, ob und welchen Einfluss das Parlament auf die allein dem König vorbehaltene Militärpolitik ausüben könnte.

In der preußischen Militärpolitik setzten sich der König und die Regierung durch, an ihrer Spitze der preußische Ministerpräsident Otto *von Bismarck*. Der Streit um den Barren endete jedoch mit der Entlassung *Rothsteins* und mit der Wiederauf-

---

[115] Die Fülle der im Zusammenhang des Barrenstreits erschienenen turntheoretischen Literatur geht aus der von *Lion* in den „Pädagogischen Jahresberichten für die Volksschullehrer Deutschlands und der Schweiz" zusammengestellten Bibliographie hervor, bes. die Jahrgänge 1863 bis 1865.

stellung des Barrens in der Zentralturnanstalt. Dieser Sieg des deutschen Turnens war aber in Wahrheit ein Sieg des *Spieß*schen Systems des Turnens; denn in der ausführlichen turntheoretischen Debatte um das richtige, wünschenswerte Turnen für Schule und Verein waren die Turnlehrer und Turnexperten zu dem Ergebnis gekommen, dass nicht ein freies Turnen auf dem Turnplatz nach dem Modell von *Jahn* oder *Maßmann*, sondern nur ein wissenschaftlich-rational begründetes und geordnetes Turnen nach *Spieß* mit Frei- und Ordnungsübungen und in der Verantwortung fachlich ausgebildeter Lehrer den Anforderungen gerecht werden konnte, die an ein unterrichtsfähiges, schulmäßies Turn- und Körpererziehungsmodell gestellt wurden.

Die turnpolitische Diskussion um den Barren war ein wichtiger Abschnitt in der Entstehung und Entwicklung einer pädagogischen Theorie der Leibesübungen und körperlichen Erziehung. Sie zeigte, dass die Herausbildung einer pädagogischen Theorie und Praxis turnerischer Leibesübungen im 19. Jahrhundert weniger das Ergebnis einer pädagogischen Spezialisierung und Ausdifferenzierung war, sondern auf eine politische Auseinandersetzung im Zusammenhang mit der Demokratisierung und Parlamentarisierung von Staat und Gesellschaft zurückging.

Die turnpädagogischen Schriften und Modelle, die in jener Zeit entstanden sind, ebenso die Argumente, die zur Begründung von Gymnastik und Turnen als ordentliches Unterrichtsfach angeführt wurden, sind weniger Ausdruck einer theoretisch-pädagogischen Reflexion, sondern eher gesellschaftlicher und politischer Entwicklung. Die Turnbewegung war ein Teil der bürgerlichen, liberalen und nationalen Kräfte in Deutschland, die sich mit ihrem Anspruch durchsetzen konnten, Turnen als nationale Leibesübung in Schule und Verein zu verankern. Turnen wurde jedoch von den akademischen, bildungsbürgerlichen Eliten nicht als ein akademisches Fach an den Universitäten angesehen und anerkannt. Die Ausbildung der Lehrkräfte für Turnen erfolgte nicht an den Universitäten, wie *Spieß* gefordert hatte und wie dies auch für Lehrer an Gymnasien in den klassischen Fächern wie Latein und Mathematik der Fall war. Turnen wurde damals nicht zum studierfähigen Fach an den Universitäten, sondern es wurde an speziellen Turnlehrerbildungsanstalten für bereits ausgebildete Lehrer und an den Lehrerseminaren für die Volksschullehrer unterrichtet.

4.3 Schulturnen und Turnlehrerbildung

Ein wesentliches Element der Konstituierung und Entwicklung einer wissenschaftlichen Disziplin ist ihre Institutionalisierung. Dazu gehört die Gründung von Einrichtungen, in denen systematisch und nach verbindlichen Maßstäben Lehrkräfte ausgebildet werden. Dieser Schritt erfolgte mit der Gründung von Turnlehrerbildungsanstalten. Ihre Einrichtung und Entwicklung waren wichtige Schritte auf dem Weg zu einer Professionalisierung der Unterrichts- und Lehrtätigkeiten im Turnen in Schulen und Vereinen.

Das Turn- und Körpererziehungssystem nach *Spieß* setzte sich nach 1871 überall in Deutschland durch, nachdem es zur Gründung des Deutschen Reiches gekommen war. Jetzt waren die politischen und nationalen Voraussetzungen geschaffen, um dieses Schulturnen im ganzen Land zu verbreiten. Selbst die Vereinsturner, die sich lange Zeit gegen das pedantische und verdrillte *Spieß*sche Turnen, das „Gliedermannsturnen", gewehrt hatten, schwenkten auf sein Modell der Didaktik und Methodik des Turnens ein. In den Vereinen wurden im Deutschen Kaiserreich die in Gruppen und gemeinsam ausgeführten *Spieß*schen Frei- und Ordnungsübungen zum vorherrschenden Bild der turnerischen Leibesübungen. Aber in den Vereinen wurde auch das riegenweise Turnen an Geräten, das auf die Tradition *Jahns* und *Eiselens* zurückgeht, gepflegt.

Das *Spieß*sche Turnen wurde von den Schulverwaltungen fast aller Länder in Deutschland geschätzt und gefördert, weil es für jeden sichtbar zu Disziplin, Ordnung und Gehorsam anhielt, gleichzeitig zur Kräftigung und Gesunderhaltung der preußisch-deutschen Untertanen beitrug. Ziele, Inhalte und Methoden des Turnunterrichts konnten in Turnlehrbüchern beschrieben und in Lehrplänen verbindlich vorgeschrieben werden. Der militärische Ton, der in die Schulturnhallen einzog, wurde damals gern gehört, weil jeder patriotische deutsche Bürger und Politiker davon überzeugt war, dass Turnen und Schulturnen auch zur Wehrtüchtigkeit beizutragen haben, eine „Vorschule für den Wehrmann" sein sollten, wie sich *Spieß* selbst ausgedrückt hatte.

Erfolg und Verbreitung des *Spieß*schen Turnsystems lassen sich damit erklären, dass es gelang, eine Theorie von Körpererziehung sowohl in pädagogischer als auch methodischer sowie politischer und organisatorischer Hinsicht zu entwerfen und schriftlich festzuhalten, die sich mit den Notwendigkeiten der Praxis des Turnens in der Schule, aber auch in den Vereinen deckte. Im preußischen Schulturnerlass von 1842 hatte es geheißen, dass es „notwendig sei, der Erhaltung und Kräftigung der körperlichen Gesundheit eine besondere Sorgfalt zu widmen und durch eine harmonische Ausbildung der geistigen und körperlichen Kräfte dem Vaterlande tüchtige Söhne zu erziehen". Die Vereinsturner in Deutschland, die sich 1860 in Coburg zur Deutschen Turnerschaft zusammenschlossen, hatten in einer Denkschrift als Ziel des Vereinsturnens formuliert, „dem Vaterlande ganze, tüchtige Männer zu erziehen".[116] Das Turnsystem nach Adolf *Spieß* und seine theoretische Begründung und Bearbeitung entsprachen diesen für notwendig erachteten Aufgaben der Praxis der Körpererziehung der männlichen Jugend in Schule und Verein.

Wie verhielt es sich mit dem Mädchenturnen? Es setzte sich erst gegen Ende des 19. Jahrhunderts allmählich durch, wurde aber nach denselben Prinzipien, die *Spieß* vertreten hatte, erteilt. Viele Turnpädagogen, die *Spieß* nachfolgten, entwickelten sein System weiter. Hervorzuheben ist Alfred *Maul* (1828–1907) aus Karlsruhe.

---

[116] *Euler* und *Eckler* (1902, S. 1); Statistisches Jahrbuch der Turnvereine Deutschlands 1863, XXVI.

Turnlehrer und Turnlehrerbildungsanstalten

Das *Spieß*sche Turnen wurde an den Turnlehrerbildungsanstalten, die zuerst in Dresden (1850), Berlin (1851), dann in Stuttgart (1862), Karlsruhe (1869) und München (1872) gegründet wurden, unterrichtet und in Turnlehrerkursen an die Lehrer weitergegeben. Die Gründung und der Ausbau von solchen Einrichtungen zur Lehrerbildung zum Zweck der Ausbildung qualifizierter Fachkräfte für körperliche Erziehung bedeuteten einen wichtigen Impuls für die Entwicklung der Theorie der körperlichen Erziehung bzw. der Leibeserziehung; denn hier wurden nicht nur Lehrer und ab der Jahrhundertwende zunehmend auch Lehrerinnen und zum Teil auch Vorturner und Vorturnerinnen in den Vereinen in der Turnmethodik unterrichtet, sondern es entstand eine große Anzahl von Lehrbüchern und Schriften zur Bedeutung des Turnens.[117] Turnen wurde zum Ausdruck und Symbol nationaler Körperkultur und Körpererziehung in Deutschland.

Die Turnlehrer trafen sich seit 1861 regelmäßig bei Turnlehrerversammlungen, auf denen über turnfachliche und berufsständische Fragen gesprochen wurde. 1893 schlossen sie sich zum Deutschen Turnlehrerverein zusammen, dem Vorläufer des heutigen Deutschen Sportlehrerverbandes (DSLV), der wiederum aus dem „Bundesverband Deutscher Leibeserzieher" hervorging und sich 1973 in DSLV umbenannte.

Der wissenschaftlich (aus)gebildete Turnlehrer, den *Spieß* gefordert hatte, blieb jedoch die Ausnahme. Ein Turnstudium an den Universitäten gab es nicht. Und die Bereitschaft der akademisch gebildeten Lehrer, einen Turnlehrerkurs an einer Turnlehrerbildungsanstalt zu belegen, hielt sich in Grenzen. Entweder wurde der Turnunterricht fachfremd an den Schulen erteilt, oder es wurden Fachturnlehrer oder Vereinsturnlehrer als Hilfslehrer eingestellt. An den Lehrer- und Lehrerinnenseminaren, in denen die Volksschullehrer ausgebildet wurden, gehörten Gymnastik und Turnen allerdings zum Bestandteil der Ausbildung; zum Teil in Verbindung mit den Turnlehrerbildungsanstalten. Obwohl sich viele Gelehrte, Lehrer, Profesoren, Ärzte und Juristen für das Turnen engagierten, gelang es nicht, Turnen als wissenschaftlich-akademisches Fach in den Universitäten zu verankern. Es wurde eher als technisches Lehrfach betrachtet. D. h., die technische Kenntnis von Turnübungen und ihre methodische Vermittlung stand im Vordergrund, aber nicht ihre geistige Durchdringung sowie wissenschaftliche Analyse und Erforschung. Kenntnisse darüber mussten nicht eigens studiert, sondern konnten in einem Aus- und Fortbildungskurs erworben werden (vgl. *Stibbe,* 1993; *Linder-Grotheer,* 1986). Turnen wurde zwar überall zu einem anerkannten schulischen Unterrichtsfach, aber es war auch ein Fach von eher geringem Ansehen, das allmählich sowohl bei den Lehrern als auch bei den Schülern immer unbeliebter wurde. Sie fanden immer weniger Freude am Tur-

---

[117] Die vom Leiter der Turnlehrerbildungsanstalt in Dresden, Moritz *Kloss* (1818–1881), herausgegebenen „Neuen Jahrbücher der Turnkunst", die sich als Organ der deutschen Turnlehrer verstanden, geben davon Zeugnis.

nen, weil es langweiliger, starrer und formalisierter wurde und dem Bedürfnis von Kindern und Jugendlichen nach freier Bewegung und spielerischer Entfaltung nicht mehr entsprach.

5   Kritik und Reform

Die Kritik an diesem systematischen und erstarrten Turnen ließ nicht lange auf sich warten. Sie schlug sich in der Produktion von Literatur nieder, regte zur Diskussion an und trug damit zur Konstituierung des sportpädagogischen Fachgebiets bei. Die Kritik kam aus verschiedenen Richtungen. Am Turnunterricht wurde nun das kritisiert, was zu seinem Erfolg und seiner Verbreitung beigetragen hatte. Turnen war ein formales, rational durchdachtes und begründetes System geworden. Dies gilt insbesondere für das Schulturnen. Aber gerade deshalb schien diesem Turnunterricht genau das abhanden zu kommen, was von ihm eigentlich erwartet wurde: ein Ort freier Bewegung zu sein. Es kamen Zweifel auf, ob diese Art des Turnens nach Spieß das Versprechen noch einlösen könnte, die Gesundheit und Kraft des Volkes, auch seine Wehrkraft, zu heben.

5.1   Spiel, Sport und Mädchenturnen

Eine grundsätzliche Kritik am systematischen Schulturnen hatte 1862 der liberale Heidelberger Literatur- und Geschichtsprofessor Georg Gottfried *Gervinus* (1805–1871) in einer Denkschrift für den badischen Großherzog Friedrich I. geäußert. Er nannte den Turnunterricht in Deutschland eine „mechanische, herdenmäßige Abrichtung", eine „Entwürdigung und Quälerei des Drillens". Er empfahl dagegen „Übungen einer freieren Art", wie sie etwa in England an den *public schools* praktiziert würden. „Die englische Jugend turnt nicht. Aber sie erhält durch ihre Laufspiele, ihr Ballschlagen, ihr Boxen und andere derartige Bräuche eine ganz andere Übung und Willenskraft, der freien Bewegung, der Geistesgegenwart, der persönlichen Selbstständigkeit, als sie je bei unserem üblichen Turnunterricht erlangt werden kann".[118]
Damals fielen *Gervinus'* Kritik und Rat noch auf taube Ohren, aber als gegen Ende des Jahrhunderts diese Spiele und Übungen aus England unter dem Namen Sport in Deutschland auftauchten, kam Bewegung in das erstarrte Schulturnen und in das Vereinsturnen. Die Schulverwaltungen in den Ländern des Deutschen Reichs und die Turnlehrer bemühten sich jetzt um eine Reform, auch wenn sie sich mit dem Sport aus England zunächst nicht anfreunden konnten. Eine Reform des Turnens strebten sie über eine Förderung der Spiele und Bewegungsspiele im

---

[118] *Gervinus'* Denkschrift ist nachzulesen in *Denk* und *Hecker* (1971, S. 256 f).

Turnunterricht an. In diesem Sinn hatte im Jahr 1882 der preußische Kultusminister Gustav *von Goßler* (1838–1902) seinen Spielerlass verkündet. Er wies die Behörden und Schulen in Preußen an, der Pflege der Jugendspiele an der frischen Luft in Zukunft ihre verstärkte Aufmerksamkeit zu schenken.[119]

Spielbewegung

Das war die Geburtsstunde der Spielbewegung in Deutschland; denn nachdem selbst ein preußischer Minister für das freie Jugendspiel plädiert hatte, konnten sich die Schulverwaltungen und Kultuspolitiker anderer Länder und die Turnlehrer dem nicht mehr verschließen. 1891 wurde auf Initiative Emil *von Schenckendorffs* (1837–1915), eines preußischen Offiziers, und des Turners und Arztes Ferdinand August *Schmidt* (1852–1929) der „Zentralausschuß für Volks- und Jugendspiele" gegründet. Sein Zweck bestand in der Förderung der freien Volks- und Jugendspiele sowie der Leibesübungen an der frischen Luft und in der Natur (Wandern, Rudern, Schwimmen, Radfahren, Skilauf).

Der Zentralausschuss für Volks- und Jugendspiele gab Schriften zum Turn- und Spielunterricht sowie Spielesammlungen, insbesondere das „Jahrbuch für Volks- und Jugendspiele", heraus, organisierte Vorträge und engagierte sich kultur- und schulpolitisch in Form von Studien und Denkschriften für Spiel und Sport als wesentliche Inhalte und Formen der Erneuerung des Turn- und Gymnastikunterrichts. Die sich entwickelnde Turn- und Sportpädagogik erhielt dadurch ein zusätzliches Profil – in praktischer und theoretischer Hinsicht. Durch die Arbeit des Zentralausschusses und der in ihm engagierten Lehrerinnen und Lehrer wurden Grundlagen für ein neues, an Sport und Bewegungsspielen orientiertes Konzept der körperlichen Erziehung geschaffen. Der eigentliche, politische Hintergrund des Zentralausschusses bestand jedoch in der Sorge der wilhelminischen Schul- und Wehrpolitiker und der meistens patriotischen Turnpädagogen um die Wehrkraft der männlichen deutschen Jugend. Nicht mehr das starre Turnen, sondern „freie" Jugend- und Sportspiele, z. B. das immer beliebter werdende und kampfbetonte Fußballspiel, und „volkstümliche" (i. e. leichtathletische) Übungen an der frischen Luft sollten dies in Zukunft sichern (*Prange, 1991*).

Gymnastik, Turnen und Spiel der Mädchen

Spiel und Sport waren ein Aspekt der Reform und des Wandels, die das Turnen in den Vereinen und den Turnunterricht im neuen 20. Jahrhundert veränderten. Ein weiterer bestand darin, dass fast in allen Ländern des Reiches das Turnen für Mädchen als verbindliches Unterrichtsfach ein-

---

[119] *Goßlers* Spielerlass findet sich ebenfalls in den Texten zur Sportpädagogik I (*Denk & Hecker, 1971, S. 258–263*).

gerichtet wurde, wenn es auch, u. a. wegen des Mangels an Lehrerinnen, nicht immer und meistens mangelhaft erteilt wurde. Die Gymnastik entwickelte sich zur wichtigsten Form der körperlichen Erziehung für Mädchen. Außerhalb der Schule entstanden zahlreiche unterschiedliche Richtungen der Gymnastik und des Tanzes, von der „funktionellen Gymnastik" nach Bess *Mensendieck* (1864–1957) bis zur „Rhythmischen" und schließlich „Deutschen Gymnastik" Rudolf *Bodes* (1881–1970).

Mit der Entwicklung der Gymnastik und des Tanzes, aber auch des Turnens der Mädchen und Frauen in den Vereinen und Verbänden und mit den ersten Frauen, die sich in sportlichen Wettkämpfen betätigten (*Guttmann*, 1991), bekam die Behandlung des Themas „Mädchenturnen" im Rahmen des sportpädagogischen Fachgebiets mehr Gewicht und andere Akzente. *Spieß* und seine Nachfolger als Meinungsführer der Turnpädagogik des 19. Jahrhunderts wie Kloss, Euler oder besonders *Maul* aus Karlsruhe hatten sich nicht nur für einen systematischen Turnunterricht für Mädchen ausgesprochen, sondern auch Lehrbücher dazu verfasst; hervorzuheben sind *Kloss'* „Weibliche Turnkunst" von 1855 und *Mauls* „Turnübungen der Mädchen" (1879–1890). Sie bildeten den theoretischen und unterrichtspraktischen Grundstock des schulischen Mädchenturnens im 19. Jahrhundert.
Dominierend im alten Mädchenturnen des 19. Jahrhunderts war der Reigen, das weibliche Gegenstück zu den Frei- und Ordnungsübungen der Jungen. Nun kamen zu Beginn des 20. Jahrhunderts neue Elemente der Gymnastik und des Sports dazu. Sie wurden sowohl von Medizinern wie dem Arzt F. A. *Schmidt* und der Ärztin Alice *Profé* (1867–1947) als auch von Turnpädagogen wie *Schroeder, Neuendorff, Möller* und der Turnpädagogin Martha *Thurm* gefördert. Mädchenturnen wurde nicht mehr nur verstärkt in den Turn- und Turnlehrerzeitungen diskutiert, sondern in amtlichen Erlassen auf neue Weise verfügt. Der „Leitfaden für das Mädchenturnen in den preußischen Schulen von 1913" gibt Zeugnis davon (*Neuendorff*, o. J., Bd. IV, S. 422).

5.2 Reformpädagogik und das „Natürliche Turnen"

Die Reform des Schulturnens ging mit einer pädagogischen Reformbewegung einher. Diese Reformpädagogik war zum einen Bestandteil der zahlreichen pädagogisch orientierten kulturreformerischen Bewegungen, die unter dem Schlagwort der „Lebensreform" zusammengefasst werden, einschließlich der aufkommenden Sportbewegung, der Gymnastikbewegung und der Freikörperkulturbewegung bis zum „Wandervogel" und der „Jugendbewegung", die alle um die Jahrhundertwende entstanden und ihre volle Entfaltung in den 1920er Jahren erreichten (*Wedemeyer*, 2017). Zum anderen beinhaltete der Begriff Reformpädagogik eine theoretische Neuorientierung der Pädagogik als Wissenschaft. Ihre Vertreter wie Eduard *Spranger*, Theodor *Litt* oder Herman *Nohl*, der 1933 die erste wissenschaftliche Darstellung der Reformpädagogik vorlegte („Die pädagogische Bewegung in Deutschland und ihre Theorie"), bemühten sich, das alte System der Schule und der Erziehung durch neue Formen und Inhalte und durch eine neue Theorie der Erziehung abzulösen. Die Aufwertung der leiblichen Erziehung und des spielerischen Bewegungslebens insgesamt in Schulen und Vereinen, der Aufschwung des Mädchenturnens und der Gymnastik, letztlich die Ansätze zu einer Reform der Turnlehrerausbildung gehen auf diesen breiten reformpädagogischen Impuls der Jahrhundertwende zurück und sind Teil der Erneuerung des traditionellen Schulwesens.

Erziehung vom Kinde aus

Reformpädagogik bezeichnet zum einen die schulpraktischen Bemühungen um eine Abkehr von der formalisierten Lernschule des 19. Jahrhunderts im Sinne *Herbarts* und seiner Nachfolger, in der bildungsrelevantes Wissen und dessen systematische Vermittlung im Mittelpunkt standen, hin zu einer reformierten Erziehungsschule, in der nicht mehr nur der Unterricht und das Sachwissen, sondern das Kind und die Entwicklung und Erziehung des Kindes als Leitmotive pädagogischen Handels angesehen wurden. Die „Erziehung vom Kinde aus" wurde zu einem der Schlagwörter reformpädagogischen Denkens.[120] Zum anderen wurden diese praktischen Schulreformen durch neue pädagogische Reflexionen und Konzepte vorbereitet und begleitet. [121]

Das Ergebnis waren zahlreiche Reformschulen, z. B. die Hermann-Lietz-Schulen, in denen der Gedanke der Erziehung der Jugend in der Gemeinschaft durch sich selbst gelebt und erprobt wurde. Neben den vielfältigen Initiativen zur Jugendbildung, Jugendpflege und zur Fürsorgeerziehung, die ebenfalls als ein Ergebnis der Jugendbewegung anzusehen sind, entstand die Idee der Erwachsenenbildung und der Volkshochschulen. Die so genannte Kunsterziehungsbewegung setzte sich zum Ziel, die kreativen und gestaltenden Kräfte des Menschen, speziell des Kindes, zu entfalten. Ähnlich wie in der Leibeserziehung und in den Schulturnreformen sollten die emotionalen Kräfte des Menschen und nicht mehr nur seine kognitiven Fähigkeiten in der Erziehung angesprochen werden. Erziehung und Unterricht sollten sich nicht in einem Lehren nach „Formalstufen" erschöpfen, wie es von dem Pädagogen *Herbart* und den *Herbartianisten* eingeführt und im 19. Jahrhundert praktiziert wurde, auch nicht im Turnunterricht nach *Spieß*, sondern die Entfaltung der Persönlichkeit jedes Einzelnen war das Ziel einer reformierten körperlichen Erziehung, die nun Leibeserziehung hieß. *Rousseau* und sein Prinzip der „negativen Erziehung" war in dieser Hinsicht für einen Teil der Reformpädagogik prägend. Theodor *Litt*, einer der maß-

---

[120] *Reble* (1971, S. 284–287); *Oelkers* (1992). Richtungweisend war das 1902 erschienene Buch der Pädagogin Ellen *Key* mit dem Titel „Das Jahrhundert des Kindes". Gemeint war das bevorstehende 20. Jahrhundert, in dem eine neue Pädagogik „vom Kinde aus" Platz greifen müsse.

[121] Vgl. dazu z. B. die Arbeiten von *Kroh, Spranger* sowie Ch. und K. *Bühler*.

geblichen Reformpädagogen, hatte 1927 ein Buch mit dem Titel „Führen oder Wachsenlassen" geschrieben.

Reformpädagogisches Denken im Schulturnen

Reformpädagogisches Denken hat im Schulturnen in besonderem Maße in dem Konzept des „Natürlichen Turnens" seinen Niederschlag gefunden. Die Österreicher Karl *Gaulhofer* (1885–1941) und Margarete *Streicher* (1891–1985) stehen für diese Turn- und Körpererziehungsreform, die nach dem Ersten Weltkrieg in Österreich eingeführt wurde. Sie beriefen sich auch auf *Pestalozzi*. Erich *Harte* (1885–1955), seit 1919 Vorsitzender des preußischen Turnlehrervereins, setzte sich für die Verbreitung des „Natürlichen Turnens" in Deutschland ein.

Der Name „Natürliches Turnen" bestimmte das Programm, das seinen Niederschlag in zahlreichen Aufsätzen und Büchern fand. In diesen wandte man sich gegen das als unnatürlich, starr und formalisiert empfundene Turnen des 19. Jahrhunderts. Die Bewegungen und Übungen des Turnens und Schulturnens sollten der „Natur" des Kindes, des Heranwachsenden entgegenkommen, und es sollte nicht umgekehrt sein, dass das Kind seine Bewegungen einem unnatürlichen, formalen System anpassen muss, wie es sowohl im systematischen Schulturnunterricht als auch im wettkampforientierten Leistungssport der Fall sei. Konkret bedeutete dies die Ablehnung der strengen Haltungsformen und Vorschriften des Gerätturnens. Gestreckte Beine und Zehen, Symbole des „Stilturnens", galten den Vertretern des natürlichen Turnens als unnatürlich und wurden deshalb abgelehnt.

Das Konzept des „Natürlichen Turnens" reichte über die Gerätübungen und die künstlich-starren und gezirkelten Frei- und Ordnungsübungen im „Hauruck-Stil" hinaus. Ebenso wurden Spiele und volkstümliche, also leichtathletische Übungen und genauso der formalisierte Sport mit einer bestimmten, vorgeschriebenen Technik ins „natürliche" gewendet, bis hin zum „natürlichen Schwimmen" oder „natürlichen Skilaufen".

Natürliches Turnen sollte Turnen und Leibeserziehung vom Kinde aus bedeuten. Das Kind sollte selbst die ihm entsprechende Bewegungsform entdecken, selbsttätig Bewegungsaufgaben lösen, ohne durch fertige Muster in ein bestimmtes Schema gezwängt zu werden. „Man fragt nicht mehr: Wie muss man es machen, damit der Schüler rasch und sicher die vorgeschriebenen Übungen lernt und somit das Klassenziel erreicht, sondern man fragt: Wie muss man es machen, um den Schüler in seiner Entwicklung zu fördern? Es soll also künftighin das Kind und nicht der Stoff die Arbeit bestimmen".[122]

---

[122] *Streicher*, zit. nach *Neuendorff* (o. J., Band 4, S. 713).

Reformpädagogik und „natürliches Turnen" stellen für die Entwicklung der Sportpädagogik in Theorie und Praxis einen besonderen Markstein dar, weil sie neben der systematischen, unterrichtlich organisierten Stoffvermittlung die sportpädagogisch gesehen andere Seite der Leibesübungen und des Sports betont
haben: eine Art von körperlicher Erziehung, die ihr Ziel nicht im Erreichen eines
turnerischen oder sportlichen Programms sieht, sondern umgekehrt die Übungen und Methoden der Vermittlung von Turnen und Sport den Bedürfnissen,
Möglichkeiten und dem Entwicklungsstand der Kinder und Jugendlichen anzupassen versucht.

5.3 Die pädagogische Idee des modernen Sports: Olympische Erziehung

Alle sportlichen und reformpädagogischen Impulse, die ihre Ursprünge bereits
vor dem Ersten Weltkrieg hatten, kamen zur Zeit der Weimarer Republik, also
von 1919 bis 1933, zur Entfaltung. Der Sport fand immer mehr Anhänger, auch
unter der Arbeiterschaft, und wurde zu einer einflussreichen Kraft; Fußball entwickelte sich zum Volkssport Nr.1; Gymnastik und Tanz für Mädchen und Frauen
setzten sich durch; natürliche und „volkstümliche" Formen von Spiel und Bewegung verbreiteten sich; eine eigene „Jugendbewegung" bildete sich, in der Turnen, Spiel und Bewegung, Wandern und Singen eine große Rolle spielten; Turn-,
Spiel- und Sportfeste wurden in den Städten veranstaltet, und auch die pädagogische Reformbewegung verschaffte sich in ihren unterschiedlichen Zweigen
breite Anerkennung.

Die Kehrseite dieses bunten Bildes von Turnen und Sport in der Weimarer Zeit
vermittelte jedoch auch einen Eindruck von Zerstrittenheit und Konkurrenz: Turnen gegen Sport, bürgerlicher Sport gegen sozialistischen Arbeitersport sowie
konfessionelle Sportorganisationen und Betriebssport, und schließlich schien
es, als ob sich der freie, vereinsgebundene Sport immer weiter von dem in den
Schulen unterrichteten Turnen und Sporttreiben entfernen würde. Schulturnen
und Schulsport wurden im reformpädagogischen Sinn pädagogisiert, während
der „freie" Sport sich selbst überlassen blieb und seine eigene pädagogische
Theorie entwickelte.

Olympische Erziehung

Die pädagogische Idee des „freien" Sports findet sich vor allem in der Idee des
olympischen Sports. Die Bemühungen um eine „Wiedereinführung" der antiken
Olympischen Spiele in der Neuzeit reichen weit ins 19. Jahrhundert zurück. Aber
es ist das Verdienst Pierre *de Coubertins* (1863–1937), dieses Ziel gefördert und
schließlich verwirklicht zu haben, so dass im Jahr 1896 tatsächlich zum ersten
Mal Olympische Spiele der Neuzeit in Athen stattfinden konnten. Bis heute haben sie alle vier Jahre ihre Fortsetzung erfahren – mit Unterbrechungen während der Weltkriege –, und inzwischen sind die Olympischen Spiele und der

internationale olympische Sport zu einer festen, globalen Institution geworden. Zur Olympischen Bewegung gehören spätestens seit den 1960er Jahren auch die Weltspiele der Sportler mit Behinderung, die *Paralympics.*
Olympische Spiele sollten mehr als nur die Aneinanderreihung attraktiver sportlicher Wettkämpfe sein. Sie stellen auch die Verkörperung einer Idee dar. Für *Coubertin* und für seine deutschen Interpreten wie Carl *Diem* (1882–1962) und Ommo *Grupe* (1930–2015), ist die Olympische Idee in erster Linie eine „Erziehungsidee" (*Grupe,* 2013). Anfangs ging es *Coubertin* sogar nur um eine Reform des französischen Erziehungssystems, das er mit für die Niederlage Frankreichs gegen Deutschland im 1870er-Krieg verantwortlich machte. „Rebronzer la France!" lautete sein Motto, mit dem gemeint war, die französische Nation an Leib und Seele zu reformieren und zu neuer Stärke zu führen. Den Sport, und zwar so, wie er in England an den *public schools* betrieben wurde, hielt er für das geeignete Mittel, um dieses Ziel zu erreichen. Allerdings ging *Coubertin* später weit über diese enge nationale Zielsetzung seines olympischen Sports hinaus.
Zahlreiche Bücher und Abhandlungen sind seit den Tagen *Coubertins* und der ersten Olympischen Spiele der Neuzeit geschrieben worden, die sich mit der Frage beschäftigen, was eigentlich mit „Olympismus" gemeint war und was heute darunter zu verstehen ist. Welchen pädagogischen Kern hat dieser Olympismus? Worin besteht er?[123]
Einige Grundsätze lassen sich dazu, trotz der Vieldeutigkeit des Olympismus, zu dem *Coubertin* selbst immer wieder Stellung genommen hat, nennen. Eine der ersten Antworten auf diese Frage gab *Coubertin* vor den Athener Spielen von 1896: „Unser Gedanke, eine seit so vielen Jahrhunderten verschollene Einrichtung wieder aufleben zu lassen, ist folgender: Die Athletik hat eine Bedeutung erhalten, die von Jahr zu Jahr noch zunimmt. Ihre Rolle scheint in der modernen Welt ebenso beträchtlich und ebenso dauerhaft sein zu sollen, wie sie es in der Antike gewesen ist. Außerdem erscheint sie mit neuen Wesenszügen wieder; sie ist international und demokratisch, folglich den Ideen und Bedürfnissen der Gegenwart angepasst. Aber heute wie ehedem wird ihre Wirkung heilsam oder schädlich sein, je nach dem Nutzen, den man aus ihr ziehen, und der Richtung, in die man sie einpendeln wird. Die Athletik kann die edelsten wie die niedrigsten Leidenschaften ins Spiel bringen; sie kann Uneigennützigkeit und Ehrgefühl genauso entwickeln wie Geldgier; sie kann ritterlich oder verderbt, männlich oder roh sein. Schließlich kann man sie genauso gut verwenden, den Frieden zu festigen wie Krieg vorzubereiten. Aber: Adel der Gefühle, Pflege von Uneigennützigkeit und Ehre, ritterlicher Geist, männliche Energie und Friede sind das erste natürliche Bedürfnis moderner Demokratien, mögen sie republikanisch oder monarchisch sein".[124]

---

[123] Die umfangreichste Studie zum Olympismus stammt von *Lenk* (1964). Vgl. außerdem die Beiträge in *Grupe* (1997; 2000), M. *Krüger* (2001) sowie *Hofmann* und *Krüger* (2013).

[124] *Coubertin* zitiert in seinen „Olympischen Erinnerungen" (o. J., S. 24 f.) eine Passage aus der Ausgabe 2 des Bulletin du Comité International des Jeux Olympiques, in der er über die ersten Beschlüsse des neu gegründeten IOC im Hinblick auf die Spiele von Athen berichtete.

In dieser Stellungnahme *Coubertins* wird der Kern des olympischen Unternehmens, das man verkürzt als „Olympismus" bezeichnet, deutlich. Der olympische Sport war für *Coubertin* ein Mittel der Erziehung, insbesondere der Friedenserziehung.[125] Er sieht die Olympischen Spiele in engem Zusammenhang mit der Entwicklung der modernen Welt. Diese moderne Welt charakterisiert er durch zwei Begriffe: *international* und *demokratisch*. *Coubertin* will den Sport und die Athletik, die weltweit große Verbreitung gefunden haben, für ein friedliches Zusammenleben auf dieser Welt nutzen. Das antike Vorbild ist nur ein ferner Anhaltspunkt für eine im Grunde neue, internationale und demokratische Idee.

Aber *Coubertin* sah, nicht zuletzt durch die Anschauung der Antike, auch die Zweischneidigkeit des modernen Sports. Er kann zum Segen, und er kann zum Verderben der Menschheit beitragen, schreibt er. Er möchte deshalb die im Sport liegenden Potentiale nutzen und in positive, „edle" Energien umsetzen. Es sei der spezielle Zweck der olympischen Bewegung, die Vitalität des Sports für diese Erziehungsaufgabe zu nutzen. Auf diese Weise sollten, gebunden an sportliche Leistungen und Wettkämpfe, Fair play und ein friedliches, respektvolles Miteinander in der Welt möglicher werden, wenn man die heute kaum noch gebräuchlichen Begriffe von „Adel" und „Ritterlichkeit" in die gegenwärtige Sprache überträgt. Der Sport sollte die Menschen erziehen, im fairen Wettkampf miteinander nach Sieg und Leistung zu streben; er sollte ein Impuls für jeden Einzelnen sein, an sich zu arbeiten, sich zu vervollkommnen und zugleich eine friedliche Welt zu schaffen. Olympische Erziehung geht deshalb nicht nur Spitzenathleten etwas an, lässt sich aus *Coubertins* Ausführungen schließen, sondern ist eine Erziehung für alle, die im olympischen Geist Sport treiben.[126]

Coubertin war davon überzeugt, dass sportlich-faires Verhalten nicht durch Belehrungen erwirkt, sondern nur im sportlichen Handeln selbst, im sportlich-fairen Wettkampf erfahren werden könne. Olympische Erziehung sei pädagogisch dadurch wirksam, dass sie Situationen schafft, in denen faires Verhalten gelernt, erprobt und gefestigt werden kann. In dieser Hinsicht der Betonung der eigenen körperlich-seelischen sowie emotionalen und sozialen Erfahrungen im Sport und ihrer bildenden Kraft knüpft die Olympische Erziehung an die Ideen der Pädagogik der Romantik an.

Olympische Realitäten

Die olympische Erziehungsidee ist ein Beispiel für die Richtung der Sportpädagogik, die oben als theoretisch-konzeptionell bezeichnet wurde. Das Besondere an ihr ist, dass versucht wurde, die empirische Wirklichkeit des Sports dieser Idee anzupassen. Dies ist bereits in der Vergangenheit im Laufe der olympi-

---

[125] Siehe dazu die Arbeiten von *Höfer* (1994) und *Nigmann* (1995).

[126] Vgl. zu diesem Thema zusammenfassend den vom NOK für Deutschland herausgegebenen und von Rolf *Geßmann* bearbeiteten Sammelband „Olympische Erziehung" (2004) sowie *Binder u. a.* (2017).

schen Sportgeschichte nicht gelungen und wird vermutlich auch in Zukunft nicht oder nur annäherungsweise möglich sein.

Der reale Sport entspricht nicht den olympischen Idealen. Am offensichtlichsten ist dies der Fall, wenn die Ideale in ihr Gegenteil verkehrt werden. Das geschieht zum Beispiel, wenn Manipulation und Betrug im Spiel sind und aus dem fairen Wettkampf bei gleichen Ausgangsbedingungen ein ungleiches Spiel wird; oder es widerspricht dem Grundgedanken der olympischen Pädagogik, wenn statt Internationalität und Universalismus Provinzialismus und Nationalismus im Sport Triumphe feiern; wenn statt des Friedens der Krieg vorbereitet wird, wie *Coubertin* selbst als Möglichkeit einräumte, oder wenn die Olympischen Spiele politisch in Dienst genommen und instrumentalisiert werden. Dies geschah u. a. bei den Olympischen Spielen 1936 in Deutschland.

Die Rezeption internationaler Olympischer Spiele wurde in Deutschland von Anfang an von Missverständnissen und Fehldeutungen begleitet. Die Weigerung der deutschen Turner, sich an den Spielen von 1896 bis 1912 zu beteiligen, zeigt dies ebenso wie die propagandistische Vereinnahmung der Olympischen Spiele 1936 in Berlin durch das nationalsozialistische Deutschland und die Instrumentalisierung des olympischen Sports durch die DDR; bis hin zu gescheiterten Olympiabewerbungen, begründet durch die breite Olympiaskepsis breiter Kreise der Bevölkerung in Deutschland (vgl. M. *Krüger*, 1997).

Die olympische Erziehungsidee hat für die Theorie der Leibeserziehung in Deutschland und die Schulturn- und Sportpädagogik kaum eine Rolle gespielt. Internationalismus und Demokratie fanden in Deutschland bis nach dem Ende der nationalsozialistischen Gewaltherrschaft eher wenige Anhänger. Viele Turnlehrer und Turnphilologen standen der Idee des internationalen olympischen Sports eher ablehnend gegnüber. Sie hielten selbst während der Blüte der internationalen Sportbewegung in den zwanziger und dreißiger Jahren an ihrem Konzept nationaler und nationalistischer Leibeserziehung fest. Von da aus war es dann auch nur ein kleiner Schritt zu dem, was im Nationalsozialismus „politische Leibeserziehung" genannt wurde.

6   „Politische Leibeserziehung" im Nationalsozialismus

Gymnastik, Turnen, Spiel und Sport hatten sich vor Beginn der nationalsozialistischen Herrschaft in Deutschland trotz aller institutionellen und organisatorischen Festigung ein hohes Maß an Natürlichkeit, Energie und Begeisterung erhalten können, weil sie vom freien Engagement der Menschen getragen waren. Die „große Politik" hatte sich in der Weimarer Zeit des Sports noch nicht oder kaum bedient. Dies änderte sich ab 1933, als in Deutschland die Nationalsozialisten an die Macht kamen. Der Sport wurde dem politischen System des Nationalsozialismus einverleibt.

6.1 Körpererziehung

Die Nationalsozialisten verfügten bei ihrer „Machtergreifung" 1933 nicht über ein ausgearbeitetes Konzept von Leibeserziehung und Sport, weder in organisatorischer noch in ideeller oder ideologischer Hinsicht. Die Formeln vom Kampf- und Wehrsport, die sie benutzten, können nicht als eine geistig-ideelle Grundle-

Tag der Mädchenschulen: Bunte Tänze

Photo: Schirner, Berlin

Abb. 9: Vorführungen von Stuttgarter Mädchenschulen beim Deutschen Turnfest 1933 in Stuttgart (Festzeitung 15. Deutsches Turnfest Stuttgart 1933, Nr. 13, S. 406)

Photo: Arbeitsgemeinschaf

Tag der Knabenschulen: 13 000 auf ein Kommando

Abb. 10: Vorführungen von Stuttgarter Knabenschulen beim Deutschen Turnfest 1933 in Stuttgart (Festzeitung 15. Deutsches Turnfest Stuttgart 1933, Nr. 13, S. 406)

gung von Leibesübungen, Körpererziehung und Sport in Staat und Gesellschaft angesehen werden.

Adolf Hitler hatte in seiner Programm- und Kampfschrift „Mein Kampf" eine Erziehung gefordert, die hart, kampfbetont und soldatisch sein sollte, die sich gegen die alte intellektualistische Erziehung wandte und dazu beitragen sollte, ein biologisch gesundes und rassereines Volk der Deutschen zu schaffen. In einem (Tisch-)Gespräch im Jahr 1938 wurde er noch deutlicher: „Mit der Jugend beginne ich mein Erziehungswerk", sagte er. „Wir Alten sind verbraucht. ... Wir haben keine ungebrochenen Instinkte mehr. ... Aber meine herrliche Jugend! Gibt es eine schönere in der ganzen Welt? Welch Material. Daraus kann ich eine neue Welt formen. Meine Pädagogik ist hart. Das Schwache muss weggehämmert werden. In meinen Ordensburgen wird eine Jugend heranwachsen, vor der sich die Welt erschrecken wird. Eine gewalttätige, herrische, unerschrockene, grausame Jugend will ich".[127]

Kraft, Stärke, Abhärtung, Widerstandsfähigkeit, Gesundheit, Mut, Wehrhaftigkeit und Kampfgeist waren allerdings Motive, die schon einen Platz in der Tradition der Turn- und Sporterziehung in Deutschland hatten; ebenso die Betonung des Natürlichen und Vitalen. Demgegenüber betonte Hitler auch im weiteren Verlauf dieses Gesprächs die Kritik und sogar Verachtung der Zivilisation oder der „Domestikation" des Menschen. Hinzu kamen die Ablehnung des Rationalismus und des Intellektualismus; schließlich die Verherrlichung der Jugend.

Deutlicher als die Parallelen fallen die Unterschiede zwischen den traditionellen Motiven körperlicher Erziehung einerseits und den politischen Motiven der nationalsozialistischen Machthaber andererseits ins Gewicht. Das besondere nationalsozialistische Verständnis von Erziehung und Leibeserziehung ist ohne historisches Vorbild in Deutschland. Es hat nichts mehr mit den humanistischen und philanthropischen Leitbildern aus der Geschichte der Leibeserziehung und des Turnens zu tun; auch nichts mit dem *Rousseauismus* und der Pädagogik der Romantik der frühen Turnbewegung. Junge Menschen wurden nicht als Individuen gesehen, die sich selbstständig in Auseinandersetzung mit der Welt entwickeln und bilden, sondern als form- und manipulierbares Körpermaterial, aus dem eine neue Welt „gehämmert" werden sollte. Dieser neue Typ des rassereinen arisch-germanischen Herrenmenschen sollte die Welt beherrschen und andere Völker und Rassen unterwerfen. Der Begriff Rasse wurde nicht wie in der Biologie auf Tiere, sondern auf Menschen angewendet.

Politische Pädagogik

Diese Vorstellung von Erziehung und Körpererziehung ist nicht ohne weiteres in die bisherige Entwicklung einer pädagogischen Theorie der Leibeserziehung und des Sports einzuordnen. Sie beruht auf Zucht und Dressur, nicht auf Bildung und Erziehung. Alfred *Baeumler* (1887–1967), der 1933 auf eine Professur

---

[127] Nach *Bernett* (1966, S. 25 f.). Vgl. *Teichler* (1991, S. 21–52).

für „politische Pädagogik" in Berlin berufen wurde, hat jedoch versucht, diese nationalsozialistische Auffassung von Erziehung theoretisch zu begründen, indem er sie in die Traditionslinie der Pädagogik stellte. Das von ihm und seinem Schüler Heinz Wetzel, Referent des Reichssportführers Hans *von Tschammer und Osten*, geprägte Schlagwort von der „politischen Leibeserziehung" bringt am deutlichsten zum Ausdruck, um was es dabei ging.

Erziehung und Leibeserziehung – diese Begriffe wurden auch von den Nationalsozialisten benutzt – hatten im Dienst der nationalsozialistischen Politik zu stehen. Diese Politik zielte darauf ab, die „Weltherrschaft" der deutschen „Herrenrasse" im Krieg zu erkämpfen. Die Menschen in Deutschland müssten auf dieses politische Ziel hin ausgerichtet werden, sowohl ideologisch durch eine in alle Lebensbereiche eindringende politisch-nationalsozialistische Propaganda, als auch körperlich durch die Ausbildung zu sportlich trainierten und wehrhaften Soldaten (vgl. *Bernett*, 1966, bes. S. 54 ff.).

Die große Bedeutung der körperlichen Erziehung im Konzept der „politischen Pädagogik" der Nationalsozialisten lässt sich aus den Zielen der nationalsozialistischen Politik herleiten. Der politische Sinn der Gesamterziehung im Dritten Reich bestehe in der Formung des „Politischen Soldaten", sagte der NS-Pädagoge *Holfelder*.[128]

In der Praxis der „politischen Leibeserziehung" führte diese Pädagogik zu einer enormen Aufwertung des Faches. In der Schule wurde – ohne Widerspruch – die Erhöhung der Stundenzahl für den Turnunterricht verordnet: ab 1935 gab es drei und ab 1937 fünf Stunden Turnen in allen Schulgattungen. Die Note in Turnen und Leibesübungen stand im Zeugnisheft ganz oben. Die Kommandosprache der Sturmabteilung (SA) – der paramilitärischen Kampforganisation unter Hitler – sollte auch im Turnunterricht angewendet werden, Boxen wurde in den Turnunterricht aufgenommen, die kämpferischen Mannschaftsspiele, besonders Fußball, standen bei den Inhalten des Turnunterrichts oben auf der Liste. Rein wehrsportliche Übungen wie Robben, Schleichen, Hinlegen, Hindernisklettern, Kriechen usw. wurden schon bald im Turnunterricht eingeführt. Dazu kamen geländessportliche Spiele und Übungen sowie eine wehrsportliche Lagerausbildung außerhalb des Unterrichts.[129] Diese wehrsportliche Ausbildung und das „Lagerleben" bildeten einen Schwerpunkt in der Hitlerjugend (HJ).

Die nationalsozialistische Erziehung und Leibeserziehung setzte dabei in Theorie und Praxis keineswegs nur am „Körper" an, wie es in modischen Wendungen von den „faschistischen" oder „faschisierten Körpern" oder der „Körperpolitik"

---

[128] Zit. nach *Lingelbach* (1985, S. 144). Zur „Pädagogik" des Nationalsozialismus *Giesecke* (1993).

[129] Über die konkrete Praxis des Schul-Turnunterrichts im Dritten Reich vgl. *Peiffer* (1987). Ebenso *Bernett* (1985). Zum Sport im Nationalsozialismus im Allgemeinen *Becker* und *Schäfer* (2016).

Das wogende Ährenfeld: Freiübungen der Turnerinnen   Presse-Photo G.m.b.H., Berlin

Abb. 11: Freiübungen zählten zu den bewährten und auch beliebten Formen des Turnens in Schule und Verein. Als Massenübungen zeigten sie die Entwicklung der Turnbewegung und auch des Sports zu einer Volks- und Massenbewegung. Im Nationalsozialismus und seiner „Weltanschauung" spielte die Masse und Ihre Führung eine besondere ideologische Rolle (Festzeitung 15. Deutsches Turnfest Stuttgart 1933, Nr. 15, S. 474)

nahegelegt wird, sondern sie war im doppelten Sinn total. Sie erfasste den ganzen Menschen. Aber dieser ganzheitliche Erziehungsanspruch stand unter dem Diktat „totalitärer" nationalsozialistischer Politik, die den Zweiten Weltkrieg entfesselte und die Vernichtung der Juden betrieb. „Es waren keine faschisierten Körper", schrieb der Zeitzeuge und Sporthistoriker Hajo *Bernett* (1993a, S. 75), „die 1939, 1940 und 1941 in ‚Blitzkriegen' die Welt erschütterten, sondern sportlich trainierte und politisch indoktrinierte junge Kämpfer, alle von fanatischer Vaterlandsliebe durchglüht und zu ‚höchstem Angriffsgeist erzogen', wie es Hitler in Mein Kampf vorausgesagt hatte. Sie folgten nicht etwa im Takt von Maschinen den Antriebskräften funktionalisierter Macht-, Kontroll-, Disziplinierungs- und Ausrichtungspotentiale' des Sports, sondern den zur Überzeugung gewordenen zerstörerischen Prinzipien der nationalsozialistischen Weltanschauung."

Die nationalsozialistischen Grundsätze einer „politischen Leibeserziehung" wurden mit den „Richtlinien für die Leibeserziehung in Jungenschulen" aus dem Jahr 1937 in die Praxis der Schulen umzusetzen versucht. Volksgemeinschaft, Wehrhaftigkeit, Rassebewusstsein, Auslese der Stärksten und Führertum waren die Prinzipien nationalsozialistischer Erziehung und Leibeserziehung. Sie galten auch für die Leibeserziehung der Mädchen; allerdings mit einigen Besonderheiten, wie aus den „Richtlinien für die Leibeserziehung der Mädchen in Schulen" aus dem Jahr 1941 hervorgeht. Das junge Mädchen müsse durch eine planvolle und geordnete Leibeserziehung „auf seine künftige Bestimmung als Mutter und Erzieherin der Kinder vorbereitet" werden, hieß es. Leibeserziehung für Mädchen diene deshalb in besonderer Weise der „Rassenpflege".[130]

6.2 Gleichschaltung von Turnen und Sport

Turnen und Sport in Deutschland wurden unter den Nationalsozialisten in Deutschland organisatorisch „gleichgeschaltet"; d. h., die Vereine und Verbände wurden in einer zentralen Organisation, zunächst dem Deutschen Reichsbund für Leibesübungen (DRL) und ab 1938 dem Nationalsozialistischen Reichsbund für Leibesübungen (NSRL), den Weisungen von Staat und Partei unterworfen. Der Kinder- und Jugendsport außerhalb der Schule ging in die Verantwortung des „Jungvolks" bzw. der HJ (Hitlerjugend) und des BDM (Bund Deutscher Mädchen) über. Damit verlor der Vereinssport eine seiner wichtigsten Stützen: die Jugend- und Nachwuchsarbeit. Dem vereins- und verbandsgebundenen Sport in Deutschland wurde seine auf Freiwilligkeit, Eigeninitiative und Demokratie beruhende Grundlage entzogen. Arbeiterturn- und -sportorganisationen wurden verboten, ebenso die konfessionellen Sportverbände Deutsche Jugendkraft (DJK, katholisch) und Eichenkreuz (evangelisch). Kommunistische Rot-Sportler wurden schon im Frühjahr 1933 verfolgt. Jüdische Sportlerinnen und Sportler wurden diskriminiert, aus deutschen Turn- und Sportvereinen ausgeschlossen und landeten wie Millionen anderer Juden in den Konzentrations- und Vernichtungslagern. 1938 wurden die jüdischen Turn- und Sportvereine und -verbände verboten.

Die Bedeutung der Phase der nationalsozialistischen „Politischen Leibeserziehung" für die Entwicklung von Theorie und Praxis der Leibeserziehung und Sportpädagogik in Deutschland hat zwei Seiten: Zum einen konnte das bereits in der Weimarer Zeit erreichte hohe fachliche Niveau gehalten und in einigen Bereichen der fachspezifischen Methodik weiterentwickelt werden. Zum anderen wurden jedoch alle dem Regime ablehnend oder kritisch gegenüberstehenden Meinungen, Bewegungen und Organisationen aus- und gleichgeschaltet. Aus pluralistischer Vielfalt von Turnen, Spiel und Sport wurde nationalsozialistische Einfalt. Dies gilt auch für Theorie und Praxis der Erziehung im und durch Gymnastik, Turnen, Spiel und Sport in Schule und Verein.

---

[130] Die Dokumente finden sich bei *Bernett* (1966, S. 110 ff.). Neuauflage hrsg. von *Teichler & Bahro* (2008).

Leibeserziehung, Turnen und Sport ließen sich ohne nennenswerten Widerspruch oder gar Widerstand gleichschalten und instrumentalisieren. Weder die akademischen Meinungsführer des Faches noch die bürgerlichen Turn- und Sportfunktionäre und auch nicht die überwiegende Mehrheit der Turn- und Sportlehrer an der Basis in Schule und Verein boten dem Regime die Stirn. Turnen und Sport waren genauso wie andere Bereiche der Gesellschaft, Kultur und Wissenschaft, einschließlich der Pädagogik, Teil des Regimes geworden. Anfangs waren viele sogar begeistert. Mit Beginn des Krieges änderte sich jedoch die Stimmung. Aber es war zu spät. Turnen und Sport hatten sich mit schuldig gemacht an den Verbrechen des Hitlerregimes.

Am Ende des Dritten Reiches waren Turnen und Sport und das Fach Leibeserziehung nicht nur materiell, sondern auch ideell und moralisch am Ende. Es mussten neue Wege gefunden werden, um das Fach pädagogisch, moralisch und gesellschaftlich wieder neu begründen und rechtfertigen zu können.

7 Leibeserziehung, Sport und Sportpädagogik in Deutschland nach 1945

Das nationalsozialistische Dritte Reich musste nach dem verlorenen Zweiten Weltkrieg im Mai 1945 bedingungslos kapitulieren. Auch die nationalsozialistischen Vorstellungen über Körpererziehung wurden unter den Trümmern des Regimes und des Krieges begraben. Nun kam es nach 1945 darauf an, die Trümmer zu beseitigen, ohne die alten Geister wieder auferstehen zu lassen. Millionen von Menschen hatten ihr Leben verloren oder waren als körperliche und seelische Krüppel in ein zerstörtes Land zurückgekehrt.

Nach 1945 war es das erklärte Ziel der Besatzungsmächte und auch der überwiegenden Mehrheit aller Deutschen, Militarismus und Nationalsozialismus zu überwinden. Die Erziehung zur Demokratie und zum friedlichen Miteinander sollte eine entscheidende Rolle bei dieser langfristigen und schwierigen Aufgabe spielen. Auch der Sport in Schule und Verein musste sich im Hinblick auf dieses Ziel vollständig ändern; denn bisher, vor allem in der nationalsozialistischen Zeit, waren Leibeserziehung und Sport Instrumente der vormilitärischen Erziehung gewesen. Inhalte und Methoden und vor allem der Unterrichtsstil der Turn- und Sportlehrer waren nicht dazu angetan, demokratisches Verhalten zu lernen und zu erfahren, sondern auf autoritäre Weise wurde zu Disziplin, Kraft, Mut, Ausdauer, Härte und Widerstandsfähigkeit erzogen. Dies sollte anders werden. Aber in Ost und West wurden unterschiedliche Wege beschritten.

Während sich in der Bundesrepublik der vereinsgebundene, freie Sport rasch wieder entwickeln konnte, wurde der Sport in der DDR von oben verordnet und kontrolliert. Eine freie, breitensportliche Vereinsbewegung war nicht möglich. Die Körpererziehung in den Schulen erfolgte ebenfalls nach den Prinzipien des demokratischen Zentralismus bzw. nach den Direktiven der Staats- und Parteiführung. In den 1960er Jahren förderte sie mit Blick auf die Olympischen Spiele in München in besonderer weise den Spitzen- und Hochleistungssport. Von seinen Erfolgen versprach sie sich internationale Anerkennung und innere Stabilisierung.

7.1 Leibeserziehung und Sport in Westdeutschland

Die Vereinssportbewegung in der Bundesrepublik knüpfte in ihrer ideellen und pädagogischen Grundlegung an die Traditionen von Turnen und Sport im 19. Jahrhundert und in der Weimarer Zeit an. Mit der Gründung des Deutschen Sportbundes im Dezember 1950 in Hannover gelang es erstmals, alle Vereine und Verbände von Turnen und Sport in Deutschland auf freiwilliger Basis unter einem Dach zu versammeln. Der olympische Sport in Deutschland hatte sich bereits 1949 im NOK für Deutschland organisiert. Die Zersplitterung des Sports in der Weimarer Republik konnte überwunden werden. Die Vorstellung des eigenweltlichen Charakters des Sports, also eines Sports, der möglichst autonom und ohne Einflüsse von Politik und Wirtschaft selbstbestimmt betrieben werden konnte, wurde zur herrschenden Sportidee in der Bundesrepublik bis in die 1980er Jahre.

Die Entwicklung der körperlichen Erziehung in den Schulen der Bundesrepublik Deutschland weist nach 1950 verschiedene Phasen und Elemente auf, die heute noch wirksam sind. Sie lassen sich durch drei wesentliche bildungspolitische Dokumente im Hinblick auf die Leibeserziehung und den Schulsport kennzeichnen. Erstens von den „Empfehlungen zur Förderung der Leibeserziehung in den Schulen", die 1956 gemeinsam vom Deutschen Sportbund, den Kultusministern der Länder und den kommunalen Spitzenverbänden verabschiedet wurden. Zweitens beschlossen 1972 dieselben Akteure das „Aktionsprogramm für den Schulsport" und als drittes Dokument folgte 1985 das „Zweite Aktionsprogramm für den Schulsport".[131] Eine neue Phase begann mit der deutschen Wiedervereinigung 1989/90 und der damit verbundenen Zusammenführung beider deutscher Sport- und Körpererziehungssysteme. Vergleichbare Memoranden zur nationalen Schulsportentwicklung wurden jedoch nicht mehr verabschiedet. An ihre Stelle traten Erklärungen aus eurpäischer und internationaler Perspektive wie die zum Ende des Weltgipfels zum Schulsport (2005).

Politische Empfehlungen und Programme für den Schulsport

In der föderalistisch verfassten Bundesrepublik sind die Bundesländer für alle Fragen von Erziehung, Bildung, Kultur, mit anderen Worten des Schulwesens

---

[131] Die Dokumente sind gesammelt bei *Wolf* (1974, S. 46–59 und S. 182–191), *Haag, Kirsch & Kindermann* (1991, S. 207 ff.); sowie Deutscher Sportbund: Zweites Aktionsprogramm für den Schulsport, o. O. (1985). Ausführlich *Grupe* (1988a, S. 12 32).

und somit auch des Schulsports zuständig. Tradionell hießen deshalb die zuständigen Landesministerien „Kultusministerium". Die Städte und Gemeinden sind als Schulträger dafür zuständig, dass Turnhallen und Sportplätze für den Schulsport zur Verfügung stehen. Der freie, organisierte Vereinssport versteht sich als Lobbyist für einen qualifizierten Schulsport. Deshalb waren diese drei Akteure maßgeblich an der verabschiedung dieser Memoranden zur Schulsportentwicklung beteiligt.

Die drei genannten Dokumente sind zugleich Ausdruck eines gemeinsamen Bemühens um die Verwirklichung von pädagogischen Leitgedanken zur schulsportlichen Entwicklung. Sie fanden Eingang in die Lehrpläne für Leibeserziehung und Sport der einzelnen Bundesländer. Die „Empfehlungen" von 1956 waren dabei getragen von der Besinnung auf eher klassische, humanistische Bildungsideale. Das Recht des Kindes und des jungen Menschen auf leibliche Erziehung, ihr Anspruch auf eine ganzheitliche Entwicklung und spielerische Entfaltung standen im Vordergrund. Nicht so sehr der Sport als gesellschaftliches Ereignis sollte die Leibesübungen an den Schulen bestimmen, sondern die Erziehung des Leibes und darauf aufbauend die Erziehung des ganzen Menschen waren Ziel dieser bildungstheoretisch orientierten, also vom Begriff der Bildung ausgehenden Empfehlung zur Entwicklung der Leibeserziehung. Leibeserziehung wurde als unverzichtbares und nicht austauschbares Element der Gesamterziehung angesehen. Leibeserziehung in diesem Sinn sei nicht auf ein Unterrichtsfach zu reduzieren, hieß es, sondern galt als ein Prinzip der Erziehung, als Weg und Anlass zur Erziehung im Ganzen.

Andere Akzente wurden im „Aktionsprogramm für den Schulsport" aus dem Jahr 1972 gesetzt, dem Jahr der Olympischen Spiele von München. Es ist Ausdruck der lern- und curriculumtheoretischen Diskussion in Bildung und Erziehung generell und speziell um die Leibeserziehung an den Schulen, die nun Schulsport heißen sollte. Diese Diskussion, die ab der zweiten Hälfte der 1960er Jahre geführt wurde, stand im Zusammenhang mit den Bemühungen um eine grundlegende Bildungsreform in Deutschland, die in den Schulen mehr Lebensnähe und Chancengleichheit in Schule und Gesellschaft verwirklichen wollte. Der Paradigmenwechsel von der Leibeserziehung zum Schulsport bedeutete, dass der Sport in seinen vielfältigen Erscheinungsformen in die Schulen einzog. Die Schüler sollten im Schulsport das lernen, was sie später im Sport in der Freizeit benötigten: die Technik und Taktik einzelner Sportarten, sportliche Grundfertigkeiten, Fitneß, aber auch soziale Verhaltensweisen sowie Urteils- und Kritikfähigkeit in Fragen der Sportentwicklung. Es ging weniger um Erziehung und Bildung durch Leibesübungen, Spiel und Sport, sondern eher um konkretes Lernen spezifischer Fähigkeiten und Fertigkeiten im und durch Bewegung, Spiel und Sport.

Das „Zweite Aktionsprogramm für den Schulsport" aus dem Jahr 1985 setzte wieder verstärkt erzieherische Akzente. Sport sei in der Schule nicht nur als Fach zu vermitteln, sondern stelle einen „besonderen Erziehungs- und Erfahrungsraum" dar, hieß es im Zweiten Aktionsprogramm. Ziel des Schulsports, der aus Sportunterricht und außerunterrichtlichen Sportangeboten besteht, sei die Handlungsfähigkeit der Schülerinnen und Schüler. Dieser zentrale Begriff bedeutet sowohl die Förderung individueller Anlagen und Möglichkeiten als auch die Hinführung auf das außerschulische sportliche Leben, indem sportliche, aber auch soziale Fähigkeiten und Fertigkeiten gelehrt und gelernt werden sollen. Die Bedeutung der Erziehung zum, im, durch und mit Hilfe des Sports zeigte sich nicht nur in solchen bildungspolitischen Dokumenten zur körperlichen Erziehung und zum Schulsport, sondern auch darin, dass die Ausbildung von Sportlehrerinnen und Sportlehrern nun an Universitäten und Hochschulen durchgeführt wurde. Sie entwickelte sich zu einem wissenschaftlich-akademischen Studium an der Universität. An den Hochschulen und Universitäten wurden sportpädagogische und sportwissenschaftliche Professuren eingerichtet. Bücher zur Theorie und Praxis des Sports und der Sporterziehung erschienen. Die Entwicklung des sportpädagogischen Fachgebiets wurde durch diese Institutionalisierung in einem akademisch-universitären Kontext auf eine theoretische Grundlage gestellt.

7.2   Körperkultur und Sport in Ostdeutschland

Im Osten Deutschlands, der ehemaligen DDR, waren Sport und Schulsport den Weisungen und Richtlinien der kommunistischen Staats- und Parteiführung unterworfen. Bildung und Erziehung und das gesamte Schulwesen der DDR hatten auf das Ziel hinzuarbeiten, „allseitig entwickelte sozialistische Persönlichkeiten" zu erziehen.[132] Diese Bezeichnung war das sozialistische Pendant zum bürgerlichen Ideal einer ganzheitlichen Bildung. Auch die Körpererziehung und der Sport in den Schulen und Hochschulen hatten einen wichtigen Beitrag zu leisten. Zeitweise geriet das Fach Turnen und Körpererziehung zu einem der „wichtigsten Gesinnungsfächer" für den Aufbau des Kommunismus und die Verteidigung der sozialistischen Errungenschaften der DDR".[133] Neben der Vermittlung physischer und sportlich-motorischer Fähigkeiten und Fertigkeiten galt die Erziehung zu diszipliniertem Verhalten, zu sozialistischer Moral, zu kollektivem Handeln und zur Verteidigung des Vaterlandes als allgemeines sportpädagogisches Ziel. Militärischer Unterricht gehörte zu den Inhalten des Schulsports und der Sportlehrerausbildung. Der Unterricht war in der Regel klar strukturiert, orientierte sich an den

---

[132] Nach der Wende beschäftigte sich die Bildungsforschung bald mit den Unterschieden und Gemeinsamkeiten der Schul- und Bildungssysteme in Ost und West sowie den Möglichkeiten einer gesamtdeutschen Entwicklung. Ein Ergebnis war der Band „Das Bildungswesen in der Bundesrepublik Deutschland" (hrsg. von der Arbeitsgruppe Bildungsbericht am Max-Planck-Institut für Bildungsforschung, Reinbek 1994, siehe darin besonders die Abbildung 1.2 auf S. 28). Zum Sport in der DDR siehe ausführlicher M. *Krüger* (2005 c, S. 188–206).

[133] *Helmke, Naul* und *Rode* (1991, S. 386). Siehe in den dort untersuchten Lehrplänen auch die Formulierung der Erziehungs- und Unterrichtsziele der Schulsport-Erziehung in der DDR. Allgemein zu sportlichen Erziehungszielen in der DDR vgl. das von einem Autorenkollektiv unter Leitung von *Kunath* herausgegebene Heft „Über die Erziehung sozialistischer Sportler" (Sportverlag Berlin, 1960); sowie das von einem Herausgeberkollektiv unter Leitung von *Wonneberger* verfasste Buch „Körperkultur und Sport in der DDR. Gesellschaftliches Lehrmaterial" (1982).

Abb. 12: Pausengymnastik auf einem Schulhof in der SBZ in den 1950er Jahren (aus: W. Eichel u. a. Illustrierte Geschichte der Körperkultur. Sportverlag Berlin, 1983, S. 117)

einzelnen Sportarten und gliederte sich klar nach Leistungs- und Altersklassen. Fragen der Leistungsbewertung und Notengebung spielten eine große Rolle.

Da die Ziele des Schulsports bzw. des Turnunterrichts und der „Körpererziehung" in der DDR ideologisch vorgegeben waren, konzentrierte sich das Interesse der Sporterzieher in der DDR vor allem auf die Methodik des Unterrichts und die motorische Entwicklung im Kindes- und Jugendalter. Im Sportverlag der DDR erschien eine Fülle methodischer Literatur, meistens zu den klassischen Sportarten die auch intensiv im Westen gelesen wurde und bis heute grundlegend ist, aber auch zu allgemeinen Prinzipien des Lehrens und Lernens, der Vermittlung und Organisation des Unterrichts sowie der Trainings- und Bewegungslehre. Ein Beispiel ist die Bewegungslehre von Kurt *Meinel*, ein Klassiker der sportwissenschaftlichen Forschung und Literatur. Ein Fach Sportpädagogik, wie es in der Bundesrepublik nach 1945 zunächst unter der alten Bezeichnung „Theorie der Leibeserziehung" und nach 1970 unter dem Begriff „Sportpädagogik" aufzubauen versucht wurde, gab es in der DDR nicht. Stattdessen entwickelte sich die „Methodik der Körpererziehung" in der DDR zum zentralen Lehrgebiet an den Universitäten und Hochschulen (*Knappe*, 1994, S. 193 ff.).

Übergangsprobleme

Die großen Unterschiede der politischen Systeme zwischen der Bundesrepublik und der DDR führten im vereinten Deutschland erwartungsgemäß in allen Bereichen, auch im Sport und Schulsport, zu erheblichen Anpassungsproblemen.

Lehrerinnen und Lehrer, Schülerinnen und Schüler, Sportlerinnen und Sportler, Eltern und Kinder der neuen Bundesländer mussten sich in ein pluralistisches, föderalistisches und nicht selten verwirrendes System der Erziehung und des Sports einfügen. Die Bildungs- und Erziehungsziele, die Lehrpläne, die Unterrichtsinhalte, die Formen und Methoden des Sports in der Schule mussten geändert werden. Die Sportlehrkräfte mussten sich nicht nur auf neue Vorgaben in den Lehrplänen einstellen, sondern auch ihren gesamten Unterrichtsstil umstellen. Nicht zuletzt ging es in der ehemaligen DDR um eine schwierige und langwierige Vergangenheitsbewältigung von 40 Jahren SED-Diktatur, zu der auch der Sport und der Schulsport und die dafür Verantwortlichen ihren Teil beigetragen haben. Dabei ist jedoch zwischen den Sportlehrkräften an den Schulen einerseits und den fachlich hochqualifizierten, an der Deutschen Hochschule für Körperkultur der DDR in Leipzig ausgebildeten Trainerinnen und Trainern andererseits zu unterscheiden. Diese Experten und ihr Fachwissen im Leistungs- und Wettkampfsport war nach der Wende nicht nur in Deutschland, sondern in aller Welt gefragt.

Aus fachlicher und fachdidaktischer Sicht hat die Sportmethodik in der DDR wesentliche Beiträge zur Entwicklung der Didaktik und Methodik der Sportarten und des Sportunterrichts geleistet, die nach der Wende jedoch nicht ausreichend anerkannt und für die Zukunft der Sportpädagogik und Sportdidaktik im vereinten Deutschland genutzt wurden.

7.3　Folgerungen aus der Geschichte der Leibeserziehung und des Sports

Es gibt keine eindeutigen Lehren, die aus der jüngeren Geschichte der körperlichen Erziehung und des Sports gezogen werden könnten. Sport- und Sporterziehungsgeschichte scheinen zunächst wenig helfen zu können, um eine erfolgreiche sportpädagogische Praxis in Schule und Verein zu begründen.[134] Die Bedeutung der Sportgeschichte für die Sportpädagogik liegt vor allem in der theoretischen Beschäftigung mit Sport und Sporterziehung. Historisches Wissen über Sport kann dazu beitragen, ihn besser zu verstehen, bewusster und kritischer im Sport zu handeln und mit ihm umzugehen. Historisch-theoretisches Wissen über die eigene Geschichte ist Teil des Selbstverständnisses des Faches und trägt dazu bei, den Sinn der Sports und der Sporterziehung sowie deren Entwicklung als eigenes Fachgebiet verständlich zu machen. Dies wirkt sich indirekt auf die Gestaltung der sportpädagogischen Praxis aus.

Die Geschichte des Faches Sportpädagogik kann zweierlei deutlich machen: *Erstens* stand und steht die sportlich-körperliche Erziehung immer,

---

[134] Vgl. zu dieser Frage *Bernett* (1981), der die Bedeutung der Sportgeschichte für Sportpädagogen weniger als „Handlungshilfe", sondern als „Bewusstseinsbildung" sieht. Zur didaktischen Legitimation der Sportgeschichte außerdem *Luh* (2004) sowie M. *Krüger* (2006).

wenn auch jeweils in unterschiedlicher Weise, im Zusammenhang mit der geistigen und moralischen Bildung und Erziehung des Menschen. Und sie ist – *zweitens* – über Leibesübungen und Sport hinaus in ihren konkreten Zielen, Formen und Inhalten von den jeweiligen politischen, sozialen und kulturellen Bedingungen mit geprägt.

Den Sport „an sich" gibt es nicht, sondern ihn gibt es immer nur in Form „kultureller Objektivationen" (*Bernett,* 1975) oder sozialer Konstruktionen von Leibesübungen. D. h., was Sport ist, ist Ergebnis sozialer Prozesse und Kommunikation. Die Geschichte von über 200 Jahren Turnen und Sport in Deutschland macht deutlich, dass diese Leibesübungen weder in ihren konkreten Formen noch in den Zielen und Inhalten einheitlich waren. Es hat sowohl Zeiten gegeben wie die frühe Turnbewegung, in denen sie offener und weniger formalisiert erschienen, als auch Phasen wie das wilhelminische Kaiserreich, den Nationalsozialismus und die DDR, in denen definierte Systeme von Turnen und körperlicher Erziehung die Theorie und Praxis der Leibesübungen beherrschten. Allzu starre Formen riefen jedoch in der sportpädagogischen Praxis und Theorie auch Gegenbewegungen hervor, wie dies in den 1920er Jahren der Fall war, als neue Themen, Inhalte und Formen von Gymnastik, Turnen, Spiel und Sport entstanden.

Gymnastik, Turnen, Spiel und Sport stehen in spezifischen kulturellen Kontexten und waren stets von dem beeinflusst, was Politik und Gesellschaft von ihnen forderten. Als entscheidend hat sich dabei nicht die Tatsache ihrer pädagogischen Funktionalisierung und Instrumentalisierung erwiesen, sondern deren Ausmaß und Richtung. Hinter diesem Problem der Instrumentalisierung steht die theoretische Frage, ob es eine Eigenständigkeit des Sports, also einen eigenen, in sich ruhenden Sinn des Sports geben könne (vgl. *Güldenpfennig,* 1996), der nicht notwendigerweise ein pädagogischer Sinn ist oder sein muss.

Eine solche Instrumentalisierungs-Debatte ist in der Sportpädagogik geführt worden. Zwei prinzipielle Auffassungen stehen sich gegenüber: Eine wurde von dem Sportpädagogen *Beckers* (1993) formuliert und besagt, dass es eine Eigenständigkeit des Sports nicht geben könne, weil der Sport immer für „extrasportive" Zwecke benutzt worden sei. Es sei dem Sport nicht möglich, sich von seiner Abhängigkeit von Politik, Wirtschaft und Kultur zu lösen. Sport ereigne sich immer in Kontexten. *Bernett* (1993 b) widersprach diesem „Relativismus". Es gehe in der Geschichte der Leibeserziehung und des Sports nicht um eine Verleugnung solcher Zwänge, sondern um die Formulierung und Vertretung eigenständiger Maßstäbe, die den Sport und die sportliche Erziehung vor politisch-ideologischem Mißbrauch schützen können. Diese Debatte ist bis heute nicht abgeschlossen, sondern stellt sich im Gegenteil immer wieder neu. Die Arbeiten von Sven *Güldenpfennig* beschäftigen sich in den verschiedensten Ausprägungen mit dieser Frage der Eigenständigkeit des Sports, der Sporterziehung und ihrer Funktionalisierung und Instrumentalisierung (*Güldenpfennig,* 1996; 2012; 2013).

Die Geschichte des Sports und der Leibeserziehung im Nationalsozialismus und in der DDR hat sich in Bezug auf dieses Problem der Instrumentalisierung als besonders aufschlussreich erwiesen. Leibeserziehung und Sport wurden in den Dienst von Diktaturen gestellt. Ihr Sinn und ihre konkreten Formen und Inhalte wurden entsprechend verbogen, dass sie den politischen und ideologischen Zwecken der politischen Machthaber entsprachen. Die beiden deutschen Diktaturen haben sich jedoch auf unterschiedliche Weise des Sports für ihre Zwecke bedient: Die Nationalsozialisten wollten mit Hilfe des Sports und der Leibeserziehung einen neuen „Menschentyp", eine neue „Rasse" „heranzüchten", mit dem sich die Welt beherrschen lassen sollte. In der DDR wurden Körperkultur und Sport gezielt eingesetzt, um „sozialistische Persönlichkeiten" zu formen. Schließlich sollten internationale Erfolge im Leistungssport dazu dienen, der DDR als Staat Ansehen und Legitimität zu verleihen. Beides hat auch dazu geführt, dass der Sport weniger zum Wohl und zur Bereicherung des Lebens der Menschen dienen konnte, sondern letztlich zum Gegenteil. Dies kann im Übrigen auch in einem extrem kommerzialisierten und professionalisierten Sport der Fall sein, wenn Sport zur Last und zum Zwang wird, und nicht freiwillig und aus Freude betrieben wird.

Was ist zu tun, um den Sport und die Sporterziehung nicht zu einem Instrument werden zu lassen, das sich gegen die Menschen verwenden lässt? Die Sportpädagogik ist ein Fach, in dem auch systematisch über solche Fragen geforscht, reflektiert und diskutiert wird. Aus seiner Sicht ließe sich darauf antworten, dass Maßstäbe diskutiert und gefunden werden müssen, die einen menschenfreundlichen, humanen, „besseren Sport" charakterisieren. Sie ermöglichen erst die Kritik und Veränderungen des realen Sports. Die Sportpädagogik kann dazu beitragen, sowohl das geistig-kulturelle Fundament des Sports zu stärken als auch Vielfalt und Qualität des Sporttreibens zu erweitern und zu verbessern.

Die kulturelle Kraft des Sports zu stärken, kann auch bedeuten, sich in Politik, Wirtschaft und Gesellschaft für günstigere Rahmenbedingungen für den Sport einzusetzen. Die Entwicklung des Fachgebiets Sportpädagogik kann dazu beitragen. Voraussetzung dafür ist es, Leistung und Qualität von Theorie und Praxis des Sports weiterzuentwickeln, die Diskussion der Ergebnisse wissenschaftlicher Forschung und Diskussion zu pflegen und den Gefahren politisch-ideologischer Instrumentalisierung entgegenzuwirken.

Im Verlauf der Geschichte der körperlichen Erziehung und des Sports in Deutschland seit der Wende vom 18. zum 19. Jahrhundert sind verschiedene Konzepte körperlicher Erziehung in Theorie und Praxis entworfen worden. Sie haben zur Konstitution und Entwicklung eines neuen Fachgebiets der Sportpädagogik beigetragen.

Eine Zusammenfassung in 10 Thesen:

1 Die „natürliche" Erziehung durch körperliche Übungen und Spiele, theoretisch begründet durch *Rousseau*, weitergeführt, systematisiert und erprobt in der Pädagogik der Philanthropen, insbesondere durch *Guts-Muths*.

2 „Deutsches Turnen" als eine besondere Form der Nationalerziehung, begründet durch *Jahn* und durch die Pädagogik der Romantik.

3 Systematisches Turnen nach *Spieß* seit der Mitte des 19. Jahrhunderts: Turnen und körperliche Erziehung wurden in stabile Inhalte und feste Übungsformen gebracht. Das Turnen wurde schul- und unterrichtsfähig.

4 Im preußischen Barrenstreit (1860–1863) wurde eine breite fachliche und politische Debatte um das „richtige" Turnen in Schule und Verein geführt. Das Ergebnis war eine große Zahl von fachlichen Anleitungen zum Turnen und von theoretischen Schriften zur Begründung und zum Wert von Turnen und Leibesübungen für die Erziehung sowie für Staat und Gesellschaft.

5 Ein mittelbares Ergebnis des Barrenstreits waren die Gründung und der Ausbau von Turnlehrerbildungsanstalten: 1850 und 1851 in Dresden und Berlin, 1862 in Stuttgart, 1869 in Karlsruhe und 1872 in München. Damit wurden in Deutschland von Staats wegen Ausbildungseinrichtungen für Turnlehrer geschaffen.

6 Die Kritik am Turnmodell des 19. Jahrhunderts brachte seit der Jahrhundertwende für die Theorie und Praxis der körperlichen Erziehung neue Impulse. Hervorzuheben sind neben dem englischen Sport die Entwicklung des Mädchenturnens, die Gymnastik- und Tanzbewegung und das reformpädagogische Konzept des „natürlichen Turnens" von *Gaulhofer* und *Streicher*.

7 Mit der Olympischen Idee und den Olympischen Spielen hat sich eine eigene pädagogische Theorie des Sports herausgebildet. Der Begründer dieses pädagogischen Konzepts des Olympismus ist Pierre *de Coubertin*. Sein Ziel bestand darin, mit dem olympischen Sport einen Beitrag zur Erziehung zu Fairness und Frieden zu leisten. Die Olympische Idee war für ihn eine pädagogische Idee.

8 Seit 1933 sah die „politische Leibeserziehung" im Nationalsozialismus vor, Leibeserziehung und Sport unter die Kontrolle des nationalsozialistischen Staats zu bringen und an seiner „Weltanschauung" auszurichten. Dies bedeutete einen Bruch mit der bisherigen Tradition von Turnen und körperlicher Erziehung in Deutschland.

9 Nach 1945 nahm die Entwicklung der körperlichen Erziehung und des Sports in Ost- und Westdeutschland einen unterschiedlichen Verlauf. In der DDR wurden sie in den Dienst des sozialistischen Staats gestellt. In der Bundesrepublik Deutschland wurde versucht, Leibeserziehung und Sport demokratisch neu zu legitimieren und pädagogisch – ausgehend von der Idee der Bildung – zu begründen.

10 Die Sportpädagogik hat sich seit über 200 Jahren zu einem eigenständigen Fachgebiet entwickelt. Sie ist inzwischen an den Bildungseinrichtungen und Hochschulen verankert. Zu ihren Aufgaben gehören nicht nur die Aus- und Fortbildung von Lehrkräften, sondern auch die Bereitstellung von Wissen über alle pädagogischen Fragen und Probleme des Sports sowie der körperlichen Erziehung. Das Wissen um die Geschichte des Faches schärft den Blick für die Gegenwart und die Zukunft des Sports.

III Sportpädagogische Handlungsfelder, Lernorte und Erziehungsbereiche

Sport ist in der Regel an feste Einrichtungen, an Organisationen und Institutionen gebunden. In der Vergangenheit waren dies im Wesentlichen die Schule und der Verein. Von diesen und anderen Organisationen wie Sport- und Fitnessstudios, Volkshochschulen, Krankenkassen und sonderpädagogischen Einrichtungen, von denen heute auch Sport angeboten wird, ist im Folgenden die Rede. Dies geschieht unter dem Gesichtspunkt, dass diese Einrichtungen die Pädagogik und Didaktik des Sports, also seine Ziele, Inhalte und Vermittlungsverfahren prägen und zum Teil spezifische Theorien und Konzepte des Sporttreibens entwickeln, die den jeweiligen Organisationen entsprechen.

1 Institutionen und Organisationen des Sports

1.1 Einflüsse institutioneller und organisatorischer Rahmenbedingungen

Ist Sport an sich schon pädagogisch oder wird er es erst durch seine Einbindung in eine Organisation, z. B. in den Sportverein oder in die Schule? Diese Frage lässt sich nicht eindeutig mit einem klaren Ja oder Nein beantworten. Sport gibt es nicht an sich. Er ist ein Produkt und ein Element des historisch gewachsenen sozialen und kulturellen Lebens, so gesehen eine „soziale Konstruktion", wie in der Soziologie in Anlehnung an *Berger* und *Luckmann* (1980) gesagt wird. In ihn fließen die Regeln, Normen und Wertvorstellungen des gesellschaftlichen Zusammenlebens der Menschen mit ein. Schließlich haben sich im Bereich des Sports eigene Regeln für einzelne Sportarten oder über Spiel- und Sportregeln hinausgehende Normen des Sporttreibens wie beispielsweise Fairness oder Sportlichkeit entwickelt, verbreitet und durchgesetzt. Ein eigener „Sinn des Sports" (*Kurz,* 1986) ist entstanden.
Beim Sporttreiben des einzelnen Menschen kommen sowohl diese gesellschaftlichen und kulturellen Bedingungen als auch die eher sportimmanenten und sportspezifischen Regeln und Normen mit ins Spiel: Wie man sich bewegt, welchen Sport man betreibt, wie intensiv man dies tut, nach welchen Regeln dies geschieht, wie man Sport wahrnimmt, welches Körperbild und Körperverständnis dabei bestimmend ist, welche Unterschiede zwischen den Geschlechtern, Altersgruppen oder sozialen Schichten bestehen – all das spiegelt Werte, Nor-

men, Regeln, Moden, Gewohnheiten, Einstellungen und Verhaltensmuster wider, die in einer Gesellschaft wirksam sind. Dabei sind diese in Europa offensichtlich anders als in Asien, Afrika oder in arabischen Ländern, obwohl beispielsweise die Fußballregeln hier wie dort dieselben sind, und sich Europäer, Afrikaner, Araber, Amerikaner und Asiaten relativ leicht darüber verständigen können, was im Sport z. B. fair und was unfair ist. Im Sport, wie ihn die Menschen unserer Zeit kennen, verbinden sich die Bewegungs- und Verhaltensmuster der universellen Kultur des Sports mit kulturspezifischen Regeln und Normen. Hermann Bausinger spricht vom Sport als einem „universellen Kulturmuster" (*Bausinger,* 2006, S. 207).[135]

Individuell, universell und institutionell

Vom Sporttreiben gehen deshalb auch ohne Verbindung mit einer spezifischen Sportorganisation oder Sport anbietenden Institution erzieherische oder sozialisierende Wirkungen aus. Das bedeutet aber nicht, dass Sporttreibende, die die Möglichkeiten und Angebote von Organisationen nutzen, durch diese in ihren Handlungen und Entscheidungen beim Sport vollständig und in gleicher Weise festgelegt wären. Sie haben vielmehr die Möglichkeit, den kulturell und gesellschaftlich bestimmten Rahmen von Sport für sich in Anspruch zu nehmen.

In welch erheblichem Umfang dies geschieht, zeigen nicht nur die zahlreichen Regeländerungen und Regelangleichungen an jeweils neue Bedingungen, sondern es wird auch beim Sporttreiben im eher nicht oder weniger organisierten, informellen Rahmen deutlich. Wer im Urlaub Ski läuft, mit seinen Freunden Rad fährt oder Tennis spielt, tut dies zwar in Orientierung an die besonderen Merkmale des Ski-, Rad- und Tennissports, aber er richtet sich in der Regel nach seinen eigenen Möglichkeiten und Bedürfnissen und nach denen der Gruppe, in der er sportlich aktiv ist.

Die moderne Sportentwicklung ist einerseits durch ein hohes Maß an Individualisierung des Sportengagements und Sportinteresses gekennzeichnet, aber andererseits auch durch zahlreiche Formen der Vergemeinschaftung; d. h. Organisationen und Institutionen, in denen Sport angeboten und betrieben wird. Ca. 70 bis 75% der Bevölkerung betreibt Sport, mehr oder weniger regelmäßig und intensiv, unterschiedlichste Sportarten und Sportbetätigungen, auch abhängig davon, was man überhaupt unter Sport versteht. Jüngere Menschen häufiger und intensiver als ältere, Jungen und Männer immer noch etwas häufiger als Mädchen und Frauen. Ungefähr die Hälfte der Sporttreibenden ist an eine Sportorganisation gebunden, in der Regeln an einen Verein oder ein Sport- und Fitnessstudio. Ungefähr ein Drittel der Bevölkerung ist Mitglied in einem Sportverein (*Weber,* 1995; *Breuer,* 2017).

---

[135] Themen und Probleme im Zusammenhang der internationalen Entwicklung des Sports und seiner universellen Erscheinungsformen werden umfassend von *Maguire* behandelt. Siehe auch das Themenheft „Sport – Einhalt und Vielfalt seiner Kulturen" (2005) der Zeitschrift EWE (Erwägen-Wissen-Ethik).

Viele brauchen zum Sporttreiben jedoch keinen Verein und auch kein Sportstudio, aber eine entsprechende Infrastruktur und Ausrüstung. Läufer und Jogger brauchen geeignete Wege und Straßen, Wettkampfläufer Laufbahnen und Stadien, Skifahrer Skipisten und Skiausrüstung, Surfer Strände und Surfbretter, Schwimmer saubere Gewässer und Bäder, Kletterer Berge, Felsen und Kletterhallen, und Radfahrer oder Mountain-Biker brauchen neben passenden Rädern Radwege und Mountainbikestrecken. Um Sporttreiben zu können, sind Sportstätten nötig: Tennishallen, Eislaufbahnen, Skipisten, Bolzplätze, Seen, Gewässer und Schwimmbäder. Sport wird zwar individuell betrieben, aber gesellschaftlich und politisch verantwortet (*Grupe,* 1987; 1988 b; 2000).

Individuell betriebener Sport ist nicht zwingend an eine Sportorganisation gebunden, aber der Einfluss der Institution Sport ist in ihm wirksam. Wie einzelne Sportarten betrieben werden, nach welchen Regeln gespielt wird, welche Bewegungstechniken angewendet werden, ob eine Sportart allein oder in Gruppen, zur Unterhaltung, für die Gesundheit oder als Wettkampf betrieben wird, ist nicht das Ergebnis individueller Entscheidungen, sondern beruht auf institutionellen Voraussetzungen. Das Verständnis von Sport und körperlicher Bewegung, von Sportlichkeit, Fitness, Gesundheit oder Leistungsfähigkeit, das den Sport insgesamt bestimmt, kommt auch in diesen nicht unmittelbar an eine Organisation gebundenen Sportangeboten zum Ausdruck; ebenso die Regeln, die z. B. beim Tennisspielen gelten, oder die Technik, die nötig ist, um Ski fahren zu können, oder das Wissen darüber, welche Art von Gymnastik besonders „gesund" ist oder einer „guten Figur" dient, oder die Vorstellung von Fairness im Spiel.

Selbst jemand, der keinen Sport betreibt oder dem Sport ablehnend gegenübersteht, ist in diesen Kontext des Sports als gesellschaftliches und kulturelles Phänomen eingebunden. Die Zeitungen sind voll von Sportereignissen, im Fernsehen werden ausführlich Sportereignisse gesendet, im Internet und in sozialen Medien wird über Sport kommuniziert. Man kann sich dem Sport deshalb genauso wenig entziehen wie dem Straßenverkehr. „Sport ist sozialer Kontext", schreibt der Theologe und Ethiker Dietmar *Mieth* (1989, S. 420), „eine Sprache, in der der Mensch sich so oder so bewegen muss, selbst wenn er sich scheinbar an diesem Lebensbereich vorbeibewegt".[136]

Diese Präsenz des Sports im Alltagsleben der Menschen hat dazu geführt, dass seine Bedeutung als Sozialisations- und Erziehungsfaktor gewachsen ist. Gleichzeitig gibt es eine Reihe von Einrichtungen, von Bildungs- und Sozialeinrichtungen oder anderen öffentlichen oder privaten Organisationen, in denen der Sport gezielt angeboten und pädagogisch oder sozialpädagogisch vermittelt wird. Diese Einrichtungen verbinden mit ihrem jeweiligen Sportangebot Interessen und pädagogische Absichten, die aber nicht immer offen geäußert werden und nicht mit dem „Eigensinn des Sports" (z. B. *Güldenpfennig,* 2012; 2013) übereinstimmen müssen. Wenn beispielsweise Sport- und Bewegungsprogramme in

---

[136] Ähnlich äußerte sich beispielsweise der Literaturwissenschaftler Hans-Ulrich *Gumbrecht* („Lob des Sports", 2005).

Rehabilitationskliniken durchgeführt werden, sind damit andere Ziele verbunden als bei Sportfreizeiten von Jugendverbänden oder Ferienangeboten, die von Kirchengemeinden organisiert werden.

Sport wird in solchen Fällen benutzt, um Ziele und Zwecke zu erreichen, die mit ihm nicht unmittelbar zu tun haben müssen, sondern mehr mit den Zielen der ihn anbietenden Organisationen. Diese Art der Funktionalisierung des Sports ist jedoch nicht gleichzusetzen mit seiner politischen Instrumentalisierung.

Institutionen und Organisationen

Was sind überhaupt Organisationen und Institutionen? Worin besteht der Unterschied zwischen einer Institution und einer Organisation im Allgemeinen und in Bezug auf den Sport? Beide Begriffe sind nicht klar voneinander zu trennen. Organisationen und Institutionen bedingen sich und ergänzen einander, haben aber auch unterschiedliche Bedeutungen.

> **Als Organisation wird ein auf relativ festen Regeln und einer Verwaltung beruhendes Ordnungsgefüge bezeichnet, z. B. ein Sportverein oder die Schulverwaltung, während der Begriff Institution im umfassenderen Sinn auf eher abstrakte, kulturelle und gesellschaftliche Gebilde wie Staat, Erziehung, Wirtschaft, Ehe, Recht oder eben auch Sport angewendet wird.**[137]

Institutionen erhalten ihren Charakter, ihre Bedeutung und ihren Sinn, auch ihre Dauer und Beständigkeit allerdings erst dadurch, dass sie zum Inhalt einer oder mehrerer Organisationen gemacht werden. Der Soziologe und Kulturanthropologe Arnold *Gehlen* (1904–1976) hat sich besonders mit der Bedeutung solcher Institutionen für den Einzelnen und für die Gesellschaft beschäftigt. Er sieht in ihnen eine Entlastungsfunktion; d. h., sie bieten den Menschen fertige und überindividuelle Handlungs- und Wertmuster an, die ihnen einerseits helfen, sich in der Welt zurechtzufinden, weil sozusagen das Rad nicht immer wieder neu erfunden werden muss; andererseits beschränken sie aber individuelle Freiheiten, indem sie ein bestimmtes Denken und Handeln dadurch nahelegen, dass sie es institutionell absichern. „Die Formen, in denen die Menschen miteinander leben oder arbeiten – sie alle gerinnen zu Gestalten eigenen Gewichts, den Institutionen, die schließlich den Individuen gegenüber etwas wie eine Selbstmacht gewinnen ..." (*Gehlen,* 1986, S. 71 f.)

---

[137] Institutionen und Organisationen sind Grundbegriffe der Soziologie, speziell der Organisationssoziologie, siehe z. B. *Mayntz* (1976); *Bahrdt* (1992); *Preisendörfer* (2016). Der Institutionenbegriff wurde wesentlich durch den Anthropologen und Soziologen Arnold *Gehlen* (1904–1976) geprägt, auf den im Folgenden eingegangen wird (*Gehlen,* 1988).

Der Sport als Institution und Organisation

Der Sport hat im Laufe seiner Geschichte und angesichts seiner Verbreitung den Charakter einer solchen Institution angenommen. Er ist in diesem Sinne zu einer Art „Selbstmacht" mit „eigenem Gewicht" und für viele mit der „Überzeugungskraft des Natürlichen" geworden – Merkmale, die *Gehlen* (1986, S. 71 f.) als charakteristisch für Institutionen ansieht. Er hat eigene Strukturen ausgebildet, die sowohl aus spezifischen Organisationen als auch Wertvorstellungen und Regeln, einem besonderen Sinn und Verständnis und nicht zuletzt einer Idee von Erziehung im Sport bestehen. Der Sport als Institution mit einem Netz von lokal, national und international agierenden Organisationen führt zu einer Entlastung des Einzelnen in der Befriedigung seiner Bedürfnisse nach körperlichen Bewegungen, Übungen und Spielen, sei es im individuellen oder sozialen Kontext.

Organisationen und Institutionen des Sports sind nicht auf national-staatliche Grenzen beschränkt, sondern inzwischen ist ein Geflecht internationaler Sportorganisationen entstanden. Die internationalen Fachverbände, die Nationalen Olympischen Komitees, das Internationale Olympische Komitee (IOC), die internationalen Wissenschaftsorganisationen des Sports, aber auch die ATP, die Organisation der Profi-Tennisspieler oder die Veranstalter der internationalen Leichtathletik-Meetings repräsentieren den Weltsport.

> **Sport als kulturelle und gesellschaftliche Institution hat sich zu einem komplexen System von Organisationen, Veranstaltungen und Ereignissen auf der Grundlage von sportlichen Zielen, Sinnmustern, Regeln und Normen entwickelt, das über staatliche und politische Grenzen und auch über die Schranken von Religion und Ethnien hinaus verstanden wird. Sport ist zu einem „universalen Kulturmuster" geworden (*Bausinger,* 2006, bes. S. 207–219.).**

Die in der Institution Sport handelnden Personen verkörpern einerseits die Grundsätze, Prinzipien und Werte des Sports, seine Ethik und Moral. In ihrem handeln bringen sie den Sinn des Sports zum Ausdruck. Andererseits beeinflussen diese Strukturen des Sports den Sinn und die Bedeutung des Sports für den Einzelnen. Sie haben schließlich Einfluss darauf, in welcher Weise der Einzelne über diese Institution sozialisiert oder erzogen wird.

Warum ist die Unterscheidung zwischen Institution und Organisation im Hinblick auf den Sport und die Sportpädagogik wichtig? Die Sportentwicklung der letzten Jahre und Jahrzehnte hat den alten, „klassischen" Sport auch deshalb verändert, weil sich seine organisatorisch-institutionellen Grundlagen verändert haben, weil eine Vielzahl neuer Sportorganisationen entstanden ist. Neben den Vereinen und Verbänden gibt es heute auch kommerzielle, privatwirtschaftliche Sportanbieter und Drittanbieter wie Volkshochschulen und Krankenkassen. Damit ist verbunden die Veränderung traditioneller Sportstrukturen und die Entstehung eines neuen und erweiterten Sportverständnisses.

Wandlungen des Sports als Institution

Der institutionelle Charakter des Sports hat sich gewandelt. Bis in die 1960er Jahre war der Sport im Wesentlichen auf Schule und Verein begrenzt. Diese besaßen ein vergleichsweise unbestrittenes Deutungsmonopol, wobei in der Schule nicht von Sport, sondern meistens von Leibesübungen, Turnen und Leibeserziehung gesprochen und unter Sport wiederum vor allem der Leistungs- und Wettkampfsport verstanden wurde.

Das Verständnis von Sport hat sich deshalb erheblich erweitert. Unter den Begriff Sport fallen heute nicht nur die Formen und Inhalte von Leibesübungen, die historisch als Gymnastik und Turnen bezeichnet wurden, sondern auch der Freizeit- und Gesundheitssport, der Behindertensport, der Seniorensport, der Erlebnissport, Abenteuersport oder der Fitnesssport. Traditionell hatten in Deutschland Vereine und Verbände von Turnen und Sport sowie die Schule eine Art Deutungsmonopol für Turnen und Sport. Was sie für Sport hielten, wurde allgemein als Sport verstanden. Dies hat sich geändert, weil gewerbliche Sportanbieter und andere Einrichtungen hinzugekommen sind, in denen Sport im weitesten Sinn angeboten, betrieben und kommuniziert wird. Darüber hinaus sind die Medien, das Fernsehen und das Internet zu einer wichtigen Deutungsmacht des Sports geworden.[138]

Der Sport als Institution hat sich durch die Zunahme seiner strukturellen und organisatorischen Vielfalt verändert, und in diesem Zusammenhang hat sich sein Sinn gewandelt. Es ist deshalb nicht mehr so klar zu sagen, was heute den Sport als Institution ausmacht wie früher, als der Sport im Verein und in der Schule im Großen und Ganzen der Sport insgesamt war, wobei dieser sich wiederum selbst in weiten Teilen als von Männern und männlichen Jugendlichen betriebener Leistungs- und Wettkampfsport verstand (*Grupe,* 2000).

Die Veränderungen des Sports als Institution sind nicht nur auf sportspezifische Faktoren zurückzuführen. Sie hängen mit dem Wandel gesellschaftlicher Verhältnisse und Strukturen und mit Veränderungen individueller Möglichkeiten, Interessen und Bedürfnisse zusammen. Die moderne Gesellschaft bereitet den Boden für die Ausbreitung und den Wandel des Sports. Für den Sozialphilosophen Hermann *Lübbe* (1988) bestehen diese Veränderungen zum einen darin, dass vielen Menschen in den modernen Industrienationen heute mehr Geld und Zeit zur Verfügung stehen, als dies jemals zuvor der Fall war. Sie haben nicht nur die Freiheit, sondern sind in gewisser Weise sogar „gezwungen", diesen gewachsenen Spielraum sinnvoll zu nutzen. „Eine ... Gesellschaft, die wie nie zuvor ihre Individuen zur Selbstverwirklichung freisetzt, wird zwangs-

---

[138] Diese Entwicklung wurde bereits auf dem Kongress „Menschen im Sport 2000" 1987 in Berlin diskutiert. Die Beiträge wurden 1988 von *Gieseler, Grupe* und *Heinemann* herausgegeben. Siehe besonders die Grundsatzreferate von *Lübbe, Heinemann & Grupe* (S. 44–67). Sie hat sich seitdem fortgesetzt. Siehe *Breuer* (2017).

läufig auch eine Gesellschaft expandierender sportlicher Betätigungen sein, die es eben deswegen reflexiv zu einer Sportkultur zu entwickeln gilt" (*Lübbe*, 1988, S. 39).

1.2 Wie der Sport organisiert ist

Die folgende Übersicht zeigt, in welchen Organisationen und Institutionen in Deutschland Sport getrieben wird:

(1) Schulen/Universitäten

a) Öffentliche Schulen

Elementarbereich (freiwillig) (Kindergarten, Kinderkrippen, vorschulische Erziehung): Sport in Form von Bewegungs- und Singspielen; frühe Bewegungserziehung ...

Primarbereich (Grundschule, in der Regel vier Jahre): Bewegungsspiele, Pausenturnen, Sport als Unterrichtsfach, „Bewegte" Grundschulen, sportbetonte Grundschulen.

Sekundarstufe I (Gesamtschule, Hauptschule, Realschule, Gymnasium bis Klasse 10): Sport in der Regel als dreistündiges reguläres Unterrichtsfach; schulsportliche Wettkämpfe (Bundesjugendspiele, Jugend trainiert für Olympia); Sporttage; Spielnachmittage; Wandertage, Skiausfahrten usw. (außerunterrichtlicher Schulsport)

Sekundarstufe II (Gymnasium, Fachoberschulen, sonstige weiterführende Schulen): Sport u. a. als Grundfach und als Leistungsfach bis zum Abitur.

Berufsschulen, Berufskollegs, Berufsfachschulen: Sport als Unterrichtsfach in der dualen Berufsbildung.

Förderschulen, Schulen mit sonderpädagogischem Förderschwerpunkt: Sport als Grundfach.

b) Privatschulen/Internate/Kinder- und Jugendheime/Sportbetonte Schulen

Sport als Teil des regulären Unterrichts an Privatschulen und als wesentlicher Bestandteil der Freizeitangebote von Internaten sowie Kinder- und Jugendheimen; sportbezogene Schulen; Sportbetonte Schulen und Sportinternate für sportlich besonders Begabte.

c) Universitäten/Hochschulen/Fachhochschulen

Sport als freiwilliges Angebot für alle Studierenden; Sport als Studienfach an Universitäten, Pädagogischen Hochschulen und der Deutschen Sporthochschule in Köln mit berufsqualifizierendem Abschluss.

d) Fort- und Weiterbildungseinrichtungen

Staatliche Sportakademien; Bildungswerke/Fortbildungseinrichtungen der Sportverbände. Weitere Fort- und Weiterbildungsanbieter von Berufsverbänden wie dem Deutschen Sportlehrerverband.

(2) Vereine und Verbände

a) Turn- und Sportvereine und -verbände (DOSB Bestandserhebung 2017)

Über 27 Millionen Mitglieder sind in knapp 90 000 Turn- und Sportvereinen organisiert, das sind ca. 33% der Bevölkerung. Der Deutsche Olympische Sportbund (DOSB) umfasst 16 Landessportbünde, 65 Spitzenverbände (38 olympische und 27 nicht-olympische) und 20 Verbände mit besonderer Aufgabenstellung. Da der DOSB nicht nur der Dachverband des deutschen Sports, sondern auch die nationale Dachorganisation der olympischen Bewegung ist, also ein Nationales Olympisches Komitee (NOK), gehören dem Präsidium des DOSB auch die beiden deutschen Mitglieder im IOC an sowie 15 persönliche Mitglieder des DOSB in seiner Funktion als Nationaes Olympoisches Komitee. Die internationale olympischen Bewegung wird durch das Internationale Olympische Komitee (IOC) vertreten, das wiederum in jedem Land durch ein Nationales Olympisches Komitee, in Deutschland ist dies der DOSB, repräsentiert wird.

Die Deutsche Sportjugend ist ein eigenständig organisierter Jugendverband im DOSB mit mehr als sieben Millionen Kindern und Jugendlichen in den Turn- und Sportvereinen. Der Deutsche Olympische Sportbund (DOSB) gründete sich am 20. Mai 2006 aus der Vereinigung des Deutschen Sportbundes (DSB), gegr. 1950, und des Nationalen Olympischen Komitees für Deutschland (NOK), gegr. 1949. Der DOSB repräsentiert neben dem Breitensport auch den olympischen Sport in Deutschland. Seine Aufgaben bestehen in der Pflege des olympischen Gedankens, der Vertretung der Interessen des olympischen Sports gegenüber dem Staat und der internationalen Sportbewegung sowie in der Aufstellung der Mannschaft für die Olympischen Spiele.

b) Sonstige Vereine und Verbände mit Sportangeboten

Jugendverbände in Kirchen und Gewerkschaften, Jugendorganisationen von Parteien, freie Jugendarbeit, Betriebssportvereine und -verbände ...

Sport als Teil der Jugend- und Jugendfreizeitarbeit und der Jugendbildung in Kirchen, Eichenkreuz, CVJM (Christlicher Verein junger Menschen) und DJK (Deutsche Jugendkraft), die ebenfalls Mitglied im DOSB sind; in der „freien" Jugend- und Sozialarbeit; in Volkshochschulen, Familienbildungsstätten, dem Roten Kreuz, Seniorenverbänden (in der Regel Sport- und Gymnastikangebote in Kursform).

(3) Gewerbliche Sportanbieter

Sport- und Fitnessstudios: ca. 7000 Anbieter in Deutschland (geschätzt)

Sportschulen

Skischulen

Tanz- und Gymnastikschulen

Ballettschulen

Spezielle Anbieter (z. B. Kampfsport, Yoga, Kung Fu, Tai Chi/Taiji ...)

Sport- und Freizeitanlagen (Tennisanlagen, Schwimmbäder, Squashhallen)

Sportgeschäfte

Betriebssport

...

(4) Sport im Sozial- und Gesundheitswesen

Krankenkassen/Gesundheitskassen (Gymnastik- und Sportangebote in Kursform), Sporteinrichtungen von Betrieben/Firmen- und Betriebssport

Rehabilitationseinrichtungen/Kurkliniken: Sport, Gymnastik und Bewegungstherapie als Mittel gesundheitlicher Prävention und Rehabilitation

Spezielle Gesundheitssportvereine (Prävention/Rehabilitation)

Sozialeinrichtungen: Sport als Mittel der Resozialisierung (z. B. im Strafvollzug/Jugendstrafvollzug oder als therapeutisches Mittel in der Drogenhilfe)

Seniorensport in Alten- und Pflegeheimen

(5) Sport in der Bundeswehr, bei der Polizei und Sicherheitskräften

Allgemeiner Freizeitsport

Sport als Element der Ausbildung von Soldaten

Wettkampfsport

Spitzensport

(6) Sport in Urlaubs- und Ferieneinrichtungen

Familiensport

Sport in Ferienclubs

Sport- und Jugendreisen

Internationaler Sport- und Jugendaustausch

...

Hinzu kommt der große Bereich des Sports in den Medien, einschließlich der neuen, sozialen Medien über das Internet, in der Presse (Sportteile der Zeitungen/Zeitschriften; Sport-Fachzeitungen/Zeitschriften), im Rundfunk (Sportsendungen in den Landesrundfunkanstalten; Privatsender) und Fernsehen, aber auch in Kunst, Literatur und Wissenschaft.

Sport im Fernsehen macht einen großen und wachsenden Anteil an den Programmen der öffentlich-rechtlichen und der privaten Fernsehsender aus. Inzwischen gibt es eigene Sportsender, u. a. auch den „Olympic Channel" des IOC. Der Sender Sky vermarktet den Profifußball. Das Internet bietet über Streamingdienste sowie die unterschiedlichsten Internetfroren und sozialen Medien zahlreiche Möglichkeiten der Kommunikation von und über Fitness und Sport im weitesten Sinn.

1.3 Zur Struktur des Sports in Deutschland

Abbildungen 14 und 15 zeigen die Vielfalt des Sports und der Sportorganisationen in Deutschland und speziell der im Deutschen Olympischen Sportbund (DOSB) organisierten Vereine und Verbände, deren Hauptzweck in der Organisation und Vertretung des Sports und einer bestimmten Sportart besteht. In diesem Punkt unterscheiden sie sich von anderen Sportanbietern. Sportvereine haben den in den Satzungen festgeschriebenen Zweck, Sport zu organisieren; dies tun auch gewerbliche Sportanbieter, aber nicht in Form eines gemeinnützigen Vereins, sondern als auf Gewinn ausgerichtete, privatwirtschaftliche Anbieter. Drittanbieter wie Volkshochschulen und Krankenkassen sind ebenfalls keine Vereine. Sportangebote stellen für sie nur einen kleineren Teil ihrer weitergehenden Aufgaben im Bereich von Bildung, Kultur und Gesundheit dar.[139]

Die Basis dieser spezifisch in Deutschland gewachsenen Sportorganisationen bilden die Turn- und Sportvereine. Die im Dachverband DOSB zusammengeschlossenen Vereine und Verbände sind demokratisch aufgebaut; d. h., seine Gremien und Vorsitzenden werden gewählt. Die einzelnen Vereine und Verbände sind in ihren Entscheidungen frei. Sportpolitische Entscheidungen können nicht zentralistisch und hierarchisch von oben nach unten verordnet werden, sondern der Wille der Basis des in Vereinen und Verbänden organisierten Sports soll von der Dachorganisation gebündelt und vertreten werden. Die knapp 90 000 Turn- und Sportvereine in Deutschland sind nicht direkt, sondern indirekt über die Landessportbünde und Fachverbände Mitglieder im Deutschen Olympischen Sportbund.

Der Grund für diese Organisationsstruktur besteht in dem historisch gewachsenen Verständnis von Turnen und Sport in Deutschland, demzufolge die Basis des Sports von solchen Vereinen und Verbänden gebildet wird, die vor allem

---

[139] Einen Überblick über die komplexen Strukturen und Organisationen des Sports bieten zum einen die Sportberichte der Bundesregierungen (der letzte ist 2013 erschienen sowie die vom DOSB in Auftrag gegebenen Sportentwicklungsberichte, zuletzt zu den Jahren 2015/16, erschienen 2017 (*Breuer, 2017*).

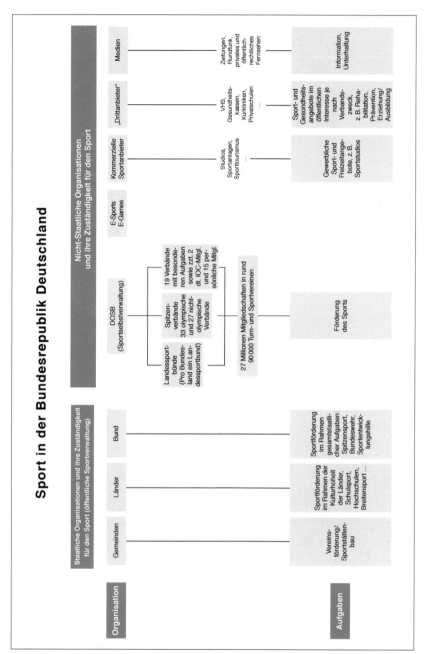

Abb. 13: Sport in der Bundesrepublik Deutschland

Sport und Sporttreiben zum Gegenstand haben. Einige Organisationen, die zusätzlich anderen Zwecken verpflichtet sind wie die konfessionellen Sportorganisationen des Eichenkreuz im CVJM oder die Deutsche Jugendkraft (DJK) haben einen Sonderstatus im DOSB. Der Bund Deutscher Betriebssportverbände gehört dem DSB deshalb nicht als „Vollmitglied" an, weil seine Mitgliedsorganisationen, die Betriebssportvereine, nach anderen Grundsätzen organisiert sind als die „freien" Turn- und Sportvereine. Sie sind nicht bürgerschaftlich organisierte eingetragene Vereine, sondern an Firmen und Betriebe gebundene Einrichtungen. Privatwirtschaftlich betriebene Sport- und Fitnessstudios können deshalb nicht Mitglieder im DOSB werden, weil sie nicht gemeinnützigen, sondern ökonomischen Zwecken dienen.

Der Rad- und Kraftfahrerbund Solidarität als weiteres Beispiel für einen Verband mit einem Sonderstatus im DOSB gehört aus historischen und satzungsbedingten Gründen nicht der Gruppe der Spitzenverbände an. Die Solidarität war der Radsportverband der sozialistischen Arbeitersportbewegung zur Zeit der Weimarer Republik. Der 1896 gegründete und zu Beginn der 1930er Jahre weltgrößte Radsportverband hatte sich als einzige Arbeitersportorganisation nach 1945 wiedergegründet. Da nach der Satzung des DSB aber eine Sportart nur von einem Fachverband vertreten werden durfte (dies gilt bis heute im DOSB), und dies war im Fall des Radsports der „Bund Deutscher Radfahrer", konnte die Solidarität nur als Verband mit besonderer Aufgabenstellung Mitglied im DSB bzw. DOSB werden.

Sportselbstverwaltung und öffentliche Sportverwaltung

Der im DOSB organisierte Sport wird auch als Sportselbstverwaltung bezeichnet. Ihr steht die vom Staat, d. h. von Bund, Ländern und Gemeinden verantwortete öffentliche Sportverwaltung gegenüber (Abb. 13). Zahlreiche Ämter, Ministerien und staatlich-öffentliche Gremien befassen sich mit Sport, allerdings unter anderen organisatorisch-institutionellen Vorgaben als die Vereine und Verbände im DOSB.

Die Tatsache, dass staatliche Behörden mit Sport zu tun haben und den Sport fördern, ist Ausdruck der politischen und gesellschaftlichen Bedeutung des Sports, der Tatsache also, dass Sport in Staat und Gesellschaft in Deutschland nicht nur als eine private und bürgerschaftliche Angelegenheit betrachtet wird, sondern als eine staatliche und öffentliche Aufgabe. Die Behörden sind gehalten, auch den Sport im staatlich-öffentlichen Interesse zu fördern.

In der Bundesregierung sind über zehn Bundesministerien mit Fragen des Sports befasst, vorrangig das Bundesministerium des Inneren. Es ist im Wesentlichen für die Förderung des Leistungs- und Hochleistungssports von nationaler Bedeutung, des leistungsbezogenen Sports von Menschen mit Behinderung, für den Sport in der Bundeswehr und Bundespolizei, für das Bundesinstitut für Sportwissenschaft sowie für internationale Sportangelegenheiten zuständig.

Der Schulsport und der Sport an den Hochschulen fallen im Rahmen der föderalistischen Ordnung der Bundesrepublik Deutschland in die Zuständigkeit der

Bundesländer. Der Sportstättenbau ist eine zentrale Aufgabe der Städte und Gemeinden.[140] Allerdings kooperieren Bund, Länder und Gemeinden im Sportstättenbau, ebenso wie bei der Sportförderung insgesamt.

Gewerbliche Sportanbieter

Neben der Sportselbstverwaltung und der öffentlichen Sportverwaltung sind seit den 1980er Jahren zahlreiche gewerbliche Sportanbieter auf dem Sportmarkt aufgetreten, Sport- und Fitnessstudios, Skischulen, Tanz- und Gymnastikschulen, Kampfkunstschulen und Dojosoder Betreiber privater Sport- und Freizeitanlagen wie Tennis- und Squashhallen oder Golfplätze. Nach Untersuchungen der Sport- und Fitnessstudiobranche gibt es 2018 ca. 9000 Sportstudios in Deutschland mit ca. 10 Millionen Mitgliedschaften. Ihr jährlicher Umsatz betrug 2017 etwa 5 Milliarden Euro.[141]

Sport kommt also nicht mehr nur in speziellen Turn- und Sportvereinen und in den Schulen vor, sondern auch in gewerblichen Sporteinrichtungen, im Sozial- und Gesundheitswesen, in Urlaubs- und Ferieneinrichtungen und in den Medien. Diese Organisationen, die entweder Sport selbst zum Thema haben oder in ihrem Angebot als Dienstleistung haben, kommunizieren und kooperieren miteinander, stehen aber auch in Konkurrenz zueinander. Menschen, die Sport treiben, tun dies auf verschiedene Weise bei unterschiedlichen oder auch mehreren dieser Anbieter.

Die pädagogischen Möglichkeiten und Wirkungen des Sports werden durch seine organisatorischen und institutionellen Strukturen mitbestimmt. In Deutschland wird der Sport durch ein Geflecht von Organisationen konstituiert. Fünf große Bereiche sind zu unterscheiden:

(1) Die Sportselbstverwaltung mit dem Deutschen Olympischen Sportbund als Dachverband aller Turn- und Sportvereine und -verbände.
(2) Die öffentliche Sportverwaltung, die für die Regelung und Finanzierung des Sports von Staats wegen, d. h. durch Bund, Länder und Gemeinden, zuständig ist. Darunter fällt insbesondere der Sport an Schulen und Hochschulen, der in das Aufgabengebiet der Bundesländer fällt.
(3) Gewerbliche Anbieter von Sport.
(4) „Drittanbieter" wie Volkshochschulen, Kranken- und Gesundheitskassen, Familienbildungsstätten, Bildungswerke.
(5) Sport in den Medien und im Internet.

---

[140] Einblick in die Tätigkeit und Strukturen der öffentlichen Sportverwaltung bieten die regelmäßig erscheinenden „Sportberichte der Bundesregierung". Zur kommunalen Sportentwicklung und dem Sportstättenbau siehe *Hübner* (2017).

[141] Statista GmbH (2016a). Siehe auch *Stemper* (2017).

2 Die pädagogische Bedeutung des Sports in unterschiedlichen Handlungsfeldern und Lernorten

Aus sportpädagogischer Sicht ist nicht nur die Tatsache relevant, dass Bewegung, Spiel und Sport in verschiedenen Organisationen und Institutionen angeboten und betrieben werden, sondern es ist zusätzlich nach der Bedeutung dieses Sports für Bildung und Erziehung zu fragen: Welche sportlichen Aktivitäten bieten diese Organisationen an? Welche Ziele verfolgen sie mit ihrem Sportangebot? Inwiefern handelt es sich um pädagogische Handlungsfelder und Lernorte? (*Neuber & Golenia*, 2019).

Unter dieser Perspektive sind nicht alle Organisationen in ihrer sportpädagogischen Bedeutung gleichgewichtig. Von besonderer, aber unterschiedlicher Bedeutung für Bildung und Erziehung sind folgende Einrichtungen: der Kinder- und Jugendsport in Vereinen, Bewegung, Spiel und Sport in der Schule, spezifische Sport- und Bewegungsangebote von Drittanbietern wie Krankenkassen und Volkshochschulen sowie kommerzielle Anbieter von Bewegung, Spiel und Sport in Fitness- und Sportstudios. Hinzu kommen sonderpädagogische Einrichtungen, die Sport u. a. als Mittel der Therapie und Resozialisierung einsetzen.

2.1 Sport und Jugendsport in gemeinnützigen Turn- und Sportvereinen

Die Turn- und Sportvereine und -verbände sind die ältesten, größten und wichtigsten Organisationen des Sports in Deutschland. Ihr satzungsgemäßer Zweck besteht in der Pflege und Förderung von Gymnastik, Turnen, Spiel und damit Sport im weiten Sinn. Der Deutsche Olympische Sportbund (DOSB) als Dachverband aller Turn- und Sportvereine und Verbände ist hinter den beiden Kirchen die größte Personenvereinigung in Deutschland. Ca. 33% der Bevölkerung in Deutschland sind Mitglied in einem Turn- und Sportverein. Der DOSB spricht aktuell von 27,4 Millionen Mitgliedschaften in knapp 90000 Vereinen (DOSB Bestandserhebung, 2017). Erhebliche Unterschiede gibt es nach wie vor zwischen den alten und den neuen Bundesländern. Dort ist der Organisationsgrad deutlich niedriger (Bestandserhebungen des DOSB, insbes. 2017). Bemerkenswert ist der nach wie vor hohe Organisationsgrad von Kindern und Jugendlichen. Rund drei Viertel aller Kinder und Jugendlichen nehmen Sportangebote von Turn- und Sportvereinen wahr und betreiben mehr oder weniger regelmäßig eine oder mehrere Sportarten.[142]

---

[142] Deutscher Olympischer Sportbund e.V. (2018). Zur Sportvereinsforschung im Überblick *Thieme* (2017); zu Statistiken im Einzelnen das Dossier Sportvereine in Deutschland von Statista GmbH (2016b).

Der Sport im Verein ist freiwillig und bürgerschaftlich organisiert. Niemand wird von Staats wegen zum Sporttreiben im Verein gezwungen. Der Staat und die Behörden nehmen keinen direkten Einfluss auf das Sportgeschehen in den Vereinen und Verbänden. Der Staat, d. h. die Parlamente in Bund und Ländern, die Bundesregierung und die Landesregierungen sowie die Gemeinderäte und Verwaltungen in den Kommunen, redet aber indirekt beim Vereins- und Verbandssport mit, indem er z. B. den Vereinen Hallen und Plätze – oft kostenlos – zur Verfügung stellt, indem Zuschüsse für Übungsleiter und Trainer bezahlt und Leistungszentren finanziert werden. Vor Ort, in den Städten und Gemeinden, wird das Sporttreiben der Bürger dadurch geregelt, aber auch unterstützt, dass Richtlinien für den Bau sowie die Vergabe und Nutzung von Turn- und Sporthallen und -plätzen festgelegt werden.

Turn- und Sportvereine erfüllen zahlreiche unterschiedliche soziale Funktionen in und für die Gesellschaft (*Jaitner & Körner, 2018*; *Krüger, 2018*). Sie sind in erster Linie Handlungsfelder und Lernorte des allgemeinen Breiten- und Freizeitsports, des „Sports für alle" (*Jütting & Krüger, 2017*). Im Kinder- und Jugendbereich findet in den Vereinen darüber hinaus leistungsorientiertes Training zur Vorbereitung auf Wettkämpfe, Turniere und Sportfeste in einzelnen Sportarten statt. Turn- und Sportvereine werden in der sportsoziologischen und politikwissenschaftlichen Forschung als Freiwilligenorganisationen oder Organisationen des Dritten Sektors angesehen. Darunter werden Vereine und Verbände verstanden, die zwischen Staat und Markt angesiedelt sind; d. h., die weder unter staatlicher Kontrolle stehen und aus Steuergeldern finanziert werden noch privatwirtschaftlich und profitorientiert organisiert sind. Es handelt sich um freie und öffentliche Einrichtungen, die gemeinschaftliche und am Gemeinwohl orientierte Ziele verfolgen und denen es nicht auf Gewinn und Profit ankommt. Man spricht deshalb auch von „Nonprofit"-Organisationen (NPOs), zu denen in Deutschland neben den Sportvereinen Vereine und Verbände im Sozial-, Bildungs- und Kulturbereich zählen, ebenso im Umwelt- und Naturschutz, im Gesundheitswesen, beim Verbraucherschutz oder bei anderen, die Interessen und Bedürfnisse der Bürgerinnen und Bürger betreffenden Angelegenheiten, die nicht (nur) vom Staat, sondern bürgerschaftlich oder zivilgesellschaftlich von den Bürgern selbst geregelt werden.

Ehrenamtlichkeit und Gemeinnützigkeit

Der Schwerpunkt dieser Organisationen des Dritten Sektors liegt im lokalen bzw. kommunalen Bereich. Freiwilligenvereine werden in der Regel ehrenamtlich geführt. Der Anteil der ehrenamtlich und freiwillig geleisteten Arbeit im Bereich des Sports und der Sportvereine ist groß. Dabei haben sich jedoch die Strukturen des Ehrenamts über die Jahre hinweg auch verändert. Von den (laut Statistik) insgesamt rund 15 Millionen ehrenamtlich engagierten Menschen in Deutschland sind rund 35% im Sport tätig, davon die meisten in der Kinder- und Jugendarbeit von Turn- und Sportvereinen. Der Sport ist damit quantitativ gesehen noch vor Kirchen und Sozialeinrichtungen der größte gesellschaftliche Bereich von Freiwilligenarbeit.[143] Die ehrenamtliche, zumeist pädagogische Arbeit im Turn- und Sportverein bildet die eine Säule des Sportvereins- und Verbandswesens, die andere ist die zunehmende Professionalisierung durch angestellte Trainer, halb- und nebenamtliche Übungsleiter sowie Manager und Geschäftsführer (*Nagel & Schlesinger,* 2012). Die Verbände des Sports haben eigene Konzepte zur Aus-, Fort- und Weiterbildung für haupt- und ehrenamtliche Mitarbeiterinnen und Mitarbeiter in den Vereinen und Verbänden entwickelt, die seit vielen Jahren erfolgreich praktiziert und optimiert werden.

Der Status der Gemeinnützigkeit für die Vereine bedeutet, dass Staat und Steuerzahler die bürgerschaftlichen Leistungen der Vereine für das Gemeinwohl anerkennen. Für diese Leistungen werden ihnen Steuervergünstigungen gewährt, und sie werden an den Einnahmen der staatlichen Lotteriegesellschaften beteiligt. Staat und Regierungen haben den Vereinen und Verbänden zugesichert, sie dann besonders zu unterstützen, wenn die eigenen Möglichkeiten und Mittel nicht ausreichen, um solche gemeinnützigen, öffentlichen Aufgaben des Sports zu erfüllen. Man spricht deshalb von Partnerschaft zwischen Sport und Staat und vom Prinzip der Subsidiarität, um das Verhältnis von Staat einerseits sowie vereins- und verbandsgebundenem Sport andererseits zu charakterisieren.[144]

> Die Tatsache, dass der Sport im Verein als gemeinnützig anerkannt ist, beinhaltet Folgendes: Der Sport im Verein hat die Aufgabe, mehr zu bieten als Spaß und Freude für den Einzelnen. Er muss dem öffentlichen Wohl dienen, im Interesse der Gesellschaft insgesamt organisiert und betrieben werden und darf nicht nur den Vorteilen und Vorlieben Einzelner entsprechen. Ein wesentliches Element seiner Gemeinnützigkeit ist die von ihm beanspruchte Aufgabe und Leistung als Erziehungseinrichtung. Gemeinnütziger Sport im Verein ist kein Selbstläufer, sondern es handelt sich um eine soziale und pädagogische Aufgabe zum Wohl und im Dienst der Gemeinschaft. Wird diese Aufgabe nicht erfüllt, steht der Status der Gemeinnützigkeit in Frage.

Der vereinsgebundene Sport erhebt diesen Anspruch nicht nur deshalb, weil er seinen öffentlich anerkannten Status der Gemeinnützigkeit bewahren will, sondern weil er seine Aufgaben selbst so definiert hat und aufgrund seiner Geschichte begründen kann. Ähnlich wie von den Kirchen erwartet wird, dass

---

[143] https://de.statista.com/themen/71/ehrenamt/ (Zugriff 22.08.2018). Zu den Turn- und Sportvereinen als Dritter-Sektor-Organisationen und Freiwilligenorganisationen u. a. *Thieme* (2017), *Emrich u. a.* (2017) sowie zu den Statistiken des Vereinssports die Sportentwicklungsberichte von *Breuer u. a.* (bis 2017).

[144] Wichtige Dokumente und Quellen zur Entwicklung und zum Selbstverständnis des Sports in den Vereinen und Verbänden des (ehemaligen) DSB und des DOSB als gemeinnützige Organisationenbieten die Berichte des Präsidiums des DSB 1978–1982, 1982–1986, 1986–1990 sowie 2002–2006; außerdem die Jahrbücher des Sports, die Sportberichte der Bundesregierung und die Sportentwicklungsberichte von *Breuer* (zuletzt 2017).

sie sich um die religiösen Bedürfnisse der Menschen kümmern und soziale Aufgaben wahrnehmen und ihnen deshalb öffentliche Förderung zuteil wird, ebenso erwarten Staat und Gesellschaft von den gemeinnützigen Sportvereinen und -verbänden, dass sie ihrem selbst gesetzten Anspruch gerecht werden und sich schwerpunktmäßig für das körperliche Wohl, für ausreichend Bewegung, Gesundheit, Wohlbefinden und Erholung der Menschen – besonders junger Menschen – sorgen, sinnvolle Freizeitangebote bieten, das kulturelle Leben und den Alltag der Menschen bereichern und Möglichkeiten schaffen, sich freiwillig für Bewegung, Spiel und Sport zu engagieren und damit einen Beitrag zur Bildung und Erziehung von Körper und Geist leisten. Über das Körperliche und im engeren Sinn Sportliche hinaus nehmen die Vereine in diesem Sinne pädagogische, soziale und kulturelle Aufgaben wahr, die in der Gesellschaft anerkannt und mit öffentlichen Mitteln gefördert werden.

Ist der Sport im Verein mit Organisationen wie Kirchen, Sozial- und Wohlfahrtsverbänden, Naturschutzorganisationen oder Gewerkschaften vergleichbar? Welche als positiv angesehenen Aufgaben und Funktionen erfüllt er im Vergleich zu anderen gemeinnützigen und zivilgesellschaftlichen Organisationen? Was unterscheidet ihn von anderen Sportanbietern wie gewerblichen Sport- und Fitnessorganisationen, die nicht als gemeinnützig gelten? Wie kann und soll Sport im Verein aussehen, damit er seinen eigenen sozialen und auch pädagogischen Ansprüchen genügt?

Vereinssport als kulturelle, soziale und pädagogische Institution

Zunächst machen die Vereine ein praktisches Angebot an Turnen, Spiel, Sport, Gymnastik und Tanz, das den Interessen und Bedürfnissen ihrer Mitglieder mehr oder weniger entspricht. Die Vereinsmitglieder suchen in ihrem Sport Freude, Geselligkeit, Gesundheit und Wohlbefinden. Die einen wollen sich sportlich und körperlich besonders anstrengen und an Wettkämpfen und Meisterschaften teilnehmen, andere in einer Mannschaft mitspielen, und wieder andere möchten sich beim Sporttreiben vor allem mit anderen treffen oder etwas für ihre Gesundheit und Fitness tun. Die Motive und Interessen der Menschen im Sport im Verein sind unterschiedlich, ändern und überlagern sich, sind Trends unterworfen und unterscheiden sich nach Alter und Geschlecht, Herkunft und Region, ebenso zwischen Stadt und Land (siehe im Einzelnen *Thieme,* 2017). Der Sportverein ist gerade in kleineren Gemeinden auf dem Land ein Mittelpunkt kommunaler Kultur und gesellschaftlich-sozialen Lebens. Er leistet einen wichtigen Beitrag für den Zusammenhalt und das kulturelle Leben in der Gemeinde.

Aus sportpädagogischer Sicht kann es aber nicht nur um eine Darstellung dieser Vielfalt und Breite von Turnen und Sport im Verein gehen, sondern es muss gefragt werden, welchen Sinn dieser Sport im Verein für die Menschen hat. Sport im Verein ist zunächst bunt und vielfältig. Er bietet nicht für alle Altersgruppen, nicht für alle sozialen Gruppen und auch nicht für beide Geschlechter das Gleiche. Vielmehr zeichnet er sich dadurch aus, dass die Menschen im Verein im Prinzip ihren Sport selbst organisieren können, so wie sie das möchten. In der Vergangenheit war dies lange Zeit überwiegend ein Sport für junge erwachsene Männer aus der Mittelschicht, wie die Vereinsuntersuchungen von *Schlagenhauf* und *Timm* bereits in den 1970er Jahren gezeigt haben (*Schlagenhauf,* 1977; *Timm,* 1979). Sie waren es, die ihren Sport im Verein selbst organisierten und betrieben. Er entsprach ihren Interessen: wettkampforientierter Leistungssport in einzelnen Sportarten, sei es in Einzeldisziplinen oder auch in Sportspielmannschaften. Dies gilt in vielen Fällen auch heute noch, gerade für junge Vereine, in denen besondere (Trend-)Sportarten von und für junge Leute organisiert werden, wie beispielsweise Skateboardfahren.

In den letzten Jahren und Jahrzehnten seit dieser Vereinsuntersuchungen von *Schlagenhauf* und *Timm* haben sich insgesamt gesehen jedoch Charakter und Zusammensetzung der Vereine verändert, ebenso Struktur und Motive des freiwilligen, ehernamtlichen Engagements. Die jährlichen Mitgliederstatistiken (veröffentlicht in den Jahrbüchern des Sports und online in den Bestandserhebungen des DOSB) sprechen eine deutliche Sprache. Der Anteil der Mädchen und Frauen an der Gesamtzahl der Mitglieder im DOSB hat erheblich zugenommen, ebenso der Anteil der Älteren beiderlei Geschlechts. Der Vereinssport ist weiblicher und älter geworden (*Tzschoppe,* 2017). Die Mitgliederentwicklung insgesamt bleibt stabil. Rund 14 Millionen Männer (und Jungen) und 10 Millionen Frauen (und Mädchen) sind als Mitglieder in den Vereinen der 16 Landessportbünde gemeldet. Der Unterschied zu den insgesamt 27,4 Millionen Mitgliedschaften ergibt sich deshalb, weil viele Sportlerinnen und Sportler in mehreren Vereinen als Mitglieder gemeldet sind. Diese Zahlen allein sagen allerdings noch nicht viel aus, ob und wie intensiv die Menschen Sport treiben.

In einigen Verbänden wie z. B. im Deutschen Turner-Bund (DTB), dem zahlenmäßig zweitgrößten Sport-Fachverband in Deutschland mit 5 Millionen Mitgliedern in den Turn- und Sportvereinen, ist der Umschwung vom männlichen Sportmodell hin zu einer neuen Art des Vereinssports, in dem Frauen, Ältere und Kinder die Mehrheit bilden, besonders deutlich sichtbar (*Hofmann u. a.,* 2017). Im DTB, dessen Vereine sich im 19. Jahrhundert als „Männerturnvereine" bezeichneten, beträgt der Anteil weiblicher Mitglieder inzwischen rund 70%. Die Folge ist, dass der Vereinssport seinen Charakter, seine Formen und Inhalte und zum Teil auch seine Sinnorientierungen verändert hat. Zwar herrscht in den meisten Vereinen ein in Sportarten gegliederter Sport vor, der von Jugend an leistungsmäßig und in Wettkampfform betrieben wird, aber inzwischen sind andere Inhalte und Motive des Sporttreibens stärker in den Mittelpunkt getreten: Gymnastik, Tanz und allgemeine Fitness, Gesundheit und Wohlbefinden, Vielseitigkeit, Ausgeglichenheit und Entspannung, Geselligkeit, Gesundheit, Wohlbefinden und Lebensfreude sowie Wettkämpfe auf mittlerem und niedrigem Niveau „für alle". Das für die Turn- und Sportvereine des 19. und frühen 20. Jahrhunderts kennzeichnende Modell einer bürgerschaftlich-nationalen Gemeinschaft ist gegenüber eher individuellen und utilitaristischen Motiven der einzelnen Mitglieder in den Hintergrund getreten.

Der gemeinnützige, dem Gemeinwohl verpflichtete, soziale und pädagogische Sinn des vereinsgebundenen Sports spielt jedoch nach wie vor eine zentrale Rolle sowohl im Selbstverständnis des organisierten Vereinssports als auch für seine Legitimation in Staat und Gesellschaft. Er begründet sich in erster Linie auf die Vielfalt an Formen, Inhalten und Sinnorientierungen, die es prinzipiell jedem möglich macht, seinen Sport nach seinem Bedürfnis und Könnensstand zu finden. Für die gesellschaftliche Rolle des Vereinssports ist jedoch wesentlich, dass diese individuellen Sport- und Bewegungsinteressen gemeinschaftlich, „im Verein" mit anderen realisiert werden können. Damit ist der Verein nicht nur Dienstleister für Eigeninteressen, sondern ein Ort bürgerschaftlichen Miteinanders und Engagements. In ihm wird deshalb nicht nur sportlich, sondern auch sozial trainiert.

Sport im Verein ist „Sport für alle", wie das Motto des Deutschen Sportbundes hieß und an dem auch der 2006 neu gegründete DOSB festhält (*Jütting & Krüger,* 2017). Dieses Prinzip beruht auf der Tradition des „Volksturnens" im 19. und frühen 20. Jahrhundert. „Sport für alle" in Vereinen und Verbänden bietet die organisatorischen Grundlagen für Menschen beider- oder mehrlei Geschlechts, unterschiedlichen Alters und unterschiedlicher Herkunft, unabhängig von Religion, politischer Einstellung und Lebensführung in freiwilligen Vereinsgemeinschaften Sport zu treiben. „Sport für alle" – „sport for all" ist die international gebräuchliche Bezeichnung für den Freizeit- und Breitensport, wie in Deutschland gesagt wird, oder was früher auch „Volkssport" oder „Jedermannsport" hieß.

> **Sport im Verein bietet für alle Altersgruppen, für alle sozialen Schichten und beide Geschlechter ein Lern- und Bildungsangebot. Darüber hinaus ist Sport im Verein insofern pädagogisch, als er neben den im engeren Sinne sportlichen auch pädagogische Ziele verfolgt, die sich auf die Entwicklung der Gesamtpersönlichkeit beziehen. Sport im Verein erfüllt pädagogische und soziale Funktionen; auch wenn diese häufig informell und ungeplant wirksam sein mögen.**

Jugendsport in Vereinen und Verbänden

Die pädagogische und soziale Bedeutung des freien und freiwillig betriebenen Sports im Verein wird besonders im Kinder- und Jugendsport deutlich. Was hat der Vereinssport für Kinder und Jugendliche zu bieten, also für die Altersgruppe, die von der Sportpädagogik besondere Beachtung verdient? Die Turn- und Sportvereine sind diejenigen Organisationen in Deutschland, in denen die meisten Kinder und Jugendlichen freiwillig organisiert und aktiv tätig sind: 4,5 Millionen Kinder bis 14 Jahre und über 3 Millionen Jugendliche von 15 bis 21 Jahren. Im Grundschulalter beträgt die Bindungsrate an einen Sportverein fast 80%. Sport ist jedenfalls eine Aktivität, die Kindern und Jugendlichen ganz besonders wichtig ist (*Züchner,* 2013).

Turnen und Sport für Kinder und Jugendliche im Verein kann vieles bedeuten: allgemeines und vielseitiges Kinderturnen, sportartspezifischer Wettkampfsport in Einzeldisziplinen oder in Schüler- und Jugendmannschaften, schließlich Leistungs- und Hochleistungssport in Leistungskadern der Sportverbände. Darüber hinaus gibt es Jugendfreizeiten und Zeltlager, außersportliche Freizeitgestaltungen, Turn- und Sportfeste, Trainingscamps, internationale Austauschprogramme mit Partnerstädten oder Vereinen, die von den Vereinen und Verbänden und von Trainern, Übungsleitern, Abteilungsleitern und Vereinsvorständen meistens freiwillig und ehrenamtlich organisiert werden. Der Sport in den Vereinen und Verbänden spricht viele Kinder und Jugendliche an und prägt nicht nur deren sportliche Interessen, sondern ist darüber hinaus für die Entwicklung ihrer Persönlichkeit von Bedeutung.[145]

Neben dem sportlichen Angebot für Kinder und Jugendliche betätigen sich viele Vereine in der allgemeinen, über den Sport hinaus gehenden Jugendarbeit. Die Deutsche Sportjugend (dsj) im DOSB ist die größte Jugendorganisation in Deutschland. Sie versteht sich auch als eine Bildungseinrichtung. Sie ist eine eigenständige Organisation, die unter anderem den Zweck hat, die sportlichen und sportübergreifenden Interessen der Jugendlichen in den Sportvereinen und Verbänden wahrzunehmen (https://www.dsj.de/ Zugriff 01.08.2018). Der Grundgedanke bei der Gründung der Deutschen Sportjugend lautete, dass die Jugend für sich selbst verantwortlich sein und über sich selbst bestimmen können sollte. Dies entspricht einem klassischen Grundsatz der Jugendbewegung und Reformpädagogik.

Die Statistik der Kinder und Jugendlichen in den Turn- und Sportvereinen weist einige Besonderheiten auf, die aus demographischer und pädagogischer Sicht bemerkenswert sind. Im Jahr 1988, d. h. vor der deutschen Wiedervereinigung, waren beispielsweise mit ca. 3,2 Millionen fast 450 000 Kinder von 7 bis 14 Jahren weniger in den Turn- und Sportvereinen der alten Bundesrepublik organisiert als 1980. Bei den 15- bis 18-jährigen Jugendlichen stieg diese Zahl wieder um etwa 10 000; unterteilt nach männlichen und weiblichen Jugendlichen ergab sich jedoch ein großer Unterschied: ca. 70 000 weniger Jungen, aber über 80 000 mehr Mädchen fanden den Weg in die Turn- und Sportvereine. Im Alter von 19 bis 21 Jahren ist wieder ein Rückgang der Mitgliederzahlen festzustellen, der bei den männlichen Jugendlichen mit über 10 000 kräftiger ausfällt als bei den weiblichen Jugendlichen mit 3800 (*Brinkhoff & Ferchhoff*, 1990, S. 48). Der Trend, dass immer mehr Mädchen sportlich im Verein aktiv sind, geht also weit in die 1970er und 1980er Jahre zurück. Er hält bis heute an. Schließlich ist der Anteil an Kindern und Jugendlichen aus Familien mit Migrationsgeschichte gestiegen, auch wenn sich dies statistisch schwer objektivieren lässt, weil in den Mitgliederstatistiken des DOSB keine Unterschiede nach Herkunft oder auch Religion und sozialem Stand gemacht werden. Tatsache ist gleichwohl, dass ohne diese Kinder und Jugendliche der sportliche Wettkampfbetrieb der Verbände nicht im selben Maß aufrechterhalten werden könnte, wie dies der Fall ist. Im Ligasystem des Deutschen Fußball-Bundes spielen jede Woche rund 160 000 Mannschaften in allen Leistungs- und Altersstufen sowie beider- und mehrlei Geschlechts Fuß-

---

[145] Zur Frage der pädagogischen Bedeutung des Kinder- und Jugendsports im Verein siehe u. a. *Baur* und *Brettschneider* (1994, bes. S. 177 ff.), *Neuber* (2007) sowie im Überblick die Kinder- und Jugendsportberichte (2003, 2008, 2015, hrsg. von W. *Schmidt* u. a.).

ball (https://www.dfb.de/amateure/ Zugriff 12.12.2017), die meisten im Jugendbereich. Diese Mannschaften setzen sich aus Menschen unterschiedlichster ethnischer und sozialer Herkunft zusammen. Sie gehen auf verschiedene Schulen, arbeiten in den unterschiedlichsten Berufen und haben außer Fußball noch viele andere kulturelle Interessen, Hobbies und soziale Beziehungen. Das Verbindende ist der Sport bzw. der Fußball. Dabei ist es nicht wichtig, wo jemand geboren ist oder woher er kommt, sondern ob und wie er oder sie in einer Mannschaft mitspielen kann und will.

In der jüngeren Vergangenheit hat sich die Mitgliederbindung von Kindern und Jugendlichen an den Verein insgesamt stabilisiert. Der Verein bleibt der Sportanbieter Nr. 1 für Kinder und Jugendliche. Der Trend hält jedoch an, dass die Vereinsbindung im Jugend- und jungen Erwachsenenalter bei Jungen und Mädchen schwächer wird. Darüber hinaus ist es den Vereinen und Verbänden nicht gelungen, Kinder und Jugendliche in den neuen Bundesländern in einem ähnlich hohen Maß wie in den alten Bundesländern für den Sport im Verein zu begeistern. Obwohl die Integration von Kindern und Jugendlichen aus Familien mit Migrationshintergrund in den Vereinssport insgesamt erfolgreich gelingt, ist gerade dieses Thema ein Beispiel dafür, dass Integration kein Selbstläufer ist, sondern aktiv gestaltet und im Verein gelebt werden muss (*Derecik & Tiemann*, 2019). Der „Fall Mesut Özil" und seine Rolle in der deutschen Fußball-Nationalmannschaft bei der FIFA WM 2018 steht exemplarisch für Erfolge und Niederlagen bei der Frage der Integration im und durch den Sport im Verein.

Jugendliches Sportengagement – Sozialisation durch Sport

Die Gründe für die zum Teil hohen Fluktuationsraten jugendlichen Sportengagements im Verein sind vielfältig. Sie sind ein Hinweis auf den Status von Jugendlichen und ihre besonderen psychischen und sozialen Befindlichkeiten. Jugendliche befinden sich in einer unsicheren und im Vergleich zu Kindern und Erwachsenen eher offenen Lebenssituation, in der mehr als in anderen Lebensabschnitten die Weichen für das weitere Leben gestellt werden. Zum Problem der Ablösung vom Elternhaus kommen Fragen der Berufswahl, des Studiums und die Suche nach neuen Freundschaften und Partnerschaften. Liebe und Sexualität spielen eine zunehmend wichtige Rolle. Einerseits tragen die langen Schul- und Ausbildungszeiten dazu bei, dass die eigentliche Jugendphase weiter ins Erwachsenenalter hinüberreicht. Je nach der wirtschaftlichen Situation eines Landes können Arbeitslosigkeit und fehlende berufliche Perspektiven vielen Jugendlichen ein Gefühl des nicht wirklich Gebrauchtwerdens, der Abhängigkeit und Kontrolle sowie der Bevormundung und Gängelung vermitteln. Andererseits werden früh hohe Anforderungen an Jugendliche gestellt. Selbstständigkeit und Eigenverantwortung werden von ihnen erwartet, auch im Umgang mit Medien und Konsum. Viele Jugendliche sehen sich durch schwierige Familienverhältnisse früh auf sich allein gestellt, andere werden dagegen bis ins Erwachsenenalter behütet und bemuttert. Die Jugendzeit als eigenständiger Lebensabschnitt, sofern sie dies noch ist, kann jedenfalls viele Facetten aufweisen und von Jugendlichen auf unterschiedliche Weise wahrgenommen werden.

Der Kinder- und Jugendpsychiater Reinhart *Lempp* hat in seinem Buch „Die autistische Gesellschaft" (1996) die veränderte Welt heranwachsender Kinder und Jugendlicher und ihre damit verbundenen Probleme beschrieben. Sie fangen oft im Kindes- und Kleinkindalter an, auch weil viele Kinder ohne Geschwister aufwachsen. Elementare soziale Bindungen, einschließlich der Einordnung der eigenen Person in ein verwandtschaftliches Beziehungsgefüge, können nicht mehr oder kaum noch aufgebaut werden. Leistungs- und Konkurrenzdruck sowie lange Schul- und Ausbildungszeiten erschweren den Prozess des Erwachsenwerdens. Die Ablösung vom Elternhaus ist häufig ins Erwachsenenalter hinausverlagert. Eine Gesellschaft, die insgesamt infantile Züge trägt, wie der amerikanische Autor Robert *Bly* (1997) meint, mache es auch einzelnen Jugendlichen schwer, „erwachsen zu werden". Erwachsensein bedeutet bei *Bly* in erster Linie, Verantwortung für sich und andere übernehmen können.

Insgesamt scheinen solche Individualisierungs- oder Vereinzelungsprozesse dazu zu führen, dass Kinder und Jugendliche Schwierigkeiten haben, soziale Lernprozesse und Entwicklungsaufgaben erfolgreich zu bewältigen. Bei manchen führen solche Probleme zu psychischen Erkrankungen wie Autismus, einer schweren Kontaktstörung. Nach *Lempp* stellen Entwicklungsstörungen und insbesondere autistische Störungen bei Kindern und Jugendlichen, die in den letzten Jahren gehäuft auftreten, Indikatoren für eine Krankheit der Gesellschaft insgesamt dar. Sie besteht darin, dass sich immer mehr Menschen in sich selbst zurückziehen, individualistischer und egoistischer werden und nicht mehr in der Lage sind, Verantwortung für andere zu übernehmen. Die Fähigkeit zur Empathie, sich in andere hineinzuversetzen, mitfühlen zu können, scheint verloren zu gehen oder zumindest scheint es vielen Jugendlichen und Erwachsenen schwer zu fallen, diese Fähigkeit zu erwerben.[146]

Sport im Verein, so lässt sich aus der Darstellung von *Lempp* folgern, kann ein Weg sein, um dieser Tendenz zu begegnen. Im Verein mit anderen Sport zu treiben und zu spielen, stellt eine vergleichsweise natürliche Möglichkeit dar, soziales Miteinander zu lernen und spielerisch zu üben.

Der partielle Rückgang des Sportengagements von Jugendlichen im Verein ist zugleich ein Ausdruck ihrer veränderten Lebenswirklichkeit und der damit zusammenhängenden Probleme des Erwachsenwerdens. Sie äußern sich z. B. in der Suche nach grundlegenden Sinnorientierungen für das eigene Leben: Was finde ich gut und was schlecht, wen oder was sympathisch oder unsympathisch? Welche Maßstäbe haben für mich besonderes Gewicht? Während Kinder in der Regel von ihren Eltern zu einem bestimmten Sport und in einen bestimmten Verein gebracht werden, bekommt bei Jugendlichen das eigene Urteil mehr Bedeutung. Viele Jugendliche stellen sich mehr oder weniger bewusst die Frage, ob

---

[146] Seit dem Erscheinen dieses Buches hat sich die von *Lempp* beschriebene Situation eher verstärkt, wie auch aus den Kinder- und Jugendsportberichten (2003, 2008, 2015, hrsg. von W. *Schmidt* u. a.), hervorgeht. Für den Bereich des Sports bzw. im Hinblick auf die Möglichkeiten des Sports, gerade solchen gesamtgesellschaftlichen Tendenzen entgegenzuwirken, hat sich besonders *Neuber* (2007) mit solchen Fragen der Entwicklung von Kindern und Jugendlichen auseinandergesetzt.

und welche Art von Sport sie weiter pflegen wollen und können. Oft spielt bei solchen Entscheidungen weniger die Sportart selbst eine Rolle als vielmehr das soziale Umfeld, die Freunde, Trainer und Betreuer, die eine Sportart vor Ort tragen und attraktiv oder weniger attraktiv machen. Vielleicht muss das Basket- oder Volleyballspielen in der Jugendmannschaft auch für einige Zeit unterbrochen werden, weil die Anforderungen in der Schule oder in der begonnenen Berufsausbildung so hoch sind, dass keine Zeit mehr für sportliche Aktivitäten und für einen regel- und trainingsmäßigen Sport im Verein bleibt.

Fluktuation

Während zum Kinderturnen, in die „Kinderstube des Sports", wie der ehemalige Präsident des DTB sagte, die meisten Kinder von ihren Eltern gebracht werden, weil dort eine breite sportartübergreifende körperliche Ausbildung geboten wird, die Grundlage für viele Sportarten ist, gewinnen mit dem Übergang ins Jugendalter eigene sport- und sportartspezifische Interessen größeres Gewicht.

Untersuchungen über die relativ hohe Fluktuation, also den Wechsel von Sportarten und Sportgruppen von Jugendlichen im Verein oder Vereinsaustritte haben ergeben, dass viele Jugendliche mehrere Sportarten ausprobieren und nicht mehr unbedingt den Sport treiben, den die Eltern für sie ausgesucht haben, sondern den, der ihnen am meisten Spaß macht, wo sie ihre Freunde treffen und mit ihnen spielen und üben können, und in dem sie besonders erfolgreich sind.

Entwicklungspsychologisch gesehen können die im Unterschied zu Erwachsenen häufigeren Vereins- und Abteilungswechsel sowie Vereinsaustritte als ein für das Jugendalter typisches Suchverhalten gewertet werden. Es gibt nicht wenige jugendliche Sportler, die mehreren Abteilungen und sogar Vereinen gleichzeitig angehören. Übungsleiter und Trainer einzelner Sportarten werben um den Nachwuchs für „ihre" Sportart, und es gibt zahlreiche Beispiele von Jugendlichen, die zeigen, wie schwer es vielen fällt, sich für die eine und gegen eine andere Sportart zu entscheiden. In den seltensten Fällen handelt es sich bei solchen Entscheidungen um selbstständig getroffene und rationale Entscheidungen; der Druck des Trainers und Übungsleiters, die Erwartungen der Sportgruppe, die Wünsche der Eltern, die Befürchtungen oder der Zuspruch der Lehrer und die Einflussnahme von Gleichaltrigen, Freunden und Bekannten sind oft groß.

Peergroups und Fans

Besonders die Bedeutung der Gleichaltrigengruppe, der Peergroup, wächst im jugendlichen Alter, sowohl bei Mädchen als auch bei Jungen. Sie nimmt nicht nur Einfluss auf die Wahl der Sportart, die sozialen Kontakte, die Art der Kleidung, den Haarschnitt und die Sprache, sondern Sport stellt auch ein wichtiges Instrument für viele Jugendliche dar, die eigene Stellung innerhalb der Freundes- und Gleichaltrigengruppe zu stärken, sei es durch herausragende sportliche Leistungen, durch demonstrativen Sportkonsum, durch sportlichen Lebensstil oder durch die Steigerung der erotischen Attraktivität und Ausstrahlung durch Sport oder einen bestimmten Sport (*Brinkhoff & Ferchhoff,* 1990, S. 82). Wenn der Trend innerhalb einer bestimmten Jugendszene zugunsten einer bestimmten Sportart umschlägt, etwa zum Basketball oder zum Breakdance, zum Snow- und Skateboardfahren mit speziellen Kleidern oder zum Inlineskating, dann wirkt sich dies auch auf die Sportnachfrage in den Vereinen aus.

Die Fan-Gruppen der großen Profi-Fußballvereine sind ebenfalls eine spezifische Szene oder Subkultur Jugendlicher und meistens männlicher jugendlicher Erwachsener, die eher indirekt im Zusammenhang mit dem aktiven Sporttreiben steht. Fußballspiele sind oft nur der Anlass und Höhepunkt für Aktivitäten und Rituale, die in diesen Gruppen gepflegt werden und nicht selten zu Gewaltausschreitungen führen. In vielen europäischen Ländern ist dies zu einem ernsthaften Problem öffentlicher Sicherheit und Ordnung geworden (*Meier,* 2017).

Zur pädagogischen Wirksamkeit des Vereins-Jugendsports

Turn- und Sportvereine bieten ein weites Feld an Möglichkeiten bei der Suche von Jugendlichen nach ihrer Identität und den ihnen entsprechenden Freizeit- und Sportbetätigungen. Sie suchen und finden in der Regel ihren eigenen sportlichen Stil. Über den Sport, das Spielen, Üben und Trainieren in einer Mannschaft oder Trainingsgruppe kommen Kinder und Jugendliche aus unterschiedlichen sozialen Schichten und verschiedener Herkunft sowie auch unterschiedlichen Alters und Geschlechts zusammen. Sie lernen neben dem Sport soziales Miteinander sowie im besten Fall gegenseitiges Respektieren und Verstehen. Sport im Verein bietet deshalb besondere Chancen der sozialen alltagskulturellen und insgesamt gesellschaftlichen Integration.

Die Wahl einer Sportart, einer Abteilung, eines Vereins ist im Unterschied zum Schulsport prinzipiell offen und frei. Vermutlich ist dies ein Grund, warum Jugendliche sich oft sehr engagiert und motiviert im Training und Wettkampf zeigen, weil sie hier aus eigenem Antrieb und in eigener Verantwortung sportliche Leistungen erbringen können, während beispielsweise der Schulsport immer auch eine durch den Zwang der Institution vermittelte Pflicht und Aufgabe darstellt. Der Sportunterricht kann noch so lustbetont und freudvoll aufbereitet sein; er bleibt letztendlich Pflicht und wird benotet, während das sportliche Vereinstraining noch so verschult und drillmäßig organisiert werden kann und trotzdem frei und freiwillig bleibt.

> Die pädagogischen Möglichkeiten des Sports im Verein sind nicht zuletzt in den organisatorischen Rahmenbedingungen des Vereinssports begründet, der über spezielle Jugendordnungen Mitbestimmung und Selbstbestimmung der Jugendlichen im Turn- und Sportverein über das Sporttreiben hinaus ermöglicht, auch wenn diese Möglichkeiten nicht immer oder nur selten genutzt werden. Turn- und Sportvereine bieten deshalb einen pädagogisch beabsichtigten, vor allem aber wirksamen, in seinen pädagogischen Wirkungen jedoch nur schwer zu konkretisierenden Sport an.

Kinder und Jugendliche haben in ihnen in besonderem Maße die Möglichkeit, ihr sportliches Leistungsvermögen zu zeigen, zu verbessern und im Wettkampf zu beweisen. Über die sportlich-körperlichen Wirkungen hinaus kann dies Selbstsicherheit und Selbstbewusstsein vermitteln, weil auf einfache und eindeutige Weise Erfahrungen des eigenen Könnens gemacht werden. Sport im Verein ist freiwillig und findet in Gruppen und Mannschaften statt. Er wird deshalb von wichtigen sozialen Erfahrungen begleitet, die auf natürliche Art und Weise verstehbar sind, ohne dass dies den Jugendlichen bewusst werden muss: Das richtige Verhalten in einer Gruppe oder einer Mannschaft, die Einhaltung der Regeln, der faire Umgang mit den Mitspielern, aber auch die Auseinandersetzungen um den eigenen Status in einer Wettkampfmannschaft, schließlich das besondere Verhältnis zu dem in vielen Fällen noch jugendlichen Übungsleiter, das aufgrund der besonderen Rahmenbedingungen des Sports im Verein häufig intensiver und auf ungezwungenere Weise erlebt werden kann als das Verhältnis zu Lehrern in der Schule. Sport im Verein bietet damit Modelle des sozialen Lernens sowie der Integration und des Zusammenlebens in Gruppen und Mannschaften; allerdings sind es nicht immer nur positive. Es bleibt deshalb eine wichtige pädagogische Aufgabe der Trainerinnen und Trainer, Übungsleiterinnen und Übungsleiter sowie Verantwortlichen in Sportvereinen und Sportverbänden, diese Erfahrungen so zu inszenieren, dass sie sich möglichst positiv auf Kinder und Jugendliche und ihre personale und soziale Entwicklung auswirken. Wenn sie dies schaffen, leisten sie einen wichtigen Beitrag für die Gesellschaft insgesamt und eine Kultur des respektvollen Umgangs miteinander.

Im Vereinssport wird die in der Schule übliche starre Gliederung nach Altersgruppen aufgelöst. Wie in kaum einem anderen Bereich der Gesellschaft haben Kinder und Jugendliche die Möglichkeit, mit zum Teil wesentlich Älteren oder Jüngeren zusammenzukommen. Kommunikation über Alters-, Geschlechts- und Generationengrenzen hinweg wird im Sportverein auf zumeist unverkrampfte Weise möglich. „Der Vereinssport bietet nach wie vor in manchen pädagogischen Hinsichten fast einzigartige Möglichkeiten, die ... kaum genutzt werden", schreibt der Pädagoge Eckart *Liebau* (1989, 150). Dazu gehöre insbesondere die Möglichkeit einer „alltäglichen Generationenbegegnung, vermittelt über das Medium einer gemeinsamen Sache." Dasselbe gilt für die Begegnung von Kindern und Jugendlichen unterschiedlicher sozialer und ethnischer Herkunft sowie unterschiedlichen Geschlechts. Sport im Verein bietet große Möglichkeiten, nicht nur sportliches Können, sondern auch soziale Integration, gegenseitigen Respekt und Miteinander zu üben und zu trainieren.

Ohne dass der Sport im Verein ausdrücklich pädagogisch thematisiert wird, ist er pädagogisch wirksam. Er kann für Jugendliche eine wichtige Hilfe sein, in einer Lebensphase der Unsicherheit sowohl in Bezug auf die eigene Körperlichkeit als auch über das eigene Können oder über den sozialen Status der eigenen Person, Orientierungen zu finden. Er kann soziale Bindungen herstellen, die

Kindern und Jugendlichen über Klippen ihrer Entwicklung hinweghelfen. Es versteht sich von selbst, dass solche pädagogischen Möglichkeiten des Sports im Verein umso wahrscheinlicher sind, je intensiver positive Erfahrungen mit dem Sport gemacht werden.

In einer 2002 erschienenen Studie zur „Jugendarbeit in Sportvereinen" (*Brettschneider & Kleine,* 2002) wurde versucht, empirische Belege über diese genannten pädagogischen Möglichkeiten des Sports in Vereinen zu finden. Die Studie trat mit dem Ziel an, „Anspruch und Wirklichkeit" des Jugendsports im Verein zu untersuchen. Dabei wurde bestätigt, dass die pädagogischen Möglichkeiten im Verein zwar gegeben seien, dass aber im Durchschnitt keine signifikanten Unterschiede zwischen solchen Jugendlichen festzustellen waren, die Sport im Verein betreiben und anderen, die dies nicht tun. Auf den ersten Blick mag es erstaunen, dass selbst im Hinblick auf die motorische Leistungsfähigkeit, die mit ausgewählten Fitnesstests zu erfassen versucht wurde, keine oder kaum Unterschiede messbar waren und noch weniger in Bezug auf die Entwicklung des „jugendlichen Selbstkonzepts" (also des Bildes, das Jugendliche von sich selbst im Kontext mit anderen haben) und ihrer sozialen Beziehungen.

Zum Entsetzen von Vereins- und Verbandsfunktionären wurde sogar unter dem Kapitel „jugendliches Problemverhalten" festgestellt, dass beispielsweise jugendliche Vereinssportler „sich in ihrem Alkoholkonsum keineswegs zurückhaltender zeigen als ihre vereinsungebundenen Altersgenossen" (*Brettschneider & Kleine,* 2002, S. 342). Ähnliches gilt auch für anderes Fehlverhalten wie Schule schwänzen oder Gewalt gegen Sachen und Personen; hier allerdings ist sehr zwischen „leichter" und „schwerer Delinquenz" sowie zwischen verschiedenen Altersgruppen und vor allem zwischen Jungen und Mädchen zu unterscheiden. Schwere Delinquenz kommt ohnehin nur selten vor, und selbst bei leichterem normverletzendem Verhalten, das bei männlichen Jugendlichen häufig zu beobachten ist, zeigt sich im Laufe der jugendlichen Entwicklung eine deutliche Abnahme – besonders bei den Jugendlichen, die eine Vereinsbindung aufweisen.

Wie sind diese empirischen Befunde zu verstehen? Zunächst gilt nach übereinstimmender Auffassung aller Jugendstudien, dass Sport generell im Lebenszusammenhang von Kindern und Jugendlichen einen herausragenden Platz einnimmt (*Züchner,* 2013). Bereits in der Jugendsportstudie von *Kurz, Sack* und *Brinkhoff* (1996) zu Nordrhein-Westfalen in den 1990er Jahren wurde festgestellt, dass am Ende der gymnasialen Oberstufe männliche wie weibliche Jugendliche auf durchschnittlich knapp neun Jahre Sportvereinsmitgliedschaft zurückblicken können. Die Attraktivität des Sportvereins hat seitdem keineswegs nachgelassen, wie *Brettschneider* und *Kleine* (2002, S. 75–148), aber auch *Züchner* (2013) und *Neuber* und *Golenia* (2019) aufzeigen, und zwar für praktisch alle Altersgruppen und beide Geschlechter. Sie ist auch auf ein breiteres, vielfältigeres Angebot der Vereine zurückzuführen, das viele Kinder, Jugendliche und auch deren Eltern anspricht.

Die – vergleichsweise wenigen – Kinder und Jugendlichen, die keine Vereinsbindung aufweisen, sind jedoch keineswegs sportabstinent, sondern viele von ihnen betreiben mehr oder weniger informell und in anderen Kontexten als dem des klassischen Vereins Sport, sei es beim Kicken und Spielen auf der Straße, mit den Eltern, in der Gleichaltrigengruppe oder im Rahmen von Sportangeboten der Familienbildungsstätten und Volkshochschulen – Schwimmen und Ballett beispielsweise. So gesehen verwundert es nicht, wenn keine signifikanten Unterschiede in der motorischen Leistungsfähigkeit vereinsgebundener und vereinsungebundener Jugendlicher festgestellt werden. Es leuchtet ein, dass Kinder, die einmal in der Woche zum Kinderturnen oder Fußballtraining in den Verein gehen sich in ihrer motorischen Leistungsfähigkeit nicht von anderen Kindern unterscheiden, die eben nicht Mitglied in einem Verein sind, aber dafür regelmäßig mit dem Rad zur Schule fahren und/oder viel draußen an der frischen Luft spielen. Mit anderen Worten: Die Grenzen zwischen dem Sporttreiben im Verein und außerhalb des Vereins können nicht (mehr) klar gezogen werden, zumal viele Vereine auch dazu übergegangen sind, Kurs- und Schnupperangebote einzurichten, die keine langfristige Vereinsbindung voraussetzen.

Was für die motorische Leistungsfähigkeit gilt, trifft prinzipiell auch auf die sozialen und persönlichkeitsbildenden Einflüsse des Sports (im Verein) zu. Was in der *Brettschneider*-und-*Kleine*-Studie nicht ermittelt werden konnte, ist die Intensität des Sportengagements im Verein und der damit verbundenen Erfahrungen in dieser Lebenswelt. Generell gilt, dass die Vereine keine heile Welt darstellen, sondern eher ein Spiegel der gesellschaftlichen Wirklichkeit sind. Die Jungs, die im Verein Fußball spielen, sind deshalb auch keine Musterknaben; genauso wenig wie diejenigen, die nicht im Verein sind. Aber – und dies ist ein Ergebnis, das auch von *Brettschneider* und *Kleine* (2002, S. 478–488) bestätigt wird – Vereine bieten einen institutionellen Rahmen, in dem sich pädagogische Möglichkeiten für eine erfolgreiche Bewältigung von Entwicklungsaufgaben bieten (*Neuber*, 2007). Der Sport im Verein kann im hohen Maß die Energien von Jugendlichen bündeln und in pädagogisch erwünschte Bahnen lenken. Sie investieren viel Zeit und Kraft in gesellschaftlich anerkannte und sozial erwünschte Tätigkeiten, nämlich Sporttreiben.

Deutlich wird diese pädagogische Funktion der Vereine erst dann, wenn man Kinder und Jugendliche zum Vergleich heranzieht, die sich institutionell nicht binden lassen. Am Beispiel jugendlicher Gewaltkriminalität soll deshalb gezeigt werden, welche Probleme über den Sport hinaus entstehen können, wenn diese Jugenderziehung im Verein und speziell im Turn- und Sportverein nicht oder nur unzureichend im gesellschaftlichen Leben verankert ist.

Jugendgewalt

Experten sind sich einig, dass der Anstieg der Jugendkriminalität und die ausländerfeindlichen und rechtsextremen Gewaltausschreitungen von Jugendlichen, besonders in Ostdeutschland, auch damit zu erklären sind, dass sich viele Bindungen und Sicherheiten, die Jugendliche in der früheren DDR hatten und haben mussten, aufgelöst haben. Dies trifft auch auf Migrantenkinder und Jugendliche zu, die nicht oder unzureichend integriert sind, besonders auf männliche türkische Jugendliche, die in der Kriminalitätsstatistik deutlich negativ auffallen.[147] Diese Kinder und Jugendlichen sind oft bindungs- und orientierungslos und deshalb in besonderem Maße anfällig für Gewalt und gewalttätige Ideologien. Das Anzünden von Asylantenwohnheimen, das Verprügeln von wehrlosen Menschen, darunter häufig Ausländer, aber auch Behinderte, Ältere und Frauen, und das Grölen von Nazi-Parolen, wie sie in vielen Städten Deutschlands vorgekommen sind, sind kein Ausdruck von Stärke und Selbstgewissheit, wie die Jugendforscher *Bründel* und *Hurrelmann* (1994) betonen, sondern eher von Verunsicherung, Frust und Gefühlen der Sinn- und Nutzlosigkeit.[148] Dasselbe gilt für Jugendliche mit Migrationshintergrund, die ihren Frust in Form von Gewalt äußern. Gewalt und Aggression von Kindern und Jugendlichen sind oft Zeichen von Sinnverlust und können als eine Art Hilferuf verstanden werden. Dies gilt gleichermaßen für desorientierte und gewalttätige Jugendliche in West- und Ostdeutschland, für Deutsche wie für Ausländer.

Gleichwohl dürfen solche Erklärungen nicht als Entschuldigung oder gar Rechtfertigung für Gewalt und Aggression missverstanden werden. Sie sind vielmehr eine Aufforderung an die Gesellschaft, an Lehrer und Sozialarbeiter, auch im Bereich des Sports, alles zu tun, um Gewalt und Aggression in Gesellschaft, Kultur und Sport einzudämmen und zu kontrollieren. Im Bereich des Sports gilt dies insbesondere für die inakzeptablen, durch nichts zu rechtfertigende Gewaltexzesse von sogenannten Fans im Umfeld von Fußballspielen.

Vereinen und Verbänden kommt in diesem Zusammenhang besondere Bedeutung und damit Verantwortung zu, weil sie institutionell gewachsene, soziale Bindungen ermöglichen. Am Beispiel von Jugendlichen (und auch schon Kindern) mit Migrationshintergrund, die nicht nur überproportional in der Kriminalitätsstatistik auftauchen, sondern allgemein durch delinquentes, normabweichendes Verhalten auffallen und sich selbst als „Verlierer" sehen, zeigt sich dies besonders; denn sie gelten zugleich als schlecht integriert, finden kaum Zugang zu etablierten, bürgerlichen Vereinen und schaffen sich am Ende ihre eigenen Regeln, die nicht selten dem Recht des Stärkeren entsprechen, und die sie in einen scharfen Gegensatz zur herrschenden Moral bringen.

Ähnliches trifft auf Kinder und Jugendliche ohne Migrationshintergrund zu, die aus sozial schwierigen, gebrochenen Verhältnissen kommen, ohne Schulabschluss und Ausbildungsplatz dastehen und ihr mangelndes Selbstbewusstsein durch Aggressivität und Gewalt gegen Sachen und körperlich Schwächere und Wehrlose stärken zu können glauben. In Ostdeutschland sind bis heute

---

[147] Vgl. im Überblick *Bannenberg* und *Rössner* (2005). Zur Jugendgewalt siehe den Bericht von *Baier* und *Pfeiffer* im UNICEF-Bericht zur Lage der Kinder in Deutschland.

[148] Vgl. zum Thema Jugend und Gewalt *Hurrelmann* (1994); *Heitmeyer* (1994); *Eisenberg* und *Gronemeyer* (1993); eher auf die Schule bezogen *Schubarth* und *Melzer* (1993), darin besonders den Beitrag von *Starke*: „Gewalt bei ostdeutschen Schülerinnen und Schülern". Einen Überblick bietet auch das von der Landeszentrale für Politische Bildung Baden-Württemberg herausgegebene Heft „Aggression und Gewalt" (43. Jahrgang, Heft 2, 1993), darin besonders die Beiträge von *Klosinski* und *Schneider* und *Hoffmann-Lange*. Vgl. auch *von Hentig* (1993); ebenso aus kriminologischer Sicht *Bannenberg* und *Rössner* (2005) sowie *Baier* und *Pfeiffer* (2013).

solche Fälle delinquenter Kinder und Jugendlicher sowie auch Erwachsener deshalb besonders häufig anzutreffen, weil sie noch zusätzlich mit den noch nicht bewältigten Folgen des gesellschaftlichen Umbruchs zu tun haben. Die Probleme, die sie mit ihrer neuen Freiheit haben, die für viele Bindungslosigkeit, Unsicherheit und Arbeitslosigkeit bedeutete, müssen auch vor dem Hintergrund einer staatlich reglementierten Jugenderziehung in der früheren DDR gesehen werden.[149] Die FDJ-Jugenderziehung, die das Leben von Kindern und Jugendlichen in der DDR beherrschte und Eltern und Familien die Verantwortung für ihre Kinder zu nehmen versuchte, ist mit dem Ende der DDR weggefallen. An ihre Stelle sind jedoch bis heute keine oder nur unzureichende andere, freiwillige und trotzdem Bindung und Orientierung ermöglichende Formen der Jugenderziehung getreten.

Wirtschaftliche Krisen, Arbeitslosigkeit und Prozesse der gesellschaftlichen Desintegration und sozialen Entwurzelung verschärfen die Probleme Jugendlicher und ihrer Familien, unabhängig davon, ob es sich um solche mit oder ohne Migrationshintergrund handelt. Zur Verunsicherung von Eltern und Erziehern kommt hinzu, dass es nicht nur an Einrichtungen fehlt, die Gelegenheit für sinnvolle und befriedigende Tätigkeiten in der Freizeit bieten, sondern auch an geeignetem Personal und an der Bereitschaft von Erwachsenen, sich dafür einzusetzen. Damit sind nicht nur Turn- und Sportvereine mit funktionierender Jugendarbeit gemeint, sondern ebenso Einrichtungen der kulturellen und kirchlichen Jugendarbeit.

Ein weiteres Beispiel sind die Gewaltausschreitungen von Fußballfans in England, aber auch in anderen europäischen Ländern einschließlich Deutschland. Meistens handelt es sich um junge männliche Erwachsene. Für dieses Problem sind von britischen Forschern viele, auch historische Gründe als Erklärung angeführt worden. Eine wichtige Rolle spielen neben dem Strukturwandel der britischen Gesellschaft insgesamt die Umbrüche im britischen Schul- und Erziehungswesen. In den letzten 20 Jahren haben die Schulen ihre traditionelle Rolle als Sporteinrichtung verloren, in denen systematisch und regelmäßig Spiel und Sport auch zur Nachwuchspflege betrieben wurde. Die großen Sport- und Fußballclubs gehen erst allmählich dazu über, eine eigene Jugend- und Nachwuchsarbeit aufzubauen. Formelle Mitgliedschaften in Clubs sind eher selten. Der informell und gelegentlich betriebene Sport ist von größerer Bedeutung. Auch dies wird als Grund für die Probleme mit jugendlichen Fußballfans, vor allem in England, angesehen; wobei es sich um ein Problem handelt, von dem auch andere Länder Europas und Südamerikas betroffen sind.[150]

---

[149] Zum „pädagogisch-totalitären Anspruch in der DDR" siehe *Lost* (1993); eher persönlich-biographisch das Buch der Bürgerrechtlerin Freya *Klier*: „Lüg Vaterland. Erziehung in der DDR" (1990).

[150] Vgl. die Broschüre des englischen „Sports Council" zu „Trends in Sport Participation" (1994); seitdem hat sich allerdings in Großbritannien einiges geändert: Der Hooliganismus der 1970er und 1980er Jahre ist heute nicht mehr das Problem, sondern die öffentliche Sicherheit wird ebenso wie in anderen Ländern durch islamistisch motivierten Terror bedroht, der in keinem Zusammenhang mit Sport steht.

Probleme des Jugendsports im Verein

Das bisher gezeichnete Bild des Vereinssports für die Entwicklung und Erziehung von Heranwachsenden hat auch Schattenseiten. Es gibt viele Kinder und Jugendliche, die entweder den Weg zum Vereinssport gar nicht finden oder sich von dieser Art von Sport abwenden. Dies muss nicht unbedingt sportliche Gründe haben, sondern kann damit zusammenhängen, dass die Eltern dem Sport gleichgültig oder ablehnend gegenüberstehen oder die gleichaltrigen Freunde lieber Musik machen oder in die Disco gehen als in die Turnhalle und auf den Sportplatz. Vielleicht ist der Übungsleiter unsympathisch, der Weg in die Sporthalle zu weit, können oder wollen Eltern ihre Kinder nicht ins Training fahren oder das Sportangebot unattraktiv, so dass manche Kinder und Jugendliche zusätzlich zum Schulsport nicht auch noch Sport im Verein treiben wollen.

Darüber hinaus zeigen Untersuchungen schon aus den 1970er und 1980er Jahren, dass ein ausschließlich auf Leistung und Wettkampf orientierter Sport viele Jugendliche eher vom Sport abhält als zum Sporttreiben motiviert (vgl. *Sack,* 1980). Die sportlich weniger begabten und talentierten Kinder und Jugendlichen, die eben nicht oder nur als Ersatzmann in der Mannschaft aufgestellt werden, die statt auf den ersten immer nur auf den hinteren Rängen zu finden sind, finden verständlicherweise weniger Gefallen am Sport als die Erfolgreichen. Aber gerade diese Kinder und Jugendlichen sind allein schon aus gesundheitlichen Gründen besonders auf Sport und Bewegung angewiesen.

Sportvereine müssen deshalb aus sportpädagogischer Sicht größere Anstrengungen unternehmen, die Sport- und Bewegungsbedürfnisse möglichst vieler Kinder und Jugendlicher zu berücksichtigen. Sport im Verein darf sich nicht nur auf den wettkampfsportlichen Nachwuchs konzentrieren. Wenn der vereinsgebundene Sport seine pädagogische Verantwortung für alle Kinder und Jugendlichen wahrnehmen möchte, müssen die sportlichen und außersportlichen Angebote über den Leistungs- und Wettkampfsport hinaus erweitert und verbessert werden. Dazu gehören nicht nur bessere Sportgelegenheiten, sondern auch Korrekturen und Verbesserungen der Trainer-, Übungs- und Jugendleiterausbildung.

Die genannte Sportvereinsuntersuchung von *Brettschneider* und *Kleine* (2002) zeigte jedoch auch die Grenzen dieser Abkehr von einem auf Leistung und Wettkampf konzentrierten Sportmodell der Vereine auf. Sie bedeutete einerseits eine Öffnung der Vereine. Andererseits zeigt sich, dass je unverbindlicher und beliebiger der Vereinssport wird, umso weniger wirksam können seine Erziehungsleistungen sein. „Manchen der von außen aufgebürdeten und selbst auferlegten Leistungsansprüchen kann der Sportverein angesichts der sozialen und kulturellen Umbrüche in unserer Gesellschaft nicht gerecht werden", schreiben deshalb *Brettschneider* und *Kleine* (2002, S. 486). Und sie fahren fort: „Wenn befürchtet wird, daß Sozialisationsinstanzen wie Schule und Elternhaus ihre Erziehungsaufgaben nicht mehr hinreichend wahrnehmen (können), ist kaum zu erwarten, daß der Sportverein die Rolle eines Reparaturbetriebs für gesellschaftliche Defizite übernehmen kann." Die Autoren empfehlen deshalb den Vereinen, von der Wunschvorstellung Abstand zu nehmen, „im Verein allen alles und möglichst zugleich bieten zu wollen." Weniger kann auch in diesem Fall mehr sein; d. h., die Vereine sind gefordert, Profil zu zeigen, und das heißt vor allem pädagogisches Profil.

Sport von Menschen mit Behinderungen

Ein besonderes pädagogisches Thema des Vereinssports ist der Sport von Menschen mit Behinderungen, insbesondere von Kindern und Jugendlichen mit Behinderungen (*Knoll u. a.,* 2015; *Wedemeyer-Kolwe,* 2011). Menschen, die an einer Behinderung leiden, sind in der Regel auf besondere Unterstützung, pädagogische Anleitung und medizinische Betreuung angewiesen. Es gibt sehr verschiedene Arten von Behinderungen. Unterschieden wird zwischen Körperbehinderungen, Sinnesbehinderungen und geistig-seelischen Behinderungen. Deshalb sind je nach Behinderung und Zielgruppe der Menschen mit Behinderung besondere Formen, Inhalte und Vermittlungswege von Gymnastik, Turnen, Spiel und Sport nötig. Sie reichen von der Anwendung von Sport als therapeutische Maßnahme im engeren Sinn über einen als Breiten- und Freizeitsport verstandenen Behindertensport bis hin zum Leistungs-, Wettkampf- und Hochleistungssport von und für Menschen mit Behinderungen, der seinen besonderen Ausdruck bei den „Paralympics", den Olympischen Spielen von Menschen mit Behinderungen findet.

In wissenschaftlicher Hinsicht befassen sich vor allem Disziplinen wie Psychomotorik, Motopädagogik, Mototherapie oder allgemein Motologie mit speziellen Fragen von Bewegung und Bewegungsstörungen im Zusammenhang mit psychischen und psychosozialen Faktoren. Die Zeitschrift „Motorik" als offizielles Organ des Aktionskreises Psychomotorik e. V. ist ein zentrales Forum dieser Wissenschaftsgebiete, die sich schwerpunktmäßig mit Bewegung, Spiel und Sport von und mit Menschen mit Behinderungen, besonders Kindern und Jugendlichen befassen. Dabei geht es immer wieder um Probleme der Integration und Inklusion von Menschen mit und ohne Behinderungen.

Der Deutsche Behindertensportverband (DBS) gehört als Spitzenverband dem Deutschen Olympischen Sportbund an und zählt in seinen Vereinen und Mitgliedsverbänden rund 600 000 Mitgliedschaften. Er ist zugleich Verband für den Breiten- und Freizeitsport von Menschen mit Behinderungen als auch Vertreter im Internationalen Paralympischen Komitee, das die Paralympics ausrichtet, die Weltspiele von Menschen mit Behinderungen. Mädchen und Jungen, Männer und Frauen mit Behinderungen, die in den Vereinen und Verbänden des DBS Sporttreiben wollen, werden von qualifizierten Übungsleitern und Trainern betreut. Sie pflegen zahlreiche Sportarten und Sportaktivitäten, von Ballsportarten wie Rollstuhlbasketball, Faustball, Sitzvolleyball usw. bis zu Sportarten wie Bogenschießen, Leichtathletik, Reiten, Schwimmen, Rudern, Skilaufen, Turnen und Tanzen.

Der Behindertensportverband ging 1975 aus dem „Deutschen Versehrtensportverband" hervor, der sich 1952 auf Initiative junger Kriegsversehrter des Zweiten Weltkrieges gegründet hatte (*Wedemeyer-Kolwe, 2011*). Mitgliederzahl und Mitgliederstruktur des Verbandes haben sich seitdem erheblich erweitert; aber die Aufgaben und Ziele sind im Wesentlichen gleich geblieben: Sie liegen darin, durch Sport die Gesundheit und das psycho-soziale Wohlbefinden der Menschen mit Behinderungen zu fördern, ihre körperlichen Funktionen zu erhalten und zu verbessern, ihre allgemeine Leistungsfähigkeit zu erhöhen und damit ihr Selbstvertrauen und Selbstbewusstsein zu stärken. Sport dient als „Lebenshilfe für behinderte Menschen", wie es in der Konzeption „Sport der Behinderten" des DBS heißt. Ein wesentliches Ziel besteht in der Integration und Inklusion von Menschen mit Behinderungen. Bewegung, Spiel und Sport können und sollen helfen, die Isolierung und Diskriminierung zu durchbrechen, die vielen Menschen mit Behinderungen droht.

„Es ist unbestritten" hieß es im Programm „Sport mit behinderten Kindern und Jugendlichen", „dass durch eine gezielte sportliche Betätigung bei allen Behinderungsarten deutliche Verbesserungen des Gesamtverhaltens erzielt werden." Da geistig-seelische Vorgänge eng mit körperlich-motorischen Prozessen verknüpft sind, kann Sport- und Bewegungserziehung wesentlich „zum Ausgleich behinderungsbedingter Entwicklungsrückstände ... beitragen und den Bildungsprozess entscheidend fördern" (*Haag, Kirsch & Kindermann*, 1991, S. 240 f.).

Die gezielte Förderung fand in Deutschland in einem breit gefächerten und gut ausgebauten Förderschulwesen statt. Seit der Verabschiedung der UN-Behindertenrechtskonvention im Jahr 2009 hat sich die Politik allerdings geändert. Richtschnur des pädagogischen Handels ist nun die Inklusion von Menschen mit Behinderungen sowohl in Schulen als auch in anderen Einrichtungen wie z. B. den Sportvereinen, in denen Bildung, Erziehung und Sport von Menschen ohne Behinderungen stattfindet. Das gemeinsame Sporttreiben von Menschen mit und ohne Behinderungen ist das neue gesellschaftliche und pädagogische Leitbild, das auch für den Sport und die körperliche Erziehung gilt (*Derecik & Tiemann*, 2019; *Heubach*, 2013).

2.2 Sport in der Schule

Der Schulsport ist ein besonderes Beispiel für den Einfluss organisatorisch-institutioneller Bedingungen auf die Sporterziehung. Sport ist ein anerkannter und für notwendig erachteter Teil der schulischen Gesamterziehung. Sport in der Schule bedeutet Sport für alle Kinder und Jugendlichen. Im Unterschied zum Sport im Verein findet Schulsport nicht auf freiwilliger Basis statt, sondern er stellt in Form des Sportunterrichts ein verpflichtendes schulisches Unterrichtsfach dar, neben dem es allerdings auch noch freiwillige außerunterrichtliche Schulsportangebote gibt.

Unterrichtlicher und außerunterrichtlicher Sport

Je nach Schultyp und je nach den Lehrplänen und Richtlinien der Kultusministerien der Länder, die für den Schulsport die Verantwortung tragen, sieht der

Sport in den Schulen unterschiedlich aus.[151] Gemeinsam gilt jedoch, dass heute in der Regel drei Stunden Sport pro Woche in den Stundenplänen an Grund-, Haupt- und Realschulen, Gesamtschulen, Einheitsschulen, Gemeinschaftsschulen und an den Gymnasien, auch an den beruflichen Gymnasien vorgesehen sind. Aus Gründen des Lehrermangels und wegen ungenügender Sportstätten wird dieses Stundensoll aber nicht überall erreicht, am wenigsten an den Grundschulen. Im dualen beruflichen Schulwesen ist Sport nicht in allen Bundesländern fest im Unterrichtsprogramm verankert, außer bei Vollzeitschulen. Die Qualität des Sportunterrichts an den Grundschulen, aber nicht nur dort, leidet außerdem darunter, dass er häufig fachfremd, von nicht speziell ausgebildeten Lehrern erteilt wird. In den meisten Bundesländern wurden in der Oberstufe der Gymnasien Leistungskurse Sport mit einem wöchentlichen Stundenumfang von mindestens fünf Stunden eingerichtet; in einigen wurden sie allerdings auch wieder abgeschafft. Schließlich gibt es Schulen mit sportlichen Schwerpunkten, an denen in der Regel sportlich besonders begabte und interessierte Schülerinnen und Schüler unterrichtet werden. Zusätzlich bieten viele Schulen freiwillige Sport-Arbeitsgemeinschaften und Trainingskurse an. Unter dem Motto „Jugend trainiert für Olympia" werden seit 1972 in allen Kernsportarten, aber auch in anderen Sportarten bis auf Landes- und Bundesebene Wettkämpfe organisiert, bei denen nach Alter, Geschlecht und Sportart die besten Schulen, Mannschaften und Schülerinnen und Schüler ermittelt werden. In einigen Bundesländern wird die Kooperation zwischen Schulen und Sportvereinen besonders gefördert. Dies gilt besonders für die Schulen, die einen Ganztagsbetrieb eingeführt haben. In Deutschland wird dieses Konzept, das in anderen Ländern in Europa wie Frankreich oder Großbritannien, aber auch weltweit seit langem praktiziert wird, erst seit der Jahrtausendwende zunehmend umgesetzt (*Ladenthin*, 2005). Dieser Schultyp eröffnet dem Thema Bewegung, Spiel und Sport in der Schule neue Möglichkeiten.

Neben dem Sport als regulärem und verpflichtendem Unterrichtsfach, der sich an Lehrpläne halten muss, die von den Ministerien der Länder erarbeitet und erlassen werden, gibt es Sport noch in anderen weniger verpflichtenden Formen an der Schule: in Form von Arbeitsgemeinschaften, als Spielnachmittage, bei Wandertagen, Skiausfahrten, als Projekte, bei Schullandheimaufenthalten und Vorführungen sowie als Pausen-, Nachmittags- und Wochenendsport, der oft von Schülern und Schülerinnen selbst organisiert wird. In diesen Fällen des außerunterrichtlichen Sports kann der Sport dazu beitragen, die Schule nicht nur als Pflicht, sondern auch als Lebens- und Bewegungsraum wahrzunehmen und damit Forderungen einer zeitgemäßen Schulpädagogik nachkommen.

---

[151] Zum institutionellen Rahmen des Schul- und Bildungswesens in Deutschland vgl. im Überblick „Das Bildungswesen in der Bundesrepublik Deutschland" (hrsg. von der Arbeitsgruppe Bildungsbericht am Max-Planck-Institut für Bildungsforschung, Reinbek, 2008). Sport an der Schule wird allerdings nicht thematisiert. Zu Fragen des Schulsports siehe die Artikel in dem von *Fessler, Hummel* und *Stibbe* herausgegebene Handbuch Schulsport (2010).

Die Forderung nach einer Schule, die für Kinder auch Lebens- und Erfahrungs-raum sein soll, wird seit langem erhoben, insbesondere von reformfreudigen Pädagogen wie Hartmut *von Hentig* (1993), der „die Schule als Lebens- und Erfahrungsraum oder auch: Die Schule als polis" etablieren wollte (*von Hentig*, 1993, bes. S. 179 ff.). Ähnliches gilt für die von der Bildungskommission Nord-rhein-Westfalen (NRW) herausgegebene Denkschrift „Zukunft der Schule – Schule der Zukunft in NRW". Nach den international vergleichenden Schulleis-tungsstudien (PISA) sind diese Reformansätze seit der Jahrtausendwende fort-gesetzt worden. Das Fach Sport spielt zwar in diesen PISA-Studien, in denen die Leistungen der Schülerinnen und Schüler in Deutschland im internationalen Vergleich eher mäßig ausfielen, keine Rolle. Aber eine moderne Schule, die mehr als Lernort, sondern auch Lebens- und Erfahrungsraum sein möchte, in dem kognitive Lernleistungen besser möglich sein sollen oder können, erfüllen Bewe-gung, Spiel und Sport im außerunterrichtlichen Bereich der Schule eine wichtige Rolle zur Verbesserung des schulischen Lernklimas.

Die Tatsache, dass Sport in öffentlichen Schulen als verpflichtendes Unterrichts-fach eingeführt wurde, schlägt sich in der Diskussion über die Ziele, Inhalte und Formen des Sports und des Sportunterrichts an der Schule nieder. Was und wie soll im Sport an der Schule unterrichtet werden? Wenn Sport als Unterricht statt-findet, welche Sportarten oder Sportaktivitäten sollen dann als Themen und Inhalte ausgewählt werden? Sollen es überhaupt Sportarten sein? Mit welchen Methoden soll Sport vermittelt, gelehrt und unterrichtet werden?

Ziele und Inhalte des Schulsports

Solche Fragen um den Schulsport beherrschten die Diskussion um eine Theorie der Leibeserziehung seit Bestehen der Bundesrepublik Deutschland. Eine erste Antwort war schnell gefunden. Von der seit *Spieß* und in der zweiten Hälfte des 19. Jahrhunderts in Deutschland gewachsenen Tradition, Leibesübungen und Turnen als reguläres Unterrichtsfach wie jedes andere Schulfach von möglichst gut und akademisch ausgebildeten Fachkräften unterrichten zu lassen, wollte niemand abweichen. Dieser Grundbestand an „Leibeserziehung" für alle Schü-lerinnen und Schüler wurde (und wird) als „unverzichtbarer Teil der Gesamterzie-hung" betrachtet. „Die Leibeserziehung gehört zur Gesamterziehung der Jugend; Bildung und Erziehung sind insgesamt in Frage gestellt, wenn sie nicht oder unzureichend gepflegt werden. Turnerische und sportliche Betätigung ist daher zur Gesunderhaltung der Jugend nötig", hieß es in den „Empfehlungen zur För-derung der Leibeserziehung in den Schulen" aus dem Jahr 1956 (*Haag, Kirsch & Kindermann*, 1991, S. 207, s. u.).

Seitdem ist vorgesehen und geregelt, dass die Schulen unter der Aufsicht der jeweiligen Schul- und Kultusministerien sowohl durch einen ausreichenden und planvollen Unterricht als auch durch Angebote für Bewegung, Spiel und Sport im Schulleben insgesamt zur körperlichen Erziehung und zur Gesamterziehung der Jugend beitragen. Diese Auffassung wurde und wird bis heute nicht nur von der Schulpolitik und den Schulverwaltungen der Bundesländer vertreten, die die politische Verantwortung für den Schulsport wahrnehmen, sondern sie wurde vor allem von den Sportverbänden und vom Deutschen Sportbund als Dachverband des vereinsgebundenen Sports politisch gefordert; dasselbe gilt bis heute für den DOSB. [152]

Mit solchen allgemeinen Zielformulierungen ist aber noch nichts über die konkreten Inhalte und Formen des Sports an der Schule ausgesagt. Welche Inhalte und Formen sollen angesichts der Vielfalt und der unterschiedlichen Qualität von Turnen und Sport in der Schule unterrichtet werden? Diese pädagogisch-didaktische Frage wurde aus zwei verschiedenen theoretischen Positionen heraus beantwortet.

Bildungstheoretische Vorstellungen

Die erste, bildungstheoretische Position, die die sportpädagogische und sportdidaktische Diskussion in den 1950er und 1960er Jahren beherrscht hat und die nach wie vor von Bedeutung ist, lautete, dass Leibeserziehung als Prinzip der Erziehung anzusehen sei und dass ihren möglichen Inhalten „Grundformen" der Leibesübungen zugrunde lägen. In ihnen drückt sich gewissermaßen der „bildende Gehalt" von Leibesübungen aus, z. B. in der Gymnastik, im Turnen und Spielen, aber auch im Laufen, Springen und Werfen oder bei körperlich ausgetragenen Wettkämpfen usw. Sie können, so die These, beim Kind und Jugendlichen Bildungsprozesse in Gang setzen und fördern, die über ein spezifisches fachliches Wissen und Können hinaus die Persönlichkeit im Ganzen positiv prägen.

Das pädagogische Ethos einer bildungstheoretisch motivierten Didaktik der Leibeserziehung ging (und geht) davon aus, dass Leibeserziehung mehr ist und sein soll als eine gute Sportausbildung. Sie soll vielmehr über das Sporttreiben und Sportkonsumieren hinaus den Menschen in seiner charakterlichen, persönlichen und sozialen Entwicklung weiterbringen, indem der junge Mensch mit elementaren Formen der Leibesübungen konfrontiert wird und sich mit ihnen auseinandersetzt. Im Unterricht geschieht dies durch gezielte, didaktisch inszenierte Themen und Inhalte kategorialer Bildung.

In zahlreichen Arbeiten wurden solche „Bildungsgehalte" oder Bildungsmotive von Leibesübungen beschrieben.[153] Sie wurden in der Regel in den Grundformen

---

[152] In den von *Wolf* (1974) und *Haag, Kirsch* und *Kindermann* (1991) zusammengestellten Bänden sind Dokumente gesammelt, die das schulsportpolitische Engagement des Sports zeigen. Deutlich wurde es insbesondere in den „Empfehlungen" von 1956 und den „Aktionsprogrammen für den Schulsport" von 1972 und 1985.

[153] Zur Bildungstheorie in Deutschland und zu den Fragen einer bildungstheoretischen Didaktik allgemein *Klafki* (1963; 1993). Zur Begründung einer bildungstheoretischen Didaktik der Leibeserziehung siehe u. a. *Grupe* (1967), der den Begriff Bildungsmotive benutzte. Aktuell *Krüger* und *Neuber* (2011) sowie *Laging* und *Kuhn* (2018).

von Spielen, Gestalten, Üben, Leisten und Wetteifern gesehen, aber auch in historischen Grundformen wie denen der Gymnastik, der Turnens, Tanzens, Spielens und wettbewerblichen Sporttreibens (*Bernett,* 1975). Diesen Erscheinungsformen oder Objektivationen von körperlichen Spielen, Übungen und Wettkämpfen wurde ein bildender Wert zugemessen. Um solche Bildungsprozesse zu ermöglichen, müssten Schülerinnen und Schüler im Sport an der Schule diesen Prinzipien, die den Leibesübungen innewohnen, an ausgewählten, kategorialen Inhalten in exemplarischer Form und in einer entsprechenden methodischen Inszenierung begegnen. Indem sie exemplarisch und kategorial Erfahrungen des Spielens, Gestaltens, Übens, Leistens und Wetteiferns im Unterricht machen, findet Bildung statt; d. h. ein Prozess wird in Gang gesetzt, der mehr bedeutet als das bloße Erlernen einer Sportart oder Bewegungstechnik, sondern Teil der Entwicklung, Erziehung und Bildung ihrer Persönlichkeit und ihres Charakters ist. Solche über Bewegung, Gymnastik, Turnen, Tanz, Spiel und Sport vermittelten Bildungsprozesse finden nicht nur individuell, sondern in Mannschaften und Gruppen statt. Sie vollziehen sich nicht nur automatisch und wie von selbst, sondern sind auch das Ergebnis von Erziehungsarbeit im weitesten Sinn, sei es gezielt und direkt durch Lehrer und Eltern oder auch eher indirekt durch Freunde oder andere Erziehungsagenturen.

Schule, Schulsport und Sportunterricht haben die Aufgabe, solche bildenden Erfahrungen und Prozesse gezielt zu organisieren und zu inszenieren. Dies geschieht u. a. durch die Lehr- und Stoffverteilungspläne an den Schulen, die auf dieses didaktische Konzept hin ausgerichtet werden. Erst wenn diese Grundformen von Bewegung, Spiel und Sport, die als bildend und erzieherisch wertvoll erachtet werden, für jeden Schüler und jede Schülerin in Form von didaktisch und kategorial aufbereiteten Inhalten erfahrbar würden, könne das Sporttreiben in der Schule auch zu einer bildenden Begegnung werden, wie dies Wolfgang *Klafki* in seinen klassischen „Studien zur Bildungstheorie und Didaktik" (*Klafki,* 1963) herausgearbeitet hat. Die didaktische Aufbereitung des Stoffs habe demnach den Zweck, den Schülerinnen und Schülern etwas Grundlegendes an Können, Einsicht und Erfahrung zu vermitteln. Ähnlich wie die Erfahrung des Mathematischen nicht an spezifische mathematische Aufgaben gebunden sei, meinte *Klafki* (1963, S. 117), sondern sich erst aufgrund einer didaktischen Analyse der Mathematik offenbare, gelte dies auch für den Turn- und Sportunterricht bzw. die Leibeserziehung. Ziel und Aufgabe der Leibeserziehung sei es, „spezifische Sinnerfahrungen" zu ermöglichen, die unterschiedlichen Stoffe, Themen, Gegenstände bieten. Im Bereich der Leibeserziehung seien diese „in der Gesamtsphäre des Sportlichen, Spielerischen, Turnerischen, Gymnastischen" zu suchen, wie *Klafki* meinte.

Aber welche Inhalte von Turnen und Sport ermöglichen welche Sinnerfahrungen? Welche passen zu welchen „Grundformen"? Wie kommt eine „bildende Begegnung" mit den Leibesübungen zustande?

Der Zusammenhang zwischen der pädagogisch-didaktischen Suche nach Bildungsinhalten und Bildungsgehalten in Turnen und Sport durch didaktische Sachanalysen und ihrer konkreten didaktisch-methodischen Umsetzung im Unterricht war und ist nur schwer herzustellen; denn im Grunde finden sich die genannten Grundformen in fast jeder Art von Leibesübungen und Sport. Ein spezifischer bildender Wert und erzieherischer Sinn kann in nahezu jeder Leibesübung und jedem Spiel gesucht und gefunden werden. Ob bestimmte sportspezifische Bildungsinhalte in der Lage sind, Schülern die pädagogisch beabsichtigten Bildungsgehalte nahezubringen, ist nur schwer nachprüfbar. Es ist darüber hinaus abhängig von der subjektiven Befindlichkeit der jeweiligen Schüler, von der Gruppe, in der Sport stattfindet, von ihrem Alter und ihren Interessen, von den unterrichtlichen und schulischen Rahmenbedingungen, vom jeweiligen Schultyp und nicht zuletzt von der Person des Lehrers und seiner Fähigkeit, seinen Unterricht entsprechend didaktisch-methodisch auf- und vorzubereiten und schließlich durchzuführen. Noch schwieriger ist die Frage zu beantworten, ob und wie sich solche Bildungserlebnisse, sofern sie stattfinden, auf andere Lebensbereiche und Lebensabschnitte übertragen bzw. transformieren lassen (*Koller*, 2012).

Leibeserziehung, Sport und Sportunterricht in der Schule unter bildungstheoretischer Perspektive bedeuteten zunächst, Bewegung, Spiel und Sport als einen Handlungs- und Erfahrungsraum bzw. Lernort zu begründen, in dem Erziehung und Bildung stattfindet. In einem weiteren Schritt gilt es, Kriterien für die didaktische Analyse und Auswahl einzelner Leibesübungen, Sportarten und Sportaktivitäten als „Bildungsinhalte" im Hinblick auf ihre „Bildungsgehalte" bereitzustellen.

Die klassische bildungstheoretische Analyse von Themen und Inhalten der Leibeserziehung bzw. der körperlichen Erziehung und des Sportunterrichts stellt bis heute eine zentrale Aufgabe der Schulsportdidaktik, genauer der unterrichtlichen Didaktik des Sports in der Schule dar. Die Frage nach dem Sinn spezifischer Spiele, Übungen und Wettkämpfe im Sportunterricht bleibt ebenso aktuell wie die Herausforderung für jede Lehrkraft, den Unterrichtsstoff didaktisch zu prüfen und zu analysieren, auf die jeweilige Zielgruppe abzustimmen und nach dem jeweils bildenden Gehalt eines konkreten Inhalts oder Themas zu fragen.

Lern- und curriculumtheoretische Ansätze

Ein zweiter, eher lernzielorientierter und curriculumtheoretischer Ansatz zur Auswahl von Themen, Inhalten und Formen des Sports in den Schulen, der die pädagogisch-didaktische Diskussion der 1970er Jahre prägte, stellte weniger Bildung und Erziehung in den Mittelpunkt, sondern das konkrete und nachprüfbare sportmotorische Können, das in der Schule und im Sportunterricht zu vermitteln und zu erlernen sei. Inhalte, Methoden und Organisationsformen des Schulsports seien demnach im Hinblick auf die Frage auszuwählen, ob sie den Schülerinnen und Schülern ausreichend Qualifikationen vermitteln, die sie in ihrem Leben brauchen und die als notwendig für ihre Handlungsfähigkeit im Sport außerhalb der Schule angesehen werden. Solche sportspezifischen Lernziele sollten einschließlich der

Möglichkeiten der Vermittlung und Lernzielüberprüfung konkret in den Lehrplänen genannt werden.[154]

Der lern- und curriculumtheoretische Ansatz in der Sportpädagogik stand im Zusammenhang mit den Bemühungen um eine grundlegende Bildungsreform in Westdeutschland ab der zweiten Hälfte der 1960er Jahre, die in den Schulen mehr Lebensnähe und Chancengleichheit verwirklichen wollte. Weniger die Erziehung des Charakters und der Persönlichkeit sollte im Vordergrund der Arbeit der Bildungseinrichtungen stehen, sondern vielmehr die sachorientierte, qualifizierte Ausbildung für spezifische Berufe. „Der Sport in seinen vielfältigen Erscheinungsformen", hieß es im für diesen sportdidaktischen Ansatz kennzeichnenden „Aktionsprogramm für den Schulsport" von 1972, „ist zu einem bedeutsamen Phänomen unserer Gesellschaft geworden. Da es zu den wichtigen Aufgaben der Schule gehört, das Kind und den jungen Menschen auf die gesellschaftliche Wirklichkeit und deren Weiterentwicklung vorzubereiten, darüber hinaus ihre Begabungen zu wecken und ihre Anlagen voll zu entfalten, müssen sie dem Sport einen angemessenen Platz einräumen." Dieser Sport in der „gesellschaftlichen Wirklichkeit" sollte nicht nur erfahren und erlebt, sondern auch gelernt werden. „Das ‚Lernen' als besondere Aufgabe der Schule schließt den Sport ein. Deshalb ist der Sportunterricht an Lernzielen zu orientieren" (*Wolf,* 1974, S. 182 ff.).

Im Zuge dieses didaktischen Denkens in der Sportpädagogik wurden die bisher üblichen Begriffe „Leibesübungen" und „Leibeserziehung" durch „Schulsport" und „Sportunterricht" ersetzt; statt von „Bildungszielen" war im Sportunterricht konkreter von „Lernzielen" die Rede. Der Sportunterricht sollte sportliche Techniken sowie konkrete Fähigkeiten und Fertigkeiten vermitteln, die beim Sporttreiben benötigt werden. Vom Beitrag des Sports zur Bildung und Erziehung von Menschen war dagegen kaum noch die Rede.

Sport-Qualifikationen und Kompetenzen

Dieser in den 1970er Jahren verbreitete curriculum- und lerntheoretische Ansatz der Didaktik war nur schwer auf den Sport anzuwenden. Welche Lernziele sollen denn im Sport konkret genannt werden, die für ein erfolgreiches Leben nach der Schule unverzichtbar sind? Sport im Jugendalter unterscheidet sich auch erheblich von den Sport- und Bewegungsaktivitäten im Erwachsenen oder höheren Alter. Andere Motive zum Sporttreiben treten in den Vordergrund als im Kindes- und Jugendalter. Ist Sport als Freizeitbeschäftigung überhaupt eine Aufgabe, die der Staat als verantwortlicher Träger für die schulische und berufliche Qualifikation übernehmen muss? Ist nicht vielmehr die Freizeit und ihre Gestaltung eine Privatangelegenheit, in die sich der Staat, zumal ein liberaler und demokratischer Staat, nicht einzumischen hat? Schließlich müssen junge Menschen

---

[154] Vgl. Zusammenfassend *Grupe, Bergner* und *Kurz* (1974); *Grupe* (1988a); *Kurz* (1990a).

nicht notwendigerweise über ihre gesamte Schulzeit hinweg verpflichtenden Sportunterricht genießen, um später in ihrer Freizeit Sport treiben oder Fußball spielen zu können. Wer schließlich Sport zu seinem Beruf machen möchte, hat die Möglichkeiten, nach dem verpflichtenden, allgemeinbildenden Schulbesuch Spezialschulen zu besuchen oder Ausbildungsgänge zu wählen, die ihn auf diese Berufe vorbereiten.

Der Sinn und die pädagogischen Möglichkeiten des Sports liegen also weniger in dem, was konkret gelernt und unterrichtet werden kann, sondern vielmehr in den vielfältigen Möglichkeiten an körperlichen, materialen und sozialen Erfahrungen über Bewegung, Spiel und Sport. Anders gesagt lässt sich Sport als reguläres Unterrichtsfach in der Schule und zwar an allen Schulformen und Schulstufen und Schultypen weniger durch seine Ausbildungsfunktion als vielmehr durch seine Bildungs- und Erziehungsfunktion erklären. Es geht nicht darum, junge Menschen zu Sportlern und Athleten auszubilden, sondern zu sportlich aktiven und bewussten Menschen zu erziehen und zu bilden. Im Sport werden keine „Qualifikationen" wie in der Mathematik oder im Sprachunterricht vermittelt, die für ein Leben in der modernen Gesellschaft in gleicher Weise notwendig sind. Die Notwendigkeit für Spiel und Sport in der Schule liegt auf einer anderen Ebene. Kinder und Jugendliche brauchen Spiel und Sport, weil sie in ihnen wichtige und unmittelbare Erfahrungen über Körper und Bewegung sammeln können. Diese Erfahrungen sind nicht nur für ihre körperliche, soziale und personale Entwicklung unverzichtbar, sondern auch für ihre Gesundheit und ihr Wohlbefinden. Sicher hat auch die Bedeutung des Sports in der gewachsenen Freizeit der Menschen immer mehr zugenommen, aber für eine pädagogische Begründung spezifischer Inhalte des Sportunterrichts greift dieser Ansatz zu kurz.

Ein Beispiel kann dies verdeutlichen: Auch wenn vermutet werden könnte, dass ein Teil der Schüler in einigen Jahren im Urlaub Windsurfen wird, kann daraus kaum gefolgert werden, Windsurfen in Zukunft als eine notwendig zu vermittelnde, sportliche Qualifikation im Sportunterricht für alle Schülerinnen und Schüler zu behandeln. Surfen sollte zwar nicht von der Schule ferngehalten werden, aber es stellt keine sportliche Aktivität dar, die zum Kernbestand des Sportunterrichts gehört, im Unterschied etwa zum Schwimmen: Wer Schwimmen als eine sportliche Basisqualifikation nicht gelernt hat, wird sich später kaum auf ein Surfbrett stellen; nicht nur weil er sich der Gefahr des Ertrinkens aussetzen würde, sondern auch, weil er keine Gelegenheit hatte, Erfahrungen des Bewegens im Wasser zu machen. Schwimmen ist wie lesen und rechnen eine grundlegende zu erlernende menschliche Fähigkeit und Fertigkeit.

Da sich sowohl die Interessen und Motive der Menschen im Lebenslauf als auch die Inhalte und Formen der Freizeitgestaltung wandeln, ist es deshalb wichtig, eine pädagogisch-didaktische Diskussion zu führen, welche sportliche Betätigungen in der Schule gelernt und erfahren werden sollen. Die (gegenwärtige und zukünftige) Praxis des Sports außerhalb der Schule kann nicht das primäre Kriterium für Ziele, Inhalte und Formen des Sports und der Leibesübungen als eines wesentlichen Themas der Schule und des Unterrichts sein.

Sport an der Schule sollte darüber hinaus je nach Schultyp eine Grundlage dafür schaffen, Wissen und Können von und über Sport als eine Art berufsvorbereitende Qualifikation, zum Beispiel für ein späteres Studium oder eine Berufs-ausbildung im Bereich des Sports, der Sportwirtschaft oder der Medien zu er-werben. Angesichts der Rolle des Sports in den Medien und in der Öffentlichkeit ist es nötig, sich im Unterricht kritisch mit dem Sport als gesellschaftlichem Ereignis auseinanderzusetzen. Dies muss jedoch nicht notwendigerweise und schon gar nicht ausschließlich im Sportunterricht geschehen, der das einzige Fach in der Schule ist, in dem die eigenmotorische, körperliche Bewegung the-matisiert wird. Sport als soziales und gesellschaftliches Phänomen ist und sollte auch Thema und Gegenstand anderer Schulfächer sein, beispielsweise des Geschichtsunterrichts oder Deutschunterrichts oder auch der Sozialwissen-schaften. Ethische Fragen des Sports wie Doping oder Fairness sind wiederum geeignete Themen, um grundlegende menschliche Probleme und Konflikte an aktuellen und anschaulichen Beispielen etwa im Philosophie- oder Religionsun-terricht zu erörtern.

Berufsvorbereitende, spezifische Inhalte des Sportunterrichts sind seit den 1980er Jahren verstärkt mit der Reform der Oberstufe an den Gymnasien im „Leistungsfach Sport" aufgenommen worden (*Bergner,* 1986) und finden sich in der Gegenwart in den sportbetonten Schulen sowie den Spezialschulen Sport.

Sowohl der eher bildungstheoretische als auch der eher lerntheoretische didaktische Ansatz zur Frage der Bestimmung von Zielen und der Auswahl von Inhalten, Themen, Gegenständen und Formen der Vermittlung und des Unterrichts von Sport an der Schule waren und sind Ausgangspunkte für die Gestaltung von Schulsport und Sportunterricht.

Gemeinsam sind diesen Ansätzen die Folgerungen, dass

Erstens Sport als wesentliche Lebens- und Erfahrungswirklichkeit von Kin-dern und Jugendliche einen Platz in der Schule finden sollte.

Zweitens der Sinn des Schulsports nicht darin besteht, in der Schule den Sport außerhalb der Schule abzubilden, sondern allen Schülerinnen und Schülern exemplarisch die für eine Gesamterziehung für notwendig erach-teten Lern- und Erfahrungsmöglichkeiten mit, durch und über Sport bieten sollte.

Drittens Schulsport und Sportunterricht mehr als eine fachliche Sportaus-bildung darstellen, sondern Lerngelegenheiten für Bildung und Erziehung im und durch Bewegung, Spiel und Sport ermöglichen.

Viertens Sport in der Schule sowohl in pflicht- und planmäßiger Form des regulären Unterrichts als auch in außerunterrichtlicher Form sowie im Bereich der Ganztagsschule stattfindet.

Fünftens der Sport mit seinen spezifischen körperthematisierenden, an körperlichen Bewegungen orientierten Handlungs- und Erfahrungsmöglich-keiten einen notwendigen Ausgleich zu den intellektuellen Lernfächern und der Überlastung der Kinder und Jugendlichen mit oft praxisfernem Lern- und Wissensstoff bietet.

Sechstens der Sport als gesellschaftliches Phänomen über den Sportunterricht hinaus ein allgemeinbildendes Thema für andere Fächer darstellt. Handlungsfähigkeit im Sport – ein erfahrungsgeleitetes und pragmatisches Konzept zur Auswahl von Themen und Inhalten des Schulsports

Vor diesem Hintergrund hat *Kurz* (1977, 3. Aufl. 1990a, S. 208–236) in seiner „pragmatischen Fachdidaktik", als deren Leitidee er die „Handlungsfähigkeit im Sport" bezeichnet, neun Kriterien für die Auswahl von „Elementen des Schulsports" genannt, die bis heute gelten: *Erstens* die „Vielfalt der Bewegung", durch die gewährleistet werden soll, dass Schüler in vielfältigen Situationen leibliche und materiale Erfahrungen sammeln können. *Zweitens* das „gemeinsame Sporttreiben": Im Sportunterricht ist darauf zu achten, dass im Sport „soziales Lernen" stattfinden, dass der soziale Umgang mit anderen in sportlichen Situationen und Bewegungshandlungen erfahren und geübt werden kann. Sport in diesem Sinn leistet einen Beitrag zur Sozial- und Gemeinschaftserziehung. *Drittens* und *viertens* wird von *Kurz* die „Freizeit" genannt, die in doppelter Hinsicht mitbedacht werden muss, wenn Inhalte des Schulsports ausgewählt werden sollen. Zum einen sollten Schulsport und Sportunterricht einen Zusammenhang mit der unmittelbaren, erlebten und sportbezogenen Freizeit der Kinder und Jugendlichen aufweisen, und zum anderen sollte auf die sportliche Freizeitgestaltung späterer Erwachsener Rücksicht genommen werden. Schulsport und Sportunterricht haben die Aufgabe, Kinder und Jugendliche darauf vorzubereiten, auch als Erwachsene in der Freizeit sinnvoll und gesund Sport treiben zu können. *Fünftens* nennt *Kurz* die Ausgleichsfunktion des Schulsports, d. h., dass Sport in der Schule als Gelegenheit für Schüler verstanden werden sollte, „Nicht-Schule", also freies, nicht verschultes Spielen und Bewegen zu ermöglichen. Schulsport habe sechstens die Aufgabe, einen Beitrag zur Gesundheit und Gesundheitserziehung zu leisten. Inhalte und Methoden des Sportunterrichts müssten sich daran messen lassen, ob und inwiefern sie die Gesundheit und das Gesundheitsbewusstsein fördern. Dies gilt auch über das Kindes- und Jugendalter hinaus. Sportunterricht sollte siebtens Gelegenheiten bieten, sportliche Leistungen zu erbringen und zu präsentieren. Achtens schließt sich daran an, dass das Element der Spannung und des sportlichen Wettkampfs im Schulsport nicht fehlen dürfe. Und schließlich neuntens betont Kurz, dass Sport in der Schule den Kindern und Jugendlichen nicht als fest gefügte und unveränderliche Ordnung begegnen, sondern immer auch in seiner „Veränderlichkeit" erfahren und erlebt werden solle. Dieser Aspekt bezieht sich auf die Dynamik der Sportentwicklung in modernen Gesellschaften, in denen die Menschen mehr Zeit und Geld als in ärmeren Ländern haben, in größerem Wohlstand leben, aber sich zugleich weniger bewegen (müssen) und an Krankheiten und Befindlichkeitsstörungen leiden, die mit diesen privilegierten Lebensumständen verbunden sind.

Diese „Elemente des Schulsports" sind auch von *Kurz* selbst in späteren Arbeiten immer wieder modifiziert und variiert worden, sei es als „Sinn" des Sports (in der Schule) oder als „Perspektiven" eines „handlungsorientierten" und/oder erziehenden Sportunterrichts und/oder Schulsports. Sie begründeten am Ende ein Konzept, das unter dem Schlagwort der „Mehrperspektivität" Verbreitung in der schulsportdidaktischen Diskussion in Wissenschaft und Unterricht fand.

Nicht jede Sportart, Sport- und Bewegungsaktivität oder Sportstunde in der Schule können und sollen alle diese Kriterien oder pädagogischen Perspektiven erfüllen. Aber insgesamt beschreiben diese „Elemente des Schulsports" einen Rahmen, wie der Sport in der Schule didaktisch und methodisch ausgewählt, angeboten, vermittelt und unterrichtet werden kann, um seine pädagogischen Möglichkeiten unter den spezifischen Bedingungen der Schule zur Geltung zu bringen und die Erfahrungen zu ermöglichen, die für die Bildung, Erziehung und Entwicklung von Kindern und Jugendlichen notwendig sind.

Im Jahr 1985 wurde von denselben Organisationen ein „Zweites Aktionsprogramm für den Schulsport" verabschiedet (siehe den Text bei *Haag, Kirsch & Kindermann,* 1991, S. 262 ff.), die bereits 1956 die „Empfehlungen" und 1972 das erste „Aktionsprogramm" für den Schulsport auf den Weg gebracht hatten, von der ständigen Konferenz der Kultusminister der Länder, dem Deutschen Sportbund und den Kommunalen Spitzenverbänden sowie (ab 1972) dem Bundesminister für Bildung und Wissenschaft. In diesem zweiten Aktionsprogramm wurde über die beiden ersten Grundsatzpapiere hinaus der „grundsätzliche Zusammenhang des Schulsports mit dem außerschulischen Sport" hervorgehoben. Sport in der Schule sei zwar im Kern der Sportunterricht, heißt es, seine pädagogischen Möglichkeiten seien aber durch den unterrichtlichen Sport allein nicht ausgeschöpft. Um den „besonderen Erziehungs- und Erfahrungsraum" Sport in der Schule wirkungsvoll zur Geltung kommen zu lassen, müssten insbesondere zwei weitere Aspekte verwirklicht werden: Einmal der Beitrag des Sports zum Schulleben, und zum anderen die Nutzung der Vielfalt seiner Ziele, Inhalte und Vermittlungswege in den Schulen, vom Sport- und Sport-Förderunterricht über außerunterrichtliche Sportangebote und -veranstaltungen bis zum Sport mit Schülerinnen und Schülern mit Behinderungen und Kooperationen mit Sportvereinen. Bewegung, Spiel und Sport im Ganztag ist schließlich ein Thema, das von beiden wesentlichen Trägern des Kinder- und Jugendsports, den freien Vereinen und den pädagogischen Profis in den Schulen gemeinsam gestaltet und angeboten wird (siehe zusammenfassend *Neuber,* 2017).

Sportdidaktische Konzepte

Beim ersten gesamtdeutschen Kongress des Deutschen Sportlehrerverbandes 1995 in Leipzig wurde versucht, die damals aktuellen didaktischen Konzepte in Deutschland zum Schulsport zu systematisieren und zur Diskussion zu stellen.[155] Dabei ging es auch darum, Aufgaben, Ziele und Inhalte des Schulsports zu definieren, die neben den Entwicklungen und Erfahrungen mit der Leibeserziehung und dem Schulsport in Westdeutschland ebenso denen der Körpererziehung an Schulen in Ostdeutschland und der DDR gerecht werden. Wie *Hummel* zeigte, weisen diese Entwicklungen trotz der unterschiedlichen politischen und gesellschaftlichen Orientierung in Ost und West analoge Entwicklungen der dem Schulsport zugrunde liegenden didaktischen Modelle auf. Während sich in der Bundesrepublik seit den 1970er Jahren Schulsport und Sportunterricht stärker am außerschulischen Sport orientieren sollten und Elemente des Freizeit- und Leistungssports Einzug in die Schulsporthallen fanden, besannen sich die Sportdidaktiker und Sportmethodiker in der DDR auf ein Konzept der „körperlichen Grundausbildung" (*Hummel*, 1995). Sie sollte sowohl der Vorbereitung auf den Sport außerhalb der Schule als auch der sportlichen Fitness der Jugend und Bevölkerung insgesamt dienen. In der DDR sollten nicht in erster Linie Sportarten und Sporttechniken in den Schulen, schon gar nicht im Grundschul- und Elementarbereich erlernt und geübt werden, sondern die körperliche und sportliche Fitness und Gesundheit der Bevölkerung standen im Vordergrund. Die traditionellen Sportarten wurden jedoch als geeignete Inhalte und Mittel angesehen, um diese Fitness oder körperliche Grundausbildung im umfassenden Sinne zu ermöglichen.

Diese Orientierung der Inhalte und Methoden des Schulsports und Sportunterrichts an grundlegenden Sportarten war und ist ein in der Praxis verbreitetes didaktisches Modell in der Bundesrepublik vor und nach der politischen Wiedervereinigung des Landes. Wolfgang *Söll*, der als wichtigster Vertreter dieser didaktischen Richtung angesehen wird, ist der Auffassung, dass der Kern und damit der „Sinn des Sports" (*Grupe*, 2000) auch in der Schule in der Vermittlung von Sportarten bestehe, allerdings nicht aller Sportarten, sondern solcher, die sich für die Schule deshalb eignen, weil sie zum einen elementare körperlich-motorische Grundlagen fördern und fordern und zum anderen traditionell in Kultur und Gesellschaft verankert sind. Er befürwortet eine gezielte Auswahl aus der Vielzahl möglicher Schulsportarten, nämlich die Leichtathletik, ein Mannschaftsspiel, Geräturnen als „Kunstsportart" sowie Gymnastik und Schwimmen (*Söll*, 1988, bes. S. 56 f.; 1996). Der Leichtathletik liegen elementare physische und athletische Fähigkeiten und Fertigkeiten zugrunde wie Laufen, Springen und Werfen. Exemplarisch an einem Mannschaftsspiel können die wesentlichen Elemente von Spielsportarten, Mannschaftsspielen und Team-Wettbewerben erfahren werden. Geräturnen ging aus einer in Deutschland gewachsenen Körperkultur des Turnens hervor, in der komplexe Übungen an und mit Geräten geturnt werden können. Koordinative und ästhetische gestalterische Aspekte von Leibesübungen stehen dabei ebenso im Vordergrund wie bei der Gymnastik. Gymnastik und Tanz sind wiederum Bewegungs-

---

[155] Vgl. den Bericht von *Krüger* in sportunterricht (44, 1995, 5, S. 212 ff.) und den Vortrag von *Hummel* in der Zeitschrift Körpererziehung (45, 1995, 3, S. 83 ff.); ebenfalls *Zeuner* (1995).

felder und Sportarten, in denen es in erster Linie um körperliche Expressivität und die ästhetische Gestaltung von körperlichen Bewegungen geht. Schwimmen ist wiederum nicht nur Basissportart für zahlreiche weitere Wassersportarten, sondern auch eine Kulturtechnik von globaler Bedeutung, die auch systematische erlernt werden muss.

Stefan *Größing* vertritt dagegen einen pädagogisch-didaktischen Ansatz, der bewusst auf den Begriff Sportarten verzichtet. Er möchte sich in seinem Modell, das in Österreich Verbreitung fand, vom Begriff Sport und den Sportarten lösen. Er spricht deshalb nicht mehr von Sportpädagogik, sondern von Bewegungspädagogik und Bewegungsdidaktik, um zu verdeutlichen, dass die pädagogischen Ziele und Aufgaben des Schulsports über den klassischen Sport hinaus auf weitere Bewegungsfelder weisen (*Größing*, 1993).

Ähnlich sportkritisch ist das bereits in den frühen 1980er Jahren entwickelte, aber weiterhin vertretene Konzept der Körpererfahrung (bes. *Funke*, 1983). Die Aufgabe des Sports in der Schule bestehe demnach nicht in der Vermittlung von Sport, sondern in der Ermöglichung vielfältiger Erfahrungen mit und über Körper und Bewegung. Wie *Treutlein, Funke* und *Sperle* (1986) gezeigt haben, lässt sich die pädagogische Idee der Körpererfahrung aber durchaus mit der Orientierung an traditionellen (Schul-)Sportarten verbinden.

Der Psychologe und Sportpädagoge Volkamer wendet sich gegen jede Form der Pädagogisierung und „Didaktisierung des Schulsports" (*Volkamer*, 1987, S. 20 ff.). Sein Konzept wurde deshalb von *Balz* (1992a, S. 20 ff.) und *Hummel* (1995, S. 88) als „Antididaktik des Sports" bezeichnet. Diese Charakterisierung ist jedoch irreführend; denn *Volkamer* plädiert für ein Modell des Schulsports, das sich nicht von belehrenden Absichten der Lehrer leiten lässt, sondern von der Freude und dem Spaß der Schüler an der Sache selbst. Der Reiz des Sports bestehe in der Lösung freiwillig gesetzter Aufgaben.[156] Ein Sportunterricht, der diese Freiwilligkeit nicht gewährleiste, könne auch den eigentlichen Sinn des Sports nicht vermitteln. Die Frage ist dann allerdings, ob und inwiefern ein solcher Sport Teil der Pflichtschule sein kann und soll.

Volkamer lehnt konsequenterweise Noten für den Schulsport und Sportunterricht ab; zumindest in der Art, wie sie für andere Fächer üblich sind, weil Leibeserziehung und Schulsport andere Aufgaben zu erfüllen hätten als kognitive Fächer und Unterrichtsgegenstände. Ein Problem dieses Ansatzes besteht jedoch darin, dass die institutionellen Voraussetzungen des Sportunterrichts in der Schule nicht ausreichend berücksichtigt werden. Sportunterricht in der Schule ist im Kern eine Pflichtveranstaltung für alle, der Sport außerhalb der Schule dagegen ein prinzipiell freiwilliges Angebot. Das heißt nicht, dass es nicht Sportangebote in der Schule gibt und geben sollte, in denen das Element der Freiwilligkeit des Sports verwirklicht ist; genauso wie es außerhalb

---

[156] Vgl. *Volkamer* (1987, S. 53). In seinem Buch „sportpädagogisches Kaleidoskop" (2003) brachte *Volkamer* sein sportpädagogisches und schulsportdidaktisches Ethos differenziert zum Ausdruck.

der Schule viele Formen des Sports gibt, die mit Zwängen verbunden sein können. Durch die Einbindung des Sports in das Pflichtprogramm der Schule verliert der Sport seine spielerische Unschuld. Er wird zu einer Erziehungsmaßnahme im Rahmen des Bildungs- und Erziehungsauftrags der Schule. Diesem Dilemma der pädagogischen Instrumentalisierung des Sports wird man im Schulsport nur insofern gerecht, als es neben dem verpflichtenden Sportunterricht vielfältige außerunterrichtliche Sport- und Bewegungsmöglichkeiten bzw. -angebote mit überwiegend freiwilligem Charakter gibt oder geben sollte. Schulsportdidaktisch wird seit jeher intensiv darüber diskutiert, wie und wo die Grenzen zwischen Pflicht und Freiwilligkeit im Schulsport, aber auch im sogenannten freien Sport gezogen werden können.

Stand und Perspektiven der Schulsportentwicklung

Zu Beginn des 21. Jahrhunderts wurde die Öffentlichkeit nicht nur in Deutschland durch die Ergebnisse international vergleichender Bildungsuntersuchungen unter dem Namen PISA-Studien (Programme for International Student Assessment) aufgeschreckt. Auftraggeber dieser Studien ist die OECD (Organisation for Economic Co-operation and Development).[157] Die Leistungen von 15- bis 16-jährigen Schülerinnen und Schülern in Mathematik und Deutsch sind damals im internationalen Vergleich eher mäßig oder schlecht ausgefallen. Dies hat zu einer heftigen Diskussion um die Qualität der Bildung sowie des Schul- und Ausbildungswesens in Deutschland geführt. Die PISA-Studien haben jedenfalls gezeigt, dass Deutschland in der empirisch gemessenen Bildungswirklichkeit im Vergleich mit anderen Ländern und Nationen nicht auf den vorderen Plätzen rangiert, die vor allem von asiatischen Ländern eingenommen werden.

Sportliches Können und sportliche Leistungen, kurz sportliche Bildung, werden in den PISA-Untersuchungen nicht gemessen. Warum eigentlich nicht? Weil sich die Bildungsforscherinnen und -forscher im Auftrag der OECD auf kognitive Schlüsselqualifikationen konzentrierten. Sportliches Können, sportliche Leistungen oder körperliche Fitness steht zurzeit bei PISA (noch) nicht auf der Agenda; vielleicht später. Und trotzdem stellt sich die Frage, welche Folgen PISA für den Sport insgesamt und den Schulsport speziell hat und welche Konsequenzen zu ziehen sind? Wie steht es um die sportliche Bildung? Wie sportlich sind unsere Kinder? Wie fit sind sie, was können sie im Sport?

---

[157] Vgl. zusammenfassend und im Überblick das Themenheft zu den PISA-Studien der Zeitschrift für Pädagogik (2004, 50, Heft 5). Die PISA-Studien werden bis in die Gegenwart fortgesetzt und finden regelmäßig große Resonanz in den Medien.

Zur empirisch gemessenen Wirklichkeit des Schulsports: Die SPRINT-Studie

PISA haben wir es zu verdanken, dass sich die Einstellungen von Bildungspolitikerinnen und Bildungspolitikern, aber auch von Pädagogen, gegenüber vergleichenden empirischen Untersuchungen zum Stand von Bildung und Forschung grundlegend gewandelt haben. Das trifft auch auf den Sport und den Schulsport zu. Während es lange undenkbar schien (und jahrelang vom Deutschen Sportlehrerverband vergeblich eingefordert wurde), eine bundesweite Untersuchung zur Situation des Schulsports durchzuführen, ist die Stimmung zu Beginn der Jahrtausendwende umgeschlagen. Dank der Initiative des Deutschen Sportbundes und der Deutschen Sportjugend und mitfinanziert aus Mitteln der ehemaligen fünf deutschen Bewerberstädte für die Olympischen Spiele 2012 ist es gelungen, einen ersten wichtigen Schritt auf dem Weg zu einem empirisch besser gesicherten Wissen über den Schulsport in Deutschland zu gehen. In den Jahren 2003 bis 2005 wurde eine bundesweite Untersuchung zur Situation des Schulsports, die so genannte SPRINT-Studie, durchgeführt.[158]

„Die Schwachstellen und Problemzonen sind nun bekannt", hieß es nach der Veröffentlichung der ersten Ergebnisse im Sommer 2005 auf der Homepage des DSB. Die Forscher um Professor *Brettschneider* aus Paderborn konnten aufgrund ihrer Interviews mit Lehrern, Schülern und Eltern bestätigen, was die Fachleute schon aus anderen Untersuchungen wussten und vermuteten: Der Schulsport ist bei Schülerinnen und Schülern zwar beliebt, ebenso wie die meisten Sportlehrerinnen und Sportlehrer, aber Sportunterricht fällt zu oft aus, wird – vor allem in Grundschulen – viel zu oft von fachfremden Lehrkräften erteilt; die Sportstätten sind zwar im Großen und Ganzen zufrieden stellend, aber am Schwimmunterricht hapert es: Es gibt zu wenig Schwimmbäder, die Zahl der Nicht-Schwimmer (und deshalb der – oft tödlich endenden – Badeunfälle) nimmt zu. Kooperationen zwischen Schulen und Sportvereinen sind häufig, könnten aber ausgeweitet und intensiviert werden usw. – um nur einige Beispiele aus den Ergebnissen der SPRINT-Studie wiederzugeben.

Sie lassen sich nahtlos in das Bild einfügen, das auch aus anderen Untersuchungen wie den WIAD-Studien (Wissenschaftliches Institut der Ärzte Deutschlands, zuerst im Jahr 2000, dann folgende) zum Bewegungsstatus von Kindern und Jugendlichen in Deutschland, den KIGGS-Studien zu Gesundheit, Fitness und Ernährung von Kindern und Jugendlichen des Robert-Koch-Instituts[159] sowie den zahlreichen Untersuchungen zum Sportengagement von Kindern und Jugendlichen in Turn- und Sportvereinen bekannt ist: Sport ist beliebt und anerkannt, aber um die Fitness, Gesundheit und sportliche Leistungsfähigkeit unserer Kinder ist es nicht gut bestellt. Hinzu kommen die ernüchternden Ergebnisse zur Frage, ob und wie sich das Sporttreiben auf Sozialverhalten, Werthaltungen und Einstellungen, Denken, Handeln und Fühlen von Kindern und Jugendlichen über

---

[158] DSB-SPRINT-Studie (2006).

[159] https://www.kiggs-studie.de/ergebnisse/kiggs-welle-2/johm.html (Zugriff 28.08.2018).

den Sport hinaus auswirken. Genaues weiß man dazu trotz zahlreicher Studien nicht. Hier sind deshalb weitere wissenschaftliche Anstrengungen nötig.

Viele, zu viele Kinder und Jugendliche in Deutschland, so ließe sich insgesamt (und sicher vergröbernd und ungerecht) als Ergebnis der inzwischen vorliegenden empirischen Untersuchungen zum sportlichen Bildungsniveau unserer Kinder und Jugendlichen zusammenfassen, stehen nicht nur sportlich, motorisch und konditionell eher am unteren Ende des sportpädagogischen Erwartungshorizonts, sind übergewichtig, ernähren sich falsch und bewegen sich zu wenig, treiben zu wenig oder keinen Sport. Die Studien offenbaren auch, dass sich offenbar auch hochgesteckte pädagogische Ziele des Sports in der Schule (und im Verein), die über motorische Fitness und sportliches Können hinausgehen, empirisch nicht belegen lassen – was nicht heißt, dass es nicht viele Beispiele von gelungener sportlicher Bildung und Erziehung bzw. Sozialisation gibt.

Was ist sportliche Bildung?

Welche Folgerungen sind aus diesen Studien und ihren Ergebnissen und speziell aus der SPRINT-Studie zu ziehen?

Die erste lautet, dass noch mehr und noch genauere und differenziertere Studien nötig sind, die vor allem regelmäßig durchgeführt werden, um über den sportlichen Bildungsstand unserer Kinder und Jugendlichen besser Bescheid zu wissen. Diese empirischen Untersuchungen reichen allein jedoch nicht aus. Wie für andere Fächer und Qualifikationen ist darüber hinaus eine wissenschaftliche und öffentliche Diskussion nötig, was eigentlich sportliche Bildung ist, was wir an Wissen und Können im (und ggf. auch über) Sport von Kindern und Jugendlichen in verschiedenen Altersstufen erwarten. Mit anderen Worten: Welche Maßstäbe, welche Bildungs- und Qualitätsstandards sollen gelten, an denen sich das Niveau des Sports, der sportlichen Leistungsfähigkeit von Schulen, Vereinen und Verbänden und konkret von Schülerinnen und Schülern sowie Lehrerinnen und Lehrern, aber auch Funktionärinnen und Funktionären messen lassen.

Sportwissenschaft und Sportpädagogik sollten sowohl die Diskussion über solche gemeinsamen Standards zielgerichtet vorantreiben als auch Verfahren entwickeln, die geeignet sind, sie zu messen; zumindest in Teilbereichen. Die meisten Bundesländer sind inzwischen dazu übergegangen, neben den üblichen Lehr- und Bildungsplänen auch so genannte Bildungsstandards für die verschiedenen Fächer und Themen an den Schulen zu formulieren. Damit sind konkrete Leistungen und Qualifikationen gemeint, die Schülerinnen und Schüler in einem bestimmten Alter erreichen sollten. Solche Bildungsstandards gibt es nicht nur für die „harten" Fächer wie Deutsch und Mathematik, sondern auch für Sport.[160] Dabei stellt sich natürlich die Frage, was im Schulsport als „Bildungsstandard" formuliert werden kann und soll.

---

[160] Siehe dazu im Einzelnen die Homepages der verschiedenen Schul- und Kultusministerien in den Bundesländern.

Im internationalen, olympischen Leistungs- und Spitzensport lässt sich die Frage nach den „Bildungsstandards" des Sports relativ leicht beantworten. Dafür gibt es Regeln in den einzelnen Sportarten und Disziplinen, an die sich jede(r) halten muss, der an einem Wettkampf teilnehmen möchte. Wer an einem Wettkampf teilnehmen will, muss sich dafür qualifizieren, d. h. bestimmte Leistungsstandards erfüllen. Zumindest trifft dies auf Meisterschaftswettkämpfe, Ligen und Turniere zu. Wer dagegen an einem Volkslauf oder einer Radtour „für alle" teilnehmen möchte, muss sich lediglich fit genug fühlen (und sein), die Strecke zu bewältigen und einen Teilnehmerbeitrag bezahlen. Am Ende eines sportlichen Wettbewerbs einschließlich volkstümlicher sportlicher Läufe und Veranstaltungen steht jedoch die Ermittlung einer Leistung.

Qualitätsstandards für den Kinder- und Jugendsport

Wie verhält es sich jedoch im Schulsport und im Kinder- und Jugendsport der Vereine und Verbände? Müssen in diesen Bereichen nicht außer den sportlichen Maßstäben auch pädagogische Kriterien berücksichtigt werden?

Zunächst zum Kinder- und Jugendsport in den Vereinen und Verbänden: Seit es ihn gibt, wurde er immer auch pädagogisch verstanden, wurden an ihn ideelle Ansprüche gestellt, die über rein sportliche Zielsetzungen hinausgingen. Sie haben ihren Grund in der Bildungstradition von Turnen und Sport und können bis heute in Satzungen und Programmen ebenso nachgelesen werden wie in den Reden und Verlautbarungen von Sportfunktionären. Wolf-Dieter *Brettschneider* und seine Mitarbeiter haben in ihrer Vereinsuntersuchung aus dem Jahr 2002 diese vom organisierten Vereins- und Verbandssport vertretenen Ansprüche und Ideale zusammengestellt und versucht, sie der Wirklichkeit des Jugendsports gegenüberzustellen. Das Ergebnis dieser Studie lautete grob vereinfacht, dass sich empirisch keine eindeutigen Belege finden lassen, dass Jugendliche, die Sport im Verein betreiben, sportlich besser und leistungsfähiger sind als andere; und es lässt sich auch nicht belegen, dass die pädagogischen Ziele des Vereins- und Verbandssports erreicht werden.

Was soll man daraus folgern? *Brettschneider* empfiehlt erstens Mäßigung in der Formulierung pädagogischer Ideale, und zweitens erhebliche Anstrengungen in der konkreten inhaltlichen Arbeit in den Übungs- und Trainingsstunden, aber auch in der Vereinsarbeit insgesamt, um die Qualität der sportlichen Bildung in den Vereinen und Verbänden von Turnen und Sport zu verbessern. Gelingt dies nicht, verliert der vereins- und verbandsgebundene Sport in Deutschland früher oder später an gesellschaftlicher Glaubwürdigkeit und Akzeptanz.

Das wichtigste Ergebnis dieser Studie besteht darin, dass deutlich wurde, wie wichtig es ist, regelmäßig, möglichst umfassend und empirisch solide gesicherte Daten und Fakten über die Realität des Sports in Vereinen und Verbänden zu erheben; denn dieses Wissen erleichtert es, realistische Qualitätsstandards zu definieren und gezielte Maßnahmen zur Verbesserung des Niveaus sportlicher Kinder- und Jugendarbeit einzuleiten.

Qualität des Schulsports

Dasselbe gilt für den Schulsport. Wenn es nicht gelingt, die Bildungsqualität des Sports in der Schule zu belegen und zu verbessern, verliert der Schulsport früher oder später an Glaubwürdigkeit. Der Schulsport ist dem Bildungs- und Erziehungsauftrag der Schule insgesamt verpflichtet. Seine Qualität hat sich daran zu messen, welchen Beitrag er leistet, um diesen Auftrag zu erfüllen. Bewegung, Gymnastik, Tanz, Turnen, Spiel und Sport sind ein Mittel dafür. In der langen Geschichte der Didaktik des Schulsports – wenn man will seit *GutsMuths* und *Jahn* zu Beginn des 19. Jahrhundert – sind eine Fülle von Konzepten und Modellen ersonnen und diskutiert worden, die alle den Zweck haben zu zeigen, wie denn am besten die pädagogischen Ziele von Turnen und Sport mit denen der Schulen verbunden und erreicht werden können. Es ist aber bis heute nicht gelungen, sportpädagogische Qualitäts- oder Bildungsstandards konsensfähig zu formulieren, die messbar und nachprüfbar sind.

In der deutschen Sportpädagogik wird seit PISA eine intensive Diskussion über zwei Fragen geführt (siehe im Einzelnen *Grupe, Kofink & Krüger,* 2004). Frage eins lautet, ob überhaupt Qualitäts- und Bildungsstandards für den Schulsport festgelegt werden sollen, weil bekanntlich Schulsport etwas Besonderes, nicht mit anderen Fächern Vergleichbares sei, und der Sportunterricht komplexe pädagogische Ziele anstrebe, die sich nicht nachprüfen ließen.

Dem steht die Auffassung gegenüber, dass der Sportunterricht ein Unterrichtsfach wie jedes andere ist und es deshalb nicht einzusehen sei, warum nicht auch an ihn entsprechende Maßstäbe angelegt und Standards definiert werden sollten, an denen sich die Leistungen von Schulen, Schülern und Lehrern messen lassen (müssen). Bildungs- und Qualitätsstandards wären also nötig, um feststellen zu können, wo der Schulsport in Deutschland steht. Wenn man weiß, wo die Schwachstellen und Probleme des Schulsports liegen, kann man einen Beitrag leisten, um die Qualität des Schulsports und damit der Schulen und des Schullebens insgesamt zu verbessern. Nur ein guter Schulsport, dessen Qualität sich auch empirisch belegen lässt, ist letztlich pädagogisch und gesellschaftlich zu legitimieren.

Die zweite Frage lautet deshalb, wie denn solche Bildungs- und Qualitätsstandards für den Schulsport aussehen könnten? Um diese Frage zu beantworten, sollte man zunächst ein möglichst klares und konsensfähiges Bild von „gutem Schulsport" haben. Einig sind sich alle Sportpädagoginnen und -pädagogen, dass nicht alle pädagogisch relevanten Ziele des Schulsports in nachprüfbare Lern- und Bildungsziele übertragbar sind; zumindest nicht alle auf einmal und sofort. Aber es ist möglich, Teilziele zu definieren und zu evaluieren, die sich aus der Verständigung über grundlegende Ziele, Aufgaben und Strukturen des Schulsports ergeben.

Dazu gehört die bereits in den „Empfehlungen zur Förderung der Leibeserziehung in den Schulen" aus dem Jahr 1956 formulierte Einsicht, dass Sport und Leibeserziehung als ein „Prinzip der Erziehung" zu verstehen seien. Das bedeutet, dass Schulsport mehr sein muss als Sportunterricht, sondern Bewegung, Spiel und Sport in einer zu entwickelnden niveauvollen Schulsportkultur insgesamt aufgehen. Dies ist dann der Fall, wenn diese sowohl Sport- und Bewegungs-vielfalt als auch hohe sportliche Leistungen aufweist, und wenn Vielfalt und Leistung durch faires, sportliches Verhalten – von Lehrern, Schülern und Eltern gleichermaßen – begleitet werden. Ein so verstandener Schulsport muss Profil zeigen und klar machen, was zum unverzichtbaren Fundamentum sportlichen Könnens und Wissens gehört, das auch messbar ist. Über Vielfalt, Können und Wissen im und über den Sport kann auch Integration und Inklusion im Schul-sport besser gelingen, können leistungsstärkere und leistungsschwächere Schülerinnen und Schüler besser gefordert und gefördert werden. Da Sport ein Schul- und Unterrichtsfach ist, in dem sprachliche Fähigkeiten und Fertigkeiten weniger wichtig für gute Leistungen sind als in anderen, kognitiven Fächern, ist es auch möglich, beispielsweise die Integration von Kindern und Jugendlichen aus anderen Sprach- und Kulturkreisen zu unterstützen, die noch nicht so gut deutsch sprechen wie Kinder, die in Deutschland aufgewachsen sind. Herkunft und Religion sind keine Maßstäbe für Qualität im Sport, wohl aber sportliche Leistungen, sportliches Können und sportlich-faires Verhalten.

Darüber hinaus zeigt sich die Qualität des Schulsports auch an dem, was eine Schule außer diesem Fundamentum an Additum, an zusätzlichen Sport- und Bewegungsmöglichkeiten und besonderen Leistungen aufweist, von der sport- und bewegungsfreundlichen Gestaltung der Schule (Turn- und Sporthallen, Schwimmbad, Pausenhof, Klassenzimmer, Spielplatz usw.) über die Ausrich-tung von Spiel- und Sportfesten, Sporttagen, Wandertagen, Teilnahme an Wett-kämpfen bis zu Kooperationen mit Vereinen und Verbänden sowie spezifischen psychomotorischen bzw. motologischen Förderangeboten. Eine Schule mit gutem Schulsport zeichnet sich schließlich auch dadurch aus, dass Bewegung, Spiel und Sport interdisziplinär, d. h. in der Verbindung mit anderen Fächern wie Deutsch, Geschichte, Musik, Kunst usw. angemessen Berücksichtigung findet.

Die Bedeutung gerade dieses Bereichs zusätzlicher Angebote und Möglichkei-ten, Bewegung, Spiel und Sport über den verpflichtenden Unterricht hinaus zum Thema von Schule zu machen, wird besonders in Zeiten des Umbruchs und der Neuorganisation des gesamten Schulwesens zunehmen. Die Ganz-tagsschulen sind das beste Beispiel dafür, welche wichtige Rolle Bewegung, Spiel und Sport für eine gelungene Ganztagsschule bieten. Dabei handelt es sich nicht nur um Spiel- und Sportgelegenheiten, sondern Sport im Ganztag muss pädagogisch und didaktisch neu und anders gestaltet und begleitet wer-den als der traditionelle Sportunterricht sowie die Angebote des außerunter-richtlichen Sports. Viele Schulen nutzen bereits ihre pädagogischen Freiräume und haben in eigenen Schulprogrammen sportpädagogische Akzente gesetzt, indem sie sich beispielsweise zu „bewegten Schulen", „sportbetonten Schu-len" oder „sportfreundlichen Schulen" erklärten und im Alltag auch versuchen, diesem Anspruch gerecht zu werden.

Warum sollten solche Kriterien nicht in einen Katalog einfließen, der am Ende einen Qualitätsstandard für sport- und bewegungsfreundliche, und das sind zugleich kindgemäße, Schulen definiert? An ihm könnten sich alle, die an einer positiven Entwicklung des Schulsports interessiert sind, orientieren.

Eine anspruchsvolle Schulsportkultur misst sich schließlich an den konkreten Leistungen von Schülern und Lehrern. Es lässt sich leicht belegen, wie es um das Aus- und Fortbildungsniveau der Sportlehrerschaft bestellt ist; schwieriger wird es schon, nach der Qualität ihres Unterrichts zu fragen oder ihr außerunterrichtliches, ggf. auch außerschulisches, sportbezogenes Engagement, etwa in Vereinen und Verbänden, zu messen. Aber warum sollte man nicht auch solche Faktoren – eingedenk aller Einschränkungen und Vorbehalte – operationalisieren können?!

Die Qualität des Schulsports kann nicht allein an den schulsportlichen Leistungen der Schülerinnen zu Schüler festgemacht werden. Trotzdem geht es auch darum zu verdeutlichen, was sie im und durch den Schulsport lernen, können und wissen. Solche Lern- und Bildungsziele sind im Grunde in den Lehr- und Bildungsplänen längst formuliert; leider oft so unverbindlich und folgenlos, dass sie so gut wie keine Aussagekraft haben. Dies zeigt sich im Übrigen auch darin, wie in der SPRINT-Studie festgestellt wurde, dass im „Sport" im Durchschnitt viel zu gute Noten gegeben werden, mit denen weder Schüler noch Lehrer etwas anfangen können, weil sie keine Rückmeldung über die reale sportliche Könnerschaft geben.

Die Qualität des Schulsports schlägt sich nicht allein in der sportlich-motorischen Leistungsfähigkeit von Schülerinnen und Schülern nieder. Aber Eltern haben auch das Recht zu verlangen, dass ihre Kinder z. B. am Ende der Grundschulzeit nicht nur grundlegendes Wissen und Können im Rechnen und Lesen aufweisen, sondern auch schwimmen und Rad fahren gelernt haben. Es gibt zahlreiche, gut erprobte sportmotorische Tests, mit denen sich leicht die altersangemessene, physische Leistungsfähigkeit von Kindern und Jugendlichen messen lässt. Dasselbe gilt für grundlegende Fähigkeiten und Fertigkeiten in Grundsportarten wie Schwimmen, Turnen, leichtathletischen, gymnastischen und tänzerischen Bewegungsformen sowie ballsportlichen Fertigkeiten.

Sechs Merkmale für eine positive Entwicklung der Schulsportkultur

Zusammenfassend lassen sich sechs Aspekte hervorheben, in denen die organisatorisch-institutionellen Möglichkeiten und Grenzen des Sports in der Schule berücksichtigt sind. Sie verstehen sich zugleich als eine Perspektive für seine weitere Entwicklung:

Erstens ist der Sport in der Schule wie jedes andere Unterrichtsfach dem allgemeinen Bildungs- und Erziehungsauftrag der Schule verpflichtet, wie es in den Lehrplänen formuliert und geregelt ist. Dabei sind sowohl die Unterschiede zwischen den verschiedenen Schularten und Schulstufen zu berücksichtigen als auch spezifische Bildungs- und Erziehungsziele in Privatschulen, Internaten und Schulen mit besonderen Schwerpunkten; darunter fallen Schulen, die im Sport selbst einen solchen Schwerpunkt gelegt haben. Grundsätzlich gilt, dass alle Schüler einen Anspruch auf einen guten, inhaltsreichen, methodisch sorgfältig aufbereiteten Sportunterricht haben, der ihren Voraussetzungen und Möglichkeiten entspricht.

Zweitens deckt Sport in der Schule in besonderem Maße den Bereich der körperlichen Erziehung ab. Da die Struktur des deutschen Schulwesens nach wie vor primär auf die Vermittlung kognitiven Wissens ausgerichtet und die Schule überwiegend eine Sitzschule ist, kommt dem Schulsport besondere Bedeutung zu. Ohne ihn wäre die notwendige Balance zwischen kognitivem, emotionalem und körperlich-motorischem Lernen nicht sicherzustellen. Körperliche Erziehung in der Schule geschieht sowohl durch die Vermittlung von Sportarten als auch von sportartübergreifenden Themen, Inhalten und Formen von Bewegung, Spiel, Turnen und Gymnastik. Die Orientierung an motorischen Grundlagen und die Überwindung enger Sportartengrenzen ist vor allem im Sportunterricht der Grundschulen unerlässlich.

Drittens haben Sport und Sportunterricht ihre Grundlage in unmittelbaren Erfahrungen über Körper und Bewegung. Das praktische Handeln steht deshalb im Vordergrund des Schulsports.

Viertens bedeuten leibliche Bildung und Erziehung aber auch die Erziehung zu einem mündigen und kritischen Umgang mit dem gegenwärtigen Sport und seinen Ausdrucksformen. Die Schule bietet einen geeigneten institutionellen Rahmen, um Sporterfahrungen außerhalb der Schule im Rahmen des Unterrichts zur Sprache zu bringen; dies muss aber nicht notwendigerweise nur im Sportunterricht geschehen, sondern kann Thema eines fächerübergreifenden Unterrichts oder Projekts sein.

Fünftens kann die Schule ihre institutionellen Möglichkeiten nutzen, einen „besseren" Sport anzubieten, als er im außerschulischen Leben oft anzutreffen ist. Auch für diese Aufgabe des Schulsports bietet der feste organisatorische Rahmen der Schule geeignete Ansatzpunkte, weil Sport gerade aus pädagogischen Gründen im Rahmen der Schule leichter verändert werden kann als dies bei Inhalten in anderen, kognitiven Fächern der Fall ist. Sport anders zu denken, nach anderen Regeln zu spiele, sich auf gemeinsame Regeln zu einigen, ist eine pädagogisch-didaktische Herausforderung, die gut im Sport gelingen kann. Dies umzusetzen erfordert jedoch Wissen und Geschick bei den Lehrerinnen und Lehrern, und es ist nur möglich, wenn Sport in der Schule nicht nur unterrichtlich, sondern in vielfältigen Formen auch außerunterrichtlich zum Thema gemacht wird.

Sechstens ist bei aller Vielfalt jedoch eine Begrenzung der Themen und Inhalte nötig. Der Schulsport kann und soll die Realität des außerschulischen Sports nicht abbilden, aber sich teilweise an ihm orientieren. Vielmehr sind die Strukturen der Schule darauf angelegt, im Sportunterricht einen exemplarischen Ausschnitt, einen Kernbereich an sportlichem Können zu vermitteln. Der Schulsport hat aber darüber hinaus die Möglichkeit, diesem Kernbereich einen attraktiven Wahlpflichtbereich und im außerunterrichtlichen Sport zahlreiche Möglichkeiten sportlicher Betätigungen bis hin zu Formen der Zusammenarbeit zwischen Schule und Verein anzufügen.

2.3   Der Sportmarkt: Sport außerhalb von Schule und Verein

Mit den Vereinen und den Schulen sind die beiden zentralen Organisationen genannt, in denen der Sport für Kinder und Jugendliche traditionell und bis heute die größte Verbreitung findet. Wer Sport kennengelernt und erfahren hat, tat dies in der Regel innerhalb dieser beiden Organisationen, die mit ihrem Sportangebot einen ausdrücklich pädagogischen Auftrag und Anspruch vertreten. Inzwischen hat sich dies geändert. Der Sport in Schule und Verein hat – je nachdem, wie man dies sieht – eine Bereicherung erfahren oder Konkurrenz bekommen. Heute gibt es Sport noch in vielen anderen Einrichtungen. Ist auch dieser Sport pädagogisch?

Im Rahmen ihrer Ausbildung und ihres Studiums kommen junge Menschen mit weiteren Organisationen und Institutionen in Kontakt, in denen Sport angeboten wird und eine mehr oder weniger wichtige institutionelle Rolle spielen. Zu denken ist etwa an den Sport an Berufsschulen, der, ähnlich wie an allgemeinbildenden Schulen, in der Regel verpflichtend, aber auch wahlpflicht- und wahlweise angeboten wird. Große Betriebe bieten ihren Auszubildenden, aber auch Mitarbeiterinnen und Mitarbeitern generell, oft vielfältige Spiel-, Sport- und Freizeitmöglichkeiten. Einige gründen Betriebssportvereine und beteiligen sich am Wettkampf- und Ligabetrieb der Verbände (vgl. *Tofahrn,* 1992).

Die Hochschulen geben jedem Studierenden und Universitätsangehörigen die Möglichkeit, sich am Allgemeinen Hochschulsport zu beteiligen. Das Angebot reicht von Gesundheits- und Fitnessangeboten bis zum Wettkampf- und Leistungssport in speziellen Sportarten, in denen Meisterschaften und Wettkämpfe auf nationaler und internationaler Ebene – die so genannten Universiaden – ausgetragen werden. Der Allgemeine Deutsche Hochschulsportverband (ADH) ist der Dachverband des Hochschulsports in Deutschland (https://www.adh.de/ Zugriff 28.08.2018).

Natürlich gibt es auch Sport bei der Bundeswehr, und zwar in mehrfacher Hinsicht.[161] Zum einen im Rahmen der Grundausbildung aller Soldatinnen und Soldaten. In der Bundeswehr gibt es deshalb auch eine Ausbildung zum Sportausbilder. Sie erfolgt an den Sportschulen der Bundeswehr in Warendorf und Sonthofen. Zum anderen unterhält die Bundeswehr spezielle Förder- und Leistungsgruppen für Leistungs- und Spitzensportlerinnen und -sportler; und schließlich betätigt sich die Bundeswehr in Zusammenarbeit mit den Sportfachverbänden, dem DOSB und den Olympiastützpunkten als Förderer des Spitzensports generell und speziell der beim Bund beschäftigten Soldatinnen und Soldaten. Im Rahmen der Internationalen Militärsportvereinigung (CISM) werden auch Meisterschaften und militärische Wettkämpfe ausgetragen.

Große Verbreitung haben in den letzten Jahren gewerblich betriebene Sporteinrichtungen wie Sportstudios, Fitness- und Gesundheitszentren, Sportschulen

---

[161] Wie beim Militär üblich, wird dieser gesamte Bereich in einer „Zentralen Dienstvorschrift" (ZDV 3/10) geregelt. Siehe *Reimann* (2015).

und Freizeitparks gefunden. Dort werden entweder gezielt Kurse für Fitness- und Krafttraining, Tanz und Gymnastik, auch einzelne Sportarten, besonders asiatische Kampfsportarten, angeboten, oder es wird nur die Einrichtung, z. B. Tennis- oder Squashhallen, zur Nutzung zur Verfügung gestellt.

Der Markt für diese Sporteinrichtungen ist in den letzten Jahren weiter gewachsen. Während 1995 die Anzahl der Sportstudios in Deutschland mit 5500 angegeben wurde, die rund 3,2 Millionen Mitglieder betreuten, waren es 2002 laut einer Marktstudie rund 6500 Studios mit 5,39 Millionen Mitgliedern.[162] 2016 zählte die Fitnessbranche in ihren Clubs und Studios nach eigenen Angaben mehr als 9 Millionen Mitglieder (*Stemper*, 2017, S. 364)

Man kann deshalb sagen, dass sich in Deutschland neben Schule und Verein eine dritte institutionelle Säule des Sports etabliert hat. In anderen Ländern, z. B. den Vereinigten Staaten von Amerika und Großbritannien, die als die beiden großen Welt-Sportnationen gelten, haben gewerblich betriebene Sporteinrichtungen traditionell eine deutlich stärkere Stellung als in Deutschland, wo die Vereine besonderen Schutz durch den Staat genießen.

Neue Sportinteressen und Sportmotive

An einem Beispiel lässt sich die Struktur dieses Sportmarktes verdeutlichen. *Dietrich, Heinemann* und *Schubert* (1990) haben für die Stadt Hamburg eine Untersuchung von privaten und gewerblichen Sportanbietern vorgenommen und sind zu Ergebnissen gekommen, die sich – mit einigen Einschränkungen – auf die aktuellen Verhältnisse in Deutschland insgesamt übertragen lassen. Sie haben in Hamburg 42 Angebote im Bereich Tanz ausgemacht, vom Jazztanz über Ballett bis zum Flamenco, Afro-Tanz und kreativem Kindertanz. Unter den Bereich „Tanz" fielen in Hamburg 168 oder 37,3% der 450 gewerblichen Sportanbieter überhaupt. Daneben wurden 110 Fitnessanbieter, 209 Anbieter von einzelnen Sportarten, 43 asiatische Kampfsporteinrichtungen, 90 Einrichtungen im Bereich „Sport und Psyche", 50 im Bereich „Sport und Gesundheit" und 124 Sport- und Freizeiteinrichtungen gezählt. Diese Mischung aus kommerziellen Sportangeboten entspricht den besonderen Verhältnissen einer Großstadt wie Hamburg, während in Mittel- und Kleinstädten und in ländlichen Regionen in Deutschland ein anderes und zum jetzigen Zeitpunkt geringeres Angebot vorhanden sein mag; aber es zeigt, wie vielfältig und groß dieser kommerzielle Sportmarkt inzwischen geworden ist.

---

[162] Laut der Focus-Marktstudie von 2002. *Trunz* (1996, S. 532) berief sich auf die vom Deutschen Sport Studio Verband (DSSV) herausgegeben „Eckdaten der deutschen Fitness-Wirtschaft" (1995). Anfangs boomte der Markt vor allem in Ostdeutschland. 18 Monate nach Herstellung der Währungsunion in Deutschland wurden in Ostdeutschland bereits 280 neue Sportstudios gezählt (Fitness-Wirtschaft, 1992, S. 16).

Seit der Studie von *Dietrich, Heinemann* und *Schubert* hat sich die exemplarisch für Hamburg gezeigte Tendenz bis heute fortgesetzt, vor allem in Städten und Großräumen, aber durchaus auch auf dem Lande. Wie die aktuelle Darstellung von *Stemper* (2017) zeigt, sind die Kunden kommerzieller Sporteinrichtungen auf der einen Seite Menschen, die entweder früher in Sportvereinen Sport getrieben haben oder es immer noch tun, oder es handelt sich auf der anderen Seite um Personengruppen, die bisher keinen Zugang zum Sport hatten. Sie erwarten von ihren Anbietern eine sport- und fitnessbezogene Dienstleistung einschließlich einer angenehmen Atmosphäre. Ein großer Teil dieser sporttreibenden Personen in kommerziellen Sportstudios sind Frauen jüngeren und mittleren Alters sowie Menschen, die weniger einen auf den traditionellen Wettkampfsport hin ausgerichteten Sport suchen. Oft sind auch die frei wählbaren, individuellen Termine ein Grund, warum gerade Berufstätige oder Hausfrauen und Mütter solche Angebote gerne wahrnehmen. Jedenfalls handelt es sich bei diesen Einrichtungen und ihren Sportformen und Sportarten um einen anderen Sport als in den traditionellen Vereinen.

Sportangebote für Kinder und Jugendliche sind in Sport- und Fitnessstudios jedoch eher selten. Im Bereich des Leistungs- und Wettkampfsports sind sie praktisch nicht vorhanden. Junge Erwachsene und von ihnen besonders Mädchen und Frauen sind die Zielgruppe Nr. 1 von Sport- und Fitnessstudios, aber auch „Bootcamps" auf Youtube oder anderer Internetanbieter mit Sport- und Bewegungsbezug, von „Let's Dance" bis „Zumba" und Kampfkunstspielen oder schließlich auch E-Games und E-Sports.

> **Während im Vereinssport immer noch und überwiegend eine Art von Sport anzutreffen ist, der vom Interesse der Mitglieder an sportlicher Leistung und sportlichen Wettkämpfen getragen ist, überwiegt bei den kommerziellen Sportanbietern ein Sport, in dem das Streben nach Gesundheit, Fitness, Entspannung, Wohlbefinden, Körpertraining, Körperformung, Ausdruck und Erleben im Mittelpunkt steht (*Stemper,* 2017). Dies sind zwar auch zentrale Motive des Sporttreibens in Vereinen und Verbänden, aber in den gewerblichen Sportstudios treten diese Motive in den Vordergrund, während der Wettkampf- und Leistungssport eine Domäne des vereinsgebundenen Sports geblieben ist.**

Diese Unterscheidung macht deutlich, dass sich die Art des Sports und damit auch seine pädagogische Qualität ändert, je nachdem, in welcher Organisation er angeboten wird. Gewerbliche Sporteinrichtungen richten sich nach den Gesetzen des Marktes. Sie sind Anbieter, die ihre Dienstleistung „Sport" je nach Nachfrage und Interesse zu einem bestimmten Preis anbieten. Sie können und müssen deshalb rascher auf Veränderungen der Wünsche und Bedürfnisse ihrer Kunden nach Bewegung und Sport reagieren als Vereine und Verbände, die nach einem demokratischen Willens- und Meinungsbildungsprozess im Interesse ihrer Mitglieder (und nicht Kunden) entscheiden müssen, ehrenamtlich geführt und in den meisten Fällen auch verwaltet werden.[163] Durch Werbemaßnahmen können (und müssen) kommerzielle Sportstudios dazu beitragen, Bedürfnisse, Moden und Trends auf dem Sportmarkt zu beeinflussen oder zu verstärken. Da sie nicht wie die Vereine dem Prinzip der Gemeinnützigkeit verpflichtet sind, brauchen sie auch keine Rücksicht darauf zu nehmen, ein soziales Sportangebot „für alle" machen zu müssen, das nicht nur nach Marktgesetzen, sondern auch an den Interessen der Vereinsmitglieder orientiert sein muss. Der Sport in kommerziellen Einrichtungen entspricht in diesem Sinn eher den individuellen Interessen der Kunden und ist weniger auf ein dem Allgemeinwohl verpflichtetes Sportverständnis ausgerichtet als der in Vereinen und Verbänden organisierte Sport. Als Wirtschaftsbetriebe genießen sie auch keine Steuerprivilegien wie gemeinnützige Turn- und Sportvereine.

„Pädagogik" des kommerziellen Sports

Welche Auswirkungen hat dies auf die Qualität des kommerziell angebotenen Sports? Zunächst handelt es sich bei diesem keineswegs um einen „unpädagogischen" Sport; denn die meisten Menschen gehen gezielt deshalb in eine kommerzielle Sporteinrichtung, weil sie spezielles Können im Sport erwerben und sich nicht selten in einer speziellen Art und Weise des Sporttreibens in einer Sportart anleiten lassen. Sie wollen wissen, welche Art von Gymnastik ihnen guttut oder welches Krafttrainingsprogramm nötig ist, um Muskeln gezielt trainieren zu können. Die Kunden von Sport- und Fitnessstudios wollen von sachkundigen Fachleuten informiert werden. Dafür sind sie bereit Geld zu bezahlen, einige sogar für persönliche Fitness- und Konditionstrainer. Dies gilt insbesondere für gesundheits-orientierte Sportkurse, von der „Rückenschule" über Entspannungstraining und Yoga bis zum „Herzsport" oder Gefäßtraining.
Es hat sich dabei allerdings als ein Problem der Sport- und Fitnessstudios herausgestellt, dass keine spezielle Berufsqualifikation nötig ist, um sie zu betreiben; ein Gewerbeschein reicht aus. Langfristig können sich jedoch nur Studios behaupten, in denen qualifizierte Fachkräfte tätig sind und die fachkundig und seriös betrieben werden. Das qualifizierte Personal gewerblicher Sport- und Fitnessstudios besteht häufig aus Absolventen sportwissenschaftlicher und sportpädagogischer Studien- und Ausbildungsgänge oder aus Fachkräften mit Übungsleiter- und Trainerlizenzen. Häufig werden Sportstudios auch in Verbindung mit Krankengymnastinnen und -gymnasten bzw. Physiotherapeuten betrieben. Schließlich hat der Sportstudioverband inzwischen eine eigene, qualifizierte Fitnesstraineraus- und -fortbildung aufgebaut (*Trunz*, 1996; *Stemper*, 2017).
Animation spielt in kommerziellen Sporteinrichtungen oder beim Sport im Urlaub eine große Rolle, inzwischen aber auch im Freizeitsport in den Vereinen. Damit ist gemeint, dass der Animateur ein Sportangebot präsentiert und zum

---

[163] Vgl. zu den spezifischen (Markt-)Mechanismen und Bedürfnissen eines kommerziell orientierten freizeit- und gesundheitsorientierten Sports *Rittner* (1983; 1989); *Opaschowski* (1993); außerdem *Heinemann* (1995); zu Fragen des modernen Sportmanagements allgemein *Krüger* und *Dreyer* (2004).

Mitmachen anregt, das den Möglichkeiten und Interessen der Zielgruppe in möglichst hohem Maß entsprechen soll – von der Frühgymnastik über Wasserspiele am Swimming-Pool bis zur Mountainbike-Tour.

Kommerzielle Sporteinrichtungen kommen nicht ohne Pädagogik aus. Lehren, Lernen, Anleiten und Unterrichten gehören zum Alltag in Sport- und Fitnessstudios. Die Trainer, Übungsleiter und Ausbilder in Fitnessstudios müssen über ihren Sport Bescheid wissen, über Techniken des Sports und über Anleitungen bzw. Übungen und Methoden des Trainierens. Die Kunden erwarten eine gute Qualität des Sports, der ihnen angeboten wird und den sie kaufen. Sie geben dafür Geld aus, und sie sind bereit, sich anzustrengen und Sport zu lernen. Insofern geht es im Sportstudio um Wissen und Können im Sport.

Allerdings geschieht dies in einer anderen Art und Weise, als es in Schule und Verein der Fall ist. Diese Pädagogik hat nicht den Anspruch, wie es der Schulsport, aber auch der vereins- und verbandsgebundene Sport in seinen Satzungen hat und den öffentlichen Erklärungen der Verbände haben, zu erziehen, d. h., über das Lehren und Unterrichten eines bestimmten Sports und einzelner Sportarten hinaus die Erziehung des ganzen Menschen mitbeeinflussen zu wollen. In kommerziellen Sport- und Fitnessstudios wird dagegen versucht, spezielle Kundeninteressen so gut wie möglich zu befriedigen. Es geht nicht um Charakter- und Persönlichkeitsbildung und -erziehung und auch nicht um eine bessere Welt durch entsprechende Erziehung, sondern um die Befriedigung eines nachgefragten Interesses an Sport, Fitness und Bewegung, um gezielte und spezielle Ausbildung und um die Vermittlung spezifischen Wissens in einzelnen Sportarten und Sportbereichen. Insofern handelt es sich beim Sport kommerzieller Anbieter um einen pädagogisch wirksamen Sport, jedoch ohne explizit formulierte pädagogische Idee.

Sport-Drittanbieter

Anders verhält es sich dagegen mit der Art von Sport, der in den letzten Jahren in steigendem Umfang von so genannten Drittanbietern angeboten wird, also z. B. von Volkshochschulen, Kranken- oder Gesundheitskassen oder Familienbildungsstätten. Sie sind wie die Turn- und Sportvereine in vielen Fällen ebenfalls einem gemeinnützigen oder öffentlichen Zweck verpflichtet, der von Staat und Gesellschaft gefördert wird.

Die Aufgaben dieser Drittanbieter beziehen sich aber nur am Rande auf die Pflege des Sports, sondern sie verfolgen je nach Satzung andere Ziele. Im Fall der Volkshochschulen handelt es sich um die allgemeine Erwachsenen- und Volksbildung, im Fall der Kranken- und Gesundheitskassen um die Gesundheit der Bevölkerung, im Fall des Roten Kreuzes oder anderer Wohlfahrtsverbände geht es um die Hilfe und Solidarität für Schwache, Alte und Kranke in unserer

Gesellschaft. Sofern in diesen Organisationen auch Sport angeboten und getrieben wird, ist er prinzipiell diesen spezifischen Zielen verpflichtet. Er wird als Mittel eingesetzt, um entsprechende Organisationsziele zu erreichen.

Die Volkshochschulen haben inzwischen erkannt, dass ein vernünftiger Umgang mit Körper und Bewegung heute mit zu dem gehört, was von vielen Besuchern in den Volkshochschulen als wissens- und könnenswert eingeschätzt wird. Sport in den Volkshochschulen ist Bestandteil der Erwachsenenbildung. Er gehört mit zu dem, was man heute unter allgemeiner Bildung für alle betrachtet. Körper- und Gesundheitspflege, Sport- und Gymnastikangebote zählen inzwischen neben Fremdsprachen und „manuellem und musischem Arbeiten" zu den Programmschwerpunkten der Volkshochschulen.[164]

Die meisten Krankenkassen sind davon überzeugt, dass ein richtiger und in ihrem Sinn betriebener Sport zu Gesundheit und Wohlbefinden des Einzelnen beitragen und damit der Solidargemeinschaft der Krankenversicherten insgesamt dienen kann. Bewegung und Sport werden als Teil der Gesundheitsvorsorge anerkannt, für die die Krankenkassen Mittel bereitstellen. Sie werden als eine Art Medikament angesehen, dass besser wirkt und vor allem billiger ist als pharmazeutische Produkte. Deshalb sind die Krankenkassen (oder Gesundheitskassen) daran interessiert, gesundheitsorientierten Sport zur Vorbeugung (Prävention) und zur Nachbehandlung (Rehabilitation) von Krankheiten einzusetzen und Wissen um diese Art von Sport in der Bevölkerung zu verbreiten.

Im Gesundheitsstrukturgesetz von 1993 wurden die gesetzlichen Grundlagen geschaffen, dass die Krankenkassen präventive und gesundheitsfördernde Maßnahmen unterstützen konnten. Dieser Paragraph 20 des Gesundheits-Reformgesetzes ermöglichte ihnen die Zusammenarbeit mit Sportvereinen, Volkshochschulen und gewerblichen Sportanbietern. Verschiedene Kranken- und Gesundheitskassen haben auch eigene Sportprogramme initiiert. Dieser Aufbau eines neuen „Marktes" für präventiven und gesundheitsorientierten Sport, mit dem neue Arbeitsplätze für Absolventen sportpädagogischer und sportmedizinischer Studiengänge geschaffen wurden, kam jedoch im Jahr 1996 durch die Streichung des Paragraphen 20 im Zuge der zweiten Stufe der Gesundheitsreform ins Stocken. Seitdem ist die Förderung der Gesundheitsvorsorge nur noch eine freiwillige Maßnahme der Krankenkassen.

Sportangebote der Kranken- und Gesundheitskassen bzw. eine Förderung von Sportangeboten durch Kranken- und Gesundheitskassen – z. B. durch gemeinsame Aktionen mit Turn- und Sportverbänden – werden jedenfalls auch in Zukunft von der Haushaltslage der Kranken- und Gesundheitskassen und den politischen Entscheidungen über das öffentliche und private Gesundheitswesen abhängig bleiben. Unabhängig davon bleibt jedoch die Tatsache bestehen, dass Bewegung, Spiel und Sport der Gesundheit des Einzelnen und der Bevöl-

---

[164] Vgl. z. B. Wörterbuch der Pädagogik (hrsg. von *Böhm*, Artikel „Volkshochschule", 13. Aufl., Stuttgart 1988, S. 614 f.). Rund zwei Drittel der Teilnehmer an Volkshochschulkursen sind Frauen.

kerung insgesamt dienen können; wenn sie denn „richtig" eingesetzt und betrieben werden.[165]

Gesundheitssport und Rehabilitationssport

Gesundheit ist inzwischen zu einem zentralen Motiv des Sporttreibens geworden, mit der Folge, dass neben einem Sport, von dem sich die Menschen mehr Gesundheit und Wohlbefinden erhoffen, ein eigener Zweig des Sports entstanden ist, der „Gesundheitssport" (*Bös & Brehm, 2006*).

> Unter Gesundheitssport wird ein Sport verstanden, der gezielt mit der Absicht betrieben wird, „Gesundheit in all ihren Aspekten, d. h. somatisch wie psychosozial, zu fördern, zu erhalten oder wiederherzustellen".[166]

Dass die Bemühungen der Krankenkassen um einen gesundheitsorientierten Sport sich gleichzeitig mit einem gesundheitsbewussteren Umgang der Menschen mit ihrem Körper, aber auch mit Ernährung und Umwelt decken, macht deutlich, welche Verbreitung ein eher gesundheitsbewusstes Verständnis von Sport bei vielen Menschen inzwischen gefunden hat.

Es gibt darüber hinaus Einrichtungen, die gezielt „Sport" als Mittel der Rehabilitation nach Krankheiten einsetzen. Reha- und Kurkliniken für alle Arten von Krankheiten, von Herz- und Kreislauferkrankungen bis zu chronischen Erkrankungen wie etwa Rheuma oder Asthma haben heute Sport im Programm. Dieser „Sport" wird sowohl von Krankengymnastinnen und Physiotherapeuten als auch von Sport- und Gymnastiklehrkräften erteilt. Sport ist im Tagesablauf der Patienten in solchen Kur- und Reha-Kliniken fest verankert. Als Teil der Therapie ist vorgesehen, dass die Patienten je nach der Art ihrer Erkrankungen an Sportprogrammen teilnehmen müssen.

Es hat sich jedoch im Zusammenhang dieses Reha-Gesundheitssports ein Problem ergeben, das deutlich macht, wie stark das Sporttreiben der Menschen von der Anbindung an eine bestimmte Organisation geprägt wird. Solange sich die Kurgäste und Patienten in der kurklinischen Behandlung befinden, nehmen sie zwar häufig mit Erfolg an den dort gebotenen Sport- und Bewegungsprogrammen teil, aber dieses Interesse kommt nach Beendigung des Klinikaufent-

---

[165] Vgl. zu den Krankenkassen *Huber* (1996); zum Gesundheitssport und seinen vielfältigen Formen und Angeboten *Rieder, Huber* und *Werle* (1996) sowie *Bös* und *Brehm* (2006).

[166] Diese Definition von „Gesundheitssport" stammt von der Kommission Gesundheit des Deutschen Sportbundes und des Deutschen Sportärztebundes (in Sportwissenschaft, 23, 1993, 2, S. 197 ff.). Vgl. zum gesamten Komplex Gesundheitssport das „Handbuch Gesundheitssport" (2006, hrsg. von Walter *Brehm* und Klaus *Bös*). Siehe auch *Franke* (2012).

halts oft zum Erliegen, wenn diese institutionelle Stütze durch die Klinik wegfällt. Dies trifft besonders bei den Patienten zu, die vorher keinen Zugang zu Sport hatten. Befinden sie sich nach ihrem Kur- und Klinikaufenthalt wieder zuhause in ihrer früheren Umgebung, fallen sie häufig wieder in dieselben gesundheitsschädigenden und sportabstinenten Verhaltensweisen zurück, die möglicherweise der Grund ihres Klinikaufenthaltes waren, z. B. Alkohol- und Nikotingenuss, Bewegungsmangel, Stress und falsche Ernährung.[167] Zu wünschen wären deshalb Programme, die diesen Übergang von der Reha in der Klinik zum Alltag begleiten und optimieren.

Sport als Resozialisierungsmaßnahme in sonderpädagogischen Einrichtungen

Dass der Sport seinen ursprünglichen Sinn verändern kann, sobald er nicht mehr an eine Organisation gebunden ist, lässt sich am Beispiel der sozial-, freizeit- und sonderpädagogischen Einrichtungen zeigen, in denen er angeboten wird. Beispiele sind der Sport in der freien Jugend- und Jugendsozialarbeit, in Heimen und der Heimerziehung sowie in psychosoziale Einrichtungen wie z. B. der Drogenhilfe oder im Strafvollzug bzw. Jugendstrafvollzug.[168]
Sport stellt heute einen unverzichtbaren Bestandteil der Resozialisierung in Haftanstalten dar. Seit den 1950er und 1960er Jahren sind, auch durch Initiativen der Deutschen Sportjugend, zahlreiche Projekte und Maßnahmen auf diesem Gebiet in Niedersachsen, Baden-Württemberg und Nordrhein-Westfalen durchgeführt worden. Am Beispiel des „Sportleitplanes für den Strafvollzug" in Baden-Württemberg von 1984, der vorbildlich für die Erarbeitung ähnlicher Leitpläne in anderen Bundesländern und in Europa war, können die Ziele des Sports im Strafvollzug verdeutlicht werden. Als zentrale Aufgaben werden dort genannt: erstens Bewegungsarmut und passives Freizeitverhalten zu vermeiden; zweitens körperliches Wohlbefinden, Gesundheit und Leistungsfähigkeit der Häftlinge zu verbessern; drittens der Monotonie im Vollzugsalltag entgegenzuwirken; viertens sportliche Regeln zu lernen und anzuerkennen; fünftens Beziehungen in einer Sportgruppe aufzubauen; sechstens Vertrauen zwischen Vollzugsmitarbeitern und Gefangenen zu schaffen; siebtens Fähigkeiten zur kreativen Freizeitgestaltung zu wecken; und achtens mittels Sport eine Verbindung zum Leben außerhalb der Haftanstalt herzustellen und zu einer sinnvollen

---

[167] Zum Problem der Weiterführung des Gesundheitstrainings nach einer Kur vgl. *Volck* (1995); *Scheibe, Bringmann* und *Reinhold* (1986, S. 18 f.).

[168] Vgl. Allgemein M. *Krüger* (2005) über „Sport- und soziale Arbeit". Siehe z. B. die Tätigkeit des Vereins zur Förderung bewegungs- und sportorientierter Jugendsozialarbeit (bsj e. V.) in Marburg, in der auch erlebnispädagogische Konzepte zum Zweck der Sozialerziehung durch Sport erarbeitet und umgesetzt werden (*Becker*, 1994; *Becker & Schirp*, 1995).

sportlichen Betätigung nach der Haftentlassung anzuregen.[169] Seitdem hat sich in fast allen Straf- und Jugendvollzugsanstalten der Sport als ein Mittel der Erziehung und Resozialisierung durchgesetzt; differenziert nach verschiedenen Vollzugsarten, in Untersuchungshaft, im Jugend- und Frauenvollzug sowie im Langstrafenvollzug.

Bei Gewalttätern kann das gemeinsame Sporttreiben helfen, sowohl Gewalt und Aggression körperlich auszuleben als auch den kontrollierten und disziplinierten Umgang mit Aggressionen zu lernen. Das gestörte und oft enttäuschte Selbstbewusstsein straffällig gewordener Jugendlicher kann durch Können und Leistung im Sport gestärkt werden, und es kann gelernt werden, wie ein fair geregelter Umgang mit anderen möglich ist. Aktives Sporttreiben ist ein körperbezogenes Kommunikationsmittel. Wer, wie dies bei Gewalttätern der Fall ist, Probleme hat, seine Aggressionen, Zwänge und Probleme sprachlich zu artikulieren, dem kann es eine Hilfe sein, sich beim Sporttreiben direkt über seinen Körper und seine Bewegung auszudrücken und mitzuteilen.[170]

In einigen größeren Justizvollzugsanstalten sind zu diesem Zweck eigene Sportvereine gegründet worden, die auch am Spielbetrieb der Sport-Fachverbände teilnehmen. Darüber hinaus gibt es interne Meisterschaften im Fußball, Handball, Tischtennis oder Volleyball. Das wettkampfsportliche Angebot in den Justizvollzugsanstalten wird durch allgemeine Sportangebote wie Erwerb des Sportabzeichens, Training im Kraftsport, Lauf- und Schwimmabzeichen oder Sportkurse außerhalb der Anstalten (Ski, Rudern, Kanu, Bergwandern usw.) ergänzt. Diese Sportangebote erfüllen an sich schon pädagogische und resozialisierende Aufgaben, die aber durch spezifischere Maßnahmen und Programme, oft in Zusammenarbeit mit geschulten Fachleuten, ergänzt werden. „Erste Erfahrungen mit ‚Sport und sozialem Training', ‚Sport für Drogenabhängige', ‚Körper- und Bewegungstherapie mit Straffälligen' sind ermutigend" (*Schröder,* 1987, S. 422).

Über die Möglichkeiten des Sports als Mittel der Resozialisierung und der Erziehung im Strafvollzug hinaus gibt es Modelle der sozial- und sportpädagogischen Arbeit und Betreuung von Sonder- und Randgruppen, von Alkohol- und Drogenabhängigen, von Heimkindern, von Aussiedlern und

---

[169] Vgl. insbesondere *Kofler* (1976) sowie den Bericht von *Kofler* auf der Tagung „Sport im Strafvollzug" in Bad Boll 1994. Dort wurde über eine Fortschreibung dieses Leitplanes beraten. Neben *Kofler* hat sich insbesondere *Schröder* 1987 und 1992 mit der Thematik „Sport im Strafvollzug" befasst. Siehe außerdem die Beiträge in *Nickolai, Rieder* und *Walter* (1992) sowie den Artikel „Strafvollzug" im Handbuch Sozialarbeit/ Sozialpädagogik (2005, S. 1842–1849). Für den Jugendstrafvollzug vgl. *Nickolai* (1989).

[170] Ein Beispiel ist das sporttherapeutische Anti-Aggressionstraining im Hamburger Jugendstrafvollzug (*Wolters,* 1998).

Asylanten, von arbeitslosen Jugendlichen.[171] Wenn auch (noch) keine aus-
gereifte Konzeption einer Sportpädagogik mit Rand- und Sondergruppen
vorliegt, sind erste und wichtige Schritte für eine umfangreiche praktische
und theoretisch-konzeptionelle Tätigkeit getan worden. Sport wird auf allen
diesen Gebieten als erzieherisches Mittel eingesetzt und genutzt; sei es,
um den Alltag in Heimen und Gefängnissen normaler und humaner zu
gestalten oder um über das Sporttreiben gezielt Verhaltens- oder Persön-
lichkeitsveränderungen herbeizuführen, die für eine Resozialisierung straffällig gewordener oder rauschgiftsüchtiger Jugendlicher nötig sind.

Diese regulierende und persönlichkeitsstabilisierende Wirkung des Sporttreibens lässt sich durchaus beobachten und feststellen, solange der Sport an eine
spezifische Organisation mit festem Rahmen gebunden ist. Fällt diese Bindung
jedoch weg und mit ihr die Personen, die den Sport in der jeweiligen Organisation getragen haben, die Lehrer und Betreuer, dann bleiben häufig auch der
Sport und damit die vom Sporttreiben ausgehenden positiven Wirkungen auf
der Strecke. Die Selbstdisziplin reicht meistens nicht aus, um regelmäßig Sport
zu treiben, die Schwellenängste sind zu groß, um sich einem Verein oder einer
Sportgruppe anzuschließen, die alten Gewohnheiten und Freunde sind zu mäch-
tig und begünstigen einen Rückfall in alte Strukturen und Muster.
Schule und Verein sind in Deutschland die Organisationen, in denen Sport traditionell und quantitativ am umfangreichsten angeboten wird. Der Sport im Verein
ist demokratisch aufgebaut und beruht auf dem bürgerschaftlichen Engagement der Mitglieder. Er versteht sich als pädagogischer Sport, ist „gemeinnützig" und stellt für alle Interessierten ein Lern- und Bildungsangebot an Gymnastik, Turnen, Spiel und Sport bereit. Der Kinder- und Jugendsport im Verein, an
dem mehr als die Hälfte aller Kinder und Jugendlichen regelmäßig teilnimmt, ist
ein Beispiel für die besondere pädagogische Bedeutung des Sports im Verein.
In ihm können Kinder und Jugendliche auf freiwilliger Basis ihren besonderen
sportlichen Neigungen und Interessen nachgehen und ihr Können im Sport und
in einzelnen Sportarten verbessern. Darüber hinaus bietet der Vereinssport
wichtige personale und soziale Lerngelegenheiten.
Im Unterschied zum Sport im Verein ist der Schulsport Pflicht. Er ist an den allgemeinen Bildungs- und Erziehungsauftrag der Schule gebunden. Sport in der
Schule wird sowohl unterrichtlich als auch außerunterrichtlich als Wahl- und
Wahlpflichtbereich organisiert. In der Didaktik des Schulsports sind unterschiedliche theoretische Modelle entwickelt worden, um die Aufgaben, Ziele und
Inhalte des Sports unter den besonderen Bedingungen der Schule zu erfassen:
besonders einflussreich war (und ist) die bildungstheoretische Fachdidaktik, in
der Leibesübungen und Leibeserziehung als ein Prinzip der Erziehung in der

---

[171] Siehe zusammenfassend die Beiträge von *Rieder, Röthig, Dieckert, Kapustin, Sommer* in *Denk* und *Hecker* (1985/2, S. 62–121), außerdem *Rieder, Huber* und *Werle*
(1996).

Schule begründet wird. In der lern- und curriculumtheoretischen Fachdidaktik wurde Sport als Lern- und Unterrichtsfach neben anderen Fächern, mit dem Ziel der Vorbereitung auf Sport und Freizeit außerhalb der Schule verstanden. Die „pragmatische Fachdidaktik" verbindet unter dem Leitziel „Handlungsfähigkeit im Sport" schulpädagogische mit außerschulischen, an Sport und Freizeit orientierten Aufgaben.

Gewerbliche Sport- und Fitnessstudios haben sich in den letzten Jahren neben den Vereinen zum wichtigsten Sportanbieter entwickelt. Sie vertreten mit ihrem Sport keinen besonderen pädagogischen Anspruch, sondern versuchen, den Interessen ihrer Kunden nach gezielter Ausbildung und Vermittlung sportspezifischen Wissens und Könnens nachzukommen; allerdings hat ihr Angebot indirekte pädagogische Wirkungen. Sport-Drittanbieter wie Volkshochschulen und Krankenkassen sind in ihrem Sportangebot primär ihrem jeweiligen Zweck verpflichtet. Das Beispiel Volkshochschule zeigt, dass Sport inzwischen als Teil allgemeiner (Erwachsenen-)Bildung verstanden wird. Sport spielt als „Gesundheitssport" und in sonderpädagogischen Einrichtungen eine wichtige Rolle. Hervorzuheben ist der Sport im Strafvollzug. In ihm wird Sport als Mittel der Resozialisierung eingesetzt.

IV Anthropologische Grundlagen der Theorie der Leibeserziehung und Sportpädagogik

In der Leibeserziehung und Sportpädagogik geht es im weitesten Sinn um Menschen, die Sport treiben und dabei gebildet und erzogen werden. In den ersten Kapiteln dieser Einführung in die Sportpädagogik ging es im Wesentlichen um den Sport. Nun steht der Mensch im Mittelpunkt. Anthropologie ist die Lehre vom Menschen. Anthropologische Einsichten und wissenschaftliche Erkenntnisse über den Menschen sind von grundlegender Bedeutung, um seine Bezüge zum Sport klären und verstehen zu können. Sportpädagogische Fragen nach Bildung und Erziehung durch Bewegung, Spiel und Sport werden im Folgenden aus der Sicht der philosophischen und pädagogischen Anthropologie zu beantworten versucht.
Bevor die wesentlichen anthropologischen Themen der Sportpädagogik – Körper und Bewegung, Gesundheit und Wohlbefinden, Spiel und Spielen, Leistung und Wettkampf – dargestellt werden, wird beschrieben und erklärt, was unter Anthropologie und Sportanthropologie verstanden wird.

1 Sportpädagogik und Anthropologie

1.1 Anthropologie – Lehre vom Menschen

In der Sportpädagogik geht es um die Menschen, die Sport treiben und durch ihn, im oder mit seiner Hilfe erzogen und gebildet werden. Eine wichtige Grundlage der Sportpädagogik ist die Anthropologie, die Lehre vom Menschen. Zu ihren Aufgaben in der Sportpädagogik gehört es, dabei zu helfen, den Menschen nicht nur besser zu verstehen, sondern auch Perspektiven für seine möglichst gelingende, positive Entwicklung im Zusammenhang von Bewegung, Spiel und Sport aufzuzeigen. Darüber hinaus trägt sie dazu bei, Orientierungen, Begründungen und Normen zur Bestimmung und Bewertung von Zielen und Inhalten des Sporttreibens aus einem anthropologisch begründeten Verständnis des Menschen zu gewinnen.

Anthropologie ist u. a. eine Teildisziplin der Philosophie; deshalb ist auch von philosophischer Anthropologie die Rede. Das Besondere der philosophischen Anthropologie besteht darin, dass sie sich auf Einsichten und Ergebnisse anderer wissenschaftlicher Disziplinen stützt, um differenzierte Erkenntnisse über den Menschen zu gewinnen (*Danzer,* 2011). In diesen Disziplinen haben sich oft eigene, fachspezifische (Teil-)Anthropologien entwickelt. Dies trifft beispielsweise auf die Kulturanthropologie, die Sozialanthropologie oder auf die pädagogische, psychologische, medizinische, theologische oder biologische Anthropologie zu.

In der Sportwissenschaft hat sich eine entsprechende Arbeits- und Forschungsrichtung entwickelt, die als Sportanthropologie bezeichnet wird. Als ihr Gegenstand wird der „sporttreibende" Mensch, der „Mensch im Sport", der „sich-bewegende" oder der „spielende" Mensch genannt. Die Sportanthropologie stützt sich ebenso wie die philosophische und pädagogische Anthropologie auf Erkenntnisse anderer wissenschaftlicher Disziplinen bzw. Anthropologien.

Philosophische und pädagogische Anthropologie

Anthropologische Ansätze in der Sportpädagogik stehen in der Tradition der „philosophischen Anthropologie", die als besonderer Zweig der Philosophie in den 1920er Jahren in Deutschland entstanden ist.[172] Das Ziel der **philosophischen Anthropologie** war und ist „die Selbstverständigung über das, was unsere Identität als Menschen ausmacht" (*Thies,* 2004), also die Bestimmung des „Wesens" bzw. der „Natur" des Menschen, oder, mit den Worten Helmuth *Plessners,* einem der Begründer der modernen „philosophischen Anthropologie", die Beantwortung der Frage nach der „conditio humana" (*Plessner,* 1960/1991): „Welches sind die Bedingungen der Möglichkeit menschlichen Seins?"

Neue Ideen, Theorien und Erkenntnisse der Wissenschaften, vor allem der Naturwissenschaften, haben in den vergangenen zwei Jahrhunderten das Bild von der Welt und dem Menschen erheblich verändert. Im Rahmen der philosophischen Anthropologie wurde und wird in systematischer Weise versucht, Erkenntnisse der verschiedenen Humanwissenschaften (Menschenwissenschaften) – dazu gehören sowohl geistes- und sozialwissenschaftliche Disziplinen als auch naturwissenschaftliche Disziplinen, sofern sie sich mit dem Menschen beschäftigen – zusammenzuführen und „Wesen" und Natur des Menschen insgesamt im Licht der modernen Wissenschaften zu bestimmen und zu verstehen.

Neben der philosophischen Anthropologie entstand in den 1950er/1960er Jahren die pädagogische Anthropologie. Ihre Vertreterinnen und Vertreter bemühten sich ebenfalls, die Ergebnisse der verschiedenen Wissenschaften vom Menschen als Orientierungswissen für pädagogische Fragestellungen zu nutzen. Sie

---

[172] Zur philosophischen Anthropologie und ihrer Genealogie vgl. den Lexikonartikel von Odo *Marquard* (1971). Helmuth *Plessner* (1892–1985) und Max *Scheler* (1874–1928), aber auch Arnold *Gehlen* (1904–1976) gelten als Begründer der modernen philosophischen Anthropologie, aber auch andere Gelehrte (siehe dazu *Danzer,* 2011). In neuerer Zeit auch *Henrich* (2007), *Nida-Rümelin* (2005; 2013) oder *Bayertz* (2012). Zur Rezeption der philosophischen und pädagogischen Anthropologie im Sport und in der Sportpädagogik siehe vor allem *Grupe* (1982; 1984; 2000).

beschäftigt sich mit Phänomenen im Zusammenhang von Bildung und Erziehung und reflektiert die Stellung des Menschen in der Welt in pädagogischer Absicht. Der Philosoph und Pädagoge Otto Friedrich *Bollnow* (1965, S. 52) nennt die Anthropologie deshalb einen „Schlüssel" zum Verständnis von pädagogischen Systemen, weil es um grundlegende Annahmen über die Natur und Kultur des Menschen und seine Stellung in der Welt geht. *Bollnow* betrachtete die pädagogische Anthropologie als „Integrationskern der allgemeinen Pädagogik", weil sie sich bemühe, die Ergebnisse der verschiedenen Wissenschaften vom Menschen für die Bearbeitung pädagogischer Fragestellungen zu nutzen.

Als Beispiel für diesen engen Zusammenhang zwischen den verschiedenen, auf den Menschen bezogenen Wissenschaften und der Pädagogik nennt er die Psychologie. „Weil alle erzieherischen Vorgänge auch einen psychologischen Aspekt haben", schrieb er, „entsteht die Gefahr, die Pädagogik auf eine angewandte Psychologie zu reduzieren und so das eigentliche pädagogische Problem zu verfehlen."[173] Die Aufgabe der pädagogischen Anthropologie bestehe deshalb auch darin, dieses „pädagogische Problem" immer wieder als solches sichtbar zu machen.

Mit dem Hinweis auf dieses pädagogische Problem stellt *Bollnow* fest, dass die pädagogische Anthropologie versuchen müsse, die Grundlagen zu liefern, von denen aus die in anderen Wissenschaften gewonnenen Einsichten über den Menschen wieder auf ein „Gesamtverständnis des Menschen" (1991, S. 200) zurückbezogen werden können. „Bei jedem Phänomen", so *Bollnow*, „das uns im menschlichen Leben aus irgendeinem Grund interessiert (dem aufrechten Gang, der überlangen Jugendzeit, der mangelhaften biologischen Ausstattung, aber auch der Angst, der Freude, dem Fest und der Feier, dem Bedürfnis zu wandern und dem Wohnen im sicheren Haus)", kann man nach seiner Funktion „im Ganzen des menschlichen Lebens fragen und es von diesem her zu begreifen versuchen" (1991, S. 199).

Bewegung, Gymnastik, Turnen, Spiel und Sport stellen ebenfalls solche Phänomene dar, bei denen nach ihrer Funktion, ihrer Bedeutung „im Ganzen des menschlichen Lebens" zu fragen. So gesehen ist eine anthropologisch begründete Sportpädagogik ganzheitlich orientiert, d. h., am Menschen mit Leib und Seele sowie als biologisches und kulturelles Lebewesen.

Anthropologische Voraussetzungen der Sportpädagogik oder – anders gesagt – Grundannahmen über den Menschen sind jedoch keineswegs einheitlich und unumstritten. Es gibt tatsächlich verschiedene, zum Teil miteinander konkurrierende oder sich widersprechende Auffassungen über den Menschen. So hat es eine lange Diskussion darüber gegeben, ob der Mensch in seiner Entwicklung stärker von seinen Erbanlagen bzw. von genetischen Faktoren oder von dem familiären oder sozialen Milieu geprägt ist, in dem er aufwächst. Schließlich stellt sich die Frage, ob und wie weit er sich über solche Prägungen und Einflüsse in

---

[173] *Bollnow*, O. F.: Pädagogische Anthropologie als Integrationskern der Allgemeinen Pädagogik (in *Flitner & Scheuerl*, 1991, S. 196–208, hier S. 197); siehe auch *Bollnow* (1965; 1973); darüber hinaus grundlegend für die pädagogische Anthropologie *Flitner u. a.* (1963); außerdem *Rittelmeyer* (2002).

selbst bestimmten Entscheidungen hinwegsetzen kann, wie frei er letztlich in seinem Denken, Handeln und Fühlen ist (*Nida-Rümelin*, 2005). Ob der Mensch als primär körperliches Wesen, als Reflex- und Reaktionswesen, als Bündel angelernter Verhaltensweisen zu sehen ist oder als ein zur Selbstbestimmung und Selbstgestaltung fähiges Wesen, hängt von solchen anthropologischen Grundauffassungen ab (*Henrich*, 2007).

Die Diskussion um die Willens- und Entscheidungsfreiheit des Menschen ist beispielsweise aktuell durch neuere hirnphysiologische Untersuchungen angeregt worden. Sie legen nahe, dass Bewusstsein und „Vernunft" des Menschen in weit stärkerem Maß an materielle, physiologische Prozesse und genetische Bedingungen gebunden sind als bisher angenommen. Solche neuro-medizinischen Forschungen, die im Übrigen auch den engen Zusammenhang von Bewegung mit Hirnaktivitäten belegen, sind aus sportanthropologischer und sportpädagogischer Sicht zu berücksichtigen. Sie zeigen, wie wichtig körperliche, physiologische Aspekte des Lebens mit unserem emotionalen Befinden und Bewusstsein verknüpft sind; auch wenn noch nicht erforscht ist, in welcher Weise dies im Einzelnen geschieht.[174]

Wie man den Menschen jedoch versteht – als harmonisches oder konflikthaftes Wesen, als vorwiegend körperliches oder vorwiegend geistiges, als vorwiegend individuelles oder vorwiegend soziales Wesen, als stärker von seinen Genen oder eher von seiner Umwelt geprägtes Wesen –, das wiederum hat auch Auswirkungen auf Theorie und Praxis des Sports und die Erziehung im und durch Sport.

Sportanthropologie

Anthropologische Forschungen und Reflexionen sind nicht nur grundlegend für die Pädagogik und Sportpädagogik, sondern ebenso für andere sportwissenschaftliche Teilgebiete. Die Sportmedizin, Trainings- und Bewegungslehre, aber auch Sportsoziologie, Sportpsychologie, Sportökonomie oder Sportgeschichte – um nur einige Disziplinen zu nennen – gehen ebenfalls von bestimmten anthropologischen Voraussetzungen oder Grundannahmen über den Menschen aus. Dabei handelt es sich in der Regel um implizite, d. h. nicht ausdrücklich thematisierte und diskutierte Annahmen über „Wesen" und „Natur" des Menschen. Im Unterschied zu diesen naiven, impliziten Anthropologien werden in den Teilanthropologien spezifischer Fachwissenschaften jedoch explizite, wissenschaftlich fundierte und reflektierte Annahmen und Voraussetzungen des Menschseins untersucht.

---

[174] Zur Diskussion um die „Willensfreiheit" des Menschen vgl. die Arbeiten des Hirnforschers Wolf *Singer* (z. B. 2003). *Gissel* (2007) untersucht diese Diskussion im Hinblick auf ihre Konsequenzen für die Sportpädagogik. *Kubesch* (2004; 2005) führte spezifische Untersuchungen zu den Zusammenhängen zwischen Hirnaktivität und sportlichen Aktivitäten durch.

Neben der philosophischen und pädagogischen Anthropologie wurden Leibeserziehung, Sportpädagogik und Sportwissenschaft auch von eher biologisch geprägten Annahmen über den Menschen beeinflusst. In den Anfängen sportpädagogischer und allgemein sportwissenschaftlicher Forschungen spielte beispielsweise die Anthropometrie eine große Rolle. Es ging dabei um die systematische Vermessung menschlicher Körper mit der Absicht, spezifische Typen von Menschen und Sportlern unterscheiden und daraus Folgerungen ableiten zu können, welcher Typ für welche sportlich-körperlichen Leistungen am ehesten geeignet ist. Ein weiterer Schritt war dann, dass ein Zusammenhang zwischen körperlichen Erscheinungen und charakterlichen Merkmalen (Persönlichkeitsmerkmalen) hergestellt wurde.[175]

Grundlegend für diese anthropometrischen Forschungen und die pädagogischen und ethischen Folgerungen, die aus ihnen gezogen wurden, waren die Arbeiten des Psychiaters Ernst *Kretschmer* (1888–1964), insbesondere seine „Typenlehre". Er unterschied zwischen dem *leptosomen*, dem *pyknischen* und dem *athletischen* Menschentyp und ordnete ihnen spezifische Temperamente und – aus der Sicht des Psychiaters – auch seelische Erkrankungen bzw. entsprechende Dispositionen für diese Erkrankungen zu.[176]

Diese Typenlehre oder „Konstitutionspsychologie" wurde im „Dritten Reich" von den nationalsozialistischen Rassentheoretikern als Legitimation für ihre „Rassenlehre" missbraucht, nach der nicht nur Menschentypen, sondern Menschenrassen unterschieden wurden, die aufgrund ihres Körperbaus bestimmte Persönlichkeitsmerkmale bzw. Charaktereigenschaften aufwiesen. Hinzu kam jedoch, dass in dieser biologistischen und rassistischen NS-Anthropologie versucht wurde, wissenschaftliche Belege für qualitative Unterschiede zwischen den menschlichen „Rassen" zu finden; mit dem Ziel, die Überlegenheit der von den Nationalsozialisten so bezeichneten „arischen" Rasse gegenüber anderen zu beweisen. Solche Belege ließen sich jedoch nicht finden. Der Begriff der „Rasse" hatte und hat jedoch aus soziokultureller Sicht keinen wissenschaftlichen, sondern einen ideologischen Hintergrund. Er wird deshalb auch heute in der Anthropologie und der Biologie des Menschen nicht mehr verwendet. In der Zoologie wird er nach wie vor als ein Klassifikationsbegriff für die Population einer Art verwendet, die einen gemeinsamen Genpool besitzt. In der Soziobiologie und Ethnologie ist dagegen von „Ethnien" die Rede, um verschiedene Menschengruppen zu unterscheiden.

Die Anthropometrie spielt allerdings bis heute in der Medizin, der Biologie und auch in der Sportwissenschaft eine wichtige Rolle, beispielsweise in der Biome-

---

[175] Wie der Begriff der Kalokagathie zeigt (*Weiler,* 2003), geht die Vorstellung, dass es einen Zusammenhang zwischen äußeren körperlichen Formen und inneren, charakterlichen und moralischen Eigenschaften und Haltungen gebe, bis in die Antike zurück. Sie prägt z. T. bis heute Ethik und Moral des Sports bzw. von Sportlerinnen und Sportlern.

[176] Siehe dazu seine Schrift Körperbau und Charakter (Berlin, J. Springer, 1921, 9. und 10. Aufl., 1931). In der Sportpsychologie hat beispielsweise auch *Neumann* in seinem Standardwerk „Sport und Persönlichkeit" (1957) auf *Kretschmer* zurückgegriffen.

chanik, um Eigenschaften und Beziehungen von Körpern und Körperteilen und die auftretenden Kräfte zueinander zu messen, oder in der Sportmedizin und medizinischen Trainingslehre, um beispielsweise aus der Kenntnis anthropometrischer Daten die körperliche Eignung für bestimmte Sportarten zu bestimmen. Die Anthropometrie ist ein Verfahren, das besonders in der Talentsichtung Anwendung fand und nach wie vor findet. [177]

Diese biologistischen und anthropometrischen Konzepte sind deutlich von den Ansätzen der philosophischen und pädagogischen Anthropologie zu unterscheiden. Biologische Aspekte sind zwar von großer Bedeutung, um zu fundierten Einsichten über die „conditio humana" (Plessner) zu kommen, aber aus einer philosophischen und kulturanthropologischen Sicht dürfen sie weder absolut gesetzt noch unabhängig von sozialen und kulturellen Aspekten gesehen werden. Spezifisch für ein sportanthropologisches Denken in der Tradition der philosophischen und pädagogischen Anthropologie ist vielmehr, dass versucht wird, biologische und genetische Voraussetzungen in das Gesamte des menschlichen Lebens zu stellen.

Die Theorie der Leibeserziehung und der Sportpädagogik in Deutschland nach dem Zweiten Weltkrieg zeichnet sich gerade dadurch aus, dass versucht wurde, das biologistische und rassistische Menschenbild zu überwinden, das im Dritten Reich vorgeherrscht und auch den Bereich der körperlichen Erziehung geprägt hatte.

Methoden der Sportanthropologie

Anthropologische Ansätze und Reflexionen in der Sportpädagogik haben sich auch an den Arbeitsweisen bzw. Methoden der philosophischen und pädagogischen Anthropologie orientiert, um zu wissenschaftlich fundierten Einsichten über den sporttreibenden Menschen zu kommen. Es handelt sich im Wesentlichen um drei Formen und Methoden der Erkenntnisgewinnung:

Erstens um ein **integratives** Vorgehen: Erkenntnisse aus anderen Wissenschaften und Disziplinen werden aufgegriffen und weiterverarbeitet, indem, wie schon Bollnow sagte, nach ihrer Funktion im Ganzen des menschlichen Lebens gefragt und es von dieser her zu begreifen versucht wird.

Zweitens um ein **phänomenologisches** Vorgehen. Damit ist gemeint, dass von Phänomenen (Erscheinungen, Situationen, Handlungen) im Kontext von Bewegung, Spiel und Sport sowie von Bildung und Erziehung in diesen Zusammenhängen ausgegangen wird – nicht von Theorien oder Modellen. Diese werden erst vor dem Hintergrund der Phänomene, also vor dem, was tatsächlich geschieht und was als Phänomen wahrgenommen wird, thematisiert und disku-

---

[177] Ein Beispiel für ein aktuelleres Buch, in dem Sportanthropometrie und Konstitutionsbiologie unter dem Begriff „Sportanthropologie" behandelt werden, ist *Raschke* (2006).

tiert.[178] So gesehen ist die Sportanthropologie auch eine empirische Sozialwissenschaft, weil alles, was über den sporttreibenden Menschen gedacht und gesagt wird, phänomenal ist, d. h., von der Wirklichkeit des Sports bestimmt und auf sie ausgerichtet ist, auch wenn diese Wirklichkeit sozial konstruiert ist. Es geht immer um konkrete Erscheinungen des Sport- und Bewegungslebens, um Situationen, Erfahrungen und Erlebnisse im und durch Bewegung, Gymnastik, Turnen, Spiel und Sport. Diese Wirklichkeit wird jedoch in spezifische Sinnzusammenhänge gestellt. Bollnow spricht deshalb von einem „sinndeutenden und sinnverstehenden Verfahren" (*Bollnow*, 1991, S. 200), das auch als **hermeneutisch** bezeichnet wird. Spielen, sich bewegen, etwas leisten, mit seinem Körper umgehen und Sporttreiben sind dabei Erscheinungen im Leben der Menschen, die Hinweise zu seinem „Gesamtverständnis" geben können.

Drittens um ein **ontologisches** Vorgehen, indem nach dem Wesen der Dinge und des Menschen gefragt wird. Paradoxerweise kann man jedoch aus der Sicht der philosophischen Anthropologie nicht von dem *einen* Wesen des Menschen sprechen. Es besteht vielmehr darin, dass es dieses Wesen nicht gibt, sondern dass sich der Mensch in Abhängigkeit von seiner sozialen und kulturellen Umwelt selbst entwirft oder schafft. Statt von einem unveränderlichen Wesen des Menschen wird deshalb eher von Bildern oder Konstruktionen gesprochen, die Menschen von sich und anderen haben.

In diesem Zusammenhang geht es auch um unterschiedliche Menschenbilder in Bezug auf Bewegung, Gymnastik, Turnen, Spiel und Sport. Je nachdem, welche Vorstellung vom Menschen vertreten wird, welches Bild vom Menschen wir haben – implizit oder explizit – hat dies Auswirkungen für die Begründung und Bewertung sportpädagogischen Handelns. Menschenbilder sind immer auch Projektionen auf den Menschen oder, pädagogisch gesprochen, Perspektiven seiner Erziehung. Es geht dann nicht mehr nur um die Frage „Wer sind wir?" (*Danzer*, 2011), sondern auch wer möchten wir sein. Von diesen ontologisch gewonnenen Bildern des sich bewegenden und sporttreibenden Menschen lassen sich pädagogische Ziele, Inhalte und Verfahrensweisen in der körperlichen Erziehung und im Sport bestimmen, reflektieren und diskutieren.[179]

---

[178] Die Phänomenologie ist sowohl eine wissenschaftliche Methode als auch eine spezifische Theorie oder Philosophie der Erkenntnis. Der Philosoph Edmund *Husserl* (1859-1938) wollte mit der Phänomenologie als Methode einen Zugang zu den Erscheinungen selbst finden, der frei ist von Vor-Urteilen und einem von der Kultur geformten Bewusstsein (siehe *Danzer*, 2011, S. 3–16).

[179] In der Ontologie als der Lehre oder Philosophie vom Wesen der Dinge wurde lange Zeit der Mensch als Mittelpunkt der Welt gesehen. Dieses Welt- und Menschenbild wurde in der Fundamentalontologie des Philosophen Martin *Heidegger* (1889-1976) überwunden. Er sah den Menschen als ein in die Welt geworfenes Wesen; d. h., er ist einerseits mit Kosmos und Mitmenschen verbunden, andererseits ist er aber auch „für sich", in seinem Handeln und Entscheiden „frei", auf sich allein gestellt, ohne metaphysischen Halt (*Danzer*, 2011, S-. 59–70).

Die Bedeutung der Sportanthropologie für die Sportpädagogik

Aus anthropologischen Erkenntnissen, Einsichten und Reflexionen können Begründungen und Rechtfertigungen für Sport und Sporttreiben abgeleitet werden; sie liefern Orientierungen im Hinblick auf ihr Selbstverständnis; sie beeinflussen direkt oder indirekt als Hintergrundwissen oder Orientierungswissen die pädagogische Praxis des Sports; sie liefern Kriterien für die Beurteilung von Formen, Inhalten, Entwicklungen und Zielen im Sport; und schließlich lassen sich aus ihnen Maßstäbe für die Bewertung unterschiedlicher Körper- und Menschenbilder, die in der Sportpädagogik wirksam waren oder sind, gewinnen. Wenn beispielsweise in der öffentlichen Diskussion über Schule, Bildung und Erziehung von der Überbewertung der kognitiven Fächer in der Schule oder ihrer Körperlosigkeit die Rede ist, dem die Wiederentdeckung und Aufwertung des Körpers gegenübergestellt wird, so beruht auch dies auf einer bestimmten Auffassung vom Menschen. Wenn man dagegen der Meinung ist, Bewegung, Spiel und Sport seien sinnvoll, um Spaß zu haben und sich die Zeit zu vertreiben, ergeben sich andere pädagogische Folgerungen als aus der Annahme, Bewegung sei die Voraussetzung für ein Funktionieren des menschlichen Organismus und seine Entwicklung.

Viele sportpädagogische oder leibeserzieherische Ansätze enthalten keine expliziten Ausführungen zu den anthropologischen Annahmen, die ihnen zugrunde liegen. Anthropologische Voraussetzungen und Einsichten werden meistens nicht offengelegt; besonders dann, wenn sie nicht auf systematischen Überlegungen beruhen, sondern sich aus allgemeinen Lebenserfahrungen ergeben, die gewissermaßen nach dem gesunden Menschenverstand (common sense) gewonnen wurden. Man spricht dann von impliziten oder naiven anthropologischen Annahmen. Sie beeinflussen jedoch unser alltägliches Handeln. Wer körperliche Aktivität für wenig wichtig hält, wird sich für Bewegungsaktivitäten wenig Zeit nehmen und seine Kinder anders erziehen als jemand, der körperliche Aktivitäten, Spiel und Sport als notwendig und sinnvoll erachtet.

Neben den eher impliziten und naiven anthropologischen Annahmen lassen sich Menschenbilder unterscheiden, die zentral für spezifische Religionen und Weltanschauungen stehen; etwa das christliche Welt- und Menschenbild, das die Norm- und Wertvorstellungen des modernen, westlichen Sports geprägt hat und es immer noch tut; oder Menschenbilder, wie sie im Islam vertreten werden, die beispielsweise eine ganz andere Vorstellung vom Sport für und von Mädchen und Frauen vertreten, als dies heute in westlich-säkularen Gesellschaften der Fall ist. So gesehen stellt der moderne Sport einen Bereich der (Welt-)Gesellschaft dar, in den viele unterschiedliche Annahmen über den Menschen und seine Stellung in der Welt zusammenfließen. Es gibt deshalb nicht das eine Menschenbild des Sports, sondern viele verschiedene. Es gehört auch zu den Aufgaben einer anthropologisch arbeitenden Sportpädagogik, solche oft implizit wirksamen Bilder vom Menschen offen zu legen und zu diskutieren.[180]

---

[180] Vgl. dazu die Beiträge in *Krüger* (2003).

Mit Hilfe der Sportanthropologie können Begründungen und Rechtfertigungen für Sport und Sporttreiben gewonnen werden. Die Sportanthropologie beeinflusst direkt oder indirekt als Grundlagenwissen die pädagogische Praxis des Sports; sie liefert Kriterien für die Beurteilung von Formen, Inhalten, Entwicklungen und Zielen im Sport; und schließlich liefert sie auch Maßstäbe für die Bewertung unterschiedlicher Körper- und Menschenbilder, die in der Sportpädagogik wirksam waren oder sind. Implizite und wissenschaftlich-systematisch gewonnene Annahmen und Erkenntnisse über den Menschen liegen sportpädagogischen Entscheidungen und Handlungen gleichermaßen zugrunde.

Einige Beispiele aus der Sportpädagogik

Für die Bedeutung anthropologischer Annahmen in sportpädagogischen Zusammenhängen gibt es eine Reihe von Belegen und Beispielen. Die Sportpädagogik steht in einer langen Tradition, nach der Begründungen für ihre Notwendigkeit aus dem Wesen des Menschen und seiner Körperlichkeit hergeleitet wurden.
Dazu ein Beispiel aus der Geschichte der Erziehung und Sportpädagogik: In dem Erziehungsroman „Emil oder über die Erziehung" schildert *Rousseau*, wie es in einer moralisch verderbten Gesellschaft möglich sei, ein „tugendhafter Mensch" zu werden. Dies kann nach *Rousseau* nur durch eine „negative Erziehung" funktionieren; eine Form von Erziehung, die nicht unterweist, sondern Anlässe und Gelegenheiten für eigene, unmittelbare Erfahrungen zulässt. Dem Üben der Sinne und des Körpers (Leibes) misst *Rousseau* eine besondere Bedeutung bei. Erst eine solche Erziehung, die an der körperlichen Entwicklung des jungen Menschen ansetzt, werde dem Reifungs- und Entwicklungsstand des Kindes gerecht. Nur so könne das Kind lebenstüchtig werden; d. h., sich in der Welt zurechtfinden und sie mit eigenen, kritischen Augen sehen. Dies wiederum sei die Voraussetzung, dass sich die Welt insgesamt zum Besseren wenden könne.
Aus dieser Kurzbeschreibung der pädagogischen Theorie *Rousseaus* lassen sich bereits folgende (und möglicherweise noch weitere) Grundannahmen über den Menschen und seine Rolle in der Welt bzw. in Kultur und Gesellschaft erkennen, wie es *Rousseau* sah und nach ihm die aufgeklärte europäische Welt sehen wollte.

- Der Mensch existiert als einzelnes, unteilbares Wesen, als Individuum.
- Unabhängig von einzelnen Menschen bilden die Menschen insgesamt eine Gesellschaft.
- Die menschliche Gesellschaft ist „verderbt", nicht jedoch der einzelne, frei geborene Mensch.
- Der einzelne Mensch ist frei und kann sich von der – „verderbten" – Gesellschaft lösen.
- Der einzelne Mensch ist von Natur aus gut – alle schlechten Eigenschaften des Menschen sind das Ergebnis gesellschaftlicher und kultureller Einflüsse.

- Erziehung ist möglich. Der Mensch ist nicht von Gott, einer höheren Gewalt oder seiner Biologie vorherbestimmt. Eine spezifische Erziehung kann den tugendhaften Menschen hervorbringen.
- In bestimmten Phasen der Entwicklung wirken sich (altersgemäße) Erfahrungen der Sinne und des Körpers positiv auf die Entwicklung der „Lebenstüchtigkeit" aus.
- Die Erziehung des einzelnen Menschen ist eine Voraussetzung für eine gute Gesellschaft.

Der „Emile" wurde deshalb (bis heute) so intensiv rezipiert und diskutiert, weil *Rousseau* zu seiner Zeit ein ganz neues Verständnis vom Kind, aber im Prinzip vom Menschen insgesamt und seiner Stellung in der Welt vermittelte, das jedoch heute zum Allgemeingut geworden ist. *Rousseau* revolutionierte mit seinem Roman nicht nur die bis dahin üblichen Vorstellungen von Erziehung, sondern er verhalf einem neuen, aufgeklärten Menschenbild zum Durchbruch, das von der prinzipiellen Freiheit und Unabhängigkeit des Menschen ausgeht.

Rousseaus Menschenbild und Erziehungsidee werden als theoretische Bezugspunkte einer modernen Theorie der Leibeserziehung und Sportpädagogik angesehen. Ihr Menschenbild und Körperkonzept orientiert sich ebenfalls an *Rousseau*. Die Sportpädagogik geht bis heute davon aus, dass Erziehung im und durch Bewegung, Spiel und Sport möglich und sinnvoll ist; dass Erziehung an der Körperlichkeit, an körperlichen und sinnlichen Erfahrungen ansetzen müsse, wenn sie gelingen soll; dass der Einzelne prinzipiell in seinen Entscheidungen „frei" ist; dass diese Erziehung der Gesellschaft insgesamt dient usw.

Ein anderes Beispiel dafür, dass in der Theorie der Leibeserziehung versucht wurde und wird, Begründungen für die Notwendigkeit von Bewegung, Spiel und Sport aus dem Wesen des Menschen und seinem Verhältnis zu seinem Körper herzuleiten, stammt von Carl *Diem*. Er hat seinem Verständnis des Sports und vor allem des olympischen Sports ein bestimmtes Bild des Menschen zugrunde gelegt und sich dabei auf *Coubertin*, den Begründer der olympischen Bewegung und der Olympischen Idee, gestützt (*Diem*, 1969). Dieses olympische Menschenbild geht u. a. von der Annahme aus, dass Kämpfe und Wettkämpfe zum Wesen des Menschen gehören. Sie müssen aber in fairer Form und nach Regeln ausgetragen werden. Fairness ist jedoch eine Haltung, die erst durch eine entsprechende sportliche, olympische Erziehung erreicht werden kann. Wenn diese Erziehung nicht gelingt, dieser Meinung war jedenfalls Pierre *de Coubertin*, treten Gewalt und Krieg an die Stelle eines friedlichen Wettstreits oder sportlich-fairen Wettkampfs.

Ein weiteres Beispiel ist die „Theorie der Gymnastik", die in den 1920er und 1930er Jahren entwickelt und differenziert wurde und bis heute wirksam ist. Sie orientiert sich an einem Bild des Menschen, das von der Bedeutung natürlicher (Lebens-)Rhythmen für das menschliche Leben getragen ist. Dieses Bild wurde insbesondere von dem Philosophen Ludwig *Klages* (1872–1956) und dem Gymnastiklehrer Rudolf *Bode* (1881–1970) geprägt.

Der Philosoph und Ruder-Olympiasieger von 1960, Hans *Lenk*, versteht den Menschen dagegen als ein leistendes Wesen, als *homo perficens*. Im Sport besteht die Möglichkeit, über freiwillige und selbstverantwortete Eigenleistungen zu seiner Bestimmung als Mensch zu finden (vgl. *Lenk,* 1983). Die Auffassung vom „mündigen Athleten" im Hochleistungssport beruht auf einem Bild des Menschen, das durch seine Fähigkeit zur Selbstbestimmung durch Eigenleistung charakterisiert ist.

Ein letztes Beispiel für die Bedeutung anthropologischer Grundannahmen für sportpädagogisches Denken und Handeln ist der Kinderhochleistungssport (siehe Kap. I 2.2). Aus der Sicht einer anthropologisch orientierten Sportpädagogik soll nicht nur nach den medizinischen, sozialen, psychologischen und leistungsspezifischen Aspekten des Kinderhochleistungssports gefragt werden, sondern ist auch das Bild von Kindheit, das in ihm und in der öffentlichen Diskussion über ihn seinen Ausdruck findet, zu erörtern. Erst dann kann es zu einer sportethischen Bewertung und zu pädagogischen Folgerungen kommen. Dieses Bild des Kindes wiederum ist anthropologisch betrachtet nicht überzeitlich, sondern immer auch von seinem jeweiligen sozialen, kulturellen und historischen Kontext geprägt.

Wenn die Sportanthropologie sich in solchen Zusammenhängen mit dem Menschen im Sport befasst und sich dabei auf Erkenntnisse der allgemeinen Anthropologie bezieht, ist sie nicht nur als eine sportwissenschaftliche Einzeldisziplin anzusehen, sondern auch als eine Disziplin, die über Einzelerkenntnisse hinaus geht und Einsichten über den sporttreibenden Menschen insgesamt zusammenzufügen versucht. Eine sportanthropologische Betrachtungsweise zeichnet sich deshalb vor allem auch dadurch aus, dass das jeweilige Bild oder Verständnis vom Menschen offengelegt und diskutiert wird.

1.2 Grundannahmen und Themen der Sportanthropologie

Der philosophischen Anthropologie liegen einige Annahmen über den Menschen zugrunde, die auch bei der Behandlung sportanthropologischer Themen berücksichtigt werden müssen. Drei dieser Annahmen sind für die Sportpädagogik von besonderer Bedeutung:[181]

(1) Der Mensch ist ein *handelndes Wesen*: Charakteristisch für den Menschen ist, dass er handelt und sich dabei entscheidungsfähig zeigt. Im Unterschied zu Tieren, die auf eine bestimmte Umgebung fixiert sind, schafft er es, sich unterschiedlichen Bedingungen anzupassen. Er ist weniger unmittelbar von seinen Bedürfnissen abhängig, er ist flexibel und lernfähig. Das heißt aber

---

[181] Grundlegend für solche Annahmen war *Plessners* „Conditio Humana" (1991, S. 35–86); in Bezug auf Sport und Sportpädagogik *Grupe* (1969 bzw. 1984).

genauso, dass er auch unkalkulierbar und grausam sein kann. Handlungsfähigkeit, Weltoffenheit, Lern- und Entscheidungsfähigkeit, Flexibilität und „Instinktentlastung" werden als Gründe dafür genannt, warum die Menschen im Unterschied zu Tieren große Fortschritte in ihrer Entwicklung machen konnten; sie sind gleichzeitig aber auch dafür verantwortlich, dass Menschen grausamer und gefährlicher sein können als Tiere. Der Mensch ist ein die „Tierheit hinter sich lassendes Tier", schreibt *Plessner* (1991, S. 68). Er ist dadurch ausgezeichnet, sich nicht nur instinktiv „verhalten" zu müssen, wie Tiere, sondern auch rational „handeln" zu können. Dieses „instinktentlastete" und weltoffene menschliche Handeln kann sich zum Guten oder zum Bösen auswirken. Wäre der Mensch von Anfang an „fertig", d. h. mit allen Fähigkeiten und Fertigkeiten von Natur aus ausgestattet, die es ihm ermöglichen, in der Welt zu leben, wären Erziehung und Bildung überflüssig. Aufgrund der besonderen Konstitution des Menschen, der zu handeln und Entscheidungen zu treffen hat, der (intentional) zu leben lernen muss, werden Lernen und Erziehung möglich und nötig. Daraus ergibt sich jedoch auch, dass der Mensch für die Folgen seines Handelns verantwortlich ist.

Für Sport und Sportpädagogik bedeutet diese Handlungs- und Entscheidungsfähigkeit des Menschen, dass Bewegung, Spiel und Sport nichts Natürliches sind, sondern dass Menschen sich entscheiden müssen, ob, welche und wie viel Bewegung, Spiel und Sport sie möchten. Selbst wenn sie sich nicht bewusst entscheiden, müssen sie die Folgen etwa von Bewegungsmangel oder falschem Bewegungsverhalten tragen. Sie haben die Verantwortung für zu viel, zu wenig oder den falschen Sport. Schließlich sind Bildung und Erziehung nötig und möglich, um Menschen in dieser sportlichen Hinsicht handlungs- und entscheidungsfähig zu machen oder sie in ihren Handlungen und Entscheidungen zu beraten und zu unterstützen. Sie ist umso wichtiger, als Bewegung, Spiel und Sport insbesondere die körperliche Seite seiner Existenz betreffen, ohne die der Mensch nicht sein kann.

(2) Der Mensch ist ein *soziales Wesen*: Die Tatsache, dass der Mensch nicht nur für sich allein, sondern immer auch mit anderen lebt, bezeichnet einen zweiten, grundlegenden anthropologischen Sachverhalt. Er ist nicht nur ein unverwechselbares Einzelwesen, sondern er ist immer ein soziales Wesen. Seine Individualität ist mit seiner Sozialität verbunden. Jeder Einzelne ist eingebunden in seine jeweiligen kulturellen und sozialen Lebenszusammenhänge, und jeder Einzelne ist nicht nur das Ergebnis seiner eigenen Entwicklung und Geschichte, sondern ebenso das der Gruppe, der er angehört. Es gibt nichts am Menschen, was nur individuell oder nur natürlich an ihm wäre. Sprechen, Denken und Handeln, spielerische und sportliche Aktivitäten, Bewegung und Körperlichkeit, Wahrnehmung und Einschätzung des Körpers sind immer von sozialen, gesellschaftlichen und kulturellen Faktoren beeinflusst. Sie sind Prozess und Ergebnis persönlicher Entscheidungen und sozialer Konstruktionen.

Der Sport ist ein gesellschaftliches und soziales Phänomen, an dem diese anthropologische These vom Menschen als sozialem Wesen und seiner

Soziabilität besonders deutlich wird. In einem Sportspiel beispielsweise wird das Aufeinanderbezogen und -angewiesen sein der einzelnen Spieler deutlich. Sportlerinnen und Sportler müssen auf vielfältige Weise sozial miteinander kommunizieren, und sie sind Teil eines komplexen sozialen Gefüges, das selbst dann wirksam ist, wenn jemand alleine, für sich Sport treibt.

(3) Der Mensch ist ein *historisches Wesen*: Er ist zu dem geworden, was er ist; und dieses historische Gewordensein betrifft nicht nur seine individuelle Existenz, sondern auch die Geschichte der sozialen Gruppe oder Gemeinschaft, in der er lebt. Selbst der Körper eines Menschen ist weder nur individuell noch nur natürlich, sondern er ist sowohl sozial und kulturell als auch historisch geprägt. Er ist ein „soziales Gebilde" (*Heinemann,* 2007, S. 85); d. h., Körper und Körperlichkeit, der Umgang und das Verhältnis zum Körper, Körperbilder und Körperkonzepte, sind von Faktoren wie Alter und Geschlecht ebenso abhängig wie von sozialer Schicht, kulturellen Einflüssen und historischen Prägungen. Geschlechtsunterschiede beispielsweise sind nicht allein biologisch gegeben, sondern richten sich auch danach, wie sich Männer und Frauen sehen, wie sie sich verhalten, welches Bild sie von sich selbst und vom jeweils anderen Geschlecht haben und welches ihnen historisch und sozial vermittelt wird. Geschlecht ist nicht nur eine biologische Tatsache, sondern auch eine soziale, historische und kulturelle Konstruktion. Was am Ende weiblich, männlich oder divers ist oder so gesehen wird,[182] hängt deshalb nicht nur damit zusammen, welche kulturell und sozial bedingten Geschlechterrollen jeweils wirksam sind, sondern auch davon ab, wie diese sich historisch entwickelt haben. Dasselbe gilt für scheinbar so natürliche Phänomene wie Kindheit, Jugend oder Alter, für Lachen und Weinen, für Sitzen, Gehen und Stehen, für Essen, Trinken und Schlafen oder für Bewegung, Spiel und Sport – sie sind nicht nur individuell, sozial und kulturell bestimmt, sondern sie sind immer auch historisch geworden. In diesem Sinne haben sie eine Geschichte.

Schließlich ist der Sport selbst ein historisches Phänomen. Was wir heute unter Sport verstehen, hat sich in vielfältiger Weise entwickelt und ging aus unterschiedlichen kulturellen Traditionen hervor. Wer heute Sport treibt, bewegt sich in dieser Tradition, ob es ihm bewusst ist oder nicht. Historisch geworden bedeutet aber auch, dass die Geschichte des Sports durchaus auch hätte anders verlaufen können, als sie es tat. Geschichte, auch Sportgeschichte, ist letztlich das Ergebnis des Handelns der Menschen. Die Menschen sind selbst für ihre Geschichte verantwortlich, auch für ihre Körper- und Bewegungsgeschichte.

---

[182] Nach einem Beschluss des Bundesverfassungsgerichts vom November 2017 muss der Gesetzgeber in Zukunft bei amtlichen Formularen bei der Frage nach dem Geschlecht die Kategorie „divers" für alle diejenigen Menschen angeben, die sich keinem der beiden Geschlechter zuordnen können oder möchten (Entscheidung des Bundesverfassungsgerichts vom 08.11.2017 unter dem Aktenzeichen: 1 BvR 2019/16).

Anthropologische Themen

In der gegenwärtigen sportpädagogischen Literatur sind es vor allem Körper und Bewegung, Gesundheit und Wohlbefinden, Spiel, Leistung und Wettkampf, die als sportanthropologische Themen zu behandeln sind. Sie liegen dem Sporttreiben zugrunde.[183] Für die Sportpädagogik sind diese anthropologischen Themen naheliegend. Kennzeichnend für den Sport ist die Tatsache, dass der Mensch in ihm vor allem in seiner Körperlichkeit und in seiner Bewegung angesprochen wird. Aus der Sicht der Theorie der Leibeserziehung und Sportpädagogik sind Körper, Körperlichkeit und Bewegung von zentraler Bedeutung für die Bildung und Erziehung des Menschen. Sportliche Aktivitäten, die nicht unmittelbar körper- und bewegungsbezogen sind wie beispielsweise Denksport oder E-Games stellen dagegen interessante kulturelle Phänomene dar, stehen aber nicht im Mittelpunkt des Interesses einer anthropologisch fundierten und orientierten Sportpädagogik. Sporttreiben ist im Kern unmittelbar körper- und bewegungsbezogen. Körper und Bewegung sind deshalb die ersten anthropologischen Bezugspunkte der Leibeserziehung und Sportpädagogik.

Im engen Zusammenhang mit Körper und Bewegung stehen Gesundheit und Wohlbefinden, die ebenfalls einen wichtigen sportpädagogischen Bezugspunkt darstellen; denn Gesundheit und körperliche Leistungsfähigkeit sind auch eine Grundlage für die psychische und seelische Gesundheit. Ein weiteres zentrales Thema ist das Spiel, das nicht nur das Selbstverständnis des Sports bestimmt, sondern das Wissen über Spiel, Spiele und Spielen gibt uns Hinweise zum Verständnis des ganzen Menschen.

Obwohl Spiel und Sport zusammengehören und der Sport Teil des größeren Lebensbereichs des Spiels ist, weist er aber auch über das Spiel hinaus: Wettkampf und Leistung in ihren jeweiligen sportlichen Ausprägungen sind die Elemente des Sports, die ihn als spezifischen Lebensbereich neben dem Spiel, aber auch neben der Arbeit auszeichnen.

Grundlegende Themen der Sportpädagogik aus anthropologischer Sicht zu bearbeiten heißt, sie mit dem Ziel zu untersuchen, einerseits ihre grundlegende Bedeutung für die körperliche Erziehung und Sportpädagogik zu klären, und andererseits zu einem tieferen Verständnis des Menschen insgesamt zu kommen. Dies ist zugleich eine Voraussetzung dafür, begründete Aussagen über den richtigen oder wünschenswerteren Sport machen zu können.

Der Mensch ist – neben dem Sport als kulturellem und historischem Phänomen – zentraler Bezugspunkt der Sportpädagogik. Die Grundannahmen vom Menschen als handelndem, sozialem, kulturellem und historischem Wesen spiegeln sich auch in den anthropologischen Grundthemen der Sportpädagogik wider. Die anthropologisch orientierte Sportpädagogik be-

---

[183] Siehe dazu auch den Artikel Sportanthropologie im Sportwissenschaftlichen Lexikon (2003, S. 505 f.) sowie *Grupe* (1982).

fasst sich mit dem Sport treibenden Menschen und dem Sinn von Sport und Bewegung im Ganzen des menschlichen Lebens, wobei sie sich auf Erkenntnisse und Einsichten der Anthropologie, insbesondere der philosophischen und pädagogischen Anthropologie, stützt.

2 Körper und Bewegung

Seit den Anfängen der Theorie der Leibeserziehung und Sportpädagogik um die Wende vom 18. zum 19. Jahrhundert geht es um die Frage, wie Körper und Leib in ihrem Verhältnis zu Seele, Geist und Vernunft zu sehen sind. In der sportpädagogischen Literatur lassen sich verschiedene Auffassungen vom Verhältnis von Körper, Geist, Seele und Welt/Umwelt unterscheiden. Verbreitet sind dualistische Konzepte. Sie besagen, dass Leib und Körper dem Geist und der Seele des Menschen gegenüberstehen. Ebenso häufig findet sich jedoch die Vorstellung von der Einheit und Ganzheit des Menschen.[184]

2.1 Zur Geschichte des Körpers in der Theorie der Leibeserziehung und Sportpädagogik

Mit *Rousseau* beginnt die Geschichte der Theorie der Leibeserziehung. Sie ist zugleich eine Geschichte des Körpers bzw. der Körperbilder und Körperkonzepte (M. *Lorenz*, 2000). *Rousseau* begreift und beschreibt in seinem Erziehungsroman „Emile" den Menschen, als „unbeschriebenes Blatt", wenn er auf die Welt kommt. Er ist zunächst ganz Natur. Das Geistige und Kulturelle hat sich noch nicht in seinen Körper eingenistet. Er ist noch ganz Körper. Nach *Rousseau* kann sich dieser Mensch nur dann gut entwickeln, wenn er seinen körperlich-physischen Bedürfnissen folge, wie sie von der „Natur" vorgegeben seien. Je mehr er sich von der Natur entferne und der „Kultur" folge, desto unglücklicher, dümmer und moralisch verdorbener werde er. Nur wenn zunächst die körperlichen Kräfte gestärkt würden, könnten sich auch Verstand, Seele und Moral gesund entwickeln.

Dieses Konzept einer am Körper ansetzenden Erziehung war die Antwort auf eine Erziehung, die den Körper vernachlässigte und ihn vor allem als Quelle von Krankheit, Schwäche und Leiden wahrnahm. *Rousseau* stellte ihn dagegen in

---

[184] Das in der Philosophiegeschichte vielfältig behandelte Leib-Seele-Problem kann hier nur angedeutet werden. Ausführlich dazu *Seifert* (1989).

den Mittelpunkt. Er war für ihn Ausgangspunkt und Bedingung für eine natürliche und gesunde Entwicklung des Menschen sowie die Voraussetzung für die Entfaltung seiner geistigen und sittlichen Kräfte. „Unsere ersten Philosophielehrer sind unsere Füße, unsere Hände, unsere Augen", schrieb er in seinem weltweit verbreiteten Buch „Emil oder über die Erziehung" (1762). Je mehr der Körper geübt wird, desto klarer und kräftiger wird auch der Geist. „Nur so gelangt man eines Tages in den Besitz dessen, was man für unvereinbar hält und was fast alle großen Männer in sich vereinigten: die Kraft des Körpers und der Seele, den Verstand eines Weisen und die Stärke eines Athleten."[185]

Die Philanthropen lehnten sich an *Rousseau* an. Sie vertraten jedoch eine etwas andere Auffassung von der Bedeutung des Körpers für die Bildung und Erziehung des Menschen. Peter *Villaume* (1746–1806) beispielsweise, ein bekannter Vertreter des Philanthropinismus, nennt ihn in seinem Buch „Von der Bildung des Körpers in Rücksicht auf die Vollkommenheit und Glückseligkeit der Menschen, oder über die physische Erziehung insonderheit" (1787) ein „einziges und universales Werkzeug" der Seele, ihren „Diener", der imstande sein müsse, ihre „Befehle" zu „empfangen und auszuführen". Geist und Seele machten „bei weitem den vornehmsten Teil des Menschen" aus; sie seien das eigentliche „Wesen des Menschen, sein Ich".

In ähnlicher Weise sieht *GutsMuths* den Körper als eine „Maschine" an, die man üben müsse; soll er kraftvoll sein, „so lehre ihn Gehorsam gegen deinen Willen, gymnastiziere ihn unter Schweiß und Arbeit". Die Gymnastik sei dazu da, den Körper zu üben, dass er dem Geist und der Seele als Werkzeug dienen könne. Geist und Seele seien dabei aber nicht „unabhängig vom Körper", nicht frei von den „Einwirkungen seines irdischen Gefährten". *GutsMuths* betont die „Zusammenstimmung" und „Harmonie" von Körper und Geist bzw. Leib und Seele; denn der Mensch sein „ein einziges Ganzes, ein unteilbares Wesen, ein geistiger Körper, ein verkörperter Geist".[186]

Dualistische Körperkonzepte

Das Körperverständnis der Philanthropen ging von einem Dualismus zwischen dem Körper auf der einen sowie Seele und Geist auf der anderen Seite aus. Dementsprechend wurde zwischen körperlicher und geistiger Erziehung getrennt, einschließlich der sittlich-moralischen Erziehung. Sie forderten deshalb eine der geistigen Erziehung entsprechende körperliche Erziehung; denn ein gesunder Geist könne nur in einem gesunden Körper zur Entfaltung kommen: „ut sit mens

---

[185] Zitiert nach der von Martin *Rang* bearbeiteten Reclam-Ausgabe (1963, S. 264 u. 276).

[186] *Villaume* (1787); *GutsMuths* (1793). Beide knüpften in ihrem Körperverständnis an die Philosophie René *Descartes* (1596–1650) an, der in seinem rationalistischen philosophischen Konzept den Menschen als „res cogitans", als denkende Substanz, und seinen Körper als Maschine („l'homme machine") dachte.

sana in corpore sano".[187] Damit betonten sie vor allem die *instrumentelle* Seite der Verwendung des Körpers im Dienst und unter Kontrolle des Verstandes. Der Körper ist ihrer Auffassung nach ein Werkzeug des Geistes oder des Verstandes und auch des Willens.

Dieses Körperkonzept wurde auch von den Turnlehrern in Deutschland im 19. Jahrhundert vertreten, die sich dafür einsetzten, Turnen als reguläres Unterrichtsfach zu verankern. Es sollte dazu dienen, die Schüler – und später auch Schülerinnen – körperlich zu stärken und zu erziehen, damit sie ihre vorrangigen geistigen Aufgaben und moralischen Pflichten erfüllen konnten; sei es, dass sie über körperliche Übungen zu Gehorsam und Willensanstrengungen angehalten wurden oder sich im freien Spiel erholen konnten – auch dies sollte dazu dienen, die geistigen Kräfte zu stärken.

Diese Auffassung vom instrumentellen Charakter des Körpers lehnte sich an eine Vorstellung an, die bis in die griechische Antike zurück reicht und deren Ursprung in der antiken Philosophie gesehen wird.[188] Bei *Platon* wurde das Verhältnis von Leib/Körper und Seele/Geist als Dualität oder Polarität beschrieben, wobei *Platon* sowohl als Vertreter der Gleichwertigkeit von körperlicher und geistig-seelischer Erziehung als auch als „Vater der Abwertung des Leibes" interpretiert wurde.[189] „Solange wir einen Leib haben und unsere Seele mit diesem Übel verunreinigt ist, werden wir niemals hinreichend in unseren Besitz kommen, wonach uns verlangt (ich meine die Wahrheit)", heißt es im „Phaidon", dem Dialog, den *Sokrates* mit seinen Schülern kurz vor seinem Tod führte. Die Aufgabe einer körperlichen Erziehung musste nach dieser Auffassung darin bestehen, Seele und Geist möglichst vom Körper und den von ihm ausgehenden Beeinträchtigungen freizuhalten. Körperliche Erziehung hatte die geistige Erziehung zu unterstützen, ihr eine physische Grundlage zu bieten und den Geist von den Gebrechen und Leiden des Körpers und von unbeherrschten Trieben zu befreien.

Diese sokratische und – wie *Kurz* (1973) zeigte – auch aristotelische Auffassung vom Körper als Diener des Geistes ist bis heute wirksam. Es hat aber auch Alternativen zu dieser Auffassung gegeben. Sie richteten sich sowohl gegen die Überbewertung des Geistigen im Vergleich zum Körperlichen als auch gegen die Instrumentalisierung des Körpers. So versteht *Pestalozzi* (1746–1827) den Menschen ausdrücklich als Ganzheit: Kopf, Herz und Hand gehören zusammen. Zwar ist der Leib auch das Werkzeug der Seele, seine Bildung müsse aber im

---

[187] *Juvenals* (römischer Dichter im 1. und 2. Jhdt. n. C.) „ut sit mens sana in corpore sano" wurde zu einem wichtigen Motiv turn- und sportpädagogischen Denkens und Handelns im 19. und 20. Jahrhundert. Der Satz war als Forderung bzw. als Wunsch („orandum est") gemeint (ein gesunder Geist sollte in einem gesunden Körper sein), aber er wurde als Zustandsbeschreibung und Ausdruck der Dualität von Körper und Geist verstanden.

[188] Der Sozialphilosoph und Turner Friedrich Albert *Lange* hat in seinem Enzyklopädie-Artikel „Leibesübungen" (1865) diese für die deutschen Turner des 19. Jahrhunderts typische Körperauffassung eingehend dargestellt und philosophisch begründet.

[189] Siehe zum Erziehungs- und Körperverständnis Platons vor allem *Kurz* (1973, S. 163–184, hier S. 168 f.).

Zusammenhang mit dem „Ganzen der Menschennatur" stehen. Mit der „Körperbildung" hat sich *Pestalozzi* eigens in einer Schrift aus dem Jahre 1807 beschäftigt. Seine „Elementargymnastik" hielt er für die geeignete Didaktik und Methodik, um den Körper im Sinne seines ganzheitlichen Erziehungskonzepts zu bilden (*Pestalozzi*, 1807).

In einer aktuelleren Begrifflichkeit ließe sich erläutern, dass in einer gelungenen Erziehung alle Aspekte des Menschen gleichermaßen Berücksichtigung finden müssen: kognitive und mentale ebenso wie emotionale und sittlich-moralische sowie schließlich leiblich-körperliche. Von Sport war bei Pestalozzi noch nicht die Rede, aber von gymnastischer Erziehung, die darauf abzielte, den Körper leistungsfähig und geschickt zu machen. Auch handwerkliche und landwirtschaftliche Arbeiten gehörten dazu.

Romantisches Körperverständnis

Vor allem die Pädagogen der Romantik – Jean *Paul*, Ernst Moritz *Arndt* und Friedrich *Fröbel* – führten zu Beginn des 19. Jahrhunderts mit dem Irrationalen, dem Gefühl, dem Unbewussten und der Individualität neue Gesichtspunkte in die Auffassung über den Körper bzw. den Leib und das Leibliche ein (siehe *Bollnow*, 1977). Arndt betrachtet den Körper als ein „göttliches Meisterstück" des „heiligsten inneren Lebens", als „Tempel" und „Ebenbild Gottes". Für Jean *Paul* ist er „Panzer und Kürass" der Seele und „Ankerplatz des Mutes". Das Irrationale, das Unbewusste – die „Nacht" und die „Dämmerung" des Abends –, das Gefühls- und Seelenleben verdienten in der Erziehung besondere Aufmerksamkeit. Bildung und Erziehung dürften nicht allein an der geistigen Bildung ansetzen, sondern sie müssten die körperliche Bildung und Erziehung einbeziehen.

Fröbel sieht in ihm den „Träger des Geistes" und das „Mittel zur Darstellung seines Wesens": Der Leib sei „ein Leben der Seele", und das „innere Leben des Menschen" äußere sich als „Leben des Leibes". Die Entwicklung des Menschen solle sich organisch und in Entwicklungsstufen vollziehen, so dass eine harmonische Bildung in körperlicher und geistig-seelischer Hinsicht ermöglicht werde.

Zu den Pädagogen der Romantik wird auch *Jahn* gezählt. Auch er betont „Gleichgewicht" und „Gleichmäßigkeit" in der Beziehung von Leib und Seele und leitet daraus die Forderung nach deren gleichmäßiger Ausbildung ab.

Spieß, der als Begründer des Schulturnens in Deutschland gilt, betrachtete den Körper dagegen wieder als Werkzeug des Geistes. Der Geist sei Lehrer, Herr und Meister, der Körper sein Instrument. Es sei deshalb in der Erziehung notwendig, den Leib dem Geist gefügig zu machen; alle seine Glieder sollten „kunstgemäß geübt" und damit der Leib unter die „Herrschaft des Geistes" gestellt werden.

Vernunft des Leibes

Diese materialistische, mechanistische und instrumentelle Auffassung vom Körper, die für die Praxis des Schulturnens und der Körpererziehung in der Armee von großer und nachhaltiger Bedeutung war, löste Widerspruch aus. Dieser zeigte sich insbesondere in der Jugend-, Spiel- und Gymnastikbewegung, im „natürlichen Turnen" und in der Reformpädagogik um die Wende vom 19. zum 20. Jahrhundert. Ihre Vertreterinnen und Vertreter beriefen sich u. a. auf *Nietzsche* und *Klages* und wandten sich gegen die Unterordnung des Körpers unter das Geistige. Die bisherige Gewichtung von Körper und Geist wurde umgekehrt. Friedrich *Nietzsche* (1844–1900) hatte diese Umkehr gegen Ende des 19. Jahrhunderts mit seiner Philosophie eingeleitet. Nicht mehr der Geist, sondern der Leib galt ihm als Ausdruck einer tieferen und größeren Vernunft, dem der Geist zu folgen habe. „Leib bin ich ganz und gar", schrieb er, „und nichts außerdem; und Seele ist nur ein Wort für ein Etwas am Leibe. Der Leib ist eine große Vernunft, eine Vielheit mit einem Sinn, ein Krieg und Frieden, eine Herde und ein Hirt. Werkzeug deines Leibes ist auch deine kleine Vernunft, mein Bruder, die du ‚Geist' nennst, ein kleines Werk- und Spielzeug deiner großen Vernunft. ‚Ich' sagst du und bist stolz auf dieses Wort. Aber das Größere ist – woran du nicht glauben willst – dein Leib und seine große Vernunft: die sagt nicht Ich, aber tut Ich … Es ist mehr Vernunft in deinem Leibe, als in deiner besten Weisheit".[190] Im Anschluss daran argumentierte beispielsweise der Philosoph und Pädagoge Eduard *Spranger* („Die Persönlichkeit des Turnlehrers", 1928), dass sich die geistigen Kräfte im Menschen und die geistige Kultur insgesamt nicht entfalten könnten, wenn die „Basis des physischen Daseins" brüchig oder zerstört sei.

Nietschzes Auffassung des Leiblichen schlug sich in der Rhythmus-Theorie des Philosophen und Psychologen Ludwig *Klages* (1872–1956) nieder, die wiederum nachhaltig das Denken der Gymnastikbewegung und deren Theorie seit den zwanziger Jahren bestimmte. Für *Klages* ist der Geist weder „Herr" des Leibes noch sein „Werkzeug". Er spricht vom Geist als „Widersacher" des Leibes. Leib und Seele bildeten eine „organische Einheit", sie seien „untrennbar zusammengehörige Pole der Lebenszelle", in die jedoch von außen her, „einem Keil vergleichbar", der Geist sich mit dem Ziel einzuschieben suche, sie „untereinander zu entzweien", also den „Leib zu entseelen, die Seele zu entleiben, und dergestalt alles ihm irgend erreichbare Leben zu ertöten" (*Klages,* 1960, S. 7).

Diese Auffassung fand in der Theorie des Rhythmus Beachtung. Jedes Leben folge einem bestimmten Rhythmus. Durch ihn nehme der Mensch teil an der Natur und an den sie durchziehenden rhythmischen Bewegungen von Tag und Nacht, Ebbe und Flut, Auf- und Untergang von Sonne und Mond, dem Wechsel der Jahreszeiten, dem Wachstum und Vergehen, Geborenwerden und Sterben. Das Leiblich-Seelische sei Teil dieses umfassenden rhythmischen Geschehens. Kennzeichen des Geistes sei dagegen der zergliedernde, zerteilende, zersetzende Takt. Er bedrohe das Leben, hemme die Gefühle, unterdrücke das Irrationale. Gesetz, Macht, Technik, Zivilisation, Gesellschaft seien seine Produkte. *Bode* (1925, S. 66) brachte dies auf die Formel, dass „logos" gleich Lüge sei, weil die Logik, der rationale Gedanke die Wirklichkeit verfälsche.

---

[190] Nietzsche: Werke in zwei Bänden (1930, Band 1, S. 313 f.).

Was in der Reformpädagogik der zwanziger Jahre, ausgehend von der Vorstellung der Ganzheit des Menschen, zu einem vertieften Verständnis des Leibes führen sollte, fand später in der Blut- und Boden-Ideologie des Nationalsozialismus und seiner Rassenlehre eine verhängnisvolle Umsetzung. Der Körper erfuhr in der NS-Erziehung in Theorie und Praxis eine enorme Aufwertung; allerdings in einer biologistischen und rassistischen Wendung. Körper wurden nach Menschenrassen unterschieden und bewertet. Das Körperliche wurde zur vorherrschenden Grundlage der nationalsozialistischen Auffassung vom Menschen und seiner Erziehung gemacht, deren Ziele und Inhalte von einer rassistischen und biologistischen Anthropologie bestimmt wurden. Die körperliche Erziehung wurde als Mittel für die ideologische Indoktrination der Jugend genutzt.

Das Körperkonzept der Theorie der Leibeserziehung und des Sports nach dem Zweiten Weltkrieg knüpfte zunächst vor allem an das reformpädagogische Denken der 1920er Jahre an, betonte die Ganzheit oder Ganzheitlichkeit des Menschen und wandte sich in deren Namen gegen Intellektualisierung und Verkopfung in Schule und Erziehung. Körperliche Erziehung gilt als unersetzbarer Teil der Gesamterziehung.

> Die Geschichte der körperlichen Erziehung ist zunächst eine Geschichte verschiedener Auffassungen über den Körper. Zwei sind besonders verbreitet: Entweder wurde der Körper als Instrument des Geistes gesehen, oder umgekehrt wurden Körper und Leib als Grundlage des geistigen Lebens betrachtet, ohne allerdings dualistische Auffassungen zu überwinden. Auffällig ist, dass immer wieder die Beachtung der Einheit und Ganzheit des Menschen gefordert wurde.

2.2 Körper und Körperlichkeit in der philosophischen und pädagogischen Anthropologie

In der neueren Anthropologie des 20. Jahrhunderts wird der Mensch weniger als dualistisches, sondern als handelndes Wesen verstanden. Es wird versucht, ihn von seinen konkreten Lebenssituationen aus zu begreifen. Dies bedeutet eine grundlegend andere Zugangsweise und ermöglicht es, sowohl dualistische Konzepte der Beziehung von Körper und Geist, Leib und Seele als auch die Vorstellung vom Menschen als Einzelwesen zu überwinden (siehe *Grupe,* 1969/1984 sowie *Danzer,* 2011).

Die „neuere Anthropologie" bietet dabei kein fertiges und einheitliches Konzept an, sondern sie beinhaltet die Summe der Ergebnisse von Forschungen und Studien unterschiedlicher wissenschaftlicher Disziplinen, die sich jeweils aus ihrer Sicht mit Grundfragen menschlicher Existenz und in diesem Zusammenhang auch mit dem Leib-Seele-Problem beschäftigen. Sie stützt sich auf Einsichten der französischen Phänomenologie und Existenzphilosophie *(Merleau-Ponty, Marcel, Sartre),* der medizinischen Anthropologie und Psychiatrie *(von*

Gebsattel, Christian, Nitschke, Plügge, von Uexküll, von Weizsäcker) zusammen und bezieht auch solche mit ein, die aus Sozial-, Kultur-, Verhaltens- und biologischen Wissenschaften stammen, wie der Psychologie, Soziologie, Pädagogik oder (Neuro-)Biologie *(Bollnow, Buytendijk, Elias, Gehlen, van Peursen, Plessner, Portmann, Scheler, Strasser, Spitzer).*

Von der Vorstellung eines statischen Leib-Seele-Verhältnisses wird in diesen Konzepten ebenso Abschied genommen wie von der Auffassung, im Individuum ein abgeschlossenes Ganzes zu sehen. Stattdessen wird von „Aspekten" und veränderlichen Faktoren eines komplexen Person-Körper-Welt-Verhältnisses ausgegangen. Die historisch gesehen eher starre Trennung von Geist und Körper auf der einen und Mensch, Gesellschaft und Kultur auf der anderen Seite wird durch eine Vorstellung ersetzt, die den dynamischen und prozesshaften Charakter des menschlichen Daseins und seine Einbindung in seine soziale, kulturelle und historische Umwelt betont.

Die Körperlichkeit des Menschen wird unter dieser Perspektive als veränderbar angesehen. Sie entwickelt sich im Handeln in konkreten Situationen und wird von ihrem Vollzug, also von ihren möglichen individuellen Verwirklichungen, unter spezifischen sozialen, historischen und kulturellen Bedingungen aus begriffen. Es gibt nach dieser Auffassung keine scharf voneinander zu trennenden rein körperlich-biologischen Kräfte auf der einen und geistig-seelischen auf der anderen Seite. Vielmehr sind Körperliches, Geistig-Seelisches und Soziales (Welt und Umwelt) ineinander verschränkt, und erst in einzelnen Handlungen erscheint es möglich, dieses Geflecht der Verschränkung phänomenologisch zu entwirren, d. h., menschliche Phänomene und Handlungen in ihren verschiedenen Aspekten und Bedeutungen zu untersuchen. Die Phänomenologie sowohl als philosophisches Modell als auch als Methodologie liegt der neueren Anthropologie in besonderem Maße zugrunde. [191]

Aus der Sicht einer anthropologisch orientierten Theorie der Leibeserziehung und Sportpädagogik führt die Beobachtung und Beschreibung der Situationen, in denen Menschen mit ihrem Körper umgehen, sich bewegen und Sport treiben, nicht nur zu mehr Wissen über Körper, Bewegung und Sport, sondern auch zu Erkenntnissen über den Menschen insgesamt. Der Mensch wird also nicht von vornherein, was sein Verhältnis zu seinem Körper und zu seiner Umwelt betrifft, in ein vorgefertigtes Konzept eingebunden, z. B. in die Vorstellung eines Dualismus von Körper und Geist oder eines Monismus, nach der der Mensch entweder auf seine Geistigkeit oder auf seine Körperlichkeit reduziert wird.

---

[191] *Thiele* (1990) ist in seiner Dissertation zum Thema „Phänomenologie und Sportpädagogik" ausführlich auf *Husserl,* aber auch auf *Merleau-Ponty* und *Binswanger* eingegangen, die die phänomenologische Anthropologie maßgeblich geprägt haben.

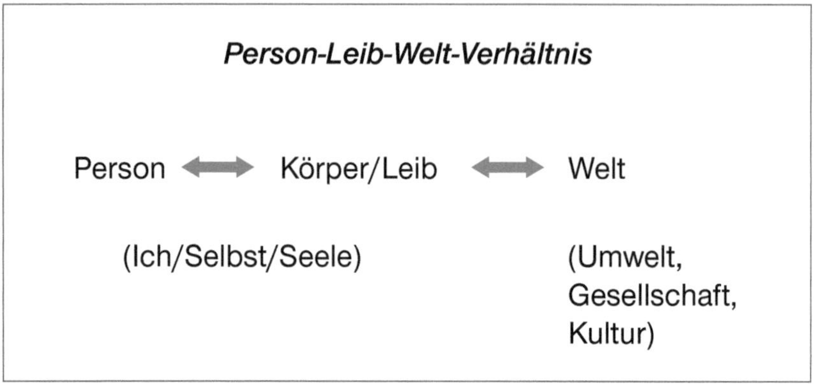

Person-Leib-Welt-Verhältnis

Person ⟷ Körper/Leib ⟷ Welt

(Ich/Selbst/Seele)   (Umwelt,
                                      Gesellschaft,
                                      Kultur)

Abb. 14: Person-Leib-Welt-Verhältnis

Unser Körper ist dieser Auffassung zufolge immer auch bestimmt von den Absichten und Aufgaben, die wir verfolgen, von Alter und Geschlecht, von sozialen und kulturellen Einflüssen, von Stimmungen und Befindlichkeiten, von Krankheit und Gesundheit, Wahrnehmung, Erfahrungen und Gewohnheiten, die uns beeinflussen. Der Mensch ist kein Homo Clausus, sondern in seiner Körperlichkeit, Geistigkeit und Emotionalität mit der sozialen Welt eng verwoben.[192]
Dieses dynamische Person-Körper-Welt-Verhältnis kann uns bewusst werden, wenn wir unseren Umgang mit dem Körper, seine Wahrnehmung und Verwendung, das Sich-Bewegen und Handeln in sportspezifischen Situationen und die ihnen zugrundeliegende Vermittlungsfunktion des Körpers gegenüber Welt und Umwelt untersuchen. Dies bedeutet auch, um einige Beispiele zu nennen, dass das Geschlecht keine fixierte Kategorie ist, sondern unsere Bilder von männlich und weiblich sozial bestimmt werden; dasselbe ließe sich über die Vorstellungen sagen, was alt und jung bedeutet, oder was für kindgemäß oder altersgemäß gehalten wird.

Grundzüge neuerer anthropologischer Konzepte

Einige Grundzüge dieser anthropologischen Konzepte in Bezug auf die Körperlichkeit des Menschen lassen sich zusammengefasst wie folgt festhalten: Zunächst versteht man das, was traditionell als Körper und Geist oder Leib und Seele bezeichnet wurde, nun als Aspekte des menschlichen Ich-Leib-Welt-Verhältnisses. Leiblichkeit wird in den prozesshaften Ablauf des menschlichen

---

[192] Zur Kritik einer Auffassung vom Menschen als „homo clausus" und von der Gesellschaft als der Summe solcher in sich geschlossener Individuen siehe *Elias* (1988, bes. S. 262 ff.). Er verwendet in seiner Theorie den Begriff der Figuration, der die Verwobenheit individueller und sozialer Existenz verdeutlichen soll.

Daseins einbezogen und von dessen Vollzug aus begriffen. Das Subjekt-Objekt-Schema älterer Theorien, das Leib und Seele unverbunden einander gegenüberstellt, sollte überwunden, die starre (theoretische) Trennung zwischen Geist, Seele, Körper und Welt aufgehoben werden. Es gebe nicht auf der einen Seite rein biologische Kräfte und auf der anderen rein geistige. Beide Seiten seien vielmehr als ineinander verschränkt anzusehen, beeinflussen sich und variieren in einem von vielerlei Umständen und Einflüssen bestimmten Zusammenhang. Die Übergänge zwischen ihnen gelten als fließend.

Leiblichkeit ist in diesem Sinne physisch und geistig zugleich, und sie kann weder aus ihrem Bezug zur Natur noch aus ihrem Bezug zur Kultur und Gesellschaft herausgelöst werden. Auf der einen Seite ist sie – als Organismus – ein Geflecht von Automatismen und Regulationen, auf der anderen ein von Selbstbestimmung und Weltbezug – also aktuellen situativen Bedingungen und übergreifenden sozialen und kulturellen Einflüssen – abhängiger individueller Vollzug. Wahrnehmung und Einschätzung des Körpers und der Umgang mit ihm sind deshalb sowohl *individuell* geprägt als auch von *kulturellen* und *sozialen* Faktoren und Werten beeinflusst.

> Zu den wesentlichen Erkenntnissen der neueren Körperanthropologie gehört, dass Leiblichkeit als etwas Mediales, als Vermittlung (*Plügge*, 1962; 1967) zur Welt anzusehen sei. Über den Körper werden Beziehungen zu Menschen, Aufgaben und Situationen ermöglicht und hergestellt. Dies geschehe in einer charakteristischen, von Gesundheit, Krankheit, Erwartungen, Zielen, Alter und Geschlecht bestimmten, aber auch von sozialen und kulturellen Werten mitbedingten Form.

In diesem Zusammenhang ist darauf hinzuweisen, dass die Begriffe Leib und Körper nicht einheitlich verwandt werden. Während von manchen Autoren eher der Begriff des Körpers bevorzugt wird, ist es bei anderen der des Leibes. Einige benutzen Körper und Leib ohne Unterschied. Der Tendenz nach bezeichnet Leib allerdings eher den lebendigen und beseelten Körper, während Körper sich auf den biologischen Organismus des Menschen bezieht. In der Sportsoziologie und den Sozialwissenschaften beispielsweise wird von Körper gesprochen, während in Disziplinen, die den Geisteswissenschaften näherstehen, bevorzugt von Leib die Rede ist. In der christlichen Theologie wird der Leib als der vom heiligen Geist beseelte Körper verstanden, im Unterschied zum toten Körper, den die Seele verlassen hat.

Gelebter Leib – erlebter Leib: Leibsein und Körperhaben

> In der Anthropologie der Leibeserziehung und des Sports, die sich an die philosophische Anthropologie anlehnt, werden zwei wichtige Unterscheidungen im Hinblick auf den Körper oder Leib vorgenommen: nämlich erstens die Unterscheidung des *gelebten* Leibes vom *erlebten* Leib, und zwei-

tens die Betonung des *medialen* Charakters, der Vermittlungsfunktion des Leiblichen gegenüber Welt und Umwelt. Diese Vermittlungsfunktion des Leiblichen bezieht sich nicht nur auf Geist und Seele, sondern ebenso auf die Welthaftigkeit des Person-Leib-Verhältnisses. Das Leib-Seele-Verhältnis wird damit zu einem *Person-Leib-Welt-Verhältnis* erweitert.

Wie ist das zu verstehen?

Die Unterscheidung des gelebten Leibes von einem erlebten Leib besagt, dass uns unser Körper und unsere körperlichen Reaktionen, Funktionen, Vollzüge in der Regel nicht bewusst und gegenwärtig sind. Man weiß, dass man sich bewegt, aber weiß eigentlich nicht wie. Wenn wir uns wohlfühlen, unsere Absichten mit unserem Können und unseren Möglichkeiten übereinstimmen, bleibt unser Körper in der Anonymität des Selbstverständlichen verborgen. Man bemerkt die Hand, die den Tennisschläger fasst; aber diese Wahrnehmung erfolgt nebenher, ohne dass das Leibliche darin herausgehoben erlebt wird. Erleben vollzieht sich in Formen der Übereinstimmung der Person mit ihrem Körper. Im Handeln und in der (gekonnten) Bewegung unterscheiden wir uns nicht von unserem Leib. Wir sind unser Leib. In der anthropologischen Literatur findet dafür das Wort Leibsein Verwendung.

Der Körper ist dieser Auffassung nach kein Objekt, das uns gegenübersteht, sondern Subjekt. Er ist unsere Möglichkeit und unser Vermögen, etwas zu tun und zu können. Dahinter steht die Auffassung, dass uns unser Körper zwar nicht in jeder Situation und Lebenslage gleich erscheint, dass er uns aber in der Regel nicht eigentlich und in auffälliger Weise bewusst wird, vor allem dann nicht, wenn wir in unseren körperlichen Möglichkeiten mit den Absichten, die wir in und mit unseren Handlungen verfolgen, übereinstimmen. Unsere Bewegungen geschehen dann sozusagen automatisch und in Übereinstimmung mit dem angestrebten Ziel, vorausgesetzt, wir beherrschen und können sie.

Misslingt jedoch die Aktion oder wird unsere Bewegung durch irgendeine Störung, z. B. eine plötzliche Zerrung oder ein unerwartetes Hindernis, unterbrochen, gehen Übereinstimmung und Geschlossenheit des Ich-Leib-Welt-Verhältnisses (zeitweilig oder ganz) verloren. Behinderungen im Bewegungsablauf, Müdigkeit, Erschöpfung, Schmerz, Krankheit, Verletzungen oder Nicht-Können, aber auch Störungen von außen sind solche Situationen, und sie machen als Folge unseren Körper insgesamt oder Teile unseres Körpers zum Gegenstand unserer Wahrnehmung und unseres Erlebens. Die Harmonie von Person und Körper ist nun teilweise oder ganz gestört oder sogar aufgehoben.

Auch das körperliche Wachstum mit seinen charakteristischen Veränderungen der Körperproportionen im Jugendalter, das Auftreten der sekundären Geschlechtsmerkmale, Schwangerschaften, chronische Erkrankungen, das Älterwerden und das mit ihm verbundene Nachlassen des körperlichen Leistungsvermögens gelten als Formen eines in dieser Weise akzentuierten Leiberlebens. Dafür wird – in Abgrenzung von dem des Leibseins – der Begriff des *Körperhabens* benutzt, was jeweils bestimmte Formen des Körpererlebens bezeichnet.

Leibsein bezeichnet Situationen, in denen im Unterschied zum Körperhaben der Körper nicht bewusst wahrgenommen wird, weil er mit der Person verschmolzen zu sein scheint. Der Begriff des Körperhabens bezieht sich dagegen in besonderer Weise auf das unmittelbare Wahrnehmen und Erleben des Körpers.

Allerdings ist mit diesem Begriff nicht gemeint, dass wir unseren Körper als eine Art Besitz ansehen können. Der Mensch besitzt seinen Körper nicht eigentlich; denn was er besitzt, ist er selbst. „Das Werkzeug, das mein Leib ist", lautet deshalb ein Satz von Jean-Paul *Sartre*, „gebrauchen wir nicht. Wir sind es".[193]
Neben den manchmal eher negativen Aspekten des Körperhabens in Schmerz und Krankheit dürfen die positiven Körperwahrnehmungen und -erfahrungen nicht übersehen werden. Körperliche Zuwendung, Liebe und Sexualität können ebenso Ausdruck positiver Körperwahrnehmung sein wie z. B. das Gefühl wärmender Sonnenstrahlen auf der Haut, ein erfrischendes Bad oder auch ein anstrengender und doch entspannender Lauf.
Es ist nicht immer möglich, positive und negative Aspekte des Körpererlebens, des körperlichen Wohl- und Missbefindens klar zu trennen. Gerade der Sport bietet viele Beispiele, dass längerfristig als positiv geschätzte Erfahrungen körperlichen Wohlbefindens beispielsweise mit körperlichen Anstrengungen verbunden und nicht selten an Schmerz und Entsagung geknüpft sind: Erschöpfung und Anstrengung sind im Sieg vergessen; der mühsame und lange Aufstieg wird in Kauf genommen, um eine kurze Tiefschneeabfahrt genießen zu können; hartes Training und beharrliches Üben sind oft die Voraussetzung für die Befriedigung, es geschafft, Angst überwunden, sich selbst besiegt zu haben. Der Sport bietet zahlreiche Gelegenheiten, ein solches herausgehobenes, aktives und positives Wohlbefinden über den Körper zu erfahren. Dabei handelt es sich auch nicht um bloß körperliche Erfahrungen und Befindlichkeiten, sondern zugleich um Erfahrungen, die uns selbst als Person, unser Denken und Fühlen und die Beziehungen zu unserer sozialen und materialen Umwelt betreffen.
Situationen des Körper-Habens oder Leiberlebens bedeuten im Übrigen nicht, dass wir in diesen Situationen unseren Körper uns ganz gegenüber haben. Dies ist dann der Fall, wenn wir uns insgesamt krank, erschöpft oder wie zerschlagen fühlen. Zumeist sind es aber Teile unseres Körpers, körperliche Zustände, Schmerzen oder Verletzungen, die unsere Wahrnehmung und unser Erleben auf sich ziehen.
Im Sport gibt es eine Fülle von Beispielen, die zeigen, dass Zeichen der körperlichen Ermüdung oder Erschöpfung zunächst gar nicht bemerkt werden, wenn eine Aufgabe oder ein Ziel so faszinierend sind, dass sie unsere ganze Aufmerksamkeit auf sich ziehen. Während des Spiels wird das schmerzende Knie nicht wahrgenommen oder während der Ski-Abfahrt die Kälte nicht gespürt. Vor das

---

[193] *Sartre* in seinem Buch „Das Sein und das Nichts" (Hamburg, 1962, S. 463) („Der Leib ist das Werkzeug, das ich bin.").

unmittelbare Erleben des Körpers treten andere Erlebnisse oder Handlungen. Ist jedoch das Spiel überstanden, tritt der Körper ins Bewusstsein, oft umso stärker, je mehr er während der Anstrengung unbemerkt blieb. In anderen Fällen des Körperhabens wird der Körper selbst zu einer Situation; beispielsweise, wenn man Schmerzen oder starke Ermüdung spürt. Die zwischen uns und unserem Körper entstehende Differenz ist nun im Handeln zu überbrücken, wenn wir ein bestimmtes Ziel erreichen wollen. Unser Körper wird für uns zu einer Art Objekt, das zur Zielerreichung eingesetzt wird. Manchmal wird er dabei sogar als etwas Fremdes erlebt. Er bleibt gleichwohl unser Körper, Teil unseres Ich, das Leib ist und zugleich diesen Leib als Körper hat. Das Verhältnis zu ihm ist sowohl durch den Wechsel von solchen teilweisen oder vollständigen Übereinstimmungen als auch durch Trennung und Disharmonie geprägt. Dieses wechselnde Verhältnis bringt jedoch keine prinzipielle, sondern eine von Situationen des Handelns und Erlebens abhängige Dualität von Person und Leib zum Ausdruck.

Leib und Körper als Medium

In der neueren anthropologischen Literatur des 20. Jahrhunderts werden insbesondere der Vermittlungscharakter des Leiblichen und seine Einbindung in das Verhältnis des Menschen zu seiner Welt betont. Das traditionelle Person-Leib-Verhältnis wird deshalb als *Person-Leib-Welt-Verhältnis* erweitert. Dies ist historisch neu und soll deutlich machen, dass mit Veränderungen unseres Leibverhältnisses immer auch Veränderungen unseres Weltverhältnisses verbunden sind oder sein können. Schon leichte Schmerzen, Ermüdungs- und Ermattungserscheinungen können zum Beispiel die Wahrnehmung unserer Umwelt beeinflussen, ihre Bedeutungen verändern und sie auf bestimmte Ausschnitte verengen. Für den kranken Menschen scheint die Welt zu schrumpfen. Von Hunger, Durst oder Sexualität bestimmte Situationen verändern die Weltbeziehungen des Menschen auf jeweils charakteristische Weise. Auch Gesundheit und Wohlbefinden, Reifung, Altwerden und Geschlechtlichkeit bestimmen nicht nur unser unmittelbares Verhältnis zu unserem Körper, sondern auch das zu unserer sozialen und naturhaften Umwelt.

Wenn Veränderungen des Person-Körper-Verhältnisses mit Veränderungen des Weltverhältnisses verknüpft sind, gilt das gleiche aber auch umgekehrt. Unsere Körperlichkeit beeinflusst das Verhältnis zu unserer Umwelt, und andererseits beeinflusst unsere Umwelt mit ihren Normen und Werten und auch in ihren konkreten Situationen unser Körpererleben. Fühlen wir uns gesund, scheint sich die Welt zu öffnen, körperliche Leistungsfähigkeit und körperliches Können erschließen uns neue Handlungsmöglichkeiten und vermehren den Umfang an Bezügen zur Welt. In Fällen von Krankheit, Verletzung, Schmerz, Hunger, Durst, Missbefinden, Alter werden sie dagegen beeinträchtigt. Störende Faktoren schieben sich zwischen uns und unsere Welt. Wir sind solchen Faktoren aber meistens nicht hilflos ausgeliefert, sondern können mit ihnen umgehen und sie zu überwinden versuchen, auch und vor allem mit Hilfe von außen.

Menschen mit Behinderungen, die sich nicht oder nicht mehr im gleichen Maße oder nur noch teilweise bewegen können und im Rollstuhl sitzen müssen, sehen und erleben die Welt auf andere und keineswegs nur eingeschränkte Weise. Gerade deshalb verstehen viele Rollstuhlfahrer und Menschen mit Behinderungen es, diese Situationen für einen neuen, oft intensiveren und bewussteren Zugang zur Welt zu nutzen. Sie liefern eindrucksvolle Beispiele, wie es gelingen kann, die Grenzen ihrer Welt, die mit einem Mal ganz eng gezogen wurden, zu überschreiten und sie in neuer Weise zu erweitern. Einige resignieren auch, aber viele suchen nach anderen Erfahrungsmöglichkeiten, z. B. im Sport, spielen Basketball, nehmen im Rollstuhl an Marathonläufen teil oder tanzen Rock 'n' Roll. Einschränkungen der Erfahrungsmöglichkeiten über Bewegung können deshalb auch eine Chance sein, sich andere und neue Erfahrungsmöglichkeiten zu erschließen, besonders sozialer und geistiger Natur.

Umgekehrt wirkt auch die Umwelt auf das Körperverhältnis ein. Wenn die Bewegungsräume von Kindern in Städten eingeschränkt und ihre direkten Umwelterfahrungen über Körper und Bewegung behindert werden, dann führt dies zu Mängeln und Einschränkungen des Körpererlebens und damit auch der Wahrnehmung der eigenen Person sowie der Einschätzung anderer und ihrer Körperlichkeit. Ein Kind, das keine Gelegenheit hatte, Sicherheit im Umgang und in der Beherrschung seines Körpers und seiner Bewegungen zu gewinnen, hat es schwerer, Selbstvertrauen zu sich und zu den eigenen Möglichkeiten zu finden. Es weiß nicht, was es sich und seinem Körper zutrauen kann; und es kann sich kaum Vorstellungen über die eigene Körperlichkeit und die körperliche Verletzlichkeit seiner Spielkameraden machen.

Kinder und Jugendliche wachsen im Fernseh- und Medienzeitalter mit einer Realität auf, die zum großen Teil aus fiktiven und virtuellen Welten besteht, die in erheblichem Umfang aus Gewalt und Pornographie bestehen. Primäre, mit dem eigenen Körper wahrgenommene und erlebte Erfahrungen treten dagegen in den Hintergrund. Vor diesem Hintergrund scheint es nicht verwunderlich zu sein, wenn es ihnen schwerfällt einzuschätzen, welche Auswirkungen etwa körperliche Gewalt auf andere haben kann, aber auch was körperliche Nähe, Zärtlichkeit und Erotik im Unterschied zu Sex und Pornographie in den Medien bedeuten. Wer selbst kaum solche unmittelbaren Erfahrungen des körperbezogenen Umgangs mit anderen sammeln konnte, sondern sich nur auf sekundäre Erfahrungen aus der Konserve oder im Internet stützen muss, kann sich nicht realistisch in andere hineinversetzen. Umgekehrt prägt eine anregende und herausfordernde Umwelt mit ausreichend Gelegenheit für eigene, unmittelbare Erfahrungen mit und über den eigenen Körper die Entwicklung der ganzen Person, also die körperliche, seelische, emotionale und kognitive Entwicklung des Menschen.

In der abstrakteren Diktion der modernen Anthropologie des 20. Jahrhunderts (*Danzer*, 2011) heißt es, dass Leibsein und Körperhaben nicht nur „Ichsein", sondern auch „Welt haben" bedeuten (*Langeveld*, 1964, S. 130). Der Körper vermittelt „zwischen meinem Ich und meiner Welt". In unserem körperlichen Leben verschieben sich die Akzente im Wechsel zwischen „Selbstbezogenheit" und „Weltbezug" (*Plügge & Mappes*, 1961, S. 77). Welt und Umwelt sind unter einer solchen Perspektive nicht als ein dem Menschen objektiv Gegenüberstehendes zu begreifen. Die Welt ist zunächst nichts anderes, schreibt *Merleau-Ponty* (1966, S. 462), als „das Feld all unserer Erfahrung"; d. h., wir sind so eng mit ihr verflochten, dass jede Art unseres Verhaltens zugleich Ausdruck eines bestimmten In-der-Welt-Seins ist. Indem wir uns verhalten, verhalten wir uns zu unserem Körper und zugleich zu unserer Welt; und wie wir uns in unserer Körperlichkeit befinden, sind wir auch zugleich „in der Welt situiert" (*Merleau-Ponty, 1966*).

Der Körper als soziales „Gebilde"

Im Rahmen der Behandlung des Körperthemas hat sich ein neuer Forschungsschwerpunkt entwickelt, in dem es um die soziale Verwendung des Körpers, auch in historischer Perspektive („Körpergeschichte") geht (M. *Lorenz,* 2000). In diesen historisch-soziologisch, kulturvergleichend und kulturhistorisch angelegten Studien wird der Begriff des Körpers dem des Leibes vorgezogen. Körper wird als Bezeichnung für die kulturellen Bedingtheiten und sozialen Beeinflussungen benutzt, die den Menschen in seinem Bezug zu seinem (individuellen) Leib/Körper bestimmen.

In diesem Zusammenhang spricht man vom „sozialen Körper" oder vom „Körper als sozialem Gebilde" (*Heinemann,* 2007). Der Körper wird als Ausdruck „gesellschaftlicher Tatbestände" verstanden, die wesentlichen Einfluss darauf haben, wie er wahrgenommen und kontrolliert wird, wie er als „expressives Ausdrucksmedium" Verwendung findet, wie man mit ihm umgeht und zu ihm eingestellt ist. Es gibt den Körper nicht als Natur, sondern nur als Objekt sozialer Formung, als Verkörperung sozialer Kräfte, die in ihm als Bewegungskompetenz, als Wahrnehmungsstile, als Ausdrucksformen, Triebkontrollen, Funktionsstörungen oder als spezifische Form des Gesundheitsverhaltens Gestalt angenommen haben. Sport ist in einer solchen soziologischen Betrachtungsweise eine spezifisch organisierte Form des Verfügens über den Körper. Der Sportkörper stellt eine spezifische soziale Konstruktion des Menschen in seiner Körperlichkeit dar.

Körper ist jedoch nur eine Formel für unterschiedliche körperliche Phänomene und deren Wahrnehmung oder den Umgang mit dem Körper. Konkreter wird dieser allgemeine Begriff des Körpers, wenn man ihn nicht nur pauschal, sondern differenziert nach Gesichtspunkten wie Haltung, Bewegung, Gesundheit, Krankheit, Ernährung, Sexualität, Bekleidung, Schmuck, Bemalung, Ausdruck, Gestik, Schönheit, Scham, Alter, Geschlecht und eben auch Sport betrachtet.

Soziale Formen des Umgangs mit dem Körper

Im Sport äußert sich eine sozial, kulturell und historisch spezifische Form des Umgangs mit dem Körper. Die Beherrschung des Körpers und der Bewegung, die Art und Weise, wie und mit welcher Absicht Handlungen, Haltungen und Bewegungen im Sport benutzt werden und welchen Werten und Körperbildern wir dabei folgen, hängt von kulturellen Traditionen und von sozialen, sogar politischen Einflüssen ab. Körper- und Bewegungstechniken verändern sich im Lauf der Geschichte, sie sind von Kultur zu Kultur verschieden, und es gibt auch Unterschiede zwischen sozialen Gruppen, Schichten oder Milieus sowie zwischen der Art und Weise, wie Männer beispielsweise im Unterschied zu Frauen oder Kinder im Vergleich zu Jugendlichen, Erwachsenen oder Älteren mit ihrem Körper umgehen, ihn erleben und wahrnehmen oder sich bewegen.[194]

Solche unterschiedlichen Techniken des Körpers in verschiedenen Kulturen hat beispielsweise der Kultursoziologe Marcel *Mauss* (1972, S. 91–108) beschrieben. Gang, Haltung, Schlaf- und Sitzhaltungen, die Art des Essens, Trinkens, Grüßens und Verabschiedens sind oft unterschiedlich und haben spezifische kulturelle Bedeutungen. Diese müssen dem Einzelnen oft gar nicht bewusst sein, sondern fließen mehr oder weniger unbemerkt in sein individuelles Verhalten ein. Individuelle sowie sozial-kulturelle Bedeutungen sind dabei eng miteinander verflochten.

Der französische Soziologe und Philosoph Pierre *Bourdieu* (1982; 1985) hat noch auf einen anderen Aspekt dieser sozial-kulturellen Instrumentalität des Körpers aufmerksam gemacht. Er stellt fest, dass die Angehörigen der Oberschicht in Frankreich spezifische Formen des Verhaltens entwickelt haben, durch die sie sich von den unteren, weniger einflussreichen Schichten der Bevölkerung abheben und durch die sie sich auch untereinander als zur etablierten (Ober-)Schicht gehörig identifizieren können. In einer demokratisch verfassten und auf dem Prinzip der Gleichheit beruhenden Gesellschaft kann dies nicht mehr – wie etwa zu Zeiten Ludwigs XIV. – durch demonstrativen Prunk oder ausgeprägt höfischzeremonielles Betragen geschehen, sondern durch „feine Unterschiede" – so der Titel des Buchs von *Bourdieu*: durch die Art der Kleidung, die Wahl der Tageszeitung, der Sportart und die Art und Weise, wo und wie diese Sportart betrieben wird, das Maß an räumlicher Distanz oder Nähe zu Untergebenen und Vorgesetzten oder der Ort und die Art und Weise des Essens und Trinkens.

Bemerkenswert an *Bourdieus* Darstellung des Verhaltens der französischen Oberschicht ist nicht allein die schichtspezifische Differenzierung dieses Verhaltens als Ausdruck sozialer Unterschiede, sondern auch der Verweis darauf, dass dieses Verhalten der Abgrenzung und Stabilisierung politisch-gesellschaftlicher Macht dient, also soziale Ungleichheit schafft. Der Körper ist auch soziales Kapital. Wer seine Zugehörigkeit zu einer höheren sozialen Schicht nicht mehr über die Sportart, die er betreibt, zum Ausdruck bringen kann, weil diese inzwischen popularisiert und für viele zugänglich wurde, der versucht dies über die Wahl eines Vereins mit hohen Beiträgen und entsprechenden sozialen Distinktionen, die dazu führen, dass man „unter seinesgleichen" bleibt.

Luc *Boltanski*, ein anderer französischer Soziologe, spricht im gleichen Zusammenhang von einem „Kodex der guten Sitten" (*Boltanski,* 1976), der in unterschiedlichen sozialen Gruppen, in verschiedenen Ländern, Kulturen oder sozialen Schichten entsprechend ausgeprägt sei: „Anstandsregeln, die die konforme Art

---

[194] Vgl. *Heinemann* (2007, S. 85–87) auf dem Hintergrund von *Douglas* (1974).

definieren, die alltäglichsten physischen Handlungen auszuführen", rechnet er zu diesem Verhaltenskanon; ebenso die Art zu gehen, sich anzukleiden, sich zu ernähren, sich zu waschen, sich zu schminken und zu arbeiten, die korrekte Art, in der physische Interaktionen mit anderen abzulaufen haben, die Distanz zu einem Partner, die man zu wahren, die Art, in der man ihn anzusehen hat, ihn berühren oder nicht berühren darf, die Gesten, die auszuführen in seiner Gegenwart angemessen sind, und zwar wiederum abhängig von Geschlecht, Alter und davon, ob er oder sie miteinander verwandt oder befreundet oder ob sie sich fremd sind, derselben Sozialschicht angehören oder nicht, an welchem Ort und zu welcher Tageszeit etwas „Soziales" stattfindet usw. (*Boltanski,* 1976, S. 154 f.).

Norbert *Elias,* der sich als Soziologe und Menschenwissenschaftler ebenfalls mit Unterschieden des Verhaltens und Empfindens von Menschen in verschiedenen Zeiten und Kulturen beschäftigte, konnte zeigen, wie sich im Verhalten und Bewegen von Menschen politische Machtverhältnisse und gemeinsame Traditionen von sozialen Gruppen, Völkern und Nationen widerspiegeln. Der Habitus, ein Begriff, der von *Elias* geprägt wurde und ebenso von *Bourdieu* verwendet wird, also das Verhalten, Denken, Fühlen und die Bewegungen eines Menschen, sind nicht nur Ausdruck seiner Individualität und persönlichen Entwicklung, sondern auch seiner Sozialität. Im Habitus etwa eines Deutschen hat sich die Erfahrung seiner sozialen Klasse und einer wechselvollen deutschen Nationalgeschichte eingegraben. *Soziogenese* und *Psychogenese* greifen ineinander, wie *Elias* (1976) sagt.

Bezogen auf den deutschen Nationalcharakter und den Habitus der Deutschen lässt sich erklären, was *Elias* meint. Im Wilhelminischen Kaiserreich von 1871 bis 1918 war es üblich, so zeigt er (*Elias,* 1990), sich besonders stramm, zackig und militärisch zu bewegen. Dies galt vor allem für die Oberschichten. Aber auch Arbeiter und Kleinbürger ahmten diese Art des Bewegens nach. Sie unterschied sich von der lässigen, aber selbstbewussten Art des Bewegens und Verhaltens etwa eines englischen Gentleman, die sich auf eine über lange Zeit gefestigte Stellung Englands als Weltmacht stützte. Ein englischer Gentleman zeigte lässige Souveränität möglichst jederzeit, auch in Niederlagen und unangenehmen Situationen. Haltung und Bewegung Einzelner sind deshalb Beispiel und Ausdruck der Haltung und Bewegung der Gruppen, in die sie eingebunden sind. Soziale Bedingungen und politische Machtverhältnisse, die jeweiligen gesellschaftlichen Figurationen, modellieren das Verhalten einzelner Menschen.

Wenn man das prozess- und figurationssoziologische Konzept von *Elias* auf die Geschichte von Turnen, Sport und körperlicher Erziehung bezieht, kann man in ihnen auch den Habitus der Deutschen erkennen (vgl. M. *Krüger,* 1996). Turnen, Schulturnen und Sport trugen in Deutschland bis nach dem verlorenen Zweiten Weltkrieg einen ausgeprägt straffen und disziplinierten Charakter. Individuelle Körperbeherrschung war eine Voraussetzung dafür, dass Befehle, wie beim Militär, in Haltung und Bewegung umgesetzt und ausgeführt werden konnten. Körper wurden für Dritte umso leichter verfügbar, je mehr es ihnen gelang, individuelle Handlungs- und Entscheidungsspielräume einzugrenzen. Wenn, wie es in Deutschland seit dem Kaiserreich üblich war, zu Gehorsam und Vertrauen (schließlich auch blindem Vertrauen) gegenüber der Obrigkeit erzogen werden sollte, dann schien dies über den direkten Zugriff auf die körperliche Erziehung der Menschen erreichbar. Eine Körper- und Bewegungserziehung, die dagegen eher die individuelle Handlungs- und Entscheidungsfähigkeit stärkt, ist vermutlich besser gegen solche Formen der Instrumentalisierung von Turnen und Sport geschützt.

Bedeutungsveränderungen von Körper und Bewegung

Die Bedeutung von Körper und Bewegung erschöpft sich nicht in ihrer instrumentellen Verfügbarkeit. Diese ist zwar grundlegend für jede Art des Umgangs mit dem Körper und seiner Verwendung, aber es lassen sich noch andere Bedeutungsebenen unterscheiden. In der modernen Welt, in der durch Maschinen, Technik, Verkehrs- und Kommunikationsmittel Ziele auch ohne unmittelbaren körperlichen Einsatz erreichbar geworden sind, kommt Körper und Bewegung ein anderer Stellenwert zu als zu Zeiten, in denen solche, den Körper und körperliche Arbeit und Anstrengung entlastenden oder ersetzenden Hilfsmittel nicht oder weniger verfügbar waren. Andere körperlich-motorische Möglichkeiten und Bedeutungen bekommen dagegen ein größeres Gewicht: z. B. Bewegung als Möglichkeit zu bestimmten Erfahrungen körperlicher, materialer, sozialer und personaler Art.

So angenehm die Errungenschaften der modernen Technik für das tägliche Leben sein mögen, sie bringen auch Probleme und Verluste mit sich. Es ist auf der einen Seite bequem, statt zu Fuß zu gehen, sich ins Auto zu setzen, statt jemanden zu besuchen, das Telefon oder E-Mail zu benutzen. Auf der anderen Seite haben solche Annehmlichkeiten langfristig ihren Preis. Er besteht nicht nur in möglichen Beeinträchtigungen der Gesundheit und des Wohlbefindens durch Bewegungsmangel, sondern auch in dem Verlust an unmittelbaren körperlichen Erfahrungen. Dieser Erfahrungsverlust wird von vielen Menschen als Mangel an Natürlichkeit empfunden, als Störung des natürlichen Körperempfindens, als Müdigkeit und Nervosität, als Unsicherheit und Ungeschicklichkeit, als soziale Distanz und Kälte, als Überreizung und Stress, wie *Rittner* (1984, S. 617) schreibt; er spricht von einem „Signum des Ungleichgewichts von Körper und Selbst".

Es ist aus dieser Sicht kein Zufall, dass gerade in wohlhabenden Ländern mit dem höchsten technischen und industriellen Niveau die Nachfrage nach sportlichen Betätigungen am größten ist. Mit dem Sport ist ein eigener Körper und Bewegung beanspruchender Bereich entstanden, der den Mangel und die Einseitigkeiten an körperlichen Bewegungen und physischen Belastungen auszugleichen hilft. Viele versuchen im Sport Erfahrungen zurückzuholen, die das normale Leben nicht mehr für sie bereithält.[195]

---

[195] Diese Auffassung liegt dem Konzept von *Plessner* und *von Krockow* (beide in *Plessner, Bock & Grupe,* 1967, S. 17–27 und 83–94) zugrunde, das von *Schlagenhauf* und *Timm* (1977/79) sowie *Heinemann* (2007, S. 40) als „Kompensation" bezeichnet und kritisiert wurde. Nach dieser These trägt der Sport dazu bei, die Defizite, die durch die moderne, industrielle Arbeitswelt entstanden seien, zu kompensieren.

Neben *Rittner* hat sich *Bette* (1989/2005, S. 5) mit dem besonderen „Verhältnis von Körper und Gesellschaft in der Phase fortgeschrittener Modernität" befasst und in diesem Zusammenhang zum einen Prozesse der „Entkörperlichung" und „Körperdistanzierung" und zum anderen der „Körperaufwertung" beschrieben: Einerseits sind gesellschaftliche Funktionsbereiche entstanden, in denen der unmittelbare Körperbezug kaum noch eine Rolle spielt. Während etwa im Mittelalter der König seiner Truppe auch real als Heerführer vorstand, wird politische Macht heute nicht mehr durch körperliche Erscheinung und Kraft der führenden Politiker repräsentiert. Ebenso sind körpernahe Formen des Wirtschaftens und Handelns gegenüber anonymen und entkörperlichten Wirtschafts- und Finanzmärkten in den Hintergrund getreten. Ähnliches gilt für die Arbeitswelt. Moderne Fabrikhallen, in denen sich elektronisch gesteuerte Maschinen und Automaten, aber keine oder kaum noch Menschen bewegen, sind keine Seltenheit. Selbst im Bereich sozialer Dienstleistungen wie der Pflege werden Roboter eingesetzt. Die moderne Kommunikationstechnik ist inzwischen so weit entwickelt, dass der physische Kontakt nicht mehr nötig ist, um miteinander kommunizieren zu können. Briefe müssen nicht physische geschrieben und transportiert werden, sondern können auf elektronischem Wege in Sekundenschnelle vermittelt werden. Andererseits sind jedoch neue gesellschaftliche Funktionsbereiche wie etwa der Sport und speziell der Hochleistungssport entstanden, die körperliche Bewegung und die Steigerung der Leistungsfähigkeit des Körpers in den Mittelpunkt stellen. Auch die Aufwertung des Gesundheitsbereichs und allgemein die Sorge um körperliche Unversehrtheit, leibliches Wohlbefinden und Entspannung sind Ausdrucksformen körperlicher Aufwertung in Kultur, Wirtschaft und Gesellschaft, die von *Bette* (1989, S. 25) als Reflexe auf die „Entkörperlichung" der modernen Gesellschaft interpretiert werden.

Die soziale Bedeutung von Körper und Bewegung in Spiel und Sport zeigt sich außerdem darin, dass die Wahrnehmung anderer Menschen in ihrer Körperlichkeit mit spezifischen Formen des Ausdrucks verknüpft ist. Dies gilt für Körpersprache und Körpersymbolik im Alltag, für Bekleidung, Mode und Outfit ebenso wie für expressive Körperästhetik in Gymnastik und Tanz. Alle diese körperlichen Ausdrucksformen werden darüber hinaus durch moderne Medien in jeden Winkel der Welt mit Internetempfang vermittelt. Sportlichkeit wird gerade dadurch auch zum Ausdruck eines global kommunizierten Körperausdrucks oder Habitus.

Sportpädagogische Folgerungen

Pädagogisch gesehen bedeuten die Einsichten der philosophischen Anthropologie, dass Menschen ihr Person-Körper/Leib-Weltverhältnis gestalten. Sie entscheiden über sich und ihren Körper, und sie tragen letztlich die Verantwortung für ihn und für sich als Person. Die prinzipielle Handlungs- und Entscheidungsfreiheit des Menschen bezieht sich sowohl auf den Umgang mit dem eigenen Körper als auch auf das Verhältnis zur sozialen und naturhaften Umwelt, das über ihn vermittelt wird.

Körperthematisierungen in der modernen Welt und ihre globale Kommunikation durch Medien aller Art, insbesondere über das Internet, sind zugleich ein Hinweis auf die Verantwortung der Leibeserziehung und Sportpädagogik für einen humanen Bezug zum eigenen Körper und zur Körperlichkeit anderer. Leibeserziehung und Körperbildung haben die Aufgabe, junge Menschen zu unterstützen, verantwortungsbewusst mit sich und ihrem Körper umzugehen. Verantwortung für sich und seinen Körper zu übernehmen, zeigt sich im Sport und beim Sporttreiben vor allem im Umgang mit Gesundheit und Fitness sowie in Körperpflege, Hygiene oder Ernährung. Wie gezeigt wurde, sind viele Menschen einerseits im Verhältnis zu ihrem Körper irritiert, und andererseits glauben sie, im Sport den Sinn ihrer körperlichen Existenz finden zu können. Dies kann sich auch in Formen des Körperkults äußern und zeigt sich im heute vorherrschenden, medial und global kommunizierten Ideal des sportlichen, schlanken, jungen, leistungsfähigen und ästhetischen Körpers. Bei Menschen, die solchen Körperidealen nicht entsprechen, können daraus wiederum Frustrationen und Selbstzweifel entstehen.

Angesichts der öffentlichen Überbewertung des Körpers bzw. der äußeren, körperlichen Erscheinung und der Hochschätzung von Sportlichkeit, Jugendlichkeit, Gesundheit, Fitness und körperlicher Schönheit oder Erotik ist unter einer pädagogischen Perspektive deshalb auch auf Krankheit, Gebrechlichkeit, Endlichkeit und Zerfall hinzuweisen, die zum menschlichen Leben gehören.

2.3 Körper- und Bewegungserfahrungen

In besonderem Maße erfahren wir unseren Körper und damit uns direkt und indirekt in unserer Körperlichkeit über Haltungen und Bewegungen. Dabei erfahren wir mehr über unseren Körper, uns selbst und unsere Umwelt. Bewegung ist dabei in einem pädagogisch-anthropologischen Sinn als Handlung und als Aufgabe zu verstehen, über die sich der Mensch seine Welt erschließt. Er nimmt sie über Bewegung wahr, erkennt sie, drückt sich ihr gegenüber aus, und er gestaltet sie. Bewegung ist deshalb zum einen Vermittlung zur Welt und zum anderen Wahrnehmung der Welt. Sie ist sowohl Organ ihrer Erfahrung als auch Instrument oder Werkzeug ihrer Gestaltung. Da körperliche Bewegung ein solches Vermittlungsorgan ist, erfahren wir vieles von unserer Welt und von uns selbst nur durch sie, manches sogar ausschließlich. Zugleich greifen wir über unsere Bewegungen in die Welt ein. Wir „gestalten" sie.

Bewegung als Handlung

Aus naturwissenschaftlicher Sicht wird Bewegung als Orts- und Lageveränderung definiert. Sportpädagogische Fragestellungen beziehen sich auf die Bedeutung von Bewegungen im Gesamt der Erziehung und Bildung. Sie orientieren sich deshalb stärker an Bewegungshandlungen und deren Außen- und Innenaspekten. Während es im Hinblick auf die Außenaspekte vor allem um die von außen beobachtbaren Bewegungen geht, zählen zu den Innenaspekten sowohl die inneren Steuerungs- und Regelungsvorgänge als auch – im weiteren Sinne – die psychologischen und sozialpsychologischen Faktoren, die Bewegungen beeinflussen.

Göhner (1979; 1992) hat in seiner Bewegungslehre in Anlehnung an Kurt *Meinel* (1898–1973) solche unterschiedlichen Betrachtungsweisen der Bewegung beschrieben und eine Lehre der Bewegung und des „Bewegers" unter funktionalen Aspekten entwickelt. Sein Ziel ist aber, Bewegungen unter einer funktionalen Perspektive zu analysieren und die Ergebnisse solcher Analysen sportpädagogisch für Lehren und Lernen von sportlichen Bewegungen und für die Entwicklung methodischer und didaktischer Anleitungen und Empfehlungen zu nutzen.

In anthropologischem Sinne wird darüber hinaus nach den besonderen *Bedeutungen* von Bewegungshandlungen gefragt. Menschliche Bewegungen sind prinzipiell als *Handlungen* zu verstehen; dies besagt, dass sie intentional, zielgerichtet und regelgeleitet sind. Sie sind Ausdruck gesellschaftlicher Werte und Normen und geben Sinn in spezifischen kulturellen Kontexten wie dem Sport oder dem Sportunterricht in der Schule. Man nennt sie in anthropologischer Terminologie deshalb auch eine Tat oder Leistung (z. B. *Buytendijk,* 1956; 1967; *von Weizsäcker,* 1973). Über unsere Bewegungen richten wir uns auf Aufgaben, verfolgen Ziele, realisieren Absichten, entsprechen Anforderungen oder schaffen uns diese, wie dies im Sport der Fall ist.

Das heißt nicht, dass menschliche Bewegungen ausschließlich reflektierte und bewusste Handlungen sind. Das menschliche Bewegungsverhalten schließt uns nicht bewusste Reflexe ebenso ein wie gezielte Bewegungshandlungen. Anthropologisch gesehen machen aber solche angeborenen Faktoren des Bewegens und der Bewegung nicht das aus, was die Bewegungen des Menschen im Unterschied zum Bewegungsverhalten von Tieren kennzeichnet. Sie richten ihre Bewegungen überwiegend an ihren angeborenen Impulsen oder dressierten Verhaltensmustern aus. Der Mensch dagegen ist in der Lage, seine Bewegungen bewusst zu steuern, rational zu handeln, seine Impulse zu kontrollieren, zurückzuhalten oder auch im für ihn entscheidenden Moment richtig einzusetzen.

In diesem Zusammenhang wurde auch die Frage diskutiert, ob und inwiefern menschliche Bewegungen angeboren oder erlernt sind. Aus anthropologischer Sicht lässt sich diese Frage klar beantworten: Die Fähigkeit, sich zu bewegen, steckt in jedem Menschen (sofern er nicht schwer krank ist). Sie äußert sich bei Neugeborenen zunächst in elementaren Reflexen und Grundbewegungen, wird jedoch im Laufe seiner Entwicklung immer zielgerichteter und kontrollierter. Die Entwicklung des „aufrechten Gangs" (*Bayertz,* 2012) ist ein anschaulicher Ausdruck dieser Prozesse der Differenzierung und Kontrolle angeborener Impulse. Dieser Lernprozess ist lebenslang und beinhaltet, dass gelernte und gekonnte Bewegungen wieder verlernt werden können, und – häufig im hohen Alter – aufgrund von Krankheit und altersbedingten Defiziten massiven Einschränkungen unterworfen werden. In diesem Prozess zeigt sich, dass ein sozusagen angeborenes Bewegungsprogramm auf unterschiedliche Weise – je nach Umwelt, Lernerfahrungen, Übungsweisen, kulturellen und sozialen Prägungen usw. – entfaltet werden kann.

Dies ist gemeint, wenn in anthropologischer Hinsicht davon gesprochen wird, dass menschliche Bewegungen als Handlungen zu verstehen seien. Es bedeutet auch, dass sich der Mensch für bestimmte Bewegungshandlungen entscheiden kann oder vielmehr muss, und dass er dafür Verantwortung zu übernehmen hat, ob er will oder nicht. Er kann sich nicht auf seine Gene und Reflexe berufen, sondern er macht sich zu dem, was er ist – auch durch die Unterlassung von Bewegung.

Im Charakter der Bewegung als Handlung zeigt sich die Weltoffenheit, die dem Menschen in der neueren philosophischen Anthropologie zugeschrieben wird, in besonderer Weise. *Plessner* spricht von der „exzentrischen Position" des Menschen (1970). Mit diesem Begriff meint er, dass der Mensch in der Lage ist, Distanz zu sich einzunehmen, dass er sich selbst betrachten kann. Dies gilt auch für seine Bewegungen. Da er von Natur aus nicht natürlich, sondern ein Kulturwesen ist, muss er sich zu dem, was er ist, auch durch Bewegungshandlungen „machen". Dies gilt aber auch umgekehrt für das Unterlassen von Bewegungen.

Im Hinblick auf die Bewegung spricht beispielsweise der Soziologe und Anthropologe Arnold *Gehlen* (1961) von einer „Erwerbmotorik" des Menschen im Unterschied zur „Erbmotorik" der Tiere. Den Zielen der Bewegung entsprechen insofern nicht nur situative, sondern auch normative Anforderungen. Was man beispielsweise als gekonnt oder als ästhetisch in Bezug auf Bewegungshandlungen ansieht, ist immer auch auf Wertmaßstäbe der sozialen und kulturellen Umwelt bezogen. Was wir in unseren Bewegungen als gelungen betrachten, mit ihnen ausdrücken (wollen), wie sie gestaltet werden, das hat neben einer individuellen zugleich eine kulturelle und soziale Form. Bewegungen müssen zwar individuelle erlernt werden, aber indem sie erlernt werden, orientieren sie sich auch an kulturellen Mustern und sozialen Normen.

Der Vermittlungscharakter der Bewegung

Sinn und Bedeutung der menschlichen Haltung und Bewegung ergeben sich so betrachtet aus dem Zusammenhang von situativen Anforderungen, individuellen Zielen auf der einen und bestimmten sozialen und kulturellen Werten auf der anderen Seite. Haltung, die auch eine Form von Bewegung ist, gilt in diesem Zusammenhang als „Ausprägung einer konstanten, aber variablen Ich-Welt-Beziehung" (*Straus,* 1960). Etwas gestalten, ausdrücken, mitteilen, anfassen, ergreifen, darstellen, sich irgendwohin bewegen oder von etwas fortbewegen sind Beispiele dafür, was körperliche Bewegung im weitesten Sinne ist: Sie ist zum einen *Vermittlung zur* Welt, Zugang zu ihr, das Medium, durch das wir uns unserer Umwelt zuwenden, auf Dinge und Personen zugehen und uns verständigen, etwas zum Ausdruck bringen, „kommunizieren", wie es heute heißt; und zum anderen ist sie *Wahrnehmung* der Welt, durch die wir sie erfahren, erleben und auch erkennen. Auf der einen Seite ist die körperliche Bewegung dabei bestimmt von physiologischen und neurophysiologischen Mechanismen und Regulationen und biomechanischen Gesetzmäßigkeiten, auf der anderen Seite von individuellen Voraussetzungen, situativen Anforderungen, normativen Einflüssen und nicht zuletzt von bewussten Entscheidungen.

Dieser Vermittlungscharakter der Bewegung gilt ebenso für Wahrnehmungen bzw. Wahrnehmungs-Leistungen. Unsere Sinne, unsere Haut, unser Tast-, Orts- und Gleichgewichtssinn und schließlich unser Körper- und Bewegungssinn liefern uns Eindrücke, Informationen, Erfahrungen und Einsichten über unsere Umwelt und über uns selbst. Greifen ist so gesehen ein Begreifen, Fassen ein Erfassen, erkannte der Schweizer Entwicklungspsychologe Jean *Piaget* (1969). In der Verbindung von Wahrnehmen und Bewegen formen sich Erfahrungen und Urteile. Das Kind hat, bevor es dies sprachlich äußern kann, bereits ein Wissen über räumliche Beziehungen, über oben und unten, hinten und vorn, und es hat sich dieses Wissen durch sein Sich-Bewegen und seine Wahrnehmung und die mit diesen verbundenen Erfahrungen erworben (vgl. *Scherler,* 1975).

Deshalb ist die oft geforderte Natürlichkeit in Haltung und Bewegung nicht natürlich, sondern sie entspricht einer kulturellen Orientierungsnorm, die man sich aneignen muss. Eine nur natürliche Bewegung gibt es nicht. Bewegungen und Haltungen der Menschen unterscheiden sich deshalb auch zwischen einzelnen Kulturen.

Der Sport zeichnet sich demgegenüber durch Bewegungen und Bewegungshandlungen aus, die weltweit kommuniziert und als Sport wahrgenommen und verstanden werden; wenn auch kulturelle Unterschiede in Technik und Ausführung vorhanden sind. Gleichwohl sind auch diese nicht überzeitlich. Ihre Veränderlichkeit zeigt sich im geschichtlichen Zusammenhang. Fußball wird beispielsweise fast überall auf der Welt gespielt, und zwar nach denselben Regeln. Aber es gibt trotzdem erhebliche Unterschiede in Stil und Technik etwa zwischen der brasilianischen und der englischen oder deutschen Art, Fußball zu spielen.

Regeln und Bewegung

Wenn von Bewegungen als sportlichen Handlungen die Rede ist, ist gemeint, dass sie willentlich und mit Absicht vollzogen werden, also intentionalen Charakter haben. Sie sind zusätzlich dadurch gekennzeichnet, dass sie regelgeleitet sind; d. h., sie erhalten ihren besonderen Sinn durch die Regeln, denen sie folgen. Diese Regeln können entweder aus klar definierten und geschriebenen Regeln oder Vorschriften bestehen wie den Spiel- und Wettkampfregeln. Sie können aber auch in ungeschriebenen Regeln des sozialen Zusammenlebens bestehen, die mehr oder weniger festlegen, wie man sich auf dem Fußballplatz zu verhalten hat, was beispielsweise über die Einhaltung der geschriebenen Regeln hinaus als fair anzusehen ist, wie man sich zu Beginn eines Spiels begrüßt oder am Ende verabschiedet. Bewegungshandlungen im Sport werden erst durch Kenntnis und Beachtung solcher Regeln verständlich.

Bewegungen können als die Sprache unseres Körpers, und die ihnen zugrunde liegenden Regeln als ihre Grammatik angesehen werden. Diese Sprache ist nicht nur individuell, sondern auch sozial bestimmt, und sie wird nur verständlich, wenn sowohl die Absichten des Bewegers, als auch die Regeln, Normen und Verhaltensmuster beachtet werden, die seine Bewegung leiten.[196]

Im Sport wird besonders deutlich, wie Intentionalität und Regelhaftigkeit die Ausführung von Bewegungshandlungen leiten. Sportliche Bewegungen ergäben keinen Sinn, wenn sie nur als Handlungen Einzelner und nicht vor dem Hintergrund und in Verbindung mit der Kenntnis der – geschriebenen und ungeschriebenen – Regeln des Sports, der Sportart und des sportlichen Kontextes, in dem sie stehen, gesehen würden.

Sport als kulturelle Objektivation und als Kulturmuster

Der Sport stellt unter einer solchen Perspektive eine soziale und kulturelle Objektivation und historische Realisierungsform *möglicher* Bewegungen dar. Wir nehmen bestimmte Situationen erst dann als sportliche Situationen und die in ihnen sich ereignenden Handlungen als sportliche Handlungen wahr, wenn wir sie entsprechenden, regelgeleiteten sportlichen Kontexten zuordnen können. Der Boxring definiert den sportlichen Wettkampf, ansonsten könnte man das Geschehen für eine Schlägerei halten. Im Sport werden Orte und Situationen geschaffen, in denen Bewegungen als sportliche Bewegungen praktiziert und wahrgenommen werden.

Dies ist deshalb der Fall, weil der Sport institutionell und organisatorisch in Kultur und Gesellschaft verankert ist. Er gibt Sportarten und Sportdisziplinen vor. Er legt bestimmte Bewegungshandlungen nahe; manche schränkt er ein oder schließt sie aus. Aber er macht auch bestimmte Bewegungshandlungen erst möglich und sinnvoll. Dies geschieht dadurch, dass er Bewegungen mit einem sozial und kulturell geprägten und akzeptierten allgemeinen Sinn versieht; z. B., dass es zum Wettkampf gehört, ihn auch gewinnen zu wollen, dass eine bestimmte Art von Sport und Gymnastik der Gesundheit dient oder dass es Spaß macht, Ski zu

---

[196] Diese Charakterisierung von Bewegungshandlungen als „intentional" und „regelgeleitet" lehnt sich u. a. an die Sprachhandlungstheorie in der Linguistik bzw. praktischen Semantik an (vgl. *Heringer,* 1974). Sie liefert ein Modell zum Verstehen von Sprache und Sprechhandlungen, das auch auf Bewegungen und Bewegungshandlungen angewendet werden kann; denn Sprech- wie Bewegungshandlungen sind in ihren Bedeutungen nur zu verstehen, wenn sowohl die Intentionalität des Sprechenden bzw. Sich-Bewegenden als auch die Sozialität und Regelgebundenheit der Sprache bzw. Bewegung, speziell des Sports, gesehen wird. Zur Regelthematik im Sport unter Bezug auf die Sprechhandlungstheorie vgl. *Muckenhaupt* (1976); *Digel* (1982).

fahren oder Fußball zu spielen. Ein Mittelstreckenlauf ist nur dann als ein solcher zu verstehen, wenn er auch als solcher erkannt, wahrgenommen und definiert wird; sonst wäre ein 1500-m-Läufer nicht von einem Läufer zu unterscheiden, der versucht, in letzter Sekunde seinen Bus zu erreichen.

Geschriebene und ungeschriebene Regeln definieren den Sport und machen Räume und Situationen zu sportlichen Räumen und Situationen. Deshalb ist es möglich, über Sport zu kommunizieren, Regelverletzungen zu thematisieren, Normen zu diskutieren. Die Tatsache, dass der Sport geregelt ist und sich im Zusammenhang damit ein System von intersubjektiv verstehbaren Bedeutungen spezifischer Bewegungshandlungen und ihnen entsprechenden Situationen und Räumen – Sportplätze, Hallen, Schwimmbäder, Tennisplätze, Skiabfahrten, Langlaufloipen – entwickelt hat, ist eine Bedingung dafür, dass er zu einem weltweit verbreiteten *universalen Kulturmuster* werden konnte. Dies bedeutet, dass er sich zu einer Institution und Organisation auf der Grundlage von sportlichen Normen, Regeln, Körper- und Bewegungsbildern und Techniken entwickelt hat und entsprechende Wahrnehmungs- und Deutungsmuster anbietet. In einer langen Tradition von motorischen Verwirklichungs-, Gestaltungs- und Ausdrucksweisen unterschiedlicher Art und unter dem Einfluss kultureller und gesellschaftlicher Werte und Normen hat er seine heutige Gestalt gefunden und ist für die Menschen zu einem sozialen Bezugsrahmen für ihre Bewegungen geworden.

> Ohne den Sport (als Institution) gäbe es viele Formen der Bewegungsentfaltung und -entwicklung nicht. Er versieht uns mit Angeboten von mehr oder weniger festliegenden Bewegungen, belegt und verbindet diese mit allgemeinen Werten, intersubjektiven Bedeutungen und (individuellem) Sinn, und er bietet damit gemeinsame Orientierungen, Gütemaßstäbe, Normen und Erfahrungen. Bewegungsmöglichkeiten verwirklichen sich im Sport aber eben nicht nur individuell; sie sind im Hinblick auf ihre Realisierung auf soziale und organisatorische Voraussetzungen, wie sie im Sport gegeben sind, angewiesen und spiegeln dabei auch die strukturellen Bedingungen des Sports in Form seiner Normen, Regeln, Maße, Plätze, Felder, Bahnen und Hallen wider. Diese bieten allerdings nicht nur Möglichkeiten, sondern bedeuten oft auch Einschränkungen.

Sinn und Bedeutungen von Körper und Bewegung

Bewegungshandlungen werden im Hinblick auf den Sport unterschiedliche Bedeutungen zugeschrieben. Aus sportpädagogischer Sicht lassen sich vier ineinander verschränkte Bedeutungen unterscheiden (siehe *Grupe,* 1982, S. 67–107):

> *Erstens:* Eine *instrumentelle* Bedeutung, indem wir mit unserer Bewegung im Sport etwas erreichen, herstellen, ausdrücken, darstellen und durchset-

zen, aber auch erfahren, erproben und verändern können; diese Bedeutung ist in einem gewissen Sinn grundlegend.

Zweitens: eine *wahrnehmend-erfahrende* Bedeutung im Sinne von *Exploration* und *Erkundung,* indem wir durch unsere Bewegung etwas über unsere Körperlichkeit, über die materiale Beschaffenheit der Dinge, über die Natur und über andere Menschen erfahren, wobei wir unsere Bewegung zu diesem Zweck der Erkundung und des Erfahrungsgewinns auch ausdrücklich instrumentell einsetzen können.

Drittens: eine *soziale* Bedeutung, die man in dreifacher Hinsicht unterscheiden kann:
(a) *interaktional-kommunikativ,* indem wir über und mit Hilfe unserer Bewegungen Beziehungen zu anderen Menschen herstellen und wahrnehmen,
(b) *ausdrückend-expressiv,* indem wir uns und unsere Gefühle über Bewegungen äußern, und
(c) *rituell-darstellend,* indem wir eine bestimmte, sozial festgelegte Bedeutung von Bewegung zum Ausdruck bringen.

Viertens: eine *personale* Bedeutung, indem wir in unserer Bewegung und durch sie uns selbst erleben, erfahren, finden, aber auch verändern können.

Diese unterschiedlichen Ebenen der Bedeutung von Bewegungen wechseln je nach sportlichen und spielerischen Situationen und Absichten, können sich überlagern, haben aktuelles und in einzelnen Lebensabschnitten unterschiedliches Gewicht. Sie sind auch in einzelnen Sportarten und Sportbereichen unterschiedlich.

Instrumentelle Bedeutungen der Bewegung

Von besonderem Interesse ist die instrumentelle Bedeutung der Bewegung. Mit ihr ist gemeint, dass Bewegungen als eine Art Werkzeug benutzt werden, um etwas zu erreichen, durchzusetzen oder herzustellen: irgendwohin gehen, Rad fahren, tanzen, Treppen steigen, einen Ball oder Speer werfen usw. Der instrumentelle Umgang mit Körper und Bewegung geschieht in der Regel unauffällig und selbstverständlich, sofern wir diese Bewegungen gelernt haben. Beim Erlernen und Üben von Bewegungen oder wenn unser Körper zum Beispiel durch Ermüdung geschwächt ist, wegen einer Verletzung Bewegungen nicht mehr ausgeführt werden können oder im Alter das Laufen schwerfällt, wird genauer sichtbar, worin dieser instrumentelle Charakter besteht und welche Bedeutung er für das alltägliche Leben hat: Mit dem Körper geschickt umgehen zu können, bedeutet Befreiung von körperlichen Beschränkungen; wer seinen Körper beherrscht, kann sich sicherer fühlen, wer ihn nicht beherrscht oder die Kontrolle über ihn verliert, lebt gefährlicher.

Die Entdeckung des eigenen Körpers stellt in der Entwicklung des Kindes eine wichtige Station im Verlauf der Erschließung und Eroberung seiner Außenwelt dar. In dem Maß, in dem es lernt, seinen Körper zu beherrschen und mit ihm umzugehen, wozu Turnen und Bewegungsspiele einen wichtigen Beitrag leisten, lernt es auch, die Gegenstände seiner Umgebung zu handhaben und sie zu begreifen. Der Körper zeigt sich in diesem Prozess dem Kind als das „vergegenständlichte Werkzeug der Auseinandersetzung mit der Welt"; die „Beherrschung des Leibes" wird zum Modell der „Beherrschung des Kosmos", wie der Kinderarzt *Caruso* (1963, S. 225) schrieb.

Die instrumentelle Bedeutung der Bewegung äußert sich ebenso in ihren explorativen (Erkundungs- und Entdeckungs-)Funktionen im Hinblick auf die Aneignung der Umwelt. Umgekehrt bedeutet die Instrumentalität der Person-Körper-Beziehung immer auch eine Erfahrung von Abhängigkeiten und begrenzten Möglichkeiten. Die Differenz zwischen Wollen und Können wird im Gelingen und Misslingen von Bewegungen unmittelbar erlebt. Training, Übung und Wettkampf liefern dafür zahlreiche Beispiele.

Aus entwicklungspsychologischer und entwicklungspädagogischer Sicht haben solche Erfahrungen der Instrumentalität von Körper und Bewegung deshalb eine wichtige Funktion für die Entwicklung von Selbstbewusstsein, Selbstsicherheit und Identität. Die instrumentelle Bedeutung des Körpers wurde in der Geschichte der Pädagogik und der Leibeserziehung häufig besonders betont. Die Gymnastik bei *GutsMuths* und den Philanthropen, das Turnkonzept von *Spieß*, aber auch die „Elementargymnastik" *Pestalozzis* gingen von einem instrumentellen Verständnis körperlicher Bewegungen aus. „Das Kind soll", schrieb *Pestalozzi*, „durch sie (die Elementargymnastik, d. Verf.) seiner Glieder Meister, eine Macht über dieselben und über seinen Leib, als über das Werkzeug seiner Seele, behaupten, die es fähig mache, jedem Gebot der Pflicht zu gehorchen" (*Pestalozzis* Schriften zur Körpererziehung. In *Hirth,* 1893/1, S. 396). Nur wer seinen Körper zu gebrauchen gelernt habe, so glaubte man, der könne sich in einer bedrohlichen Welt sicher zurechtfinden. Nicht mehr nur den Widrigkeiten der Umgebung ausgesetzt zu sein, sondern ihnen trotzen und sich sicher bewegen zu können, über genügend Kraft und Geschicklichkeit zu verfügen, um sich wehren zu können, darin bestand ein wichtiges Ziel körperlicher Erziehung.

Solche Zielsetzungen der körperlichen Erziehung haben sich zwar verschoben, aber es bleibt festzuhalten, dass wer gelernt hat, seine Bewegungen zielgerichtet einzusetzen, sich und sein Können und Nicht-Können realistischer beurteilen kann. Wer seinen Körper beherrscht und seine Bewegungen unter Kontrolle hat, setzt auch ein Zeichen von Selbstdisziplin und -kontrolle. Das Bein im letzten Moment im Fußballspiel zurückziehen zu können, um eine Verletzung des Gegenspielers zu verhindern, ist Beispiel für eine solche Beherrschung der Bewegung, die zugleich auch eine Form der Selbstbeherrschung und des Fairplay darstellt.

Neuerdings wird aus neurobiologischer bzw. hirnphysiologischer Sicht (*Spitzer,* 2002; *Kubesch,* 2004) auf den engen Zusammenhang von motorischer Entwicklung und kognitiver Entwicklung hingewiesen; sich möglichst viel und regelmäßig zu bewegen und möglichst viele, koordinativ anspruchsvolle Bewegungen zu erlernen, wird auch für die Entwicklung des Gehirns und damit verbunden der kognitiven Leistungen, insbesondere seiner „exekutiven Funktionen" als besonders förderlich angesehen.

Soziale und personale Bedeutungen der Bewegung und des Sports: Möglichkeiten der Erfahrung über Körper, Bewegung und Sport

Bewegungen sind mit bestimmten Erfahrungen verbunden. Diese werden zumeist nach Inhalt und Richtung unterschieden, beziehen sich auf das Körperlich-Leibliche und auf die Bewegung selbst (Körpererfahrungen), auf die materiale und naturhafte Umwelt (materiale Erfahrungen), auf soziale Beziehungen und Interaktionen (soziale Erfahrungen) und schließlich auf die eigene Person (personale Erfahrungen).

Körpererfahrungen

Sporttreiben bietet eine Fülle an Erfahrungsmöglichkeiten. Erfahrungen des Körpers und über den Körper stehen obenan.[197] Damit können ganz unterschiedliche Erfahrungen gemeint sein, z. B. Erfahrungen der Anspannung und Entspannung, des unterschiedlichen Erlebens körperlicher Zustände und Befindlichkeiten, des Wohlbefindens und Missbefindens, der Belastbarkeit, Ermüdung, Erschöpfung, des Trainierens und Übens, des Gelingens und Misslingens. Körpererfahrung bezeichnet allgemein die Summe der Wahrnehmungen und Empfindungen, die mit und über den Körper und über körperliche Bewegungen aufgenommen werden. Solche Erfahrungen sind unerlässlich für den Aufbau von Körperbild und Körperschema. Dazu gehören die Einschätzungen und Empfindungen über Körperproportionen ebenso wie ein Gefühl für die Intensität und den Umfang von Bewegungen, von Kraft, Geschicklichkeit und körperlicher Leistungsfähigkeit und Wahrnehmung des Körpers insgesamt. Wer im Sport Körpererfahrungen sammeln kann, weiß deshalb meistens auch besser mit seinem Körper umzugehen, weiß, was ihm an Belastung und Können zuzumuten ist und was nicht, was dem Körper gut tut, was ihm vielleicht schadet. Er kann nicht nur seinen Körper, sondern über diesen auch sich selbst besser und angemessener einschätzen.
Für Identität und Selbstkonzepte des Menschen wichtige Körperbilder, Körperkonzepte und das Körperschema (nach *Schilder,* 1923) bauen sich in hohem Maße, wenn auch unterschiedlich nach Alter und Geschlecht, über Körper- und Bewegungserfahrungen auf. Den eigenen Körper und die eigene körperliche Leistungs- und Belastungsfähigkeit möglichst genau zu kennen und einschätzen zu können, ist von großer Bedeutung für den Aufbau des Körper- und Selbstbil-

---

[197] Siehe *Bielefeld* (1986); *Funke* (1980; 1981; 1983; 1987; 2004) hat sich besonders mit dem Thema Körpererfahrung in Pädagogik und Unterricht befasst.

des. Körperidentität wird deshalb auch als eine wichtige Grundlage personaler Identität angesehen.

Der pädagogische Wert körperlicher Erfahrungen liegt aber nicht nur in der Zukunft, sondern auch in der unmittelbaren Erfahrung des „Hier und Jetzt": im Erleben körperlichen Wohlbefindens, im Genießen einer angenehmen Situation, aber auch im Aushalten von Schmerzen und Belastungen, im Sich-Entspannen und im Sich-Anspannen-Können.

Allerdings können auch narzisstische Zuwendungen zum eigenen Körper und Selbstspiegelungen mit Formen der Körpererfahrung verbunden sein, obwohl diese aus sportpädagogischer Sicht nicht als gelungene Formen angesehen werden können.

Personale Erfahrungen

Die Erfahrungen unseres Körpers sind nicht zu trennen von personalen Erfahrungen, also den Erfahrungen unserer selbst. Erfahrungen unseres Körpers, insbesondere in der hohen Belastung, aber auch im Verlust an Leistungsfähigkeit, sind Erfahrungen unserer Begrenzungen und unserer Möglichkeiten zugleich. Die Erfahrung eines Mehr an Bewegungskönnen kann einen Gewinn an Sicherheit und Zutrauen zu sich selbst bedeuten.

Im Sport werden die Möglichkeiten und die Grenzen des eigenen Könnens besonders deutlich: Ob man die Hochsprunglatte gerissen hat oder nicht, wie man sich durch eigene Anstrengung verbessern kann oder dass man scheitert, wenn man nicht entsprechend vorbereitet ist. Ein Aspekt solcher, personaler Erfahrungen im und über Sport besteht darin, dass es keine Sicherheit für das Gelingen von Bewegungen gibt. Was heute sicher beherrscht wird, kann morgen misslingen.

Zu solchen Erfahrungen des Gelingens und Misslingens, des Könnens und Nicht-Könnens gehören jene Situationen im Sport, in denen eine Art Grundspannung, ein Reiz erlebt und erfahren werden kann, der dem Leben besondere Lebendigkeit oder Dynamik verleiht. *Elias* und *Dunning* haben dies in Bezug auf die besondere Struktur des modernen Sports beschrieben.[198] Moderne Gesellschaften sind nach ihrer Ansicht dadurch charakterisiert, dass Spannungen auf differenzierte Art und Weise ausbalanciert werden müssen, wenn es nicht zum Zusammenbruch der sozialen Ordnung kommen soll. Der Sport stellt eine Möglichkeit dar, solche im Zusammenleben der Menschen entstehenden Spannungen zu regulieren, d. h., einem spannungslosen Leben durch sportliche Aktivitäten mehr Spannung zu verleihen, aber diese dabei zugleich zu kontrollieren.

Nicht in jedem Alter spielen körperliche Erfahrungen über Bewegung, Spiel und Sport für die Entwicklung eine gleichermaßen wichtige Rolle. Im Kindes- und

---

[198] *Elias* und *Dunning* (1986) in „Quest for Excitement", vgl. auch *Frankl* (1973, S. 29 ff.); sowie *Kurz* (1990), der Spannung zu einem Sinnmuster des Sporttreibens zählt, und *Sutton-Smith* (1978), der von „vivification" spricht, womit „Belebung" oder „Verlebendigung" gemeint ist. Auch die Erfahrung von „flow" bzw. „flow experience" hat hier ihren Ort (*Csikszentmihalyi*, 1985).

Jugendalter, in dem die Grundlagen für die Persönlichkeitsentwicklung gelegt werden, sind personale Erfahrungen von besonderer Bedeutung und ermöglichen den Aufbau einer realistischen Selbsteinschätzung.[199] Kinder, die zu wenig oder ungeeignete Bewegungsmöglichkeiten haben und deshalb ihre Welt auch zu wenig über eigene Bewegungen wahrnehmen, erleben, erfahren und erobern können, leiden in besonderem Maße unter diesem Bewegungsmangel (*Zimmer,* 1980; *Scheid,* 1989). Aber auch im Jugend- und Erwachsenenalter bleiben Körpererfahrungen wichtig.

Materiale Erfahrungen

Da Bewegung, Spiel und Sport immer in einer bestimmten Umgebung und in sozialen Kontexten stattfinden, sind neben personalen und körperlichen auch materiale und soziale Erfahrungen damit verknüpft. Unter materialen Erfahrungen versteht man die Erfahrung von Gegenständen, Dingen und ihrer Beschaffenheit sowie die Erfahrung von Natur und Umwelt. Solche Erfahrungen sind besonders grundlegend für die sensomotorische Entwicklung im Kleinkind- und Kindesalter (*Scherler,* 1975).

Das Leben in Städten, Wohnblocks und klimatisierten Wohnungen erschwert und verzerrt den unmittelbaren Zugang zur natürlichen Umwelt. Bewegung, Spiel und Sport ermöglichen demgegenüber eine Vielzahl von Natur- und Umwelterfahrungen und materialen Erfahrungen allgemein, die ohne sie nicht möglich wären: die Erfahrung der Beschaffenheit von Bällen und Reifen, des Schaukelns, Wippens und Rutschens, die Beschaffenheit des Schnees beim Skilauf, des Felsens beim Wandern und Bergsteigen, von Wasser und Wind beim Schwimmen und Windsurfen, aber auch die Schwingungsfähigkeit des Trampolins, die Härte der Reckstange und Barrenholme, die Größe, Schwere und Handhabbarkeit von Kugeln und Gewichten.

Es ist aber nicht allein die Erfahrung dieser Dinge, sondern auch die Erfahrung der Dinge im Verhältnis zu unserem Bewegungskönnen, die pädagogisch wichtig ist. Eine geübte Schwimmerin fühlt sich mit dem Wasser verbunden und von ihm getragen; Segler und Surfer wissen mit Wind und Wellen umzugehen, Kajakfahrer mit ihren Paddeln, Booten und den Strömungen des Flusses, Reiter mit ihren Pferden.

Sport ist auch Ausdruck des Bedürfnisses der Menschen, sich in der freien Natur zu bewegen und unverstellte Naturerfahrungen zu machen. Dieses Bedürfnis kann heute nicht mehr selbstverständlich befriedigt werden. Das Gleichgewicht zwischen Mensch und Natur scheint gestört zu sein. Der Sport bietet auf der einen Seite die Möglichkeit, solchen natürlichen Bedürfnissen über Körper und Bewegung zu entsprechen; die massenhafte Sportausübung kann aber auf der

---

[199] Zum Zusammenhang zwischen motorischer Entwicklung und dem Einfluss vielfältiger Bewegungserfahrungen mit der Entwicklung der Persönlichkeit und Identität des Kindes siehe im Überblick *Grupe* (2000); grundlegend *Piaget* (1969) und in Anlehnung an ihn *Scherler* (1975).

anderen Seite dazu führen, dass sich der Wunsch, sich in freier Natur zu bewegen, ins Gegenteil verkehrt.[200]

Soziale Erfahrungen

Soziale Erfahrungen über Körper und Bewegung sind im Sport auf unterschiedlichen Ebenen möglich:
Erstens beziehen sie sich auf die Körperlichkeit anderer Menschen: sich auf ihre Bewegungen einstellen, andere in ihrer Körperlichkeit wahrnehmen, mit ihren Bewegungen harmonieren, im Rhythmus mit ihnen laufen oder tanzen.
Zweitens beinhalten sie, sich im Spiel und Wettkampf fair mit dem Gegner auseinanderzusetzen. Soziale Erfahrungen ergeben sich aus dem Wahrnehmen, in der Auseinandersetzung mit und im Akzeptieren von Spielregeln und von Werten und Normen, die in Spiel und Sport gelten. Wer sich auf ein Spiel einlässt, lässt sich auch auf seine – geschriebenen und ungeschriebenen – Regeln ein, und er geht davon aus, dass seine Mitspieler und Gegner dies auch tun. Im Sport sind eine Reihe von Grundsätzen sozialen Verhaltens entstanden, die über die konkreten Spiel- und Wettkampfregeln hinaus das gemeinsame Sporttreiben bestimmen (oder bestimmen sollten):[201] dass man bei einem Wettkampf auch wirklich und ernsthaft versucht zu gewinnen und nicht nur so tut; dass man sich bemüht, nicht nur regelgerecht, sondern auch fair zu spielen; dass man das Spiel gewinnen, aber nicht den Gegner verletzen oder schädigen will; dass man nicht betrügt. Die Tatsache, dass häufig gegen solche Regeln und Prinzipien des Sporttreibens verstoßen wird, setzt sie nicht außer Kraft.
Drittens zeigen sich Bewegungen auch als ein Mittel der Verständigung ohne Worte. Sie sind sozial geregelt, und sie werden in sozialen Kontexten verstanden, als Gesten und Symbole, die ebenso gut wie Worte verstanden, aber auch missverstanden werden können.
Viertens erweisen sich Bewegungen als Mittel, sich gegenüber seiner sozialen Umwelt auszudrücken, in den Alltags- und Arbeitsbewegungen ebenso wie im Tanz, in der Gymnastik und im Spiel. In einigen Sportarten wie beim Tanz oder in der Gymnastik sind Ausdruck und Ästhetik der Bewegung der eigentliche Zweck des Bewegens.

Ein dualistisches Verständnis vom Menschen bedeutet, dass Körper und Geist als sich gegenüberstehend angesehen werden. In der neueren Anthropologie des 20. Jahrhunderts wurde versucht, ein solches Verständnis zu überwinden. Stattdessen ist von Aspekten des menschlichen In-der-Welt-

---

[200] *Rittner* (1984; 1985; 1991) hat die „Natürlichkeitsversprechen" des Sports als wesentlichen Faktor für die moderne Sportentwicklung ausgemacht.

[201] Diese Aspekte der Regelgebundenheit des Sports sind im Zusammenhang der Diskussion um Fair play besonders von *Heringer* (1990) behandelt worden. Vgl. auch *Gabler* (1990); *Gabler* und *Mohr* (1996).

Seins die Rede. Man geht von einem veränderlichen Verhältnis von Person, Körper/Leib und Welt aus.

Eine anthropologisch orientierte Theorie der Leibeserziehung und Sportpädagogik beschreibt und analysiert Phänomene und Situationen, die das Verhältnis des Menschen zu seinem Körper und seinen Bewegungen betreffen. Zu unterscheiden sind Situationen des „Körperhabens", in denen der Körper auf spezifische, herausgehobene Weise wahrgenommen wird, und Situationen des „Leibseins", in denen Person und Körper als identisch erlebt werden. Veränderungen des Körpererlebens gehen wiederum mit Veränderungen des Weltverhältnisses einher und umgekehrt. Der Körper ist der Mittler zwischen Person und Welt.

In der Sportanthropologie wird Bewegung, insbesondere die sportliche Bewegung als Handlung verstanden; d. h., menschliche Bewegungen gelten als intentional und regelgeleitet; sie sind geprägt von Normen, Übereinkünften, Gewohnheiten usw. Der Sport bildet eine spezifische Kultur von Bewegungen. Sie ermöglichen vielfältige Erfahrungen körperlicher, materialer, personaler und sozialer Art.

Sinn und Bedeutung von Bewegungen und Erfahrungen mit und über den Körper wurden in vier Ebenen unterschieden: Erstens die instrumentelle Bedeutung, zweitens die wahrnehmend-erfahrende Bedeutung (Exploration und Erkundung), drittens die soziale (interaktional-kommunikativ, ausdrückend-expressiv, rituell-darstellend) und viertens die personale Bedeutung.

3   Gesundheit und Wohlbefinden

Gesundheit und Wohlbefinden sind aus verschiedenen Gründen wichtige anthropologische Grundthemen der Theorie der Leibeserziehung und der Sportpädagogik. Erstens handelt es sich um ein klassisches Bildungsmotiv der Theorie der Leibeserziehung und des Sports seit den Anfängen mit Rousseau und den Philanthropen. Zweitens und anthropologisch gesehen ist Gesundheit ein existentielles und universelles Thema, das unmittelbar mit Körper, Körperlichkeit, Bewegung, Spiel und Sport zusammenhängt. Drittens sind Gesundheit und Wohlbefinden wesentliche Motive des Sich-Bewegens und Sporttreibens. Viele Menschen treiben Sport, weil sie sich beim Sporttreiben und danach gut fühlen und etwas für ihre Gesundheit tun möchten. Viertens stützt sich das Selbstverständnis von Sport und körperlicher Erziehung darauf, dass sie der Gesundheit und dem Wohlbefinden dienen. Gesundheit und Gesundheitserziehung durch Bewegung, Spiel und Sport sind wichtige Ziele des Schulsports und Sportunterrichts.

Im ersten Teil dieses Kapitels wird kurz auf die Geschichte des Gesundheitsmo-
tivs in Leibeserziehung und Sportpädagogik Bezug genommen. Danach werden
die Begriffe Gesundheit, Wohlbefinden und Sport in ihrem Verhältnis zueinander
sowie zu Krankheit und Missbefinden beschrieben und erläutert. Im Mittelpunkt
steht die Diskussion um ein gewandeltes Sportverständnis, in dem Gesundheit
und Wohlbefinden einen besonderen Stellenwert bekommen haben. Danach
wird dargestellt, was Gesundheit und Wohlbefinden unter pädagogischer Pers-
pektive bedeuten. Unterschieden wird dabei zwischen aktivem und passivem
sowie aktuellem und längerfristigem Wohlbefinden. Schließlich werden aktuelle
Fragen der Gesundheitserziehung in Leibeserziehung, Sport und Sportpädago-
gik behandelt.[202]

3.1 Zur Geschichte des Gesundheitsmotivs in Leibeserziehung und Sport

Körperliche Erziehung war seit *Rousseau* und den Philanthropen, mit denen die
Geschichte der Theorie der Leibeserziehung beginnt, stets Teil der medizinisch-
gesundheitlichen Aufklärung (*Sarasin,* 2001, S. 43–51). Diese Philosophen und
Pädagogen der Aufklärung knüpften an die Antike bzw. die antike Heilkunst an.
Wie der Philosoph Hans-Georg *Gadamer* (1994, S. 55) zeigte, bestand die Aufgabe des Arztes in der Antike darin, das gestörte Gleichgewicht, das sich als
Krankheit äußere, wiederherzustellen oder Störungen der empfindlichen Balance
zu verhindern. Die Metapher von der gestörten Balance als Ursache von Krankheit und Zerfall bezogen die „Alten", wie die Philanthropen die antiken Philosophen und Ärzte bezeichneten, sowohl auf den Einzelmenschen als auch auf Staat
und Gesellschaft. Auch eine Kultur oder die Gesellschaft können krank werden,
wenn sie aus dem Gleichgewicht kommen.
Gesundheit und Krankheit seien deshalb, so *Gadamer,* nur mit dem Blick auf
das Ganze des Lebens zu verstehen. Erst mit der Entwicklung der modernen
Naturwissenschaft sei der Gedanke der systematischen, planmäßigen Konstruktion von Gesundheit, entstanden.
Bei *Rousseau* und den Philanthropen kamen schließlich beide Modelle zusammen: das antike Modell des Arztes als Wiederhersteller einer durch die Kultur und Zivilisation verloren gegangenen Balance, und der (Leibes-)Erzieher und
Arzt, der sich der Erkenntnisse der modernen Medizin und der Pädagogik bedient, um Krankheit zu erkennen und zu bekämpfen und damit Gesundheit herzustellen.

---

[202] Wohlbefinden und Gesundheit im Verhältnis zu Krankheit und Missbefinden sind
immer wieder Thema sportpädagogischer Erörterungen. Siehe im Überblick die
Artikel Gesundheit und Gesundheitserziehung sowie Wohlbefinden im Sportwissenschaftlichen Lexikon (2003, S. 203–206; S. 58 f.) sowie das „Handbuch Gesundheitssport" (hrsg. von *W. Bös* und *W. Brehm,* 2006, 2. Aufl.) und den Lehrbucharti-
kel von *Pahmeier* und *Tiemann* (2013) sowie *Franke* (2012).

Rousseau argumentierte, dass eine gesunde Erziehung, d. h. auch eine Erziehung zur Gesundheit, „natürlich" sein und deshalb zunächst und in erster Linie am Körper ansetzen müsse. Nur durch eine solche Erziehung könne auch das wieder erreicht werden, was bei den alten Griechen nicht nur als Ideal angesehen und von den antiken Ärzten, von *Paracelsus* und *Hippokrates* bis zu *Galen*, geraten wurde: dass Gesundheit vom richtigen Leben und vom rechten Maß abhinge, eben vom „Gleichmaß der Körpervermögen", oder wie der spätrömische Autor *Juvenal* als Wunsch formulierte: „ut sit mens sana in corpore sano" (Ein gesunder Geist (lebt) in einem gesunden Körper) – eine Weisheit, die bis heute die Theorie der Leibeserziehung und Sportpädagogik begleitet.

Rousseau ergänzte diese klassische Vorstellung von der Harmonie und vom richtigen Maß als Grundlage eines glücklichen und gesunden Lebens mit einer radikalen Kritik an Kultur und Gesellschaft seiner Zeit. Der Grund, warum diese bei den Griechen noch mögliche Harmonie der Kräfte und Vermögen, zwischen Körper und Geist oder zwischen Natur und Kultur nicht mehr gegeben sei, liege darin, so *Rousseau*, dass sich die Kultur von der eigentlichen Natur des Menschen entfernt habe, ihn damit verderbe und zu Krankheiten des Einzelnen und der Gesellschaft insgesamt führe.

Krankheit und Elend werden bei *Rousseau* nicht mehr als natürliches Schicksal gesehen, sondern als von den Menschen, der menschlichen Kultur und Gesellschaft selbst geschaffen, d. h. sozial verursacht. *Rousseau* forderte deshalb eine radikale Abkehr von der Kultur und ihrer falschen Erziehung und eine Hinwendung zu den natürlichen Grundlagen und Bedürfnissen des einzelnen Menschen. Die Rettung erschien ihm eine richtige, natürliche Erziehung; und diese Erziehung sollte sich nicht an den Erfordernissen der Kultur, sondern an den natürlichen Bedürfnissen des heranwachsenden Menschen orientieren. Erziehung folgte somit der natürlichen Entwicklung und Entfaltung der Anlagen, Kräfte und Möglichkeiten des Menschen; und die liegen zunächst in seinem Körper und den Sinnen, danach in seiner geistigen und schließlich und letztlich in der sozialen und moralischen (sittlichen) Entwicklung. Erst wenn Körper und Sinne ausreichend gebildet und gefestigt sind, ist „Emile" stark und abgehärtet genug, um die verderblichen Einflüsse, die die menschliche Gesellschaft ausübt, unbeschadet ertragen zu können. „Je mehr er seinen Körper kräftigt, umso besser entwickeln sich Verstand und Scharfsinn. Nur so gelangt man schließlich in den Besitz dessen, was man für unvereinbar hält und was fast alle großen Männer in sich vereinigten: die Kraft des Körpers und der Seele, der Verstand eines Weisen und die Stärke eines Athleten."

Dieser Grundgedanke *Rousseaus*, dass durch Leibesübungen und körperliche Erziehung die verloren gegangene Harmonie in der menschlichen Erziehung und Kultur wiederhergestellt werden könne, und dass darin auch ihr Beitrag für die Gesundheit des Menschen und darüber hinaus für die Gesellschaft insgesamt liege, findet sich bis heute in den Konzepten und gesellschaftlichen Legitimationen von Leibeserziehung, Gymnastik, Turnen, Spiel und Sport.

Das Ziel, durch geeignete Leibesübungen und Leibeserziehung eine gestörte Balance wiederherzustellen, blieb so gesehen gleich; verändert haben sich jedoch die Inhalte sowie Verfahrensweisen oder Methoden, mit denen dieses Ziel einer harmonisch ganzheitlichen Bildung und Erziehung, die deshalb gleichzeitig zur Gesundheit des Einzelnen und des ganzen Volkes beiträgt, zu erreichen geglaubt wurde. Ein vergleichsweise neuer Gedanke, der sich an ein modernes, naturwissenschaftliches Verständnis von Medizin und der Machbarkeit von Gesundheit anlehnt, ist die Vorstellung, durch spezifische und systematische körperliche Übungen Gesundheit produzieren sowie Krankheiten und Gebrechen verhindern und heilen zu können. Diese Vorstellung äußert sich auch in Begriff und Inhalt dessen, was aktuell als Gesundheitssport und Gesundheitsmedizin bezeichnet wird.

Die Philanthropen, die als die „Wegbereiter" der Leibeserziehung in Deutschland gelten, folgten in wesentlichen Punkten sowohl ihren antiken Vorbildern als auch *Rousseau*. Sie waren ebenfalls der Meinung, dass die herrschende Lebensweise und Erziehung einseitig, „verzärtelt", falsch und deshalb ungesund sei. Wie *Rousseau* waren die philanthropischen Reformpädagogen *Salzmann, Basedow, Trapp, Campe, Vieth, Villaume u. a.,* und nicht zuletzt Johann Christoph Friedrich *GutsMuths*, davon überzeugt, dass Gesundheit, Stärke und Leistungsfähigkeit nicht durch Schonung und „Verzärtelung", sondern durch Bewegung, Übung und „Abhärtung", letztlich durch eine „vernünftig-natürliche" Lebensweise erreicht werden könne. „Sei gesund!", schrieb Christian Gotthilf *Salzmann* (1744–1812) in seinem „Ameisenbüchlein" (1806), einem Ratgeber für eine „vernünftige Erziehung"; dies sei freilich eine „sonderbare Forderung", schränkte er ein: „hängt denn die Gesundheit aber von seinem Willen ab? (...) „Allerdings", meinte er, „so kannst du gesund sein, wenn du nur richtig willst" – und dich richtig verhältst. „Der ernstliche Wille hat auf den Körper einen mächtigen Einfluß. Härte ihn nur nach und nach ab, sei mäßig und enthaltsam, widme den Tag der Arbeit und die Nacht der Ruhe, und wenn du dem ungeachtet zu kränkeln anfängst, anstatt zur Apotheke deine Zuflucht zu nehmen, suche lieber den Grund deines Übelbefindens zu erfahren. Dies kannst du, wenn du über deine bisherige Lebensweise nachdenkst." (*Salzmann,* 1806/1919, Kapitel 6, Abschnitt 1).

„Wenn wir jetzt nicht mehr so gesund und kraftvoll sind, als unsere alten Vorfahren, so liegt die Schuld bloß an – uns", pflichtete *GutsMuths* (1793, S. 77) seinem Kollegen in Schnepfenthal bei, der als der „deutsche Rousseau" bezeichnet wurde. „Lasst uns demnach der körperlichen Erziehung mehr Ton und Kraft geben; dem, was ich Verfeinerung nannte, wirksam entgegenarbeiten; und so sei denn der einzige wahre Hauptgrund der Gymnastik Harmonie zwischen Körper und Geist".

Diese Auffassung stand ganz in Übereinstimmung mit den medizinischen Reformern in dieser Zeit der europäischen Aufklärung, die sich zugleich als Volkserzieher verstanden, wie z. B. Christoph Wilhelm *Hufeland* (1762–1836), Goethes Leibarzt, Johan Peter *Frank* (1745–1821) und seine „Medizinische Polizei", oder wie es bei Bernhard Christoph *Faust* (1755–1842) in seinem „Gesundheits-Katechismus" von 1794 zum Ausdruck kommt. „Da also die Gesundheit das schützbarste Gut des Lebens ist, welche Pflicht hat der Mensch in Ansehung ihrer gegen sich selbst?" wird dort gefragt, und die Antwort lautet: „Er muss seine Gesundheit zu erhalten suchen. (...) Wodurch können die Menschen wieder stark werden? Durch eine verständige Erziehung und Lebensart".

GutsMuths' „Gymnastik für die Jugend" von 1793, das erste Lehrbuch für ganz-heitliche, systematische körperliche Erziehung, das sich auch rasch in ganz Europa verbreitete und in alle großen Sprachen übersetzt wurde, stellt vor die-sem Hintergrund eine Anleitung für eine gesunde Erziehung durch den richti-gen, vernünftig-natürlichen Umgang mit dem Körper dar. Dies galt wiederum als Voraussetzung einer ganzheitlichen Bildung und Erziehung, und nur dadurch konnte die nötige, aber verloren gegangene Balance, also Gesundheit, wieder-hergestellt werden.

Dieses Konzept, Gesundheit und Wohlbefinden durch eine ausgewogene, ganz-heitliche Erziehung erreichen zu können, mit der die Defizite zivilisierter Lebens-führung wie Bewegungsmangel und Fehlernährung kompensiert werden kön-nen, prägte die weitere Geschichte der Leibeserziehung und Sportpädagogik. Allerdings haben sich die politischen und gesellschaftlichen Umstände und Rah-menbedingungen gewandelt. Das Ziel einer ganzheitlichen Bildung und Erzie-hung zu gesundheitsbewusstem Verhalten durch Leibesübungen, Bewegung, Gymnastik, Turnen, Spiel und Sport blieb jedoch im Grundsatz erhalten.

> Leibesübungen und Leibeserziehung sowie Bewegung, Spiel und Sport ha-ben im Lauf ihrer Geschichte einen Beitrag zum Verständnis von Gesundheit insgesamt geleistet. Er besteht zum einen in der Einsicht, dass Gesundheit und Krankheit weder zufällig noch Schicksal sind, sondern dass aktiv, im eigenen Bewegen und Sporttreiben, etwas für die Gesundheit getan werden kann. Zum anderen bedeutet dieses sportive Konzept aktiver Gesundheit mehr als die Abwesenheit von Krankheit. Im und durch Bewegung, Spiel und Sport kann Gesundheit selbst, am eigenen Leib, erlebt und erfahren wer-den; oft gerade dadurch, dass zum Sporttreiben der Wechsel von körperli-chen Befindlichkeiten gehört: Momente der Erfahrung körperlicher Leis-tungsfähigkeit und körperlichen Wohlbefindens werden begleitet von Situa-tionen des Missbefindens, des Schmerzempfindens, der Anstrengung und körperlichen Anspannung, der wiederum Phasen der Entspannung folgen.

Gesundheit im Zusammenhang aktiver, sportlicher Betätigungen hat in erster Linie mit der subjektiven Befindlichkeit zu tun; wobei Sporttreiben nicht immer und nicht sofort Erfahrungen des körperlichen und – darüber hinaus gehend – psychischen Wohlbefindens auslösen muss. Die Erfahrung zeigt vielmehr, dass Gesundheit und aktives, habituelles Wohlbefinden mit Anstrengungen und Situ-ationen des Missbefindens verbunden sein können.

3.2 Sport – Gesundheit – Wohlbefinden

Von einem engen Verständnis von Gesundheit ausgehend, kann Gesundheit als Abwesenheit von Krankheit oder als körperliche Fitness aufgefasst werden, also als etwas, das an ärztlichen Befunden und medizinischen Kriterien mehr oder weniger eindeutig abgelesen werden kann. In einem weiteren Verständnis ist

Gesundheit jedoch mehr als die Abwesenheit von Krankheit. Als die Weltge-sundheitsorganisation (WHO) 1946 mit dem Ziel gegründet wurde, Krankheiten weltweit zu bekämpfen und die Gesundheit der Menschen zu fördern, wurde Gesundheit in der Präambel der Satzung der WHO als ein „Zustand des vollstän-digen körperlichen, geistigen und sozialen Wohlergehens und nicht nur das Fehlen von Krankheit oder Gebrechen" definiert.[203] Daran knüpften schließlich viele gesundheitspolitische Initiativen an, um die gesundheitliche Situation der Menschen weltweit zu verbessern. Einige davon betreffen auch die Rolle von Bewegung, Spiel und Sport für Gesundheit und Wohlbefinden. In der Konse-quenz und in den Fortschreibungen dieses Gesundheitsverständnisses wurde von der WHO immer wieder sowohl die Eigenverantwortung des Individuums für seine Gesundheit durch eine gesunde Lebensführung als auch der Einfluss von sozialen und ökologischen Bedingungen für die Gesundheit und damit die Ver-antwortung von Politik, Gesellschaft und Erziehung betont.[204]

In pädagogisch-anthropologischer Hinsicht sind Gesundheit und Wohlbe-finden, aber auch Krankheit und Missbefinden sowohl Prozesse, Zustände und Befindlichkeiten, die biologische Ursachen haben als auch vom Han-deln einzelner sowie von sozialen und gesellschaftlichen Bedingungen abhängig. Aus pädagogischer Sicht ist Gesundheit als *Aufgabe* anzusehen, für deren Erfüllung der Einzelne eine Mitverantwortung trägt, für die aber auch Staat und Gesellschaft, die für die Schaffung gesundheitsfördernder Rahmenbedingungen zuständig sind, Verantwortung tragen. Krankheit und Gesundheit sind nicht nur Schicksal, sondern auch Prozess und Ergebnis menschlichen Handelns und Entscheidens. Ein Teil der Verantwortung liegt deshalb bei der Erziehung und Bildung durch Eltern, aber auch Lehrerin-nen und Lehrer sowie allgemein Bildungs- und Erziehungseinrichtungen.

Versteht man Gesundheit im Sinne der ursprünglichen WHO-Definition, nämlich als *vollkommenes* Wohlbefinden, dann zeigt sich, dass ein solches Verständnis Fragen und Probleme aufwirft, die über eine medizinische Perspektive hinaus-gehen. Denn Gesundheit als Wohlbefinden sagt nicht nur etwas über einen mehr oder weniger objektiv messbaren Zustand der Funktionsfähigkeit unseres Organismus aus, sondern beinhaltet auch eine Aussage über eine subjektive Befindlichkeit des Menschen. Subjektives Wohlbefinden und Missbefinden wie-derum sind von Bewertungen abhängig, was individuell oder in einer sozialen Gruppe und einer bestimmten Kultur als gesund, ungesund oder krank gilt oder empfunden wird. Gesundheit und Wohlbefinden sowie Krankheit und Missbefin-

---

[203] www.gesundheitsfoerdernde-hochschulen.de/.../1946Verf_WHO_BZgA93.pdf (Zugegriffen am 03.09.2018).

[204] Siehe insbesondere die sogenannte Ottawa-Deklaration der WHO von 1986 (Charta der 1. Internationalen Konferenz für Gesundheitsförderung) (http://www.euro.who.int/ de/publications/policy-documents/ottawa-charter-for-health-promotion,-1986 Zugriff 03.09.2018).

den sind abhängig von sozialen und kulturellen Befindens-Normen wie zum Beispiel dem Empfinden und Bewerten sowie dem Umgang mit und dem Ertragen von Schmerzen.

Ausdruck dieser sozial und kulturell geprägten Befindens-Normen sowie auch den Unsicherheiten der Menschen bei der Bewertung gesundheitlicher Befindlichkeiten sind die zahlreichen Bücher, Zeitschriften (wie zum Beispiel die Apotheken Umschau), Fernsehsendungen, Clips in sozialen Medien und Ratgeberspalten in Zeitschriften zu gesundheitlichen Fragen, die vorgeben zu wissen, wie man gesund sein und sich wohlfühlen kann, was ein schöner und gesunder Körper ist, wie man mit ihm umgehen und ihn pflegen soll. Sie setzen auch soziale Maßstäbe dafür, was als Gesundheit, Wohlbefinden und Fitness gilt und empfunden wird (oder werden sollte).

Zur Bedeutung des Sports und der Leibeserziehung für Gesundheit und Wohlbefinden

Gesundheit und Wohlbefinden sind – anthropologisch betrachtet – nicht allein von objektiven körperlichen Voraussetzungen abhängig, sondern sie sind auch von subjektiven Wahrnehmungen und Einschätzungen sowie von sozialen Bewertungen und kulturellen Prägungen beeinflusst. Diese Faktoren sind allerdings weder eindeutig, noch gehören sie so eng zusammen, wie es beispielsweise das Verständnis der WHO nahelegt. Eine ärztliche Diagnose kann ohne Befund sein, aber deswegen muss man sich keineswegs wohlfühlen; und umgekehrt: Bei oder trotz Verletzungen und Krankheiten kann man durchaus Wohlbefinden erleben.

Eine der Folgen solcher Schwierigkeiten bei der Verwendung eines engen oder weiten Gesundheitsverständnisses und der weiteren Unterscheidung von Gesundheit und Wohlbefinden besteht darin, dass sich je nachdem, von welchem Verständnis man ausgeht, auch unterschiedliche Beurteilungen ergeben, was Sport- und Bewegungsaktivitäten für die Gesunderhaltung, die gesundheitliche Vorbeugung und die Wiederherstellung von Gesundheit bedeuten, was sie also zur Gesundheitsförderung tatsächlich beitragen und wie und wodurch sie unser Befinden beeinflussen können.

Sportlichkeit

Bei der Beurteilung von möglichen positiven oder negativen Wirkungen von Bewegung, Spiel und Sport für Gesundheit und Wohlbefinden ergibt sich eine weitere Schwierigkeit: Nicht nur Wohlbefinden und Gesundheit können unterschiedlich verstanden werden, sondern auch auf den Sport, von dem sie erwartet werden, trifft dies zu. Fast jede körperliche Aktivität kann heute als Sport angesehen, erlebt oder mit sportlichen Motiven verknüpft werden – von der Gartenarbeit bis hin zu morgendlichen Kniebeugen und dem Spaziergehen am Abend. Die Motive und Sinnmuster vieler Menschen, die sie mit ihrem Sporttreiben verbinden, sind so unterschiedlich wie das, was sie als Sport wahrnehmen und verstehen. Sportlichkeit ist zu einem eher offenen und diffusen Motiv des Sporttreibens geworden. Gesundheit und Fitness zählen jedoch zu den zentralen Motiven dieses Sporttreibens.[205] Viele Bewegungsaktivitäten, die mit Sport im traditionellen Sinn nichts zu tun haben, werden mit dem Gesundheitsmotiv begründet. Aber es ist nicht sicher, ob die Bewegungsaktivitäten, die als Sport bezeichnet und mit gesundheitlichen Erwartungen verbunden werden, tatsächlich gesundheitliche Wirkungen haben. Subjektiv erlebtes Wohlbefinden wird oft mit objektiven gesundheitlichen Wirkungen gleichgesetzt, obwohl erreichtes Wohlbefinden und der tatsächliche gesundheitliche Effekt einer Sportaktivität nicht identisch sein müssen. Wiederum wecken Bewegungsaktivitäten, die Wohlbefinden erfahren lassen, gesundheitliche Erwartungen, die nicht oder nur schwer einlösbar sind.

Der in Schulen und Vereinen betriebene Sport ist zwar immer noch, wenn auch zunehmend weniger, an Sportarten und einem eher traditionellen Verständnis von Sportlichkeit orientiert, für die vor allem Können, Leistung und Gesundheit wichtige Ziele sind. Viele Gymnastik- und Fitnessstudios, Sportschulen und Gesundheitsinstitute, aber auch Vereine oder Volkshochschulen folgen inzwischen jedoch neuen Sportlichkeits-Konzepten, die jede sportlich genannte Betätigung schon als gesundheitlich wirksam ansehen. Von Yoga, Tai-Chi, Pilates, Qi Gong und anderen Entspannungstechniken wird oft eine unmittelbare Verbesserung der Gesundheit erwartet (z. B. *Fessler & Lindner,* 2018).

Bei dieser Art von Sport, der Gesundheit unmittelbar thematisiert, stehen weniger Training, Übung und Wettkampf im Mittelpunkt, sondern das Streben nach Wohlbefinden, Selbsterfahrung, Fitness, Jugendlichkeit, einem schönen Körper (oft verbunden mit erotischer Ausstrahlung) sowie Erlebnis, Spaß und Unterhaltung (siehe *Grupe,* 2000). Dieser weniger dem Gedanken der sportlichen Leistungsfähigkeit und eher dem Prinzip von Erlebnis und Vergnügen folgende und manchmal auch hedonistische und narzisstische Gesundheitssport, dem ein weitgefasstes Gesundheitsverständnis zugrunde liegt, ermöglicht es zwar, das Erleben von Wohlbefinden als Gesundheitsverbesserung anzusehen. Die tatsächlichen gesundheitlichen Wirkungen solcher Bewegungsaktivitäten sind jedoch an wissenschaftlich-objektiven und medizinischen Kriterien gemessen eher zweifelhaft. Weil sich das Verständnis von Gesundheit, Wohlbefinden und Sport erweitert hat, wird es jedoch verständlich, dass Wachstum und Verbreitung des Sports in den vergangenen Jahrzehnten von dem Bedürfnis vieler Menschen nach Gesundheit und Wohlbefinden mitgetragen werden. Bewegung, Spiel und Sport erscheinen als Möglichkeit, etwas von den Defiziten, die offensichtlich im Umgang mit dem eigenen Körper empfunden werden, auszugleichen.

---

[205] Mit dieser Art von „Sportlichkeit" und der damit verbundenen These der Versportlichung der Gesellschaft und – als Kehrseite dieses Prozesses – der „Entsportung des Sports" haben sich neben *Grupe* (1990) besonders *Cachay* (1990) und *Digel* (1990) auseinandergesetzt. Der Prozess der Versportlichung ist seinerseits eng mit der hohen individuellen und gesellschaftlichen Wertschätzung von Gesundheit und Wohlbefinden verbunden.

Obwohl der Wohlstand vieler Menschen in den entwickelten Industriestaaten gestiegen ist, hat ihr körperliches und seelisches Wohlbefinden offenbar nicht in gleicher Weise mit dieser Entwicklung Schritt gehalten. Einerseits leben sie in diesen Industriestaaten statistisch gesehen länger, gibt es dort die besten Krankenhäuser, die meisten Ärzte, die teuersten Freizeit- und Erholungseinrichtungen. Andererseits ist das Bedürfnis nach Wohlbefinden und Gesundheit offensichtlich aber dort am größten, wo gesundheitliche Infrastrukturen am höchsten entwickelt sind.

Das alltägliche Leben vermittelt den Menschen von heute – so lässt sich daraus schließen – nicht mehr ohne weiteres die Erlebnisse und Erfahrungen, die mit dem Gefühl von Wohlbefinden und Gesundsein verbunden sind. Viele Menschen scheinen sich in ihrer Gesundheit und in ihrem Wohlbefinden beeinträchtigt zu fühlen. Sport treiben verspricht nach *Rittner* (1985) dagegen die Möglichkeit, solchen Beeinträchtigungen entgegenzuwirken. Nicht wenige ziehen jedoch aus dem Gefühl des Missbefindens und Unbehagens sowie aus anderen, persönlichen und sozialen Gründen auch umgekehrte Schlüsse. Sie suchen ihr Wohlbefinden in Inaktivität, Zerstreuung und Ablenkung oder im Genuss von Alkohol, Nikotin oder Drogen.

Wohlbefinden, Körperverhältnis und Sport

Wohlbefinden ist ein schwer fassbares Phänomen. Was bedeutet es wirklich? Offensichtlich wird es nicht allein, wie man zunächst annehmen könnte, primär von körperlichen Voraussetzungen bestimmt; es wird auch von psychischen und sozialen Faktoren beeinflusst. Erfüllte oder enttäuschte Erwartungen und Wünsche zum Beispiel, positive emotionale Bindungen zu den Menschen der näheren Umgebung, deren Zuneigung und Liebe, berufliche Erfolge und Misserfolge, Sorgen und Probleme des Alltags, in der Familie oder mit Freunden und Verwandten, Missachtung, Mobbing oder umgekehrt soziale Anerkennung sind für das Wohlbefinden eines Menschen wichtig.

Unser Befinden hat dabei viel mit dem Verhältnis zu unserem Körper zu tun. Dies ist sogar in einem doppelten Sinn der Fall. Einerseits beeinflusst unser Körper unser Befinden positiv oder negativ; andererseits stellt er eine Art Gradmesser für unser Befinden dar, indem er anzeigt, *wie* wir uns fühlen. Genauer: Wenn wir uns wirklich wohlfühlen, bemerken wir unseren Körper eigentlich nicht oder nur wenig, erleben uns als körperlich unbeschwert, können uns unserer Umwelt unbelastet zuwenden, unser Körper ist uns nicht gegenwärtig.[206] Bei diesem Nicht-Wahrnehmen des Körpers, das zugleich die Abwesenheit von Missbefinden beinhaltet, handelt es sich in der Tat um eine der Formen von Wohlbefinden.

---

[206] Ausführlicher in *Grupe* (2000). Zum Wohlbefinden und Missbefinden aus medizinisch-anthropologischer Sicht grundlegend *Plügge* (1962). Zum Verhältnis von körperlicher Aktivität, psychischer Gesundheit und Wohlbefinden *Wagner* und *Brehm* (2006). Einen Überblick über die Wirkung von sportlicher Aktivität auf die seelische Gesundheit geben *Fuchs* und *Schlicht* (2012).

Aber es gibt auch andere Formen: Eine aus sportpädagogischer Sicht besonders wichtige ist diejenige, die sich *nach* überstandenen sportlichen Anstrengungen einstellt, wenn wir zwar müde sind, uns wie zerschlagen fühlen und
doch zufrieden auf Geleistetes zurückblicken. Viele kennen (und schätzen) ein
solches Gefühl, das man z. B. nach anstrengendem Training, intensiven körperlichen Übungen oder langen Läufen haben kann, wenn die erlebte körperliche
Beanspruchung hinter dem Erlebnis des Gelingens verschwindet oder das Erleben einer körperlichen Belastung selbst zur Anzeige für Wohlbefinden wird. Der
Sport bietet eine Fülle an Möglichkeiten, gerade ein solches *herausgehobenes*
Wohlbefinden zu erleben, dies sowohl während als auch nach intensiven Sportbetätigungen.
Im Unterschied zu einem solchen Wohlbefinden stellt Missbefinden die andere
Seite unseres Befindens dar. In der Regel ist Missbefinden deutlich spürbar,
wenn auch meistens nicht präzise beschreibbar. Wir fühlen uns einfach nicht
wohl, irgendetwas stimmt nicht mit uns, irgendetwas stört oder belastet uns. Das
mag nur schwach zu spüren sein wie eine sich ankündigende Erkältung, das
unregelmäßige Herzklopfen, der leichte Muskelkater, die Schmerzen im Rücken
oder am Knie, oder irgendein diffuses Unwohlsein. Es kann aber auch genau
bestimmbar sein wie ein Verletzungsschmerz an einer bestimmten Stelle unseres Körpers, wie bei Zahnschmerzen, oder es kann über unseren ganzen Körper
verbreitet sein wie die Erschöpfungszustände nach großen körperlichen oder
psychischen Belastungen, oder eine mehr oder weniger schwere Krankheit, die
sich ankündigt oder, wie dies bei Krebsleiden häufig der Fall ist, bereits fortgeschritten ist, ohne dass zunächst eine Störung des Befindens wahrgenommen
wurde; vielleicht auch deshalb weil es sich um einen schleichenden Prozess
handelt, an den sich unser Körper und wir als Person gewöhnt haben.

Der individuelle und soziale Charakter des Wohlbefindens

Menschen erleben ihr Wohlbefinden oder Missbefinden allerdings keineswegs
in gleicher Weise. Wahrnehmung, Erlebnis und Einschätzung dessen, was für
Wohlbefinden gehalten oder als Missbefinden erlebt wird, sind individuell unterschiedlich. Für den einen ist es das gute Essen, für den anderen der tägliche
Langstreckenlauf, für den dritten regelmäßiger Sexualkontakt, für den vierten
ausgiebiges Schlafen, die ihm Wohlbefinden – oder, wenn sie fehlen oder ihm
versagt sind, Missbefinden – vermitteln. Für den kranken Menschen können es
die ersten Schritte sein, die er wieder gehen kann, für den alten und gebrechli-
chen Menschen der kleine Spaziergang in der Sonne. Was der eine als Wohlbefinden empfindet, reicht einem anderen nicht aus; und was dem einen als erstre-
benswert erscheint – etwa die tägliche sportliche Anstrengung –, bereitet dem
anderen Missbefinden. Für manche ist Bequemlichkeit und körperliche Inaktivität eine wichtige Quelle ihres Wohlbefindens. In diesem Sinne kann man sagen,
dass Wohlbefinden individuell unterschiedlich ist, also *privaten* Charakter hat.
Wohlbefinden ist jedoch kein ausschließlich privates Phänomen: Es ist auch
sozial bestimmt, indem seine Einschätzung von unserer engeren und weiteren
sozialen und kulturellen Umwelt und den in ihr vorherrschenden Wertvorstellun-

gen mitbestimmt wird. Ein nur individuelles Wohlbefinden gibt es nicht. Zwar kann man so etwas wie ein ursprüngliches Wohlbefinden empfinden und erleben, wenn Sonnenstrahlen die Haut wärmen oder primäre Bedürfnisse wie Hunger oder Durst befriedigt werden. Aber auch diese Befriedigung erfolgt in kulturell unterschiedlicher Weise. Daraus lassen sich zwei Folgerungen ziehen: *Erstens:* Wohlbefinden wird zwar durchweg als etwas Positives erlebt, aber es handelt sich nicht um einen stabilen, nachhaltigen Zustand des Erlebens. Man kann nicht genau wissen, was Wohlbefinden für den Einzelnen bedeutet, was dieser oder jene als sein oder ihr Wohlbefinden wahrnimmt, und wie stabil dieses Erleben jeweils ist. Man kann deshalb auch nicht sicher sein, erreichtes Wohlbefinden auf Dauer zu behalten. Das Streben nach Wohlbefinden hat eines gemeinsam mit dem Streben nach Glück: Wer es sucht, muss es keineswegs finden. Wer schließlich Wohlbefinden schon für Gesundheit hält, erliegt einer Verwechslung. *Zweitens:* Wohlbefinden wird nicht unmittelbar, sondern im Grunde immer nur auf dem Umweg über andere Tätigkeiten erlangt. Wir wissen zwar, meistens aufgrund von Erfahrungen, welche Aktivitäten zu Wohlbefinden führen *können.* Aber ob es bei oder nach solchen Aktivitäten auch wirklich eintritt, ist nicht sicher.

Wer Wohlbefinden als Lebensziel betrachtet und auf direktem Weg zu erreichen versucht, kann auch in besorgter Selbstbeobachtung oder im narzisstischen Selbstgenuss ankommen, aber nicht im eigentlichen Wohlbefinden. Intensive Selbstbeobachtung wiederum kann zur Hypochondrie führen, die das ausgeprägteste Beispiel für eine Krankheit darstellt, die keinen objektiven physischen Befund einer Abweichung von der gesundheitlichen Norm aufweist, sondern Ausdruck einer ins Extreme gesteigerten und damit zur Krankheit gewordenen Sorge um das eigene Wohlbefinden und die Gesundheit ist. Der „eingebildete Kranke" ist paradoxerweise tatsächlich krank, allerdings nicht physisch, sondern psychisch und sozial.[207]

Zusammenhänge zwischen Sportaktivität und Wohlbefinden

In verschiedenen Studien wurde versucht, Wohlbefinden und die Auswirkungen von Sport- und Bewegungsaktivitäten auf das Wohlbefinden zu messen.[208] In amerikanischen Untersuchungen in den 1980er Jahren wurde festgestellt, dass sportliches Training beispielsweise positive Effekte auf Selbstkonzept und Wohl-

---

[207] Der französische Dichter Molière hat über den Typus des Hypochonders ein berühmtes Theaterstück geschrieben: Le Malade imaginaire (Der eingebildete Kranke) (1673 uraufgeführt).

[208] Ausführlicher die von *Kleine* und *Hautzinger* (1990), *Abele* und *Becker* (1991) und *Schlicht* und *Schwenkmezger* (1995) herausgegebenen Bände, sowie *Schlicht* (1995) und die dort aufgeführten empirischen Untersuchungen. Siehe auch *Fuchs* und *Schlicht* (2012); *Pahmeier* und *Tiemann* (2013). *Banzer* (2017) fasst in dem von ihm herausgegebenen Sammelband „Körperliche Aktivität und Gesundheit" aus verschiedenen Blickwinkeln den Zusammenhang von Bewegung und Gesundheit, bzw. psychischem Wohlbefinden, während des gesamten Lebens und bei zahlreichen Erkrankungen zusammen.

befinden habe (*Hermann u. a.,* 1995, S. 95). Eine Verbesserung der Grundge-stimmtheit hat sich bei solchen Personen eingestellt, die regelmäßig Sport trei-ben; allerdings war die physische Belastung allein keine hinreichende Bedin-gung für das Wohlbefinden. Sportliche Aktivitäten wurden jedoch nicht nur für das physische, sondern auch im Hinblick auf das psychische und soziale Wohl-befinden als positiv eingeschätzt (*Kleine & Hautzinger,* 1990). Auch die medizini-sche Forschung resümiert einen günstigen Einfluss von körperlicher Aktivität auf Psyche und Wohlbefinden, insbesondere bei ausdauerspezifischer Aktivität (*Knechtle,* 2004). Auch konnte nachgewiesen werden, dass körperliche Aktivität Stress reduzierend und gesundheitsstärkend wirkt (*Fuchs & Gerber,* 2017). Als Erklärung für solche Effekte des Wohlbefindens werden unterschiedliche theo-retische Modelle benutzt, z. B. Theorien des Selbstkonzepts. Wer Sport treibt, so besagt eines dieser Konzepte, verbessert sein Körperkonzept; er ist offen-sichtlich im Hinblick auf seine Körperlichkeit zufriedener und ausgeglichener. Dies wiederum trage zur Verbesserung des Selbstwertgefühls, des Selbstbildes und damit des Selbstkonzepts bei. Sportliche Aktivitäten beeinflussen unter einem solchen Aspekt das allgemeine psychische Befinden positiv.[209]

Neben Selbstkonzepten werden biologische und physiologische Modelle heran-gezogen. So wird festgestellt, dass die Ausschüttung von Stresshormonen (Katecholamine und Endorphine) bei sportlich-körperlicher Belastung bzw. kör-perlichem Training die Stimmung und das Wohlbefinden positiv beeinflussen. Gemessen wurde bei Ausdauersportlern und Langläufern auch eine erhöhte Ausschüttung körpereigener Endorphine und Corticoide, die u. a. zu einer Ver-minderung des Schmerzempfindens beitragen.[210]

Eine eindeutige, kausale Beziehung zwischen sportlicher Aktivität und Wohlbe-finden konnte jedoch bislang nicht nachgewiesen werden. *Schlicht* (1993; 1995) hat als Ergebnis seiner Meta-Analyse von 63 Arbeiten, die den Zusammenhang von sportlicher Betätigung und psychischer Gesundheit untersuchten, vor Ver-allgemeinerungen gewarnt. Die verbreitete Auffassung, nach der regelmäßiges Sporttreiben den psychischen Gesundheitszustand tatsächlich verbessern würde, konnte nicht eindeutig bestätigt werden. Vielmehr seien die Ergebnisse inkonsistent und von unterschiedlichen Bedingungen abhängig, z. B. von Alter und Geschlecht. Der psychische Gesundheitszustand von Männern und 31- bis 50-jährigen Personen, die ihre Ausdauer trainierten, verbesserte sich nach den Befunden dieser Analyse; ebenso der von Frauen im mittleren Alter, die sich gymnastisch oder tänzerisch betätigten.

---

[209] Vgl. *Schwenkmezger* (1993); dort wird ein Überblick über theoretische Ansätze des Zusammenhangs zwischen Sport und psychischer Gesundheit gegeben. Siehe *Schulz, Meyer* und *Langguth* (2012). Zum psychischen Selbstkonzept im Überblick *Wagner* und *Alfermann* (2006).

[210] *Schwenkmezger* (1993, S. 216 ff.). Ausdauertraining ist deshalb auch bereits in der Depressionstherapie zur Anwendung gekommen. *Antonelli* (1982); *Schwenkmezger* (1985); *Knechtle* (2004). Siehe speziell zum Zusammenhang von körperlicher Akti-vität und Stressabbau das „Handbuch Stressregulation und Sport" der Herausge-ber *Fuchs* und *Gerber* (2017).

3.3 Wohlbefinden als sportpädagogische Herausforderung und Aufgabe

Wenn Wohlbefinden etwas ist, das sowohl individuell unterschiedlich erlebt, erfahren und bewertet wird als auch sozial geprägt ist, dann kann nicht jede Form individuellen Wohlbefindens als ein allgemein zu akzeptierendes und relevantes pädagogisches Ziel angesehen werden. Medikamente und Drogen, Rauchen und Alkoholkonsum, üppiges Essen und Bewegungsfaulheit, die vielleicht aktuelles Wohlbefinden erzeugen, können keine erstrebenswerten Ziele einer Erziehung zu Wohlbefinden und Gesundheit sein. Sie mögen zwar kurzfristig als lustvoll und angenehm empfunden werden, mittel- und längerfristig verhindern sie jedoch Wohlbefinden und beeinträchtigen die Gesundheit.
Darüber hinaus verursachen Krankheiten und Gebrechen, die durch eine ungesunde, unvernünftige Lebensweise bedingt sind, erhebliche Kosten für die Allgemeinheit. Fehlendes Wissen über den eigenen Körper sowie mangelnde Bildung über die Zusammenhänge von Krankheit, Gesundheit, Wohlbefinden und Verhalten oder auch eine verfehlte Gesundheits- und Umweltpolitik können Gründe für ein solches gesundheitsschädliches Fehlverhalten sein. Selbst die Verkehrspolitik kann verantwortlich für Krankheit, Leid und Elend sowie hohe Kosten im Gesundheitswesen durch falsches Verhalten sein, wenn man an die immer noch hohe Zahl von Toten und Verletzten im Straßenverkehr denkt, die durch überhöhte Geschwindigkeit verursacht werden, weil es keine Geschwindigkeitsbegrenzung auf deutschen Autobahnen gibt. Die momentane Lust oder das augenblickliche Wohlbefinden des Rasers wird hingenommen, obwohl dieses Verhalten nachweislich Tod und schwere Verletzungen zur Folge hat. Ähnliche Effekte gibt es in der Umwelt- und Energiepolitik. In sport- und gesundheitspädagogischer Hinsicht geht es also sowohl darum zu definieren und zu diskutieren, was Wohlbefinden ist und wie es aktiv und langfristig erreicht werden kann und soll, als auch im öffentlichen und politischen Raum Voraussetzungen für ein gesundes Leben zu diskutieren und zu schaffen.

Aktives Wohlbefinden

Wohlbefinden und Gesundheit sind nicht nur ein Thema empirischer Sozialwissenschaften, sondern auch der pädagogischen Wissenschaften, die sich mit den Werten und Normen von gesundheitlicher Bildung und Erziehung beschäftigen. In pädagogischer und gesundheitspädagogischer Hinsicht sind deshalb Schwerpunkte zu setzen, die ein sozial wünschens- und erstrebenswertes Wohlbefinden erfahrbar machen. Was aber ist das „richtige" Wohlbefinden?
Die sportpädagogische Antwort heißt, dass Wohlbefinden nicht nur ein individuell erstrebenswertes Ziel darstellt, sondern für möglichst viele Menschen und in einer von ihrer Gegenwart und Zukunft begründeten Form zu Ziel und Inhalt des Sports und der Leibeserziehung gemacht werden sollte. Diese Form des pädagogisch begründeten, wünschenswerten Wohlbefindens kann als *aktives* Wohlbefinden bezeichnet werden. Unter aktivem Wohlbefinden ist jenes Wohlbefin-

den zu verstehen, das aus der aktiven, selbstbestimmten Gestaltung des Verhältnisses zum eigenen Körper entsteht. Seine Kennzeichen sind nicht Bequemlichkeit, Verwöhnung und Schonung, sondern Eigenaktivität und Selbstgestaltung. Dieses Wohlbefinden dient über das augenblickliche Wohlbefinden hinaus langfristig der Erhaltung und Förderung der Gesundheit.

Sport- und Bewegungsaktivitäten führen nicht automatisch und nicht immer zu Wohlbefinden. Sie können jedoch helfen, sportlich in einer Weise aktiv zu sein, um jene körperlichen und psychischen Voraussetzungen zu erreichen, die ein Wohlbefinden unmittelbar und möglichst in herausgehobener Form erlebbar machen – der erholsame Ausdauerlauf, die gelungene Abfahrt im Schnee, das geglückte Spiel, das Schwimmen in klarem und sauberem Wasser. Darüber hinaus unterstützen Sport- und Bewegungsaktivitäten nachweislich die physischen Grundlagen der Gesundheit und des körperlichen Wohlbefindens, indem sie dazu beitragen, die physische Leistungsfähigkeit und Belastbarkeit zu verbessern oder in höherem Alter zu stabilisieren, konditionelle und koordinative Voraussetzungen für aktives Bewegen in Alltag und Sport schaffen. Dazu gehören die Verbesserung der Beweglichkeit und Ausdauer sowie die Stärkung der Muskulatur. Diese Fertigkeiten und sportlich-motorischen Fähigkeiten lassen sich nicht durch passives Wohlbefinden und Bequemlichkeit erreichen, sondern man muss sich anstrengen und die natürliche „Trägheit des Leibes" überwinden, wie der Neurologe und Psychiater Viktor E. *Frankl* (1905–1997) (1973, S. 29) sagte. Zu einem gesundheitsbewussten Verhalten gehört nicht nur das Wissen, sondern auch der Wille, sein Verhalten zu ändern, wie schon *Salzmann* in seinem *Ameisenbüchlein* (1806) festgestellt hatte (s. o.).

Aktuelles und langfristiges Wohlbefinden

Aus pädagogisch-systematischer Sicht ist es angebracht, zwischen einem *passiven* und *aktiven* Wohlbefinden zu unterscheiden, darüber hinaus aber auch zwischen einem *aktuellen* Wohlbefinden und einem *langfristigen* oder längerfristigen, dem so genannten *habituellen* Wohlbefinden.

Sport- und Bewegungsaktivitäten geben erstens Gelegenheit, sich aktuell wohlzufühlen, indem sie das alltägliche Leben befriedigender, ausgeglichener und vielleicht auch gesünder machen. Da es sich dabei um wünschenswerte Zustände handelt, ergibt sich daraus auch ein wichtiges Motiv des Sporttreibens. Zum zweiten helfen sie, im Blick auf das zukünftige Leben, die Grundlagen für langfristiges Wohlbefinden zu vermitteln, indem sie durch Übung und Training jene Voraussetzungen entwickeln helfen, die zu den notwendigen, wenn auch allein nicht schon hinreichenden Bedingungen des Wohlbefindens gehören. Sport- und Bewegungsaktivitäten können dazu beitragen, einen Zustand zu erreichen und zu stabilisieren, der uns in der Regel nicht von selbst zufällt, sondern dessen Voraussetzungen aktiv geschaffen, gestaltet, erarbeitet werden müssen. In diesem pädagogischen Sinn ist Wohlbefinden eine Aufgabe, der sich jeder Einzelne, aber auch Lehrerinnen und Lehrer zu stellen haben.

Einschränkend gilt, dass aktuelles Wohlbefinden bei oder nach sportlichen Aktivitäten keineswegs die Garantie für langfristiges, habituelles Wohlbefinden ist. Dazu müssen weitere Voraussetzungen gegeben sein, insbesondere gesundheitsbewusste Ernährung und Lebensweise. Dies wiederum fällt vielen nicht gerade leicht, macht auch nicht immer Spaß, ist aber erforderlich, wenn man sich längerfristig wohlfühlen und auch gesund sein und bleiben möchte.

Missbefinden und Wohlbefinden – einige Folgerungen

Körperliches und seelisches Wohlbefinden sind wichtige pädagogische Anliegen der Leibeserziehung und des Sports. Sie beziehen sich jedoch nicht auf unmittelbares und passives Wohlbefinden. Vielmehr schließt das Ziel eines längerfristigen und habituellen Wohlbefindens Zustände des Missbefindens wie körperliche Anstrengung oder die Tolerierung widriger Umstände ein. Ausdauerlaufen also nicht nur bei schönem Wetter, sondern auch bei Regen und Wind, wenn die angemessene Kleidung getragen wird.

Missbefinden gehört in gewisser Hinsicht zum Wohlbefinden dazu. Es ist die andere Seite der Medaille der Gesundheit. Der zunehmenden Verbreitung des Spaß-, Erlebnis- und Funsports – inzwischen auch in der Schule –, der Suche nach Unterhaltung und (oberflächlichem) Vergnügen im Sport liegt dann eine pädagogisch irreführende Annahme zugrunde, wenn gemeint wird, damit dem Anliegen einer gesundheitsorientierten körperlichen Erziehung gerecht werden zu können. Dem Missbefindens-Vermeidungsprinzip zu folgen und Spaß sowie Vergnügen zu primären Zielen sportlicher Aktivitäten zu machen, kann zwar momentanes Wohlbefinden auslösen, lässt langfristiges Wohlbefinden jedoch kaum erreichen. Aktives Wohlbefinden hat vielmehr zu berücksichtigen, dass Wohlbefinden im Missbefinden seine Kehrseite hat. Unter einer pädagogischen Perspektive ist das Missbefinden die Folie, auf der Wohlbefinden und Gesundheit durch eigene Anstrengung des Willens und der Überwindung der eigenen Trägheit und Bequemlichkeit erlebbar und erfahrbar wird. Missbefinden zu vermeiden, bedeutet deshalb zu übersehen, dass zur Erreichung der Voraussetzungen langfristigen Wohlbefindens Aktivitäten nötig sind, die – zum Beispiel im Training, bei manchen weniger abwechslungsreichen Körperübungen oder auch entsprechendes Ernährungsverhalten (Diäten) – oft auch mit Zuständen des Missbefindens verbunden sind. Man muss durch diese hindurch, sie überwinden, um sich die Voraussetzungen für längerfristiges, habituelles Wohlbefinden und Gesundheit zu erwerben. Wer nicht nur Gesundheit, sondern auch höhere sportliche Leistungen erreichen will, kann und muss diese elementare Erfahrung immer wieder machen.

Missbefinden kann im Übrigen durchaus mit einer positiven Körperwahrnehmung und der Erfahrung eigener Leistungs- und Belastungsfähigkeit verbunden sein und in diesem Sinne auch eine Wohlbefindens-Komponente beinhalten; wenn man beispielsweise bei einer langen Wanderung oder Bergtour trotz großer Anstrengung und möglicherweise widriger Umstände das Ziel vor Augen hat; wenn man sich überwunden hat, vom 10-Meter-Turm zu springen oder wenn

nach langem Üben und Trainieren endlich die Übung gelingt oder die angestrebte Höhe übersprungen wird. In diesen Beispielen zeigt sich die Bandbreite
des Wechsels und der Spannung von Wohlbefinden und Missbefinden über
körperliche Betätigungen, die den Sport auszeichnet.

Umgekehrt folgt aber auch, dass Missbefinden und sportlich-körperliche Anstrengungen keineswegs die Voraussetzungen für langfristiges Wohlbefinden im
und durch Bewegung, Spiel und Sport sind. Der Leistungssport ist ein Beispiel
dafür, dass übermäßige Anstrengungen und Belastungen, insbesondere im Kin-
des- und Jugendalter, langfristig zu ernsten gesundheitlichen Schädigungen
führen können, wenn falsch, nicht verantwortungsvoll und nicht nachhaltig Sport
getrieben oder die Gesundheit durch hohes Risiko im Sport aufs Spiel gesetzt
wird. Kurzfristig Spaß im Sport, Erfolg und das Gefühl der körperlichen und
sozialen Befriedigung durch sportliche Siege und Erfolge zu erleben, kann langfristig zu gesundheitlichen Schäden und Missbefinden führen.

Wohlbefinden und Missbefinden, unterschiedliche Situationen und Bedingungen
des (körperlichen) Befindens erfahrbar und bewusst zu machen, ist so betrachtet
eine wichtige Aufgabe der Leibeserziehung und Sportpädagogik bzw. von Lehr-
personen, die in Schule und Unterricht mit Bewegung, Spiel und Sport befasst
sind. Das gilt prinzipiell für alle Altersgruppen und Leistungsstufen.

> **Pädagogisch gesehen ist es insofern wichtig zu lernen, mit Zuständen und
> Gefühlen des Missbefindens umgehen zu können.** Sie sind ebenso ein Teil
> des Lebens wie solche des Wohlbefindens. Aus sportpädagogischer Sicht
> und im Bewusstsein für einen verantwortungsbewussten Umgang mit dem
> eigenen Körper und der eigenen Gesundheit ist es deshalb nicht sinnvoll,
> sich an einem Verständnis von Wohlbefinden als Wohlfühlen zu orientie-
> ren, das Passivität und momentanen Genuss beinhaltet. **Das pädagogi-
> sche Ziel des Wohlbefindens ist ein Weg, der auch über Hindernisse führt,
> die man sich selbst stellt.** Um diesen Weg in befriedigender Weise gehen
> zu können, müssen Zustände des Missbefindens in Kauf genommen wer-
> den, um langfristig Wohlbefinden und Gesundheit erreichbar zu machen.
> **Dazu gehört auch, richtiges von falsch verstandenem Wohlbefinden zu
> unterscheiden.**
>
> Ein solches, falsch verstandenes Wohlbefinden wäre allerdings auch ein
> Sportverhalten, das sich durch extremes, letztlich die Gesundheit der Per-
> son schädigendes Trainieren und Sporttreiben auszeichnet, also eine Art
> Hedonismus durch Masochismus. Dieses Phänomen ist nicht selten bei
> Extremsportlerinnen und -sportlern zu beobachten.
>
> Aktives und langfristiges Wohlbefinden ist aus sport- und gesundheitspäd-
> agogischer Sicht höher zu bewerten als passives Wohlfühlen. Langfristiges
> Wohlbefinden ist zumeist nicht zu erreichen, ohne auch Missbefinden in
> Kauf zu nehmen. Im Sport können in besonderer Weise Situationen heraus-
> gehobenen Wohl- und Missbefindens erlebt werden. Eine wichtige pädago-
> gische Aufgabe besteht deshalb auch darin, den Zusammenhang von
> Wohlbefinden und Missbefinden erlebbar und erfahrbar zu machen.

3.4 Gesundheitssport und Gesundheitserziehung im Sport

Wohlbefinden ist, wie dargestellt wurde, nicht identisch mit Gesundheit, obwohl sie viel mit ihr gemeinsam hat. Dass über Bewegung, Spiel und Sportaktivitäten Wohlbefinden erlebt werden kann, bedeutet aber noch nicht, dass diese Aktivitäten gesundheitlich sinnvoll, nützlich oder wirksam sind. Trotzdem hat die Erwartung, über bestimmte sportliche Aktivitäten Gesundheit erreichen oder verbessern zu können, zur Entstehung eines eigenen Bereichs des Sports geführt, dem Gesundheitssport.

Gesundheitssport ist ein spezifisches Modell des Sports. Er zeichnet sich dadurch aus, dass die Motive Gesundheit und Wohlbefinden im Mittelpunkt stehen. Sie sind das eigentliche Ziel dieses Sporttreibens. Sport wird gezielt zum Zweck der Gesundheitsförderung betrieben oder funktionalisiert. Gesundheit ist nicht, wie dies beim Freizeit- und Breitensport etwa der Fall ist, eines unter anderen Motiven des Sporttreibens, sondern das einzige. Dabei wird in der Regel zwischen einem eher präventiven Sport und einem eher rehabilitativen Sporttreiben zu gesundheitlichen Zwecken unterschieden. Der erste dient der Vorbeugung vor möglichen Erkrankungen und Gebrechen, der zweite eher der Nachsorge und Behandlung von Verletzungen und Erkrankungen durch Bewegung, Gymnastik, Spiel und Sport. Dabei ist jeweils zu berücksichtigen, dass erst entsprechende und richtig dosierte Belastungsintensitäten, die in der Regel von Ärzten oder Physiotherapeuten empfohlen oder verordnet werden müssen, auch die gewünschten Wirkungen erzielen. Generell gilt jedoch, dass das Training der konditionellen Grundlagen wie Kraft, Ausdauer und Beweglichkeit sowie Koordinationsfähigkeit eine Grundlage für präventiven und rehabilitativen Gesundheitssport sind.[211] Natürlich kann auch ein nicht für gesundheitliche Zwecke funktionalisierter Sport präventive Wirkungen im Sinne einer Gesundheitsvorsorge erfüllen.

Gesundheitsmodelle

Die Frage, ob bestimmte Formen sportlich-körperlicher Betätigungen (und welche) zur Förderung der Gesundheit beitragen, lässt sich systematisch vor dem Hintergrund theoretischer Modellvorstellungen beantworten (vgl. *Pahmeier & Tiemann*, 2013; *Franke*, 2012).

Das sogenannte *Risikofaktoren-Modell* ist eine solche Modellvorstellung. Es besagt, dass bestimmte Risikofaktoren die Gesundheit beeinträchtigen und nachweislich zu Krankheiten führen können. Dazu gehören u. a. Bluthochdruck, Übergewicht und hohe Blutfettwerte (Cholesterin) infolge von Bewegungsmangel, aber auch falsche Ernährung und ungesunde Lebensweisen wie Alkohol-

---

[211] In Heft 23 (1993, 2, S. 196 ff.) der Zeitschrift *Sportwissenschaft* wurde versucht, Gesundheitssport zu definieren. Wie kontrovers die Auffassungen über diesen Gegenstand sind, zeigt die sich anschließende Diskussion. Vgl. *Sportwissenschaft* 23 (1993, 3, S. 308 ff.).

und Nikotinkonsum oder auch Stress und nervliche Beanspruchung. Regelmäßiges sportliches Training kann, dies konnte empirisch bestätigt werden, dazu
beitragen, solche Risikofaktoren zu vermindern. Dies gilt allerdings nur dann,
wenn das sportliche Training von einer gesunden Lebensweise, gesunder
Ernährung, ausreichend Schlaf, dem Wechsel von Spannung und Entspannung
sowie einer gesunden Umwelt begleitet wird. Ausdauerläufe in einer intakten
Umwelt an der frischen Luft sind sicher gesund und gesundheitlich wirksam,
aber bei Smog sind sie gesundheitlich gefährlich und riskant.

Im *Bewältigungs-Modell* steht im Unterschied zum Risikofaktoren-Modell die
Frage im Mittelpunkt, wie mit gesundheitlichen Beeinträchtigungen umgegangen wird und welchen Beitrag Sport leisten kann, um solche Beanspruchungen
zu vermindern oder zu beseitigen. Wenn z. B. jemand unter Rückenschmerzen,
Verspannungen, Schlafstörungen oder Depressionen leidet, sind gezielte Gym-
nastik- bzw. Bewegungsprogramme geeignet, um diese Beschwerden zu lindern
oder zu beseitigen. Bewältigung bedeutet aber auch, mit Beschwerden entsprechend umgehen zu können, Missbefinden und Schmerzen ein Stück weit ertragen zu lernen, wenn sie sich medizinisch und therapeutisch nicht beseitigen
lassen.

Das so genannte *Gesundheitsressourcen-Modell* schließlich geht davon aus,
dass es bestimmte Faktoren gibt, die dazu beitragen, Gesundheit zu erhalten, zu
verbessern oder aber – umgekehrt – sie zu beeinträchtigen. Solche Ressourcen
sind in diesem Sinne sowohl körperliche und konditionelle Faktoren wie Ausdauer, Kraft, Beweglichkeit, Entspannungs- und Dehnfähigkeit; aber auch bestimmte kognitive, emotionale und soziale Faktoren werden als solche Gesund-
heitsressourcen betrachtet. Wer eine gute „Kondition" hat und sie durch entsprechendes Training erhält oder verbessert, steigert auch seine Widerstandsfähigkeit gegen Krankheiten. Dieser Zusammenhang hat sich in zahlreichen Untersuchungen bestätigt (*Pahmeier & Tiemann*, 2013; *Bös*, 1993; *Franke*. 2012).
Zu den bekanntesten Ressourcenmodellen gehört das sogenannte *Salutogenese-
Modell,* das auf den Gesundheitssoziologen Aaron *Antonovsky* (1923–1994)
zurückgeht. Seine Untersuchungen gingen von der Frage aus, was Menschen
befähigt, Krisen, Krankheiten, Stress und extreme Belastungen zu bewältigen,
ohne daran zu zerbrechen oder ernsthaft krank zu werden. Aus welchen Ressourcen schöpfen sie, was macht sie so stark, dass sie selbst schwerste Krisen
überstehen? Sein Modell der Salutogenese steht deshalb in gewisser Hinsicht
dem der schulmedizinischen Pathogenese gegenüber, in dem eher nach den
Ursachen von Krankheiten und den Möglichkeiten, diese zu heilen, gesucht und
geforscht wird. Antonovsky und seine Anhänger bemühen sich dagegen um die
Stärkung der gesundheitlichen Ressourcen im Gesamt des Lebens (ausführlich
Franke, 2012).

Dazu gehören neben den körperlichen vor allem psychosoziale Faktoren wie die
Grundstimmung eines Menschen, seine soziale Einbettung, der soziale Rück-
halt, den er hat, oder auch Haltungen und Einstellungen, der Sinn des Lebens,
den manche Menschen eher und andere weniger zu erkennen glauben, die
schließlich dazu beitragen, widerstandsfähiger gegen oder eben anfälliger für
Krankheiten oder gesundheitliche Beeinträchtigungen zu werden.

Beide Modelle, Ressourcen- und Bewältigungsmodelle gehen in der Nachfolge bereits antiker Vorstellungen von Gesundheit und Krankheit davon aus, dass Krankheit und die Beeinträchtigung von Gesundheit (und Wohlbefinden) dann entstehen, wenn Menschen aus der Balance geraten. Sport und Bewegung, Turnen und Gymnastik können ein Mittel sein, um diese gesundheitliche Balance wiederherzustellen (*Pahmeier & Tiemann*, 2013).

Gesundheit ist nicht alles – aber ohne Gesundheit ist alles nichts

Die Möglichkeiten des Sports, die Gesundheit zu verbessern, werden häufig überschätzt. In vielen medizinischen und trainingswissenschaftlichen Arbeiten wird sportliches Training, besonders Ausdauersport, als „Schutzfaktor für den Erhalt körperlicher Gesundheit" (*Balz*, 1992 b, S. 260) angesehen.[212] Sport kann zwar typischen Zivilisationskrankheiten wie Herz-Kreislauf-Erkrankungen, Übergewicht oder Diabetes vorbeugen, die letztlich durch Bewegungsmangel bedingt sind. Berichte und Untersuchungen der WHO haben immer wieder gezeigt, dass Bewegungsmangel und die dadurch entstehenden Folgeerkrankungen zu den größten gesundheitlichen Problemen der Menschheit in der modernen, technisierten Welt gehören.[213] Gleichwohl ist Sport pauschal kein „Medikament mit Breitbandwirkung gegen Zivilisationsschäden" (*Balz*, 1992 b, S. 261). Es kommt drauf an, in welcher Weise welcher Sport von wem und in welchem Alter betrieben wird. Präventive Wirkungen kann er nur dann entfalten, wenn gezielt und spezifisch geübt und trainiert wird, je nach Zielgruppe und Voraussetzungen und abgestimmt nach Belastungsintensität und Belastungsdauer.

Gesundheit als wesentliches Motiv des Sporttreibens spielt schließlich nicht in jedem Lebensalter, nicht für jede Art des Sporttreibens und nicht für beide Geschlechter dieselbe wichtige Rolle. Mit dem Alter nimmt der Stellenwert des Gesundheitsmotivs zu; für Kinder und Jugendliche ist es dagegen von geringerer Bedeutung; für viele Freizeit- und Breitensportlerinnen und -sportler ist es wiederum oft wichtiger als für Leistungssportlerinnen und -sportler. Für sie ist die Gesundheit eine Voraussetzung für erfolgreichen Leistungssport, mit dem sie allerdings auch ihre Gesundheit beeinträchtigen oder aufs Spiel setzen können, insbesondere dann, wenn Grundsätze des Trainierens in Übung und Wettkampf missachtet oder wenn unerlaubte und gesundheitsschädliche Medikamente eingenommen werden.

Sport kann deshalb nicht nur als Mittel zur Herstellung von Gesundheit angesehen werden. Vielmehr kommt er in seinen vielfältigen und besonderen Möglichkeiten auch anderen Bedürfnissen und Motiven der Menschen entgegen. Nicht jeder Sport ist deshalb automatisch gesund. Aber bestimmte und unterschiedliche Formen und Inhalte sportlicher Betätigung können Gesundheit in besonde-

---

[212] Bezeichnend für diese Argumentation ist *Hollmann* (1990).

[213] Siehe die Homepage der WHO: http://www.euro.who.int/de/health-topics/noncom municable-diseases/diabetes/news/news/2015/11/physical-inactivity-and-diabetes Zugriff 05.09.2018.

rem Maße fördern, wenn sie in richtiger Weise betrieben werden, aber andere eben auch nicht (vgl. *Frey & Hildenbrandt,* 1995).

Aus der Sicht der Leibeserziehung und Sportpädagogik ist Gesundheit nicht der einzige Sinn des Sports. Für die Menschen, die Sport treiben, ist er ein zentrales und verbreitetes, aber nicht das einzige Motiv. Andere Sinndimensionen und Motive des Sports wie Leistung, Wettkampf, Freude, Geselligkeit, Ästhetik oder Erlebnis spielen eine ebenso wichtige Rolle. Aus sportpädagogischer Sicht sollten sie nicht durch ein beherrschendes Gesundheitsmotiv verdrängt werden.

Gesundheit als Ziel und Aufgabe

Gesundheit kann, wie Wohlbefinden, nicht direkt angestrebt werden. Sie stellt sich bei sportlichen Aktivitäten als eine Art Begleit- und Nebenprodukt ein. Wer Gesundheit unmittelbar anstrebt, muss mit Enttäuschungen rechnen. Man kann sie nicht einfach mitnehmen, sie ist – pädagogisch gesehen – eine von mehreren Sinn- und Zielperspektiven des Sporttreibens, pädagogisch gesprochen eine Aufgabe. Das bedeutet, dass man sich um sie bemühen muss.

Wenn in der sportlichen Praxis Gesundheit und Wohlbefinden als Ziele formuliert werden, sollte man deshalb drei Gesichtspunkte beachten:

(1) Wenn Sportaktivitäten gesundheitlich effektiv sein sollen, reicht es nicht aus, sie nur nach Lust und Laune oder nur mit dem Ziel momentanen Wohlbefindens zu betreiben. Sporttreiben muss, um gesundheitlich wirksam zu sein, hinsichtlich seiner Beanspruchungsformen regelmäßig, belastend, anstrengend, eben trainingsmäßig sein. Das darf und soll auch Spaß machen, tut es aber nicht immer, weil es manchmal auch Missbefinden auslöst. Um Gesundheit und langfristiges Wohlbefinden zu erreichen, muss man deshalb auch momentan eher unlustvolle Missbefindens-Zustände aushalten können (und dies auch erlernen). Nicht jede Form der sportlichen Bewegung ist im Übrigen gesundheitlich vorbeugend und ausgleichend, auch wenn sie Wohlbefinden vermittelt. Wirksam ist diejenige Sportaktivität, die plan- und regelmäßig, langfristig und mit genügender Intensität und den Gesichtspunkten von Übung und Training folgend, wahrgenommen wird.[214] Welche Sportaktivitäten wiederum besonders geeignet sind, hängt vom Alter und von individuellen Voraussetzungen ab.

(2) Sporttreiben ist gesundheitlich erst dann wirksam, wenn das richtige Maß zwischen Unterforderung und Überforderung gefunden wird. Sportmedizinische Erkenntnisse zeigen, wo das Maß zwischen dem langfristig wirkungslo-

---

[214] Vgl. *Hollmanns* Forderung, „tägliches Training" sollte „in fernerer Zukunft genauso zur Alltagshygiene eines modernen Menschen zählen wie beispielsweise (...) Zähneputzen" (*Hollmann,* 1988, S. 236).

sen Zuwenig und dem schädlichen Zuviel an sportlicher Belastung liegt: zwischen dem vergnüglichen, aber gesundheitlich wenig wirksamen Spaß-sport und einem übertriebenen Fitness- oder auch Leistungs- und Wett-kampfsport, der bei zu hohen und falschen Belastungen der Gesundheit schaden kann. Darüber hinaus sind gesundheitlich orientierte Sportaktivitä-ten mit einer entsprechenden Lebensweise zu verknüpfen. Richtige Ernäh-rung, Kontrolle der Essgewohnheiten, Einschränkung oder Verzicht auf Nikotin und Alkohol, die richtige Verbindung von Spannung und Entspan-nung, und nicht zuletzt die auch ökologisch gesehen sinnvolle Ausnutzung unterschiedlicher Bewegungsgelegenheiten im Alltag: Treppensteigen, an-statt den Lift zu benutzen, Fahrradfahren anstatt für jede kleine Strecke ins Auto zu steigen.

(3) Zum Gesundsein gehört, wie der Arzt und Theologe Dietrich *Rössler* (1988) schreibt, nicht nur das Freisein von Krankheiten, sondern auch das Umge-hen-Können mit den Unpässlichkeiten, Missbefindens-Zuständen und Wid-rigkeiten, denen wir in unserem Leben ausgesetzt sind. Diese Einsicht, die auch *Antonovsky* teilt, trifft vor allem zu, wenn man älter wird und die biologi-schen Voraussetzungen, gesund zu sein und sich körperlich wohlzufühlen, gemindert sind. Damit ist ein anderer Typ von Gesundheit gemeint als jene Gesundheit, von der vorgegeben wird, man könne sie in Schnellkursen oder beim Freizeitsportvergnügen erwerben.

Gesundheitserziehung im Sport

Sportliche Aktivitäten und Übungen sind heute ein lebensnotwendiges Gegen-gewicht zum Bewegungsmangel mit seinen schlimmen Folgen für Gesundheit und Wohlbefinden der Menschen sowie für die Gesellschaft insgesamt. Sie lie-fern ein Gegenbild zu einem auf Bequemlichkeit und die Vermeidung von kör-perlichen Anstrengungen ausgerichteten Leben. Moderne Technik und Zivilisa-tion, Motorisierung und Mediatisierung machen eine solche Lebensführung zwar möglich und legen sie nahe, führen aber gleichzeitig zu einer Fülle von negati-ven Nebenwirkungen für Wohlbefinden und Gesundheit des Einzelnen und der Gesellschaft insgesamt. Bewegungsmangel und der Mangel an physischer An-strengung führen zu Übergewicht, zu Herz- und Kreislauferkrankungen sowie zu Stoffwechsel- und Gefäßerkrankungen, und sie haben auch ökologisch negative Folgen.

Bewegung, Spiel und Sport sind ein Stück praktischer und vor allem unaufdring-licher Gesundheitserziehung innerhalb und außerhalb der Schule. Weil Gesund-heit und Wohlbefinden zentrale Motive des Sporttreibens vieler Menschen sind, darf man sie aus pädagogischer Sicht aber nicht verwässern. Es sollte vielmehr Wert darauf gelegt werden, dass Menschen erfahren, was sie vom Sport in gesundheitlicher Hinsicht erwarten können und was nicht, dass Sporttreiben ihnen helfen kann, etwas konkret für ihre körperliche Leistungsfähigkeit, Belast-barkeit und ihr Befinden zu tun, verantwortungsvoll mit dem eigenen Körper umzugehen und auf diese Weise den Gefahren der Bewegungsverarmung entgegenzuwirken und damit Gesundheit und Wohlbefinden auf einfache, billige und natürliche Weise erlebbar zu machen. Sport in diesem Sinn ist nicht nur ein Mittel der Gesundheitsförderung, sondern auch Ausdruck einer Vorstellung vom gesünderen Leben (vgl. *Kolb,* 1995, S. 31).

Die Möglichkeiten der körperlichen Erziehung und des Sports für Wohlbefinden und Gesundheit können sich über Handlungen, Erlebnisse und Erfahrungen entfalten. Erfahrung steht dabei für das „vor-theoretisch" Wichtige, das sich in der Regel der Vermittlung über kognitives Lernen entzieht. Gesundheitsbewusstsein lässt sich gerade bei Kindern und Jugendlichen nicht durch Belehrung schaffen, sondern durch Handeln und Erfahrung. Handlung steht für absichtsvolles, intendiertes und rationales Verhalten, das jedoch auch ein gewisses Maß an Unsicherheit in Planung und Ausgang aufweist, also über Suchen und Probieren zu Einsichten, Einstellungen und Gewohnheiten führen kann, aber nicht muss.

Wohlbefinden und Gesundheit sind vornehmlich über Handlungen und den mit ihnen verbundenen Erlebnissen und Erfahrungen erreichbar. Beide sind im strengen Sinne nicht erlernbar. Erst dann, wenn etwas erlebt und erfahren wurde, kann es in einem weiteren Schritt bedacht, bewertet, als wichtig oder weniger wichtig angesehen und danach gegebenenfalls in seinen Voraussetzungen verbessert werden. Dies schließt nicht aus, dass solche auf Erfahrung beruhenden Einsichten – wie in der Gesundheitserziehung erforderlich – mit Aufklärung und Information verbunden werden.

Unter pädagogischer Perspektive betrachtet liefert Sporttreiben im Hinblick auf Wohlbefinden und Gesundheit besondere, aber zugleich auch wiederholbare Erlebnisse und Erfahrungen. Wer bewusst Sport treibt, weiß besser als diejenigen, die auf sportliche Aktivitäten verzichten, was guttut, was dem Körper an Anstrengungen zugemutet werden kann und wo Grenzen liegen. Sport bietet in seinen vielfältigen Formen und auf seinen verschiedenen Leistungs- und Belastungsstufen jeweils typische Erfahrungen. Er ist ein Bereich, in dem Befinden, Missbefinden und Wohlbefinden in ihrer Unmittelbarkeit und in ihrer Beziehung zu einer gesunden Lebensweise erlebt und als Folge sportlichen Handelns erfahren werden können.

Deshalb ist es sportpädagogisch gesehen notwendig, jene Gelegenheiten anzubieten und jene Fähigkeiten zu vermitteln, die aktives Wohlbefinden und die konkreten Voraussetzungen für langfristiges Wohlbefinden und Gesundsein auffindbar und erfahrbar machen. Da Gesundheit und Wohlbefinden einem nicht automatisch zufallen, muss man sie im Handeln und Tätigsein suchen, erproben und sich aneignen. Dabei macht der, der intensiv läuft und Rad fährt, vermutlich andere Erfahrungen als der Gewichtheber. Langfristiges Training prägt das Verständnis von Wohlbefinden und Gesundheit anders als das gelegentliche Golfen oder Federballspielen. Was jedoch ein Nachteil zu sein scheint, weil man nicht verlässlich weiß und wissen kann, was auf welche Weise wirksam ist, kann auch ein Vorteil sein. Gerade dadurch, dass Sport in seiner Motiv- und

Anregungsstruktur offen ist, kann er vielen auch Unterschiedliches, für sie Passendes und ihnen Entsprechendes anbieten und dabei unterschiedliches Können, unterschiedliche Erwartungen und Interessen berücksichtigen.

Allerdings ist auch zu bedenken, dass manche der Wirkungen, die Sporttreiben im Hinblick auf Wohlbefinden und Gesundsein besitzt, nicht von sportlichen Aktivitäten selbst ausgehen müssen, sondern davon, wie und wo und von wem sie vermittelt werden, also von den Lehrerinnen und Lehrern, Trainerinnen und Trainern, die Sport unterrichten; von dem Verein, der Gruppe und der Mannschaft, denen man angehört; von dem Klima und der Atmosphäre und der Aufgeschlossenheit der Schule, die man besucht. Wohlbefinden ist nicht nur direkt von sportlichen Betätigungen abhängig, sondern auch von den äußeren Bedingungen, unter denen sie betrieben werden. Die Skifahrer, die nur bei Sonnenschein die Pisten betreten, erfahren nichts von dem Wohlbefinden, das die Auseinandersetzung mit Wind und Schnee auslösen kann. Wer diese Auseinandersetzung hingegen nicht freiwillig sucht, sondern zu ihr genötigt wird, bei dem wird sich eher Missbefinden einstellen.

Zur Verantwortung der Leibeserziehung und Sportpädagogik gehört es schließlich, dass auf die Folgen des Bewegungsmangels für Gesundheit und Befinden in einer technisierten Welt aufmerksam gemacht wird. Es ist auf die gesellschaftlichen Ursachen von direkten und indirekten gesundheitlichen Beeinträchtigungen hinzuweisen, in der Schule, die immer noch eine Sitzschule ist, am Arbeitsplatz, bei Städte- und Raumplanungen, die die Bewegungs- und Spielbedürfnisse der Menschen nicht berücksichtigen, besonders bei fehlenden oder ungeeigneten Spiel- und Sportplätzen für Kinder und Jugendliche.

Gesundheit und Wohlbefinden sind klassische Motive der Leibeserziehung und Sportpädagogik. Seit den Anfängen des Fachs mit *Rousseau, GutsMuths* und den Philanthropen zur Zeit der europäischen Aufklärung wird es als eine zentrale Aufgabe von Leibeserzieherinnen und Leibeserziehern angesehen, durch Gymnastik, Turnen, Bewegung, Spiel und Sport zu einer gesunden Lebensführung zu erziehen.

Gesundheit und Wohlbefinden bezeichnen ähnliche, aber nicht identische Phänomene. Beide sind sowohl von individuellen Wahrnehmungen als auch von sozialen Bewertungen abhängig. Mit Wohlbefinden ist das subjektive Gefühl eines positiven Befindens gemeint. Gesundheit zielt hingegen stärker auf objektive und auch medizinisch feststellbare, validierte Befunde.

Mit Sport werden hohe Erwartungen an Gesundheit und Wohlbefinden verknüpft. Sie sind deshalb zu zentralen Motiven des Sporttreibens geworden. Sportliche Aktivitäten erscheinen vielen Menschen als Möglichkeiten, den Verlust an Natürlichkeit und Defizite im Umgang mit dem eigenen Körper auszugleichen. Das Streben nach Gesundheit und Wohlbefinden ist Bestandteil des aktuellen Sportverständnisses. Mit dem Gesundheitssport hat sich ein eigenes Sportmodell entwickelt, in dem Sport und Bewegung als Mittel verstanden und eingesetzt werden, um die Gesundheit zu fördern. Allerdings können Bewegung, Spiel und Sport nicht alle Erwartungen in ihre gesundheitliche Wirksamkeit erfüllen.

Im Verhältnis von Sport und Gesundheit sind drei Aspekte hervorzuheben. *Erstens* muss Sport trainingsmäßig betrieben werden, um gesundheitlich wirksam sein zu können. *Zweitens* hat ein gesundheitlich wirksamer Sport das richtige Maß zwischen Zuviel und Zuwenig zu finden, und er muss mit einer gesunden Lebensführung verbunden werden. *Drittens* heißt Gesundsein, mit Kranksein und Missbefinden umgehen zu können. Gesundheit und Wohlbefinden sind nicht im strengen Sinn erlernbar, sondern vor allem erlebbar und erfahrbar. Dazu bieten Bewegung, Spiel und Sport viele Erlebnis- und Erfahrungsmöglichkeiten.

Eine Verantwortung der Sportpädagogik besteht darin, auf individuelle und soziale Ursachen der Beeinträchtigung von Gesundheit und Wohlbefinden hinzuweisen, z. B. auf die Zerstörung und Verschmutzung der Umwelt oder auf ungesunde Lebensweisen, und sich für deren Beseitigung einzusetzen.

4 Spiel, Spiele und Spielen

Ein zentrales Thema der Theorie der Leibeserziehung und des Sports ist aus anthropologischer Sicht das Spiel. Der Mensch sei ein Spieler, ein „Homo Ludens", wie der Kulturhistoriker Johan Huizinga (1872–1945) den Titel seines Buchs nannte (Huizinga, 1938; 1987). Im Folgenden wird zunächst erläutert, wie und warum sich Leibeserzieherinnen und Leibeserzieher sowie die Sportpädagogik als praktisches und theoretisches, akademisches Fach mit dem Spiel als Phänomen, Spielen als Inhalt und Gegenstand der Leibesübungen und Leibeserziehung sowie dem Spielen als Tätigkeit von Menschen und besonders Kindern und Jugendlichen beschäftigen. Weiterhin geht es um die Frage, was überhaupt unter Spiel verstanden wird und worin der Unterschied zwischen Spiel, Spiele und Spielen besteht. Zudem wird an Beispielen gezeigt, welches Spielverständnis in der Theorie der Leibeserziehung sowie der Sportpädagogik bisher wirksam war. Abschließend geht es um die Zusammenhänge von Spiel und Sport und um ihre erzieherischen Möglichkeiten.

4.1 Spiel als Thema der Theorie der Leibeserziehung und des Sports[215]

Spiel, Spiele und Spielen sind aus folgenden Gründen relevante Themen für die Theorie der Leibeserziehung und des Sports sowie der Sportpädagogik als akademisches Fach:

---

[215] Dieses Kapitel lehnt sich an die Darstellung der Autoren in dem Band „Themenfelder der Sportwissenschaft" (hrsg. von *Haag & Strauß*, 2006) sowie an den Artikel „Spiel, Spiele, Spielen" im Lexikon der Ethik im Sport an. Siehe in einer frühen Fassung ausführlich *Grupe* (1982, S. 108–157).

- Spiel, Spiele und Spielen werden zur Erklärung der Entstehung und Entwicklung von pädagogischen Leibesübungen und Sport benutzt. Das Spiel und das Spielen gelten – neben Turnen, Gymnastik und Sport – als eine der historischen Grundformen der Leibeserziehung und ihrer Theorie (*Bernett*, 1975). Die bereits von *GutsMuths* gesammelten und erprobten pädagogischen Bewegungsspiele am Ende des 18. Jahrhunderts sowie die um die Wende vom 19. zum 20. Jahrhundert verbreiteten Volks- und Jugendspiele werden als konstituierende Elemente neuzeitlicher Leibesübungen, Leibeserziehung und des Sports angesehen.
- Spiel wird zur *Deutung* des Sports verwendet: Sport sei als Spiel anzusehen, gehöre zum Lebensbereich des Spiels. Im Unterschied zur existenzsichernden Arbeit sei Sport „zweckfreies Tun", geschehe wie das Spiel um seiner selbst willen, meinten Carl *Diem* und Pierre *de Coubertin*, die beide wichtige Vertreter der Olympischen Idee und Erziehung waren. Für *Diem* (1969) ist Sport, genauer gesagt Amateursport, gesteigertes, planmäßiges, geregeltes und ernstgenommenes Spiel. Profisport war für ihn Arbeit und eben kein Spiel. *Coubertin* und andere Vertreter des olympischen Sports nannten das bis heute wichtigste Sportfest des internationalen (Hochleistungs-)Sports deshalb Olympische Spiele, weil die sportlichen Wettkämpfe spielerisch betrieben werden sollten. Christian Graf *von Krockow* (1972; 1980) deutete den Sport analog zum Spiel als eine Form der „Weltausgrenzung". Sport sei wie das Spiel eine Welt für sich.[216]
- Aus pädagogischer und psychologischer Sicht gilt Spiel als notwendiger Teil der kindlichen und jugendlichen Entwicklung. Ihm werden große Möglichkeiten der Erziehung und Sozialisation zugeschrieben, wie von Kinder-, Jugend- und Entwicklungspsychologen betont wird (u. a. *Flitner,* 1996; *Hetzer,* 1971; *Oerter,* 1993; *Piaget,* 1969; *Sutton-Smith,* 1978).
- In einigen entwicklungsbiologischen Erklärungskonzepten des Spiels wird die Auffassung vertreten, dass sich im Spiel in besonderer Weise zeige, dass und wie sich die Entwicklung des Einzelnen (Ontogenese) in der Entwicklung der Gattung (Phylogenese) spiegle. Diese auf den Evolutionsbiologen Ernst *Haeckel* (1834–1919) zurückgehende These vom „biogenetischen Grundgesetz" gilt zwar wissenschaftlich als fragwürdig und widerlegt, aber alle Untersuchungen zum Spiel bestätigen, dass Kinder und Jugendliche im und durch Spielen spezifische motorische und kulturelle Techniken und Praktiken erwerben. Spiel ist auch eine besondere, symbolische Form des Erwerbs und Umgangs mit Kultur und Gesellschaft. Im sozial- und kulturwissenschaftlichen Sinn ist auch von Sozialisation und Akulturation die Rede. Diese Begriffe bezeichnen die komplexen Prozesse der Eingliederung in und Auseinandersetzung mit Kultur und Gesellschaft. Nach psychoanalytischer Auffassung können im Spiel Ängste und Konflikte verarbeitet werden – eben spielerisch.

---

[216] Dieses Konzept vertritt der Sportwissenschaftler Sven *Güldenpfennig* in zahlreichen Büchern, insbesondere 2013.

- In der Theorie der Leibeserziehung seit den 1920er Jahren war das Spiel ein selbstverständliches und unverzichtbares Element der Leibesübungen in Schule und Verein. Körperliche Bildung und Erziehung sind bis heute ohne Bewegungsspiele undenkbar. Der pädagogische Zweck der Spiele liegt danach im Spielen selbst.
- In der bildungstheoretischen Didaktik der Leibeserziehung (z. B. *Paschen, Mester, Hanebuth*, auch noch *Bernett* und *Grupe*) wird Spiel neben Leistung, Wetteifer und Gestaltung als eine der wesentlichen didaktischen Grundformen und Bildungsmotive (*Grupe*, 1969; 1984) der Leibeserziehung und des Sports sowie als eines der wesentlichsten „Elemente des Schulsports" angesehen. Spiel und Spiele fehlen in keinem Lehrplan für den Schulsport. Dies gilt nicht nur für das Regel- und Wettkampfspiel, sondern ebenso für freie, offene und regelungebundene Spielformen.
- Im Hinblick auf Bewegungsspiele hat sich eine spezielle pädagogische Theorie entwickelt, die deren besondere Bedeutung für das Leben und die Entwicklung von Kindern und Jugendlichen untersucht. Ausgangspunkt war der erste Kongress des Ausschusses Deutscher Leibeserzieher (ADL) (also der Schulsportlehrerinnen und -lehrer) nach dem Zweiten Weltkrieg, der sich 1958 in Osnabrück mit dem Thema Spiel befasste.[217] Spiel ist nach dieser Auffassung als eigenständiger Lebens- und Erfahrungsraum anzusehen und sollte nicht als Mittel für Lernen und Erziehung benützt werden. Diese Auffassung hat sich allerdings erst nach dem Zweiten Weltkrieg und verstärkt ab den 1970er Jahren in Deutschland verbreitet.
- Die Theorie der Sportspiele stellt ein besonderes Gebiet in der Sportpädagogik dar, in dem Lehre und Forschung der großen Sportspiele wie Fußball, Handball, Volleyball, Basketball usw. betrieben wird. In ihr wird versucht, die Strukturen von Sportspielen zu untersuchen und didaktisch und methodisch fruchtbar zu machen. Über solche didaktisch-methodischen Aspekte hinaus werden Fragen zu Regeln und Regelveränderungen in Spiel und Sport, zu kommunikativen und interaktionalen Prozessen in Spielsituationen und in Sportspielmannschaften oder zu Problemen der Sozialisation im und durch Sportspiele behandelt.[218]

Diese Beispiele zeigen, dass es viele sehr unterschiedliche Spielauffassungen und Spielkonzepte gibt. Spiel kann Vieles und Unterschiedliches bedeuten. Deshalb wird im nächsten Abschnitt differenzierter auf den Spielbegriff eingegangen, was Spiel bedeutet und wie Spiele im gesellschaftlichen und kulturellen Kontext gedeutet werden.

---

[217] Referate hielten bekannte Gelehrte und Pädagogen wie Frederik J. *Buytendijk*, Alfred *Petzelt* und Hans *Scheuerl* sowie die Leibeserzieher Konrad *Paschen* und Ludwig *Mester*. Eine pädagogische Theorie der Bewegungsspiele entwarf Jürgen *Hilmer* (1969); zu den Sportspielen Hans-Jürgen *Schaller* (1973).

[218] Siehe die Beiträge im „Handbuch Sportspiel" (2005), hrsg. von *A. Hohmann, M. Kolb* und *K. Roth*; ebenso *König* u. a. (2013).

Während bis in die 1950er Jahre besonders die klassischen Erklärungsansätze von Friedrich Schiller, Karl Groos und Johan Huizinga sowie entwicklungspsychologische Konzepte im Vordergrund standen, wurden später psychoanalytische und interaktionistische Deutungen (vgl. z. B. *Peller*, 1978; *Goffman*, 1981) verwendet. Seit den 1970er Jahren sind es Jean *Piaget* und dann vor allem Brian *Sutton-Smith*, auf die in der Sportpädagogik Bezug genommen wird.

Was heißt Spiel?

Spiel ist ein schillerndes Phänomen menschlichen Lebens. Schillernd ist dabei durchaus doppeldeutig gemeint, einerseits bezogen auf die unterschiedlichen Sichtweisen oder Perspektiven auf dasselbe Phänomen, zum andern aber auch bezogen auf Friedrich *Schiller* (1759–1805) mit dem in Deutschland die Geschichte der idealistischen Philosophie des Spiels und damit der modernen Spieltheorie beginnt.

Der Begriff Spiel ist entsprechend mehr- oder vieldeutig. Oft ist nicht zu erkennen, welche Form des Spiels in den unterschiedlichen Gebrauchsweisen des Wortes Spiel jeweils gemeint ist. So ist die Rede vom Spiel der Kinder, der Erwachsenen, der Tiere, vom Spiel miteinander und gegeneinander, von Regel-, Einzel- und Gruppenspielen, von Wasser-, Brett-, Liebes-, Zahlen-, Schau- und Lichtspielen, von Kriegsspielen und Opferspielen, von Sport-, Bewegungs- und Tanzspielen, Rollen-, Fiktions- und Darstellungsspielen, Lern-, Wett-, Kampf- und Konstruktionsspielen, von Olympischen Spielen, Gladiatorenspielen, von Turnier- und Freundschaftsspielen, vom Spiel der Gedanken und der Phantasie oder auch vom Spiel der Wellen, des Lichts, der Blätter, vom Spiel mit der Macht, mit dem Risiko oder dem Schicksal. Jemand lässt seine Muskeln spielen, spielt eine Rolle, spielt ein falsches oder böses Spiel. Das Wort Spiel wird gerne und in zahlreichen Zusammenhängen als Metapher oder Sprachbild benutzt.

Die Bewegungs- und Sportspiele sowie auch der Sport stellen nur einen kleinen Teil dieser großen Welt des Spiels dar. Die Mehrzahl der Begriffsverwendungen von Spiel weist jedoch folgende Merkmale auf, die insbesondere Hans *Scheuerl* (1991, S. 203 f.) in pädagogischer Absicht zusammengefasst hat:

- Das Spiel ist seinem Wesen nach *zwecklos*. Es verfolgt keine unmittelbaren Zwecke außer denen, die in ihm selbst liegen; es ist Tun um seiner selbst willen, ist in sich selbst begründet und sinnvoll.

- Es ist anders als das alltägliche und gewöhnliche Leben, es ist so gesehen *„nicht-ernst"*.

- Im Hinblick auf die Existenzsicherung und Daseinsbewältigung des Menschen ist es *nicht notwendig*; man muss nicht spielen.

- Es ist *frei gewählt*, also frei von Nötigungen und lebensnotwendiger Bedürfnisbefriedigung.

- Es ist existentiell in dem Sinne, als es die unaustauschbare Erfahrung besonderen Seins, autonomer Tätigkeit und des Selbst-Ursache-Seins vermittelt. Spiel ist eine Form menschlicher *Daseinsauslegung.*

- Es ist *lustvoll*, spannend, aufregend, dem Augenblick verhaftet und dem Gegenwärtigen verbunden.

Das pädagogische Spielkonzept von Hans Scheuerl (1919–2004)

Diese Merkmalsbeschreibung entspricht im Wesentlichen den sechs „Momenten" des Spielerischen, die der Pädagoge Hans *Scheuerl* (1991, S. 203 f.) herausgearbeitet hat und die in der Tradition der geisteswissenschaftlich-historisch, phänomenologisch und philosophisch orientierten Spielforschung stehen. Diese Momente des Spielerischen sind bzw. sollen auch Gegenstand und Thema von Bildung und Erziehung sein.

Scheuerl unterscheidet *erstens* die Freiheit des Spiels: Das Spiel sei frei von äußeren Ziel- und Zwecksetzungen; es genüge sich selbst. Immer dann, wenn dieses Moment der Freiheit im Spiel verletzt, wenn es für andere Zwecke ge- und missbraucht werde, gehe ein wichtiges Element des Spielerischen verloren. Zur Freiheit des Spiels gehöre die Freiheit der Spielerinnen und Spieler. Zum Spiel könne man nicht gezwungen werden. Unter Zwang gebe es kein Spiel mehr. *Zweitens* nennt *Scheuerl* die „Scheinhaftigkeit": Spiele erzeugen eine eigene Wirklichkeit, eine Spiel-Wirklichkeit. *Drittens* verweist er auf die „Geschlossenheit": Spiele brauchen Regeln und Grenzen, Räume und Plätze, durch die sie sich von Nicht-Spielen unterscheiden können. *Viertens* ist es die „Ambivalenz", die das Spiel auszeichne: Spiele sind spannend und erregend, allerdings auf einem mittleren Erregungsniveau, das zwar einen „offenen Ausgang" garantiere, das aber nicht zu groß und zu langandauernd werden dürfe, um das Spiel nicht scheitern zu lassen. *Fünftens* könne im Spiel „innere Unendlichkeit" erlebt werden: Im Unterschied zu Zweckhandlungen ist das Spiel unabgeschlossen. Es richtet sich nicht nach einem „von außen" vorgegebenen Zeitablauf, sondern nach seiner eigenen, „inneren" Uhr. Und *sechstens* nennt er die „Gegenwärtigkeit", die für das Spiel kennzeichnend sei: Spiele sind unmittelbar auf die Gegenwart bezogen. Sie sind über den Augenblick hinaus offen und ungewiss. Der Reiz des Spiels liege darin, dass der Ausgang des Spiels nicht vorherzusagen ist.

Die kulturhistorischen Studien von Johan Huizinga und Roger Caillois

Scheuerls Beschreibung geht wie viele andere auf die inzwischen klassische und weltweit verbreitete Definition des Spiels von Johan *Huizinga* (1987, S. 20, 34) zurück.[219] Seinen kulturhistorischen Studien zum Spiel gab er den Titel „Homo

---

[219] Aus sporthistorischer und sportpädagogischer Sicht hat sich insbesondere Roland *Renson* (2003) mit der Spieltheorie *Huizingas* auseinandergesetzt.

Ludens". Im Untertitel fügte er hinzu: „Vom Ursprung der Kultur im Spiel". Er widersprach also der Auffassung, dass die menschliche Kultur das Spiel und Spiele hervorgebracht habe, sondern argumentierte umgekehrt. Spiel und Spielen lägen in der Natur des Menschen und habe erst Kultur hervorgebracht. Ohne diese spielerischen Impulse, die im Menschen selbst, in seiner Natur lägen, könnte sich Kultur nicht entfalten. Deshalb gebe es auch unterschiedliche Spiele und unterschiedliche Kulturen, die sich gegenseitig durchdringen, aber der Ursprung der Kultur selbstliege in der spielerischen Natur des Menschen. Das Gemeinsame dieser Spiele bestehe darin, dass unter Spiel stets eine „freie Handlung" verstanden werde, die „nicht so gemeint" sei und als „außerhalb des gewöhnlichen Lebens stehend empfunden wird". Trotzdem können sie „den Spieler völlig in Beschlag nehmen"; Spiele seien an „kein materielles Interesse geknüpft", und es werde „kein Nutzen" von ihnen erwartet. Sie würden sich „innerhalb einer eigens bestimmten Zeit und eines eigens bestimmten Raums" vollziehen, „nach bestimmten Regeln ordnungsgemäß" verlaufen und wären in der Lage, „Gemeinschaftsverbände" zu initiieren. Spiele sowie Spielerinnen und Spieler würden sich „gern mit einem Geheimnis umgeben oder durch Verkleidung als anders als die gewöhnliche Welt herausheben".

		AGON (Wettkampf)	ALEA (Chance)	MIMICRY (Verkleidung)	ILINX (Rausch)
PAIDIA („Kinderei")	▲	Nichtgeregelter Wettlauf, Kampf usw.	Auszählspiele, „Zahl oder Adler"	Kindliche Nachahmung	Kindliche Drehspiele
Lärm				Illusionsspiele Puppe, Rüstung	Zirkus Schaukel
Bewegung				Maske	Walzer
unbändiges Gelächter Drachen Grillenspiel Patiencen		Athletik Boxen, Billard Fechten, Damespiel Fußball, Schach	Wette Roulett	Travestie	„volador"
			Einfache Lotterie	Theater	Jahrmarktsattraktionen
Kreuzworträtsel		Sportwettkämpfe im Allgemeinen	Zusammengesetzte Lotterie	Schaukünste im Allgemeinen	Ski Alpinismus Kunstsprünge
▼ LUDUS			Lotterie auf Buchung		

Anmerkung: In jeder senkrechten Rubrik sind die Spiele annähernd so in einer Ordnung klassifiziert, dass das Element *paidia* ständig abnimmt, während das Element *ludus* ständig wächst (*Calllois*, 1960, S. 46).

Abb. 15: Struktur von Spielen nach Roger Caillois

Huizingas Spieldefinition lautete schließlich zusammengefasst: Spiel ist „eine freiwillige Handlung oder Beschäftigung, die innerhalb gewisser festgesetzter Grenzen von Zeit und Raum nach freiwillig angenommenen, aber unbedingt bindenden Regeln verrichtet wird, ihr Ziel in sich selber hat und begleitet wird von einem Gefühl der Spannung und Freude und einem Bewusstsein des Anderssein als das gewöhnliche Leben."

Eine anders akzentuierte, aber durchaus vergleichbare Merkmalsbeschreibung hat in Auseinandersetzung mit *Huizingas* Buch „Homo Ludens" der französische Philosoph und Soziologe Roger *Caillois* (1913–1978) (1960, S. 9–46) vorgenommen. In seinem 1958 erschienenen Werk „Les jeux et les hommes" definierte er das Spiel der Menschen (im Unterschied zu dem der Tiere) ebenfalls als eine grundsätzlich „freie Betätigung", zu der niemand gezwungen werden könne. Spiele seien nach Raum und Zeit klar abgrenzbar, offen und in ihrem Ablauf und Ergebnis nicht vorhersagbar. Sie seien prinzipiell „unproduktiv", geregelt und in dem Sinn „fiktiv", als sie sich auf eine eigene, spielerische, vom gewöhnlichen Leben unterscheidbare Wirklichkeit bezögen.

Caillois hat über diese Merkmalsbeschreibung hinaus ein Kategoriensystem entwickelt, in das sich nach seinem Konzept alle Spiele einordnen lassen. Er unterscheidet vier Grundtypen von Spielen: erstens Wettkampfspiele aller Art (Agon), zweitens Glücksspiele *(Alea)*, drittens Verkleidungsspiele *(Mimikry)*, von einfachen Nachahmungen und Pantomimen bis zum Theater, und als viertes rauschhafte Spielerlebnisse *(Ilinx)*, worunter er sowohl das Kreiseln in einem Karussell als auch Walzertanzen oder Skispringen fasst. Alle vier Kategorien bewegen sich ihrerseits auf einer Skala von Paidia, also der unbekümmerten, unkontrollierten, improvisierten Lust und Freude beim Spielen, bis hin zum *Ludus* als dem geregelten Spiel, zu dem auch das Sportspiel und der Sport gehören.

Die sozialwissenschaftliche Spieltheorie Sutton-Smiths

Der Spielforscher Brian *Sutton-Smith* (1924–2015) (z. B. 1978) ist aufgrund seiner sozialwissenschaftlich-empirischen, kulturanthropologischen und kulturvergleichenden Untersuchungen zum Spiel zu weiteren, differenzierten Merkmalsbeschreibungen gekommen. In zahlreichen Büchern hat er die Ergebnisse seiner kulturvergleichenden Studien zu den Spielen von Kindern erläutert. Er war wie viele andere Spielforscher davon überzeugt, dass Kinder überall auf der Welt beim Spielen wesentliche Fähigkeiten und Fertigkeiten erwerben, um im Leben in ihrer jeweiligen Kultur zurechtzukommen. Spielzeit sei keine Zeitverschwendung, sondern müsse einen wichtigen Platz im Leben und Lernen von Kindern bekommen, wenn sich Kultur und Gesellschaft kreativ und innovativ weiterentwickeln wollen.

Das Spiel hat nach seiner Auffassung eine *dialektische Struktur*. Diese äußere sich vor allem in dem Merkmal der „Umkehrung": Im Spiel sei es möglich, Personen, Situationen, Dinge nicht nur nachzuspielen oder im Spiel darzustellen, sondern auch in ihr Gegenteil umzukehren. Die Besonderheit und der Reiz von Spielen bestehe darin, dass nicht immer derselbe gewinnt, sondern dass Sieger und Verlierer, Jäger und Gejagte oft rasch die Rollen tauschen oder tauschen müssten. Eine Rollenumkehrung im Spiel findet auch statt, wenn beispielsweise Situationen mit umgekehrten Rollen nachgespielt und damit auch schwierige Situationen im Spiel neu bewältigt werden könnten. Im Spiel gelinge es beispielsweise, wenn alle mitspielen, den übermächtigen Vater oder die dominante Mutter zu besiegen, was im wirklichen Leben nicht möglich sei.

Eine weitere zentrale Erfahrung beim Spiel und Spielen bestehe in dem, was *Sutton-Smith* als „vivification" bezeichnet. Es gehe um das Gefühl der Verlebendigung, Belebung oder Vitalisierung, das sich darin zeige, beim Spielen ein Mehr an Unmittelbarkeit und Gegenwärtigkeit des Lebens erfahren zu können. Spiele spiegeln schließlich nach *Sutton-Smith* grundlegende Spannungen und Konflikte menschlichen Lebens wider und böten Möglichkeiten ihrer Bewältigung und Verarbeitung: Ordnung und Unordnung, Trennung und Annäherung, Erfolg und Niederlage, Spannung und Entspannung. Die Struktur von Spielen bestehe jedoch nicht nur in der Abbildung von Gegensätzlichkeiten, sondern auch in ihrer dialektischen Auflösung. Eine vorhandene Ordnung werde aufgelöst, es entstehe Unordnung, die in eine neue Ordnung übergehen oder übergeführt werde.

In späteren Arbeiten zur Kultur und Struktur des Kinderspiels (z. B. 2003) betonte *Sutton-Smith* die anthropologischen und universellen Aspekte des Spielverhaltens der Menschen. Spiel und Spielen sind für ihn grundlegende menschliche Verhaltensweisen, die sich – natürlich in spezifischen Inhalten und Formen – überall auf der Welt in allen Kulturen und Gesellschaften zeigen.

Regelspiele

In der Spielforschung und -literatur wird zwischen dem *Spiel* als einem allgemeinen anthropologischen Grundphänomen, dem *Spielen* als individueller Handlung, in der dieses Grundphänomen konkret realisiert wird, und den Spielen als kulturellen Manifestationen des Spiels unterschieden (*Grupe, Gabler & Göhner,* 1983). Der Sport ist nach dieser Unterscheidung eine solche kulturelle Manifestation spezifischer Spiele und des Phänomens der Spielfähigkeit und Spiellust der Menschen.

In der Theorie der Leibeserziehung und Sportpädagogik wird sowohl diese Grunderfahrung des Spielens als einer Ausdrucks- und Darstellungsform des menschlichen Lebens betont als auch die kulturelle Realisierung von Bewegungs- und Regelspielen im Kontext des Sports. Aus sportpädagogischer Sicht ist es wichtig, dass Kinder und Jugendliche diese Grunderfahrung des Spielens machen können, dass ihnen ausreichend Gelegenheit für Spiel und Sport gegeben wird. Von besonderer Bedeutung sind in diesem Zusammenhang die Regel-, Bewegungs-, Wettkampf- und Sportspiele. Sie stellen in der Welt des Spiels eine besondere Welt dar, zu der im weiteren Sinne auch der Sport insgesamt zählt.

Unter den vielen Formen des Spiels sind in der Theorie und Praxis der Leibeserziehung und des Sports die geregelten Bewegungsspiele und im weiteren Sinn die Sportspiele von besonderer Bedeutung. Sie stellen neben anderen Spielen, die nach Caillois eher den Kategorien Alea (Glücksspiele), Mimikri (Verkleidungsspiele) oder Ilinx (Rauschspiele) zuzuordnen sind, die zentrale Spielkategorie aus der Sicht der Leibeserziehung und Sportpädagogik dar. Sie können agonal (wettkampfmäßig) oder auch nicht-agonal oder funktional im Hinblick auf einen spezifischen erzieherischen Zweck gespielt werden, zum Beispiel um eine Technik zu erlernen oder Spieler oder Spielerinnen ins Spiel zu integrieren. Zwar weisen prinzipiell alle Spiele Regeln auf, wenn auch mehr oder weniger formell, aber die Kategorie der Regelspiele enthält Spiele, die durch formelle Regeln konstituiert sind. Die Sportspiele sind Regelspiele mit jeweils sehr differenzierten Regelwerken, die auch in Form von Regelbüchern und Ordnungen niedergeschrieben sind. Wer mitspielt, muss die Regeln kennen und sich an diese Regeln halten. Aber zum Wesen des Spiels gehört auch, dass unter besonderen Bedingungen selbst feste Regeln geändert, verhandelt und neu vereinbart werden können.

Regeln sind bereits für das Zustandekommen eines Spiels konstitutiv; d. h., ohne sie kann nicht gespielt werden. Sie sichern darüber hinaus ihre kulturelle und historische Übertragbarkeit (Transformation) und machen aus ihnen historisch relativ überdauernde und damit tradierbare kulturelle Manifestationen. Gleichwohl sind die Regeln eines Spiels auch veränderbar. Regelspiele sind nicht einheitlich, sondern unterschiedlich und vielfältig strukturiert. Sie weisen jeweils eigene, spezifische und von anderen Spielen abweichende Regeln auf. Diese machen sie voneinander unterscheidbar. Das Fußballspiel ist nur deshalb ein Fußballspiel, weil die zentrale Regel dieses Spiels besagt, dass alle Spieler mit Ausnahme des Torhüters den Ball nicht mit den Händen, sondern mit den Füßen spielen dürfen. Eine Ausnahme ist lediglich der Einwurf. Diese Regel charakterisiert das Fußballspiel im Unterschied zu anderen Regel- und Sportspielen wie dem Handballspiel oder dem Basketballspiel oder dem Volleyballspiel, deren Name wiederum durch eine je spezifische Regel dieser Ballspiele hergeleitet ist. Die Regeln dieser Spiele haben sich über längere Zeiträume hinweg als vergleichsweise stabil erwiesen, obwohl sie immer wieder leichte Veränderungen erfahren haben, so dass diese Spiele über ihre Geschichte hinweg und inzwischen auch über unterschiedliche Kulturräume hinweg als solche erkennbar und erlebbar sind.

Regelspiele haben nicht nur den Zweck, entsprechend ihrer Regeln Sieg oder Niederlage im Spiel zu ermitteln. Ein Grund für ihre Universalität besteht auch darin, dass sie darüber hinaus auf einer symbolischen Ebene allgemeine Polaritäten des menschlichen Lebens widerspiegeln, zum Beispiel Angreifen und Verteidigen, Gegeneinander und Miteinander, im weiteren Sinne Gut gegen Böse. Sie bilden Grundsituationen des menschlichen Lebens ab. Wie *Sutton-Smith* als Grundmerkmal von Spielen überhaupt herausgearbeitet hat, geht es immer auch um „Ambiguitäten", um Gegensätze und deren Lösung im Spiel, um die Spannung zwischen unterschiedlichen, oft gegensätzlichen Interessen, zwischen Gelingen und Nicht-Gelingen, zwischen Ordnung und Unordnung, zwischen Wirklichkeit und deren zeitweiligen Veränderung in der anderen Welt des Spiels, also zwischen Ernst und Nicht-Ernst, Alltäglichkeit und Nicht-Alltäglichkeit, Nutzen und Nutzlosigkeit.

Spielerische Verhaltensmuster sind einerseits ernsthaft, andererseits – bezogen auf das Ganze der Lebenswirklichkeit – „unernst". Meistens jedoch sind Spiele aufregend, spannend und lustvoll. Darin besteht ihre besondere Attraktivität (zsf.

Sutton-Smith, 1978). Gegensätze im Ergebnis darzustellen und das Spielgeschehen im Unterschied enden zu lassen, mit Siegern und Verlieren, ist dabei oft ausdrückliches Ziel von Regelspielen. In diesem Sinne betonen sie meistens nicht Harmonie, sondern Unterschiedlichkeiten.

Spiele versöhnen aber auch das Gegensätzliche, heben es auf, stellen im Erstreben von Unterschieden das Gemeinsame her. Die am Spiel Beteiligten akzeptieren gemeinsam dessen Regeln, kooperieren und assoziieren mit dem Zweck der Feststellung von Unterschieden (*Lüschen*, 1979). *Sutton-Smith* hat deshalb – wie erwähnt – als hervorstechendes Merkmal von Spielen ihre dialektische Struktur oder auch ihre „Ambiguität" hervorgehoben.

Unter einer solchen dialektischen Perspektive verlieren die klassischen Bestimmungsmerkmale des Spiels – Zweck- und Nutzlosigkeit, Nicht-Ernst, Nicht-Notwendigkeit, Freiheit, Freude – einen Teil ihrer Erklärungskraft. Viele Spiele haben nämlich klare Zwecke. Die ihnen zugeschriebene Freiheit ist, wenn man sich auf ein Spiel eingelassen hat, zeitweise aufgehoben. Spiele können auch zum gewöhnlichen Alltag und zum bitteren Ernst werden; sie sind freudlos und ärgerlich für den, der sie enttäuscht beendet oder beenden muss.

> Regel-, Wettkampf- und Sportspiele sind soziale, interaktive und kommunikative Ereignisse, die sich durch mehr oder weniger verbindliche, entweder kurzfristig vereinbarte oder meistens relativ überdauernde Regeln auszeichnen. Zugleich sind sie kulturelle und historische Ausprägungen des menschlichen Grundphänomens Spiel. Regelspiele weisen spezifische Regeln auf, die den Zweck haben, das Spiel so zu regeln, dass es gespielt werden kann und die sozialen Beziehungen, Rollen und Interaktionen im Spiel mehr oder weniger definiert sind, zum Beispiel zwischen Angreifern und Verteidigern und am Ende zwischen Siegern und Verlierern. Diese Regeln legen ihr jeweiliges Ziel und ihren Sinn fest, bestimmen Zeit und Raum des jeweiligen Spiels, regeln die Ergebnisse und Spielausgänge und den Weg dorthin. Spielregeln müssen nicht geschrieben sein. Sie existieren oft nur regional oder in den Köpfen der am Spiel Beteiligten. Sportspiele sind durch einen festliegenden Regelkodex mit besonderer Verbindlichkeit und meist weltweiter Geltung gekennzeichnet.

Idealität und Realität im Spiel

Die Idealität der beschriebenen Merkmalsbestimmungen des Spiels trifft immer nur einen Teil der Realität der Spiele. Sie ist oft anders als die Idealität. Spiele können fair, friedlich und harmonisch sein, aber auch, so zeigt ein Blick auf ihre Praxis, unfriedlich, ungerecht, unfair, für manche demütigend und wenig versöhnlich. Für die sportpädagogische und sportdidaktische Praxis ist dies eine wichtige Einsicht.

Spiele können subversiv und anarchisch sein. Manchmal ist dies im Sinne von „Rollenumkehrung" sogar ihr ausdrückliches Ziel. Die, die in der sozialen Hierarchie oben stehen, können im Spiel beispielsweise von ihrem Platz herunterge-holt werden, und die, die unten stehen, können umgekehrt nach oben gelangen. Das Spiel vermittelt insofern auch eine grundlegende Erfahrung davon, dass Einfluss und soziale Macht anders verteilt sein können als sie es sind. Spiele sind unter einer anthropologischen Perspektive harmonische und wider-sprüchliche soziale Gebilde zugleich. Die Intentionalität des Spielens und spiele-rischer Handlungen macht es möglich, dass man trotz solcher Unterschiedlich-keit und Widersprüchlichkeit bestimmte Verhaltensweisen als Spiel wahrneh-men, verstehen und deuten kann. Weil dies aber so ist, kann man vom direkten Nutzen des Spiels absehen und ihn gleichzeitig im Auge haben; man kann es für ernst halten, und man kann erleichtert sein, dass selbst im ernsten Sport alles am Ende nur „Spiel" ist.

Spiele brauchen, um gespielt werden zu können, feste Strukturen, d. h., über-individuelle Elemente in Gestalt von Regeln, Räumen und vorab definierten Zwecken und Zielen, die ihnen als sozialen Gebilden Dauer und Stabilität ver-leihen. In diesem so vermittelten Rahmen können sie Gegensätzliches aufhe-ben und es zugleich herstellen. Man kann ihre Regeln als verbindliche Gebote auffassen, die befolgt werden müssen, wie es bei Kindern oft der Fall ist; man kann sich aber auch über sie hinwegsetzen. Spiele haben insofern ein doppel-tes Gesicht. Sie können zufrieden, entspannt, glücklich machen, aber auch enttäuschend, langweilig und zwanghaft sein. Rohe und gewalttätige, aggres-sive Spiele nennt man ungern Spiel; aber auch im Spiel kommen Rohheiten vor.

Die Vielfalt solcher (geregelten) Spiele reicht von denen kleiner Kinder auf dem Spielplatz und ihren ersten Versuchen, Regeln zu begreifen und zu befolgen, damit es zu einem Spiel kommen kann, bis hin zum großen Sportspiel, bei des-sen Höhepunkten viele Millionen Menschen zuschauen. Dazwischen liegen keine einheitlichen Strukturen und Merkmale, vielmehr finden sich Kontinuitäten und Brüche, Übereinstimmungen und Widersprüche. In der Sportpädagogik wurde dies oft nicht ausreichend beachtet.

4.2　Spiel und Spiele in der Geschichte der Sportpädagogik in Deutschland

Die Auffassung, dass der Mensch ein spielerisches Wesen sei, war die Grund-lage der geisteswissenschaftlich-philosophisch orientierten Spieltheorie in Deutschland. Sie geht auf Friedrich *Schiller* (1759–1805) zurück, der in seinen Briefen „Über die ästhetische Erziehung des Menschen" aus dem Jahr 1795 schrieb: „Der Mensch spielt nur, wo er in voller Bedeutung des Wortes Mensch ist, und er ist nur da ganz Mensch, wo er spielt" (15. Brief). Für *Schiller* bedeu-tete diese Charakterisierung des Menschen jedoch nicht die Darstellung seiner Lebenswirklichkeit, sondern eine seltene Ausnahme, im Grunde ein Ideal, das es anzustreben gelte. Ihm ging es dabei aber primär um Kunst als „ästhetischem Spiel". *Schiller* verknüpfte mit seiner idealistischen Spieltheorie die Forderung nach Freiheit.

Allerdings waren die Verhältnisse zu *Schillers* Zeit nicht so, dass die meisten Menschen im Spiel zu sich selbst finden konnten. Im Gegenteil herrschten politische Unfreiheit und Unterdrückung, wirtschaftliche Not, und der Alltag war eher durch harte und mühevolle Arbeit, Abhängigkeiten und Pflichten geprägt als durch spielerische Leichtigkeit. Im Gegensatz zu dieser Realität betrachtete Schiller das ästhetische Spiel – also Kunst allgemein – als eine Möglichkeit, den Menschen den Traum von Freiheit und Selbstbestimmung näherzubringen. Dazu dient die „ästhetische Erziehung". Im Spiel offenbare sich dem Menschen das „Schöne"; in ihm könne er „ganz Mensch" sein. Im Spiel sei es möglich, die Zerrissenheit zwischen Pflicht und Neigung, in *Schillers* Worten zwischen „Stofftrieb" und „Formtrieb", zu überwinden und sie in einem Dritten, nämlich im Spieltrieb, aufzuheben.

Schiller bezog sich nicht auf das „physische Spiel", auf Bewegungsspiele, sondern er meinte das „ästhetische" Spiel, die Entfaltung der Sinne und die Freiheit des Denkens und Fühlens. Dieses „ästhetische" Spiel war für *Schiller* in erster Linie eine Angelegenheit der Freiheit des Geistes. „Mitten in dem furchtbaren Reich der Kräfte und mitten in dem heiligen Reich der Gesetze baut der ästhetische Bildungstrieb unvermerkt an einem dritten, fröhlichen Reiche des Spiels und des Scheins, worin er dem Menschen die Fesseln aller Verhältnisse abnimmt und ihn von allem, was Zwang heißt, sowohl im Physischen als im Moralischen entbindet" (27. Brief). In diesem Zusammenhang erwähnte *Schiller* auch die Olympischen Spiele der Griechen. Sie zählte er zu diesem Bereich des Spiels, die Gladiatorenkämpfe der Römer schloss er dagegen ausdrücklich aus.

Ein Jahr nach *Schillers* Briefen „Über die ästhetische Erziehung des Menschen" erschien das Buch von *GutsMuths*, das zur Grundlage für die Spielerziehung im Rahmen der körperlichen Erziehung werden sollte. *GutsMuths* setzte jedoch mit seinen „Spielen zur Übung und Erholung des Körpers und Geistes" aus dem Jahr 1796 ganz anders an als *Schiller*. Sein Spielebuch war keine „Theorie" des Spiels, sondern eine Spielesammlung, die er aus der Praxis für die Praxis sammelte, systematisierte und als Buch herausgab. *GutsMuths* meinte nicht das „ästhetische" Spiel, sondern er beschrieb Bewegungsspiele, die sich am Philanthropinum in Schnepfenthal bewährt hatten. Er hielt diejenigen Spiele für pädagogisch geeignet, die zu einer körperlichen Kräftigung seiner Zöglinge führten, die sie abhärteten, ohne dass sie sich dessen bewusstwürden, die sie geschickter, gewandter, ausdauernder machten sowie ihre „Sinne" schulten, wie sich *GutsMuths* ausdrückte. Spiele waren für *GutsMuths* ein Mittel der körperlichen Erziehung und der Gesamterziehung. Dazu gehörte auch ein Exerzier- und Soldatenspiel.

Schiller und *GutsMuths*, die sich fast zur selben Zeit über das Spiel und über Notwendigkeit und Zweck des Spielens für die Menschen geäußert hatten, gingen aus zwei entgegengesetzten Richtungen auf das Thema „Spiel" zu: der eine aus philosophisch-idealistischer Perspektive, der andere aus rationalistisch-utilitaristischer, pragmatischer und pädagogisch-didaktischer Sicht. Der eine hatte die Freiheit des Geistes im Auge, der andere Fähigkeiten und Fertigkeiten, die im und durch Spielen für das praktische Leben gelernt werden konnten.

Eine dritte, für die Spiel- und Sportpädagogik grundlegende Sichtweise des Spiels in seiner Bedeutung für die Entwicklung des Kindes hat Friedrich *Fröbel* (1782–1852) formuliert.[220] Für *Fröbel* ist das Spielen des Kindes Voraussetzung und Mittel seiner Selbst- und Welterkenntnis. In seinem romantischen Verständnis hat das Spiel für das Kind vor allem *symbolische Bedeutung*. Einerseits habe das Kind im Spielen die Möglichkeit, das „Lebensgesetz" in symbolischer Weise in sich aufzunehmen, andererseits könne es durch das Spiel sein Inneres nach außen kehren. Auf diese Weise der spielerischen Verknüpfung von innen und außen sei es ihm möglich, eins mit dem „Lebensgesetz" zu werden und zu einer umfassenden „All-Harmonie" zu gelangen. „Spielen, Spiel ist die höchste Stufe der Kindesentwicklung, der Menschenentwicklung dieser Zeit (der Kindheit, MK); denn es ist freitätige Darstellung des Innern, die Darstellung des Innern aus Notwendigkeit und Bedürfnis des Innern selbst, was auch das Wort Spiel sagt. Spiel ist das reinste geistigste Erzeugnis des Menschen auf dieser Stufe, und es ist zugleich das Vorbild und Nachbild des gesamten Menschenlebens, des Innern, geheimen Naturlebens im Menschen und in allen Dingen; es gebiert darum Freude, Freiheit, Zufriedenheit, Ruhe in sich und außer sich, Frieden mit der Welt. Die Quellen alles Guten ruhen in ihm, gehen in ihm hervor; ein Kind, welches tüchtig, selbsttätig, still, ausdauernd bis zur körperlichen Ermüdung spielt, wird gewiss ein tüchtiger, stiller, ausdauernder, Fremd- und Eigenwohl mit Aufopferung befördernder Mensch... . Das Spiel dieser Zeit ist ... nicht Spielerei; es hat hohen Ernst und tiefe Bedeutung".[221]

Auf einer späteren Stufe der Entwicklung, im „Knabenalter", treten nach *Fröbel* andere pädagogische Qualitäten in den Vordergrund: „Die Spiele dieser Entwicklungsstufe sind ... gemeinsam." In ihnen und durch sie werde der „Sinn und das Gefühl für das Gemeinsame, das Gesetz und die Forderungen des Gemeinsamen" entwickelt. Auf diese Weise würden in den Kindern und Jugendlichen „bürgerliche und sittliche Tugenden" geweckt und gestärkt.

Für die deutsche Bildungs- und Schulgeschichte waren sowohl der Idealismus, wie er in der Spielauffassung *Schillers* zum Ausdruck kam und in der Idee des deutschen Gymnasiums durch Wilhelm *von Humboldt* (1767–1835) seine schulpraktische Umsetzung erfuhr, als auch der Pragmatismus und Rationalismus in der Nachfolge der Philanthropen grundlegend. Beide Konzepte sind bis in die Gegenwart wirksam. Die romantische Spielkonzeption *Fröbels* hatte große und praktische pädagogische Bedeutung für die Kleinkinder-, Vorschul- und Kindergartenerziehung. Alle drei Konzepte sind bis heute konstitutiv für die Legitimation des Spiels und des Spielens in der Leibeserziehung und im Schulsport sowie ihrer Umsetzung in didaktische und methodische Konzepte der Spielvermittlung und des Unterrichts.

---

[220] Siehe besonders sein Buch „Menschenerziehung" (1826) (Abschnitte 30, 33, 48, 97), seine „Spielgaben" (1844) sowie *Bollnow* (1977).

[221] *Fröbel:* Spiel als höchste Stufe der Kindesentwicklung (1826). In *Scheuerl* (1991, S. 46–50).

Die Spielbewegung

Erziehung bedeutete in Deutschland in der Regel – und dies gilt im Prinzip bis heute – geistige Erziehung. Das deutsche Gymnasium wurde im 19. Jahrhundert zwar nach dem Vorbild der Antike benannt. Dort war es der Ort, an dem die männliche Jugend sowohl in der Gymnastik als auch in der Philosophie und den Wissenschaften unterrichtet wurden. Gleichwohl war es der neuhumanistisch gesinnten bürgerlichen Führungsschicht wichtiger, ihren Nachwuchs mit den Werken deutscher (und antiker) Kunst und Kultur, einschließlich der alten Sprachen, vertraut zu machen als mit den Realien des wirklichen Lebens. Spiel begegnete den Schülern und (wenigen) Schülerinnen des Gymnasiums kaum als freies Bewegungsspiel. Die körperliche Erziehung wurde in Form des Turnens als Ausgleich und Ergänzung zur geistigen Erziehung angesehen. Dazu gehörten auch Bewegungs- und Turnspiele. Aber sie spielten im Vergleich zu den systematischen, körperbildenden Übungen eine geringere Rolle. Die Turn- und Bewegungsspiele folgten letztlich demselben Zweck wie die körperliche Erziehung im Turnunterricht in den Schulen insgesamt, nämlich den Körper gesünder, geschickter und leistungsfähiger zu machen und ihn zu einem gehorsamen Werkzeug des Geistes zu formen. Wenn Bewegungsspiele in der Schule betrieben wurden, dann handelte es sich um Spiele, die diesen Zwecken entsprechen mussten, zum Beispiel Fangspiele, Geschicklichkeitsspiele und Geländespiele.

In den Lehrbüchern der Turnsystematiker des 19. Jahrhunderts, *Spieß, Maul, Jaeger u. a.,* sind Spiele im Vergleich zu systematischen und zweckhaft-rationalen körperlichen Übungen wenig vertreten. Freie Spiele in Selbstorganisation waren im Turnunterricht des 19. Jahrhunderts nicht vorgesehen. Wettkampforientierte Sportspiele in freier Selbstorganisation der Schüler, wie sie in England an den *public schools* üblich waren, gab es in Deutschland kaum;[222] sie entzogen sich einer klaren erzieherischen Zielsetzung und Aufgabenstellung. Außerdem drohten solche eher freien Spiele den Rahmen dessen zu sprengen, was an deutschen Schulen als notwendige Ordnung angesehen wurde.

Ende des 19. Jahrhunderts entstand schließlich in Deutschland eine Spielbewegung, die dem Spiel einen höheren Stellenwert in der Jugenderziehung in Schule und Verein einräumen wollte. Sie nahm ihren Ausgangspunkt von den Bemühungen einzelner Turnlehrer wie Konrad *Koch* und August *Herrmann,* die den Spielbedürfnissen ihrer Schüler auch nach „englischen Spielen" wie Fußball nachkamen. Bereits 1874 führten sie in Braunschweig das Fußballspiel ein.

---

[222] Diesen Unterschied zwischen deutscher und englischer Erziehung hatte bereits Ludwig *Wiese,* vortragender Rat im preußischen Kultusministerium, in seinen 1876 erschienenen „Deutschen Briefen über englische Erziehung" festgestellt.

Sie bemühten sich aber nicht nur um Fußball, sondern ebenso um englisches Kricket und amerikanische Baseball-Spiele, die sich in Deutschland allerdings bis in die Gegenwart kaum durchsetzen konnten. *Koch, Herrmann* und der „Zentralausschuß für Volks- und Jugendspiele" versuchten aber nicht nur, neue Spiele in der Praxis einzuführen und zu verbreiten, sondern sie suchten ebenso nach pädagogischen Begründungen für Bewegungsspiele. „Der erzieherische Wert der Schulspiele", lautete z. B. der Titel eines Buchs, das *Koch* 1878 geschrieben hatte. Politiker und Behörden knüpften an diese Initiativen an. Neue Spiel- und Sportanlagen und -gelegenheiten wurden geschaffen, die Mitglieder des Zentralausschusses für Volks- und Jugendspiele sammelten Spiele, machten sie bekannt und bereiteten sie pädagogisch und methodisch auf.

Auf diese Weise wurde die Spielerziehung im Rahmen der Leibeserziehung und Sportpädagogik in Deutschland organisiert, pädagogisiert und instrumentalisiert. Sie sollten geplant und geordnet im Rahmen der Schule und des Turnunterrichts abgehalten werden und gezielt pädagogischen Zwecken, insbesondere der Kräftigung und Gesundung der Jugend, dienen.[223]

Entwicklungspsychologische Erkenntnisse

Seit der Jahrhundertwende ist die pädagogische Diskussion um die Bedeutung des Spiels durch neue psychologische Untersuchungen weitergeführt worden. Die Erkenntnisse, die damals gewonnen wurden, sind bis heute grundlegend für das Verständnis des Spiels im Kindes- und Jugendalter. Hervorzuheben sind u. a. zum einen die Forschungen Karl und Charlotte *Bühlers* zur Bedeutung des Spiels für die kindliche Entwicklung, zum anderen das interaktionistische Konzept des amerikanischen Sozialpsychologen George Herbert *Mead*. Es bildet bis heute die Grundlage moderner spielbezogener Sozialisationstheorien.[224]

Bühler sprach von der „Funktionslust", die im Kinderspiel „gesteigert und veredelt" zum Ausdruck komme. Es handele sich dabei um mehr als nur um die

---

[223] Zur Spielbewegung in Deutschland im Überblick *Preising* (1980); ausführlich, vor allem zu den Anfängen, *Hamer* (1989). Der 1891 gegründete „Zentralausschuß für Volks- und Jugendspiele" unter Führung des ehemaligen Offiziers *von Schenckendorff* wurde von Pädagogen und Sportvertretern getragen. Die vom Zentralausschuss seit 1891 herausgegebenen Jahrbücher für Volks- und Jugendspiele bieten eine der wichtigsten Quellen zur Geschichte von Spiel und Sport um die Jahrhundertwende. Siehe dazu *Prange* (1991).

[224] Beide Artikel, auf die im Folgenden Bezug genommen wird, stehen in dem von *Scheuerl* (1991) herausgegebenen Sammelband (S. 92 ff. und S. 112 ff.). Karl *Bühler* (1879–1963) und Charlotte *Bühler* (1893–1974) gelten als Mitbegründer der Psychologie des Kindes- und Jugendalters. Der amerikanische Sozialpsychologe George Herbert *Mead* (1863–1931) hat die Theorie des Interaktionismus entwickelt, nach der sich individuelles Verhalten in Verbindung mit sozialen Prozessen entwickelt. Das Spiel nimmt in diesem Zusammenhang des sozialen Lernens und der Übernahme sozialer Rollen eine wichtige Stellung ein. Vgl. außerdem *Sutton-Smith* (1978; 2003) sowie *Flitner* (1996).

Entladung überschüssiger Kräfte, sondern diese Funktionslust sei bereits beim Kleinkind „formgebunden und getragen vom Gestaltungsprinzip" – wie bei einem Künstler. Dies habe sich an umfangreichen Untersuchungen über das Kinderspiel durch Hildegard *Hetzer* und Charlotte *Bühler* gezeigt. Im Spielen des Kindes sei von Anfang an „eine erstaunliche Konsequenz der Entwicklungsschritte vom Lallen angefangen bis zum Theaterspielen sichtbar". Mit dem Begriff der „Funktionslust" ist gemeint, dass das Kind seine spielerische Tätigkeit selbst als Quelle der Lust und Befriedigung empfindet – im Unterschied zur „Befriedigungslust", die im Sinne der Psychoanalyse geweckt werde, um Triebe zu befriedigen.

Das Spiel ist nach *Bühler* dagegen eine Tätigkeit, die mit Funktionslust ausgestattet sei und aus sich selbst heraus oder um ihrer selbst willen aufrechterhalten werde: „... beim Spiel heißt die Lebenskraft Funktionslust; wir behaupten, dass sie für die höchste Stufe der geistigen Entwicklung Schöpferfreude heißt".[225] *Bühler* wandte sich deshalb gegen eine nur symbolische Deutung des Spiels des Kindes als Kompensation von Triebversagungen, die auf Sigmund *Freud* (1856–1939) zurückgeht. Für *Bühler* ist das Spiel des Kindes nicht (nur) Ausdruck der Auseinandersetzung mit Vergangenem, sondern es verweist auf „kommende Dinge", auf die Zukunft, wie auch der Psychologe und Spieltheoretiker Karl *Groos* (1861–1945) erkannt hatte. Das Kind erlebe zwar im Spiel die Erfüllung seines Daseins in der Gegenwart, aber es erlerne im Spiel Fähigkeiten und Fertigkeiten, die für seine weitere Entwicklung unverzichtbar sind, wie später *Piaget* und vor allem *Sutton-Smith* ausführlich darstellen und belegen konnten.

Mead beschäftigte sich aus einer anderen theoretischen Perspektive mit der Bedeutung des Spiels für die Entwicklung des Menschen.[226] Ähnlich wie die Sprache ein Symbolsystem darstelle, dessen Verstehen uns den Zugang zu anderen Menschen eröffnet, bildeten auch spielerische Handlungen und Spielhandlungen „Hintergrundfaktoren für die Genese des Ich". Was ist damit gemeint? Spielen heißt für Mead, „etwas Bestimmtes spielen, spielerisch etwas darstellen". Das Kind schlüpft im Spiel in verschiedene Rollen. Im Rollenspiel, das in der Kindergartenerziehung systematisch gepflegt wird, lerne und übe es, „seinem Ich als ein anderer gegenüberzutreten. Voraussetzung ist eine Situation von zeitlicher Dauer. Das Kind sagt etwas in einer Rolle und antwortet darauf in einer anderen Rolle; dies ist wiederum ein Reiz für seine erste Rolle, und so setzt sich die Unterhaltung fort. Sowohl in ihm selbst als in dem anderen, den es darstellt, entsteht eine fest organisierte Struktur, und zwischen diesen beiden Strukturen nimmt die Unterhaltung mit Gesten ihren Fortgang."

Eine weitere, dem kindlichen Rollenspiel folgende Stufe der Spielentwicklung sei das Spiel nach Regeln. Jetzt müsse das Kind die Rollen anderer, der Mitspieler übernehmen können. Im Regelspiel sei es nötig zu wissen, wie sich die anderen verhalten, wie sie reagieren, und dieses Wissen in sein eigenes Verhalten einzubeziehen. Das Kind müsse die Regeln kennen, nach denen gespielt wird.

---

[225] *Bühler* (1927) in *Scheuerl* (1991, S. 92 ff., hier S. 98).
[226] *Mead* (1956) in *Scheuerl* (1991, S. 112 ff.).

Im Baseballspiel werde beispielsweise jede Handlung eines Spielers durch die der anderen bestimmt. Er sei damit zugleich er selbst und ein Teil der Mannschaft. Dieser Übergang vom Rollenspiel zum Regelspiel stelle eine entscheidende Phase in der Entwicklung des Ich dar. „Das Spiel nach Regeln stellt einen Übergang im Leben des Kindes dar; einen Übergang vom Spielen fremder Rollen zur organisierten Teilnahme, die erst das Selbstbewusstsein im vollen Sinne des Wortes ausmacht".

Mead übertrug diese Erkenntnis über die Bedeutung des Spiels für die Entwicklung des Kindes auf das Verhalten ganzer Menschengruppen, also auf Völker und Kulturen und deren zivilisatorische Entwicklung. Die soziale Gruppe trete nun dem Individuum als der „generalisierte Andere" gegenüber. Das heißt, es genüge nicht mehr, die anderen nur als Individuen wahrzunehmen, sondern der Einzelne müsse eine Generalisierungsleistung erbringen, indem er die sozialen Prozesse insgesamt in seiner Erfahrungswelt verankert. „Nur so kann es (= das Kind/der Einzelne) ein voll entwickeltes Ich besitzen".

Das Spiel hat nach *Mead* eine solche immanente Logik, die es möglich mache, die Entfaltung des „Ich" bzw. der Person zu fördern. Im Spiel erfahre und lerne das Kind zum einen, dass und wie es in seinen Handlungen auf andere bezogen ist; und im Spielen werde es zugleich ein Mitglied der Gesellschaft, indem es die Haltungen der anderen und die Regeln der Gruppe als das „generalisierte Andere" übernehme. „Was im Spiel geschieht, kommt im Leben des Kindes jeden Augenblick vor. Es übernimmt ständig die Rollen der Personen seiner Umgebung ... Es findet beim Kind ein wirklicher Übergang vom Spielen zum Spiel statt ... Allmählich kann das Kind im sozialen Ganzen funktionieren und neigt dazu, sich in seiner Beziehung zu seiner Gruppe festzulegen. Dieser Prozess ist bei der Entwicklung der ethischen Normen des Kindes ein entscheidendes Stadium. Es macht das Kind sich zu einem seiner selbst bewussten Mitglied seiner Gemeinschaft. So sieht der Prozess aus, durch den eine Persönlichkeit entsteht".

Diese psychologischen Studien hatten für die Praxis der Erziehung und Leibeserziehung allerdings kaum unmittelbare Auswirkungen, aber sie trugen dazu bei, Spiel und Spielen in der Erziehung und im Jugendleben pädagogisch zu begründen und aufzuwerten. Bei allen theoretischen Betrachtungen zum Spiel und Spielen ist jedoch daran zu erinnern, dass Spiele in der Praxis der Erziehung und der körperlichen Erziehung in Deutschland keinen bevorzugten Platz einnahmen. Dies gilt zumindest für das öffentliche Erziehungswesen in den Schulen.

Zur Kulturgeschichte des Spiels

Anders verhielt es sich dagegen mit dem freien Spiel- und Bewegungsleben. In der Vergangenheit, und bis heute in vielen Ländern der Welt, war und ist es den meisten Menschen kaum vergönnt, unbeschwert zu spielen und die Freiheit des Spiels zu erfahren. Spiel fand im Leben der Masse des Volkes kaum statt. Das Leben bestand in erster Linie aus Arbeit, Pflichten gegenüber Dienstherren, nicht aus unbeschwertem Spiel. [227]Spiel war eine Angelegenheit derer, die es sich leisten konnten, d. h., die genügend Zeit und Geld hatten, etwa Angehörige des Adels, die ihre Phantasie darauf verwendeten, mit welchen Spielen sie sich die Zeit vertreiben konnten. Tänze und Bälle gehörten genauso dazu wie Jagen und Reiten oder das bekannte „Jeu de paume", das „Spiel der Könige", aus dem das heutige Tennisspiel hervorgegangen ist. In gewisser Weise gehörten auch Kriegsspiele oder kriegsvorbereitende Spiele wie Ritterturniere zu dieser Art spielerisch-adeligen Zeitvertreibs. Sie hatten allerdings einen deutlich ernsteren Charakter, weil sie zum Erhalt ihrer politischen und gesellschaftlichen Macht beitrugen.

Den unteren Schichten oder Klassen der Gesellschaft waren Spiele mit Waffen untersagt. Die wenigen Gelegenheiten, die sich armen Bauern und Handwerkern für Spiele und Vergnügungen boten, waren kirchliche Festtage und Bräuche. Auf den Bildern des holländischen Malers Pieter *Bruegel* (ca. 1525–1569) sind solche Volksspiele festgehalten: Tänze und Lieder, Reigen und Fangspiele, Kraftakte, Tierhatzen und derbe Raufereien zählten dazu. *Bruegels* Gemälde „Kinderspiele" vermittelt einen Eindruck von der Vielfalt kindlichen Spiel- und Bewegungslebens, das noch nicht unmittelbar von den Zwängen des Arbeitslebens bestimmt ist und sich unabhängig von Schule und geplanter Erziehung entfalten konnte.

Mit der Gründung von Turnvereinen ab der Mitte des 19. Jahrhunderts wurden Organisationen geschaffen, die diese Tradition des freien, d. h. auf freiwilliger Basis erfolgten Spiel- und Bewegungslebens der unteren und mittleren Schichten der Bevölkerung fortsetzten. Bereits die Spiele, die von *GutsMuths* und *Jahn* gesammelt worden waren, griffen Spieltraditionen auf, die in der Bevölkerung verbreitet waren. Frei bedeutete allerdings nicht zweckfrei oder ziel- und regellos, sondern Turnen, Spiel und Sport in den Vereinen und in der Schule sollten den Zielen und Idealen der Mitglieder der Vereine und in den Schulen entsprechen.

4.3 Spiel und Sport

Das Verhältnis des Spiels zum Sport spielt in der sportpädagogischen Diskussion eine wichtige Rolle. Was sind Gemeinsamkeiten und Unterschiede von Spiel und Sport? Wie sind die jeweiligen erzieherischen Möglichkeiten einzuschätzen? Welche Bewegungs- und Sportspiele sind für welches Alter geeignet?

Mit dem Sport und den Sportspielen – Fußball, Handball, Basketball, Volleyball, Tennis, Hockey usw. – erhielt die Entwicklung der Spiele und insbesondere der Bewegungsspiele seit dem Ende des 19. Jahrhunderts eine neue Wendung. Die Sportspiele wurden stärker geregelt und formell organisiert, um Wettspiele austragen zu können. In Deutschland geschah dies zunächst im Rahmen der bereits bestehenden Turnvereine, dann auch in eigenen Fußball-, Tennis- und allgemeinen Sportvereinen. Das Modell der „Clubs", in denen Spiel und Sport in

---

[227] Vgl. zu dieser Spiel-Realität *Bausinger* (2006, S. 108–120).

England organisiert waren, konnte sich in Deutschland gegenüber dem traditionellen Vereinswesen nicht durchsetzen. In den USA erfolgte die Organisation der Sport- und Wettspiele, besonders im Baseball, Basketball und Football, über Schul- und Hochschulmannschaften.

Die Organisation von Sportspielen hatte den Zweck, Runden- und Ligaspiele auszutragen, zunächst auf eher lokaler und regionaler Ebene, aber schließlich auch im nationalen Rahmen und mit dem Ziel, um Meisterschaften zu spielen. Die Sportspiele haben außerdem schon bald nationale Grenzen überschritten. Der Daviscup im Tennis, die offizielle Tennismeisterschaft für Nationalmannschaften, wird seit 1900 ausgetragen. Internationale Turniere, das hieß jedoch zunächst nicht mehr als Wettspiele zwischen englischen und amerikanischen Gentleman-Amateuren, gab es bereits seit den 1880er Jahren. Das erste soll 1878 in Newport (USA) ausgetragen worden sein, an dem sich auch der Austragungsmodus der späteren Davis-Cup-Turniere orientierte (*Gillmeister*, 1990, S. 263 ff.).

Fußball und seine verschiedenen Varianten als „Soccer", „Rugby" oder „Football" zählen heute zu den weltweit am meisten gespielten Sportspielen. Es ist in England entstanden und breitete sich seit der zweiten Hälfte des 19. Jahrhunderts rasch in Europa und schließlich auf der ganzen Welt aus. In den USA entwickelte sich das „American Football", das allerdings mit dem in Europa üblichen „Association Football" (Soccer) außer dem Namen Football kaum noch etwas zu tun hat. In Deutschland wurde im Jahr 1900 der Deutsche Fußball-Bund gegründet. Drei Jahre später fanden die ersten Deutschen Fußballmeisterschaften statt. 1904 kam es zur Gründung der FIFA (Fédération International de Football), des Weltverbandes für Association Football.

Fußball ist nach *Guttmann* (1994) ein zentrales Beispiel für den Prozess der Globalisierung *(global diffusion)* von Spiel und Sport. Das Spiel wurde in England „erfunden". Es war zunächst ein „Volksspiel" und wurde dann auch in den exklusiven Public Schools gespielt. Schließlich spielten die britischen Gentlemen football auch in ihren Kolonien, im britischen Weltreich (Commonwealth). Dort wurde das Spiel von den Söhnen lokaler Eliten aufgegriffen, von denen wiederum viele in englischen Schulen erzogen wurden. Schließlich eigneten sich die Arbeiterschichten in Europa und Lateinamerika das Spiel an.

Fußball in verschiedenen Formen ist heute in erster Linie ihr Spiel, ebenso wie die Bevölkerung Südamerikas, Asiens und Afrikas inzwischen leidenschaftlich Fußball spielt und damit Teil eines globalen Sports geworden ist. „In any event, the scholastic amusement that began on the greens of nineteenth-century Oxford and Cambridge is now the passion of the stadia – and the back streets – of Genoa, Sao Paolo, Nairobi, and a thousand other cities" (*Guttmann,* 1994, S. 70).

Olympische Spiele

Seinen deutlichsten Ausdruck hat dieser Prozess der Globalisierung und Universalisierung der modernen Spiel- und Sportkultur mit den Olympischen Spielen gefunden. Bereits im Namen kommt zum Ausdruck, dass der Sport bei Olympischen Spielen erstens als Spiel angesehen wurde und zweitens an die Tradition der antiken Olympischen Spiele anknüpfen sollte. Dies war jedenfalls die Absicht Pierre *de Coubertins*, dem das Verdienst zukommt, die modernen Olympischen Spiele ins Leben gerufen zu haben.

Im Altertum wurden die Feste zu Ehren von Zeus in Olympia, bei denen auch athletische Wettkämpfe ausgetragen wurden, allerdings nicht als Spiele bezeichnet, sondern als Olympien; es handelte sich um Kultfeste. Die athletischen Wettkämpfe im Laufen, Springen, Werfen, im Box- und Ringkampf, im Allkampf (Pankration), im Fünfkampf und in den Wagenrennen bildeten zwar die Höhepunkte, aber es gab andere wichtige Elemente dieser olympischen Feste, insbesondere die Opferhandlungen am Altar des Zeus, sowie die Wettkämpfe der Sänger und Dichter oder die Siegerehrungen. Das Spielen im heutigen Sinn war mit dem im antiken Olympia aber nicht vergleichbar.[228]

Die modernen Olympischen Spiele sind dagegen Sportfeste mit sportlichen Wettkämpfen und einem feierlichen Rahmen, mit Eröffnungs- und Abschlussfeiern, Siegerehrungen, Fahnen, olympischer Flamme und zahlreichen weiteren Symbolen und Ritualen. Die Tatsache, dass dieses moderne Sportfest mit Wettkämpfen in zahlreichen Disziplinen, von der Leichtathletik und anderen Individualsportarten bis zu Kampfsportarten und Sportspielen, als Spiele bezeichnet werden, zeigt ein besonderes Verständnis des Sports als Spiel. Diese Auffassung hat nicht nur *Coubertin* selbst vertreten, sondern insbesondere Carl *Diem*, der wichtigste deutsche Interpret *Coubertins* und des Olympismus: „Dieser moderne Sport ist eine Erscheinung aus dem größeren Lebensbereich des Spiels" (*Diem*, 1969, S. 3). Das sportpädagogisch Bemerkenswerte bei *Coubertin* und *Diem* ist, dass sie die Olympische Idee ausdrücklich als eine Erziehungsidee verstanden.

Diem berief sich in seiner Gleichsetzung von Spiel und Sport sowohl auf *Schiller* als auch auf *Huizinga*. Diems Spielbegriff bezieht sich weder nur auf Bewegungsspiele noch auf eine bestimmte Zeit und Kultur. Im Unterschied zu *Diem* sah *Huizinga* allerdings den Sport, wie er sich zu seiner Zeit in den 1920er und 1930er Jahren entwickelt hatte, nicht mehr als Spiel an. Der Sport mag aus dem Spiel hervorgegangen sein, meinte *Huizinga* (1987, S. 213), aber dadurch, dass das Spiel im Sport immer „ernsthafter aufgefaßt wird", die Regeln immer strenger, die Leistungen höher, das Spiel im Sport immer systematisierter und disziplinierter organisiert betrieben würden, dass es für viele Spielerinnen und Spieler zum Berufsalltag werde, habe es mit Spiel in seinem kulturhistorischen Verständnis immer weniger zu tun. „Die Haltung des Berufsspielers ist nicht mehr die richtige Spielhaltung; das Spontane und Sorglose gibt es nicht mehr bei ihm. Nach und nach entfernt sich in der modernen Gesellschaft der Sport immer mehr aus der reinen Spielsphäre und wird ein Element sui generis: nicht mehr Spiel und doch auch kein Ernst".

---

[228] Von der umfangreichen Literatur zu den Olympien der Antike siehe u. a. *Drees* (1962); *Kannicht* (1997); *Sinn* (1996); *Weiler* (2010); *Mann u. a.* (2016).

Amateursport: Sport als Spiel

Dieser Gefahren des modernen Sports waren sich *Diem* und andere Olympier in der Nachfolge *Coubertins* bewusst, insbesondere Avery *Brundage* (1987–1975), Präsident des Internationalen Olympischen Komitees von 1952 bis 1972. Um die – Olympische – Idee des Sports als Spiel aufrechterhalten zu können, hielten sie deshalb lange Jahre bis zum Olympischen Kongress von Baden-Baden (1981) daran fest, dass nur Amateure und keine Profisportler an Olympischen Spielen teilnehmen durften. Amateure waren ursprünglich solche Sportler, die ihren Sport aus reiner Liebhaberei, aus Freude am Spiel betrieben und nicht aus materiellen Interessen. Die englischen Gentlemen, die ihre Freizeitvergnügungen als Sport bezeichneten, hatten genügend Zeit und Geld, um diese Art des Amateursports betreiben zu können. Der Gentlemansport oder Amateursport war insofern ein Sport, der nach der Definition *Huizingas* und im Sinne *Diems* als Spiel bezeichnet werden konnte, weil er „zweckfrei", „freiwillig" und in deutlicher Unterscheidung zum Ernst der Arbeit und des Alltags betrieben wurde oder werden sollte.

Der Amateursport sowie die ihm zugrundeliegende Idee war deshalb zunächst ein elitäres Konzept, weil sich nur wohlhabende Gentlemen eine echte Amateurgesinnung leisten konnten. Aber er enthielt darüber hinaus auch einen pädagogischen Kern, der Teil der olympischen Pädagogik ist: Sport soll spielerisch betrieben werden, zur Bildung und Vervollkommnung des Menschen beitragen und zu Fairness und friedlichem Miteinander erziehen. Dies kann jedoch nur erreicht werden, wenn im Sport nicht Sieg und Erfolg alles sind, sondern wenn er spielerisch und unbeschwert betrieben werden kann, wenn Spiel und Wettkampf letztlich wichtiger sind als das Ergebnis und wenn der Sport weniger von äußeren Zwängen, sondern mehr von der Freude an der Sache getragen ist.

Die Entwicklung des Sports hat jedoch gezeigt, dass diese Auffassung des Amateursports als Spiel nicht mehr für alle Sportbereiche gültig ist. Am wenigsten vielleicht für den Spitzensport, der bei Weltmeisterschaften und Olympischen Spielen zu sehen ist und bei dem die Athleten einer Vielzahl von Zwängen ausgesetzt sind, wirtschaftlicher und politischer Art. Der kommerzialisierte Berufssport, der eher ein Teil der Dienstleistungs- und Unterhaltungsbranche als des Spiels geworden ist, hat mit der traditionellen Idee des spielerischen Amateursports nichts mehr zu tun. Die Idee des Sports als Spiel im Sinne *Coubertins* und *Diems* ist deshalb gerade für den Spitzensport fragwürdig geworden. Sie hat aber nach wie vor für die Mehrheit der Sporttreibenden Gültigkeit, die Freude und Befriedigung in Spiel und Sport gerade deshalb suchen und finden, weil sie Lebensbereiche darstellen, die freiwillig und um ihrer selbst willen betrieben werden können.

Da das Spielerische allerdings eine subjektive Kategorie darstellt, kann auch hochbezahlten Berufssportlerinnen und -sportlern nicht abgesprochen werden, trotz aller Zwänge und höchster Einsätze ihren Sport noch als Spiel zu betreiben und zu empfinden. Es spricht sogar einiges dafür, dass sie nur dann erfolgreich spielen können, wenn es ihnen gelingt, sich im Spiel von diesen Zwängen zu befreien und ganz im Spiel aufzugehen.

Pädagogische Spielmöglichkeiten und Spielräume

Sportpädagogisch ist zu fragen, ob und inwiefern Spiele und damit Sportspiele Erziehung, Entwicklung und Sozialisation fördern. Eine der am weitesten verbreiteten Spielerklärungen besagt, dass der Zweck von Spielen in der spielerischen Vorbereitung auf das spätere Leben und in einer Art von sozialem Training für Lebenssituationen bestehe. Neuere Forschungen stützen diese Auffassung. *Sutton-Smith* (1978) hat die von Spielen ausgehenden Sozialisationswirkungen auf dreifache Weise unterschieden:

Erstens spiegeln Spiele grundlegende Kulturtechniken wider und tragen dazu bei, diese zu lernen und zu üben. *Sutton-Smith* und *Roberts* haben in kulturvergleichenden Studien feststellen können, dass verschiedene Typen von Spielen in unterschiedlicher Weise über die Erde verteilt sind, und zwar je nach dem Grad an Komplexität der jeweiligen Kultur. In weniger komplexen Kulturen werden einfachere Spiele gespielt. Es besteht außerdem ein Zusammenhang zwischen der Art der Spiele und den Konflikten, die im Lauf der Kindererziehung im Übergang in die Erwachsenenwelt entstehen. Dazu stellten *Sutton-Smith* und *Roberts* z. B. fest, dass in den Kulturen, in denen Mädchen häufig Fangspiele spielen, oft auch Konflikte im Hinblick auf ihre Erziehung zur Unabhängigkeit von den Eltern festzustellen waren.

Zweitens stellen Spiele ein Medium zur „Sozialisierung" von Konflikten dar. „In gewissem Sinne kann man also sagen, dass die Grundkonflikte, die im Alltag statisch und unlösbar bleiben ..., im Rahmen von Spielen in dynamische Interaktionen umgeformt werden. Täuschungen und Kriegslisten, Bestechungen und Heucheleien, die meistens der normativen Maske einer Gesellschaft widersprechen, werden in der perversen Gesellschaft der Wettspiele zu vollgültigen Hilfsmitteln. Sie werden Bestandteil des erworbenen Repertoires der Spieler".

Drittens lernen und praktizieren nach Auffassung von *Sutton-Smith* Kinder beim Spielen vieles, was sie ohne Spiel nicht tun könnten. Sie erwerben im Spiel eine Art Verhalten „auf Vorrat". Innovation und Kreativität zu „lernen", sind auch ein Ergebnis geglückter Spielsozialisation. Dies ist vor allem in komplexen und hochdifferenzierten Kulturen der Fall.

Pädagogisch wichtige Spiele sind so gesehen nicht nur die moralisch geläuterten, vom „Bösen" gereinigten Spiele. Der sportpädagogische Schluss aus der Erkenntnis der Struktur von Spielen muss vielmehr lauten, dass Spannung und Aufregung, Sieg und Niederlage, Gelingen und Misslingen, Miteinander und Gegeneinander zum Spiel gehören und beim Spielen erfahren und auch pädagogisch gelöst werden können. Die pädagogischen Möglichkeiten von Spiel und Sport bestehen insofern in der Vermittlung dieser besonderen Erfahrungen. Angesichts der Entwicklung und Verbreitung digitaler Spiele als E-Games und E-Sports ist aus sportpädagogischer Sicht schließlich zu ergänzen, dass Körperlichkeit und Bewegung eine zentrale Kategorie für die pädagogische Bewertung von Spielen darstellen. E-Games lassen sich deshalb eher der Kategorie der Brett- und Geschicklichkeitsspiele zuordnen als den Bewegungsspielen.

Um diese pädagogischen Qualitäten von Spiel und Sport zur Geltung bringen zu können, ist es jedoch wichtig, dass ihr Wert an sich anerkannt wird; und zwar unabhängig davon, welche Aufgaben und Zwecke darüber hinaus mit ihnen verbunden werden können. Dass Spiel und Sport immer auch Mittel sind, um weitergehende pädagogische, kulturelle, gesundheitliche oder soziale Zwecke zu erreichen, ist einerseits unvermeidlich, weil sie zugleich Teil der Kultur und Gesellschaft sind, für die sie funktionalisiert oder instrumentalisiert werden. Andererseits hat die Geschichte von Spiel und Sport gezeigt, dass ihr spezifischer, pädagogischer Wert im selben Maß verloren geht, in dem von der Forderung nach Zweckfreiheit und Autonomie abgewichen wurde.

Aus sportpädagogischer Perspektive ist vor allem zu beachten, dass Spiel, Spiele und Spielen einen wesentlichen Teil menschlichen Lebens darstellen. Zwar sind sie in Kindheit und Jugend von besonderer, vor allem entwicklungspsychologischer, pädagogischer und sozialisationsspezifischer Bedeutung, aber im Grunde gilt dies für alle Lebensabschnitte. Deshalb ist es sowohl wichtig, die sachlichen und räumlichen *Spielmöglichkeiten* zu schaffen, als auch diese mit den bereitgestellten Lernmöglichkeiten für geregeltes Verhalten zu nutzen. Dies gilt speziell für den Sport. Die Ausrichtung an der Idee der Fairness, die Forderung des Verzichts auf unerlaubte Mittel, die Kontrolle körperlicher Gewalt, die Umkehrung von Rollen, die auch Schwächeren Chancen geben, die Herstellung und Überwachung der Gleichheit der Ausgangsbedingungen bei der Zielerreichung sind dabei besonders wichtig. Auch wenn es immer wieder Verstöße gegen diese Ordnung gibt, bleibt sie gleichwohl das leitende Regelungsprinzip spielerischer und sportlicher Aktivitäten.

Unter diesem Gesichtspunkt werden Spielplätze von *Sutton-Smith* (1978) ein „Wunder an sozialer Ordnung" genannt. Gemeint ist, dass in jedem Spiel aktuell und konkret die Balance zwischen Beachtung der Regeln und Erhaltung der spielerischen Ordnung und ihrem im Spiel jeweils drohenden Zerfall aktiv hergestellt werden muss. Im Bemühen um dieses Gleichgewicht werden die Grundformen sozialer Beziehungen erfahren, modellhaft praktiziert und vorweggenommen.

Es gehört zu den Aufgaben der Leibeserziehung und Sportpädagogik, über die Beschäftigung mit dem Phänomen Spiel in Leibeserziehung und Sport zu einem tieferen Verständnis der Bedeutung des Spiels im und für das Leben der Menschen, insbesondere von Kindern und Jugendlichen, zu kommen. Dabei müssen die Ergebnisse anderer Wissenschaften über das Spiel einbezogen werden.

Theoretische Spielkonzepte wurden in der Sportpädagogik verwendet, um *(erstens)* den Sport (als Spiel) 1969 zu erklären und zu rechtfertigen; *zweitens* wird das Spiel als Grundform der Leibeserziehung angesehen; *drittens* werden in der Theorie der Sportspiele die Strukturen von Sportspielen analysiert; *viertens* wird der Beitrag von Spiel und Sport für die Entwicklung und Erziehung von Kindern und Jugendlichen untersucht.

In der Geschichte der Sportpädagogik in Deutschland lassen sich drei Konzepte unterscheiden, die für das Verständnis und die Bedeutung des Spiels im Rahmen der körperlichen Erziehung maßgeblich waren: *Erstens Schillers* philoso-phisch-idealistisches Konzept zur „ästhetischen Erziehung"; *zweitens GutsMuths'* rationalistisch-utilitaristische Auffassung von Theorie und Praxis des Spiels; und *drittens Fröbels* romantische Theorie der symbolischen Bedeutung des Spiels. Die Spielbewegung in Deutschland am Ende des 19. Jahrhunderts führte dazu, dass dem Bewegungsspiel ein höherer Stellenwert in der schulischen Erziehung beigemessen wurde. Psychologische Forschungen zum Spiel, wie z. B. *Bühler* und *Mead*, aber auch *Piaget* und *Sutton-Smith*, bildeten die Grundlage für ein neues, theoretisch begründetes Verständnis von der pädagogischen Bedeutung des Spiels im Kindes- und Jugendalter.

Das Verständnis des Sports als Spiel hat sich in der Geschichte der Leibeserzie-hung und des Sports insbesondere seit der Spielbewegung zu Beginn des 20. Jahrhunderts und mit den Olympischen Spielen durchgesetzt. Es betraf vor allem die Idee des Amateursports, d. h. eines Sports, der um seiner selbst willen betrieben wird. Auch wenn dieses Konzept im modernen Spitzen- und Hochleis-tungssport nicht mehr oder nur noch teilweise gültig ist, bleibt aus sportpädago-gischer Sicht festzuhalten, dass die erzieherische Qualität des Sports wesentlich von seinen spielerischen Gehalten und Erfahrungsmöglichkeiten bestimmt wird.

5 Leistung und Wettkampf

Wettkampf und Leistung sind Grundprinzipien des Sports. Alle Disziplinen der Sportwissenschaft, von der Sportmedizin und Trainingslehre bis zur Soziologie, Psychologie und Pädagogik, befassen sich auf unterschiedliche Weise mit Aspekten des Wettkampfs sowie der Leistung und Leistungsbewertung. Aus historischer Perspektive wird zwischen einem Leistungs- und Wettkampfbegriff, wie er in der deutschen Turnbewegung vertreten wurde, und dem des engli-schen Sports unterschieden. Sowohl die Arbeitersportbewegung der 1920er und 1930er Jahre als auch die Neue Linke Ende der 1960er und in den 1970er Jahren haben ein Verständnis von Sport kritisiert, nach dem Leistung und Wett-kampf die dominierenden Merkmale des Sports sind. Das aktuelle Leistungs-und Wettkampfverständnis des Sports wurde durch die Diskussion um den Wertewandel in Kultur und Gesellschaft geprägt. Am Ende dieses Abschnitts werden die pädagogischen Möglichkeiten und Risiken von Leistung und Wett-kampf im Sport charakterisiert.

5.1 Leistung und Wettkampf als Prinzipien der Leibeserziehung und des Sports

Leistung und Wettkampf spielen im Sport eine ähnlich herausgehobene Rolle wie Spiel, Spiele und Spielen. In allen Bereichen des Sports kommt Leistung vor,

oft in Verbindung mit Wettkampf und Erfolg. Etwas leisten und etwas können, diese Leistungen und die eigene Könnerschaft mit anderen im Wettkampf zu messen und zu vergleichen, ist offensichtlich ein Bedürfnis vieler Menschen, das im Sport ein besonderes Ausdrucks- und Darstellungsfeld gefunden hat.
Der Mensch ist aus anthropologischer Sicht ein leistendes Wesen (*Lenk,* 1983). Sein Zusammenleben mit anderen ist nicht nur von Harmonie und Gemeinsamkeit, sondern auch von Konkurrenz und Auseinandersetzungen geprägt. Agonalität ist seit der griechischen Antike oft sogar als ein Strukturmerkmal der abendländischen Kultur angesehen worden.[229] Was aber jeweils Leisten und Wettkämpfen heißt, was als sportliche Leistung und sportlicher Wettkampf verstanden wird, ist kulturell und historisch unterschiedlich. Leisten und Wetteifern oder Wettkämpfen sind von individuellen, kulturellen und sozialen Wertvorstellungen abhängig, und sie stehen auch in Zusammenhang mit weltanschaulich-religiösen Grundeinstellungen.
Unter anthropologischen und pädagogischen Gesichtspunkten Leistung und Wettkampf zu untersuchen, heißt speziell zu fragen, wie sie im menschlichen Leben einzuordnen sind und was sie jeweils bedeuten.

Unter Leistungs- und Wettkampfsport wird der mit dem Ziel der Erbringung und Darstellung einer bestimmten Leistung – einer relativen oder absoluten – verbundene Sport verstanden. Er erfolgt nach Regeln unter wettbewerblichen Bedingungen. Hochleistungssport orientiert sich am internationalen Leistungsniveau und an internationalen Rekorden. Die planmäßige Vorbereitung auf das eigentliche Ereignis des Leistungsvollzugs im Wettkampf durch langfristig angelegtes Training und durch entsprechendes Üben wird als Teil des Leistungssports angesehen. Im Breitensport sind Wettkampf und Leistung ebenfalls wichtige Sinnelemente. Das gilt auch für den Schulsport, in dem Wetteifern und Leisten als grundlegende didaktische Kategorien angesehen werden.

Folgende Formen des sportlichen Wettkampfs lassen sich unterscheiden: Zweikämpfe in Kampfsportarten; Rückschlagspiele; Mannschaftsspiele, bei denen zwei Mannschaften bei einem Spiel und mehrere Mannschaften bei Turnieren und in Ligen aufeinandertreffen; Wettbewerbe in Einzeldisziplinen wie in der Leichtathletik; Wettkämpfe in kompositorischen Sportarten, in denen der Sieger durch die Bewertung eines oder mehrerer Kampfrichter indirekt ermittelt wird (vgl. *Güllich & Krüger,* 2013; *Lühnenschloß,* 1995; A. *Krüger,* 1994; M. *Krüger,* 1995).

---

[229] Dies geht auf Jacob *Burckhardt* (1818–1897) und Friedrich *Nietzsche* (1844–1900) zurück, die in der Agonalität den Kern der griechisch-hellenistischen Kultur gesehen haben (vgl. *Kannicht,* 1997).

Als Wettkampf kann ebenso ein abstrakter Wettlauf „gegen die Uhr" oder allgemein das Bestreben angesehen werden, eine sportliche Leistung zu vollbringen, Hindernisse oder Ziele überwinden und erreichen zu wollen, z. B. einen Marathonlauf zu schaffen, eine Skiabfahrt zu bewältigen oder im Gesundheitssport und Fitnesstraining „nur" über die Trägheit des Leibes zu obsiegen.
In der Regel wird der Wettkampf in Sport, Sportwissenschaft und Sportpädagogik in Verbindung mit Leistung genannt. In der Theorie der Leibeserziehung wurde von Wetteifer und Wettspiel gesprochen, um weniger den Kampf und mehr den Charakter des anspornenden Spiels sowie eher das Bemühen zu betonen, seine eigene Leistung selbst zu verbessern, als einen Gegner zu besiegen (vgl. ADL 1970). Ein solches Streben nach (Selbst-)Vervollkommnung steht auch im Mittelpunkt der olympischen Pädagogik.
Wettkampf und Leistung sind jedoch nicht die einzigen Prinzipien des Sports, sondern sie stehen in Verbindung mit oder auch im Dienst von anderen Zielen, Motiven oder Sinnmustern wie Spiel, Fitness, Gesundheit, Ästhetik, Körpererleben oder Spannung.

Spannung im Wettkampf

Ziel des sportlichen Wettkampfs ist die Ermittlung eines Siegers, einer Siegerin oder einer sportlichen Leistung. Dies geschieht im normierten, regelgeleiteten, disziplinorientierten Sport auf der Grundlage eines mehr oder weniger ausgearbeiteten Regelwerks, durch das sowohl die Chancengleichheit bei Beginn des Wettkampfs gewährleistet als auch die Bewertung der Leistungen der Wettkämpfer als Basis für die Ermittlung der Besten geregelt wird.
Die Herstellung formaler Chancengleichheit zu Beginn und die Geltung gleicher Regeln für alle während eines Wettkampfs haben nicht nur den Zweck, gleiche Bedingungen für die Wettkämpfer und für die Durchführung eines fairen Wettkampfs zu schaffen. Gleichzeitig soll erreicht werden, dass die vom Wettkampf erhoffte Spannung und Dramatik im Verlauf des Wettkampfs erhalten bleibt oder gesteigert werden kann. Erst durch die sportlichen Regeln wird der Wettkampf zu einer kontrollierten Auseinandersetzung. *Elias* schreibt, dass der Sport immer eine Form kontrollierter Auseinandersetzung in einer imaginären Situation sei („controlled battle in an imaginary setting", *Elias & Dunning,* 1986, S. 50 f.). Die Spannung eines Wettkampfs löst sich erst, wenn ein Sieger ermittelt ist. Dann ist der Wettkampf zu Ende.
Im weniger normierten disziplin- und wettkampforientierten Sport wie bei unterschiedlichen Formen des Freizeit-, Breiten- und Gesundheitssports steht die Ermittlung eines Siegers und seiner Leistung weniger im Vordergrund. Gleichwohl gibt es Sieger und Verlierer sowie gute und schlechte Leistungen, gemessen daran, ob etwa ein selbst gestecktes Ziel erreicht wurde oder nicht. Wenn man etwas nicht geschafft hat, was man sich vorgenommen, fühlt man sich als Verlierer oder Versager, und im Gegenteil ist man mit Stolz erfüllt, wenn ein positives Ergebnis auf die eigene Leistung, das eigene Können und die eigene Anstrengung zurückgeführt werden kann.

5.2   Leistung und Wettkampf aus fachwissenschaftlicher Sicht

Leistung wird in den Sportwissenschaften aus unterschiedlicher Perspektive thematisiert. Im Sportwissenschaftlichen Lexikon (2003, S. 332–337) werden folgende Perspektiven genannt:
Es wird z. B. auf die physikalische Sicht hingewiesen, nach der Leistung als Quotient aus verrichteter Arbeit und Arbeitszeit definiert wird. In der Sportmedizin sowie Trainings- und Bewegungswissenschaft wird u. a. auf diese Definition zurückgegriffen, um z. B. die dynamische Muskeltätigkeit messen und bewerten zu können. Medizinisch gesehen kann die Leistungsfähigkeit des Organismus und der Muskulatur durch verschiedene Parameter bestimmt werden, durch die Sauerstoffaufnahmefähigkeit pro Minute, die Puls- und Atemfrequenz, den Laktatwert oder die Messung der Maximalkraft. Solche medizinischen und trainingswissenschaftlichen Leistungsfaktoren sind Kriterien, um Gesundheit, Fitness und Leistungsfähigkeit eines Menschen zu beurteilen oder um messen zu können, welche Trainingseffekte sich nach Absolvierung eines bestimmten Trainingsprogramms feststellen lassen.
In der Trainingswissenschaft wird die sportliche Leistung als das Ergebnis einer sportlichen Handlung angesehen, das je nach Sportart und Regelwerk unterschiedlich gemessen und bewertet wird; in den so genannten c-g-s-Sportarten nach quantitativ messbaren Einheiten, wie Weite und Höhe beim Weit- und Hochsprung, Geschwindigkeit beim 100-m-Lauf oder beim Gewichtheben das Gewicht, das auf die Hantel gelegt und gestemmt wird.
Sportlich gesehen ist eine sportliche Leistung am einfachsten in den Sportarten zu messen, in denen ein direkter Vergleich stattfindet: Beim Fußball ist diejenige Mannschaft besser, die mehr Tore geschossen hat als die andere, und im Boxkampf ist die Leistung desjenigen Boxers höher zu bewerten, der seinen Gegner nach Punkten oder durch Knockout bezwingen konnte. Dabei bleibt außer Betracht, dass möglicherweise die Leistung des unterlegenen Boxers im Vergleich zu seinen bisher erbrachten Leistungen in früheren Kämpfen besser war, selbst wenn der Erfolg ausgeblieben ist. Leistung und Erfolg müssen im Sport deshalb nicht immer übereinstimmen. Schwierig wird die Entscheidung über die bessere oder schlechtere Leistung des Boxers dann, wenn nach Ablauf der dritten Runde (bei Amateurboxkämpfen) keiner der beiden Kämpfer k. o. ging. Um trotzdem entscheiden zu können, wer den Boxkampf gewonnen hat, sehen die Regeln genaue Kriterien vor, nach denen einzelne Schläge und Aktionen der Boxer bewertet werden. Die nach diesen Regeln zustande gekommene Entscheidung der Punktrichter muss sich nicht immer mit dem Urteil der Zuschauer decken, denen die Bewertungskriterien nicht in jedem Fall bekannt sind, oder die auch trotz bekannter Kriterien anders als die Punktrichter entschieden hätten.

Leistungsbewertung

Mit solchen Problemen der Leistungsbewertung haben im Prinzip alle Sportarten zu tun, besonders die kompositorischen Sportarten, also Turniertanz, Kunstturnen, Kunstspringen, Eiskunstlaufen, Trampolinspringen oder Rhythmische Sportgymnastik, um die wichtigsten zu nennen. Deshalb sind in diesen Sportarten komplexe Regeln und Bestimmungen ausgearbeitet worden, die ständig überarbeitet werden, um Leistungen möglichst gerecht und nachvollziehbar bewerten zu können. Diese Bemühungen müssen nicht unbedingt erfolgreich sein, wenn man etwa die komplizierten Wertungsbestimmungen im Kunstturnen als Beispiel heranzieht, die weder für die Zuschauer und in vielen Fällen kaum noch für Trainer und Athleten nachvollziehbar sind. Allerdings liegen diese Schwierigkeiten nicht nur am Regelwerk, sondern oft auch an der Komplexität der Bewegungen, die sich in einigen Sportarten entwickelt haben, weil angesichts der Konkurrenz immer bessere, komplexere, differenziertere Bewegungen und damit auch Leistungen erbracht werden.

Die Leistungsbewertung im Sport stellt sich für Kampf- und Wertungsrichter oft anders dar als für Zuschauer oder Trainer. Hat ein Trainer die Aufgabe, die Leistungen der einzelnen Spieler seiner Mannschaft zu bewerten, um die beste Mannschaft für das nächste Spiel aufstellen zu können, sind andere Kriterien zu beachten, als dies Trainer in Individualsportarten tun müssen. Es kann durchaus sein, dass ein Spieler ein herausragender Einzelkönner ist, aber sein Können in dem besonderen Gefüge einer Mannschaft nicht zur Geltung bringen kann, weil seine Spielweise nicht in die Mannschaft passt.

Wieder anders sieht das Problem der Leistungsbewertung für Lehrer im Schulsport aus. Sie können die Leistungen ihrer Schüler nicht nur nach rein sportlichen Maßstäben messen, sondern die Sportnote, die am Ende des Schuljahres im Zeugnis steht, soll oder kann auch pädagogische und psychologische Aspekte wie Mitarbeit und soziales Verhalten oder den Entwicklungsstand des Kindes und Jugendlichen berücksichtigen.

Psychologische Aspekte von Leistung

Die Leistungsthematik ist intensiv aus der Sicht der Sportpsychologie bearbeitet worden. In Anlehnung an das handlungs- und motivationstheoretische Modell von Heinz *Heckhausen* hat Hartmut *Gabler* (2002) auf der Grundlage einer Untersuchung zur Leistungsmotivation bei Hochleistungsschwimmerinnen und -schwimmern ein Prozessmodell der Leistungsmotivation entwickelt. Individuelles Leistungsverhalten ist demnach sowohl von äußeren situativen Bedingungen als auch von individuellen Dispositionen abhängig. Es hängt vom Anspruchsniveau und der mit ihm verbundenen Erwartungshaltung ab, ob und wie sich jemand leistungsmotiviert verhält. Dabei kann zwischen Erfolgsmotivierten, deren Handeln durch „Hoffnung auf Erfolg" geprägt ist, und Misserfolgsängstlichen, die eher „Furcht vor Misserfolg" haben, unterschieden werden. Ein Ergebnis dieser Untersuchungen bestand darin, dass Erfolgsmotivierte sich eher realistische Aufgaben mittleren Schwierigkeitsgrades stellen während Misserfolgsängstliche sich entweder zu leichte oder zu hohe Ziele setzen.

Die individuelle Bewertung einer Leistungshandlung als Erfolg oder Misserfolg hängt also nicht nur von objektiven Faktoren ab, sondern ebenso von der Kausalattribuierung, d. h., ob Erfolg oder Misserfolg eher auf die eigenen Leistungen und Fähigkeiten (internal) oder auf äußere Faktoren wie Glück oder äußere Bedingungen usw. (external) zurückgeführt werden. *Gabler* unterscheidet außerdem zwischen prospektiver und retrospektiver Kausalattribuierung, je nachdem, ob eine Leistungshandlung im Voraus oder in der rückschauenden Bewertung gesehen wird. Wer sich beispielsweise von vornherein als Pechvogel einschätzt, wird weniger motiviert sein als jemand, der sich – auch aufgrund retrospektiver internaler Kausalattribuierung – als „Siegertyp" sieht.

Soziologische Perspektiven

Leistung und Wettkampf im Sport wurde auch aus soziologischer Perspektive thematisiert. Leistung gibt es nicht an sich, sondern sie wird auf der Grundlage sozialer Wert- und Normsysteme beurteilt. Leistungen sind soziale Konstruktionen. Wie sportliche Leistungen bewertet werden, hängt davon ab, welche Maßstäbe in einer Gesellschaft gelten, ob beispielsweise individuelle Leistungen höher bewertet werden als kollektive, ob geistige Leistungen mehr zählen als körperliche oder ob letztendlich Leistungen – und wenn ja, welche – über soziale Rangzuweisungen entscheiden, anstelle von Herkunft, Stand oder Reichtum.
Der Sport, insbesondere der moderne Leistungs- und Wettkampfsport, ist in diesem Zusammenhang als ein Symbol oder Modell der Leistungsgesellschaft bezeichnet worden, weil die Grundprinzipien dieser Gesellschaft im Sport idealtypisch vertreten sind. Diese Grundprinzipien sind *Leistung, Konkurrenz und Gleichheit*, wie Christian Graf *von Krockow* (1927–2002) herausarbeitete, der sich in den 1970er Jahren als einer der ersten deutschen Soziologen intensiv mit diesem Thema beschäftigte.[230] Auf der Grundlage gleicher Ausgangsbedingungen (formale Gleichheit) werden Wettkämpfe ausgetragen, deren Ergebnis klar festzustellen ist. Sportliche Leistungen sind messbare Leistungen. Sie entscheiden auf der Grundlage vorher vereinbarter Regeln über besser und schlechter. Sie entscheiden darüber, wer als Sieger und wer als Verlierer das Spielfeld oder den Kampfplatz verlässt. Sieger im Sport ist nicht der Ranghöchste, Älteste, Reichste oder Angesehenste, sondern derjenige, der die bessere Leistung erbracht hat. „Dass also der moderne Leistungssport ein Produkt der industriellen Gesellschaft, die symbolische, konzentrierteste Darstellung ihrer Grundprinzipien ist, dass er darum die Massen in allen industrialisierten oder in der Industrialisierung begriffenen Länder fasziniert, lässt sich nach dem Gesagten begreifen" (*von Krockow*, 1970, S. 222). Der leistungs- und wettkampforientierte Sport ist deshalb auch als Teil der Modernisierungs- und Fortschrittsideologie verstanden worden, von der die moderne Welt insgesamt geprägt ist.
Der Soziologe Georg *Simmel* (1858–1918), einer der Begründer der modernen Soziologie, hat eine spezifische soziologische Theorie der Konkurrenz und des Wettkampfs entwickelt. Kampf, Streit, Konkurrenz, sei es im Krieg, in der Wirt-

---

[230] Vgl. *von Krockow* (1970, S. 212 ff.; 1973, S. 83 f.; 1975, S. 93 ff.; 1980).

schaft, im Parlament oder im privaten Leben stellen für *Simmel* Formen der
„Vergesellschaftung" von Konflikten dar. Im Sport ist es der Wettkampf oder das
„Kampfspiel" (*Simmel,* 1923, bes. S. 100 ff.). Im Kampf werden dessen Ursa-
chen, nämlich „Haß und Neid, Not und Begier", in sozial mehr oder weniger
geregelte Formen überführt. Ist der Kampf ausgebrochen, wird der „Dualismus"
zwischen den kämpfenden Parteien zu überwinden versucht, selbst wenn das
Ergebnis die Vernichtung einer Partei ist oder sein kann. Es kann aber ebenso in
der „Versöhnung" im und nach dem Streit bestehen. Simmel sieht im Kampf ein
„Element von Gemeinsamkeit in der Feindseligkeit" (*Simmel,* 1923, S. 190).
Der Sportsoziologe Günther *Lüschen* (1930–2015) (1975; 1979) hat diesen Ge-
dankengang *Simmels* in seinem Beitrag „Kooperation und Assoziation im sportlichen Wettkampf" aufgenommen. Während er mit „Kooperation" die Formen der
Zusammenarbeit in einer Mannschaft bezeichnet, ist mit „Assoziation" die besondere soziale Konfiguration zwischen gegnerischen Mannschaften während eines
Wettkampfs gemeint. „Der Sportwettkampf ist (...) ein Beispiel für die integrative
Funktion des sozialen Konflikts und für Vereinigungen innerhalb eines Systems
relativen Gleichgewichts. Es ist wichtig zu bemerken, dass in einem solchen System der Konflikt weitgehend reguliert ist" (*Lüschen,* 1975; 1979, S. 242).

Soziale Bedingungen sportlicher Leistungserbringung

Leistung aus soziologischer Sicht zu betrachten, bedeutet ebenfalls, nach den
sozialen Bedingungen unterschiedlicher Sportbetätigungen und Leistungsorien-
tierungen im Sport zu fragen. In der Sportsoziologie wurden solche Bedingungen im Hinblick auf schicht-, geschlechts- und kulturspezifische Unterschiede
leistungssportlichen Handelns ermittelt (vgl. *Heinemann,* 2007, bes. S. 243 ff.).
Dabei wurde beispielsweise festgestellt, dass ein leistungs- und wettkampforientierter Sport besonders den Wertorientierungen von Mittelschichten entspricht.
Angehörige von Mittelschichten beteiligen sich im Durchschnitt häufiger an
leistungssportlichen Wettkämpfen als Angehörige aus nieder- oder höhergela-
gerten sozialen Schichten oder Milieus. Diese Art von Sport deckt sich eher mit
ihren Wertemustern, die sich unter anderem darin auszeichnen, dass die unmittelbare Befriedigung von Bedürfnissen zugunsten längerfristiger Zielsetzungen
zurückgestellt werden kann und muss – ein Verhalten, das im Leistungssport
unerlässlich ist, weil sich Erfolge erst nach langem, oft jahrelangem Training
einstellen.
Mittelschichtorientierte Werte bestehen auch darin, persönliche Verantwortung
und Eigeninitiative zu ergreifen oder Emotionen und Aggressionen stärker zu
kontrollieren. Unterschiedliche Sportarten sprechen deshalb bestimmte soziale
Gruppen und Milieus eher an als andere; z. B. gelten Tennis, Golf und Hochsee-
segeln als Oberschichtsportarten, während Boxen und Fußball mehr Sympathie
bei unteren und mittleren sozialen Schichten zu finden scheinen. Dies hängt
nicht nur mit der Geschichte und Tradition solcher Sportarten zusammen, sondern auch mit unterschiedlichen Werteorientierungen sozialer Schichten und
Gruppen, einschließlich der Einstellungen zum Körper oder geschlechtsspezifi-

schen Rollenerwartungen von Männlichkeit und Weiblichkeit. Es hat ebenfalls damit zu tun, dass neben der messbaren Leistung im Sport auch andere Kriterien der sozialen Distinktion für sportliches Engagement und sportlichen Erfolg von Bedeutung sind, z. B. Geld, um sich überhaupt einen bestimmten Sport leisten zu können, oder spezifische Sozialisationsbedingungen, die es wahrscheinlicher machen, dass man sich einer bestimmten Sportart zuwendet. Schließlich spielen kulturelle Traditionen für die soziale Differenzierung des Sports eine Rolle. So ist Fußball nicht in allen Ländern gleich beliebt, und das Radfahren wird besonders in Spanien, Italien, Belgien, den Niederlanden und Frankreich geschätzt.

Kulturhistorische Grundlagen sportlichen Leistungsverständnisses

Aus kulturhistorischer Perspektive stellt sich die Frage, warum und auf welche Weise sich kulturelle Werte bilden und wie sie mit der Entstehung und Entwicklung eines Leistungsverständnisses in Turnen und Sport zusammenhängen. *Eichberg* (1973; 1978) hat am Beispiel der Körperkultur und des Sports die Herausbildung des Leistungsprinzips dargestellt und interpretiert. Sportliche Leibesübungen bilden danach einen wichtigen Indikator für gesamtgesellschaftliche und kulturelle Prozesse. Der moderne Leistungssport stellt nach Eichbergs Auffassung eine neue soziale Konfiguration des Fortschritts dar, die sich seit dem Zeitalter der Aufklärung und der Industrialisierung im 19. Jahrhundert in Europa durchgesetzt hat. „Der Komplex aus Steigerung, Spannung und Geschwindigkeit", der den modernen Sport charakterisiere, kennzeichne das „moderne Leisten" insgesamt (*Eichberg,* 1978, S. 306).
Wie Vergleiche mit außereuropäischen Kulturen, aber ebenso historische Vergleiche zeigen, handele es sich beim sportlichen Leistungsprinzip um eine „historisch-kulturell relative" Erscheinung, wie *Eichberg* meint. Die „frühneuzeitliche Kraftkultur" des 15. und 16. Jahrhunderts kannte den modernen, sportlichen Leistungsbegriff genauso wenig wie die höfische Kultur des 17. und 18. Jahrhunderts in Europa. Erst mit der Wende vom 18. zum 19. Jahrhundert erfolgte ein entscheidender Wandel dieser Konfiguration. Aus dem Figurenreiten wurden Pferderennen, aus den Volksballspielen moderne Sportspiele und aus den höfischen Tänzen neue, dynamische Tänze wie der Walzer. Nun setzte sich die moderne Leichtathletik durch, in der vor allem die messbare Leistung und der Rekord zählten.

Historische Wurzeln des Leistungssports

Eine historische Wurzel des leistungs- und wettkampforientierten Sports war der *patronized sport* im England des 18. Jahrhunderts. Dabei handelte es sich in der Regel um Boxkämpfe (Preisboxen), aber auch um Läufe und Spiele (z. B. Cricket), Pferderennen oder Tierkämpfe wie *cock fighting* oder *bull baiting*, bei denen zum Teil hohe Summen gewettet wurden. Solche Kämpfe wurden eigens zum Zweck des Wettens organisiert. Um Wetten attraktiv und verlässlich organisieren zu können, mussten die Kämpfe nach möglichst klaren Regeln ablaufen. Die ersten Cricketregeln, die auf das Jahr 1727 zurückgeführt werden, sind nach *Holt* (1989, S. 25) vor allem deshalb vom Duke of Richmond aufgeschrieben worden, um die Kontrolle über dieses Spiel zu bekommen, „where a good deal of money might be at stake".

Eine zweite historische Quelle moderner Sportwettkämpfe ist die antike Agonistik (*Poplutz*, 2010). Die Berufung auf die Antike diente im 19. und 20. Jahrhundert eher der pädagogischen und ethischen Rechtfertigung des sportlichen Wettkampfs, als dass sich der moderne Sport historisch gesehen aus der antiken Agonistik entwickelt hätte. In der historisch-soziologischen Forschung werden deshalb eher die Unterschiede als die Gemeinsamkeiten des antiken mit dem modernen Sport betont, gerade im Hinblick auf Agone oder sportliche Wettkämpfe (vgl. *Elias*, o. J.; *Guttmann*, 1979). Die antiken Kämpfer hätten „nicht um Gold und Silber Wettkämpfe" abgehalten, „sondern um Männertugend", führte Ernst *Curtius* 1852 in seinem Vortrag über Olympia aus. Historisch zutreffend ist, dass auf die Sieger keine Wetten gesetzt wurden, aber es ging auch um Geld, Macht und Ehre.

Die antiken Agone zeichneten sich allerdings durch ein unvergleichlich höheres Maß an Gewalt aus, als es selbst in England zutraf. Mancher Olympionike verließ nur noch als toter Held den Kampfplatz. Gleichwohl war der junge männliche Einzelkämpfer des antiken Olympia, der nur um die Ehre gekämpft habe, das Vorbild für den Typus des Sportlers bei modernen Olympischen Spielen: „Männer, die befähigt sind, um Weltrekorde zu ringen", meinte *Coubertin* (1935; 1971, S. 151) in seiner Schrift über die philosophischen Grundlagen des Olympismus, sollten bei Olympischen Spielen sportliche Wettkämpfe gegeneinander austragen.

Guttmann (1979) betont dagegen den Unterschied zwischen der Agonalität des antiken und vormodernen Sports, der im direkten Kampf Mann gegen Mann bestand, und dem Leistungs- und Wettkampfprinzip des modernen Sports. In ihm finde eine Abstraktion dieses agonalen Prinzips statt, die in der Idee des Rekords und im Kampf gegen die Uhr ihre besondere Zuspitzung findet.

Elias (bes. 1986) betrachtet die Genese des Sports vor dem Hintergrund einer besonderen historisch-sozialen Figuration im England des 18. und 19. Jahrhunderts, die nicht nur den Industriekapitalismus und den Sport, sondern auch Demokratie und Parlamentarismus hervorgebracht hat. Er zieht Parallelen zwischen dem Prozess der „Parlamentarisierung" und der „Sportisierung" der „gentry", der landbesitzenden, herrschenden Klassen in England. Im Parlament wurde mit Worten und nicht mit Waffen gestritten. Parallel dazu änderte sich das Freizeitverhalten der „gentry". Die „field sports", bei denen Lust und Befriedigung aus dem (ungleichen) Jagen und Töten von Tieren gewonnen werden können, nahmen in ihrer Bedeutung ab; dagegen wandten sich die „gentlemen" jetzt kampfbetonten „sports and games" zu, bei denen Gegner unter gleichen Bedingungen und mit ungefähr gleichen Siegchancen gegeneinander antraten. „Pleasure" stellte sich durch die Offenheit und Spannung des Wettkampfs ein (*Elias*, 1986, S. 34). Wie der parlamentarische Streit, der für die reichen und unabhängigen „gentlemen" ebenfalls eine Art Spiel um die Macht war, wurde nun der Wettkampf auf den „playing fields" als lustvoll empfunden, sei es von den Zuschauern oder den Mitspielern. Im Parlament kam es ebenso wie auf dem Spielfeld zunächst darauf an, um den Sieg zu streiten oder zu kämpfen. Als genauso wichtig wurde aber empfunden, die richtige Haltung zu bewahren, die Regeln einzuhalten und Sieg und Niederlage zu akzeptieren. „Strife without anger, art without malice", sangen Generationen von „Harrovians", Schüler der berühmten public school in Harrow (*Mangan,* 1981).

Parlamentarische Auseinandersetzungen und sportliche Wettkämpfe waren deshalb Ausdruck derselben Figuration und desselben Habitus der Gentlemen-Klasse, meint *Elias* (1986, bes. S. 34).

Wettkampf und „Aggressionslust"

Aus verhaltensbiologischer Sicht sind Kämpfe und Wettkämpfe Ausdruck aggressiver Triebhandlungen, die dazu dienen, „Lust" zu befriedigen (*Lorenz,* 1964; *von Cube,* 1988; 1993). Das Ziel von Aggressionen in Kämpfen besteht darin, zu gewinnen oder besser zu sein als andere. Da Menschen im Unterschied zu Tieren mit Vernunft ausgestattet sind, haben sie im Verlauf der Evolution Kampfformen entwickelt, in denen gesiegt werden kann, ohne offene Gewalt anzuwenden, z. B. vor Gericht, in der Politik und im Geschäftsleben. Siege und Leistungen sind in einer Gesellschaft, in der offene, körperliche Gewalt tabuisiert und an den Rand gedrängt wird, kaum noch an körperlichen Kampf, sondern eher an soziale Intelligenz, Rationalität und insgesamt eher kognitive Leistungen geknüpft. Das Leben in einer weitgehend befriedeten modernen Gesellschaft bietet deshalb nur noch wenige Möglichkeiten, „Werkzeuginstinkte" einzusetzen, wie es in der evolutionsbiologischen Sprechweise heißt, d. h. diejenigen körperlichen Handlungen zu vollbringen, die nötig sind, um die Aggressionslust zu befriedigen.

Der Sport und besonders der Leistungs- und Wettkampfsport stellen so betrachtet einen der letzten Lebensbereiche in modernen Gesellschaften dar, in denen diese Werkzeuginstinkte noch systematisch Verwendung finden bzw. befriedigt werden können; außer der Gartenarbeit oder anderen körperlichen Tätigkeiten. Es ist deshalb verhaltensbiologisch gesehen kein Zufall, dass der aggressive Wettkampfsport gerade in den Kulturen Verbreitung findet, in denen einerseits gewalttätige Aggressionen immer stärker, aber oft mit zweifelhaftem Erfolg aus dem öffentlichen Leben verdrängt werden, und in denen sich andererseits infolge der Entwicklung moderner Technik und Kommunikation die Zwänge und Möglichkeiten verringern, „Werkzeuginstinkte" zu befriedigen. Der Wettkampf in Spiel und Sport bietet dafür eine Art Ersatz. Er stellt so gesehen einen Ausgleich dafür dar, dass die biologische Evolution des Menschen mit seiner sozialen Entwicklung und der Entwicklung von Technik und Industrie nicht Schritt halten kann, wie der Soziologe *Elias* in Übereinstimmung mit der Auffassung von Evolutionsbiologen meinte (vgl. *Elias,* 1983, S. 24 ff.).

Leistung und Wettkampf als pädagogisch-anthropologisches Thema

Inwiefern kann das Thema Leistung und Wettkampf als ein anthropologisches und pädagogisches Thema angesehen werden? Dies ist dann der Fall, wenn hinter den Erkenntnissen solcher fachwissenschaftlicher Untersuchungen zur Leistungs- und Wettkampfthematik erstens die Frage nach dem Menschen und zweitens nach den pädagogischen Folgerungen gestellt wird.

Leisten und Kämpfen stellen, obwohl unterschiedlich kulturell ausgeprägt, anthropologische Grundsituationen des Menschen dar. Die Analyse und das Verständnis solcher Situationen des Leistungs- und Wettkampfhandelns im Sport können zu einem tiefergehenden Verständnis vom Menschen insgesamt führen. Dies bedeutet zu fragen, was Leistung und Wettkampf für die individuelle und sozial-kulturelle Existenz des Menschen jeweils bedeuten, wie sie sich verändern, von welchen Faktoren die Bewertung von Leistungen abhängig ist, welchen Sinn sportliche Leistungen und Wettkämpfe zur Leistungsermittlung für die Menschen und ihre Kultur haben.

Was als Leistung verstanden und bewertet wird und welche Wettkämpfe betrieben werden, hängt dabei nicht allein von individuellen Maßstäben ab, sondern ebenso von kulturellen und sozialen Traditionen und Normen. Bewegungs- und Spielhandlungen sind in der Regel leistungs- und wettkampfbezogene Handlungen; d. h., sie entsprechen einem spiel- und sportbezogenen Gütemaßstab, folgen Regeln einer bestimmten und kulturell geprägten Idee des Sports. Gerade die Entwicklung eines klaren Regelwerks, durch das Gewalt und Aggressionen kontrolliert und die Akteure zu Fairness verpflichtet werden, wird als besondere, kulturelle Leistung des Sports angesehen.

Als speziell *sportpädagogisch* ist die Untersuchung der Leistungs- und Wettkampfthematik aber erst dann zu bezeichnen, wenn sie sich mit dem Problem auseinandersetzt, ob und welche Leistungen und Wettkämpfe die Erziehung und Entwicklung des Menschen fördern und welche nicht.

Einige fachwissenschaftliche Erkenntnisse zur Leistung und zum Wettkampf legen bereits konkrete pädagogische Implikationen nahe. Beispielsweise hat aus einer spiel- und sozialisationstheoretischen Sicht der Kultursoziologe und Spielforscher Brian *Sutton-Smith* (1973; 1978) die Funktion und Bedeutung wettkampforientierter Spiele für die Konfliktsozialisation, also für das Lernen des Umgangs mit Konflikten betont. In Spielen spiegeln sich seiner Auffassung nach nicht nur kulturspezifische Spannungen, sondern gleichzeitig stellen sie ein Übungs- und Trainingsfeld für den Umgang mit ihnen dar. Kinder lernen und erproben beim Spielen, und dazu gehört im gleichen Maß die Vorbereitung auf ein Spiel und das Aushandeln von Regeln, auf elementare Weise, Gegensätze und Konflikte auszutragen und zu verarbeiten. In sportlichen Kämpfen und Wettkämpfen, meint Sutton-Smith, sei dies außerdem auf eine simplifizierte Art und Weise erlaubt, wie es im „normalen" gesellschaftlichen Leben nicht möglich sei.

Der Philosoph Karl Otto *Apel* (1988, S. 133) hat aus einer ethischen Sicht argumentiert, dass die „Kanalisierung und Sublimierung der Aggression durch den fairen Wettkampfsport" geradezu eine notwendige Bedingung für die evolutionäre Überwindung des Krieges als einer Form „agonaler Auseinandersetzung" darstelle.

5.3 Maßstäbe für Leistungen in Turnen, Sport und Sportpädagogik

Ein Blick in die jüngere Geschichte von Turnen, Sport und Leibeserziehung macht deutlich, dass Leistung und Wettkampf Verschiedenes bedeuten können und dass dies nicht allein vom Können und Wollen des Einzelnen abhängt. Dies wird besonders klar, wenn *erstens* die Idee und Ideologie des Leistungs- und Wettkampfprinzips in England mit der in Deutschland verglichen wird. Auf dem Weg zum heutigen Leistungsverständnis im Sport in Deutschland hat dieser Gegensatz eine wichtige Rolle gespielt. Er bestand im Grunde bis in die 1930er Jahre und lässt sich in der sportpädagogischen Diskussion bis heute erkennen. *Zweitens* beeinflusste die Arbeiterturn- und Sportbewegung das Verständnis von Körperkultur, Sport, Wettkampf und sportlicher Leistung; und *drittens* führte die Leistungssport-Kritik der „Neuen Linken" Ende der 1960er und Anfang der 1970er Jahre zu heftigen Debatten, die für die pädagogische Bearbeitung des Leistungsthemas von Bedeutung waren.

Idee und Ideologie des Leistungs- und Wettkampfprinzips im Turnen und der Leibeserziehung im Vergleich zum Sport

Im Mittelpunkt des britisch-englischen Sportverständnisses steht der Wettkampf. Die „national games" wie Football, Rugby und Kricket, aber auch die Leichtathletik *(track and field)* zeichnen sich durch ein hohes Maß an Leistungs- und Wettkampforientierung aus. Dasselbe gilt für Ruderregatten, die erstmals in England in Henley durchgeführt wurden, für Laufwettbewerbe oder Radrennen (*Holt,* 1989). In den public schools, die in der Regel Privatschulen waren und von den Söhnen der upper class besucht wurden, entwickelte sich dieser Sport zu einem nationalen Phänomen und zu einer nationalen Erziehungsidee oder -ideologie, zum *cult of athleticism* (*McIntosh,* 1968, S. 64). Während die Headmaster der *public schools* den Wettkampfspielen der jungen Gentlemen, insbesondere Fußball, anfangs ablehnend gegenüberstanden, spielten sie ab Mitte des 19. Jahrhunderts eine überragende Rolle im Schul- und dann auch im Universitätsleben und im nationalen Erziehungsverständnis insgesamt, dies trotz der zum Teil gewalttätigen Exzesse, die sich auf den Spielfeldern ereigneten. Wettkampforientierte Spiele und sports wurden nicht nur als eine Möglichkeit angesehen, die Schüler zu disziplinieren, indem sie sich bei selbstorganisierten Spielen *(self-government)* den Spielregeln unterwarfen, sondern sie galten auch als ein Mittel, die young gentlemen auf ihr späteres Leben vorzubereiten *(preparation for the battle of life)* (*McIntosh,* 1968, S. 45). Diese *ethic of competition oder fair competition* wurde schließlich als einer der Gründe für den Wohlstand und die Weltmachtstellung Englands angesehen (*Holt,* 1989, S. 97; *McIntosh,* 1968, S. 15). Sie hat auch den Begründer der modernen Olympischen Spiele, Pierre *de Coubertin,* fasziniert.

Wettkämpfe in der Art des englischen Sports und der games waren weder im deutschen Turnen noch in der schwedischen Gymnastik bekannt. Turnen und Sport waren volkstümlich-nationale und rationale Systeme der Körpererziehung, die den Einzelnen und die Nation kräftigen und gesund erhalten sollten. Ein Ziel von Turnen und Gymnastik bestand zwar ebenfalls in der Vorbereitung auf den Kriegs- und Militärdienst, aber nicht durch Wettkämpfe, sondern durch körperliche Erziehung und Drill.

Die Auseinandersetzung zwischen Turnen und Sport in Deutschland um die Jahrhundertwende beinhaltete auch einen Streit um das Leistungs- und Wettkampfprinzip des Sports. Nach Ansicht der deutschen Turner und ihrer Meinungsführer war der sportliche Wettkampf nicht geeignet, Einheit und Gemeinschaft in Volk und Nation zu stiften, sondern er führte nach ihrer Ansicht zu Zwietracht, Neid und Missgunst, hatte also letztendlich pädagogisch nicht wünschenswerte Auswirkungen (*Schmidt,* 1886).

Olympische Leistung

Das Leistungs- und Wettkampfkonzept des englischen Sports – nicht das des deutschen Turnens – fand jedoch ab 1896 Eingang in die Olympischen Spiele und den Olympismus. *Coubertin* war ein Anhänger dieses wettkamporientierten und leistungsbetonten, männlichen Sports nach englischem Muster. Wie viele seiner Zeitgenossen sah er in diesem Sport und der Sporterziehung an den public schools einen Grund für die Weltmachtstellung Großbritanniens. Für *Coubertin* sollte der Wettkampfsport im Olympismus aber kein Modell des Krieges und der Kriegsvorbereitung mehr sein, sondern Modell eines Friedens, der auf der charakterlichen Stärke der am Wettkampf teilnehmenden Athleten beruhte. In einem friedlichen und fairen Wettkampf, in dem alle unter gleichen Bedingungen miteinander kämpfen, sollte die Idee einer friedlicheren Welt zum Ausdruck kommen (*Nigmann,* 1995; *Höfer,* 1994, S. 44).

> Der Wettkampf war für *Coubertin* Symbol und Garant des Fortschritts. Nur im Wettkampf mit anderen kann der Einzelne zu immer besseren Leistungen angespornt werden. „Immer der erste zu sein und überlegen den anderen", dieser Satz *Homers* ging in das moderne olympische „citius, altius, fortius" ein. Ziel sei es, so *Coubertin,* eine „Elite", einen sportlichen „Adel" zu schaffen, der aber „von Anfang an vollkommene Gleichheit bedeutet". Nur wenigen sei es vergönnt, höchste Leistungen zu erreichen, „um Weltrekorde zu ringen". Aber diese wenigen, die zu Spitzenleistungen befähigt sind, wirken als Vorbild für alle anderen Sportler. „Damit hundert ihren Körper bilden, ist es nötig, dass fünfzig Sport treiben, und damit fünfzig Sport

treiben, ist es nötig, dass zwanzig sich spezialisieren; damit sich aber zwanzig spezialisieren, ist es nötig, dass fünf zu überragenden Gipfelleistungen befähigt sind" (*Coubertin*, 1935; 1971, S. 48).

Höchste Leistungen und Sport für alle waren für *Coubertin* also keine Gegensätze, sondern sie ergänzten sich. Er sah gleichwohl die Gefahren, die mit dem sportlichen Höchstleistungsstreben für den einzelnen Sportler und für den Sport insgesamt verbunden sind: „Der Sport geht zum Exzeß (...). Er verlangt immer mehr Schnelligkeit, immer mehr Höhe, immer mehr Kraft (...). Das ist zugegebenermaßen sein Übelstand, aber es ist auch sein Adel und sogar seine Poesie" (*Coubertin*, zit. nach *Müller*, 1983, S. 65). Wie zentral diese Ambivalenz des modernen Sports bis heute geblieben ist, zeigt die Tatsache, dass dieser Satz auch von Willi *Daume* als Beleg für den „Grundwiderspruch im Olympismus" angeführt wurde, der allerdings für *Coubertin* „eine wirkliche Gefahr für den Sport ... nicht zu sein (schien)" (*Daume*, 1990, S. 283).

Kritik der Turner am sportlichen Leistungsbegriff

Die deutschen Turner vertraten dagegen einen Leistungsbegriff, der auf die relative Leistung, also auf die Leistung, die jeder Einzelne relativ zu seinen Fähigkeiten und Möglichkeiten erbringen kann, und auf die Leistung der ganzen Gruppe, letztlich von „Volk" und „Nation" abzielte. Mit der sportlichen Leistung war demgegenüber in erster Linie die absolute, individuelle und auch international vergleichbare Leistung gemeint. „Im Sport kommt das Individuum zu seinem Recht. Die Turnerei erstrebt Massenerziehung, der Sport individuelle Ausbildung."[231] Ehrgeiz, Ruhmsucht, Egoismus, „schnöde Selbstsucht" seien die Triebfedern der sportlichen Leistungen und nicht das Wohl und die Gesundheit des ganzen Volkes, erklärten die Turner. Der Ehrgeiz nach großen Leistungen, nach dem Heraustreten aus der Masse, der Wunsch nach dem Besser-sein-Wollen als andere verdränge das traditionelle turnerische Bestreben, Teil der Gemeinschaft zu sein. „Es findet kein ruhiger, edler Wettkampf statt", bedauerte beispielsweise der Turner Wilhelm *Angerstein* (1888, S. 336 f.), „es gönnt vielmehr der eine dem ändern nicht, dass er ihn übertreffe". Einseitigkeit und Spezialisierung, Rekordstreben und übermäßiges Training, das waren nach Ansicht vieler Turner, Turnlehrer und Turnführer negative Erscheinungen des modernen Leistungs- und Wettkampfsports.

---

[231] *Kappe* (1910, S. 259). In der (ersten) „Soziologie des Sports" von Heinz *Risse* (1921; 1981) wurde der Sport als die „eigentliche Betätigungsform des Individuums" bezeichnet, deren Wirkung „auf nichts basiert als auf der eigenen Leistungsfähigkeit" (21).

„Muskelnarrentum" und „Rekordfimmel"

Die sozialistischen Arbeiterturner und -sportler teilten im Grunde die Kritik der „bürgerlichen" Turner am Sport und seinem Leistungs- und Wettkampfverständnis. Das Turnen verliere an Wert, hieß es in einer Erklärung des Arbeiterturnerbundes aus dem Jahr 1901 (*Bemett, 1982*, S. 47), „sobald der Turnbetrieb in sportähnlicher Weise einseitige Betätigung findet ... Es ist deshalb Pflicht jedes Turners, Maß und Ziel zu halten." Wettkämpfe und Leistungsstreben, auch auf höchster Ebene, wurden in der Praxis des Arbeitersports zwar akzeptiert, aus ideologischen Gründen jedoch skeptisch beurteilt. „Der bürgerliche Sportbetrieb ist samt und sonders auf die individuelle Spitzenleistung eingestellt ... Das ist seine tiefste Wesenheit", schrieb Julius *Deutsch* (1928; 1982, S. 57 f.), der Präsident der Sozialistischen Arbeiter-Sport-Internationale (SASI). Sportliche Leistungen und Wettkämpfe, wie sie im bürgerlichen Sport betrieben würden, stünden außerdem im Gegensatz zum höchsten Ziel der Arbeiterbewegung, nämlich Solidarität in der Arbeiterklasse zu erzeugen. Es sei „unsozial" und führe zum „Muskelnarrentum", zum „Rekordfimmel" und zum „verkappten Berufssport", zur „Verflachung des Geisteslebens" und schließlich zur „Gemütsverrohung", wie Fritz *Wildung* (1872–1954) (1929; 1982, S. 50–54), der Geschäftsführer der Zentralkommission für Arbeitersport und Körperpflege, schrieb.

Die Auswüchse des Wettkampf-, Leistungs- und Hochleistungssports waren nach Ansicht der Meinungsführer des Arbeitersports jedoch nicht im „Wesen" des Sports selbst begründet – hier lag der Unterschied zu den Turnern –, sondern darin, dass der Sport in der bürgerlich-kapitalistischen Gesellschaft pervertiert würde. Sie seien Ausdruck der „Krankheit eines Gesellschaftssystems" (*Wildung*, 1929; 1982, S. 56). Nicht das Leistungs- und Wettkampfprinzip an sich wurde also verworfen, sondern dessen Auswüchse in der bürgerlich-kapitalistischen Gesellschaft.

Das „Pyramidenmodell"

Als sich die Turn- und Sportbewegung nach 1945 in Deutschland wieder neu organisierte, tat sie dies auf der Grundlage eines breiten Verständnisses von Leistung und Wettkampf. Vorbild war das auf *Coubertin* zurückgehende pädagogische und olympische Amateursportmodell. Leistung und Wettkampf werden im Sport nicht um ihrer selbst willen angestrebt, sondern sie sollen der menschlichen Selbstvervollkommnung dienen. Dies sei aber nur möglich, wenn der Leistungs- und Wettkampfsport im Rahmen des Amateursports mit Maß und Ziel betrieben werde. [232]Obwohl nur einer der Beste sein kann, gebe der Leistungs- und Amateursport ein Modell des Sporttreibens für alle ab. Wie bei einer

---

[232] Die Idee der Selbstvervollkommnung stellte bei *Coubertin* ein zentrales – pädagogisches – Muster des Leistungssports dar. Ein an der Olympischen Idee orientiertes pädagogisches Leistungssportverständnis haben insbesondere *Lenk* (1983) und der Rudertrainer Karl *Adam* (1975) vertreten.

Pyramide ermögliche erst ein starker Unterbau an sportlicher Könnerschaft die Herausbildung einzelner Spitzenleistungen. Basis und Spitze seien im Wettkampf-, Leistungs- und Hochleistungssport aufeinander angewiesen. Die Wirklichkeit der Entwicklung des Leistungssports entsprach jedoch immer weniger diesem leistungssportlichen „Pyramidenmodell". Der Abstand zwischen der Spitze der Pyramide und ihrer Basis wurde größer; die Verbindung zwischen oben und unten begann sich zu lockern. In vielen Ländern ist der Spitzensport inzwischen zu einer eigenen „Säule" geworden.

In den 1970er und 1980er Jahren geriet sogar der gesamte Leistungs- und Wettkampfsport in die Kritik; aber nicht nur wegen Veränderungen im Sport selbst, sondern weil er von manchen Kritikern als Ausdruck des beherrschenden Konkurrenz- und Leistungsprinzips in der modernen, „spätkapitalistischen" Gesellschaft angesehen wurde. Die „linke" Gesellschaftskritik, wie sie genannt wird, die in Westdeutschland Ende der 1960er Jahre Gehör fand, griff deshalb auch den Wettkampf- und Leistungssport als gesellschaftskritisches Thema auf und führte damit den auf den sozialistischen Arbeitersport zurückgehenden Ansatz einer sportbezogenen Leistungskritik als Gesellschaftskritik fort.

„Entfremdete" Leistung und Verteidigung der Leistung

Für die (Neue) Linke symbolisierte die sportliche Höchstleistung die Zwänge und Entfremdungen der spätkapitalistischen Gesellschaft. Der Leistungssportler werde in Training und Wettkampf und in seiner zwanghaften Sucht nach Leistung und Rekord dem Diktat der „Quantifizierung" unterworfen und seiner wahren Menschlichkeit entfremdet, hieß es (*Rigauer,* 1969, S. 49 ff.). Seine Leistung sei nur durch die Unterdrückung und Hemmung seiner wahren Bedürfnisse, seiner Kreativität, Spontaneität und Phantasie möglich; sie werde auf Kosten einer „echten" Leiblichkeit erbracht. Humaner Sport sei dagegen nicht durch Wettkampf und Leistung, sondern durch Lust gekennzeichnet.

Mit ihrer Kritik am Leistungs- und Wettkampfsport riefen die Sportkritiker der „Neuen Linken" jedoch die Fürsprecher des sportlichen Leistungsprinzips auf den Plan. Am exponiertesten verteidigten Karl *Adam* (1912–1976), der Rudertrainer des „Gold-Achters" von Rom 1960, und sein Schüler, der Philosophieprofessor und Goldmedaillengewinner *Lenk* (bes. 1983), aber auch der Politologe Graf *von Krockow* die Idee der individuellen Leistung im Sport.

In der sportlichen Eigenleistung könne, so lautet *Lenks* These, das menschliche Streben nach Vollkommenheit freiwillig und selbstbestimmt, das heißt ideologiefrei, verwirklicht werden: „Der Sportler verkörpert ein ‚mythisches Ideal': Herkules oder Prometheus – oder manchmal gar Narziß? Das Ideal der kulturellen Leistung, die über die Überlebenserfordernisse und Alltagserfordernisse hinausgreift; diese Idee des vordergründig eigentlich unnötig erscheinenden Eigenen, Besonderen, Überbiologischen erst macht den Menschen zu dem kulturell schöpferischen, geistigen, intellektuellen und symbolischen Wesen, das er ist" (*Lenk,* 1983, S. 187).

Die Einflüsse dieser Debatte um Wettkampf und Leistung waren weniger im praktischen Sport in den Vereinen und Verbänden zu spüren als in der Sportpädagogik und Sportwissenschaft. In den 1950er und 1960er Jahren gehörten Leistung und Wetteifer zu den zentralen theoretischen Themen der Turnlehrer und Leibeserzieher in der Bundesrepublik. Der Kongress des Ausschusses Deutscher Leibeserzieher (ADL) im Jahr 1961 widmete sich dem Thema „Wetteifer" und wurde mit einem Vortrag *von Krockow*: „Der Wetteifer in der industriellen Gesellschaft" (ADL, 1970, S. 212–227) eröffnet. 1964 stand die Tagung unter dem Motto „Leistung". Der Bildungstheoretiker und Didaktiker Wolfgang *Klafki* sprach in seinem Vortrag über „das pädagogische Problem der Leistung und die Leibeserziehung" (ADL, 1964, S. 33–58). In den sportpädagogischen Diskussionen der 1970er Jahre war dagegen von diesen Themen weniger zu hören und zu lesen – außer in kritisch-distanzierter Hinsicht.

Die Sportpädagogik büßte ihren Einfluss auf die Entwicklung des Leistungssports weitgehend ein. Es gebe gar keine „Pädagogik des Leistungshandelns", behauptete der Sportpädagoge und -historiker Arnd *Krüger* (1989), weil die Sportpädagogik jahrelang den Wettkampf- und Leistungssport ignoriert oder sogar verteufelt habe. Diese Haltung der Sportpädagogik sei besonders in Ländern zu beobachten, „wo es eine starke Tradition in schwedischer Gymnastik oder deutschem Turnen gibt ..., während die angelsächsische und kommunistische Tradition den Wert des Wettkampfsports für die Erziehung betont" (A. *Krüger*, 1989, S. 32).

Leistung im Sozialismus

Der Wettkampf- und Leistungssport in der ehemaligen DDR blieb von der Sportkritik der „Neuen Linken" in Westdeutschland unbeachtet und unberührt. Der Leistungs- und Wettkampfsport und das sportlich-individualistische Leistungs- und Fortschrittsprinzip wurden im Arbeitersport sozialistischer Länder tatsächlich jedoch zum Mittelpunkt des Sports überhaupt. Dem Leistungs- und Spitzensport wurde in der DDR in besonderem Maße die Funktion zugewiesen, zum Aufbau des Sozialismus beizutragen, zur Leistungsbereitschaft im Sozialismus, zur sozialistischen Persönlichkeit zu erziehen und die Leistungsfähigkeit des Sozialismus im Wettkampf der Systeme zu untermauern.[233]

Der Erfolg des wettkampf- und leistungssportlichen Modells in den Ländern des ehemaligen Ostblocks, einschließlich der DDR, ist nach *von Krockow* (1990, S. 287 f.) unter anderem damit zu erklären, dass der Leistungssport einen, vielleicht den einzigen gesellschaftlichen Bereich darstellte, in dem individuelle Leistung, Anstrengung und Können gerecht belohnt und anerkannt wurden. Das Leistungsprinzip im Sport bedeutete in diesem Sinn für die Menschen im real existierenden Sozialismus ein Stück „Systemwidrigkeit".

---

[233] Vgl. die „Ziele und Aufgaben" des Sports in der DDR laut „Kleine Enzyklopädie Körperkultur und Sport", Leipzig (1979, S. 112 ff.).

Individualisierung und Popularisierung des Leistungsprinzips

Im Leistungs- und Wettkampfverständnis des Sports der Gegenwart sind unterschiedliche Traditionen zusammengekommen. Auf der einen Seite ist ein Prozess der Individualisierung, auf der anderen Seite der Popularisierung des Leistungs- und Wettkampfprinzips zu beobachten. Die Turner und (ehemaligen) Arbeitersportler konnten und wollten sich dem Strom der Individualisierung des Sports und des sportlichen Leistungsstrebens nicht mehr entgegenstellen. Die Spitzenleistungen im Kunstturnen gelten heute als typische Beispiele für das individuelle Streben nach der Vollkommenheit der Bewegung in einem langen und mühsamen Übungs- und Trainingsprozess, eben das, wogegen sich die Turner ursprünglich wandten.

Individuelles Leistungs- und Wettkampfstreben wird als Prinzip eines pädagogisch verstandenen Sports verstanden und gefördert. Turner, Leibeserzieher und ehemalige Arbeitersportler setzten sich nach 1945 aber ebenso dafür ein, Wettkampf- und Leistungsstreben im Sport stärker pädagogisch zu formen. Der Sport müsste pädagogisch gestaltet und genutzt werden, forderte Carlo *Schmid*, einer der führenden Politiker in der Nachkriegszeit, der aus der SPD stammte. Er meinte (1959), „dass gerade das Bewusstsein, dass man das Maß dessen, was den Menschen möglich ist, steigern kann, eine der stärksten Schutzfunktionen des Sports gegen das Kapitulieren vor der modernen Vermassung ist, die den Menschen aus den gesellschaftlichen Verhältnissen droht".[234]

Sportliche Leistung und „Wertewandel"

Sportliches Wettkampf- und Leistungsstreben wird heute auf breiter Grundlage in der Bevölkerung anerkannt. In diesem Sinn kann von einer Popularisierung gesprochen werden. Die „Sport-für-alle"-Initiativen des früheren Deutschen Sportbundes haben mit dazu beigetragen, dass Leistung und Wettkampf sich auch im so genannten Breitensport durchsetzen konnten. Sie stehen neben vielen anderen Motiven des Sporttreibens wie z. B. Gesundheit, Geselligkeit, Körpererfahrung, Spaß und Erholung. Je nach Interesse und Umständen können einzelne Motive und Inhalte dominieren oder in den Hintergrund treten. „Sport für alle" (*Jütting & Krüger,* 2017) beinhaltet sowohl den Breiten- und Freizeitsport als auch den Leistungs- und Wettkampfsport auf niederem und mittlerem Niveau, während der Profi- und Höchstleistungssport einer nur kleinen Leistungselite vorbehalten bleibt. Dieser Sport bietet insgesamt ein verwirrend-vielfältiges Bild, aus dem aber das Prinzip Leistung und Wettkampf nicht wegzudenken ist; ebenso wie Wettkämpfe und Leistungen im Sport auf höchstem Niveau nicht ohne Freude, Spaß und Begeisterung erbracht werden können. Sinn und Bedeutung von Leistung und Wettkampf haben sich jedoch in den letzten Jahren verändert. Der „Wertewandel" wird mit dafür verantwortlich ge-

---

[234] *Schmid* in einem Vortrag (1959), zit. nach *Ueberhorst* (1989, S. 19).

macht, dass nicht mehr so sehr ein Sporttreiben gefragt sei, das Leistung und Wettkampf in den Mittelpunkt stellt, sondern Spaß, Erholung, Gesundheit und Geselligkeit. Leistung habe als Leitwert in der Gesellschaft insgesamt und speziell im Sport an Bedeutung verloren, erklärte *Digel* (1986) bereits vor mehr als 30 Jahren, und sie werde eben nicht mehr als Prinzip anerkannt, das für alle Formen des Sporttreibens gilt. Inzwischen ist jedoch diese These eines „Wertewandels" revidiert worden.[235] Von einem Verschwinden oder einer Krise des Leistungsprinzips im Sport könne nicht die Rede sein. Gerade die Sporttreibenden, die dem anscheinend nicht oder weniger wettkampf- und leistungsorientierten Freizeit- und Breitensport zugerechnet werden, seien oft in hohem Maße leistungsmotiviert und -orientiert. Bei den zahlreich stattfindenden Volksläufen werden Zeiten gelaufen, die nur durch langes und intensives Training erreichbar sind, im Tennis werden auf allen Ebenen wettkampf- und leistungsorientierte Turniere ausgetragen, Vorführgruppen bei Turnfesten und Gymnaestraden „leisten" Vorzügliches, ohne dass hier „Siege" errungen werden, und bei den Senioren ist der Wettkampf- und Leistungs-, wenn nicht sogar der Hochleistungssport erst richtig in Mode gekommen. Im Sport ist also kein Niedergang der Leistungsethik insgesamt festzustellen. Leistung und Wettkampf stellen jedoch nicht das einzige und beherrschende Sportmotiv dar – was es im Übrigen nie war. Allerdings hat sich das Leistungsmotiv auf unterschiedlichste Aktivitäten und spezifische Interessen diversifiziert und individualisiert. Leistung, Anstrengung und Spaß werden nicht als Gegensatz empfunden, sondern was Spaß macht und interessant ist, wird intensiv und leistungsmäßig betrieben.

Die stärker ich-bezogene und erlebnisorientierte Grundeinstellung der Menschen, die *Schulze* (1992) in seiner Untersuchung als Merkmal der modernen „Erlebnisgesellschaft" ausgemacht hat, verträgt sich durchaus mit sportlichen Wettkämpfen und dem Streben nach hohen Leistungen im Freizeitsport. Allerdings ist diese erlebnisorientierte Leistung oft weniger an der absoluten Höchstleistung orientiert, die an Maßstäben ausgerichtet ist, die außerhalb des eigenen Ich liegen. Wer erlebnisorientiert Sport treiben will, dem genügt oft die persönliche, relative Leistung. Er will nicht unbedingt als Mitglied einer Wettkampfmannschaft regelmäßig an Wettkämpfen und Rundenspielen teilnehmen oder sich bei Meisterschaften der Konkurrenz stellen. Viele Sportlerinnen und Sportler von heute wollen, so scheint es, nicht unbedingt um den Sieg an sich streiten, sondern um den Sieg über sich; sie wollen nicht den Rekord, sondern ihre persönliche Bestleistung übertreffen.

Trotzdem ist zu beachten, dass Leistung und Wettkampf in den verschiedenen Bereichen des Sports – neben Leistungs- und Hochleistungssport, Breiten-, Freizeit-, Gesundheits- und Schulsport, die jeweils unterschiedliche Strukturen

---

[235] Die Wertewandel-These und die polarisierende Gegenüberstellung von materialistischen und postmaterialistischen Werthaltungen ist sowohl aus inhaltlichen als auch methodisch-formalen Gründen in Frage gestellt worden. Siehe z. B. *Fromme* und *Stoffers* (1988); darin die Beiträge von *Lüdtke* (S. 167 ff.) und *Ferchhoff* (S. 156 ff.); mit Bezug zur kulturellen Bildung generell und aktuell *Keuchel* und *Kelb* (2017).

aufweisen – entsprechend differenzierten Zielen folgen, die einem spezifischen Leistungs- und Wettkampfethos folgen. Einerseits sind die Athleten im Leistungs- und Hochleistungssport stärker in Trainings- und Wettkampfpläne eingezwängt, sie unterliegen öffentlichen Erwartungen und müssen sich in Abhängigkeiten von Trainern, Funktionären und Verbänden begeben. Die externen Leistungsanforderungen an sie sind höher als in anderen Sportbereichen. Ihre Leistungen sind anders zu bewerten als die von Hobby- und Freizeitsportlern, obwohl manche von diesen den gleichen Aufwand wie sie erbringen, um Wettkämpfe zu bestreiten und Leistungen zu erzielen. Andererseits ist dem Hochleistungssport zunehmend gesellschaftliche, wirtschaftliche und politische Bedeutung zuteil geworden; er wurde zum Mittel nationalen Prestiges und internationalen Ansehensgewinns, zum Wirtschafts- und Werbefaktor und zum Element der Unterhaltungsmedien. Diese gesellschaftliche und politische Bedeutung des Sports beeinflusst Leistung und Leistungserbringung ebenso wie die Durchführung und Gestaltung von Wettkämpfen.

5.4 Wettkampf und Leistung aus sportpädagogischer Sicht

Aus pädagogischer Sicht stellt sich damit die Frage, wie mit dem Prinzip des Wettkampfs und der Leistung in Spiel und Sport umgegangen werden soll. Geht man von der englischen Tradition des Sports aus, bieten Wettkampf und Leistung im Sport umfassende Möglichkeiten nicht nur der körperlichen, sondern auch der charakterlichen Bildung und Erziehung. Hält man sich dagegen an die deutsche Tradition des nationalen Turnens und der Leibeserziehung, sind die pädagogischen Wirkungen des Wettkampfs und des sportlichen Leistungsstrebens eher kritisch zu bewerten. Dieses Verständnis ist insbesondere in der sportpädagogischen Diskussion in Westdeutschland nach 1945 zu beobachten (vgl. M. *Krüger,* 1995; *Funke,* 1988, S. 13 ff.; 2004).

Vor 1945 wurden die Motive des Kämpfens, Wettkämpfens und Leistens als wichtig für die gesellschaftliche und pädagogische Begründung von Turnen und Sport in Schule und Verein angesehen; vor allem deshalb, weil von ihnen eine besondere militärische Ertüchtigung der Jugend erwartet wurde. Leistung im Sinn individuellen Leistungsstrebens wurde eher skeptisch gesehen, dafür jedoch die Gruppenleistung gefördert. Schulung und Ausbildung von Kampfkraft und Mut und der Leistungswille für Volk und Nation waren wichtige Ziele der „politischen Leibeserziehung" im Nationalsozialismus (vgl. *Bernett,* 1966). Nach dem Zweiten Weltkrieg bzw. nach dem Ende des nationalsozialistischen Regimes trat jedoch eine Abwendung von diesen Begründungsmustern ein. In der Bundesrepublik Deutschland erfolgte auch unter dem Einfluss der westlichen Alliierten eine Abkehr von kämpferisch-wehrertüchtigenden Zielen, Inhalten und Formen in der Leibeserziehung und Sportpädagogik. In der DDR war dies weniger der Fall – dort wurde nicht nur die sportliche Leistungsbereitschaft, sondern auch die „Erziehung zum Haß gegen die Feinde des Sozialismus und des Friedens" als ein Ziel des Schulsports in der DDR vertreten (*Bernett,* 1994, S. 240).

In der bildungstheoretischen Fachdidaktik der Leibeserziehung in den 1950er und 1960er Jahren sprach man nicht mehr vom „Kampf", sondern von „Wetteifer" als einem unter anderen Bildungsmotiven von Leibesübungen, Gymnastik, Turnen und Sport (vgl. ADL, 1970). Leistung, aber nicht Kampf und Wettkampf, wurden als anthropologisch begründete, pädagogische Möglichkeiten des Sports angesehen (*Grupe*, 1984 b). *Bernett* (1975, S. 107 f.) betrachtete neben Spielen, Beherrschen und Gestalten das „Erkämpfen der Bestleistung im Wetteifer" als exemplarischen und kategorialen Bildungswert der Leibeserziehung. In der curricularen und pragmatischen Sportdidaktik der 1970er und 1980er Jahre spielten leistungsorientierte und kompetitive Sportformen nur noch eine nebensächliche Rolle (*Kurz*, 1986 a; 1990 a). Leistungs- und Wettkampfsport schien mit kooperativem „sozialem Lernen" im Sport nicht vereinbar zu sein. Leistung und Wettkampf wurden zugunsten des „sozialen Lernens" zurückgestellt – statt der Wettkampfspiele Handball und Fußball sollten „New Games", „Koop-Spiele", also Spiele ohne Wettkampfcharakter, Gegner, Sieger, Verlierer und Tränen gespielt werden.

Die jüngere Sportpädagogik in der Bundesrepublik Deutschland hat das Thema Wettkampf in Spiel, Sport und Leibeserziehung verdrängt. Dem Leistungs- und Wettkampfprinzip standen Sportpädagoginnen und Sportpädagogen der 1968er Generation eher skeptisch gegenüber. Im Grunde ist in der deutschen Leibeserziehung und Sportpädagogik der sportliche Wettkampf nie als Modell einer demokratischen Streit- und Konfliktkultur angesehen worden, sondern entweder als Mittel der Wehrertüchtigung und kämpferischen Erziehung gegen einen äußeren Feind, oder der Wettkampf wurde – als dies die politischen Verhältnisse nach 1945 nicht mehr zuließen – eher abgelehnt und tabuisiert. Das individuelle Streben nach hohen Leistungen im Wettkampf wurde aus sportpädagogischer Sicht weniger als Ergänzung zu anderen Bildungszielen der Leibesübungen und Leibeserziehung wie Gesundheit, Freizeit, soziales Lernen angesehen, sondern eher als deren Gegensatz.

Angesichts dieses Sonderwegs der deutschen Sportpädagogik im Vergleich zur englischen und amerikanischen Pädagogik und im Unterschied zum Verständnis von Wettkampf und Leistung in der olympischen Pädagogik ist es ihr bislang nicht gelungen, ein tragfähiges theoretisches Konzept zu entwickeln, um die Idee von Leistung und Wettkampf im Sport zu reflektieren und kritisch zu begleiten.

Pädagogische Möglichkeiten von Leistung und Wettkampf

Sportliche Wettkämpfe und Leistungen repräsentieren anthropologische Grundmuster menschlichen Handelns (*Grupe*, 1982, S. 176; 2000). Damit ist zum *ersten* das Motiv gemeint, sich selbst verbessern zu wollen und diese Verbesserung im Vergleich mit anderen festzustellen; zum *zweiten* das Bestreben, sich durch Leistungen zu bestätigen, die nach vergleichbaren und anerkannten Regeln erbracht wurden. *Drittens* tragen sportliche Leistungen und Wettkämpfe einen egalitären Grundzug: Am Start eines Laufs sind alle gleich, und erst im Ziel werden die Unterschiede zwischen den Läufern sichtbar. Die Unterschiede beruhen auf dem, was jemand in einer speziellen Disziplin und nach entsprechenden Regeln zu leisten in der Lage ist. Können und Leistung sind im Sport dabei klarer als in jedem anderen gesellschaftlichen Bereich zu messen und zu bewerten.

Sportliche Auseinandersetzungen stellen ritualisierte Möglichkeiten dar, sich mit anderen körperlich zu messen und zu vergleichen. Man kann dabei lernen, seinen Körper zu beherrschen, seine körperlichen Fähigkeiten und Fertigkeiten einzuschätzen, sie im Rahmen eines Regelsystems gezielt einzusetzen und seine eigenen Leistungen in Konkurrenz mit anderen (und mit sich selbst) zu verbessern.
Darüber hinaus können Erfahrungen gemacht und Tugenden gelernt werden, die für das Zusammenleben von grundlegender Bedeutung sind, wie z. B. Gegensätze erfahren, akzeptieren und fair austragen können, sich an Regeln halten und sie aushandeln, den Gegner als Partner verstehen und zugleich mit ihm zu kämpfen, sich streiten und sich versöhnen, siegen und verlieren können. Dies gilt, wenngleich in unterschiedlicher Form und Gewichtung, für alle Alters- und Entwicklungsstufen. Im Wettkampf- und Leistungssport zeigt sich darüber hinaus das Bestreben, Mittelmäßigkeit und Dilettantismus zu überwinden, außergewöhnliche Herausforderungen anzunehmen, sogar gezielt aufzusuchen, um am Ende das Ziel, im Wettkampf zu bestehen oder die erhoffte und angestrebte Leistung zu erfüllen, zu erreichen.

Besonders Hoch- und Höchstleistungssportler haben in diesem Sinn etwas mit Künstlern gemeinsam. Sie identifizieren sich mit ihrem sportlichen Werk und ihrem Tun und dessen Ergebnis. Sportliche Wettkampfleistungen machen in einer Kultur, die sich eher am Durchschnitt orientiert und passive Konsumhaltungen begünstigt, symbolisch sichtbar, dass **Eigenleistungen** (*Lenk,* 1983) einen besonderen Wert haben. Es werden nur Leistungen anerkannt, die innerhalb der geltenden Regeln erbracht werden. Deshalb gilt es als unfair und als Vertrauensmissbrauch, wenn die erwartete Regelbefolgung bei der Leistungserreichung oder der Vorbereitung auf diese, etwa durch Medikamentenverwendung zum Zweck der Leistungssteigerung, nicht eingelöst und das Fairness-Prinzip verletzt wird.
Oft ist es aber gar nicht der Wettkampf selbst und die in ihm erbrachte Leistung, sondern der Weg zu ihr, der den Athleten Befriedigung, Sicherheit und inneres Gleichgewicht gibt (*Steinbach,* 1973). Ein wichtiger olympischer Grundsatz lautet, dass nicht Sieg und Leistung, sondern vor allem das beharrliche Bemühen, sie zu erreichen, wichtig sind (*Coubertin,* 1967; *Diem,* 1967).
Der Zivilisationsprozess ist durch ein Vorrücken körperloser oder körperfremder, also „zivilisierterer" Formen der Gewalt gekennzeichnet (*Thiersch,* 1994). Dies wird insbesondere an der Darstellung von Gewalt in den Medien deutlich. Kinder und Jugendliche bekommen täglich gewalttätige Kampfhandlungen auf dem Bildschirm zu sehen. Dies geschieht auch unter dem Deckmantel des Sports oder sportähnlicher Aktivitäten. Die realen, körperlichen und seelischen Wirkun-

gen solcher Kampfhandlungen können sie nicht mehr angemessen einschätzen. Die Fähigkeit, sich in die Lage eines anderen, in seine körperliche Befindlichkeit und seinen Schmerz hineinzuversetzen, geht dadurch verloren. Körperliche, unmittelbare Erfahrungen in sportlichen Wettkämpfen sind deshalb wichtig, um dieser Entrealisierung oder Fiktionalisierung des Kämpfens entgegenzuwirken und den Realitäts- und Empathieverlust auszugleichen. Angesichts einer nicht mehr zu überschaubaren Vielfalt an fiktionalen Kämpfen und Kampfspielen von zum Teil erheblicher Grausamkeit durch neue Medien und im Internet erscheint es deshalb umso wichtiger, dass Kinder und Jugendliche in realen, körperlich erlebten und pädagogisch kontrollierten Situationen erfahren können, was ein körperlich ausgetragener Kampf wirklich ist und bedeutet.

Sport als Modell der Leistungsgesellschaft

Das Konzept von Sport als Modell der Leistungsgesellschaft beinhaltet, dass Leistungen im Sport ebenso wie die Sportstars, die sie erbringen, als Vorbilder und Identifikationsobjekte dienen. Nicht nur Medien, Autofirmen, Sportartikel- oder Nahrungsmittelhersteller machen sich dies zunutze und versuchen, aus sportlichen Leistungen und Erfolgen Gewinn zu ziehen, sondern auch Staaten und Nationen haben sich dieser Symbol- und Identifikationswirkung sportlicher Leistungen bedient. Sie tun dies immer noch, auch wenn mit dem Ende des Kalten Krieges zwischen Ost und West dem Leistungs- und Wettkampfsport als Mittel der Politik nicht mehr dieselbe Bedeutung zukommt wie früher. Aber immer noch (oder mehr denn je) tragen Goldmedaillen, Siege und Erfolge nur zum Prestige einzelner Sportler, sondern auch zur Erhöhung des Selbstwertgefühls und des Gefühls der Zusammengehörigkeit sozialer Gruppen allgemein und speziell junger Staaten und Nationen bei.

Licht und Schatten liegen im Bereich des Hoch- und Höchstleistungssports eng beieinander. Das Streben nach Leistung kann sich als verbissener Kampf und falscher Ehrgeiz erweisen; für hohe und höchste Leistungen werden die eigene Gesundheit und die des Gegners aufs Spiel gesetzt; der Erfolg wird vor die Leistung gestellt, und um diesen Erfolg zu erreichen, scheint manchmal jedes Mittel recht zu sein, wie die Fälle von Unfairness, Doping, Betrug und Manipulation zeigen; das Bedürfnis nach Identifikation und Vorbildern wird fanatisch übertrieben; die sportliche Leistung nimmt unter den Gesetzen des Marktes, der Medien und der Wirtschaft „Warencharakter" an, wird zur Dienstleistung und zum Produkt der Unterhaltungsindustrie.[236]

---

[236] *Hoberman* (1994) hat diese Probleme des Hochleistungssports unter dem Titel „Mortal Engines. The Science of Performance and the Dehumanisation of Sport" behandelt. Von *Adorno* (2003) bzw. *Horkheimer* und *Adorno* (1985) stammt die These, dass auch der Sport Warencharakter angenommen habe und als Teil der spätkapitalistischen Konsumindustrie zur Ausbeutung und Unterdrückung der Menschen beitrage.

So gesehen bietet der Leistungs- und Wettkampfsport den Menschen einerseits zahlreiche Möglichkeiten, aufregende Spiele und Wettkämpfe unter kontrollierten Bedingungen auszutragen oder zu erleben. Andererseits kann er aber eine Quelle der Gewalt sein und als Mittel der körperlichen und moralischen Wehrertüchtigung benutzt werden. Leistung und Wettkampf dienen in diesen Fällen nicht mehr dem pädagogischen Ziel der charakterlichen Bildung, sondern sie können sich gegen die Menschen, die diesen Sport betreiben, wenden. Es hängt von den politischen und gesellschaftlichen Verhältnissen, aber nicht zuletzt von den Sportlerinnen und Sportlern selbst, ihren Trainerinnen und Trainern, Lehrerinnen und Lehrern, kurz Sportpädagoginnen und Sportpädagogen ab, ob Sport seine positiven pädagogischen Möglichkeiten entfalten kann oder nicht, ob er friedlich und fair oder gewalttätig abläuft. Der sportliche Wettkampf sollte kein kein Mittel zur Vorbereitung auf den Krieg, vielmehr ein Modell für Demokratie und ein Training für den geregelten und fairen Umgang miteinander sein.

Die Probleme des Leistungs- und Hochleistungssports haben dazu geführt, dass der pädagogische Sinn der Leistung und des Leistens im Sport weniger in diesem Bereich des Sports greifen zu können scheint als vielmehr im allgemeinen Wettkampf-, Leistungs- und auch im Schulsport. Das Wettkampf- und Leistungsprinzip stellt hier zwar nur ein Prinzip des Sporttreibens neben anderen dar, z. B. Gesundheit, Spaß, Entspannung oder Geselligkeit. Aber hier lässt sich eher noch als im Hochleistungssport mit seinen Zwängen und Risiken erfahren, was der Pädagoge Wolfgang *Klafki* (1967) mit „leisten können, ohne leisten zu müssen" bezeichnete: sportliches Leistungsstreben, beharrliches Üben und Trainieren als persönliche Herausforderung.

Im breitensportlichen Leistungs- und Wettkampfsport wird eine weitere soziale und pädagogische Seite der Leistung im Sport und des Leistungssports deutlich, die über das eigene, aktive Sporttreiben hinausgeht. Tausende von Trainerinnen und Trainern, Übungsleiterinnen und Übungsleitern, Helferinnen und Helfern betreuen Kinder und Jugendliche im Training und in Wettkämpfen und helfen ihnen dabei, Freude und Selbstbestätigung über ihre eigene Leistung zu finden. Diese soziale Leistung gehört ebenfalls zum Sport.

Aus anthropologischer Sicht gehört es zu den unveräußerlichen Möglichkeiten des Menschen, etwas zu leisten, über Inhalt, Maß und Ziel seiner Leistungen dabei aber selbst bestimmen zu können. Sportliche Wettkämpfe und Leistungen sind einerseits Ausdruck elementaren menschlichen Strebens, nämlich sich selbst zu verbessern und besondere Leistungen vollbringen zu wollen. Andererseits kann sich dieses Streben nach immer höheren Leistungen aber auch gegen die Menschen im Sport wenden.

Das Leistungs- und Wettkampfverständnis des Turnens im 19. und zu Beginn des 20. Jahrhunderts war relativ; d. h., Leistung wurde erstens auf die Fähigkeiten und Möglichkeiten des Einzelnen bezogen und zweitens auf den Nutzen dieser Leistung für „Volk und Vaterland". Sportliche Wettkämpfe wurden abgelehnt, weil Konkurrenz als Gegensatz zum Ideal der Gemeinschaft angesehen wurde.

Das Leistungs- und Wettkampfverständnis des Sports bezog sich dagegen auf die individuelle und absolute Leistung. Wettkämpfe im Sport wurden als Modell einer demokratischen und konkurrenzorientierten Gesellschaft angesehen. Der Kern des olympischen Sports bestand nach Auffassung Coubertins darin, im fairen Wettkampf Selbstvervollkommnung und sportliche Höchstleistungen anzustreben.

Von der sozialistischen Arbeitersportbewegung in den 1920er und 1930er Jahren wurden die Auswüchse des Wettkampf- und Leistungssports im Kapitalismus kritisiert. Die „Neue Linke" der 1960er und 1970er Jahre verstand ihre Kritik am Leistungssport als Kritik an der „spätkapitalistischen Gesellschaft". Die Befürworter des Leistungsprinzips im Sport betonten dagegen sowohl den pädagogischen Wert der „Eigenleistung" (Lenk) als auch die Symbolik des Leistungssports als Modell des Fortschritts und der Leistungsgesellschaft. In der früheren DDR stand der Leistungs- und Spitzensport im Mittelpunkt des Sportverständnisses.

Leistung und Wettkampf zählen neben anderen Motiven wie Gesundheit, körperliche Attraktivität, Geselligkeit, Freude, Spannung oder Unterhaltung zu den grundlegenden Orientierungen und Werten des Sporttreibens. Leistungs- und wettkampfsportliches Handeln ist jedoch inzwischen oft durch eine stärker Ich-bezogene und erlebnisorientierte Haltung gekennzeichnet. Der Hochleistungssport ist durch ein höheres Maß an externen und zum Teil extremen Zwängen und Abhängigkeiten charakterisiert als andere Sportbereiche.

Im Leistungs- und Wettkampfsport hat sich ein bestimmtes System von Normen und Wertvorstellungen entwickelt. Es verdeutlicht den Sportlerinnen und Sportlern den Sinn von Leistungen und bietet ein überindividuelles Bezugssystem, an dem sie ihr Handeln ausrichten und das ihnen besondere Erfahrungen vermittelt. Dieses System kann zwar reglementierend sein, aber es eröffnet zahlreiche Möglichkeiten selbstbestimmten Handelns. Außerdem liefert es generelle Maßstäbe für die Beurteilung von Handlungen im Sinne des sportlichen Wettkampf- und Leistungsprinzips.

Leistung und Wettkampf im Sport bedürfen der ethischen und sportpädagogischen Reflexion und Diskussion. Insgesamt gesehen lassen sich die ethische Qualität und die pädagogischen Möglichkeiten des Sports nur entfalten, wenn das Kämpferische und Agonale als Teil einer Kultur des Miteinanders gesehen und in Schule und Verein als solche erfahren wird.

V Leibeserziehung und Sportpädagogik – Programm und Perspektiven einer sportwissenschaftlichen Fachdisziplin

Im abschließenden Kapitel dieses Bandes zur Einführung in die Theorie der Leibeserziehung und Sportpädagogik wird zunächst ein Überblick über den Stand der Disziplin anhand einiger wesentlicher programmatischer Werke und sportpädagogischer Fachzeitschriften sowie Fachtagungen gegeben. Der zweite Abschnitt ist der Pädagogik und Didaktik des freien Sports gewidmet, wie der Sport in den Vereinen und Verbänden genannt wird, der nicht staatlicher Aufsicht unterliegt. Am Ende werden einige Perspektiven der Leibeserziehung und Sportpädagogik aufgezeigt.

1 Das Programm der Sportpädagogik

Auf der einen Seite erlebt die Praxis des Sports und der Sporterziehung eine Blüte, die in einer Fülle von praktischen Handreichungen, Methodiken zu verschiedenen Sportarten und sonstigen sportlichen oder sportbezogenen Betätigungen zum Ausdruck kommt: Praxisanleitungen, Ratgeber, Zeitschriften, Broschüren, Sendungen in Hörfunk und Fernsehen zu Fitness und Gesundheit, Videoclips im Internet zu körperbezogenen Themen der allgemeinen Lebensführung, Lehrgangsmaterialien, Ausbildungskonzeptionen, Seminarangebote zu Bewegung, Turnen, Spiel und Sport der Vereine und Verbände für Sport, für alle Altersgruppen und Geschlechter mit deren unterschiedlichen Leistungsvoraussetzungen und Interessen. Dass der Sport wächst, ist nicht nur an den Mitgliederzahlen der Sportvereine abzulesen, sondern ebenso an der Buch- und Textproduktion über den Sport, Sporterziehung und Sportmethodik. Zu diesen Veröffentlichungen zählen Beiträge in sportpädagogischen Fachzeitschriften wie *Sportunterricht* und *Sportpädagogik*, aber auch *Grundschule Sport*, eine Fachzeitschrift, die das Thema Bewegung Spiel und Sport für Lehrkräfte in der Grundschule didaktisch und methodisch aufbereitet. Diese Fachzeitschriften beziehen sich nicht nur auf den Schulsport, selbst wenn sie in der Regel für eine schulsportpädagogische Öffentlichkeit, also für Lehrerinnen und Lehrer, geschrieben wurden, sondern sie werden ebenso von Übungsleitern und Trainern in den Vereinen, Verbänden und anderen Sporteinrichtungen wahrgenommen, für die es noch eigene Spezialveröffentlichungen gibt wie die Zeitschriften *Leistungssport,*

Der Übungsleiter, Sport Praxis, Spiel und Sport oder Praxisbeilagen mit Lehr- und Übungsbeispielen zu den Zeitschriften der einzelnen Sport-Fachverbände wie der Fechtsport oder *SnowSport* des Deutschen Skiverbandes, um nur einige zu nennen.

Auf der anderen Seite zeigt sich in den wissenschaftlich-theoretischen Fachzeitschriften zur Sportwissenschaft ein eher bescheidenes Bild zur Situation und Zukunft der Sportpädagogik als wissenschaftlicher Disziplin im Vergleich zu anderen Disziplinen, die sich mit dem Sport und seiner Entwicklung beschäftigen, sei es die Sportmedizin, aber auch Sportökonomie oder Sportrecht, die gerade in den letzten Jahren einen großen Aufschwung erlebt haben. Die Zeitschrift *Sport und Gesellschaft*, die schwerpunktmäßig sozialwissenschaftliche Artikel zum Sport publiziert, und die juristische Zeitschrift *Causa Sport*, die beide im Jahr 2004 gegründet wurden, stehen für diese Verschiebung der Balance der sportwissenschaftlichen Disziplinen von der klassischen Theorie der Leibeserziehung und Sportpädagogik hin zu anderen Disziplinen der Sportwissenschaft.[237] Insgesamt scheint mit der Herausbildung des Faches Sportwissenschaft an den Universitäten und Hochschulen ein Bedeutungsverlust der Theorie der Leibeserziehung und Sportpädagogik als wissenschaftlicher Fachdisziplin einhergegangen zu sei. Diese Debatte um die veränderte Rolle der Sportpädagogik in der Sportwissenschaft ist auch ein Thema der im Jahre 2013 neu gegründeten *Zeitschrift für sportpädagogische Forschung*.[238]

Begriff und Gegenstand der Sportpädagogik als wissenschaftlicher Disziplin

Das erste Buch, das den Begriff Sportpädagogik im Titel trug, war *Grupes* „Grundlagen der Sportpädagogik" (1969, 1984 b, 3. Aufl.). Sportpädagogik stand aber in der ersten Auflage aus dem Jahr 1969 nur im Titel, im Text selbst war von Leibesübungen und Leibeserziehung die Rede. Seine Habilitationsschrift von 1967 hieß ursprünglich „Die Leiblichkeit des Menschen und die Aufgaben der Leibeserziehung". Sie bewegte sich damit im Rahmen der bildungstheoretisch begründeten Theorie der Leibeserziehung. Ihr Ziel war es, im Hinblick auf das Fach Leibesübungen an den Schulen den Bildungswert dieser Leibesübungen herauszuarbeiten und deren Strukturmerkmale in didaktischer Absicht zu analysieren. Mit Leibesübungen waren Turnen, Gymnastik und Tanz,

---

[237] Nicht genannt sind hier trainings- und bewegungswissenschaftliche sowie sportmedizinische Fachzeitschriften, die ebenfalls wichtige fachliche Grundlagen für Training und Unterricht im Sport liefern. Ein besonderes Beispiel ist die seit 1971 vom DSB bzw. DOSB herausgegebene Zeitschrift *Leistungssport*. https://leistungssport.net/ startseite/ (Zugegriffen 27.09.2018).

[238] Siehe dazu den ersten Beitrag von Robert *Prohl* (1. Jg, Heft 1, S. 5-30) über die „Sportpädagogik als Wissenschaftsdisziplin – eine Standortbestimmung mit empirischem Ausblick". Siehe auch die früheren Standortbestimmungen von *Elflein* (2002) und *Prohl* (2006).

aber auch Bewegungsspiele aller Art gemeint, einschließlich der Sportspiele. Zugleich wies dieses Buch über die Ziele der klassischen Theorie der Leibeserziehung hinaus; denn ein Ergebnis von *Grupes* Phänomenologie des sich bewegenden und Sport treibenden Menschen bestand darin, dass vom handelnden Menschen auszugehen sei. Leibesübungen, Gymnastik, Turnen, Spiel und Sport sind Anlass für Bildung und Erziehung des Menschen insgesamt. Der Körper oder Leib des Menschen sei der Ausgangspunkt seiner Bildung und Erziehung. Die Möglichkeiten an Erfahrungen körperlicher, materialer, personaler und sozialer Art über Bewegung, Turnen, Gymnastik, Spiel und Sport eröffneten sich im Handeln, und das heißt letztlich frei und selbstbestimmt. *Grupe* ging von einem Menschenbild aus, wie es in der philosophischen und pädagogischen Anthropologie vertreten wird. Es besagt, dass menschliches Handeln intentional ist, d. h. dass der Mensch prinzipiell rational handelt und sich im Handeln entscheidet. Philosophisch gesehen ist er in seinen Entscheidungen frei (*Nida-Rümelin*, 2005). Die Aktnatur des Menschen, also seine Fähigkeit zum intentionalen, rationalen und freien Handeln, die zugleich eine Bedingung seines Menschseins ist, gilt laut *Grupe* auch für Spiel, Sport, Leibesübungen, Tanz und Bewegung. Diese sozialen und kulturellen Phänomene sind selbst Ausdruck der Aktnatur des Menschen und seiner Weltbezüge.

Eine wissenschaftlich fundierte Theorie der Leibeserziehung und Sportpädagogik sollte deshalb nach dieser Auffassung eine Wissenschaft vom Menschen sein, die sich die Erkenntnisse anderer Wissenschaftszweige zunutze macht, vor allem der Psychologie, der Soziologie, der Geschichte, den Kultur- und Sozialwissenschaften, der medizinischen Wissenschaften, der Bewegungs- und Trainingslehre sowie der Einsichten von Anthropologie, Philosophie und Pädagogik. Potenziell gilt dies auch für weitere fachwissenschaftliche Disziplinen, die sich seit den Arbeiten von Grupe zur Sportpädagogik und Sportwissenschaft entwickelt haben, etwa aus den Medienwissenschaften oder den Wirtschafts- und Rechtswissenschaften, aber auch den Gesundheits- und Lebenswissenschaften. Deren Forschungen tragen wesentlich dazu bei, zu tieferen Einsichten über den Sport treibenden Menschen, aber auch den nicht Sport treibenden Menschen im Kontext des Sozial- und Kulturphänomens Sport zu gelangen.

Die Grenzen der alten Theorie der Leibesübungen waren damit überschritten, und zugleich eröffneten sich Perspektiven für eine neue Pädagogik vom Sport treibenden Menschen: Es ging weniger um die Frage, was nun bildend und erzieherisch sinn- und wertvoll an Turnen, Spiel und Sport ist und was dann als besonders bildend in den Kreis der schulischen Leibeserziehungsmittel aufgenommen werden durfte, sondern zunächst galt es, den Menschen in seinen spezifischen kulturellen und sozialen Ausprägungsformen von Körper und Bewegung, Leibesübungen, Spiel und Sport, möglichst vorurteils- und wertfrei zu betrachten, zu beschreiben und zu verstehen. Diese Phänomenologie des Menschen im Sport ermöglicht in einem weiteren Schritt Antworten auf die Frage, welche Möglichkeiten der Erziehung und Bildung sich ihm über einen bestimmten Sport und unter spezifischen Bedingungen eröffnen oder sich ihm

verschließen, wenn dieser Erfahrungs- und Bildungsbereich nicht ausreichend genutzt wird.[239]
Der Begriff Sportpädagogik war unter dieser neuen Perspektive des alten Faches Leibeserziehung insofern berechtigt, als nun sowohl ein mehrdimensionales und eher sozialwissenschaftliches Forschungsprogramm – das war neu – als auch eine wissenschaftliche Diskussion über die Richtung, über Werte und Ziele von Bildung und Erziehung im und über Bewegung, Spiel und Sport angeregt wurde.
Welchen Sinn ein Fach wie Sportpädagogik im Bereich der Wissenschaften an den Universitäten und der Ausbildung von Sportlehrern sowie des Sports in der Bundesrepublik Deutschland machte, wird bei einem Vergleich mit der DDR deutlich. Dort gab es nach 1945 keine Sportpädagogik, bzw. es gab kein Fach, das sich so nannte; denn alle übergeordneten Sinnfragen von Leibeserziehung und Sport, sei es die Frage nach dem Menschenbild, das dem Sport und der Körpererziehung zugrunde liegen sollte, nach den Zielen und Aufgaben der Erziehung im und durch Sport, nach den Inhalten und der Art und Weise eines bestimmten Sporttreibens oder nach dem Sinn von Körperkultur und Sport in der – realsozialistischen – Gesellschaft überhaupt, waren vorweg entschieden. Die Partei, die SED, gab die Antworten vor. Ausgangspunkt war ein durch den Marxismus-Leninismus geprägtes materialistisches Menschenbild. Erziehung hatte die Aufgabe, einen Beitrag zum Aufbau einer sozialistischen Gesellschaft zu leisten.
Die Aufgabe der Sportlehrkräfte und Sportwissenschaftler bestand insofern darin, solche ideologischen Vorgaben der Partei so gut und effektiv wie möglich zu erfüllen. Sportpädagogik in der DDR war deshalb vor allem Sportmethodik oder Sport-Unterrichtsmethodik (*Stiehler,* 1979, *Knappe,* 1994, S. 193). Konsequenterweise erschienen zahlreiche und fachlich über die abgeschotteten Grenzen der DDR hinaus anerkannte Bücher im Sportverlag der DDR zur Methodik des Sports, zu den Sportarten, zur Trainings- und Bewegungslehre, zur Technik und Methodik einzelner Sportarten. In den Vorworten dieser Fachbücher wurde jeweils die vorgegebene Körpererziehungs-Ideologie wiederholt, aber nicht weiter diskutiert oder in Frage gestellt.[240]

---

[239] Vgl. zu diesem anthropologischen Ansatz der Sportpädagogik neben *Grupe* (1982; 1984 b) auch *Meinberg* (1976; 1981; 1986) sowie *Krüger* (2003) und *Prohl* (2006, S. 13 f.).

[240] Vgl. „Über die Erziehung sozialistischer Sportlehrer" Sportverlag Berlin (1960); außerdem das klassische Lehrbuch der Sportmethodik von *Stiehler u. a.* (1979) oder als Beispiel für ein sportartspezifisches Lehrbuch das von einem Autorenkollektiv unter Leitung von *Schmolinski* herausgegebene Buch „Leichtathletik" (1. Aufl. Berlin (Ost) 1961). Auf der ersten Seite steht beispielsweise unter der Überschrift „Die Bedeutung der Leichtathletik innerhalb der sozialistischen Körperkultur der DDR" der Satz: „In der Deutschen Demokratischen Republik wird die Leichtathletik als Mittel der allseitigen sozialistischen Erziehung und Bildung in Übereinstimmung mit den Interessen der Arbeiterklasse und aller Werktätigen gefördert und entwickelt" (S. 15). Eine historische Aufarbeitung der „Sportpädagogik" in der DDR steht noch aus obwohl einige Aspekte wie der Kinderleistungssport grundsätzlich untersucht werden. Siehe *Teichler* und *Reinartz* (1999) sowie *Wiese* (2012) zu den Kinder- und Jugendsportschulen (KJS).

In der Bundesrepublik erschienen in den 1970er und 1980er Jahren weitere Monographien, die das neue Wort Sportpädagogik im Titel trugen, die Impulse in Richtung auf eine empirische und sozialwissenschaftliche Erweiterung des Faches aufnahmen und die vor allem die Grenzen der schulischen Leibeserziehung überschreiten wollten.[241] Diese Sportpädagogik-Bücher verstanden sich alle mehr als programmatische Entwürfe des neuen Faches Sportpädagogik, ohne aber schon konkrete Forschungen und Ergebnisse zur Pädagogik des Sports vorzulegen. Sie diskutierten durchweg zwei Fragen: *erstens* die Frage des Gegenstandsbereichs der Sportpädagogik, was also überhaupt unter sportpädagogischen Gesichtspunkten als Thema ausgewählt und als Problem erkannt werden konnte oder sollte; und *zweitens* das methodologische, wissenschaftstheoretische Problem, ob sich diese Sportpädagogik eher als allgemeine Pädagogik oder eher als empirisch-sozialwissenschaftliche Erziehungswissenschaft verstehen, ob sie über Erziehungsziele philosophieren oder methodisch-didaktische Anleitungen für die sportpädagogische Praxis bereitstellen oder ob sie beides tun sollte. Diese Diskussion um die Standortbestimmung der Sportpädagogik als Wissenschaft setzt sich bis in die Gegenwart fort (*Prohl*, 2013).

Die grundlegenden Themen und Probleme der Sportpädagogik sind in dieser Einführung in die Pädagogik des Sports behandelt worden: Es geht zentral um den Menschen in seiner Körperlichkeit und in seiner Bewegung, um die Rolle des Spiels, genauer des Bewegungsspiels, um seine Handlungs- und Leistungsfähigkeit in Spiel und Sport, um Gesundheit und Wohlbefinden im Zusammenhang von Bewegung, Spiel und Sport (*Grupe*, 1982; 1984 b) sowie um sportpädagogische Handlungsfelder und Lernorte. Diese Themen sind sowohl theoretisch zu erörtern, empirisch zu untersuchen sowie in ihren jeweils konkreten, sowohl sozio-kulturellen als auch praktischen Ausprägungen zu reflektieren.

Der in dieser Einführung in die Theorie der Leibeserziehung und Sportpädagogik vertretene Ansatz, der sich auch in den Arbeiten von *Kurz, Meinberg, Prohl, Funke, Balz, Elflein* oder *Neuber* findet, geht davon aus, dass alles, was im Körper- und Bewegungsleben der Menschen geschieht und in irgendeiner Weise – positiv oder negativ, direkt oder indirekt, formell oder informell – erzieherisch wirksam ist, prinzipiell ein Thema der Sportpädagogik sein kann: Turnen, Spiel, Sport und Gymnastik in verschiedenen Organisationen und Institutionen, speziell natürlich in Schulen und anderen Erziehungseinrichtungen, das freie Bewegungsspiel und seine Bedeutung für die Entwicklung von Kindern und Jugendlichen ebenso wie Training und Wettkampf im Leistungs- und Hochleistungssport, die körperliche Leistungsfähigkeit als zentrales Element der Gesundheit und des Wohlbefindens der Älteren, einschließlich der äußeren Bedingungen, unter denen sportliche Aktivitäten stattfinden wie Hallen, Plätze, Schwimm- und

---

[241] Vgl. *Grupe* (1982), *Meinberg* (1979), *Meusel* (1976), *Widmer* (1977), *Schmitz* (1979), *Dietrich* und *Landau* (1990).

Badeanlagen sowie Fragen der Lehrer, Trainer und Übungsleiter in Spiel und Sport. Die wissenschaftlich-theoretische Analyse solcher Themen ist ebenso wie ihre praktisch-methodische Anwendung prinzipiell nie abgeschlossen, weil sich das Körper- und Bewegungsleben der Menschen im historischen Prozess ändert und in die Dynamik des kulturellen und sozialen Wandels eingebunden ist. Deshalb verbietet sich in der Sportpädagogik eine nur individualistische Betrachtungsweise von selbst, sie ist vielmehr auf sozialwissenschaftliche, kulturvergleichende und historische Sichtweisen angewiesen.

Hauptprobleme der Sportpädagogik

Im grundlegenden Überblick von *Meinberg* „Hauptprobleme der Sportpädagogik" (1991 a, 1. Aufl. 1984) werden sechs Problemfelder der Sportpädagogik erörtert, die auch in dieser Einführung thematisiert wurden: (1) Bildung, (2) Erziehung, (3) Sozialisation, (4) Lernen, (5) Hochleistungssport und (6) Spiel und Spielen:

Die Problemfelder Bildung und Erziehung sind die klassischen Themen der geisteswissenschaftlichen Pädagogik in Deutschland. *Meinberg* stellt die moderne Sportpädagogik in diese Tradition, insbesondere seit *Pestalozzi*. Ihre nach wie vor aktuelle Bedeutung wird in der Frage der Bildungs- und Erziehungsziele und deren Wandel deutlich. Die Begriffe Bildung und Erziehung stehen deshalb für die eher geisteswissenschaftlich orientierte, klassische Theorie der Leibeserziehung und Sportpädagogik, die es auch als ihre Aufgabe betrachtet, normativ besetzte Sinnfragen sowie Fragen nach wesentlichen Werten und Normen der Leibeserziehung und des Sports zu erörtern.

Meinberg glaubt eine Art Renaissance bildungstheoretischen Denkens in der Sportpädagogik feststellen zu können (1991 a, S. 263 f.). *Prohl* bestätigt die These *Meinbergs* insofern, als er in seinem „Grundriss der Sportpädagogik" (2006, 2. Aufl., 3. korr. Aufl. 2010) die bildungstheoretische Perspektive der Sportpädagogik in den Mittelpunkt seiner Ausführungen stellt (S. 89–196). In ähnlicher Weise kann man von einer Renaissance der Erziehung bzw. des Erziehungsbegriffs in der Sportpädagogik und Sportdidaktik sprechen. Verbreitung findet inzwischen der Begriff des „erziehenden Sportunterrichts" (*Prohl*, 2006, S. 177–196; *Neumann*, 2004), auch in den Richtlinien und Lehrplänen für den Schulsport und Sportunterricht. Damit ist gemeint, dass über den Bereich des Sports im engeren Sinne hinaus wünschenswerte Verhaltensweisen, Regeln, Werte, Fähigkeiten und Fertigkeiten erworben werden sollen.

Die Begriffe Sozialisation und Lernen stehen für die eher sozialwissenschaftliche Orientierung der Sportpädagogik. Es geht in diesem Zusammenhang um die Erforschung derjenigen Sozialisationsinstanzen und Sozialisationsdeterminanten, die das menschliche Sport- und Bewegungsleben prägen und beeinflussen. Lernen im Sport meint wiederum nicht nur Bewegungslernen, sondern im Mittelpunkt dieses nach *Meinberg* zentralen sportpädagogischen Problemfeldes steht die Analyse der komplexen Lernprozesse im Sport, der Lernbedingungen und -voraussetzungen einschließlich der Fragen der Entwicklung, des Übens und Trainierens sowie der sozialen, kognitiven, emotionalen und moralischen Aspekte des Lernens im Sport. Sozialisation und Lernen stehen denn auch im Mittelpunkt der empirischen Forschungen zum Sport bzw. zum Schulsport; nicht zuletzt deshalb, weil die Planung von Lernprozessen auf gesichertes empirisches Wissen über Lernvoraussetzungen und Lernbedingungen angewiesen ist.

Die Problemfelder Hochleistungssport und Spiel beinhalten sowohl geisteswissenschaftliche als auch sozialwissenschaftliche Aspekte der Sportpädagogik. Der Hochleistungssport ist insofern ein spezifisches Thema der Sportpädagogik, weil es weniger in anderen pädagogischen und erziehungswissenschaftlichen Fachgebieten eine Rolle spielt. Eine Ausnahme stellt die Begabungsforschung dar, in der es auch um sportliche Talente geht. Das Spiel ist dagegen sowohl in der klassischen geisteswissenschaftlichen Pädagogik als auch in den modernen Sozialwissenschaften, in der Psychologie ebenso wie in der Sozial- und Kulturanthropologie ein zentrales Forschungsthema. Spezifisch erscheint jedoch der Zusammenhang von Spiel und Sport, ein Thema, das in der Geschichte des Sports immer wieder behandelt wurde und zu einem Teil des Selbstverständnisses des Sports geworden ist.

Meinberg sieht, wie die meisten sportpädagogischen Autoren, das Fach Sportpädagogik keineswegs auf den Schulsport begrenzt, sondern fordert die wissenschaftlich-pädagogische Beschäftigung mit prinzipiell allen Zielgruppen sowie Handlungsfeldern und Lernorten des Sports. Eine Eingrenzung auf schulische und schulsportliche Themen erkläre sich zwar aus der Tradition der Theorie der Leibeserziehung, sie entspreche aber weder der Realität des Sportlebens in unserer Gesellschaft, noch sei sie von einem breiteren sportpädagogischen Verständnis her gesehen zu rechtfertigen.

Sportpädagogik und Erziehungswirklichkeit

Ein ähnlich weites Verständnis von Sportpädagogik hatte vor *Meinberg* bereits Heinz *Meusel* (1976) vertreten. Für ihn besteht die Aufgabe der Sportpädagogik noch stärker in der „Erforschung und Darstellung der Erziehungswirklichkeit im Sport" (*Meusel*, 1976, S. 19 f.). Er fordert ebenso wie *Meinberg* keine Beschränkung auf schulsportliche oder sportunterrichtliche Erziehungssituationen, sondern das ganze Feld des Sports sei in die sportpädagogische Forschung einzubeziehen. Auch bei Meusel stehen die Begriffe Erziehung und Bildung im Mittelpunkt. Er versteht darunter sowohl die Beschäftigung mit den theoretischen Grundlagen sportpädagogischen Handelns als auch die empirische Analyse dieses Handelns einschließlich der Diskussion möglicher Auswirkungen und Folgen.

Die Forderung, dass Sportpädagogik die Aufgabe habe, die Erziehungswirklichkeit Sport in seiner ganzen Breite zu analysieren, wurde bereits von dem Schweizer Pädagogen Konrad *Widmer* (1977, 1. Aufl. 1974) erhoben. Sportpädagogik ist für ihn ein umfassender Begriff, der über eine enge didaktisch-methodische

Ausrichtung hinausweise. Er beschäftigte sich deshalb vorrangig mit der Frage, wie eine wissenschaftstheoretisch fundierte Sportpädagogik aussehen könnte. Das Theorie-Praxis-Problem betrachtete er als grundlegend für die theoretische Orientierung der Sportpädagogik. Mit dem Begriff der „Aktionsforschung" oder „Handlungsforschung" glaubte *Widmer* (1977, S. 162) ein Mittel gefunden zu haben, den Graben zwischen Theorie und Praxis überwinden zu können. Probleme, Aufgaben, Themen, Planungen und Methoden sollten sich aus der Praxis des Sports ergeben und im Rahmen der Sportpädagogik wissenschaftlich-theoretisch erörtert werden.

Der Erziehungswissenschaftler Hermann *Röhrs* (1982) sah in der Einbeziehung der gesamten Sportwirklichkeit den wesentlichsten Unterschied der modernen Sportpädagogik zu der schulturn- oder schulsportorientierten Leibeserziehung und ihrer Theorie. Sportpädagogik in diesem Sinn könne nicht auf die didaktische Perspektive der Schule begrenzt werden – nach wie vor bleibe dies eine zentrale Aufgabe sportpädagogischer Lehre und Forschung –, sondern habe die gesamte Sportwirklichkeit einzubeziehen. Übergreifende sportpädagogische Problemfelder stellen nach Röhrs neben Bewegung und Spiel vor allem Gesundheit, Fitness und Wohlbefinden und – als neues Thema – die „kurative Sportpädagogik" dar, also Gesundheits- und Präventionssport.

Wulf *Preising* (1984, S. 30) hat in einem Handbuchartikel, der die Überschrift „Sportpädagogik" trägt, die Frage nach den Gegenständen und Themen der Sportpädagogik in Anlehnung an *Widmer* (1977) zusammenfassend dahingehend beantwortet, dass sich die Sportpädagogik zum einen mit den pädagogisch relevanten Themen des Sports und zum anderen mit den für den Sport wichtigen Aspekten der Erziehung zu befassen habe. Konkret beinhalte dies einerseits eine Analyse des Sports selbst, seiner Strukturen, Funktionen, Voraussetzungen und Auswirkungen in Bezug auf Lernen, Erfahrung und Sozialisation, einschließlich einer ideologiekritischen Diskussion von Werten und Normen des Sporttreibens. Andererseits bedeute dies, dass eine Prüfung und Diskussion allgemeiner Bildungs- und Erziehungsziele im Hinblick auf die Wirklichkeit der Sporterziehung erfolgen müsse.

Die genannten, programmatischen Bücher zur Sportpädagogik sind in den 1970er und 1980er Jahren entstanden, das letzte von *Meinberg*, das als eine Art Zusammenfassung der „Hauptprobleme der Sportpädagogik" verstanden werden kann. 1990 legten Knut *Dietrich* und Gerhard *Landau* einen Band mit dem Titel „Sportpädagogik" vor, in dem sie aber im Vorwort hervorheben, dass ihre Sportpädagogik keine repräsentative Darstellung aller inzwischen vorhandener sportpädagogischer Ansätze liefern könne, sondern sich als eine „Anleitung zur praxisorientierten sportpädagogischen Analyse von Handlungsfeldern des Sports" verstehe, in der insbesondere die neueren und auch problematischen Entwicklungen des modernen Sports zur Sprache kämen. Gemeint sind solche „Sportinszenierungen" wie der kommerzielle Fitnesssport, der „dienstleistungsorientierte Freizeitsport im Verein" (*Dietrich & Landau* 1990, S. 106) oder der staatlich geförderte Hochleistungssport. Die „Gegenstandsbestimmung" der Sportpädagogik von *Dietrich* und *Landau* unterscheidet sich insofern jedoch nicht von anderen Sportpädagogiken, weil sie die gesamte Sport-

und Erziehungswirklichkeit als sportpädagogisches Forschungs- und Handlungsfeld betrachten.[242]
Die Kritik am Sport spielt in den Darstellungen zur Sportpädagogik seit den 1990er Jahren eine größere Rolle. *Größing* vermeidet in seinem Buch mit dem Titel „Bewegungskultur und Bewegungserziehung" die Worte Sport und Sportpädagogik. Er spricht von Bewegung und Bewegungspädagogik. Er fordert eine „Trendwende" gegen die Versportlichung der Bewegungskultur. Sport und Versportlichung sah er als eine „Verkümmerung" der Leibes- und Bewegungserziehung und der Bewegungskultur insgesamt an (*Größing*, 1993, S. 11). Er bearbeitete jedoch in seinem Werk traditionelle Themen der Sportpädagogik: Die Geschichte der Leibesübungen und des Sports, anthropologische Grundlagen wie Körperlichkeit und Bewegung, lebensweltliche Bezüge von Kindheit und Jugend, Lernen und Entwicklung sowie theoretische Aspekte einer „phänomenologischen Theorie der Bewegungserziehung". In Größings 2007 überarbeiteten und erweiterten 9. Auflage seiner „Einführung in die Sportdidaktik" hielt er an der sportlichen Begrifflichkeit fest (*Größing*, 2007).
Funke-Wieneke (2004) geht mit seiner Kritik an traditionellen, mit dem Begriff Sport verbundenen Konzepten konform und begründet in seinem Buch „Bewegungs- und Sportpädagogik" eine eigene, am Begriff der „Erfahrung" und der Entwicklungsförderung ansetzende „Bewegungspädagogik". Ähnliches gilt für *Neuber* (2007).
Prohl (2006, 2. Aufl.) versucht in seinem „Grundriss der Sportpädagogik" unterschiedliche Ansätze unter einer eher bildungstheoretischen Perspektive zu integrieren. Als Einführung „in 14 Lektionen" versteht sich die „Sportpädagogik" von *Balz* und *Kuhlmann* (2003). Das „Handbuch Sportpädagogik", hrsg. von *Haag* und *Hummel* versammelt Artikel von zahlreichen Autoren und Autorinnen mit sehr verschiedenen Zugängen zu relevanten Themen- und Theoriefeldern der Sportpädagogik (*Haag & Hummel*, 2009, 2. erw. Auflage). *Krüger* (2007) legte ein „Text- und Arbeitsbuch Sportpädagogik" vor, in dem Grundtext zu wesentlichen Themen und Problemen der Sportpädagogik gesammelt, kommentiert und didaktisch aufbereitet wurden.
Die Tatsache, dass zahlreiche einführende Übersichtsdarstellungen zur Sportpädagogik und ebenso zur Sportdidaktik in mehreren Auflagen, zum Teil in korrigierten und ergänzten Versionen erschienen sind, zeigt, dass eine erhebliche Kontinuität in der Wahrnehmung der zentralen Themen und „Hauptprobleme" (*Meinberg*) der Sportpädagogik bei den Fachvertretern besteht.

Das Programm der Sportpädagogik als Wissenschaft beinhaltet demnach zweierlei: Sie wird als eine Wissenschaft vom Menschen unter der Perspek-

---

[242] Vgl. darüber hinaus die Handbuch- und Lexikonartikel von *Haag* (1989; 1992), der einen Überblick über Gegenstand, Forschungsstand, Methodologie und Perspektiven der Sportpädagogik vorgelegt hat. Ausführlich das „Handbuch Sportpädagogik" von *Haag* und *Hummel* (2001).

tive von Bewegung, Spiel und Sport verstanden, die Einsichten und Erkenntnisse anderer wissenschaftlicher Disziplinen aufzugreifen und diese für die Erforschung und Diskussion von Werten, Zielen und Inhalten von Bildung und Erziehung im und über Sport zu nutzen hat. Von den meisten sportpädagogischen Autoren wird dabei ein breites Verständnis von Sportpädagogik vertreten. Demnach kann zu einem sportpädagogischen Thema prinzipiell alles werden, was im Körper- und Bewegungsleben eine Rolle spielt und erzieherisch direkt oder indirekt wirksam ist, sein kann oder sein soll. Sportpädagogische Forschung sollte sich sowohl auf die Erziehungswirklichkeit des Sports im weitesten Sinn beziehen, aber auch Theorien bzw. theoretische Überlegungen und Konzepte zur Idee der Sporterziehung liefern, einschließlich der Diskussion über Sinn und Zweck sowie die ethische und gesellschaftlich-kulturelle Legitimation einer institutionalisierten Sporterziehung.

Die Begriffe Bildung, Erziehung, Lernen, Sozialisation, Bewegung, Spiel und Leistung werden in diesem Zusammenhang häufig genannt und bearbeitet. Als wissenschaftliche Methoden und Verfahrensweisen zur Erforschung von Themen im Zusammenhang dieser Grundbegriffe werden sowohl geisteswissenschaftlich-hermeneutische als auch empirisch-sozialwissenschaftliche oder beide genannt. In den letzten Jahren hat sich dabei immer mehr eine Verschiebung der Schwerpunkte der Forschungsmethoden auf empirisch-statistische und quantitative Verfahren ergeben. Dies gilt insbesondere für die empirische Schulsportforschung (im Überblick *Aschebrock & Stibbe,* 2017).

Sportpädagogik und Sportwissenschaft

Die Sportpädagogik ist zu einer Zeit aus der Theorie der Leibeserziehung hervorgegangen, als der Sport noch ein relativ übersichtlicher und abgegrenzter Bereich des gesellschaftlichen und alltagskulturellen Lebens war. Von dieser fachwissenschaftlichen Disziplin wurde erwartet, dass sie Grundlagen und Konzepte für den als pädagogisch relevant betrachteten Sport, nämlich die Leibeserziehung in den Schulen, lieferte. Heute sind die Erwartungen an die Disziplin gestiegen, weil der Sport selbst ein nicht für möglich gehaltenes Wachstum erfahren hat. In allen seinen Darstellungsformen und Ausprägungen wird er im Verständnis der Öffentlichkeit nicht mehr nur als nebensächliche Freizeitbeschäftigung angesehen, sondern als ein kulturell und sozial relevanter Faktor sowohl des gesellschaftlichen, politischen und kulturellen als auch des privaten Lebens.

Dem Aufschwung des Sports wurde in sportwissenschaftlicher und sportpädagogischer Hinsicht dadurch Rechnung zu tragen versucht, dass statt der früher allein zuständigen Theorie der Leibeserziehung nun nicht nur die Sportpädagogik, sondern die Sportwissenschaft insgesamt als neues, interdisziplinäres Querschnittsfach an den Universitäten eingerichtet wurde, die sich wissenschaftlich mit allem, was mit Sport (im weitesten Sinn) zu tun hatte, beschäftigen sollte. Die Sportpädagogik büßte damit ihre herausgehobene Stellung im Gesamt der Sportwissenschaft oder – im Plural – der Sportwissenschaften ein. Schließlich besteht – nach *Kurz* (1990a) – das besondere Problem der Sport-pädagogik im Unterschied zu anderen Teildisziplinen der Sportwissenschaft darin, dass sie zwischen einem sportlich-technischen Interesse auf der einen und einem pädagogisch-humanen Interesse auf der anderen Seite zerrieben zu werden scheint, d. h., dass einerseits von ihr erwartet werde, dass sie klare anwendungsorientierte Erkenntnisse zur Verbesserung sportlicher Handlungen und Leistungen im weitesten Sinn liefert, andererseits aber aufgerufen sei, die Entwicklung des Sports kritisch und in pädagogisch-humaner Perspektive zu begleiten.

Kurz (1990 a, S. 245–251) hat deshalb sechs Forderungen an die Sportpädago-gik als wissenschaftliche Disziplin und damit an alle, die sich mit sportpädagogi-schen Fragen beschäftigen, gerichtet:

(1) Die Sportpädagogik darf sich nicht auf Sport als ihren Gegenstand festle-gen, sondern muss das Bewegungsleben insgesamt verfolgen, dies auch in kritischer Perspektive.
(2) Sie darf ihren Aussagebereich nicht auf Erziehungsprozesse beschränken, sondern soll die gesamte Sportwirklichkeit einbeziehen.
(3) Sie muss die Spannungen einer anwendungsorientierten Humanwissen-schaft aushalten.
(4) Sie muss heterogene Forschungsmethoden kombinieren.
(5) Sie ist auf die Beiträge anderer Wissenschaften angewiesen.
(6) Sie muss zu praktischen Folgerungen aus anderen sportwissenschaftlichen Disziplinen Stellung nehmen.

Die Sportpädagogik solle sich in besonderer Weise um die Zusammenarbeit mit anderen Disziplinen der Sportwissenschaft, aber ebenso mit anderen Fächern bemühen.

„Disziplinierung" der Disziplin

Karlheinz *Scherler* (1992, S. 162 f.) forderte, dass die Sportpädagogik „ihren eigenen Garten bestellen" solle, d. h., sie sollte sich auf die Erforschung ihrer eigenen „Disziplin" und ihrer „Subdisziplinen" und deren Themen und Probleme konzentrieren. Nach *Scherler* handelte es sich um sechs „Subdisziplinen der Sportpädagogik":

Erstens die **„historische Sportpädagogik"**: Die Geschichte der Sporterziehung muss erforscht werden. Dabei sind in interdisziplinärer Perspektive Ergebnisse und Methoden der Geschichtswissenschaft und der Bildungs- und Erziehungs-geschichte einzubeziehen.

Zweitens sollte sich eine **„systematische Sportpädagogik"** um „allgemeine" Grundlagen wissenschaftstheoretischer und methodologischer Art kümmern. Die Erkenntnisse anderer Disziplinen, von der Ethik bis zur Wissenschaftstheorie, müssten berücksichtigt und für die Probleme der Sporterziehung fruchtbar gemacht werden.

Drittens unterschied er eine **„vergleichende Sportpädagogik"**, die sich mit dem Sport und der Sporterziehung in anderen Ländern und Kulturen befasse und dabei ebenfalls auf Einsichten und Wissensbestände angewiesen sei, die in anderen Wissenschaftszweigen wie der Politikwissenschaft, der vergleichenden Kulturanthropologie oder der Organisationssoziologie gewonnen werden.

Die **anthropologische Sportpädagogik** sei (viertens) mit der philosophischen und pädagogischen Anthropologie verbunden. Sie habe die Grundthemen der Sportpädagogik zu bearbeiten wie Körper und Körperlichkeit des Menschen oder die Bedeutung der Bewegung für Bildung und Erziehung, oder Spiel, Gesundheit, Handeln und Leistung in Bewegung, Spiel und Sport.

Fünftens bestehe ein wesentliches Aufgabenfeld der Sportpädagogik in der Behandlung von Fragen des **Schulsports**.

Sechstens habe die Sportpädagogik Themen und Probleme des **außerschulischen Sports und seiner Organisationen** zu erforschen.

Gemessen an dem 6-Punkte-Programm zur Sportpädagogik von *Scherler* aus dem Jahr 1990 hat sich die Sportpädagogik in Deutschland seitdem vor allem zu einer empirischen Schulsportpädagogik weiterentwickelt, während die theoretisch-konzeptionellen Anteile des Forschungsprogramms eher eine geringere Rolle spielen. Historische, philosophische und ethische Themen gehören zu den weniger behandelten Forschungsthemen. Zunehmendes Interesse findet dagegen die empirische Erforschung der Sportwirklichkeit, genauer der Schulsportwirklichkeit. Der Aufschwung der empirischen Schulsportforschung steht für diese Entwicklung der Sportpädagogik hin zu einer empirischen Sport-Erziehungswissenschaft (*Aschebrock & Stibbe,* 2017).

Die Disziplinierung der Disziplin im Sinne von *Scherler* äußert sich so gesehen in dem Bemühen, zu mehr empirisch gesichertem Wissen, zu fundierten theoretischen Einsichten, zu empirischen Befunden und am Ende zu soliden und pragmatischen Empfehlungen über das „richtige" oder „bessere" Handeln in Sport und Sportpädagogik zu kommen. Allerdings gelingt es nicht, das weite Feld des Sports insgesamt zu durchdringen. Nach wie vor stehen der Schulsport und der Sportunterricht im Mittelpunkt, während der Sport im Verein und in den Verbänden einschließlich des Leistungs- und Wettkampfsports sowie andere Felder des außerschulischen Sports weniger von Interesse zu sein scheinen. Festzustellen ist auch ein Verlust an historischem Bewusstsein zur Genese von Bewegung, Spiel und Sport. Hinzu kommt, dass die öffentliche, kritische und selbstkritische, wissenschaftliche und pragmatische Diskussion über Ziele und Inhalte des Sports und der körperlichen Erziehung weniger intensiv gepflegt wird, als dies in der Vergangenheit und in Zeiten des fachlichen Aufbruchs der 1970er und 1980er Jahren der Fall war. Schließlich ist Sportpädagogik jedoch mehr als eine wissenschaftliche Disziplin; sie ist auch eine öffentliche, um nicht zu sagen eine politische Angelegenheit.

Die Sportpädagogik zeichnet sich dadurch aus, dass unterschiedliche wissenschaftlich-theoretische Ansätze möglich sind und nebeneinander bestehen können. Es gibt weder eine eigene noch eine einzige und auch nicht eine einzig wahre Theorie der Sportpädagogik. Sportpädagogische Themen und Probleme lassen sich nicht nur mit einer wissenschaftlichen Methode bearbeiten. Kennzeichnend ist vielmehr zum einen die Vielfalt an wissenschaftlichen Theorien und Methoden für die Bearbeitung unterschiedlicher, pädagogisch wichtiger Themen und Probleme und zum anderen das Verständnis von Sportpädagogik als einer Wissenschaft, die sich besonders mit normativ besetzten Fragen der Bildung und Erziehung zu beschäftigen hat. Ein Problem der Sportpädagogik besteht darin, ihren Platz innerhalb der Erziehungswissenschaften auf der einen und der Sportwissenschaften auf der anderen Seite zu finden. Dazu wird in Zukunft zweierlei nötig sein: erstens Offenheit für die Probleme des Sports und der Sportwirklichkeit; und zweitens Klarheit im Hinblick auf wissenschaftliche Fragestellungen, Theorien und Verfahrensweisen.

Sportpädagogik in Fachzeitschriften

Die genannten Überblicksdarstellungen zur Sportpädagogik seit den 1970er Jahren verstanden sich auch als eine Art Forschungskonzept des aus der Theorie der Leibeserziehung hervorgegangenen neuen Faches Sportpädagogik, einer, wie *Schmitz* (1979) seinerzeit schrieb, „Bereichspädagogik" zwischen Erziehungswissenschaft und Sportwissenschaft. Die Brücke zwischen dem Programm und der Realität der Sportpädagogik in Schule, Verein und anderen sportpädagogischen Handlungsfeldern und Lernorten wird auch durch die sportpädagogischen Fachzeitschriften gebaut. In ihnen wird versucht, zwischen Anspruch und Wirklichkeit sowie zwischen Sport, Sportwissenschaft und Pädagogik zu vermitteln.

Sportpädagogik in der „Sportwissenschaft"

Die Zeitschrift *Sportwissenschaft*, die 1971 gegründet wurde und sich als Organ der Sportwissenschaft insgesamt und damit auch der Sportpädagogik versteht, veröffentlichte zunächst schwerpunktmäßig sportpädagogische Beiträge. Inzwischen hat sich eine Verschiebung der Themen ergeben. „Wie zunächst die Sportpädagogik das Selbstverständnis der Sportwissenschaft kennzeichnete", meinte *Digel* in den 1990er Jahren (1992a, S. 84), „so war dies auch in den ersten zehn Jahren der Zeitschrift der Fall. Heute haben sportpädagogische Themen und erziehungswissenschaftliche Reflexionen keinen besonderen Stellenwert mehr."

Dieser Trend hat sich bis in die Gegenwart fortgesetzt. Dies gilt insbesondere für die Entwicklung der Zeitschrift *Sportwissenschaft* nach 2012. Seit dem Jahr 2017 hat sich die Zeitschrift in *German Journal of Exercise and Sport Research* mit dem Untertitel *Sportwissenschaft* umbenannt.[243] Sportpädagogische Themen und Inhalte kommen nur noch selten vor. Der Schwerpunkt liegt inzwischen auf sozialwissenschaftlich und trainingswissenschaftlich orientierten Themen. Empirische Forschungsmethoden dominieren die Beiträge. Geisteswissenschaftliche und kulturwissenschaftliche Ansätze spielen kaum noch eine Rolle. Die Zeitschrift wird institutionell vom Deutschen Olympischen Sportbund, dem Bundesinstitut für Sportwissenschaft und der Deutschen Vereinigung für Sportwissenschaft (dvs) herausgegeben. Deren Beschluss zur Umbenennung der Zeitschrift belegt ebenso wie ihre inhaltliche Ausrichtung, dass die Sportpädagogik keinen Schwerpunkt der inhaltlichen Ausrichtung der Zeitschrift mehr bildet.

Konsequenterweise wurde deshalb im Jahr 2013 die *Zeitschrift für sportpädagogische Forschung* begründet, in der sportpädagogisch arbeitenden Forscherinnen und Forschern ein Forum zur Veröffentlichung und zur Diskussion ihrer Forschungsthemen und -ergebnisse geboten wird. Dasselbe gilt für die 2011 gegründete wissenschaftliche Schriftenreihe *Bildung und Sport*, die von *Krüger* und *Neuber* sowie dem Centrum für Bildungsforschung (CeBis) in Münster im Springer-Verlag herausgegeben wird. Nachdem die Zeitschrift Sportwissenschaft ihren Schwerpunkt Sportpädagogik zugunsten anderer sportwissenschaftlicher Disziplinen aufgegeben hat, spiegeln sich in diesen Organen die Themen und Leistungen einer Sportpädagogik, die sich mit erziehungswissenschaftlichen Forschungen zu Bewegung, Spiel und Sport mit sowohl empirischer als auch theoretischer Ausrichtung beschäftigt.[244]

„sportunterricht" und „Sportpädagogik"

Ein Blick auf die letzten Jahrgänge der im engeren und eher praktisch-methodischen Sinn sportpädagogischen Fachzeitschriften kann den Eindruck bestätigen, dass ein breites Spektrum an Themen und Problemen zum Schulsport und

---

[243] https://www.springer.com/life+sciences/journal/12662 (Zugegriffen am 24.09.2018). Springer und die dvs bieten den Service, dass alle Ausgaben der *Sportwissenschaft* sowie des *German Journal of Exercise and Sport Research* digitalisiert wurden und als Volltexte zur Verfügung stehen.

[244] Die Inhaltsverzeichnisse der einzelnen Hefte der *Zeitschrift für sportpädagogische Forschung* können auf der Homepage der Zeitschrift eingesehen werden: http://zsfo.de/ausgaben/hefte/ (Zugegriffen am 24.09.2018). Zu den Titeln der Reihe Bildung und Sport des CeBis siehe die Homepage des Springer-Verlags https://www.springer.com/series/12751 (Zugegriffen am 24.09.2918).

darüber hinaus als sportpädagogisch angesehen wird. Es sind dies zum einen die Zeitschrift *sportunterricht*, die Zeitschrift des Deutschen Sportlehrerverbandes, deren Vorläufer bis ins 19. Jahrhundert zurückreichen und die ihren Namen *sportunterricht* seit 1973 trägt – vorher hieß sie „Die Leibeserziehung". Nach der Wende erfolgte die Vereinigung des *sportunterricht* mit der in der DDR maßgeblichen Fachzeitschrift für Körpererzieher und Sportlehrer in den Schulen mit dem Namen *Körpererziehung*. *sportunterricht* vereint mit *Körpererziehung* erscheint im Hofmann-Verlag in Schorndorf. Die andere sportpädagogische Zeitschrift in Deutschland heißt *Sportpädagogik*; sie gibt es seit 1977. Hinzu gekommen ist im Jahr 2014 die Zeitschrift *Grundschule Sport*. Es handelt sich um die erste Fachzeitschrift speziell für Grundschullehrerinnen und Grundschullehrer, die Bewegung, Spiel und Sport lehren und unterrichten. Beide Fachzeitschriften werden im Friedrich-Verlag herausgegeben.[245]

Bei beiden zuerst genannten sportpädagogischen Zeitschriften ist – wie in der *Sportwissenschaft* – zu beobachten, dass noch in den 1970er Jahren die schulsportbezogenen, unmittelbar didaktischen und praktisch-methodischen Themen des Sportunterrichts bzw. der Leibesübungen und Leibeserziehung in den Schulen dominieren.

In der Zeitschrift *sportunterricht*, die im Untertitel „Monatsschrift zur Wissenschaft und Praxis des Sports" heißt, werden jedoch keineswegs nur schulsportliche oder schulsportunterrichtliche Themen behandelt, obwohl didaktische und methodische Probleme etwa einzelner Sportarten oder Bewegungsfelder eine wichtige Rolle spielen.[246] Dabei geht es nicht nur um die klassischen Schulsportarten – Gerätturnen, Leichtathletik, Schwimmen, Sportspiele – sondern um eher freizeitrelevante Bewegungsfelder, Spiele und Aktivitäten wie Badminton, Skilauf und Orientierungslauf. Ebenso werden allgemeine Fragen der körperlichen Erziehung sowie spezifische Themen- und Problemkomplexe wie Sport und Umwelt, Sport und Migration, Integration, Inklusion, Sport von und mit Schülerinnen und Schülern mit Behinderungen, Tanz und Bewegungstheater oder auch Fragen zum Beruf der Sportlehrerin und des Sportlehrers behandelt.

Obwohl sich die Zeitschrift überwiegend an Schulsportlehrer und -lehrerinnen wendet, kommt der Vereinssport nicht zu kurz, wobei sowohl das Verhältnis von

---

[245] Siehe auch hier die Internetauftritte der Zeitschriften in den jeweiligen Verlagen mit den Inhaltsverzeichnissen aller bisher erschienenen Hefte. https://www.hofmann-verlag.de/index.php/sportunterricht (Zugegriffen am 25.09.2018); https://www.friedrichverlag.de/sekundarstufe/sport/sport/sportpaedagogik/ (Zugegriffen am 25.09.2018); https://www.friedrichverlag.de/grundschule/sport/grundschule-sport/ (Zugegriffen am 25.9.2018).

[246] Einen Querschnitt über die breite Palette an pädagogisch-didaktisch sowie didaktisch-methodisch und unterrichtspraktisch orientierten Themen bieten die beiden Sonderhefte zur „Didaktik des Schulsports" (erschienen 2016, mit einer Auswahl von Beiträgen aus den Jahren 1983–2016) sowie zu den „Lehrhilfen. Unterrichtsanregungen für die Alltagspraxis Sport" (erschienen 2017 mit einer Auswahl von Beiträgen aus den Jahren 2007–2017). Siehe außerdem die *Trendberichte* aus dem *sportunterricht* (1984; 2010).

Schulsport und Vereinssport als auch darauf bezogene, spezifischere pädagogische Aspekte wie „Kinder im Verein" erörtert werden. Sowohl theoretische als auch eher praxisnahe, anwendungsbezogene sportpädagogische Probleme finden Eingang in den *sportunterricht*. Stets ist das Bemühen erkennbar, diese beiden sportpädagogischen Pole miteinander zu verbinden. Kaum ein Beitrag – außer in den „Lehrhilfen", der unterrichtsmethodischen Beilage des *sportunterricht* – versteht sich ausschließlich als methodisch oder didaktisch, sondern in der Regel überwiegt das Bewusstsein, dass ein Zusammenhang zwischen den verschiedenen pädagogisch-didaktisch-methodischen Perspektiven besteht.

Zu den allgemeineren sportpädagogischen Themen und Problemen, die in der Zeitschrift *sportunterricht* behandelt wurden, gehören Gesundheit und Gesundheitserziehung, Körper und Leib, Sport und Freizeit, Spielerziehung, Leistung, Leistungsbewertung und – schulbezogen – Notengebung, Koedukation im Sportunterricht, soziales Lernen und soziale Kompetenz im Sport, Sport im Verein, Fragen der Sportlehreraus- und -weiterbildung und schließlich politische, sportpolitische und gesellschaftliche Fragen des Sports.

Im Mittelpunkt des Interesses der Zeitschrift *Sportpädagogik* stehen ebenfalls der Schulsport und der Sportunterricht. Etwa drei Viertel aller Beiträge haben mehr oder weniger direkt mit dem Schulsport zu tun. Darüber hinaus wird jedoch ebenfalls das Bemühen erkennbar, die gesamte Breite des Sport- und Bewegungslebens zu erfassen und innovative Impulse für Sport, Spiel und Gymnastik und deren unterrichtliche Vermittlung zu setzen. Dies äußert sich u. a. in der Behandlung neuer, ausgefallener Sportarten, sportpädagogischer Projekte und Ideen, die wiederum durch besonders kreative Unterrichts- und Vermittlungsformen dargeboten werden sollen. Es zeigt sich darin, dass Bewegungsaktivitäten aufgenommen werden, die ein traditionelles Sportverständnis überschreiten (wollen).

Die Themenpalette, die bereits für den *sportunterricht* genannt wurde, findet sich auch in der Zeitschrift *Sportpädagogik*. Besonderer Wert wird auf „pädagogische" Akzente gelegt, und zwar in dem Sinn, dass Sport und Sportunterricht als besondere Erfahrungsräume genutzt werden: als Erfahrung des eigenen Körpers, als Möglichkeit der Erfahrung der Umwelt, der Natur und des Umgangs mit anderen. Immer wieder werden deshalb das Spiel und das Spielen als Erlebnis freier Bewegung thematisiert. Neben regulären und klassischen Themen des Schulsports und Sportunterrichts werden auch freizeitbezogene Themen, Bewegung, Spiel und Sport mit Sondergruppen, Integration und Inklusion, alternative Projekte für Schule, Verein oder freie Sportgruppen behandelt. Insgesamt ist das Bemühen festzustellen, pädagogisch-normative Akzente im Sport- und Bewegungsleben zu setzen, auch mit der Absicht, die gegenwärtige Schulsport- und Sportvereins-Kultur zu erweitern, etwa im Sinne eines alternativen Sports und Sportverständnisses.

Anregungen und Hilfen für die Unterrichtspraxis und den Erziehungsalltag von Bewegung, Spiel und Sport an der Grundschule zu geben, ist ebenfalls ein zentrales Anliegen der Zeitschrift *Grundschule Sport*. Sie wendet sich schwerpunktmäßig an Lehrkräfte an Grundschulen, die zwar das Fach Sport unterrichten, aber nicht Sport studiert haben, also fachfremd Sport unterrichten, aber gleichwohl Körper, Bewegung, Spiel und Sport als wichtiges Element ihrer pädagogisch-didaktischen Arbeit an der Grundschule ansehen. Deshalb setzen die Beiträge der *Grundschule Sport* elementar an den Grundlagen der Körper- und Sporterziehung an. Sie bieten zum einen Hinweise zur pädagogischen Legitimation und didaktischen Begründung des Fachs in der Grundschule als auch didaktisch-methodische Hilfen und Anregungen für die Umsetzung in der Praxis des Schulalltags und des Unterrichts.

Die Durchsicht der wesentlichen sportwissenschaftlichen und sportpädagogischen Zeitschriften in Deutschland *(Sportwissenschaft, Zeitschrift für sportpädagogische Forschung, sportunterricht, Sportpädagogik, Grundschule Sport)* zeigt ein breites Spektrum der Bearbeitung sportpädagogisch relevanter Themen: Grundbegriffe wie Lernen, Entwicklung, Erfahrung und Sozialisation; Grundthemen wie Körper, Bewegung, Leistung, Spiel, Gesundheit; institutionelle Voraussetzungen unterschiedlicher Bewegungsbereiche wie Schule, Verein und informeller Sport; ethische und moralische Fragen von Sport und Sporterziehung wie Doping und Fair play; didaktisch-methodische Aspekte einzelner Sportarten und Sportaktivitäten; Problemfelder wie Sport und Umwelt, Sport mit Sondergruppen, alternativer Sport, Sportprojekte und sportpolitische Themen. Es wird dabei das Bemühen sichtbar, dem programmatischen Anspruch der Sportpädagogik gerecht zu werden und das weite Feld sportpädagogisch wichtiger Themen zu behandeln. Fragen des Wettkampf- und Leistungssports, des Jugendtrainings, der Talentsichtung und -förderung werden bislang allerdings in den genannten Zeitschriften nur am Rande behandelt.

2 Pädagogik und Didaktik des „freien" Sports

Neben dieser eher professionellen und schulbezogenen Sportpädagogik gibt es in den Vereinen und Verbänden des Sports und in den Einrichtungen der gewerblichen Sportanbieter eine andere Art von Sportpädagogik, die ebenfalls ihren Niederschlag in Büchern, Aufsätzen und Broschüren gefunden hat. Die Pädagogik des Vereins- und Verbandssports, der auf eine längere Tradition als der Schulsport in Deutschland zurückgreifen kann, ist von der akademischen Sportpädagogik bislang jedoch nicht ausreichend wahrgenommen und begleitet worden. Es gibt bis heute keine wissenschaftlich und theoretisch fundierte Pädagogik und Didaktik des Vereinssports. Ansätze wurden von *Kurz* in dem „Studienbrief 4" der Trainerakademie des DSB unter dem Titel „Pädagogische Grundlagen des Trainings" (1988) geschaffen. Der von *Prohl* und *Lange* 2004 herausgegebene Sammelband zur „Pädagogik des Leistungssports" greift eine wichtige Dimension des vereinsgebundenen Sports heraus. Daneben hat die

Olympische Erziehung vermehrt Aufmerksamkeit gefunden.[247] Gleichwohl kann man sagen, dass August *Ravensteins* „Volksturnbuch" von 1863, das als eine Pädagogik und Didaktik des Vereinsturnens des 19. Jahrhunderts angesehen werden kann, bislang keine Fortschreibung erfahren hat.

Charta des Sports

Die Vereine und Verbände verstehen sich bis heute als Bildungs- und Erziehungs-einrichtungen. Sie fühlen sich den erzieherischen Werten und Idealen des Sports und der Sportbewegung verpflichtet. Diese vereins- und verbandsgebundene Sportpädagogik hat eine lange Tradition. Sie reicht in die Geschichte der Leibes-erziehung und des Turnens in Deutschland zurück, als sich die Vereine und Ver-bände als Institutionen der Volks- und Nationalerziehung verstanden. Seinen bekanntesten Ausdruck hat dieses Sport-Erziehungsverständnis nach 1945 in der Bundesrepublik Deutschland in der „Charta des Deutschen Sports" von 1966 gefunden, in der sich die deutsche Turn- und Sportbewegung zu ihrem erzieheri-schen und – in moderner Terminologie – gesellschaftlichen und sozialpädagogi-schen Auftrag bekennt und Leibeserziehung als eine der vier großen Aufgaben des Sports – neben Breiten- und Leistungssport (und Sportwissenschaft) – genannt wurde. In seiner ersten Satzung von 1950 bezeichnete es der DSB als Verbandszweck, die „großen Aufgaben des deutschen Sports" zu fördern. Dar-unter wurden in erster Linie pädagogische Aufgaben verstanden, nicht zuletzt die „Pflege des Geistigen und die Schaffung einer ethischen Sportregel".

Viele Sportverbände und Landessportbünde haben eigene Bildungswerke ge-gründet. Sie sind damit Einrichtungen der „Alltagsbildung" neben der verpflich-tenden Schuldbildung. Sie stehen auf gleicher Ebene mit den Bildungswerken der Kirchen, Gewerkschaften sowie sonstiger Sozial- und Bildungseinrichtungen (*Rauschenbach,* 2011). Im Dachverband des deutschen Sports, dem DOSB, ist die deutsche Olympische Akademie (DOA) speziell mit Fragen der Bildung und Erziehung, insbesondere der Olympischen Erziehung befasst.

Dass das Bekenntnis der deutschen Turn- und Sportbewegung nicht nur eine Leerformel ist, zeigen sowohl das umfangreiche Schriftenverzeichnis allein des DSB und DOSB – die großen Fachverbände können ähnlich lange Listen vorle-gen – als auch die Vielzahl von Tagungen, Kongressen, Seminaren oder Akade-mien. Hier findet die in der Charta gegebene Selbstverpflichtung ihren Aus-druck, „Bedeutung und Aufgaben des Sports und der Leibeserziehung ständig zu überdenken". Die Themen reichen von den Problemen und der Bedeutung des Vereins heute, z. B. Ehrenamtlichkeit und Vereinsführung, über die sozialin-tegrative Bedeutung des Sports von Menschen mit Behinderungen über aktu-elle gesellschaftliche Themen wie Integration und Inklusion bis zu ethischen und

---

kirchlich-religiösen Fragen, dem Dopingproblem oder gesundheitlichen und erzieherischen Zusammenhängen des Sporttreibens. Nahezu alle gesellschaftlichen und kulturellen Aspekte von Turnen und Sport, einschließlich und vor allem seiner ethischen und pädagogischen Dimensionen sind seitdem in den Diskussionen des Vereins- und verbandsgebundenen Sports aufgegriffen und in irgendeiner Weise behandelt worden. Hier fehlt jedoch ebenfalls eine kritische und zusammenfassende, empirische Analyse, ob und inwiefern die deutsche Turn- und Sportbewegung nach 1945 ihrem selbst gesetzten pädagogischen und kulturellen Anspruch tatsächlich gerecht geworden ist.

Eine Standortbestimmung des Sports insgesamt sollen die vom DSB und DOSB organisierten Kongresse liefern. Hierbei handelt es sich um die übergreifenden Kongresse des Dachverbands der Turn- und Sportvereine in Deutschland. Ihnen kommt eine Sonderbedeutung zu, weil es sich nicht im engeren Sinn um fachwissenschaftliche Kongresse handelt, sei es zu einzelnen Sportarten oder auch Tagungen der organisierten Sportlehrerinnen und Sportlehrer an den Schulen, wie sie die Kongresse des ADL (Ausschuss Deutscher Leibeserzieher) und DSLV (Deutscher Sportlehrerverband) waren und sind, oder auch wie die alle zwei Jahre stattfindenden Wissenschaftskongresse bzw. Hochschultage der Deutschen Vereinigung für Sportwissenschaft (dvs) sowie die Tagungen der Sektionen in der dvs, z. B. der Sektion Sportpädagogik. Nach 1945 hat es nur zwei bedeutende wissenschaftliche Kongresse gegeben, die vom Deutschen Sportbund selbst durchgeführt wurden; der erste im Jahr 1951 in Stuttgart in noch bescheidenem Umfang, und der zweite 1987 in Berlin mit Teilnehmern aus allen Bereichen des verbands- und vereinsgebundenen Sports, der Sportpolitik sowie aus der Sportwissenschaft und der Sportpädagogik in Deutschland (*Gieseler, Grupe & Heinemann*, 1988). Der erste wissenschaftliche Kongress des Deutschen Sportbundes 1951 stand im Zeichen der moralischen Neubesinnung von Turnen und Sport nach dem Zweiten Weltkrieg. Nicht zufällig hielt deshalb der Reformpädagoge Herman Nohl das Hauptreferat zum Thema „Vom Ethos des Sports".

Aber auch 36 Jahre später spielten die philosophisch-ethischen Aspekte und die pädagogischen Möglichkeiten des Sports, diesmal der Zukunft, noch oder wieder eine wichtige Rolle. Seitdem ist es Tradition geworden, dass der DSB bzw. DOSB regelmäßig Tagungen und Kongresse abhält, bei denen sich Wissenschaft und Sportpraxis in den Vereinen und Verbänden begegnen sollen.

Vom Sinn des Sports in der modernen Gesellschaft

Der Sport in Deutschland hat sich seit diesem ersten Kongress von 1951 grundlegend verändert, wenn auch im Rahmen der Strukturen, die nach dem Krieg mit der Gründung des Deutschen Sportbundes (1950) geschaffen wurden. Das Monopol des vereins- und verbandsgebundenen Sports auf die Gesamtheit aller Leibesübungen in Deutschland ist verloren gegangen. Die Nachfrage nach Bewegung, Spiel und Sport ist insgesamt gestiegen. Neue Formen des Sporttreibens und andere Organisationen des Sports sind entstanden, individuelles und informelles Sporttreiben hat zugenommen, kommerzielle Sportanbieter haben sich neben die Vereine und Verbände gestellt. Die Sportkultur hat sich gewandelt. Sinn- und Erziehungsfragen im Zusammenhang mit dem Sporttreiben sind neu aufgeworfen worden, weil eine Verschiebung der Motive und Interessen der Menschen im Zusammenhang mit Sport festgestellt wurde. Die Menschen suchten weniger einen leistungs- und wettkampforientierten Sport, hieß es beim Kongress „Menschen im Sport 2000" in Berlin 1987, sondern eher einen Sport, von dem sie annehmen, dass er der Gesundheit und dem Wohlbefinden diene, Spaß mache, zur Entspannung von den Belastungen und dem Stress des Alltags beitrage, durch den man sich fit halten könne und der auf die Bedürfnisse des Einzelnen Rücksicht nehme (Deutscher Sportbund, 1986; *Gieseler, Grupe & Heinemann,* 1988).

Der Sozialphilosoph Hermann *Lübbe* hielt auf dem Berliner Kongress „Menschen im Sport 2000" das Hauptreferat (*Lübbe,* 1988). Er betrachtete den Sport nach wie vor und eher stärker als in vergangenen Zeiten als sinn- und lebensorientierende Instanz, allerdings unter anderen Vorzeichen: Der Sport sei ein ideales Medium, um die heute besonders wichtige und von den Menschen geforderte Fähigkeit zur Selbstbestimmung zu ermöglichen. Selbstbestimmung sei heute kein Luxus mehr, sondern geradezu eine gesellschaftliche Notwendigkeit; denn die Menschen müssen, wenn sie ein gelungenes Leben führen wollen, mit sich, ihrer gewachsenen freien Zeit und ihren gewachsenen Möglichkeiten sinnvoll und selbstbestimmt umgehen können. Im Sport, zumal in einem freien und vielfältigen Sportangebot, könne diese sinnvolle und selbstbestimmte Art der „Lebensverbringung" geübt werden. Der Sport könne jedem einzelnen Sinn bieten. Sport sei Teil einer „blühenden Alltagskultur" (*Lübbe,* 1988). Beim Sporttreiben zeigten sich anschaulich die eigenen Grenzen – diese zu (er)kennen sei ein Zeichen „humaner Reife" –, und im Sporttreiben könnten wertvolle Erfahrungen der eigenen Körperlichkeit und des Umgangs mit anderen gemacht werden.

Der Kongress des Deutschen Sportbundes 1987 in Berlin war mehr als eine Standortbestimmung des vereins- und verbandsgebundenen Sports; er bedeutete zugleich eine problemorientierte Diskussion der Situation des Sports und seiner Erziehungswirklichkeit in der modernen Gesellschaft: Wie entwickelt sich der Sport, seit die Vereine und Verbände nicht mehr die einzigen Sportanbieter neben der Schule sind? Welche Auswirkungen hat dies auf die Erfahrungen und auf die Einsichten der Menschen im und durch Sport? Welche Auswirkungen haben die Kommerzialisierung und Professionalisierung des Sports auf seine pädagogischen Möglichkeiten und Grenzen? Wie kann der Sport trotz Doping, Korruption und Gewalt pädagogisch glaubwürdig bleiben? Diese Probleme der Sportentwicklung haben sich bis in die Gegenwart eher verstärkt, als dass sie nachhaltig gelöst werden konnten.

Pädagogische Werte des Sports im Verein

Von sportpädagogischer Seite wurde in Berlin dazu von *Grupe* (1988 b, S. 44–66) Folgendes ausgeführt: Angesichts des Wandels der Sportwelt sollte eine Besinnung der Sportorganisationen in Deutschland auf die klassischen Werte ihres Sports stattfinden; dies waren und sind auch Bildungswerte. Der vereinsgebundene Sport habe sich seit jeher in dem Sinn pädagogisch verstanden, dass er zu Gemeinschaft, Gesundheit, Fairness, Leistungsfähigkeit und solidarischem Handeln in der Gesellschaft beitragen wollte. Von diesen – pädagogischen – Grundsätzen sollte der Sport als Ganzes auch in der Zukunft nicht lassen. Bildung und Erziehung im Sport seien nicht nur als geplantes, unterrichtliches Handeln zu verstehen, sondern die sich wandelnden Strukturen des modernen Sports entscheiden wesentlich über seine pädagogischen Möglichkeiten. Den Sportorganisationen komme deshalb eine große Verantwortung im Hinblick auf den gesellschaftlichen Diskurs über wesentliche Themen der Sportentwicklung und ihre ethisch-moralische Relevanz zu. Dazu gehören u. a. die sport- und freizeitgerechte Stadt, die Organisation von Vereinen und Verbänden, Kommerzialisierung, Professionalisierung und Verrechtlichung des Sports, seine Rolle in den Medien und für die Medien, für Gesundheit und Wohlbefinden der Menschen und nicht zuletzt Fairplay in Sport und Gesellschaft.

Die ethische Bedeutung des Sports und die Frage nach seinem „Sinn" für die Menschen und in Kultur und Gesellschaft (vgl. *Grupe,* 2000) sind klassische Themen der Pädagogik des Sports, die inzwischen in unterschiedlicher Weise aufgenommen wurden, angefangen von dem in der Sportwissenschaft und Sportpraxis geführten Diskurs über Sportethik bis zum Problem des Zusammenhangs von Sport und Kultur. Aus sportpädagogischer Sicht geht es nach *Grupe* (2000) stets auch darum, nicht nur die Rolle des Sports in Kultur und Gesellschaft zu beschreiben, sondern darüber hinaus Maßstäbe für eine anspruchsvolle Sportkultur zu entwickeln. Dies sei nötig, um die pädagogischen Möglichkeiten des Sports zu entfalten und seine Risiken zu mindern. Zu solchen Risiken der modernen Sportkultur gehören nicht nur spektakuläre Probleme wie Doping, Kommerzialisierung oder Gewalt, sondern ebenso die Beliebigkeit und Niveaulosigkeit vieler Angebote, die inzwischen als sportlich bezeichnet werden. Es sei so gesehen eine Aufgabe der Sportpädagogik, an der Entwicklung einer anspruchsvollen Kultur des Sports zu arbeiten und Maßstäbe für einen besseren Sport finden zu helfen (*Gabler & Göhner,* 1990).

Seit dem Berliner Kongress sind die Probleme des selbst verwalteten, in Vereinen und Verbänden organisierten Sports keineswegs weniger geworden. Im Gegenteil: neue sind dazu gekommen. Nach der Wende von 1989/90 und der sportlichen Wiedervereinigung galt es besonders, das Modell des Vereinssports in den neuen Bundesländern zu verbreiten und zu legitimieren. In der Konkurrenz mit den gewerblichen Sportanbietern konnte sich der Vereinssport zwar behaupten, aber nun gilt es, die besondere Qualität des gemeinnützigen, vereinsgebundenen Sports gegenüber anderen Sportanbietern unter Beweis zu stellen. Sie besteht nicht zuletzt in der pädagogischen Arbeit mit Kindern und Jugendlichen, die in den Vereinen geleistet wird. Der Sport im Verein ist trotz Leistungszentren und Olympiastützpunkten die Grundlage für einen erfolgreichen Leistungs- und Spitzensport geblieben. Dem drohen jedoch durch eine verbreitete und oft unkontrollierte Dopingpraxis erhebliche Gefahren. Ihnen ist nicht allein durch Kontrollen, Verbote und Strafen zu begegnen, sondern in erster Linie durch eine Stärkung der ethischen und moralischen Basis des Sports. Dies ist eine gemeinsame sportpädagogische Aufgabe.

Materialien zur Didaktik und Methodik Sports im Verein

Die pädagogische Tätigkeit der Vereine, die über die Übungsleiter-, Organisationsleiter- und Jugendleiterausbildung sowie die Traineraus- und -fortbildung der Verbände vermittelt wird, hat ihre Schwerpunkte in der fach- und sportartspezifischen Methodik und Didaktik. Sie wird erweitert durch Grundlagenwissen in der Trainings- und Bewegungslehre, in der Psychologie und Medizin.

Die pädagogischen Ziele und Grundsätze, nach denen der jeweilige „Sport" in den Vereinen unterrichtet und vermittelt wird, lässt sich indes nicht wie in den Schulen von oben nach unten, von den Verbänden auf die Vereine und Mitglieder verordnen, sondern sie sind erst das Ergebnis eines komplexen, wenn auch nicht immer klaren Diskussions- und Entscheidungsprozesses der in den Vereinen und Verbänden tätigen Personen. Die Abstimmung erfolgt nicht zuletzt mit den Füßen; d. h., wenn die Angebote und Möglichkeiten von Turnen, Gymnastik, Spiel und Sport in den Vereinen den Interessen der Mitglieder nicht mehr entsprechen oder wenn ihnen die Richtung, die „Politik" oder der ideelle Hintergrund des Sports im Verein nicht mehr zusagen, bleiben sie dem Vereinssport fern.

Seit Bestehen des Deutschen Sportbundes werden von den Sportverbänden, vom Deutschen Sportbund selbst und den Landessportbünden kontinuierlich umfangreiche Materialien zur Ausbildung von Trainern und Übungsleitern, aber auch von Jugendleitern und Organisationsleitern, erstellt, die als Praxisanleitungen bei Lehrgängen und Seminaren dienen.[248] Die seit 1971 vom DSB herausgegebene Zeitschrift *Leistungssport* wird insbesondere von Trainerinnen und Trainern im Leistungs- und Hochleistungssport rezipiert, weil sie aus ihr wertvolle und wissenschaftlich begründete Analysen und Anregungen für ihre Tätigkeit entnehmen können.

Die Trainerakademie des DOSB ist ein Beispiel für diese Kultur der praktisch-methodischen Ausbildung sowie der Fort- und Weiterbildung des freien Sports, bis hin zum Diplom-Trainer.[249] Die in großer Fülle erscheinende praktisch-methodische Literatur wird sowohl von Lehrenden in der Schule als auch in anderen Handlungsfeldern des Sports genutzt. Sie hat sich allerdings weitgehend unab-

---

[248] Vgl. z. B. die Lehrbriefe für Übungsleiter des Deutschen Sportbunds; ebenso die Studienbriefe der Trainerakademie in Köln sowie die Richtlinien zur Jugendleiter-Ausbildung. Sie liefern die Grundlagen für die Übungsleiterausbildung der Fachverbände und Landesverbände.

[249] Siehe die Homepage der Trainerakademie https://www.trainerakademie-koeln.de/ (Zugegriffen am 25.09.2018) und die dort aufgeführten Programme und Konzepte zur Trainerausbildung einschließlich der Aus- und Fortbildungskonzepte. Dasselbe gilt für die Landessportbünde und Fachverbände, die ebenfalls umfangreiche Lehrkonzepte sowie Aus- und Fortbildungskonzepte für Übungsleiterinnen und Übungsleiter anbieten.

hängig von den theoretischen Diskussionen in der akademischen Sportpädagogik entwickelt. Zwischen Schul- und Vereinssport stellt sie deshalb eine wichtige inhaltliche Klammer dar. Beispiele für das Ausmaß und die Kontinuität der sachorientierten, praktisch-methodischen Literatur ist die von 1962 bis 1992 von Karl *Koch* herausgegebene und mehr als 200 Bände umfassende „Schriftenreihe zur Praxis der Leibeserziehung und des Sports". Ähnliches gilt für die Reihe der jeweils über 1000 „Spiel- und Übungsformen" in den einzelnen Sportarten von Walter *Bucher* und für die von Helmut *Digel* herausgegebene Reihe der Arbeitsbücher Sport. Praxisbücher zum Sport werden inzwischen von mehreren Verlagen angeboten. Sie erscheinen inzwischen nicht nur in gedruckter Form, sondern auch als CDs oder sind im Internet erhältlich oder abrufbar. Einzelne Sportfachverbände haben für ihre Sportart spezifische Lehrpläne herausgegeben, in denen das didaktisch-methodische Wissen über diese Sportart konzentriert ist, zum Beispiel die Ski-Lehrpläne des Deutschen Verbandes für das Skilehrwesen, in dem alle Verbände zusammengeschlossen sind, von denen Skilauf unterrichtet wird; die „Tennislehrpläne" des Deutschen Tennis Bundes und der „Lehrplan" des Deutschen Turner-Bundes. Die sportpädagogische Lehrgangs- und Ausbildungstätigkeit der Verbände reicht über den im engeren Sinn leistungs-, wettkampf- oder spitzensportlichen Bereich einzelner Sportarten hinaus. Insbesondere die Turnverbände und Landessportbünde haben Programme zum Kinder- und Jugendsport, aber auch zu Turnen und Sport der Älteren, zum sportartenübergreifenden Freizeitsport, zur Gymnastik und zum Gesundheits- und Fitnesssport vorgelegt.[250]
Die Lehrpläne, die den Lehrkonzepten einzelner Sportfachverbände zugrunde liegen, beruhen auf theoretischen Konzepten zur Methodik der einzelnen Sportarten. Den Skilehrplänen des Deutschen Skiverbandes (DSV), den Schwimmlehrplänen des Deutschen Schwimmverbandes (DSV), den Tennislehrplänen des Deutschen Tennis-Bundes (DTB) und nicht zuletzt den Turnlehrplänen des Deutschen Turner-Bundes (DTB) liegt beispielsweise das von *Göhner* (1979) entwickelte Konzept der funktionalen Bewegungsanalyse zugrunde. Auf Lehrgängen, Seminaren, Tagungen, Workshops und Kongressen werden unterschiedliche Lehrmethoden oder Lehrwege der Vermittlung bzw. des Lehrens, Lernens und Unterrichtes in einzelnen Sportarten in der Praxis erprobt und diskutiert.
Sie sind Ausdruck der Reflexion und des didaktischen und methodischen Diskurses von Gymnastik, Turnen, Spiel und Sport in den Vereinen und Verbänden. Eine erziehungswissenschaftliche, empirische Analyse der Quantität und Qualität der Lehrtätigkeit der Vereine und Verbände steht allerdings aus. Diese umfangreiche Lehrpraxis im Bereich des vereinsgebundenen Sports wurde von der professionellen, wissenschaftlich-akademischen Sportpädagogik an den Universitäten bestenfalls am Rande zur Kenntnis genommen. Dies ist unabhängig von

---

[250] Siehe die Homepage des Deutschen Turner-Bundes und Angaben zur Aus- und Fortbildung https://www.dtb.de/ (Zugegriffen am 25.09.2018). Ähnliches gilt für die Landesturnverbände, aber auch für andere Sport-Fachverbände

der Tatsache der Fall, dass einzelne professionelle Pädagogen, Mediziner, Psychologen, Bewegungs- und Trainingswissenschaftler und Experten einzelner Sportarten, die an den Universitäten im weitesten Sinn sportpädagogisch lehren und forschen, an der Erarbeitung der Lehrmaterialien der Vereine und Verbände beteiligt sind.

Zur Sportpädagogik zählt neben der Pädagogik des Schulsports in staatlicher Verantwortung die Pädagogik des „freien" Sports, das heißt, die Anstrengungen der Vereine und Verbände, ein hohes Niveau der Ausbildung von Übungsleiterinnen und Übungsleitern, Jugend- und Organisationsleiterinnen und -leitern sowie je nach Leistungsniveau auch Trainerinnen und Trainern zu gewährleisten. Sie alle leisten sportpädagogische Bildungs- und Erziehungsarbeit; und zwar nicht nur in einem sporttechnischen Sinn, sondern sie üben insbesondere auf Kinder und Jugendliche erzieherischen Einfluss auf deren Entwicklung als Person aus. Ihr pädagogisches Handeln wird auch durch die Leitbilder und ethischen Prinzipien der Organisationen und Institutionen des Sports bestimmt.

Die Aus-, Fort- und Weiterbildung der Mitarbeiterinnen und Mitarbeiter, Helferinnen und Helfer in Vereinen und Verbänden geschieht über Lehrgänge, Seminare, Tagungen und Kongresse. Die Verbände bemühen sich um eine Weiterentwicklung der Didaktik und Methodik ihrer Sportarten. Der Deutsche Olympische Sportbund als Dachverband des in Vereinen und Verbänden organisierten Sports versteht sich darüber hinaus als Bildungs- und Erziehungseinrichtung. In und von den Vereinen und Verbänden soll ein Sport angeboten werden, der einen positiven Beitrag zu Bildung, Erziehung und Entwicklung der Menschen leistet. Die praktische Seite dieser Sportpädagogik ist jedoch weiter fortgeschritten als ihre empirische Analyse, theoretische Behandlung, Begründung und Reflexion.

3   Perspektiven der Sportpädagogik

Leibeserziehung und Sportpädagogik gibt es seit rund zweihundert Jahren in Deutschland. Der Name Sportpädagogik wird jedoch erst seit Beginn der 1970er Jahre verwendet. Praxis und Theorie der körperlichen Erziehung durch Bewegung, Spiel und Sport haben insofern eine lange Tradition. Seit dem Ende des 18. Jahrhunderts werden Leibesübungen nicht nur unter pädagogischen Zielsetzungen angeboten und betrieben, sondern es wird zugleich über Art und Bedeutung dieser Praxis für die Gesamterziehung nachgedacht und diskutiert. Die Fragen und Probleme, die zu verschiedenen Zeiten jeweils im Vordergrund standen, haben sich seitdem verändert. Anfangs ging es darum, Gymnastik und Turnen als Teil der Gesamterziehung des Menschen zu begründen und für ihre Umsetzung geeignete Inhalte und Formen von Leibesübungen zu finden. Ihre Verankerung im öffentlichen Schul- und Erziehungswesen und der Aufbau eines bürgerschaftlichen Turnvereinswesens war eine Leistung, die in die Mitte des

19. Jahrhunderts zurückreicht. Zahlreiche Turnlehrerinnen und Turnlehrer sowie Leibeserzieherinnen und Leibeserzieher haben daran mitgewirkt. Leibeserziehung und Sport sind inzwischen zu anerkannten Bestandteilen von Bildung und Erziehung in Schule, Verein und anderen Organisationen und Institutionen geworden. Das Fach Sportpädagogik hat einen festen Platz in Schule, Hochschule und Wissenschaft. Es stellt sich deshalb heute nicht nur die Frage nach den Perspektiven des Faches, sondern auch nach den Möglichkeiten und Grenzen von Bildung und Erziehung im und durch Sport insgesamt.

Theorie und Praxis

Theorie und Praxis der Sportpädagogik haben sich parallel zur Praxis des Sports ausdifferenziert. Vielfalt und Leistungen des Sports und im Sport sind gewachsen. Während früher Turnen und Sport im Wesentlichen auf Schule und Verein beschränkt waren, haben wir es heute mit einem ausdifferenzierten Sport zu tun, der in engem Zusammenhang mit anderen Bereichen der Gesellschaft steht, von den Medien und der Politik über Wirtschaft und Kultur einschließlich Literatur und Kunst. Neben einem hoch spezialisierten Sport in einzelnen Sportarten und Sportbereichen, sei es im Hochleistungs- und Spitzensport oder im gesundheitsbezogenen Freizeit- und Breitensport, im Behindertensport oder im Präventions- und Rehabilitationssport, ist der informelle und organisatorisch weniger gebundene Sport angewachsen, vom individuellen morgendlichen Joggen bis zum Trainieren im Fitnessstudio, sei es allein oder unter Anleitung und in Gruppen. Die wesentlichen Agenturen der Sporterziehung bleiben jedoch Schule und Verein.

Dieser ausdifferenzierte Sport ist allein deshalb ein pädagogischer Sport, weil es einerseits um die Bildung und Erziehung des Körpers und über den Körper und andererseits um die Vermittlung von Können und Wissen im und über Sport geht. Dies kann durch die direkte Vermittlung sportlicher Techniken und Taktiken durch Trainerinnen und Trainer im Leistungs- und Spitzensport geschehen, aber auch durch eine gezielte Animation im Fitness- und Gesundheitssport oder durch Übungsleiterinnen und Übungsleiter sowie Sporthelferinnen und Sporthelfer im Übungs- und Wettkampfbetrieb der Vereine und Verbände. Schließlich können auch Erfahrungen bei Spiel und Sport, die im eher informellen Sport möglich sind, nachhaltige Einsichten und Einstellungen vermitteln. Pädagogisch ist dieser Sport deshalb, weil er seiner Funktion nach, pädagogische Wirkungen hat, sei es, weil pädagogische Ziele direkt angestrebt werden oder weil von den Strukturen des Sports und seinen spezifischen Organisationen und Institutionen bestimmte erzieherische Wirkungen ausgehen. Diese sind naturgemäß im Schulsportunterricht andere als beim Training im Verein oder beim Zuschauen von Sportsendungen im Fernsehen. Während der Schulsport und Sportunterricht an den Schulen dem Bildungs- und Erziehungsauftrag der Schule verpflichtet ist, können und müssen die Vereine und Verbände selbst Maßstäbe für das pädagogische Handeln in ihren Organisationen setzen und Verantwortung dafür tragen.

Der über Medien verbreitete massenwirksame Sport übt erhebliche pädagogische Wirkungen aus, indem ein bestimmtes Bild des Sports und der Akteure im Sport gezeichnet wird. Die wissenschaftlich-pädagogische Analyse dieses breiten Handlungsfeldes Sport hat mit der Ausdifferenzierung der Sportpraxis nicht Schritt halten können; dies gilt nicht nur für pädagogische Fragestellungen zum Sport, sondern für die Sportwissenschaft insgesamt. „Wichtige Themenkomplexe wurden von der Sportwissenschaft nicht behandelt, zumindest vernachlässigt, obwohl hoher Bedarf vorliegt", heißt es in einem Sammelband zur wissenschaftstheoretischen Standortbestimmung der Sportwissenschaft, „z. B. Sportökologie, Sportethik, Sportpolitik usw." (*Digel,* 1995, S. 159).

Klaus *Willimczik* (1992, S. 16; siehe auch 2010, 2011) sieht deshalb die Sportwissenschaft insgesamt vor zwei wesentliche Probleme gestellt: Erstens die Notwendigkeit, verstärkt „Grundlagenforschung" im Bereich der Sportwissenschaft zu betreiben, einschließlich der Entwicklung einer bislang fehlenden spezifischen sportwissenschaftlichen Methodologie, und zweitens müsse angesichts der Komplexität der praktischen Probleme des Sports die Frage gestellt werden, wie dies wissenschaftlich angemessen bewältigt werden kann.

Für die Sportpädagogik wirkt sich der Mangel an wissenschaftlicher Theoriebildung doppelt aus: Zum einen scheint das Fundament wissenschaftlicher Erkenntnisse aus der Sportpädagogik und anderer sportbezogener Disziplinen nicht auszureichen, um den Sport in seiner Breite und Vielfalt auch pädagogisch neu diskutieren und bestimmen zu können. Zum anderen klafft die Schere zwischen Theorie und Praxis im Bereich der Sportpädagogik auseinander. *Meinberg* (1991 a, S. 19 ff.) bezeichnete das „Theorie-Praxis-Verhältnis als zentrales Problem einer sportpädagogischen Handlungswissenschaft". *Prohl* (1994) hat das Dilemma der „Sportpädagogik als Beratungswissenschaft" dahingehend formuliert, dass sie entweder als „vorwissenschaftliche Praxeologie" abgetan werde, wenn sie sich um die Lösung praktischer Probleme des Sports bemühe, oder sie sei von psychologischer und soziologischer Forschung nicht mehr zu unterscheiden, wenn sie wissenschaftlich-theoretisch vorgehe. Damit setze sie sich zugleich dem Vorwurf der „Praxisferne" aus (*Prohl,* 1994, S. 14).

Dieses Dilemma wirkt sich auch dahingehend aus, dass die pädagogische Bedeutung des Sports nicht für alle Bereiche des Sports gleichermaßen deutlich gemacht werden konnte. Die zahlreichen Handlungsfelder und Erfahrungsbereiche, die Organisationen und Institutionen des Sports selbst und solche Einrichtungen, in denen Sport angeboten wird, bieten viele Möglichkeiten für sportpädagogische Forschungen; dies gilt sowohl für empirische Untersuchungen zur Sportwirklichkeit als auch für ihre theoretische Grundlegung und Reflexion.

Sport-Didaktik-Methodik

Das Theorie-Praxis-Problem der Sportpädagogik äußert sich in dem Verhältnis von Pädagogik als einer übergreifenden, geisteswissenschaftlich und theoretisch angelegten Philosophie der Bildung und Erziehung zur Didaktik als der

Wissenschaft und Lehre vom Unterrichten und Vermitteln von Bewegung, Spiel und Sport sowie der Methodik als der konkreten Art und Weise des Unterrichtens und Vermittelns von sportlichen oder Sport bezogenen Fähigkeiten und Fertigkeiten. Dieses Verhältnis ist gegenwärtig eher durch Distanz als durch gegenseitige Durchdringung gekennzeichnet. Die Ausdifferenzierung des Sports hat mit dazu geführt, dass mit der Entstehung „neuer" Sportarten und Sportbetätigungen sowie neuer Zielgruppen von Sporttreibenden schnell spezielle Methodiken entstanden sind, die wissenschaftlich nicht analysiert und getestet sind, aber als Anleitungen für pädagogisch-didaktisches Handeln in Lehr-/Lern- und Unterrichtssituationen verwendet werden. Die didaktische Diskussion über Ziele, Inhalte und Kompetenzen sowie über organisatorische und institutionelle Rahmenbedingungen konnte mit dieser Entwicklung nicht Schritt halten. Die Entwicklung der Sportdidaktik ist über den Schulsport wenig hinausgekommen. Andere pädagogisch wichtige Handlungsfelder, Lernorte, Organisationen und Institutionen des Sports sind didaktisch kaum untersucht und reflektiert worden (*Neuber & Golenia, 2019*).

Versteht man Sportdidaktik breiter und nicht nur als Lehre von den Zielen und Inhalten des Sports und der Leibeserziehung, sondern auch von den Methoden und Verfahren ihrer Vermittlung und der dabei benutzten Medien, muss festgestellt werden, dass die Ebene der Methodik in der Entwicklung der Fachdidaktik des Sports und des Schulsports kaum berührt wurde. Folge war und ist, dass es zu einer vergleichsweise eigenständigen Entwicklung der Sportmethodik als Teil der Sportpädagogik und einer weit verbreiteten Methodikliteratur gekommen ist (*Grupe*, 1988a, S. 21).

„Schulsport-Pädagogik" bildet zwar den traditionellen Kern der Sportpädagogik. Aber sie ist nach Meinung *Scherlers* (1992, S. 165) „weit davon entfernt, die Schulprobleme des Sports schon hinreichend bearbeitet zu haben". Auch sei es nicht hinreichend gelungen, das Wissen der „Allgemeinen Didaktik" und der „Fachmethodik" zu integrieren. Scherler sieht darüber hinaus Defizite in der außerschulischen Sportpädagogik. „Von einer Pädagogik des Vereinssports kann allenfalls im Sinne von Handreichungen für Übungsleiter die Rede sein. Eine Erforschung der vielfältigen Praxis von Spiel und Sport im Verein, insbesondere jener des Leistungssports, steht aber seit langem aus. Auch eine Alterssport-Pädagogik muss erst noch geschrieben werden" (*Scherler,* 1992, S. 165).

Der wissenschaftstheoretische Standort der Sportpädagogik

Neben dem Theorie-Praxis-Problem und dem schwierigen Verhältnis von Pädagogik, Didaktik und Methodik des Sports bleibt der wissenschaftstheoretische Standort der Sportpädagogik offen. Das „Fehlen einer allgemeinen Theorie der Sportwissenschaft" wirke sich negativ auf das Verhältnis der Teildisziplinen der Sportwissenschaft(en) untereinander aus, schreibt *Thiele* (1990, S. 62); Interdisziplinarität werde dadurch erschwert.

In der zwischen *Kurz* und *Scherler* geführten Diskussion um diese Frage wurden zwei Positionen vertreten, die als exemplarisch für die Situation der Sportpädagogik angesehen werden können: *Kurz* erklärt, dass sich die Sportpädagogik nicht als eine unter anderen Teildisziplinen verstehen sollte, sondern dass die Sportpädagogik eine „herausgehobene Verantwortung für den pädagogischen Ertrag der gesamten Sportwissenschaft" zu übernehmen habe (1992, S. 151). *Scherler* (1992, S. 163 ff.) fordert dagegen die „Disziplinierung der Sportpädagogik", d. h., zum einen ihre „Ausdifferenzierung" als Disziplin und zum anderen die Konzentration auf ihr spezifisches pädagogisches Aufgabengebiet. Im Grunde handelt es sich jedoch weniger um Alternativen als vielmehr um Perspektiven, die sich ergänzen können.

Die Rolle der Sportpädagogik in den Wissenschaften wird darüber hinaus davon abhängen, ob es gelinge, der Öffentlichkeit den Wert und die gesellschaftliche Bedeutung der Beschäftigung mit pädagogischen Fragen des Sports zu verdeutlichen und aufzuzeigen, welche spezifischen pädagogischen Möglichkeiten ihm in der modernen Welt zukommen und wie sie genutzt werden können.

Pädagogische und soziale Möglichkeiten des Sports

Das pädagogische Potenzial des Sports besteht in seiner Anziehungskraft, die er auf viele Menschen und besonders auf Kinder und Jugendliche ausübt. Offenbar ist der Sport wenig geeignet, sich in ein starres unterrichtliches Korsett zwingen zu lassen. Er entzieht sich in gewisser Weise einer „Verpädagogisierung", weil seine Attraktivität nicht so sehr in lehr- und lernbarem Sport-Stoff liegt, sondern eher in dem, was der Einzelne an Erfahrungen und Erlebnissen für sich selbst und für den Umgang mit anderen daraus schöpft. Meinhart *Volkamer* (2003, bes. S. 41–47) spricht deshalb vom Schulsport als Beispiel für eine „pragmatische Paradoxie", weil Sport eine prinzipiell freie und freiwillige Tätigkeit sei, zu der man nicht gezwungen werden könne, Schule per Definition aber eine pädagogische Pflichtveranstaltung darstelle.

Die Suche nach den Gründen für die Attraktivität des Sports öffnet den Blick für seine pädagogischen Möglichkeiten. Sie ergeben sich sowohl daraus, was *Kurz* (1986 b; 1988 b) als „Sinn des Sports" (siehe auch *Grupe,* 2000) und als „Erwartungen und Bedürfnisse" der Menschen an den Sport beschrieben hat. Sie erschließen sich darüber hinaus aus den Funktionen oder dem „Stellenwert des Sports in der modernen Gesellschaft" (*Rittner,* 1991).

Was verstehen *Kurz* und *Rittner* unter „Sinn" und „Funktionen" des Sports? *Kurz* (1988 b, S. 127 f.) spricht von einem „sechsfachen Sinn des Sports". Erstens die besonderen Körpererfahrungen (körperlicher Ausgleich, Fitness, Gesundheit, gute Figur), zweitens die Suche nach Reiz, Lust und Sensation im Sport, drittens die Freude an der Gestaltung von Bewegung (Ästhetik, Ausdruck), viertens Wettkampf und sportlicher Vergleich, fünftens die Suche nach Risiko und Abenteuer und sechstens das Bedürfnis nach Kommunikation, menschlicher Nähe, Gemeinschaft und Geselligkeit.

Rittner (1991, S. 8 ff.) hat den Wert des Sports in der modernen Gesellschaft kulturhistorisch als Antwort auf die Entkörperlichung der sozialen Lebenswelt charakterisiert. Sport ist deshalb unaustauschbar geworden, weil Handeln im

Sport heute zugleich Gesundheitsverhalten und Sozialverhalten auf unterschiedlichsten Ebenen bedeutet. Es gibt deshalb weder den einen Sport noch den einen Sinn des Sports noch die *eine* Funktion des Sports. Sein Stellenwert in der Gesellschaft erschließt sich vielmehr aus seiner Vielfalt.

Folgende Bedeutungsebenen des Sports können aus pädagogischer Sicht unterschieden werden:

Sport als Gelegenheit unmittelbarer Erfahrungen

Der Sport stellt zwar selbst eine mehr oder weniger künstlich geformte Bewegungswelt dar, aber eben eine Bewegungswelt, die der Befindlichkeit der Menschen in modernen, zivilisierten Gesellschaften entspricht. Sport kommt ihrem Bedürfnis entgegen, der Welt des Computers und Fernsehapparats unmittelbare Erfahrungen der eigenen Körperlichkeit über Bewegung, Spiel und Sport entgegenzusetzen. Er kann dazu beitragen, Verluste auszugleichen, die durch die moderne gesellschaftliche Entwicklung entstanden sind und die Erfahrung von Ganzheitlichkeit erschweren. An erster Stelle ist dabei der Verlust an sinnlicher Erfahrung zu nennen, die über körperliche Bewegung, Spiel und Übung vermittelt wird; aber auch der Verlust von Unmittelbarkeit zugunsten von Mediatisierung oder der Verlust von Verstehen zugunsten von gespeichertem Wissen.
Das Bild des Sports wird heute stark vom Medien- und Fernsehsport geprägt, möglicherweise stärker als von eigenen, praktischen Erfahrungen beim Sporttreiben. Diese beiden Wirklichkeiten müssen sich aber nicht undurchdringlich gegenüberstehen. Eine sportpädagogische Aufgabe besteht darin, die Attraktivität des Fernseh- und Mediensports, der Welt der E-Games und des E-Sports für viele Menschen und nicht zuletzt für Kinder und Jugendliche zu nutzen, um sie anzuregen, selbst aktiv zu werden.

Sport als Feld sozialer Erfahrungen

Der Sport bietet in Spiel und Wettkampf, in Gruppen und Vereinen Gelegenheiten für soziale Erfahrungen, die im Sport direkter erworben werden können als in anderen Lebensbereichen. Sport kompensiert nicht nur den Mangel an „natürlichen" Erfahrungen von Körperlichkeit und Bewegung, sondern auch das Defizit an unmittelbaren sozialen Erfahrungen in der modernen Gesellschaft. Allerdings macht gerade der Aspekt der sozialen Erfahrungen deutlich, wie wichtig es ist, den Sport pädagogisch zum Thema zu machen; denn der Sport kennt nicht nur das Miteinander, sondern auch das Gegeneinander, nicht nur Fair play, sondern auch Foul play, und nicht nur Integration und Inklusion, sondern auch Diskriminierung und Exklusion. Die Praxis von Sport und Spiel zeigt ebenso, dass das eine ohne das andere nicht gelernt werden kann. Ein Bewusstsein von Fairness und friedlichem Miteinander lässt sich nur entwickeln, wenn auch erfahren wurde, was unfair ist. Nirgends kann die Bedeutung von Regeln und des Aushandelns gemeinsamer Regeln für das Zusammenleben von Menschen so eindringlich vor Augen geführt werden wie beim Sport.

Allgemeiner gesagt, entsprechen ein Spiel oder ein Wettkampf nach sportlichen Regeln einem demokratischen Modell von Gesellschaft: nämlich für eine gemeinsame Sache nach klaren Regeln und in fairem Geist zu streiten und am Ende das Ergebnis zu akzeptieren. Eine demokratische Gesellschaft lebt von dieser Art Streit. Mit Sieg und Niederlage umgehen zu können, bedeutet eine Erfahrung, die im Sport unerlässlich und in einer Demokratie unentbehrlich ist.

Der Sport in Vereinen und Vereinsgemeinschaften ist nicht zuletzt wegen der Erfahrung von Gruppe und Gemeinschaft, nicht nur für Kinder und Jugendliche, attraktiv. Hier kann man erleben, dass es Spaß macht, mit anderen zusammen zu sein und sich geborgen zu fühlen; aber auch zu erfahren, dass man selbst etwas in die Gemeinschaft einbringen muss, wenn sie funktionieren soll.

Schulsport und Sportunterricht

Es wird schwierig sein, diese sozialen Erfahrungsmöglichkeiten, die der Sport bietet, in einer traditionellen Schule und einem nach starrem Schema verlaufenden Schulsportunterricht zur Entfaltung kommen zu lassen. Nicht nur der Sport muss deshalb pädagogisch verstanden und betrieben werden, sondern auch die Schule muss sich ändern. Eine Schule, die für die Schüler „Lebensraum" bietet, wie es *von Hentig* (1993, S. 204 ff.) vorschwebt, d. h. eine Schule, in der „normales" Leben gelebt und erfahren werden kann und nicht nur „künstliches" Lernen in konstruierten Unterrichtssituationen stattfindet, muss den Sport mit einbeziehen; aber eben einen Sport, der nicht in starre Unterrichtsformen gezwängt wird, sondern Teil des Schul-Alltags wird. Schulsport ist darin nicht nur ein unterrichtlicher Sport, sondern vor allem als außerunterrichtlicher Sport erlebter und erfahrener Sport, der zum Leben gehört und in einer Schul-„Polis" in diesem Sinne betrieben werden kann. Die Qualität einer Schule, besonders dann, wenn es sich um Ganztagsschulen handelt, bemisst sich auch daran, wie viel Bewegungsraum eine Schule bietet und wie anspruchsvoll dieser Bewegungsraum genutzt wird. Dafür sind gebildete und geschulte Fachkräfte, Sportlehrerinnen und Sportlehrer, nötig. Schulsport ist einerseits deshalb von besonderer Bedeutung, weil er alle Kinder und Jugendlichen in ihrer gesamten Schulzeit pflichtmäßig erfasst. Andererseits gibt die Schule auch Raum für freies und freiwilliges sportliches Spielen und Wettkämpfen. Und schließlich ist der Sport in der Schule für die meisten Kinder eine Ergänzung zu anderen Spiel- und Sportaktivitäten außerhalb der Schule.

Sporterziehung und Emotionen

Der Sport bietet Gelegenheiten, Aggressionen und Leidenschaften sowohl auszudrücken als auch zu kontrollieren. Nach Norbert *Elias* (*Elias & Dunning,* 1986) stellt dies die vielleicht wichtigste Funktion des Sports in modernen, „zivilisierten" Gesellschaften dar; denn hier sind die Menschen sozialen Zwängen ausgesetzt, denen sie im Sport zugleich entsprechen und zu entkommen versuchen. Die soziale Erfindung des Sports trägt deshalb dem Umstand Rechnung, dass die biologische Natur des Menschen mit seiner sozialen Entwicklung nicht

Schritt gehalten hat. Die Faszination des Sports liegt darin, dass er den einzigen Bereich des gesellschaftlichen Lebens in unserer Zeit darstellt, in dem körperliche Aggressionen erlaubt und sogar nötig sind. Spannung und Leidenschaft können körperlich ge- und erlebt werden, wie es außerhalb des Sports in dieser Form nicht mehr möglich ist. Aber gleichzeitig verlangen die Regeln des Sports Disziplin und Kontrolle.

In der Geschichte von Turnen und Sport ist der Umgang mit Leidenschaft und Aggression in Deutschland eher restriktiv und in England eher offensiv behandelt worden. Deutsche Turn- und Sportlehrer versuchten durch systematischen Unterricht in strengen Ordnungs- und Übungsformen das Potential an Emotion und Leidenschaft zu kontrollieren. Englische Sporterzieher gaben dem Sporttreiben ihrer Zöglinge breiteren Raum und schätzten dessen pädagogischen Wert hoch ein. Sie überließen die Schüler bei Spiel und Sport in höherem Maß sich selbst, als dies in Deutschland möglich gewesen wäre; auch um den Preis, dass es zu Konflikten und Verletzungen kam.

Eine der Gegenwart angemessene Sportpädagogik muss beides zu leisten versuchen: Raum für das Ausleben leidenschaftlicher, auch aggressiver Impulse bei Spiel und Sport zu bieten, Spannung, Aufregung und Risiko erfahrbar zu machen, weil sie den besonderen Reiz des Sports ausmachen. Die Praxis des Sports außerhalb der Schule zeigt, in welch unterschiedlicher Weise diese Bedürfnisse befriedigt werden. Gleichzeitig kommt der Sportpädagogik aber auch die Aufgabe zu, klar und deutlich das sportliche Ethos zu vertreten, nämlich Aggression und Leidenschaft in Spiel und Sport kontrollieren zu können, sowohl durch Körperbeherrschung und Selbstdisziplin als auch durch die Vermittlung einer moralischen Haltung, in deren Mittelpunkt Regelbewusstsein und Fair play stehen. Die in der Öffentlichkeit kritisch und kontrovers diskutierte Dopingproblematik zeigt, wie wichtig es ist, die sportliche Moral und Ethik nicht nur zu diskutieren, sondern auch öffentlich zu vertreten und pädagogisch zu vermitteln.

Dem Sport kommt dabei aus eigenem Interesse eine besondere Verantwortung zu, weil seine Glaubwürdigkeit nur bewahrt werden kann, wenn sich moralischer Anspruch und Wirklichkeit des Sports so weit wie möglich entsprechen. Einige Bereiche des Sports, insbesondere Hochleistungs- und Profisport haben bereits erheblich an Glaubwürdigkeit und moralischer Integrität verloren. Wenn sich dieser Prozess nicht weiter fortsetzen soll, darf weder an den ethisch-moralischen Maßstäben des Sports insgesamt gerüttelt noch im Kampf gegen Betrug und Foul play nachgelassen werden – nicht zuletzt deshalb, weil der Sport eine Vorbildfunktion für Kinder und Jugendliche hat, die einen guten und fairen Sport verdient haben.

Sport als universelles Kulturmuster

Der Sport ist eine universale Kulturerscheinung. Trotz aller Krisen und Irrwege der Sportgeschichte ist der moderne Sport heute überall in der Welt bekannt und anerkannt. Die einfache symbolische Sprache des Sports wird über die Grenzen von Ländern und Kontinenten hinweg verstanden. Seine Botschaft besteht im Kern in der Darstellung eines demokratisch-egalitären, leistungs- und wettkampforientierten sozialen Modells: Im Prinzip kann sich jeder Mensch, unabhängig von Alter, Geschlecht, Religion oder sozialer und ethnischer Herkunft am Sport beteiligen. Im Spiel und Wettkampf, der fair und nach klaren Regeln ausgetragen wird (oder werden sollte), zeigt sich, wer der Bessere ist. Diese Unterschiede sind jedoch nicht endgültig, sondern stehen immer wieder neu zur Disposition.

Der Sport lebt von Unterschieden. Sport, wie er Kindern und Jugendlichen außerhalb der Schule begegnet, besteht aus einer Vielzahl von Formen und Inhalten von Bewegungen und Spielen, die von unterschiedlichen Personengruppen in aller Welt betrieben werden. Moderner Sport kann deshalb die Erfahrung von Pluralität anschaulich vermitteln. Am Sport wird zugleich deutlich, dass Unterschiede kein Hindernis, sondern eine Voraussetzung für Spiel und Wettkampf sind. Allerdings funktioniert der Sport nur, weil und wenn Unterschiede anerkannt werden: Es macht keinen Sinn, wenn Kleine gegen Große Basketball spielen. Das Spiel gelingt erst, wenn die Chancen gleich verteilt sind.

Der Sport als pluralistische und weltweit verbreitete Institution oder als „universales Kulturmuster" ist insofern von besonderer pädagogischer Bedeutung, als er eine deutliche Botschaft gegen Diskriminierung, Ausländerfeindlichkeit und Nationalismus bilden kann. Der moderne Sport steht vielmehr für Vielfalt und Leistung, für Diversität und Integration. Das soziale Grundmodell des Sports beruht auf Internationalismus und Demokratie, wie *Coubertin* schon vor hundert Jahren sagte. Kinder und Jugendliche, die zusammen mit ausländischen Freunden in Sportmannschaften spielen, erfahren etwas von dieser universellen Idee des Sports. Nationalismus alter und neuer Prägung passt nicht zum internationalen Sport mit seinen bunten Bildern von Olympischen Spielen, Weltmeisterschaften, internationalen Turnieren, Weltgymnaestraden (Weltspiele der Gymnastik) oder Spielfesten, die in allen Teilen der Welt zu sehen sind; selbst wenn (oder gerade weil) bei solchen Sportfesten nationale Symbole und Gefühle eine wichtige Rolle spielen. Das demokratisch-internationale und universelle Sportmodell kann jedoch nur dann seinen pädagogischen Vorbildcharakter entfalten, wenn Widersprüche innerhalb des Sports ausgeräumt werden. Undemokratischautoritäre Welt-Sport-Organisationen passen ebenso wenig dazu wie Betrug, Doping, Manipulation oder Unfairness.

Der „bessere" Sport

Diese Grundelemente des modernen Sports – Körperlichkeit, Fair play, Soziabilität, Verhaltenskontrolle, Universalität – können den Ausgangspunkt für einen pädagogischen Beitrag des Sports zur Lösung gesellschaftlicher Probleme bilden. Welche Probleme sind dies, und welche positive Rolle können Sport und Sportpädagogik dabei spielen?

Der Pädagoge Hartmut *von Hentig* sieht in seinem Buch „Die Schule neu denken" die Ursachen von gesellschaftlichen Problemen wie Gewalt, Ausländerfeindlichkeit oder Resignation auch in einem Versagen von Schule und Erziehung. Schule und Ausbildungswesen vermitteln Jugendlichen bis ins Erwachsenenalter hinein den Eindruck, nicht wirklich gebraucht zu werden (1993, S. 117 ff.).

Sie werden von Verantwortung ausgeschlossen und haben nur wenige Möglichkeiten, sich wirklich zu bewähren und Verantwortung zu übernehmen. Ohne eigenen Bezug zur Wirklichkeit prägt sich ihnen umso stärker das Bild einer über Medien und Fernsehen vermittelten Realität ein. Die negativen Einflüsse des Fernsehens und moderner Medien auf Kinder und Jugendliche bestehen dabei nicht nur in der Darstellung von Gewaltszenen und in der Verzerrung der Realität, sondern ebenso in der (heimlichen) Erziehung zur Passivität, die *von Hentig* als „sanfte Gewalt" bezeichnet: „Die Gewöhnung an Passivität, die Wahrnehmung der Ereignisse und Schicksale, die mein Leben so hoffnungslos unbedeutend erscheinen lassen, die Überwältigung durch die immer schon ohne mich vollzogene Geschichte" (*von Hentig*, 1993, S. 120).

Aus sportpädagogischer Sicht können dagegen im Sport andere Erfahrungen vermittelt werden, nämlich aktiv etwas bewirken zu können und dafür auch verantwortlich zu sein. Das Gefühl, gebraucht zu werden und sich nützlich machen zu können, stellt sich nicht durch Belehrungen ein, sondern kann im Sport praktisch erfahren werden. In einer Mannschaft wird jeder gebraucht. Der Sport, besonders der Wettkampf- und Leistungssport, bei dem es um etwas geht und man auf den anderen angewiesen ist, kann dieses Gefühl vermitteln. Der aktive Sport und das Mitspielen in einer Mannschaft bieten echte Bewährungsmöglichkeiten. Hier zählen nicht Schein und Angeberei, sondern Leistung und Können; und wer den Sport kennt und erfahren hat, der weiß auch, dass das Schöne am Siegen nicht die Niederlage des Schwächeren ist, sondern der Stolz auf das eigene Können. Der Sport stellt für Kinder und Jugendliche deshalb eine der wenigen sozialen Situationen dar, in denen sie echte Aufgaben lösen können, die sozial anerkannt sind und sich mit den Leistungen Erwachsener messen lassen können. Im Sport werden auch Kinder ernst genommen, die sonst keine Möglichkeiten sehen, ihrem Status der Unmündigkeit zu entkommen. „Pfadfinder und Sportvereine nehmen der Gesellschaft ein Zehnfaches der Kosten ab, die man für sie aufwendet", schreibt *von Hentig* (1993, S. 118).

Die Sportpädagogik hat eine doppelte Aufgabe: Erstens die pädagogischen Möglichkeiten des Sports und seine Bedeutung für Kultur und Gesellschaft zu erforschen. Dazu gehört auch die Analyse der Grenzen seiner pädagogischen Wirksamkeit und die Kritik an Fehlentwicklungen und Missständen. Zweitens gilt es mitzuhelfen, dass der Sport seine pädagogischen Qualitäten behält und erweitert. Gesellschaftliche und kulturelle Veränderungen sollten sportpädagogisch gestaltet werden. Medien und Internet gilt es zu nutzen, um aktives Sporttreiben weiter zu verbreiten. Grundlegende Werte des Sports wie Fairness, Respekt und Toleranz, Friedlichkeit und Humanität müssen gestärkt und der Sport vor Missbrauch durch Politik, Wirtschaft und Medien geschützt werden. Sportpädagogik hat die Aufgabe, sich mit ihren Mitteln und Möglichkeiten um einen *besseren Sport* zu bemühen, wie der Titel der Festschrift lautet, die Ommo *Grupe*, dem Initiator dieses Buchs, zu seinem 60. Geburtstag gewidmet wurde.

Abbildungsverzeichnis

Literatur

Abele, A. & Becker, P. (Hrsg.). (1991). *Wohlbefinden. Theorie – Empirie – Diagnostik.* München: Juventa.

Adam, K. (1975). *Leistungssport – Sinn und Unsinn.* München: Nymphenburger Verlagshandlung.

Adorno, T. W. (2003). *Kulturkritik und Gesellschaft I. Prismen.* Frankfurt a.M.: Springer.

Angerstein, W. (1888). Die Bedeutung der Leibesübungen – Turnen, Sport, Berufsgymnastik – für die Kulturentwicklung. *Monatsschrift für das Turnwesen, 7,* 289–297 und 332–339.

Antonelli, F. (1982). Sport and depression therapy. *International Journal of Sport Psychology, 13* (3), 187–193.

Apel, K. O. (1988). Die ethische Bedeutung des Sports in der Sicht einer universalistischen Diskursethik. In E. Franke (Hrsg.), *Ethische Aspekte des Leistungssports* (S. 105–134). Clausthal-Zellerfeld: Deutsche Vereinigung für Sportwissenschaft.

Arbeitsgruppe Bildungsbericht am Max-Planck-Institut für Bildungsforschung (2008). *Das Bildungswesen in der Bundesrepublik Deutschland.* Reinbek: Rowohlt.

Aschebrock, H. & Stibbe, G. (Hrsg.). (2017). *Schulsportforschung. Wissenschaftstheoretische und methodologische Reflexionen.* Münster, New York: Waxmann.

Bahrdt, H. P. (1992). *Schlüsselbegriffe der Soziologie. Eine Einführung mit Lehrbeispielen* (5. Auflage). München: Beck.

Baier, D. & Pfeiffer, C. (2013). Jugendgewalt. Entwicklung und Ursachen. In H. Bertram (Hrsg.), *Reiche, kluge, glückliche Kinder? UNICEF-Bericht zur Lage der Kinder in Deutschland* (S. 213–228). Weinheim: Beltz Juventa.

Balz, E. (Hrsg.). (2004). *Schulsport verstehen und gestalten. Beiträge zur fachdidaktischen Standortbestimmung.* Aachen: Meyer & Meyer.

Balz, E. & Kuhlmann, D. (2003). *Sportpädagogik: Ein Lehrbuch in 14 Lektionen* (Vol. 1). Aachen: Meyer & Meyer.

Balz, E. (1992a). Fachdidaktische Konzepte oder: Woran soll sich der Schulsport orientieren? *Sportpädagogik, 16,* 13–22.

Balz, E. (1992b). Sport und Gesundheit. Problemorientierte Reflexionen in pädagogischer Absicht. *Sportwissenschaft, 22,* 257-282.

Bannenberg, B. & Rössner, D. (2005). *Kriminalität in Deutschland.* München: Beck.

Banzer, W. (Hrsg.). (2017). *Körperliche Aktivität und Gesundheit. Präventive und therapeutische Ansätze der Bewegungs- und Sportmedizin.* Heidelberg, Berlin: Springer.

Baur, J. & Brettschneider, W.-D. (1994). *Der Sportverein und seine Jugendlichen.* Aachen: Meyer & Meyer.

Baur, J. (1989). *Körper- und Bewegungskarrieren.* Schorndorf: Hofmann.

Bausinger, H. (2006). *Sportkultur.* Tübingen: Attempto.

Bayertz, K. (2012). *Der aufrechte Gang. Eine Geschichte des anthropologischen Denkens.* München: Beck.

Becker, F. & Schäfer, R. (Hrsg.). (2016). *Sport und Nationalsozialismus.* Göttingen: Wallstein.

Becker, P. & Schirp, J. (Hrsg.). (1995). *Jahrbuch der bsj.* Marburg.

Becker, P. (2006). Gesundheit und Gesundheitsmodelle. In K. Bös & W. Brehm (Hrsg.), *Handbuch Gesundheitssport* (S. 31–41). Schorndorf: Hofmann.

Becker, P. (1994). *Sozialarbeit mit Körper und Bewegung* (4. Auflage). Frankfurt: AFRA.

Beckers, E. (1993). Der Instrumentalisierungs-Vorwurf: Ende des Nachdenkens oder Alibi für die eigene Position? *Sportwissenschaft, 23,* 233–258.

Begov, F. (1980). Einführung in die Geschichte des Sports und der Leibeserziehung der Neuzeit. In O. Grupe (Hrsg.), *Einführung in die Theorie der Leibeserziehung und des Sports* (5. Auflage) (S. 24–59). Schorndorf: Hofmann.

Berg. A. & Keul, J. (1988). Leistungsfähigkeit und Belastbarkeit des weiblichen Organismus. In K. G. Wurster & E. Keller (Hrsg.), *Frau im Leistungssport* (S. 144–156). Berlin: Springer.

Berger, P. L. & Luckmann, T. (1980). *Die gesellschaftliche Konstruktion der Wirklichkeit.* Frankfurt am Main: Fischer.

Bergius, R. (1964). Einfache Lernvorgänge. In R. Bergius (Hrsg.), *Handbuch der Psychologie, Bd. 1/2* (S. 147–224). Göttingen: Hogrefe.

Bergner, K. (1986). *Sport als Leistungsfach in der reformierten gymnasialen Oberstufe.* Dissertation, Eberhard-Karls-Universität Tübingen.

Bernett, H. (1993a). „Faschisierung des Körpers" – eine Fiktion. *Spectrum der Sportwissenschaft, 5,* 68-75.

Bernett, H. (1993b). Das Ende des Nachdenkens. Antwort an Edgar Beckers. *Sportwissenschaft, 23,* 404–409.

Bernett, H. (1981). Der Beitrag der Sportgeschichte zur Bewußtseinsbildung von Sportpädagogen. Ein Trendbericht. *sportunterricht, 30,* 337–344.

Bernett, H. (1971). *Die pädagogische Neugestaltung der bürgerlichen Leibesübungen durch die Philanthropen* (3. Auflage). Schorndorf: Hofmann.

Bernett, H. (1975). *Grundformen der Leibeserziehung* (3. Auflage). Schorndorf: Hofmann.

Bernett, H. (1994). *Körperkultur und Sport. Dokumentation eines geschlossenen Systems.* Schorndorf: Hofmann.

Bernett, H. (1966). *Nationalsozialistische Leibeserziehung. Eine Dokumentation ihrer Theorie und Organisation* (Neuauflage 2008, hrsg. von Hans-Joachim Teichler und Berno Bahro). Schorndorf: Hofmann.

Bernett, H. (1985). *Sportunterricht an der nationalsozialistischen Schule. Der Schulsport an den höheren Schulen Preußens 1933–1940.* Sankt Augustin: Richarz.

Bette, K.-H. (1989). *Körperspuren. Zur Semantik und Paradoxie moderner Körperlichkeit.* Berlin: Walter de Gruyter.

Bette, K.-H. (1996). *Wissenschaftliche Beratung des Sports: Möglichkeiten, Grenzen, Voraussetzungen.* Schorndorf: Hofmann.

Bette, K.-H. (2005). *Körperspuren. Zur Semantik und Paradoxie moderner Körperlichkeit* (2. Auflage). Berlin: Walter de Gruyter.

Bielefeld, J. (Hrsg.). (1986). *Körpererfahrung. Grundlage menschlichen Bewegungsverhaltens.* Göttingen: Hogrefe.

Bildungskommission NRW (1995). *Denkschrift der Kommission des Landes NRW: Zukunft der Schule – Schule der Zukunft.* Berlin: Luchterhand.

Binder, D., Culpan, I., Naul, R. & Rychtecký, A. (2017). *Teaching Olympic education. An international review.* London, New York: Routledge.

Blankertz, H. (1992). *Die Geschichte der Pädagogik von der Aufklärung bis zur Gegenwart.* Wetzlar: Büchse der Pandora.

Blomberg, C. & Neuber, N. (Hrsg.). (2015). *Männliche Selbstvergewisserung im Sport. Beiträge zur geschlechtssensiblen Förderung von Jungen.* Wiesbaden: Springer.

Blumenberg, H. (1988). *Matthäuspassion.* Frankfurt: Suhrkamp.

Bly, R. (1997). *Die kindliche Gesellschaft. Über die Weigerung, erwachsen zu werden* (Aus dem Englischen übersetzt von Klaus Fritz und Reinhard Tiffert). München: Kindler.

Bode, R. (1925). Rhythmus und Körpererziehung (2. Auflage). Jena: Diederichs.
Bodenmann, G., Perrez, M. & Schär, M. (2016). Klassische Lerntheorien. Grundlagen und Anwendungen in Erziehung und Psychotherapie (Psychologie Lehrtexte). Bern: Huber.
Böhm, W. (1988). Wörterbuch der Pädagogik (13. Auflage). Stuttgart: UTB.
Bollenbeck, G. (1994). Bildung und Kultur. Frankfurt, Leipzig: Insel.
Bollnow, O. F. (1973). Anthropologische Pädagogik. Tokio: Tamagawa University Press.
Bollnow, O. F. (1968). Der Erfahrungsbegriff in der Pädagogik. Zeitschrift für Pädagogik, 14, 220–252.
Bollnow, O. F. (1965). Die anthropologische Betrachtungsweise in der Pädagogik. Essen: Neue-Dt.-Schule-Verlag-Ges.
Bollnow, O. F. (1977). Die Pädagogik der deutschen Romantik (3. Auflage). Stuttgart: Kohlhammer.
Bollnow, O. F. (1991). Pädagogische Anthropologie als Integrationskern der Allgemeinen Pädagogik. In A. Flitner & H. Scheuerl (Hrsg.), Einführung in pädagogisches Sehen und Denken (S. 196–207). Weinheim, Basel: Beltz.
Bollnow, O. F. (1978). Vom Geist des Übens (Neuauflage 1991). Freiburg: Springer.
Bollnow, O. F. (1974). Was ist Erfahrung? In R. E. Vente (Hrsg.), Erfahrung und Erfahrungswissenschaft (S. 19–29). Stuttgart: Kohlhammer.
Boltanski, L (1976). Die soziale Verwendung des Körpers. In D. Kamper & V. Rittner, Zur Geschichte des Körpers (S. 138–183). München: Carl Hanser.
Borchert, T. (2013). Förderung sportlicher Begabung und soziale Unterstützung an Eliteschulen des Sports in Brandenburg. Univ., Diss. Chemnitz.
Boriss, K. (2015). Lernen und Bewegung im Kontext der individuellen Förderung. Förderung exekutiver Funktionen in der Sekundarstufe I. Wiesbaden: Springer.
Bös, K. & Brehm, W. (Hrsg.). (2006). Handbuch Gesundheitssport. Schorndorf: Hofmann.
Bös, K. (2001). Handbuch sportmotorischer Tests (Neuauflage 2017). Göttingen: Hogrefe.
Bös, K. (1993). Sport und Gesundheit. Sportpsychologie, 7, 9–15.
Bourdieu, P. (1982). Die feinen Unterschiede. Frankfurt: Suhrkamp.
Bourdieu, P. (1985). Historische und soziale Voraussetzungen modernen Sports. Merkur, 39 (437), 575–590.
Braunmühl, E. v. (2006). Antipädagogik. Studien zur Abschaffung der Erziehung. Leipzig: tologo.
Bräutigam, M. (2015). Sportdidaktik – ein Lehrbuch in 12 Lektionen. Aachen: Meyer & Meyer.
Breivik, G. (2003). Doping Games in Elite Sports. In M. Krüger, Menschenbilder im Sport (S. 155–173). Schorndorf: Hofmann.
Brettschneider, W.-D., Baur, J. & Bräutigam, M. (Hrsg.). (1989). Sport im Alltag von Jugendlichen. Schorndorf: Hofmann.
Brettschneider, W.-D. & Kleine, T. (2002). Jugendarbeit im Sportverein Anspruch und Wirklichkeit. Eine Evaluationsstudie. Schorndorf: Hofmann.
Breuer, C. (2017). Sportentwicklungsbericht. Analyse zur Situation der Sportvereine in Deutschland (2 Teilbände). Köln: Sportverlag Strauß.
Brinkhoff, K.-P. & Ferchhoff, W. (1990). Jugend und Sport. Eine offene Zweierbeziehung. Zürich: Interfrom.
Brinkhoff, K.-P. (1992). Zwischen Verein und Vereinzelung. Jugend und Sport im Individualisierungsprozess. Schorndorf: Hofmann.
Brüggemann, P. & Krahl, H. (2000). Belastungen und Risiken im weiblichen Kunstturnen (2 Bände, Schriftenreihe des Bundesinstituts für Sportwissenschaft). Schorndorf: Hofmann.
Brunn, F. M. (2014). Sportethik. Berlin: Walter de Gruyter.

Budrich, B. (2010). *Handbuch Frauen- und Geschlechterforschung. Theorie, Methoden, Empirie.* Wiesbaden: Springer.

Bühler, K. (1991). Funktionslust und Spiel (1927). In H. Scheuerl, *Beiträge zur Theorie des Spiels* (S. 92–97). Weinheim: Beltz.

Bühler, P. (2016). *Medienkompetenz. Digitale Medien verstehen – erstellen – einsetzen.* Stuttgart: Holland und Josenhans.

Butler, J. (2003). *Das Unbehagen der Geschlechter* (dt. Original 1991). Frankfurt a. M.: Suhrkamp.

Buytendijk, F. J. J. (1956). *Allgemeine Theorie der menschlichen Haltung und Bewegung* (Reprint 1972). Berlin, Göttingen, Heidelberg: Springer.

Buytendijk, F. J. J. (1967). Das Fußballspiel. In H. Plessner, H. E. Bock & O. Grupe, *Sport und Leibeserziehung. Sozialwissenschaftliche, pädagogische und medizinische Beiträge* (S. 95–102). München: Piper.

Cachay, K. (1990). Versportlichung der Gesellschaft und Entsportung des Sports. In H. Gabler & U. Göhner, *Für einen besseren Sport* (S. 97–113). Schorndorf: Hofmann.

Caillois, R. (1960). *Die Spiele und die Menschen. Maske und Rausch.* Stuttgart: Schwab.

Caruso, I. A. (1963). Werden und ‚Entwerden' im Handeln. In E. Wiesenhütter (Hrsg.), *Werden und Handeln. Festschrift für V. E. Freiherr von Gebsattel* (S. 218–234). Stuttgart: Hippokrates.

Christensen, K., Guttmann, A. & Pfister, G. (Eds.). (2001). *International Encyclopedia of Women and Sport.* New York: Macmillan Reference.

Conzelmann, A. & Gabler, H. (1993). Entwicklungstheoretische Konzepte und ihre Anwendung im Sport. In H. Gabler, J. H. Nitsch & R. Singer (Hrsg.), *Einführung in die Sportpsychologie* (S. 25–64). Schorndorf: Hofmann.

Conzelmann, A. (2001). *Sport und Persönlichkeitsentwicklung.* Schorndorf: Hofmann.

Coubertin, P. de (1971). Die philosophischen Grundlagen des modernen Olympismus (1935). In A. Brundage u. a., *Die Olympischen Spiele* (S. 47–5). Stuttgart: Reclam.

Coubertin, P. de (1967). *Der Olympische Gedanke. Reden und Aufsätze.* Schorndorf: Hofmann.

Cube, F. von (1993). *Besiege Deinen Nächsten wie Dich selbst. Aggression im Alltag* (3. Auflage). München: Piper.

Cube, F. von (1988). *Fordern statt Verwöhnen.* München: Piper.

Czwalina, C. (Hrsg.). (1988). *Methodisches Handeln im Sportunterricht.* Schorndorf: Hofmann.

Danzer, G. (2011). *Wer sind wir? Auf der Suche nach der Formel des Menschen. Anthropologie im 20. Jahrhundert – Mediziner, Philosophen und ihre Theorien, Ideen und Konzepte.* Berlin, Heidelberg: Springer.

Daugs, R. et al. (1998). *Kinder und Jugendliche im Leistungssport.* Schorndorf: Hofmann.

Daume, W. (1990). Haben die Olympischen Spiele und die Olympische Idee (noch) eine Zukunft? In O. Grupe, *Kulturgut oder Körperkult* (S. 273–288). Tübingen: Attempto.

Denk, H. & Hecker, G. (Hrsg.). (1971/1985). *Texte zur Sportpädagogik. Teil I/II.* Schorndorf: Hofmann.

Derecik, A. & Tiemann, H. (2019). Integration im Sport – Inklusion im Sport – Diskurse und Perspektiven. In A. Güllich & M. Krüger (Hrsg.), *Handbuch Sport und Sportwissenschaft. Teil 2: Sport in Kultur und Gesellschaft* (im Druck). Wiesbaden: Springer.

Deutscher Sportbund (Hrsg.). (1986b). *Die Zukunft des Sports. Materialien zum Kongreß „Menschen im Sport 2000".* Schorndorf: Hofmann.

Deutscher Sportbund (1986a). *Berichte des Präsidiums 1978–82, 1982–86.* Frankfurt a. M.: Eigenverlag.

Deutscher Sportbund (1985). *Zweites Aktionsprogramm für den Schulsport.* Frankfurt a. M.: Eigenverlag.

Dieckert, J. (Hrsg.). (1974). *Freizeitsport*. Düsseldorf: Springer.

Dieckert, J. & Wopp, C. (Hrsg.). (2002). *Handbuch Freizeitsport*. Schorndorf: Hofmann.

Diem, C. *(1982)*. *Ausgewählte Schriften* (3 Bände. Hrsg. vom Carl Diem-Institut). St. Augustin: Richarz.

Diem, C. (1967). *Der Olympische Gedanke. Reden und Aufsätze*. Schorndorf: Hofmann.

Diem, C. (1969). *Wesen und Lehre des Sports und der Leibeserziehung* (5. Auflage). Berlin: Georg Olms.

Diem, C. (1960). *Wesen und Lehre des Sports und der Leibeserziehung* (2. Auflage). Berlin: Georg Olms.

Dierkes, E. (1985). *Jugendverbandsarbeit im Sport*. Schorndorf: Hofmann.

Dietrich, K., Heinemann, H. & Schubert, M. (1990). *Kommerzielle Sportanbieter*. Schorndorf: Hofmann.

Dietrich, K. & Landau, G. (1990). *Sportpädagogik. Grundlagen – Positionen – Tendenzen*. Reinbek: Rowohlt.

Digel, H. u. a. (1990a). *Turn- und Sportvereine. Strukturen – Probleme – Trends*. Aachen: Meyer & Meyer.

Digel, H. (1990b). Die Versportlichung unserer Kultur und deren Folgen für den Sport – ein Beitrag zur Uneigentlichkeit des Sports. In H. Gabler & U. Göhner, *Für einen besseren Sport* (S. 73–96). Schorndorf: Hofmann.

Digel, H. (1995). *Sport in a Changing Society: Sociological Essays*. Schorndorf: Hofmann.

Digel, H. (1982). *Sport verstehen und gestalten*. Reinbek: Rowohlt.

Digel, H. (1992). Sportwissenschaft in der Zeitschrift „Sportwissenschaft" – formale Strukturen und inhaltliche Merkmale. *Sportwissenschaft, 22,* 60–85.

Digel, H. (1986). Über den Wandel der Werte in Gesellschaft, Freizeit und Sport. In K. Heinemann, *Die Zukunft des Sports: Materialien zum Kongreß „Menschen im Sport"* (S. 14–43). Schorndorf: Hofmann.

Drees, L. (1962). *Der Ursprung der Olympischen Spiele*. Schorndorf: Hofmann.

DSB (Hrsg.). (2006). *DSB-SPRINT-Studie. Eine Untersuchung zur Situation des Schulsports in Deutschland*. Aachen: Meyer & Meyer.

Düding, D. (1984). *Organisierter gesellschaftlicher Nationalismus in Deutschland (1808–1847)*. München: Oldenbourg.

Dunning, E., Murphy, P. & Williams, J. (Eds.). (1989). *The roots of football hooliganism – an historical and sociological study*. London: Routledge.

Egger, K. (1975). *Lernübertragung in der Sportpädagogik*. Basel: Birkhäuser.

Eichberg, H. (1973). *Der Weg des Sports in die industrielle Zivilisation* (2. Auflage 1979). Baden-Baden: Springer.

Eichberg, H. (1978). *Leistung, Spannung, Geschwindigkeit. Sport und Tanz im gesellschaftlichen Wandel des 18. und 19. Jahrhunderts*. Stuttgart: Klett-Cotta.

Eisenberg, G. & Gronemeyer, R. (Hrsg.). (1993). *Jugend und Gewalt*. Reinbek: Rowohlt.

Elflein, P. (2002). *Sportpädagogik und Sportdidaktik*. Baltmannsweiler: Schneider.

Elias, N. (1976). *Über den Prozess der Zivilisation. Soziogenetische und psychogenetische Untersuchungen* (2 Bände). Frankfurt: Suhrkamp.

Elias, N. & Dunning, E. (1986). *Quest for Excitement. Sport and Leisure in the Civilizing Process*. Oxford: University College Dublin Press.

Elias, N. (1983). *Die höfische Gesellschaft*. Frankfurt: Suhrkamp.

Emrich, E., Gassmann, F., Schmidt, F. & Pierdzioch, C. (2017). Motive, Nutzenerwartungen und zeitliches Engagement von Ehrenamtlichen im Sport – eine empirische Untersuchung. In D. Jütting & M. Krüger, *Sport für alle* (S. 111–135). Münster: Waxmann.

Fessler, N. & Linder, V. (2018). *Yoga der Achtsamkeit für jedes Alter jeden Tag*. Schorndorf: Hofmann.

Fessler, N., Hummel, A. & Stibbe, G. (Hrsg.). (2010). *Handbuch Schulsport* (Beiträge zur Lehre und Forschung im Sport, 176). Schorndorf: Hofmann.

Flitner, A. u. a. (1963). *Wege zur pädagogischen Anthropologie.* Heidelberg: Quelle & Meyer.

Flitner, A. & Scheuerl, H. (Hrsg.). (1967). *Einführung in pädagogisches Sehen und Denken* (Neuauflage 2005). München: Piper.

Flitner, A. (1996). *Spielen – Lernen. Praxis und Deutung des Kinderspiels* (10. erw. Auflage). Weinheim: Beltz.

Focus-Marktstudie. (2002). *Der Markt für Fitness und Wellness. Daten, Fakten, Trends.* Weinheim: Beltz.

Franke, A. (2012). *Modelle von Gesundheit und Krankheit* (Programmbereich Gesundheit) (3., überarb. Aufl.). Bern: Huber.

Franke, A. (2012). *Modelle von Gesundheit und Krankheit* (3., überarb. Aufl.). Bern: Huber.

Frankl, V. E. (1973). Zwei Symposiumsbeiträge. In O. Grupe u. a. (Hrsg.), *Sport in unserer Welt* (S. 29 f., S. 88 f.). Berlin, Heidelberg, New York: Springer.

Frey, G. & Hildenbrandt, E. (1994). *Einführung in die Trainingslehre. Teil 1.* Grundlagen. Schorndorf: Hofmann.

Frey, G. & Hildenbrandt, E. (1995). *Einführung in die Trainingslehre. Teil 2: Anwendungsfelder.* Schorndorf: Hofmann.

Fröbel, F. (1951). *Die Menschenerziehung (1826)* (Band 2 der „Ausgewählten Schriften", hrsg. von E. Hoffmann). Leipzig: Nemnich.

Fromme, J. & Stoffers, M. (Hrsg.). (1988). *Freizeit im Lebensverlauf, Schwerpunkte und Perspektiven der Freizeitkulturforschung – Perspektiven für Kultur und Pädagogik.* Bielefeld: DGFF.

Frost, W. u. a. (1991). *Studienmaterialien zur Sportwissenschaft. Quellenauszüge zur Sportgeschichte Teil II: 1945–1970 (DDR-Sport).* Braunschweig, Magdeburg: Eigenverlag.

Frucht, A.-H. (1960). *Die Grenzen der menschlichen Leistungsfähigkeit im Sport.* Berlin: Akademie.

Fuchs, R. & Gerber, M. (Hrsg.). (2017). *Handbuch Stressregulation und Sport.* Berlin, Heidelberg: Springer.

Fuchs, R. & Schlicht, W. (Hrsg.). (2012). *Seelische Gesundheit und sportliche Aktivität.* Göttingen: Hogrefe.

Funke, J. (Hrsg.). (1983). *Sportunterricht als Körpererfahrung.* Reinbek: Rowohlt.

Funke, J. (1990). Im Handeln eintreten – wofür? Das Normenproblem in der Sportpädagogik aus der Sicht eines kritischen Pädagogen. In K. Scherler (Hrsg.), *Normative Sportpädagogik* (dvs-Protokolle, 41) (S. 14–29). Clausthal-Zellerfeld: Dvs.

Funke, J. (1980). Körpererfahrungen und ihre pädagogische Bedeutung. *Sportpädagogik, 4,* 13–20.

Funke, J. (1988). Ringen und Raufen. *Themenheft der Zeitschrift Sportpädagogik, 12,* 13–24.

Funke, J. (1987). Über den didaktischen Ansatz der Körpererfahrung. In D. Peper & E. Christmann (Hrsg.), *Zur Standortbestimmung der Sportpädagogik* (S. 94–108). Schorndorf: Hofmann.

Funke, J. (1981). Vergessene Körperlichkeit. *Sportpädagogik, 5,* 64–65.

Funke-Wieneke, J. (Hrsg.). (1983). *Sportunterricht als Körpererfahrung.* Reinbek: Rowohlt.

Funke-Wieneke, J. (2004). *Bewegungs- und Sportpädagogik.* Baltmansweiler: Schneider.

Gabler, H. & Göhner, U. (Hrsg.). (1990). *Für einen besseren Sport ... Themen, Entwicklungen und Perspektiven aus Sport und Sportwissenschaft* (Festschrift für Ommo Grupe zum 60. Geburtstag). Schorndorf: Hofmann.

Gabler, H. & Mohr, C. (1996). Motivation zur Fairneß im Sport. *Sportwissenschaft, 26,* 290–314.

Gabler, H. & Timm, W. (Hrsg.). (1993). *Die Vereine des Deutschen Tennis Bundes.* Hamburg: Czwalina.

Gabler, H. (1990). Fair geht vor – Sport zwischen Aggression und Fairneß. In O. Grupe (Hrsg.), *Kulturgut oder Körperkult? Sport und Sportwissenschaft im Wandel* (S. 172–194). Tübingen: Attempto.

Gabler, H. (2002). *Motive im Sport.* Schorndorf: Hofmann.

Gadamer, H.-G. (1994). *Über die Verborgenheit der Gesundheit.* Frankfurt: Suhrkamp.

Gagné, R. M. (1980). *Die Bedingungen des menschlichen Lernens* (1. Auflage 1969). Hannover: Schroedel.

Gehlen, A. (1986). *Anthropologische und sozialpsychologische Untersuchungen.* Reinbek: Rowohlt.

Giesecke, H. (1985). *Das Ende der Erziehung.* Stuttgart: Klett-Cotta.

Giesecke, H. (1993). *Hitlers Pädagogen.* München: Juventa.

Gieseler, K., Grupe, O. & Heinemann, K. (Hrsg.). (1988). *Menschen im Sport 2000.* Schorndorf: Hofmann.

Gillmeister, H. (1990). *Kulturgeschichte des Tennis.* München: Fink.

Girginov, V. & Parry, J. (2005). *The Olympic Games explained. A student guide to the evolution of the modern Olympic Games.* New York: Routledge.

Gissel, N. (2007). Von der neuen Theorie des Geistes zu einer neuen Pädagogik des Körpers? *Sportwissenschaft, 37,* 3–18.

Gissel, N. (2019). *Kritisch-Konstruktive Sportpädagogik: Studien zur Bildungstheorie und Didaktik des Sports.* Baltmannsweiler: Schneider.

Goffman, E. (1973). *Wir alle spielen Theater* (2. Auflage). München: Piper.

Goffman, E. (1981). *Strategische Interaktion.* München: Hanser.

Göhner, U. (1979). *Bewegungsanalyse im Sport.* Schorndorf: Hofmann.

Göhner, U. (1992). *Einführung in die Bewegungslehre des Sports. Teil 1: Die sportlichen Bewegungen.* Schorndorf: Hofmann.

Granacher, U., Mechling, H. & Völcker-Rehage, C. (Hrsg.). (2018). *Handbuch Bewegungs- und Sportgerontologie.* Schorndorf: Hofmann.

Grell, J. & Grell, M. (1983). *Unterrichtsrezepte.* Weinheim, Basel: Beltz.

Gribble, D. (1991). *Auf der Seite der Kinder.* Weinheim, Basel: Beltz.

Gribble, D. (2000). *Schule im Aufbruch. Neue Wege des Lernens in der Praxis.* Freiamt: Mit-Kindern-Wachsen-Verlag.

Größing, S. (1993). *Bewegungskultur und Bewegungserziehung. Grundlagen einer sinnorientierten Bewegungspädagogik.* Schorndorf: Hofmann.

Größing, S. (2001). *Einführung in die Sportdidaktik* (8. Auflage; 9. überarbeitete und erweiterte Auflage 2007). Wiebelsheim: Hofmann.

Grupe, O. (2013). Die Olympische Idee ist eine „Erziehungsidee". In A. Hofmann & M. Krüger (Hrsg.), *Olympia als Bildungsidee-Beträge zur olympischen Geschichte und Pädagogik* (S. 9–22). Wiesbaden: Springer.

Grupe, O. (Hrsg.). (1980). *Einführung in die Theorie der Leibeserziehung und des Sports* (5. Auflage). Schorndorf: Hofmann.

Grupe, O. (Hrsg.). (1997). *Olympischer Sport. Rückblick und Perspektiven.* Schorndorf: Hofmann.

Grupe, O., Kofink, H. & Michael, K. (2004). Gegen die Verkürzung von Bildung auf Bildungsstandards im Schulsport. *Sportwissenschaft, 34,* 484–495.

Grupe, O., Gabler, H. & Göhner, U. (Hrsg.). (1983). *Spiel, Spiele, Spielen.* Schorndorf: Hofmann.

Grupe, O. & Huber, W. (Hrsg.). (2000). *Zwischen Kirchturm und Arena.* Stuttgart: Kreuz.

Grupe, O. & Mieth, D. (Hrsg.). (1998). *Lexikon der Ethik im Sport.* Schorndorf: Hofmann.

Grupe, O. (1982). *Bewegung, Spiel und Leistung im Sport. Grundthemen der Sportanthropologie.* Schorndorf: Hofmann.

Grupe, O. (1967). Bildungsaufgaben und Bildungsmotive der Leibeserziehung. In H. Plessner, H. E. Bock & O. Grupe (Hrsg.), *Sport und Leibeserziehung* (S. 123–137). München: Piper.

Grupe, O. (1995). Erfahrungen im Sport. In H. J. Schaller & D. Pache (Hrsg.), *Sport als Bildungschance und Lebensform. Festschrift für Heinz Denk* (S. 20–26). Schorndorf: Hofmann.

Grupe, O. (1984b). *Grundlagen der Sportpädagogik* (3. Auflage) (1. Auflage 1969). Schorndorf: Hofmann.

Grupe, O. (1984a). Kinderhochleistungssport aus pädagogischer Sicht. *sportunterricht, 33,* 409–419.

Grupe, O. (1988b). Von der Verantwortung der Person und der Verpflichtung der Organisation. In K. H. Gieseler, O. Grupe & K. Heinemann (Hrsg.), *Menschen im Sport 2000* (S. 44–66). Schorndorf: Hofmann.

Grupe, O. (1987). *Sport als Kultur.* Zürich: Interfrom.

Grupe, O. (2000). *Vom Sinn des Sports.* Schorndorf: Hofmann.

Grupe, O. (1988). Von der Leibeserziehung zum Sportunterricht. Rückblick auf vierzig Jahre Fachdidaktik. In C. Czwalina (Hrsg.), *Methodisches Handeln im Sportunterricht – Analysen und Reflexionen zur Methodik in der Sportdidaktik* (S. 12–32). Schorndorf: Hofmann.

Grupe, O. (1983). Was wir im Sport lernen und erfahren können. In H. Digel (Hrsg.), *Lehren im Sport* (S. 39–51). Reinbek: Rowohlt.

Güldenpfennig, S. (2012). *Macht und Ohnmacht der Sportidee. Sport im Spannungsfeld von Machbarkeit und Rechtfertigung.* Hildesheim: Arete.

Güldenpfennig, S. (2013). *Rückbesinnung auf ein puristisches Sportverständnis. Neun Anlässe zum Umdenken.* Hildesheim: Arete.

Güldenpfennig, S. (1992). *Der politische Diskurs des Sports.* Aachen: Meyer & Meyer.

Güldenpfennig, S. (1996). *Sport: Autonomie und Krise.* St. Augustin: Springer.

Güllich, A. & Krüger, M. (Hrsg.). (2013). *Sport. Das Lehrbuch für das Sportstudium.* Berlin, Heidelberg: Springer.

Güllich, A. & Krüger (2013). Leistung und Wettkampf. In Dies., *Sport* (S. 529–548). Heidelberg. Berlin: Springer.

Güllich, A. & Richartz, A. (2015). Leistungssport. In W. Schmidt u. a. (Hrsg.), *Dritter Deutscher Kinder- und Jugendsportbericht. Kinder- und Jugendsport im Umbruch* (S. 140–161). Schorndorf: Hofmann.

Gumbrecht, H.-U. (2005). *Lob des Sports.* Frankfurt a. M.: Springer.

GutsMuths, J. Chr. F. (1957). *Gymnastik für die Jugend (1793)* (hrsg. von P. Marschner). Berlin (Ost): Sportverlag.

Guttmann, A. (1994). *Games and Nations. Modern Sports and Cultural Imperialism.* New York: Columbia University Press.

Guttmann, A. (2004). *Sports. The First Five Millennia.* New York: University of Massachusetts Press.

Guttmann, A. (1987). Ursprünge, soziale Basis und Zukunft des Fair Play. *Sportwissenschaft, 17,* 9 ff.

Guttmann, A. (1979). *Vom Ritual zum Rekord. Das Wesen des modernen Sports.* Schorndorf: Hofmann.

Guttmann, A. (1991). *Women's Sports. A History.* New York: Columbia University Press.

Haag, H., Grupe, O. & Kirsch, A. (Eds.). (1992). *Sport Science in Germany*. Berlin: Springer.

Haag, H. & Heinemann, K. (1987). *Berufsfeld Sport*. Schorndorf: Hofmann.

Haag, H. & Hummel, A. (2001). *Handbuch Sportpädagogik* (Band 133) (2., erw. Auflage 2009). Schorndorf: Hofmann.

Haag, H., Kirsch, A. & Kindermann, W. (1991). *Dokumente zu Sport, Sporterziehung und Sportwissenschaft*. Schorndorf: Hofmann.

Haag, H. (1989). Sportpädagogik. In H. Haag (Hrsg.), *Theorie und Themenfelder der Sportwissenschaft: Orientierungshilfen zur Konzipierung Sport wissenschaftlicher Untersuchungen* (S. 48–69). Schorndorf: Hofmann.

Haag, H. (Hrsg.). (1989). *Theorie- und Themenfelder der Sportpädagogik* (Neuauflage 2003 und 2006). Schorndorf: Hofmann.

Hagemann-White, C. (1984). *Sozialisation: Weiblich oder männlich?* Opladen: Leske + Budrich.

Hamer, E. (1989). *Die Anfänge der „Spielbewegung" in Deutschland*. London: Arena.

Harris, J. R. (2002). *Ist Erziehung sinnlos? Die Ohnmacht der Eltern*. Reinbek: Rowohlt.

Hartmann-Tews, J. & Mrazek, J. (1994). *Der berufliche Werdegang von Diplom-Sportlehrern und Diplom-Sportlehrerinnen*. Köln: Sport und Buch Strauß.

Hautzinger, M. (1990). Lernen bei psychischer Beeinträchtigung und Depression. In W. Kleine & M. Hautzinger (Hrsg.), *Sport und psychisches Wohlbefinden* (S. 26–32). Aachen: Meyer & Meyer.

Havighurst, H. J. (1972). *Developmental Task and Education* (3rd edition). New York: University of Chicago Press.

Heim, R. & Kuhlmann, D. (Hrsg.). (1995). *Sportwissenschaft studieren*. Wiesbaden: Limpert.

Heinemann, K. (1995). *Einführung in die Ökonomie des Sports: ein Handbuch*. Schorndorf: Hofmann.

Heinemann, K. (2007). *Einführung in die Soziologie des Sports* (5., überarb. u. aktualisierte Auflage). Schorndorf: Hofmann.

Heinemann, K. (1998). *Sportökonomik*. Schorndorf: Hofmann.

Heitmeyer, W. (Hrsg.). (1994). *Das Gewalt-Dilemma*. Frankfurt: Suhrkamp.

Helmke, C., Naul, R. & Rode, J. (1991). Zur Lehrplanentwicklung und Lehrplanreform des Sportunterrichts in der ehemaligen DDR und in den neuen Bundesländern. *sportunterricht, 40,* 382–395.

Henrich, D. (2007). *Denken und Selbstsein. Vorlesungen über Subjektivität*. Frankfurt a. M.: Suhrkamp.

Hentig, H. von. (2003). *Rousseau oder die wohlgeordnete Freiheit*. München: CH Beck.

Hentig, H. von (1993). *Die Schule neu denken*. München: Hanser.

Heringer, H. J. (1974). *Praktische Semantik*. München: Klett.

Heringer, H. J. (1990). Regeln und Fairneß. *Sportwissenschaft, 20,* 27 ff.

Hetzer, H. (1971). *Spielen lernen – Spielen lehren*. München: Don-Bosco.

Heubach, P. (2013). *Inklusion im Sport. Schul- und Vereinssport im Fokus*. Hamburg: disserta.

Hilmer, J. (1969). *Grundzüge einer pädagogischen Theorie der Bewegungsspiele*. Hannover: Schroedel.

Hinsching, J. & Hummel, A. (Hrsg.). (1997). *Schulsport und Schulsportforschung in Ostdeutschland 1945–1990*. Aachen: Meyer & Meyer.

Hirschmann, F. (2017). *Chronischer Stress im Nachwuchsleistungssport*. Dissertation. Passau: Universität Passau.

Hirth, G. (Hrsg.). (1893). *Das gesamte Turnwesen* (1865) (2. Auflage, hrsg. von R. Gasch). Hof: Lion.

Hoberman, J. (1992). *Mortal Engines. The Science of Performance and the Dehumanisation of Sport* (dt. Übers. von Jürgen Schiffer, 1994: Sterbliche Maschinen. Doping und die Unmenschlichkeit des Hochleistungssports. Aachen: Meyer & Meyer). New York, Toronto: Palmgrave.

Hofmann, A. R. & Krüger, M. (Hrsg.). (2013). *Olympia als Bildungsidee. Beiträge zur olympischen Geschichte und Pädagogik.* Wiesbaden: Springer.

Höfer, A. (1994). *Der Olympische Friede. Anspruch und Wirklichkeit einer Idee.* St. Augustin: Academia.

Hoffmann, K., Sallen, J. & Richartz, A. (2009). *Kinder im Leistungssport. Chronische Belastungen und protektive Ressourcen* (Beiträge zur Lehre und Forschung im Sport, 170). Schorndorf: Hofmann.

Hollmann, W. (1962). *Höchst- und Dauerleistungsfähigkeit des Sportlers.* München: Barth.

Hollmann, W. (1988). Was ist gesund am Sport? Prävention, Rehabilitation und Wohlbefinden des Menschen. In In K. H. Gieseler, O. Grupe & K. Heinemann (Hrsg.), *Menschen im Sport 2000* (S. 235–250). Schorndorf: Hofmann.

Holt, R. (1989). *Sport and the British. A Modern History.* Oxford: University Press.

Horkheimer, M. & Adorno, T. (1985). *Dialektik der Aufklärung. Philosophische Fragmente* (1. Aufl. 1949). Frankfurt a. M.: Fischer.

Huber, G. (1996). Krankenkassen. In H. Rieder, G. Huber & J. Werle (Hrsg.), *Sport mit Sondergruppen. Ein Handbuch* (S. 508–516). Schorndorf: Hofmann.

Hübner, H. (2017). Sportentwicklung und Sportpolitik in den Städten. Zwischen zeitgemäßem Sparen und zukunftsfähiger Förderung. In D. H. Jütting & M. Krüger (Hrsg.), *Sport für alle: Idee und Wirklichkeit* (S. 48–63). Münster: Waxmann.

Huizinga, J. (1987). *Homo Ludens. Vom Ursprung der Kultur im Spiel* (1938). Reinbek: Rowohlt.

Humboldt, W. von (1964). *Schriften zur Anthropologie und Bildungslehre* (Hrsg. von Flitner) (2. Auflage). München: Küpper.

Hummel, A. (1995). Historische und gegenwärtige Modelle zum Schulsport in der Diskussion. *Körpererziehung, 45,* 83–88.

Hurrelmann, K. (1990). *Einführung in die Sozialisationstheorien.* Weinheim: Beltz.

Hurrelmann, K. (1994). *Lebensphase Jugend* (1. Auflage 1989). Weinheim: Beltz.

Jahn, F. L. ((Jahr?)). Die Deutsche Turnkunst (1816). In K. Euler (Hrsg.), *Jahns Werke. Band 2/1* (S. 1–156). Hof: GA Grau & Cie.

Jaitner, D. & Körner, S. (Hrsg.). (2018). *Soziale Funktionen von Sportvereinen: revisited.* Berlin: Lehmanns Media GmbH.

Jütting, D. & Krüger, M. (Hrsg.). (2017). *Sport für alle.* Münster: Waxmann.

Kaminski, G., Mayer, R. & Ruoff, B. A. (1984). *Kinder und Jugendliche im Hochleistungssport.* Schorndorf: Hofmann.

Kaminski, G. (2006). *Sport, Handeln und Umwelt* (Hrsg. von G. Drexel). Tübingen: Attempto.

Kampshoff, M. & Wiepcke, C. (Hrsg.). (2012). *Handbuch Geschlechterforschung und Fachdidaktik.* Wiesbaden: Springer.

Kannicht, R. (1997). Die Olympischen Spiele im alten Griechenland. In H. Bausinger (Hrsg.), *Olympischer Sport: Rückblick und Perspektiven* (S. 29–52). Schorndorf: Hofmann.

Kappe, R. (1910). Turnerei und Sport. *Körper und Geist, 18,* 257–265.

Kaufmann, M. & Priebe, A. (Hrsg.). (2010). *100 Jahre Odenwaldschule. Der wechselvolle Weg einer Reformschule.* Berlin: Vbb.

Keuchel, S. & Kelb, V. (Hrsg.). (2017). *Wertewandel in der kulturellen Bildung.* Bielefeld: transcript.

Key, E. (1991). *Das Jahrhundert des Kindes. Studien (1902)* (Hrsg. Von Herrmann, U.). Weinheim, Basel: Fischer.

Kircher, R. (1928). *Fair Play: The Games of Merry England.* London: B&W illus.

Klafki, W. (1967). Das pädagogische Problem der Leistung und die Leibeserziehung. In H. Plessner, H. Bock & O. Grupe (Hrsg.), *Sport und Leibeserziehung* (2. Auflage 1973 und 3. Auflage 1975) (S. 137–157). München: Piper.

Klafki, W. (1993). *Neue Studien zur Bildungstheorie und Didaktik: Beiträge zur kritisch-konstruktiven Didaktik* (3. Auflage). Weinheim, Basel: Beltz.

Klafki, W. (1963). *Studien zur Bildungstheorie und Didaktik.* Weinheim: Beltz.

Klages, L. (1960). *Der Geist als Widersacher der Seele* (4. Auflage). München, Bonn: Barth.

Kleindienst-Cachay, Chr. (1983). Soziales Lernen im Sport. In H. Schulke, *Kritische Stichwörter zum Sport* (S. 184–194). München: Fink.

Kleine Enzyklopädie Körperkultur und Sport (1979). Hrsg. von einem Autorenkollektiv unter Vorsitz von G. Erbach. (5. Auflage): Leipzig: Sportverlag.

Kleine, W. & Hautzinger, M. (Hrsg.). (1990). *Sport und psychisches Wohlbefinden.* Aachen: Meyer & Meyer.

Klier, F. (1990). *Lüg Vaterland. Erziehung in der DDR.* München: Kindler.

Kloss, M. (1867). *Die weibliche Turnkunst. ein Bildungsmittel zur Förderung der Gesundheit, Kraft und Anmuth des weiblichen Geschlechtes; für Eltern, Lehrer und Erzieherinnen.* Leipzig: Weber.

Knappe, W. (1994). Unterrichtskonzepte der DDR-Methodik. In M. Schierz, A. Hummel & E. Balzl (Hrsg.), *Sportpädagogik. Orientierungen – Leitideen – Konzepte* (S. 193–210). St. Augustin: Academia.

Knechtle, B. (2004). Der günstige Einfluss von körperlicher Aktivität auf Wohlbefinden und Psyche. *Schweizerische Rundschau für Medizin – Praxis, 93,* 1403–1411.

Knoll, M., Scheid, V. & Wegner, M. (Hrsg.). (2015). *Handbuch Behinderung und Sport* (Beiträge zur Lehre und Forschung im Sport, 188). Schorndorf: Hofmann.

Koch, K. (1878). *Der erziehliche Werth der Schulspiele.* Braunschweig: o.V.

Kofler, G. (1976). *Sport und Resozialisierung. Sportpädagogische Untersuchungen im Jugendstrafvollzug.* Schorndorf: Hofmann.

Kolb, M. (1995). Kritik der Gesundheit und des Gesundheitssports. Anmerkungen aus pädagogischer Sicht. In W. Schlicht & P. Schwenkmezger, *Grundlagen, Konzepte und empirische Befunde* (S. 21 ff.). Schorndorf: Hofmann.

Koller, H.-C. (2012). *Bildung anders denken. Einführung in die Theorie transformatorischer Bildungsprozesse.* Stuttgart: Kohlhammer.

Kölner Sportdidaktik (Hrsg.). (2016). *Lehrplanforschung. Analysen und Befunde.* Aachen: Meyer & Meyer.

Kommission Gesundheit des Deutschen Sportbundes und des deutschen Sportärztebundes. (1993). Definition Gesundheitssport. *Sportwissenschaft, 23,* 197 ff.

Kretschmer, E. (1921). *Körperbau und Charakter* (9. und 10. Auflage 1931). Berlin: Springer.

Krockow, C. Graf von (1970). Der Wetteifer in der industriellen Gesellschaft. In ADL, *Spiel und Wetteifer* (S. 212–226). Schorndorf: Hofmann.

Krockow, C. Graf von (1973). Die Bedeutung des Sports für die moderne Gesellschaft. In H. Plessner, H. E. Bock & O. Grupe, *Sport und Leibeserziehung Sozialwissenschaftliche, pädagogische und medizinische Beiträge* (Erziehung in Wissenschaft und Praxis 4) (S. 83–75). München: Piper.

Krockow, C. Graf von (1975). Sieben Thesen zur Leistungsdiskussion. In K. H. Gieseler, *Sport – Leistung – Gesellschaft. Eine zeitkritische Dokumentation des Deutschen Sportbundes* (S. 93–95). München: Piper.

Krockow, C. Graf von (1980). *Sport – Gesellschaft – Politik.* München: Piper.

Krockow, C. Graf von (1972). *Sport und Industriegesellschaft.* München: Piper.

Krockow, C. Graf von (1990). *Die Deutschen in ihrem Jahrhundert. 1890–1990.* Reinbek: Rowohlt.

Krüger, A. (1994). Anfänge einer Pädagogik des Wettkampfs. *Leistungssport, 24,* 38–42.

Krüger, A. (1989). Trainer brauchen Pädagogik. *Leistungssport, 19,* 31–34.

Krüger, M. (Hrsg.). (2010). *Johann Christoph Friedrich GutsMuths (1759–1839) und die philanthropische Bewegung in Deutschland.* Hamburg: Feldhaus.

Krüger, M. (Hrsg.). (2003). *Menschenbilder im Sport.* Schorndorf: Hofmann.

Krüger, M. (2004). *Einführung in die Geschichte der Leibeserziehung und des Sports. Teil 1. Von den Anfängen bis ins 18. Jahrhundert.* Schorndorf: Hofmann.

Krüger, M. (2005b). *Einführung in die Geschichte der Leibeserziehung und des Sports. Teil 2: Leibeserziehung im 19. Jahrhundert. Turnen fürs Vaterland* (2., neu bearbeitete Auflage). Schorndorf: Hofmann.

Krüger, M. (2005c). *Einführung in die Geschichte der Leibeserziehung und des Sports. Teil 3: Leibesübungen im 20. Jahrhundert. Sport für alle* (2., neu bearbeitete Auflage). Schorndorf: Hofmann.

Krüger, M. (1996). *Körperkult und Nationsbildung. Die Geschichte des Turnens in der Reichsgründungsära – eine Detailstudie über die Deutschen.* Schorndorf: Hofmann:

Krüger, M. (1997). Olympische Spiele in Deutschland - ausgefallen, mißbraucht, überschattet, gescheitert. In O. Grupe, *Olympischer Sport. Rückblick und Perspektiven* (S. 71–84). Schorndorf: Hoffmann.

Krüger, M. (2001). *Olympische Spiele. Bilanz und Perspektiven.* Münster: LIT.

Krüger, M. (2005a). Sport- und soziale Arbeit. In H.-U. Otto & H. Thiersch (Hrsg.), *Handbuch Sozialarbeit/Sozialpädagogik* (S. 122–141). Minden, Basel: Reinhardt.

Krüger, M. (2007). *Sportpädagogik. Ein Text- und Arbeitsbuch.* Wiebelsheim: Limpert.

Krüger, M. (2006). Sportwissenschaft und Schulsport. Trends und Orientierungen (1). Sportgeschichte. *sportunterricht, 55,* 227–234.

Krüger, M. (1995). Vorüberlegungen zu einer sportpädagogischen Theorie des Wettkampfs. *sportunterricht, 44, 364-371.*

Krüger, M. (2017). Sport für alle – in der Tradition der deutschen Turn- und Sportbewegung. In H. Jütting & M. Krüger, *Sport für alle – Idee und Wirklichkeit* (S. 3–30). Münster: Waxmann.

Krüger M. (2018). Soziale Funktionen von Turn- und Sportvereinen aus historischer Perspektive. In D. Jaitner & S. Körner (Hrsg.), *Soziale Funktionen von Sportvereinen: revisited* (S. 13–30). Berlin: Lehmanns Media GmbH.

Krüger, M., Grupe, O. & Kofink, H. (2004). Gegen die Verkürzung von Bildungsstandards im Schulsport. Oder: Vom Wiegen wird die Sau nicht schwerer. *Sportwissenschaft, 34* (4), 484-495.

Krüger, M. & Neuber, N. (Hrsg.). (2011). *Bildung im Sport. Beiträge zu einer zeitgemäßen Bildungsdebatte.* Wiesbaden: VS Verlag.

Kubesch, S. (2008). *Körperliche Aktivität und exekutive Funktionen* (2. Aufl.). Schorndorf: Hofmann.

Kubesch, S. (2004). Das bewegte Gehirn – an der Schnittstelle von Sport und Neurowissenschaft. *Sportwissenschaft, 34,* 135-144.

Kubesch, S. (2007). *Das bewegte Gehirn. Exekutive Funktionen und körperliche Aktivität.* Schorndorf: Hofmann.

Kugelmann, C. (1996b). Koedukation im Sportunterricht. 20 Jahre Diskussion und noch kein Ende abzusehen. *Sportwissenschaft, 26,* 272-285.

Kugelmann, C. (1980). *Koedukation im Sportunterricht.* Bad Homburg: Limpert.

Kugelmann, C. (1996a). *Starke Mädchen – schöne Frauen? Weiblichkeitszwang und Sport im Alltag.* Butzbach-Griedel: AFRA.

Kurz, D., Sack, H.-G. & Brinkhoff, K.-P. (1996). *Kindheit, Jugend und Sport in Nordrhein-Westfalen. Der Sportverein und seine Leistungen.* Düsseldorf: Min. für Stadtentwicklung, Kultur u. Sport.

Kurz, D. (1990a). *Elemente des Schulsports. Grundlagen einer pragmatischen Didaktik* (3. Auflage). Schorndorf: Hofmann.

Kurz, D. (1973). Gymnastische Erziehung bei Platon und Aristoteles. In H. Lenk u. a. (Hrsg.), *Philosophie des Sports* (S. 163–184). Schorndorf: Hofmann.

Kurz, D. (1986a). Handlungsfähigkeit im Sport – Leitidee einer pragmatischen Fachdidaktik. In G. Spitzer & D. Schmidt (Hrsg.), *Sport zwischen Eigenständigkeit und Fremdbestimmung. Festschrift für Hajo Bernett* (S. 44-69). Schorndorf: Hofmann.

Kurz, D. (1988a). *Pädagogische Grundlagen des Trainings.* Schorndorf: Hofmann

Kurz, D. (1990b). Sportpädagogik – Eine Disziplin auf der Suche nach ihrem Profil. In H. Gabler & U. Göhner, Für einen besseren Sport ... Themen, Entwicklungen und Perspektiven aus Sport und Sportwissenschaft (S. 236–251). Schorndorf: Hofmann.

Kurz, D. (1992). Sportpädagogik als Teildisziplin oder integrativer Kern der Sportwissenschaft. Sportwissenschaft, 22, 145–154

Kurz, D. (1986b). Vom Sinn des Sports. In Deutscher Sportbund (Hrsg.), *Die Zukunft des Sports. Materialien zum Kongreß „Menschen im Sport 2000"* (S. 44–68). Schorndorf: Hofmann.

Kurz, D. (1988b). Was suchen die Menschen im Sport? Erwartungen und Bedürfnisse der Zukunft. In K. Gieseler, O. Grupe & K. Heinemann (Hrsg.), *Menschen im Sport 2000* (S. 126–139). Schorndorf: Hofmann.

Ladenthin, V. (2005) (Hrsg.). *Die Ganztagsschule. Alltag, Reform, Geschichte, Theorie.* Weinheim: Juventa.

Laging, R. & Kuhn, P. (Hrsg.). (2018). *Bildungstheorie und Sportdidaktik. Ein Diskurs zwischen kategorialer und transformatorischer Bildung.* Wiesbaden: Springer.

Lange, H. & Sinning, S. (2009). *Handbuch Sportdidaktik.* Balingen: Spitta.

Langeveld, M. J. (1964). *Studien zur Anthropologie des Kindes* (2. Auflage). Tübingen: Max Niemeyer.

Langewiesche, D. (1990). ... für Volk und Vaterland kräftig zu würken ...". Zur politischen und gesellschaftlichen Rolle der Turner zwischen 1811 und 1871. In O. Grupe, *Kulturgut oder Körperkult* (S. 22–61). Tübingen: Attempto.

Lempp, R. (1996). *Die autistische Gesellschaft. Geht die Verantwortlichkeit für andere verloren?* München: Kösel.

Lenk, H. & Pilz, G. A. (1989). *Das Prinzip Fairneß.* Zürich: Edition Interfrom.

Lenk, H. (1983). *Eigenleistung. Plädoyer für eine positive Leistungskultur.* Zürich: Edition Interfrom.

Lenk, H. (1964). *Werte, Ziele, Wirklichkeit der modernen Olympischen Spiele.* Schorndorf: Hofmann.

Lewellyn, M. P. & Gleaves, J. (2016). *The Rise and Fall of Olympic Amateurism.* Illinois: University of Illinois.

Liebau, E. (1989). „In-Form-Sein" als Erziehungsziel? Pädagogische Überlegungen zur Sportkultur. Sportwissenschaft, 19 (2), 139–153.

Linder-Grotheer, Chr. (1986). *Die Professionalisierung des Sportlehrerberufs.* Ahrensburg: Czwalina.

Lingelbach, K. C. (1985). Alfred Baeumler – „deutscher Mensch" und „politische Pädagogik". In U. Herrmann (Hrsg.), *Die „Formung des Volksgenossen". Der „Erziehungsstaat" des „Dritten Reiches"* (S. 138–153). Weinheim, Basel: Beltz.

Litt, T. (1927). *Führen oder Wachsenlassen? Eine Erörterung des pädagogischen Grundproblems.* Leipzig: B.G. Teubner.

Lorenz, K. (1964). *Das sogenannte Böse* (6. Auflage). Wien: Borotha-Schoeler.

Lorenz, M. (2000). *Leibhaftige Vergangenheit. Einführung in die Körpergeschichte.* Tübingen: Edition Diskord.

Lost, C. (1993). Der pädagogisch-totalitäre Anspruch in der DDR. In D. Dudek & H. E. Tenorth (Hrsg.), *Transformationen der deutschen Bildungslandschaft. Beiheft der Zeitschrift für Pädagogik* (S. 139–148). Weinheim: Beltz.

Lübbe, H. (1988). Rahmenbedingungen für die künftige Entwicklung des Sports. In K. Gieseler, O. Grupe & K. Heinemann (Hrsg.), *Menschen im Sport 2000* (S. 32–44). Schorndorf: Hofmann.

Luckmann, T. & Berger, P. L. (2003). *Die gesellschaftliche Konstruktion der Wirklichkeit* (19. Auflage). Frankfurt: Fischer-Taschenbuch-Verlag.

Luh, A. (2004). Was heißt und zu welchem Ende studiert man Sportgeschichte? *Sportwissenschaft, 34,* 438–459.

Lühnenschloß, D. (1995). Wesen, Merkmale und Funktionen sportlicher Wettkämpfe. *Leistungssport, 25,* 6–11.

Lüschen, G. (1979). Kooperation und Assoziation im sportlichen Wettkampf (1975). In K. Hammerich & K. Heinemann (Hrsg.), *Texte zur Soziologie des Sports* (2. Auflage) (S. 225–244). Schorndorf: Hofmann.

Lüsebrink, I., Frei, P., Rottländer, D. & Thiele, J. (2000). *Belastungen und Risiken im weiblichen Kunstturnen. Innensichten, pädagogische Perspektiven und Konsequenzen.* Schorndorf: Hofmann.

Luth, C. (1996). Staatliche und private Erziehung bei Rousseau. In O. Hausmann (Hrsg.), *Seminar. Der pädagogische Rousseau. Bd. II. Kommentare, Interpretationen, Wirkungsgeschichte.* Weinheim: Beltz.

Maguire, J. (1999). *Global sport. Identities, Societies, Civilisations.* Oxford: Wiley.

Maguire, J. (2004). Globalisation and the Making of Modern Sports. *Sportwissenschaft, 34,* 7–20.

Maguire, J. A. (1999). *Global sport. Identities, societies, civilizations.* Cambridge, UK: Polity Press.

Mangan, J. A. (1981). Athleticism in the Victorian and Edvardian Public School. The Emergance and Consolidation of an Educational Ideology. Cambridge: Routledge.

Marquard, O. (1971). Anthropologie. In J. Ritter (Hrsg.), *Historisches Wörterbuch der Philosophie* (Band 1) (S. 361–374). Basel, Stuttgart: Schwabe.

Martin, D., Carl, K., & Lehnertz, K. (2001). *Handbuch Trainingslehre* (3., unveränd. Auflage). Schorndorf: Hofmann.

Maul, A. (1879-1890). *Turnübungen der Mädchen.* Karlsruhe: Braun.

Mauss, M. (1972). Die Techniken des Körpers. In R. König & A. Schmalfuss (Hrsg.), *Kulturanthropologie* (S. 91–108). Düsseldorf: Econ.

Mayntz, R. (1976). *Soziologie der Organisation.* Reinbek: Rowohlt.

McIntosh, P. (1979). *Fair Play. Ethics in Sport and Education.* London: Heinemann.

Mead, G. H. (1973). Spiele und Spielen als Beiträge zur Genese des Ich. In H. Scheuerl, *Theorien des Spiels* (S. 112–122). Weinheim: Beltz.

Mechling, H. & Blischke, K. (Hrsg.). (2003). *Handbuch Bewegungswissenschaft – Bewegungslehre.* Schorndorf: Hofmann.

Meier, B. (2017). *Der Fussballfan: Ein Gewalttäter?* Stuttgart: Boorberg.

Meinberg, E. (1986). Die Körperkonjunktur und ihre anthropologischen Wurzeln. *Sportwissenschaft, 16,* 129–147.

Meinberg, E. (1991b). *Die Moral im Sport.* Aachen: Meyer & Meyer.

Meinberg, E. (1979). *Erziehungswissenschaft und Sportpädagogik.* St. Augustin: Richarz.

Meinberg, E. (1991a). *Hauptprobleme der Sportpädagogik* (2. Auflage). Darmstadt: Wissenschaftliche Buchgesellschaft.

Meinberg, E. (1981). *Sportpädagogik. Konzepte und Perspektiven.* Stuttgart: Kohlhammer.

Meinberg, E. (1976). Über die Möglichkeit einer Anthropologie des Sports. *Sportwissenschaft, 6,* 55–68.

Meinel, K. & Schnabel, G. (1987). *Bewegungslehre – Sportmotorik* (8. Auflage). Berlin: Sportverlag.

Merleau-Ponty, M. (1966). *Phänomenologie der Wahrnehmung.* Berlin: De Gruyter.

Meusel, H. (1976). *Einführung in die Sportpädagogik.* München: Fink.

Mieth, D. (Hrsg.) (1989). *Begegnung mit Gott – über mystischen Glauben.* Stuttgart: Steinkopf.

Miller, A. (1979). *Das Drama des begabten Kindes und die Suche nach dem wahren Selbst.* Frankfurt: Suhrkamp.

Muckenhaupt, M. (1976). *Spiele lehren und lernen.* Tübingen: Max Niemeyer.

Muckenhaupt, M. (1990). Sportrealität und Mediensport. Schaffen die Massenmedien eine neue Wirklichkeit des Sports. In O. Grupe, *Kulturgut oder Körperkult* (S. 87–11). Tübingen: Attempto.

Müller, N. (1983). *Von Paris bis Baden-Baden. Die Olympischen Kongresse 1894–1981.* Niedernhausen: Schors.

Müller-Windisch, M. (1995). *Aufgeschnürt und außer Atem. Die Anfänge des Frauensports im Viktorianischen Zeitalter.* Frankfurt, New York: Deutscher-Taschenbuch-Verlag.

Murphy, P., Williams, J. & Dunning, E. (1992). *Football on Trial. Spectator Violence and Development in the Football World.* London: Routledge.

Nagel, S. & Schlesinger, T. (2012). *Sportvereinsentwicklung. Ein Leitfaden zur Planung von Veränderungsprozessen.* Bern: Haupt.

Neill, A. S. (1970). *Theorie und Praxis der antiautoritären Erziehung. Das Beispiel Summerhill.* Reinbek: Rowohlt.

Neuber, N. & Golenia, M. (2019). Lernorte für Kinder und Jugendliche im Sport. In A-Güllich & M. Krüger (Hrsg.), *Handbuch Sport und Sportwissenschaft* (S. 1-17) Wiesbaden: Springer.

Neuber, N. (2017). Schulsport 2.0 – Entwicklungschancen zwischen Kernlehrplänen und Ganztagsangeboten. In H. Jütting & M. Krüger, *Sport für alle. Idee und Wirklichkeit* (S. 266–280). Münster: Waxmann.

Neuber, N. (2007). *Entwicklungsförderung im Jugendalter.* Schorndorf: Hofmann.

Neuendorff, E. (o. J.). *Geschichte der neueren deutschen Leibesübung, 4 Bände.* Dresden: Limpert.

Neumann, O. (1957). *Sport und Persönlichkeit.* Schorndorf: Hofmann.

Neumann, P. (2004). *Erziehender Sportunterricht.* Baltmannsweiler: Schneider.

Nickolai, W., Rieder, H. & Walter, J. (Hrsg.). (1992). *Sport im Strafvollzug. Pädagogische und therapeutische Modelle.* Freiburg: Lambertus.

Nida-Rümelin, J. (2005). *Über menschliche Freiheit.* Stuttgart: Reclam.

Nida-Rümelin, J. (2006). *Humanismus als Leitkultur.* München: C.H. Beck.

Nida-Rümelin, J. (2011). Die physische Dimension der Bildung. In M. Krüger & N. Neuber, *Bildung im Sport* (S. 17–33). Wiesbaden: Springer.

Nida-Rümelin, J. (2013). *Philosophie einer humanen Bildung.* Hamburg: Edition Körber.

Nida-Rümelin, J. (2014). *Der Akademisierungswahn. Zur Krise beruflicher und akademischer Bildung.* Bonn: Edition Körber.

Nietzsche, F. (1930). *Werke in zwei Bänden.* Leipzig: Kröner.

Nigmann, W. (1995). *Pierre de Coubertin Frieden durch Sport und Spiele. Eine Analyse der Coubertinschen Schriften zum Problem einer praktischen Friedenserziehung.* Dissertation. Tübingen: o.V.

Nohl, H. (1935/2002). *Die pädagogische Bewegung in Deutschland und ihre Theorie.* Frankfurt a. M.: Klostermann.

NOK für Deutschland (2004). *Olympische Erziehung. Eine Herausforderung an Sportpädagogik und Schulsport.* St. Augustin: Academia.

Oelkers, J. & Lehmann, T. (1990). *Antipädagogik. Herausforderung und Kritik* (2. Auflage). Weinheim, Basel: Beltz.

Oelkers, J. (1992). *Reformpädagogik. Eine kritische Dogmengeschichte* (2. Auflage). München: Juventa.

Oerter, R. & Montada, L. (1987). *Entwicklungspsychologie. Ein Lehrbuch* (1. Auflage, 1982). München: Psychologie Verlags Union.

Oerter, R. (1993). *Psychologie des Spiels. Ein handlungstheoretischer Ansatz.* München: Quintessenz.

Ohlert, J., Seidler, C., Rau, T., Rulofs, B. & Allroggen, M. (2018). Sexual violence in Organized sport. German *Journal of Exercise and Sport Research, 48,* 1, 59–68.

Opaschowski, H. W. (1993). Freizeitökonomie: Marketing von Erlebniswelten. Opladen: Leske und Budrich.

Pahmeier, I. & Tiemann, M. (2013). Sport und Gesundheit. In A. Güllich & M. Krüger, *Sport. Das Lehrbuch für das Sportstudium* (S. 655–696). Berlin. Heidelberg: Springer.

Pawlenka, C. (2004). *Sportethik. Regeln, Fairness, Doping.* Paderborn: Mentis.

Pawlenka, C. (2010). *Ethik, Natur und Doping.* Paderborn: Mentis.

Peiffer, L. (1987). *Turnunterricht im Dritten Reich – Erziehung für den Krieg?* Köln: Pahl-Rugenstein.

Pestalozzi, J. H. (1986). *Werke in zwei Bänden.* Zürich: ExLibris Buchclub.

Pestalozzi, J. H. (o. J.). *Ueber Körperbildung als Einleitung auf den Versuch einer Elementargymnastik, in einer Reihenfolge körperlicher Übungen (1807).* Quellenbücher der Leibesübungen, Band II, 1. Teil (mit einem Vorwort von Dr. Thiemer) (S. 291–367). Dresden: Limpert.

Pfeifer, C. (2014). *Die Krise der Jungen. Phänomenbeschreibung und Erklärungsansätze.* Baden-Baden: Nomos.

Pfister, G. & Langenfeld, H. (1980). Die Leibesübungen für das weibliche Geschlecht – ein Mittel zur Emanzipation der Frau? In H. Ueberhorst, *Geschichte der Leibesübungen* (S. 485–21). Berlin: Bartels und Wernitz.

Pfister, G. & Langenfeld, H. (1982). Vom Frauenturnen zum modernen Sport. Die Entwicklung der Leibesübungen der Frauen und Mädchen seit dem Ersten Weltkrieg. In H. Ueberhorst, *Geschichte der Leibesübungen* (S. 977–1007). Berlin: Bartels und Wernitz.

Piaget, J. (1969). *Nachahmung, Spiel und Traum. Die Entwicklung der Symbolfunktion beim Kinde.* Stuttgart: Klett-Cotta.

Piaget, J. (1999). *Über Pädagogik* (Aus dem Französischen übersetzt von I. Kuhn und R. Stamm). Weinheim, Basel: Beltz.

Plessner, H., Bock, H. & Grupe, O. (Hrsg.). (1967). *Sport und Leibeserziehung* (2. Auflage 1975). München: Piper.

Plessner, H. (1991). *Conditio Humana. In Propyläen Weltgeschichte, Band 1* (S. 33–86) (Nachdruck der Originalausgabe von 1960). Frankfurt: Propyläen.

Plomin, R. (2018). *Blueprint: How DNA Makes Us Who We Are.* London: MIT-Press.

Poplutz, U. (2010). *Art. Wettkampf.* In Das Wissenschaftliche Bibellexikon im Internet (www.wibilex.de).

Postman, N. (1992). *Das Technopol. Die Macht der Technologien und die Entmündigung der Gesellschaft.* Frankfurt: Fischer.

Postman, N. (1988). *Wir amüsieren uns zu Tode.* Frankfurt: Dt. Blindenstudienanst.

Prange, K. (1991). Der Zentralausschuß zur Förderung der Volks- und Jugendspiele in Deutschland (1891-1922). *Stadion, 2,* 193-206.

Prange, K. (1978). *Pädagogik als Erfahrungsprozeß.* Weinheim: Klett-Cotta.

Preisendörfer, P. (2016). *Organisationssoziologie. Grundlagen, Theorien und Problemstellungen* (4. Aufl.) Wiesbaden: Springer.

Preising, W. (1980). Die Spielbewegung in Deutschland. In H. Ueberhorst, *Geschichte der Leibesübungen* (S. 413-442). Berlin: Bartels und Wernitz.

Preising, W. (1984). Sportpädagogik. In K. Carl (Hrsg.), *Handbuch Sport, Band 1* (S. 23-62). Düsseldorf: Schwann.

Prohl, R. (2013). Sportpädagogik als Wissenschaftsdisziplin – eine Standortbestimmung mit empirischem Ausblick". *Zeitschrift für sportpädagogische Forschung, 1* (1), 5-30

Prohl, R. & Lange, H. (2004). *Pädagogik des Leistungssports. Grundlagen und Facetten* (Band 142). Schorndorf: Hofmann.

Prohl, R. & Scheid, V. (2001). *Bewegungslehre. Kursbuch Sport.* Wiebelsheim: Limpert.

Prohl, R. (2006). *Grundriss der Sportpädagogik* (2. Auflage; 3. korr. Auflage 2010). Wiesbaden: Limpert.

Prohl, R. (1994). Sportpädagogik als Beratungswissenschaft. *Sportwissenschaft, 24,* 9-28.

Prohl, R. (1991). *Sportwissenschaft und Sportpädagogik. Ein anthropologischer Aufriss.* Schorndorf: Hofmann.

Pühse, U. (Hrsg.). (1994). *Soziales Handeln im Sport und Sportunterricht.* Schorndorf: Hofmann.

Pühse, U. (1990). *Soziales Lernen im Sport.* Bad Heilbrunn: Kinkhardt.

Rains, R. & Carpenter, H. (2009). *James Naismith. The man who invented basketball.* Philadelphia: Temple University Press.

Raschka, C. (2006). *Sportanthropologie.* Köln: Sportverlag Strauß.

Rauschenbach, T. (2011). Alltagsbildung – die andere Seite der Bildung. In M. Krüger & N. Neuber, *Bildung im Sport* (S. 35-53). Wiesbaden: Springer.

Ravenstein, A. (1863). *Volksturnbuch.* Frankfurt a. M.: Sauerländer.

Reble, A. (1971). *Geschichte der Pädagogik.* Stuttgart: Klett-Cotta.

Reed, G. S. (1971). Geschicklichkeit und Übung. In E. A. Lunzer & J. F. Morris (Hrsg.), *Das menschliche Lernen und seine Entwicklung* (S. 119-160). Stuttgart: Klett.

Reimann, H. (2015). *Sport in der Bundeswehr. Zur Geschichte, Struktur und Funktion des Militärsports in der Bundesrepublik Deutschland.* Diss. Münster/Westf.: Westfälische-Wilhelms Universität.

Reinhold, G., Pollack, G. & Heim, H. (Hrsg.). (1999). *Pädagogik-Lexikon.* München: Oldenbourg.

Renson, R. (2003). Homo Ludens Ambiguus: Huizinga und Sport. In M. Krüger, *Menschenbilder im Sport* (S. 235-261). Schorndorf: Hofmann.

Richartz, A. & Brettschneider, W.-D. (1996). *Weltmeister werden und die Schule schaffen. Zur Doppelbelastung von Schule und Leistungstraining.* Schorndorf: Hofmann.

Rieder, H., Huber, G. & Werle, J. (1996). *Sport mit Sondergruppen.* Schorndorf: Hofmann.

Rigauer, B. (1969). *Sport und Arbeit.* Frankfurt: philpapers.

Risse, H. (1921). *Soziologie des Sports* (Neudruck 1981). Münster: Juventa.

Rittelmeyer, C. (2002). *Pädagogische Anthropologie des Leibes. Biologische Voraussetzungen der Erziehung und Bildung.* Weinheim: Juventa.

Rittner, V. (1991). *Der Stellenwert des Sports in der modernen Gesellschaft* (Auszüge aus dem Gutachten „Zur Diskussion der Frage der Aufnahme des Sports in die Landesverfassung Nordrhein-Westfalen"). Köln: Landessportbund Nordrhein-Westfalen.

Rittner, V. (1984). Körper und Sport. In K. Carl u. a. (Hrsg.), *Handbuch Sport, Band 2* (S. 607–620). Düsseldorf: Schwann.

Rittner, V. (1989). Körperbezug, Sport und Ästhetik. *Sportwissenschaft, 19,* 359 ff.

Rittner, V. (1985). Sport und Gesundheit. Zur Ausdifferenzierung des Gesundheitsmotivs im Sport. *Sportwissenschaft, 15,* 136–154.

Rittner, V. (1983). Zur Soziologie körperbetonter sozialer Systeme. In F. Neidhardt (Hrsg.), *Gruppensoziologie* (Sonderheft 25, S. 233–255). Opladen: Westdeutscher Verlag.

Röhrs, H. (1982). *Sportpädagogik und Sportwirklichkeit.* Bad Homburg: Limpert.

Rose, L. (1991). *Das Drama des begabten Mädchens.* Weinheim: Juventa.

Rössler, D. (1988). Vom Sinn der Krankheit. In J. Rohls & G. Wenz (Hrsg.), *Vernunft des Glaubens* (S. 196–209). Göttingen: Vandenhoeck & Ruprecht.

Roth, H. (1962). Die realistische Wendung in der pädagogischen Forschung. *Neue Sammlung* (2), 481–496.

Roth, L. (Hrsg.). (2001). *Pädagogik. Handbuch für Studium und Wissenschaft* (2. Aufl.). München: Oldenbourg.

Röthig, P. & Prohl, R. (Hrsg.). (2003). *Sportwissenschaftliches Lexikon* (7. Auflage). Schorndorf: Hofmann.

Rousseau, J. J. (1963). *Emile oder Über die Erziehung* (Hrsg. und eingeleitet von M. Rang) (nach dem frz. Original von 1762). Stuttgart: Klett.

Rutschky, K. (Hrsg.). (1977). *Schwarze Pädagogik. Quellen zur Naturgeschichte der bürgerlichen Erziehung.* Frankfurt, Berlin, Wien: Ullstein.

Ryan, J. (2013). *Little girls in pretty boxes. The making and breaking of elite gymnasts and figure skaters.* New York: Doubleday.

Sack, H.-G. (1996). *Die Fluktuation Jugendlicher in Sportvereinen* (2 Bände, 1980/1981). Frankfurt a. M.: Deutsche Sportjugend.

Sack, H.-G. (1980). Warum Jugendliche dem Sportverein den Rücken kehren. *Olympische Jugend, 25,* 8–12.

Salzmann, C. G. (1806/1919). *Ameisenbüchlein oder Anweisung zu einer vernünftigen Erziehung der Erzieher.* Bielefeld, Leipzig: Hoffenberg.

Sarasin, P. (2001). *Reizbare Maschinen. Eine Geschichte des Körpers 1765–1914.* Frankfurt a. M.: Suhrkamp.

Schaller, H.-J. (1973). *Zur pädagogischen Theorie des Spiels.* Ahrensburg: Czwalina.

Scheffel, H. & Thies, W. (1990). Parteilichkeit im koedukativen Sportunterricht: Schritte zur Selbstbestimmung von Mädchen. In U. Enders-Dragässer & C. Fuchs (Hrsg.), *Frauensache Schule* (S. 353–366). Frankfurt: Fischer-Taschenbuch-Verlag.

Scheffel, H. (1992). Koedukation im Wandel – wie erleben Mädchen den koedukativen Sportunterricht. In S. Kröner & G. Pfister (Hrsg.), *Frauen-Räume* (S. 114–127). Pfaffenweiler: Centaurus.

Scheibe, J., Bringmann, W. & Reinhold, D. (1986). *Sportliches Training während der Kur.* Berlin (Ost): Sportverlag.

Scherler, K. (Red.) (1990). *Normative Sportpädagogik.* Clausthal-Zellerfeld: dvs.

Scherler, K. (1994). Legitimationsprobleme des Schulsports. *Sportpädagogik, 18,* 5–9.

Scherler, K. (1975). *Sensomotorische Entwicklung und materiale Erfahrung.* Schorndorf: Hofmann.

Scherler, K. (1992). Sportpädagogik – eine Disziplin der Sportwissenschaft. *Sportwissenschaft, 22,* 155–166.

Scherler, K. (2004). *Sportunterricht auswerten. Eine Unterrichtslehre.* Hamburg: Czwalina.

Scheuerl, H. (Hrsg.). (1991). *Theorien des Spiels.* Weinheim: Beltz.

Scheuerl, H. & Flitner, A. (Hrsg.). (1991). *Einführung in pädagogisches Sehen und Denken.* Zürich: Beltz.

Schilder, R. (1923). *Das Körperschema. Ein Beitrag zur Lehre vom Bewußtsein des eigenen Körpers.* Berlin: Springer.

Schiller, F. (1966). Über die ästhetische Erziehung des Menschen in einer Reihe von Briefen (1795). In *Schillers Werke in drei Bänden* (Band 2, S. 445–520). München: Insel.

Schlagenhauf, K. & Timm, W. (1977). *Sportvereine in der Bundesrepublik Deutschland. Band 1: Strukturelemete und Verhaltensdeterminanten im organisierten Freizeitbereich.* Schorndorf: Hofmann.

Schlagenhauf, K. & Timm, W. (1979). *Sportvereine in der Bundesrepublik Deutschland. Band 2. Organisations-, Angebots- und Finanzstruktur.* Schorndorf: Hofmann.

Schlicht, W. & Schwenkmezger, P. (Hrsg.). (1995). *Gesundheitsverhalten und Bewegung.* Schorndorf: Hofmann.

Schlicht, W. (1995). *Wohlbefinden und Gesundheit durch Sport.* Schorndorf: Hofmann.

Schmidt, F. A. (1886). Sport und Leibesübungen I–IV. *Deutsche Turnzeitung, 17/18,* 45–48, 85–89, 121–123.

Schmidt, W. (Hrsg.). (2003). *Erster deutscher Kinder- und Jugendbericht.* Schorndorf: Hofmann.

Schmitz, J. N. (1979). *Allgemeine Grundlagen der Sportpädagogik.* Schorndorf: Hofmann.

Schmitz, J. N. (1980). Fachdidaktische Grundlagen zum Sportunterricht und zur Leibeserziehung. In O. Grupe, *Einführung in die Theorie der Leibeserziehung und des Sports* (S. 244–266). Schorndorf: Hofmann.

Schmolinski, G. (1961). *Leichtathletik.* Berlin (Ost): Sportverlag.

Schoenebeck, H. v. (1982). *Unterstützen statt Erziehen.* München: Droemer Knaur.

Schröder, J. (1987). *Sport und soziales Training im Strafvollzug.* Frankfurt: Hess. Sportjugend, Arbeitskreis Sport u. Justizvollzug.

Schubarth, W. & Melzer, W. (Hrsg.). (1993). *Schule, Gewalt und Rechtsextremismus.* Opladen: Leske + Budrich.

Schulke, H. J. (Hrsg.). (1983). *Kritische Stichwörter zum Sport.* München: Fink.

Schulz, K.-H., Meyer, A. & Langguth, N. (2012). Körperliche Aktivität und psychische Gesundheit. In *Bundesgesundheitsblatt – Gesundheitsforschung – Gesundheitsschutz, 55* (1), 55–65.

Schulz, N. (1985). Schulsport – Die aktuelle Diskussion um Aufgaben, Ziele und Inhalte im Überblick. In H. Denk & D. Hecker (Hrsg.), *Texte zur Sportpädagogik* (S. 190–213). Schorndorf: Hofmann.

Schulze, G. (1992). *Die Erlebnisgesellschaft: Kultursoziologie der Gegenwart* (2. Auflage). Frankfurt a. M.: Campus.

Schwenkmezger, P. (1993). Psychologische Aspekte des Gesundheitssports. In H. Gabler, J. R. Nitsch & R. Singer, *Einführung in die Sportpsychologie* (S. 204–221). Schorndorf: Hofmann.

Schwenkmezger, P. (1985). Welche Bedeutung kommt dem Ausdauertraining in der Depressionstherapie zu? *Sportwissenschaft, 15,* 117–135.

Seifert, J. (1989). *Das Leib-Seele-Problem und die gegenwärtige philosophische Diskussion: eine systematisch-kritische Analyse.* Darmstadt: Wissenchaftliche Buchgesellschaft.

Seifried, K. (Hrsg.). (2016). *Handbuch Schulpsychologie. Psychologie für die Schule.* Stuttgart: Kohlhammer.

Sieber-Könnecke, B. (1988). Leben und Wirken von Johannes Buhl. In Schwäbischer Turnerbund (Hrsg.), *Beiträge zur Geschichte des Turnens in Württemberg* (S. 51–66). Gerlingen: Attempto.

Simmel, G. (1923). *Soziologie. Untersuchungen über die Formen der Vergesellschaftung* (3. Auflage). München, Leipzig: Duncker und Humblot.

Singer, R. (1986). Psychologische Aspekte des Lernens. In H. Gabler, J. H. Nitsch & R. Singer (Hrsg.), *Einführung in die Sportpsychologie* (S. 107–144). Schorndorf: Hofmann.

Singer, W. (2003). Über Bewusstsein und unsere Grenzen. In A. Becker u. a. (Hrsg.), *Gene, Meme und Gehirne* (S. 279–305). Frankfurt a. M.: Suhrkamp.

Sinn, U. (1996). *Olympia. Kultur, Sport und Fest in der Antike*. München: C.H. Beck.

Söll, W. (1988). Didaktische Überlegungen als Grundlage methodischen Handelns. In C. Czwalina (Hrsg.), *Methodisches Handeln im Sportunterricht* (S. 33–61). Schorndorf: Hofmann.

Spitzer, M. (2002). *Lernen. Gehirnforschung und die Schule des Lebens*. Heidelberg: Spektrum.

Sportberichte der Bundesregierung, 1971 bis 2014, hrsg. vom Deutschen Bundestag. Bundestagsdrucksachen: Bundesdruckerei.

Sports Council (1994). *Trends in Sport Participation*. London: o.V.

Spranger, E. (1928). *Das deutsche Bildungsideal der Gegenwart und in geschichtsphilosophischer Beleuchtung*. Leipzig: Quelle & Meyer.

Spranger, E. (1962). *Das Gesetz der ungewollten Nebenwirkungen in der Erziehung*. Heidelberg: Quelle & Meyer.

Spranger, E. (2002). *Kultur und Erziehung. Gesammelte pädagogische Aufsätze (1919)*. (Hrsg. von B. Ofenbach). Darmstadt: Wissenschaftliche Buchgesellschaft.

Steinbach, M. (1973). Motivation im Leistungssport. In ADL (Hrsg.), *Motivation im Sport* (S. 69–83). Schorndorf: Hofmann.

Stemper, T. (2017). Sport für alle – in kommerziellen Fitnessanlagen. In D. H. Jütting & M. Krüger (Hrsg.), *Sport für alle: Idee und Wirklichkeit* (S. 362–383). Münster: Waxmann.

Stibbe, G. (Hrsg.). (2011). *Standards, Kompetenzen und Lehrpläne. Beiträge zur Qualitätsentwicklung im Sportunterricht*. Schorndorf: Hofmann.

Stibbe, G. (1993). *Zur Tradition von Theorie im schulischen Sportunterricht*. Ahrensburg: Czwalina.

Stiehler, G. (1979). *Methodik des Sportunterrichts*. Berlin: Volk und Wissen.

Straus, E. (1960). *Psychologie der menschlichen Welt. Gesammelte Schriften*. Berlin, Göttingen, Heidelberg: Springer.

Sutton-Smith, B. (1978). *Die Dialektik des Spiels*. Schorndorf: Hofmann.

Sutton-Smith, B. (1973). Games – the Socialisation of Conflict. *Sportwissenschaft, 3,* 41–47.

Sutton-Smith, B. (2003). Tertiary Emotions and Ludic Nature – The Ideologies and Human Nature. In M. Krüger, *Menschenbilder im Sport* (S. 262–280). Schorndorf: Hofmann.

Teichler, H.-J. & Reinartz, K. (1999). *Das Leistungssportsystem der DDR in den 80er Jahren und im Prozeß der Wende*. Schorndorf: Hofmann.

Teichler, H.-J. (1991). *Internationale Sportpolitik im Dritten Reich* (S. 21–52). Schorndorf: Hofmann.

Thiel, A., Meier, H. & Cachay, K. (2006). *Hauptamtlichkeit im Sportverein. Voraussetzungen und Hindernisse*. Schorndorf: Hofmann.

Thiele, J. (1990). *Phänomenologie und Sportpädagogik*. St. Augustin: Academia.

Thieme, L. (2017). Ganztagsschulen und Sportvereine als außerschulische Partner: Auf der Suche nach organisationstheoretischen Zugängen. *Sport und Gesellschaft, 14* (3), 279–313.

Thieme, L. (Hrsg.). (2017). *Der Sportverein – Versuch einer Bilanz* (Beiträge zur Lehre und Forschung im Sport, 192). Schorndorf: Hofmann.

Thiersch, H. (1994). Gewalt – Bemerkungen zur gegenwärtigen Diskussion. In H. Thiersch u. a. (Hrsg.), *„... überall in den Köpfen und Fäusten". Auf der Suche nach Ursachen und Konsequenzen von Gewalt* (S. 1–22). Darmstadt: Wissenschaftliche Buchgesellschaft.

Thies, C. (2004). *Einführung in die philosophische Anthropologie.* Darmstadt: Wissenschaftliche Buchgesellschaft.

Tillmann, K.-J. (2010). *Sozialisationstheorien. Eine Einführung in den Zusammenhang von Gesellschaft, Institution und Subjektwerdung.* Reinbek: Rowohlt.

Treml, A. K. (1987). *Einführung in die Allgemeine Pädagogik.* Stuttgart: Kohlhammer.

Treutlein, G., Funke, J. & Sperle, N. (Hrsg.). (1986). *Körpererfahrung in traditionellen Sportarten.* Wuppertal: Putty.

Tzschoppe, P. (2017). Sport für alle – Sport und Sportpolitik von und für Mädchen und Frauen in Deutschland. In D. H. Jütting & M. Krüger (Hrsg.), *Sport für alle: Idee und Wirklichkeit* (S. 248–265). Münster: Waxmann.

Ueberhorst, H. (1989). *Festschrift für Fritz Heine zum 85. Geburtstag* (zusammengestellt und eingeleitet von Horst Ueberhorst) (Hrsg. von der Friedrich-Ebert-Stiftung). Bonn: o.V.

Vamplew, W. (Hrsg.). (2011). *Journal of Sport History. Forum Excellence in Basketball On and Off the Court.* Naperville.

Villaume, P. (o. J./1787). Von der Bildung des Körpers in Rücksicht auf die Vollkommenheit und Glückseligkeit der Menschen, oder über die physische Erziehung insonderheit. In P. Villaume, *Quellenbücher der Leibesübungen, Band II, 1. Teil* (S. 1–290). Dresden: Limpert.

Volck, G. (1995). *Sport in der Rehabilitation chronisch erkrankter Menschen.* Diss. Tübingen.

Volkamer, M. (2003). *Sportpädagogisches Kaleidoskop. Texte, Episoden und Skizzen zu sportpädagogischen Problemen; ein Lesebuch.* Hamburg: Feldhaus.

Volkamer, M. (1987). *Von der Last mit der Lust am Schulsport.* Schorndorf: Hofmann.

Wagner, P. & Brehm, W. (2006). Aktivität und psychische Gesundheit. In K. Bös & W. Brehm, *Handbuch Gesundheitssport* (S. 103–117). Schorndorf: Hofmann.

Wagner, P. & Alfermann, D. (2006). Allgemeines und psychisches Selbstkonzept. In In K. Bös & W. Brehm, *Handbuch Gesundheitssport* (S. 334–345). Schorndorf: Hofmann.

Walter, F., Klecha, S. & Hensel, A. (Hrsg.). (2015). *Die Grünen und die Pädosexualität. Eine bundesdeutsche Geschichte.* Göttingen: Vandenhoeck & Ruprecht.

Weber, W. (1995). *Die wirtschaftliche Bedeutung des Sports.* Schorndorf: Hofmann

Wedemeyer-Kolwe, B. (2011). *Vom „Versehrtenturnen" zum Deutschen Behindertensportverband (DBS). Eine Geschichte des deutschen Behindertensports.* Hildesheim: Arete.

Wedemeyer-Kolwe, B. (2017). *Aufbruch. Die Lebensreform in Deutschland.* Darmstadt: Wissenschaftliche Buchgesellschaft.

Weiler, I. (2003). Der griechische Athlet – Modell eines zeitlosen männlichen Menschenbildes? In M. Krüger, *Menschenbilder im Sport* (S. 51–83). Schorndorf: Hofmann.

Weiler, I. (2010). Athletik und Agonistik in der griechischen Antike. In M. Krüger & H. Langenfeld, *Handbuch Sportgeschichte* (S. 128–142). Schorndorf: Hofmann.

Weizsäcker, V. von (1973). *Der Gestaltkreis. Theorie der Einheit von Wahrnehmen und Bewegen* (4. Auflage). Stuttgart: Suhrkamp.

Wetz, F. J. (1993). *Hans Blumenberg zur Einführung.* Hamburg: Junius.

Widmer, K. (1977). *Sportpädagogik. Prolegomena zur theoretischen Begründung der Sportpädagogik als Wissenschaft* (2. Auflage). Schorndorf: Hofmann.

Wiese, R. (2012). *Kaderschmieden des „Sportwunderlandes". Die Kinder- und Jugendsportschulen der DDR.* Hildesheim: Arete.

Willimczik, K. (2010). *Forschungsmethodik und Verantwortung in der Sportwissenschaft.* Hamburg: Czwalina.

Willimczik, K. (2011). *Die sportwissenschaftlichen Teildisziplinen in ihrer Stellung zur Sportwissenschaft.* Hamburg: Czwalina.

Willimczik, K. (1992). Interdisciplinary Sport Science – A Science of its Identity. In H. Haag, O. Grupe & A. Kirsch (Hrsg.), *Sport Science in Germany* (S. 7–36). Berlin: Springer.

Willimczik, K. (1968). *Wissenschaftstheoretische Aspekte einer Sportwissenschaft.* Frankfurt a. M.: Limpert.

Winter, R. (2005). Jungenarbeit. In H.-U. Otto & H. Thiersch (Hrsg.), *Handbuch Sozialarbeit/Sozialpädagogik* (S. 904–915). München: Reinhardt.

Wolf, N. (Red.). (1974). *Dokumente zum Schulsport. Bemühungen des Deutschen Sportbundes 1950–1974.* Schorndorf: Hofmann.

Wolters, P., Ehni, H. & Kretschmer, J (2000). *Didaktik des Schulsports.* Schorndorf: Hofmann.

Wonneberger, G. & Sieger, W. (1982). *Körperkultur und Sport in der DDR – gesellschaftswissenschaftliches Lehrmaterial.* Berlin: Sportverlag.

Zeuner, A., Senf, G. & Hofmann, S. (Hrsg.). (1995). *Sport unterrichten. Anspruch und Wirklichkeit.* St. Augustin: Academia.

Zimmer, R. (1980). *Motorik und Persönlichkeitsentwicklung bei Kindern im Vorschulalter.* Schorndorf: Hofmann.

Zinnecker, J. (Hrsg.). (1975). *Der heimliche Lehrplan.* Weinheim: Beltz.

Züchner, I. (2013). Sportliche Aktivität im Aufwachsen junger Menschen. In M. Grgic & I. Züchner (Hrsg.), *Medien, Kultur und Sport. Was Kinder und Jugendliche machen und was ihnen wichtig ist. Die Medicus-Studie* (S. 89–138). Weinheim: Beltz.

Internetquellen

Aiesep (2018). *Position Statements*. Zugriff am 09. Mai 2018 unter http://aiesep.org/scientific-meetings/position-statements/

Allgemeiner Deutscher Hochschulsportverband e.V. (2019). *Startseite*. Zugriff am 28. August 2018 unter https://www.adh.de/

Deutscher Bundestag (2016). *Bildungsbericht 2016*. Zugriff am 15. Mai 2018 unter https://www.bundestag.de/blob/425874/5725ee3d66fd28d983f7c3617f611a6d/wd-8-068-15-pdf-data.pdf

Deutscher Fußball-Bund e.V. (2019). *Amateure*. Zugriff am 12. Dezember 2017 unter https://www.dfb.de/amateure/

Deutsches Kinderhilfswerk e.V. (2018). *Die UN-Konvention über die Rechte des Kindes*. Zugriff am 15. Mai 2018 unter https://www.kinderrechte.de/kinderrechte/un-kinder rechtskonvention-im-wortlaut/

Deutscher Olympischer Sportbund e.V. (2018). *Mitglieder Statistik*. Zugriff am 30. Juli 2018 unter https://www.dosb.de/medien-service/statistiken/

Deutscher Olympischer Sportbund e.V. (2018). *Sportentwicklungsbericht-Hintergrund*. Zugriff am 09. Mai 2018 unter https://www.dosb.de/sportentwicklung/sportentwick-lungsbericht/

Deutsche Sportjugend (2019). *Kinderwelt ist Bewegungswelt*. Zugriff am 01. August 2018 unter https://www.dsj.de

Deutscher Turner-Bund e.V. (2019). *Startseite*. Zugriff am 25. September 2018 unter https://www.dtb.de/

DIPF Leibniz-Institut für Bildungsforschung und Bildungsinformation (2018). *Bildung in Deutschland 2016*. Zugriff am 15 Mai 2018 unter https://www.bildungsbericht.de/de/bildungsberichte-seit-2006/bildungsbericht-2016/

ICSSPE (2018). *Science Education Policy*. Zugriff am 09. Mai 2018 unter http://www.icsspe.org/

International Olympic Committee (2019). *The International Olympic Committee*. Zugriff am 02. Juni 2018 unter https://www.olympic.org/the-ioc

Robert Koch-Institut (2018). *KiGGS Welle 2: Ergebnisse im Journal of Health Monitoring*. Zugriff am 28. August 2018 unter https://www.kiggs-studie.de/ergebnisse/kiggs-welle-2/johm.html

sportunterricht (2019). *Startseite*. Zugriff am 25. September 2018 unter https://www.hofmann-verlag.de/index.php/sportunterricht

Springer Nature Switzerland AG (2019). *German Journal of Exercise and Sport Research*. Zugriff am 24. September 2018 unter https://www.springer.com/life+sciences/journal/12662

Statista GmbH (2016a). *Mitgliederzahl der Fitnessstudios in Deutschland von 2003 bis 2017 (in Millionen)*. Zugriff am 17. Juli 2018 unter https://de.statista.com/statistik/daten/studie/5966/umfrage/mitglieder-der-deutschen-fitnessclubs/

Statista GmbH (2016b). *Sportvereine in Deutschland*. Zugriff am 22. August 2018 unter https://de.statista.com/statistik/studie/id/23876/dokument/sportvereine-in-deutsch landstatista-dossier/

Trainerakademie Köln des Deutschen Olympischen Sportbundes (2019). *Trainerakademie Köln des DOSB. Wo Erfolgsmomente beginnen*. Zugriff am 25. September 2018 unter https://www.trainerakademie-koeln.de/

Unicef (2018). *For every child*. Zugriff am 15. Mai 2018 unter https://www.unicef.org/

Verein zur Förderung sportpädagogischer Forschung e.V. (2018). *Hefte*. Zugriff am 24. September 2018 unter http://zsfo.de/ausgaben/hefte/.

Weltgesundheitsorganisation (2019). *Ottawa Charter for Health Promotion, 1986*. Zugriff am 03. September 2018 unter http://www.euro.who.int/de/publications/policy-documents/ottawa-charter-for-health-promotion,-1986

Weltgesundheitsorganisation (2019). *Gesundheitsthemen*. Zugriff am 05. September 2918 unter http://www.euro.who.int/de/health-topics